Special Thanks to

세상이 아무리 바쁘게 돌아가더라도
책까지 아무렇게나 빨리 만들 수는 없습니다.

길벗은 독자 여러분이
가장 쉽게, 가장 빨리 배울 수 있는 책을
한 권 한 권 정성을 다해 만들겠습니다.

독자의 1초를 아껴주는 정성을 만나보세요.

미리 책을 읽고 따라해 본 2만 베타테스터 여러분과
무따기 체험단, 길벗스쿨 엄마 2% 기획단,
시나공 평가단, 토익 배틀, 대학생 기자단까지!
믿을 수 있는 책을 함께 만들어주신 독자 여러분께 감사드립니다.

상상만 하던 게임, 직접 디자인해볼까?
캐릭터, 세계관 구축부터 **UI 디자인**까지

AI 게임 디자인

박범희
앤미디어 지음

길벗

상상만 하던 게임, 직접 디자인해볼까?
캐릭터, 세계관 구축부터 UI 디자인까지
AI 게임 디자인

초판 발행 · 2025년 6월 27일

지은이 · 박범희, 앤미디어
발행인 · 이종원
발행처 · (주)도서출판 길벗
출판사 등록일 · 1990년 12월 24일
주소 · 서울시 마포구 월드컵로 10길 56(서교동)
대표전화 · 02)332-0931 | **팩스** · 02)323-0586
홈페이지 · www.gilbut.co.kr | **이메일** · gilbut@gilbut.co.kr

기획 및 책임 편집 · 박슬기(sul3560@gilbut.co.kr)
표지 디자인 · 앤미디어 | **본문 디자인** · 앤미디어 | **본문 일러스트** · 앤미디어 | **제작** · 이준호, 손일순, 이진혁
영업 마케팅 · 전선하, 박민영, 서현정 | **유통혁신** · 한준희 | **영업관리** · 김명자 | **독자지원** · 윤정아

기획 및 편집 진행 · 앤미디어 | **전산 편집** · 앤미디어 | **CTP 출력 및 인쇄** · 교보피앤비 | **제본** · 신정문화사

- 잘못된 책은 구입한 서점에서 바꿔 드립니다.
- 이 책은 저작권법에 따라 보호받는 저작물이므로 무단전재와 무단복제를 금합니다.
- 이 책 내용의 전부 또는 일부를 이용하려면 반드시 저작권자와 (주)도서출판 길벗의 서면 동의를 받아야 합니다.
- 인공지능(AI) 기술 또는 시스템을 훈련하기 위해 이 책의 전체 내용은 물론 일부 문장도 사용하는 것을 금합니다.

ⓒ 박범희, 앤미디어, 2025

ISBN 979-11-407-1369-1 (03000)
(길벗 도서번호 007221)

정가 32,000원

독자의 1초까지 아껴주는 정성 길벗출판사

(주)도서출판 길벗 · IT교육서, IT단행본, 경제경영서, 어학&실용서, 인문교양서, 자녀교육서 ▶ www.gilbut.co.kr
길벗스쿨 · 국어학습, 수학학습, 어린이교양, 주니어 어학학습, 학습단행본 ▶ www.gilbutschool.co.kr

페이스북 · www.facebook.com/gilbutzigy

디자이너와 AI 파트너십
게임 그래픽 디자인의 비밀

최근 몇 년 사이 AI는 상상 이상의 속도로 발전해 왔고, 특히 창의성이 중시되는 그래픽 분야에서조차 이제는 AI 기술이 빠르게 자리를 잡아가고 있습니다. 솔직히 말해, 저는 인간의 감성과 개성이 중요한 디자인 영역만큼은 AI가 가장 나중에 도달할 분야라고 생각해 왔지만, 이러한 예상은 기술의 눈부신 진보 앞에서 완전히 빗나가고 말았습니다.

지금의 AI는 단순히 반복 작업을 자동화하는 수준을 넘어서, 디자이너의 창의력을 더욱 자극하고 확장시켜 주는 창작 파트너로서의 역할을 톡톡히 해내고 있으며, 이제는 AI를 통해 과거에는 상상에만 머물렀던 콘셉트나 장면들도 놀라운 속도로 시각화할 수 있게 되었습니다. 기존에는 아이디어를 구체화하는 데 많은 시간과 노력이 필요했지만, 이제는 AI 도구를 활용함으로써 스케치 단계까지의 시간이 획기적으로 줄어들고, 개인이 표현할 수 있는 아이디어의 폭 역시 훨씬 더 넓어졌다는 것을 몸소 체감하고 있습니다.

이러한 시대적 변화를 목격하면서 저는 이제는 누가 더 창의적인 아이디어를 가지고 있느냐만큼이나, 그 아이디어를 얼마나 효과적으로 구현하고, 기술을 얼마나 유연하게 받아들일 수 있느냐가 창작자의 경쟁력을 가르는 핵심 요소가 되리라는 생각을 갖게 되었습니다. 특히 AI와 같은 신기술을 두려워하거나 외면하기보다는, 능동적으로 배우고 활용하려는 자세를 가진 사람일수록 앞으로의 창작 환경에서 더욱 돋보이고, 지속 가능한 성장을 이뤄나갈 수 있을 것이라는 확신도 들었습니다.

이러한 생각을 바탕으로 저는 지금 이 글을 읽고 있는 현업 디자이너분들이나, 게임 디자인 분야를 꿈꾸는 예비 창작자들에게 AI는 이제 선택의 여지가 있는 도구가 아니라, 반드시 익히고 활용해야 할 필수적인 창작 수단이라는 메시지를 진심을 담아 전하고 싶었습니다.

그래서 저는 그동안 게임 그래픽 작업을 하며 실제로 어떤 방식으로 AI 도구들을 활용해 왔는지, 그리고 이러한 기술들이 작업 효율과 창의성에 어떤 식으로 기여했는지를 보다 구체적으로 공유하고자 이 책을 집필하게 되었습니다. 이 책이 독자 여러분께 작은 영감이자 실질적인 도움이 되기를 진심으로 바라며, 변화하는 시대 속에서도 자신의 가능성을 넓히고, 나아가 꿈꾸는 미래를 향해 한 걸음 더 가까이 다가가는 데 이 책이 친절한 안내서가 되어 주길 바랍니다.

INTERVIEW

Game Designer

박범희

다양한 게임 회사에서 2D 디자이너로 활동하며 도트 그래픽, 캐릭터, 배경 일러스트 등 게임 그래픽 전반에 걸친 작업을 수행하고 있는 게임 디자이너 박범희입니다. 프로젝트 리소스를 정리하고 관리하는 역할도 맡으며, 여러 스타일의 디자인 경험을 쌓아 실무 역량을 키웠습니다.

작업을 진행하면서 점차 3D 디자인에도 매력을 느끼게 되었고, 당시 국내에서 다소 생소했던 툴인 블렌더(Blender)를 독학으로 익히기 시작했습니다. 현재는 3D 캐릭터 제작과 일러스트, 모션 작업까지 직접 소화할 수 있으며, 특히 메타버스 기반 게임 프로젝트나 AR, VR 콘텐츠 제작 등으로 활동 영역을 넓혀가고 있습니다.

또한, 온라인 및 오프라인 강의와 서적 집필을 통해 블렌더를 알리는 데에도 꾸준히 힘써왔습니다. 최근에는 빠르게 발전하는 생성형 AI 기술에 깊은 관심을 가지게 되었고, 게임 디자인과 영상 작업에 적극적으로 도입해 창작의 속도와 효율을 높이고 있습니다. 특히 이미지 생성 AI나 영상 편집 도구를 활용하여 아이디어를 빠르게 시각화하고, 제작 과정을 보다 유연하고 창의적으로 변화시키는 데 집중하고 있습니다.

게임 디자인을 잘하기 위한 나만의 노하우

요즘은 디자인 툴의 발전 속도가 매우 빠릅니다. 예전에는 도트 그래픽 툴이나 포토샵만 잘 다뤄도 충분했다면, 이제는 블렌더, 3ds 맥스(3ds Max) 같은 3D 툴은 물론, 유니티(Unity)나 언리얼 엔진, 그리고 AI 기반 디자인 툴까지 다양한 기술을 익혀야 하는 시대가 되었습니다.

저는 이러한 변화에 주저하기보다는 직접 써보며 익숙해지는 방식을 선호합니다. 처음엔 낯설고 어려워도 반복해서 사용하다 보면 자연스럽게 손에 익게 되며, 어느새 능숙해지는 자신을 발견할 수 있습니다. 하지만 기술을 익히는 것보다 더 중요하게 생각하는 건 바로 '무엇을 표현할 것인가'에 대한 고민입니다. 툴은 단지 수단일 뿐이고, 디자인을 통해 궁극적으로 전달하려는 감정이나 메시지가 더 중요하다고 믿습니다.

예를 들어, 3D 캐릭터를 제작할 때도 단순히 외형을 잘 만드는 데 그치지 않고, 그 캐릭터가 가진 성격이나 배경 이야기, 분위기 등을 먼저 상상해 봅니다. AI 툴을 사용할 때도 빠른 결과를 얻는 데 집중하기보다는, 결과물이 내가 진짜 표현하고자 한 느낌과 맞는지 지속적으로 확인하고 필요하면 조정합니다.

기술은 짧은 시간에 습득할 수 있지만, 감성은 오랜 시간 축적을 필요로 합니다. 그래서 평소에도 다양한 이미지, 영상, 게임 속 연출 등을 관찰하며, 좋은 디자인 요소들을 자연스럽게 제 안에 쌓아가려 노력하고 있습니다. 그렇게 쌓인 경험과 감각이 언젠가는 작업물 속에서 깊이 있는 표현으로 이어진다고 생각합니다.

게임 디자인의 작업 패턴에 대하여

작업을 시작할 때 가장 중요하게 생각하는 것은 기획 의도와의 일관성입니다. 디자인을 시작하기 전에는 기획 단계에서 설정된 콘셉트와 메시지를 충분히 이해하고, 그 안에 담긴 분위기나 의도를 최대한 파악하려고 노력합니다. 이후 작업이 진행되면, 처음 설정한 방향에서 벗어나지 않는지를 계속해서 점검하고, 부족하거나 과한 부분은 조율해 나갑니다.

예를 들어, 단순한 캐릭터 하나를 디자인할 때에도 외형만으로 끝나는 것이 아니라, 그 캐릭터가 어떤 세계관에 속해 있는지, 사용자가 봤을 때 어떤 인상을 받을지를 함께 고민합니다. 이러한 큰 맥락 속에서 전체적인 톤을 유지하며, 캐릭터, 배경, UI 등 각 요소들을 구체적으로 시각화해 나갑니다. 이 과정에서는 포토샵(Photoshop)이나 블렌더 같은 기본 툴은 물론, 미드저니(MidJourney)나 스테이블 디퓨전(Stable Diffusion) 같은 AI 도구도 적극적으로 활용하고 있습니다.

툴의 종류보다는 결과물이 감정을 잘 전달하고 있는가, 게임의 흐름을 방해하지 않으면서 자연스럽게 녹아드는 구성인가를 꾸준히 확인하는 것이 핵심입니다. 또한, 실제 게임 제작 과정에서는 메모리, 최적화, 애니메이션 등 기술적인 제약이 많습니다. 그래서 개발자들과 긴밀하게 협업하면서 시각적 퀄리티와 퍼포먼스의 균형을 맞추는 일이 매우 중요합니다. 필요하다면 일부 시각적 효과를 줄이더라도, 전달하고자 하는 감정과 분위기를 해치지 않는 범위에서 유연하게 연출을 조정하려고 합니다.

게임 디자인에 사용하는 도구와 주로 쓰는 스킬

게임 디자인 작업의 첫 단계에서는 아이패드 드로잉 앱을 활용하여 간단한 스케치를 진행합니다. 이 과정은 아이디어를 시각적으로 정리하고, 프로젝트의 방향성과 핵심 콘셉트를 빠르게 구체화하는 데 큰 도움이 됩니다. 특히 기획 콘셉트를 기반으로 이미지의 구성과 분위기를 상상하며 빠르게 드로잉을 진행함으로써, 전체적인 톤앤매너(Tone&Manner)를 초기에 설정하고 아이디어를 효과적으로 시각화할 수 있습니다.

이후, 초안 스케치를 바탕으로 포토샵이나 일러스트레이터 같은 전문 그래픽 소프트웨어를 사용하여 구체적인 형태와 색감을 잡아나갑니다. 이 단계에서는 기본적인 윤곽뿐 아니라 텍스처, 라이팅, 디테일한 색채 구성을 통해 2D 아트의 완성도를 높이는 데 집중합니다. 또한, 레이어 작업이나 마스크 기능을 적극 활용하여 후반 작업의 유연성과 정밀도를 확보합니다.

입체감이 필요한 요소나 복잡한 구도를 포함한 장면은 블렌더와 같은 3D 모델링 툴을 활용하여 제작합니다. 2D 아트로는 구현하기 어려운 시점, 조명, 움직임 등을 3D 기반으로 시뮬레이션함으로써, 보다 사실적이고 자연스러운 결과물을 얻을 수 있습니다. 처음에는 시간이 다소 소요되지만, 전반적인 연출의 일관성과 완성도를 고려했을 때 장기적으로 훨씬 효율적인 방식입니다. 특히 카메라 앵글이나 씬의 구도, 라이팅 테스트를 3D 환경에서 미리 조율함으로써, 전체적인 톤과 무드를 빠르게 확정 지을 수 있습니다.

상황에 따라서는 초기 콘셉트 아트를 생략하고, 바로 3D 모델링 작업에 들어가 카메라 구도와 조명을 설정하는 방식으로 작업을 진행하기도 합니다. 이는 시각적 언어가 중요한 프로젝트일수록 전체적인 연출의 방향성을 빠르게 잡는 데 유리합니다. 예를 들어, 씬의 깊이나 캐릭터 간 거리감, 감정선 전달을 위한 라이팅 효과 등을 초기 단계부터 실험하며 전체 작업의 퀄리티를 끌어올릴 수 있습니다.

또한, 반복되는 작업이나 시간이 많이 소요되는 파트에서는 에셋 스토어, 유용한 애드온, 자동화 스크립트 등을 적극적으로 활용하여, 혼자서도 작업의 효율을 높일 수 있는 환경을 구축하고 있습니다. 이러한 도구들은 시간과 리소스가 제한된 상황에서 작업 속도와 품질을 모두 확보할 수 있게 해주며, 실제 제작 현장에서도 점점 더 중요하게 여겨지고 있습니다. 결과적으로 이러한 워크 플로는 '아이디어 발상 → 시각적 정리 → 시뮬레이션 테스트 → 디테일 완성 → 반복 최적화'의 과정을 체계적으로 구성할 수 있게 해 주며, 제한된 시간과 인력 안에서도 완성도 높은 게임 그래픽 결과물을 만들어낼 수 있는 핵심 전략이 됩니다.

게임 디자인에 AI를 접목한 작업 패턴

최근 게임 디자인 분야에서는 생성형 AI (Generative AI) 기술을 적극 활용하면서 작업의 효율성과 창의성이 동시에 향상되고 있습니다. 특히 아이디어 스케치부터 시각화, 시안 제작, 반복 테스트에 이르기까지 다양한 단계에서 AI를 도입함으로써, 작업 시간은 단축되면서도 결과물의 퀄리티는 오히려 향상되는 패턴이 확립되고 있습니다.

생성형 AI의 가장 큰 강점은 속도와 다양성입니다. 과거에는 하나의 아이디어를 구체화하기 위해 수많은 러프 스케치와 모델링 테스트를 수작업으로 반복해야 했습니다. 하지만 이제는 간단한 키워드 입력이나 드로잉, 참고 이미지 몇 장만으로도 AI가

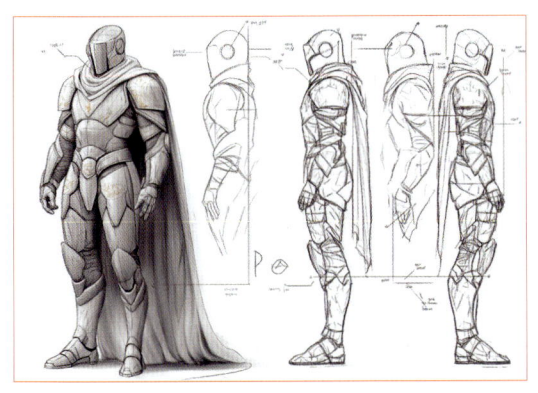
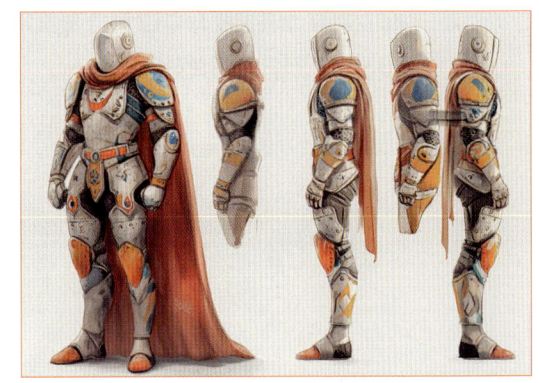

구도, 색감, 스타일이 모두 다른 다양한 시안을 빠르게 생성해 줍니다. 이러한 시각 자료들은 단순한 레퍼런스가 아니라, 실제 제작 방향을 설정하는 데 유의미한 가이드로 활용됩니다.

특히 클라이언트 또는 팀원과의 초기 콘셉트 협의 단계에서 AI는 매우 강력한 도구입니다. 아직 구체적인 이미지가 떠오르지 않거나 서로의 취향과 방향성이 모호할 때, AI를 활용해 다양한 시안을 빠르게 제시해 보면 자연스럽게 대화가 진전되고, 상호 이해도가 높아집니다. 이러한 과정은 피드백 적용 및 수정 작업의 효율성을 비약적으로 향상시키며, 최종 결정까지의 시간을 단축시켜 줍니다. 예를 들어, 캐릭터 디자인 작업에서는 기본적인 실루엣과 성격, 배경 설정만 간단히 정한 뒤, 생성형 AI를 통해 다양한 표정, 복장 스타일, 머리카락 유형 등을 실험해 볼 수 있습니다. 이 과정에서 생성된 수십 개의 이미지 중 가장 적합한 시안을 선택해, 이후 블렌더에서 3D 캐릭터로 모델링하거나 포토샵에서 디테일을 직접 다듬는 식으로 이어집니다. 이는 단순한 이미지 실험을 넘어서, 캐릭터의 아이덴티티와 몰입감을 정교하게 완성해 나가는 전략적 접근입니다.

배경 디자인이나 환경 구성에서도 AI는 유용하게 사용됩니다. 예전에는 구도와 컬러 스케일을 잡기 위해 많은 레퍼런스를 조사하고 손으로 직접 시안을 그려야 했지만, 이제는 AI에게 장면의 키워드나 분위기 설정만 제시하면, 다양한 구도와 감성을 반영한 이미지들이 자동 생성됩니다. 이를 기반으로 아티스트는 직접 채색하거나 조명과 텍스처를 수정하여 완성도 높은 아트를 제작할 수 있으며, 작업 과정 중에도 방향 전환이 훨씬 유연해집니다.

이처럼 AI는 아이디어를 빠르게 시각화하고, 제작의 방향성을 선명하게 정립하는 데 매우 큰 역할을 합니다. 특히 시간과 리소스가 제한된 프로젝트에서 AI는 반복 작업을 줄이고, 창의적 결정에 더 많은 에너지를 집중할 수 있도록 도와주는 창작의 가속기 역할을 하게 됩니다.

그러나 중요한 점은 AI는 어디까지나 보조적 도구이며, 창작의 주체는 여전히 사람이라는 사실입니다. 최종적인 콘셉트의 선택, 디테일 조정, 감성적 뉘앙스 표현 등은 인간 디자이너의 미적 판단력과 창의성이 개입되어야 진정한 완성도가 담보됩니다. 따라서 저는 AI를 단순한 자동화 수단으로 보지 않고, 창작 과정을 함께하는 동료이자 조력자로 인식하고 있습니다.

PREVIEW

AI 도구를 이용하여 누구나 쉽고 빠르게 게임 디자인을 이해할 수 있도록 4개의 파트와 53개의 섹션으로 구성하였습니다.

AI 콘텐츠 영상 제작 이론

생성형 AI를 이용한 게임디자인의 기본과 AI 도구를 이용한 작업 패턴을 쉽게 이해할 수 있습니다.

생성형 이미지 프롬프트 작성법

게임 디자인을 위한 프롬프트 작성법을 학습하여 AI 이미지의 효율적인 제작과 완성도를 높이는 과정을 소개합니다.

008

예제 미리 보기

AI 도구로 작업한 예제의 결과 영상을 확인할 수 있으며, AI 게임 디자인 작업을 위한 개념 및 제작 과정을 소개합니다.

예제 따라하기

직접 AI 도구를 이용하여 따라 하면서 학습할 수 있도록 예제 파일을 제공하고 매뉴얼과 작업 과정을 설명합니다.

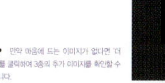

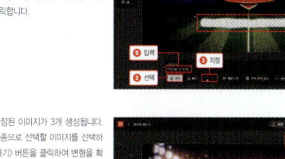

AI CONTENTS

PREFACE	003
INTERVIEW	004
PREVIEW	008

PART 1 전통적인 게임 디자인에서 AI 활용을 위한 시작

1 전통적인 게임 그래픽의 작업 과정과 AI 활용 — 022
- **01** 게임 그래픽의 발전과 AI 기술 혁신 — 022
- **02** 아이디어 콘셉트 스케치 작업 — 023
- **03** 콘셉트 스케치 기반의 스토리보드 작업 — 027
- **04** 픽셀 아트 : 도트로 표현하는 그래픽의 미학 — 029
- **05** 몰입을 유도하는 3D 그래픽 디자인 — 031

2 게임 디자인을 위한 프롬프트 가이드 — 035
- **01** 전통적인 게임 디자인 프로세스 — 035
- **02** AI를 활용한 아이디어 정리의 장점 — 038
  - 비약적으로 증가하는 아이디어 확산 속도 — 038
  - 쉽고 체계적으로 이루어지는 기획 문서 — 038
  - 빠르고 유연한 반복 실험과 수정 — 038
  - 획기적으로 향상되는 시각화 작업 속도 — 038
- **03** AI를 활용한 기획 아이디어 정리 — 039
  - AI를 활용한 아이디어 정리(캐릭터 및 세계관) — 041
- **04** AI를 활용한 게임 캐릭터의 시각적 구현 — 042
  - 캐릭터 콘셉트 정리 및 핵심 키워드 추출 — 042
  - 프롬프트 구성(텍스트 → 이미지 지시문) • 이미지 생성 결과 확인 및 선택 — 043
  - 예시 아이디어 • 핵심 키워드 정리 — 043
  - Variations • 업스케일 • Prompt 수정 — 044
  - 리파인(Refine) 및 스타일 가이드 — 045
- **05** 게임 디자인에 활용할 프롬프트 — 047
  - 캐릭터 관련 프롬프트 — 047
  - 배경 관련 프롬프트 — 049

06 생성된 이미지를 리소스로 활용하기	**051**
・활용 예시	051
07 챗GPT로 쉽게 만드는 게임 비주얼 요소	**052**
・멀티모달 ・활용 예시	053

3 실무에 활용하면 좋은 AI 도구 056
　01 다양한 도구 활용하기 056
　　・활용 예시 056

PART 2 게임 디자인을 위한 핵심 생성형 AI 기능

1 게임 디자인을 위한 기본, 생성형 AI 미드저니 060
　01 미드저니 가입하고 실행하기 060
　02 웹용 미드저니 인터페이스 살펴보기 064
　03 Imagine Bar와 Customize Settings 알아보기 065
　04 미드저니 업데이트 안내 067
　　・V7 알파 버전 주요 업데이트 내용 067
　　・V6 버전과 V7 알파 버전의 인터페이스와 비교하기 068

　05 이미지 생성을 위한 프롬프트 작성 및 기본 규칙 071
　　・미드저니 프롬프트를 작성하기 071
　　・미드저니 프롬프트를 사용해 캐릭터 생성하기 072

　06 다양한 참고 자료를 활용하여 이미지 생성하기 075
　　・캐릭터 일관성 적용하기 075

　07 Editor 기능을 이용한 이미지 편집하기 083
　　・용사 캐릭터 확장하기 083
　　・캐릭터의 특정 부분을 선택하여 정교하게 편집하기 086

2 생성형 영상 AI와 클링 AI 089
　01 클링 AI 가입하고 플랜 선택하기 089

02 글링 AI 인터페이스 살펴보기	**092**
03 클링 AI로 영상 생성하기	**093**
• 텍스트 프롬프트로 영상 생성하기	**093**
• 기존 이미지를 이용하여 영상 생성하기	**096**
• Element 기능으로 다채로운 영상 생성하기	**097**

PART 3 · AI 기반 게임 그래픽과 인터랙션 디자인 스킬

AI SKILL | 캐주얼 게임의 스크린 샷 인터페이스와 메뉴 구성

1 완구에서 플랫폼으로, 상상력의 발전	**104**
2 가상과 현실을 연결하는 레고와 게임의 융합	**106**
3 고대 유적을 탐험하는 레고 액션 게임 만들기	**108**
01 위스크로 고대 유적을 탐험하는 장면 만들기	**108**
02 미드저니로 시네마틱한 스타일 이미지 생성하기	**114**
03 ImageFX에서 게임 UI 스크린 샷 만들기	**118**
4 레고 자동차 경주 디자인하기	**122**
01 위스크로 조합하여 레고 자동차 경주 장면 만들기	**122**
02 시네마틱한 레이싱 이미지 생성하기	**128**
03 ImageFX에서 레이싱 UI 스크린 샷 만들기	**132**

AI SKILL | 캐릭터 동작의 리얼리즘, 축구 게임 타이틀 만들기

5 스포츠 게임 장르의 특징	**138**
6 축구 게임의 캐릭터 핵심 요소	**140**
7 캐릭터의 신체적 특징과 포지션별 차이	**142**
01 포지션별 핵심 신체적 특징	**142**
8 캐릭터의 애니메이션과 동작 표현	**144**
01 포지션별 핵심 동작과 특징	**144**

02 포지션별 움직임과 애니메이션 포인트 — 144
- 기본 동작 프롬프트 — 145
- 축구 관련 특수 동작 모션 프롬프트 — 145
- 골키퍼의 동작 모션 — 146

9 축구 선수 캐릭터 제작하기 — 147
01 기본 공격수 캐릭터 프로필 제작하기 — 147
02 스포츠 캐릭터 헤어스타일과 유니폼 커스터마이징하기 — 150
03 생성된 인물을 3D 게임 캐릭터로 변환하기 — 154
04 캐릭터 페이셜 애니메이션 이미지 생성하기 — 159

10 축구 게임 캐릭터의 동작과 애니메이션 — 161
01 포지션에 따른 슈팅 동작 모션 적용하기 — 161
02 공격 사용자 동작 애니메이션 연출하기 — 164
03 골키퍼가 슛을 막는 애니메이션 연출하기 — 166
04 수비 사용자 동작 애니메이션 연출하기 — 169
05 결승전에서 우승하여 기뻐하는 선수 연출하기 — 171

11 게임 타이틀 화면 만들기 — 175
01 일러스트레이터와 파이어플라이로 게임 UI 제작하기 — 175
02 게임 타이틀 화면 만들기 — 180

AI SKILL | 플랫폼 게임의 스크린 샷부터 게임 앱 아이콘 제작

12 플랫폼 게임의 특징 — 188
13 다양한 플랫폼 게임의 특징과 콘셉트 활용 — 190
01 2D 클래식 플랫폼 게임 — 190
02 메트로이드바니아 스타일 — 190
03 퍼즐 기반 플랫폼 게임 — 190
04 액션 중심의 플랫폼 게임 — 191
05 기술적 혁신을 보여 주는 3D 플랫폼 게임 — 191

14 정교한 타일 기반 맵과 레벨 디자인 — 192
15 챗GPT를 활용하여 플랫폼 게임 기획하기 — 194

16 픽셀 아트 캐릭터 생성하기 — 197
- 01 모험심 강한 주인공 캐릭터 만들기 — 197
- 02 귀여운 스타일의 게임 캐릭터 만들기 — 201
- 03 일관성 유지하여 캐릭터의 다양한 동작 만들기 — 202

17 플랫폼 게임 콘셉트 설정하기 — 206
- 01 고전적인 레트로 스타일 생성하기 — 206
- 02 판타지와 고대 유적 스타일 생성하기 — 207
- 03 어두운 판타지 및 호러 배경 생성하기 — 209
- 04 고대 유적 스타일 맵 투시 변경하기 — 210

18 플랫폼 게임 제작을 위한 세부 그래픽 생성하기 — 212
- 01 어드벤처 게임의 가상 스크린 샷 만들기 — 212
- 02 게임 속 아이콘 생성하기 — 213
- 03 전체 맵 생성하기 — 215
- 04 게임 앱 아이콘 생성하기 — 216

AI SKILL | 보이스와 립싱크로 애니메이션 RPG 그래픽 만들기

19 애니메이션 장르의 다양성 — 220
- 01 2D 애니메이션 — 220
- 02 3D 애니메이션 — 221
- 03 클레이 애니메이션 — 222
- 04 스톱 모션 애니메이션 — 222
- 05 로토스코핑 애니메이션 — 222

20 애니메이션의 스타일의 게임 렌더링 — 224
- 01 셀 셰이딩(Cell Shading) — 224
- 02 강한 윤곽선(Outline) — 225
- 03 단순화된 텍스처(Simplified Textures) — 225
- 04 밝고 생동감 있는 색상(Bright and Vibrant Colors) — 226
- 05 비현실적인 조명(Unrealistic Lighting) — 226

21 애니메이션 스타일로 여행자 캐릭터 콘셉트 아트 제작하기　　227
01 수인 여행자 캐릭터 제작하기　　227
02 용감한 여행자 캐릭터 제작하기　　231
03 두 캐릭터를 한 장면에 조화롭게 배치하기　　234

22 애니메이션 스타일의 귀여운 몬스터 생성하기　　239
01 몬스터 유형 정하고 캐릭터 생성하기　　239
02 버섯 몬스터 캐릭터 시트 만들기　　243

23 파스텔 톤의 오픈 월드 배경 디자인 생성하기　　246
24 텍스트로 AI 보이스 생성하기　　249
25 립싱크 기능으로 애니메이션 생성하기　　252

PART 4　게임 실무 디자이너가 알려주는 장르별 실전 AI 게임 프로젝트

PROJECT │ 직관적인 모바일 게임을 위한 중세 판타지 게임 캐릭터 디자인

1 중세 판타지의 매력 분석과 게임 디자인에 활용하기　　260
01 중세 시대가 게임 배경으로 자주 등장하는 이유　　260
・판타지와 연결되는 특성　・전투 게임의 묘미와 세계관 확장　　260

02 대표적인 중세 시대 캐릭터 디자인 분석하기　　261
・중세 기사 캐릭터 특징　　261
・중세 궁수 캐릭터 특징　・중세 마법사 캐릭터 특징　　262

03 게임성 있는 레퍼런스 수집하기　　263

2 캐릭터의 콘셉트 아트와 설정 샷 제작하기　　265
01 챗GPT를 활용하여 캐릭터 기획하기　　265
02 중세 시대 핵심 캐릭터 설정하기　　266
・용감한 기사 캐릭터의 핵심 요소　　266
・냉정한 궁수 캐릭터의 핵심 요소　・중세 판타지 시대를 기반으로 한 배경 디자인　　267

03 챗GPT로 캐릭터 기획안 작성하기	**268**
• 용감한 기사 캐릭터	268
• 냉정한 궁수 캐릭터	270

3 모바일 게임 캐릭터 생성하기 — 272

01 용감한 기사 SD 캐릭터 원화 생성하기	**272**
02 냉정한 궁수 SD 캐릭터 원화 생성하기	**276**
03 기사와 궁수 원화 캐릭터 시트 만들기	**278**
• 용감한 기사 캐릭터	278
• 냉정한 궁수 캐릭터	283
04 기사와 궁수 게임용 3D 그래픽 스타일 생성하기	**285**
• 3D 용감한 기사 캐릭터	285
• 3D 냉정한 궁수 캐릭터	289

4 캐릭터에 어울리는 중세 판타지 배경 생성하기 — 294

01 기사와 어울리는 아름다운 중세 시대 성 생성하기	**294**
02 궁수와 어울리는 어두운 숲속의 기지 생성하기	**298**

PROJECT | 정교한 게임 리얼리즘의 구현, FPS 슈팅 게임 디자인

5 FPS 게임 기획하여 디자인하기 — 306

01 FPS 게임의 이해	**306**
• 타 게임과의 차별성 • FPS 게임의 스타일	306
02 FPS 게임의 기초 설계 1 : 시점의 중요성과 몰입감의 차이	**308**
• 1인칭 시점 • 3인칭 시점	308
03 FPS 게임의 기초 설계 2 : 전투 매커니즘 설계와 맵 디자인	**309**
• 총기 및 타격감 • 이동 및 조작 시스템 • AI 및 전술 시스템	309
• 피드백과 UX 디자인 • 멀티 플레이 밸런싱	310
04 FPS 게임의 기초 설계 3 : 몰입감을 높이는 그래픽 요소	**311**
• 실시간 빛과 그림자 • PBR 기술	311
• 볼류트릭 라이팅 • 날씨 변화나 시간대 변화	312
• 파괴 가능한 환경 • 모션 블러와 카메라 흔들림	313

• 입자 효과(Particle Effects) **314**

6 FPS 게임 그래픽 아트와 설정 제작하기 **315**
01 챗GPT를 활용한 FPS 게임 기획 전략 **315**
• 세계관 설정   • 게임 메커니즘 기획 **315**
• 레벨 디자인   • AI 시스템 개발 **315**
• 대화형 콘텐츠 개발 **316**

02 전략적인 온라인 FPS 기획 **316**
• [과정 1] 게임 콘셉트 세계관 설정하기 **316**
• [과정 2] 게임 콘셉트 세계관 세부 설정하기 **317**
• [과정 3] 게임 플레이의 재미요소 강화 전략 정리하기 **318**

7 FPS 게임 캐릭터 생성하기 **320**
01 미드저니의 Personalize 기능으로 콘셉트 잡기 **320**
02 세계관에 적합한 메인 캐릭터 생성하기 **324**
03 현실적인 그래픽의 메인 캐릭터 생성하기 **327**
04 캐릭터에 도움을 주는 서브 캐릭터 생성하기 **329**
05 현실적인 그래픽의 서브 캐릭터 생성하기 **333**

8 게임 프로토타입 영상 만들기 **336**
01 메인 캐릭터의 공격 동작 추가하기 **336**
02 서브 캐릭터의 공격 동작 추가하기 **341**
03 생성형 영상 AI 툴을 사용하여 트레일러 영상 만들기 **343**
04 FPS 게임 무기 생성하기 **348**

9 FPS 게임의 세계관 배경과 게임 장면 연출하기 **354**
01 게임의 분위기와 세계관을 구축하는 배경 콘셉트 설정하기 **354**
02 맵의 밸런스를 고려해 게임에 적합한 시각적 구성 생성하기 **357**
03 FPS 게임 화면에 적합한 화면 생성하기 **359**

PROJECT | 시점으로 몰입 경험을 극대화하는 스피드 레이싱 게임 디자인

10 레이싱 게임의 정의 및 특성 **366**

11 레이싱 게임에서 속도감을 주는 요소 — 368

12 레이싱 게임의 맵 활용법과 아이템 구성 요소 — 370

13 시점에 따른 레이싱 콘셉트 아트 생성하기 — 372
    01 1인칭 시점으로 게임 화면 만들기 — 373
    02 3인칭 게임 화면 만들기 — 376
    03 드론 샷 게임 이미지 만들기를 활용하여 전체적인 느낌 보기 — 380

14 레이싱 게임의 꽃, 자동차 모델링&텍스처링하기 — 383
    01 경주용 자동차 외형 구체화하여 생성하기 — 383
    02 Editor를 활용하여 배경 이미지와 튜닝하기 — 387

15 게임 배경&레이싱 트랙(Track) 생성하기 — 393
    01 사막 환경(Desert Track) 맵 생성하기 — 393
    02 빙판 환경(Snow/Ice Track) 맵 생성하기 — 396
    03 도로와 지형을 설정하여 월드맵 구성하기 — 399

16 1인칭 레이싱 게임 영상 제작하기 — 403
    01 속도감 있는 경주용 오토바이 연출 생성하기 — 403
    02 레이싱 중 드래프트 장면 연출하기 — 406
    03 클링 AI로 오토바이 영상 작업하기 — 409
    04 클링 AI로 드래프트 영상 작업하기 — 411

PROJECT | 마케팅과 프로모션을 위한 게임 트레일러 영상 제작

17 게임 트레일러와 핵심 요소 — 416
    01 게임 트레일러 — 416
    02 게임 트레일러의 핵심 요소 — 416

18 긴장감 넘치는 어드벤처 영상 기획하기 — 418

19 기획된 영상 구상을 바탕으로 스토리보드 제작하기 — 420
    01 스토리보드의 기본 구성 — 420
        • 프레임(Frame) • 시각적 이미지(Sketch/Drawing) — 420
        • 설명 텍스트(Description/Action Notes) • 대사(Dialogue) — 420

- 샷 정보(Shot Details) **420**
- 카메라 동작(Camera Movement)　· 시간/타이밍(Timecode or Duration) **421**
- **02** 스토리보드에 시각적 요소 추가하기 **422**

20 스토리보드를 바탕으로 어드벤처 게임 영상 리소스 생성하기 **426**
01 미지의 섬, 수수께끼의 입구 연출하기 **426**
02 하이앵글로 사원 내부를 탐험하는 장면 연출하기 **429**

21 어드벤처 게임 트레일러 장면을 영상으로 만들기 **432**
01 미지의 섬, 수수께끼의 입구 영상화하기 **432**
02 신비한 유적 내부 영상화하기 **434**
03 유적지의 비밀 풀기 영상화하기 **435**
04 보물 발견과 배신자 등장 영상화하기 **436**
05 급류 보트 추격전 영상화하기 **437**

22 어드벤처 게임의 배경 음악과 효과음 생성하기 **438**
01 수노로 어드벤처 게임 배경 음악 생성하기 **438**
02 일레븐랩스로 어드벤처 게임 효과음 생성하기 **441**

23 캡컷에서 어드벤처 게임 트레일러 영상 편집하기 **445**
01 어드벤처 게임 영상과 음원 소스 불러오기 **445**
02 보물 발견과 배신자 등장 영상화하기 **447**
03 영상에 배경 음악과 효과음 적용하기 **449**
04 어드벤처 게임 트레일러에 어울리는 효과 적용하기 **453**
05 어드벤처 게임 트레일러 영상 출력하기 **455**

다운로드　이 책에 사용된 예제 및 완성 파일은 길벗 홈페이지(http://www.gilbut.co.kr/)에서 다운로드할 수 있습니다. 홈페이지에 접속한 후 검색란에 "AI 게임 디자인"을 입력하고 〈검색〉 버튼을 클릭합니다. 도서가 표시되면 [자료실] 탭을 선택합니다. 학습자료에서 파일을 다운로드한 다음 압축을 풀어 사용합니다.

예제 및 완성 파일
예제를 따라하면서 꼭 필요한 예제 파일과 완성 파일들을 파트별로 담았습니다. 작업한 내용을 저장하려면 실습하기 전에 하드 디스크에 폴더 채로 복사해 두고 사용하는 것이 좋습니다.

PART 1

전통적인 게임 디자인에서 AI 활용을 위한 시작

AI GAME DESIGN

전통적인 게임 그래픽의 작업과정을 시작으로, 실제 현업에서 사용되는 게임 디자인 프로세스의 핵심 단계를 소개하고, 이와 함께 AI를 활용한 아이디어 정리와 프롬프트 가이드 작성법을 통해 기획 단계에서의 효율성을 높이는 방법을 탐색합니다.

또한, 기획안을 구체화하는 데 있어 AI의 도입이 어떻게 창의성과 생산성을 동시에 향상시킬 수 있는지, 그리고 게임 캐릭터의 시각적 구현에 AI가 어떤 방식으로 기여할 수 있는지를 사례 중심으로 설명합니다. 마지막으로, 게임 디자인 실무에 바로 적용 가능한 유용한 AI 도구들을 소개하여, 실무자들이 즉시 활용할 수 있도록 돕는 실용적인 정보를 제공할 것입니다.

SECTION 1.

전통적인 게임 그래픽의 작업 과정과 AI 활용

과거에는 모든 작업이 수작업으로 진행됐습니다. 스케치를 그리고, 픽셀을 하나하나 찍고, 애니메이션 프레임을 손으로 그리는 과정까지 지금보다 훨씬 더 많은 시간과 정성이 들어갔습니다. 이번 시간에는 전통적인 2D 게임 그래픽의 작업 과정을 살펴보고, 이 과정을 AI로 어떻게 구현할 수 있을지 함께 알아보겠습니다.

01 게임 그래픽의 발전과 AI 기술 혁신

게임이 처음 등장했을 당시, 화면에는 단순한 도형이나 점들이 움직이는 모습만 볼 수 있었습니다. 사용된 색상도 극히 제한적이었고, 캐릭터나 배경은 너무나 간략해서 플레이어의 상상력에 의존해야 할 정도였습니다. 그 당시에는 그래픽이 화려하진 않았지만, 사람들은 그 속에서 상상력으로 그 부족한 부분을 채우며 게임만의 재미와 몰입감을 찾아냈고 작고 단순한 화면 안에서 새로운 세계를 만들어 내며 즐겼습니다.

시간이 흐르면서 컴퓨터와 게임 기기의 성능이 점점 향상되었고, 이에 따라 그래픽도 함께 발전하기 시작했습니다. 특히 1990년대는 게임 그래픽에 있어 중요한 전환점이 된 시기였습니다. 이 시기에는 두 가지 흐름이 동시에 발전했는데, 하나는 오락실 게임이고 다른 하나는 가정용 게임기였습니다. 오락실에서는 제한된 공간 안에서 최대한 화려한 그래픽과 사운드, 빠른 속도를 구현하기 위해 당시 기준으로 매우 정교하고 인상적인 그래픽이 사용되었습니다.

1990년대 중반, 게임 산업은 2D 그래픽에서 3D 그래픽으로의 혁신적인 전환을 맞이했습니다. 이 시기의 대표적인 작품으로는 '버추어 파이터', '슈퍼마리오 64', '파이널 판타지 7', '툼 레이더' 등이 있습니다. 이러한 게임들은 3D 환경을 본격적으로 활용하여, 플레이어들에게 더욱 몰입감 있는 경험을 제공했습니다. 이러한 게임들의 등장은 그래픽이 단순한 시각적 요소를 넘어, 게임 세계를 실제처럼 느끼게 하는 중요한 장치로 발전하는 계기가 되었고, 이를 통해 플레이어들은 더욱 현실감 있고 몰입도 높은 게임 경험을 즐길 수 있게 되었습니다.

2000년대에 들어서면서 게임 그래픽은 기술의 발전을 넘어, 스타일의 다양성까지 강조되기 시작했습니다. 현실에 가까운 사실적인 그래픽을 추구하는 게임이 있는가 하면, 아트워크(Artwork)를 강조하거나 만화적인 연출로 독특한 분위기를 만들어 내는 게임들도 많아졌습니다. 그래픽은 이제 단순히 정교함을 겨루는 요소가 아니라, 게임이 전달하고자 하는 감정과 분위기를 표현하는 하나의 언어로 자리 잡게 되었습니다.

최근 게임 그래픽 분야는 또 다른 전환점을 맞이하고 있습니다. AI 기술의 발전으로 그래픽 제작과 수정 방식이 혁신적으로 변화하고 있습니다. AI는 이미지를 빠르게 생성하거나 스타일을 변환하고, 게임에 필요한 애셋(Asset)을 자동으로 제작하는 도구로 활용되고 있습니다. 이로써 디자이너들은 반복적인 작업에서 벗어나, 더 창의적이고 핵심적인 표현에 집중할 수 있게 되었습니다. 과거를 돌아보면, 그래픽은 게임 역사에서 항상 중요한 역할을 해왔습니다. 앞으로도 그래픽은 플레이어가 게임 세계에 몰입하고, 이야기를 경험하며, 감정을 공감하게 만드는 가장 강력한 표현 수단으로 계속 발전해 나갈 것입니다.

02 아이디어 콘셉트 스케치 작업

게임 그래픽 작업은 단순히 예쁘게 그리는 것에서 시작되지 않습니다. 먼저 게임 기획자와 디자이너는 어떤 세계를 만들 것인지, 어떤 캐릭터가 등장할지, 그리고 어떤 분위기를 전달할지를 함께 고민합니다. 이러한 기획 내용을 바탕으로 그래픽 작업의 첫 단계가 진행되며, 그 시작이 바로 아이디어 스케치와 콘셉트 스케치입니다.

콘셉트 스케치는 게임의 시각적인 방향성을 잡는 중요한 과정입니다. 캐릭터의 외형과 표정, 복장, 배경의 색감과 구조, 게임에 등장할 오브젝트의 형태까지, 다양한 요소들을 간단한 스케치 형태로 빠르게 시각화합니다. 이 단계에서는 정교한 완성도를 추구하기보다는, 전체적인 느낌을 빠르게 잡아보고 아이디어를 발전시키는 것이 중요합니다. 또한, 팀원 간의 의사소통을 원활하게 하기 위한 자료로도 활용되기 때문에, 시각적 커뮤니케이션 도구로서의 역할도 큽니다. 콘셉트가 어느 정도 정리되면, 이어서 스토리보드 작업이 이루어집니다. 스토리보드는 게임의 주요 장면이나 연출 흐름을 순서대로 정리한 일종의 시각적 시나리오입니다. 플레이어가 어떤 흐름으로 게임을 진행하게 되는지, 어떤 상황에서 어떤 감정을 느끼게 되는지 등을 간단한 그림과 설명으로 정리합니다. 특히 컷씬이 있는 게임이나 장면 전환이 중요한 게임에서는 이 작업이 매우 중요하게 작용합니다.

이처럼 전통적인 2D 그래픽 제작 과정에서 아이디어 스케치와 스토리보드는 단순한 준비 과정이 아닙니다. 게임의 시각적 세계를 구상하고 구조화하는 출발점이자 설계도라고 할 수 있습니다. 개발 환경이 빠르게 변화하고 자동화 도구가 늘어난 지금도, 이 두 작업은 여전히 기획과 그래픽을 연결하는 핵심적인 단계로 활용되고 있습니다.

이 작업에 핵심적인 역할을 하는 컨셉 디자이너는 게임 그래픽 제작의 초기 단계에서 게임의 전체적인 시각적 방향을 설정하는 중요한 역할을 담당합니다. 이들은 기획자의 아이디어나 스토리 설정을 바탕으로, 캐릭터, 배경, 아이템 등의 분위기와 스타일을 시각적으로 구상하고 표현합니다. 컨셉 디자이너의 작업은 이후 아트 팀 전체의 방향성을 결정짓는 기준이 되며, 게임의 정체성을 시각적으로 정의하는 데 중요한 기반이 됩니다.

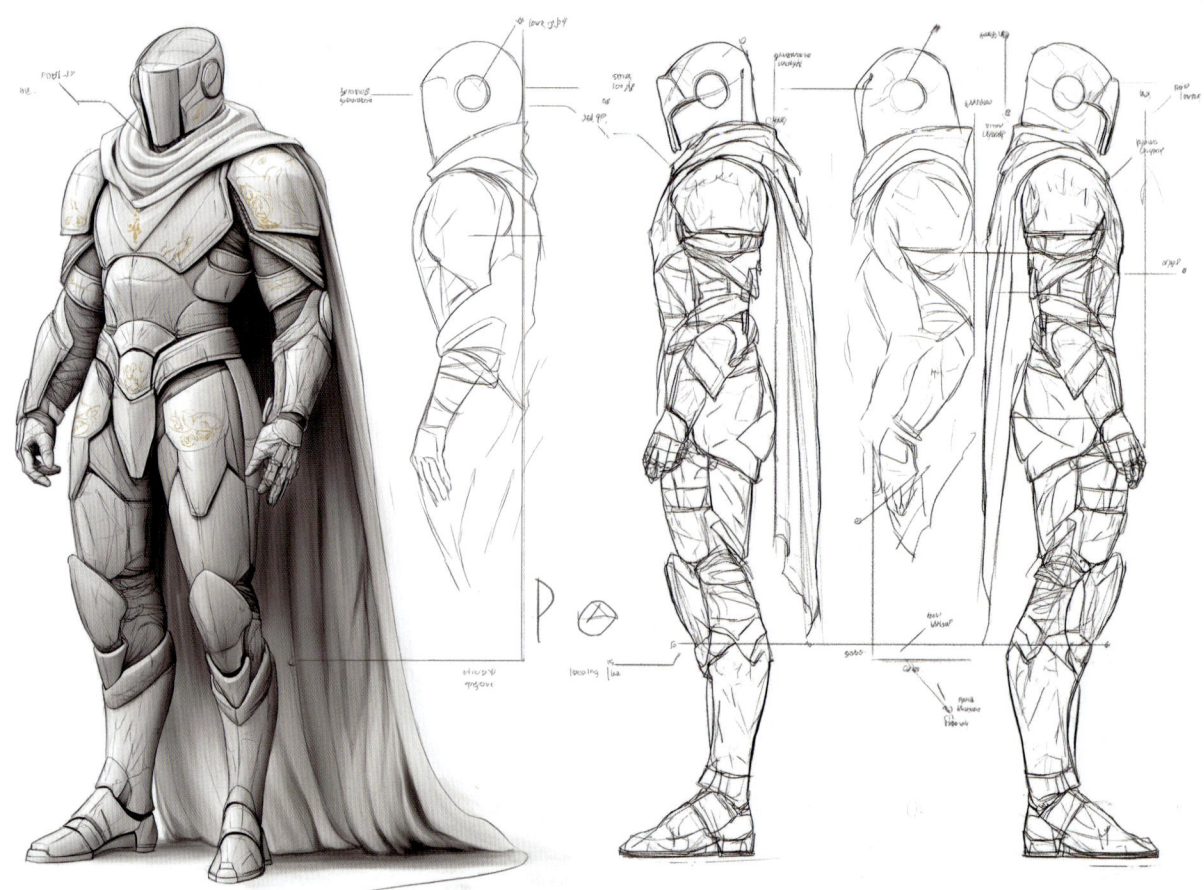

▲ 전체적으로 정밀한 렌더링과 스케치 스타일이 혼합된 형태, 캐릭터 디자인과 모델링 작업을 위한 턴어라운드 시트(Turnaround Sheet)

> **프롬프트** Game concept sketch, drawing, Create an 2D illustration of A young valiant medieval knight, shining full plate armor with intricate engravings of dragons and lions, a blue tabard with a golden crest flowing down his back. face is strong and chiseled, with piercing blue eyes and long wavy dark hair. The knight holds a massive ornate longsword in one hand and a round shield featuring heraldic symbols in the other Gray Background, Full Body, Game concept sketch, drawing, --style raw --stylize 250 --niji 6 --ar 3:4

이 작업에서 핵심적인 역할을 수행하는 컨셉 디자이너는 게임 그래픽 제작의 초기 단계에서 게임의 전반적인 시각적 방향성과 톤앤매너(Tone&Manner)를 설정하는 매우 중요한 역할을 맡고 있습니다.

이들은 게임 기획자가 제시한 아이디어와 스토리 설정, 그리고 게임의 장르나 타깃 유저층을 고려하여 캐릭터, 배경, 아이템, UI 요소 등 게임을 구성하는 다양한 시각적 요소들의 분위기와 스타일을 구상하고 시각적으로 표현합니다. 단순히 멋진 그림을 그리는 것을 넘어, 게임의 정체성과 감성을 어떻게 전달할지 고민하며 게임의 세계관을 시각적으로 번역하는 역할을 수행합니다.

콘셉트 디자이너가 만들어 낸 이미지들은 이후 아트 디렉터와 디자이너, 3D 모델러, 애니메이터 등 다양한 팀원들이 참고하는 기준점이자 방향성의 기준이 되며, 전체 그래픽 작업의 기반이 됩니다. 결과적으로, 컨셉 디자이너의 작업은 게임의 첫인상과 몰입감을 좌우하고 게임이 플레이어에게 전달하고자 하는 분위기와 감정, 그리고 브랜드 아이덴티티를 형성하는 데 핵심적인 역할을 합니다.

▲ 미드저니의 Retexture 기능으로 제작한 원화 기반 캐릭터 콘셉트

프롬프트　Fantasy RPG knight wearing medieval armor, standing in a heroic pose, game concept, cartoon render

▲ 중세 유럽 마을을 위에서 바라본 초기 콘셉트를 요청해 마을의 구조, 분위기, 건축 스타일, 자연 배경 등을 러프하게 표현한 스케치

프롬프트 rough sketch of a medieval European village, overview layout, stone houses, narrow streets, central plaza, distant church tower, surrounding hills and trees, light pencil drawing, early concept sheet

▲ 미드저니의 Retexture 기능을 사용하여 원화를 기반으로 제작한 배경 콘셉트 디자인

프롬프트 Screenshot of the opening cutscene from an animated fantasy RPG video game set in medieval, showcasing the small town and its surroundings

미드저니의 Retexture 기능은 기존의 이미지에 새로운 질감이나 표면 스타일을 적용해주는 기능입니다. 사용자는 원하는 스타일이나 재질을 프롬프트로 지정하여, 원본 형태는 유지하면서 텍스처만 새롭게 바꿀 수 있습니다. 이를 통해 같은 형태의 오브젝트에 다양한 분위기와 재질 표현을 실험할 수 있어, 컨셉 디자인 및 스타일 테스트에 유용합니다.

03 콘셉트 스케치 기반의 스토리보드 작업

아이디어 스케치는 정교함보다는 속도와 다양성이 중요합니다. 이는 하나의 콘셉트에 국한되지 않고, 다양한 시도를 통해 가장 적합한 시각적 방향을 찾아내는 탐색의 과정이라 할 수 있습니다. 이러한 아이디어 스케치 단계에서 도출된 시각적 방향은 곧이어 진행되는 스토리보드 작업으로 자연스럽게 이어집니다. 스토리보드는 게임의 흐름과 연출, 상황 전개 등을 장면 단위로 구성한 시각적 플로우 차트로, 아이디어 스케치를 바탕으로 보다 구체적이고 체계적인 게임의 시각적 구조를 정리하는 단계입니다.

스토리보드는 단순히 장면을 나열하는 것뿐만 아니라 게임 안에서 어떤 장면을 어떤 방식으로 보여 줄지를 미리 계획하는 중요한 도구입니다. 컷씬, 이벤트, 전투, 대화 등 주요 장면에서 어느 시점에 어떤 감정을 표현할지를 정리하면, 게임의 분위기와 몰입감을 효과적으로 전달할 수 있습니다. 특히 감정의 흐름이나 긴장과 여유의 리듬을 어떻게 연출할지 결정하는 데도 도움이 되고 장면 전환, 카메라 움직임, 타이밍 변화 등을 그림이나 간단한 설명으로 나타내며, 개발자 간의 원활한 소통과 연출 과정의 실수 감소에도 기여합니다. 장면 전환과 시점 변화는 게임의 몰입도에 큰 영향을 미치기 때문에, 이 단계에서의 세심한 설계는 연출 완성도를 높이는 핵심이 됩니다.

이처럼 구성된 스토리보드는 아이디어 정리를 넘어, 애니메이션, 배경, 이펙트 작업을 위한 가이드라인으로도 활용됩니다. 스토리보드는 시간의 흐름에 따라 어떤 화면을 어떻게 보여 줄지를 정리하는 시각적 설계도이자, 플레이어의 감정 몰입을 유도하는 중요한 연출 도구입니다. 실제 제작 현장에서는 스토리보드 외에도 애니메틱(Animatic), 씬 리스트(Scene list), 스크립트(Script) 등을 함께 사용해 전체적인 연출 흐름을 구체화합니다. 본문 예제에서는 이러한 스토리보드 작업에 미드저니와 ImageFX 같은 생성형 AI를 활용해 콘셉트 스케치와 장면 이미지를 빠르게 시각화하였습니다.

▲ 화면 내에 포함되는 스토리보드에 흔히 나오는 카메라 프레임, 씬 정보, 텍스트 박스 등 UI 구성 요소

프롬프트 storyboard UI, Camera information, scene name "SCENE #1" At the bottom of the screen it says "The explorer is walking towards an unknown ruin."

입력 팁
- 애니메틱(Animatic) : 스토리보드에 간단한 시간 흐름과 화면 전환을 추가한 영상 형태
- 씬 리스트(Scene List) : 게임이나 영상의 전체 내용을 장면(Scene) 단위로 나눈 목록
- 스크립트(Script) : 게임이나 영상에서 등장하는 캐릭터의 대사, 내레이션, 연출 설명 등을 글로 정리한 문서

▲ 캐릭터 동작, 카메라 앵글, 장면 전환 등을 정확히 전달해 연출 완성도와 팀 협업 효율성을 향상시키는 디테일한 스토리보드

프롬프트 storyboard UI, Camera information, scene name "SCENE #2" at the bottom of the screen it says "The explorer is escaping as the ancient ruin collapses around him." dynamic pose, rubble falling, third-person wide shot, dust and motion lines

04 픽셀 아트 : 도트로 표현하는 그래픽의 미학

과거의 게임에서 주로 사용되던 픽셀 아트는 도트 단위로 이미지를 표현하는 대표적인 그래픽 스타일입니다. 요즘도 레트로 감성을 살린 스타일로 인기를 끌며, 독특한 미적 매력과 향수를 자극하는 표현 방식으로 주목받고 있습니다.

픽셀 아트는 과거 8비트와 16비트 시절의 게임에서 주로 사용되던 그래픽 스타일로, 제한된 하드웨어 성능과 저장 공간을 효율적으로 활용하기 위해 등장한 표현 방식입니다. 초기 게임 콘솔과 아케이드 기기에서는 메모리와 그래픽 처리 능력이 매우 제한적이었기 때문에, 개발자들은 최소한의 픽셀로 최대한의 정보를 전달하는 데 집중해야 했습니다. 캐릭터 외형, 배경, UI 아이콘 등도 작은 해상도 안에서 의미와 감정을 담아야 했기에, 픽셀 하나하나에 상징성과 기능성이 담겼습니다.

이러한 제약 속에서 픽셀 아트는 단순한 기술적 대안이 아닌, 효율성과 창의성이 결합된 독특한 그래픽 표현으로 발전하게 되었습니다. 이러한 특성은 오늘날에도 계승되어 인디 게임을 중심으로 픽셀 아트가 다시 주목받고 있습니다. 개발 비용과 시간이 비교적 적게 들고, 감성적 깊이와 디자인의 자유도가 높기 때문입니다. 현대의 픽셀 아트는 셰이딩, 파티클 이펙트, 애니메이션 기법 등과 결합되며, 과거보다 훨씬 정교하고 다양한 시각적 스타일을 표현할 수 있게 되었습니다. 〈스타듀 밸리〉, 〈셀레스트〉 같은 인디 게임은 물론, 최근에는 넥슨의 인디 브랜드 민트로켓(MINTROCKET)의 〈데이브 더 다이버〉처럼 픽셀 아트를 현대적으로 재해석한 사례도 주목받고 있습니다.

이처럼 픽셀 아트는 향수를 불러올 뿐만 아니라 독특한 감성과 시각 언어를 통해 현대적 감각과도 잘 어우러지고 있으며, 이제는 독자적인 예술성과 실용성을 갖춘 하나의 그래픽 장르로 자리 잡고 있습니다. 최근에는 생성형 AI를 활용해 픽셀 아트 스타일의 그래픽을 자동 생성하거나 스타일 변환하는 기술도 발전하고 있어, 더욱 빠르고 유연한 작업 방식이 가능해지고 있습니다.

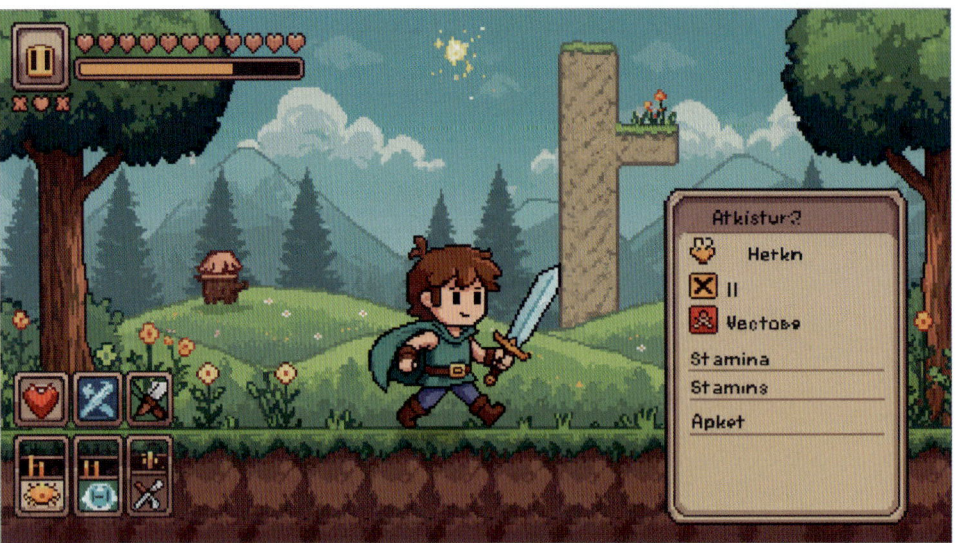

▲ ImageFX를 활용하여 8비트 기반의 귀여운 픽셀 아트 스타일로 구성한 어드벤처 게임 스크린 샷

프롬프트 | cute pixel art, 8-bit adventure game, single brave hero, colorful world, puzzle elements, exploration, item collecting, retro game feel, chiptune vibes

NOTE | 같은 프롬프트라도 사용되는 도구에 따라 다른 결과가 나타납니다. 도트 그래픽 기반의 게임 이미지를 실제 활용 목적으로 생성할 경우, 다른 프로그램보다 구글의 ImageFX가 전통적인 스타일을 더 정확하고 깔끔하게 반영됩니다.

▲ ImageFX를 활용하여 생성한 캐릭터 동작

프롬프트 | Pixel art chibi character sheet of a young adventurer in 8-bit style, six poses(idle, walking, crouching, attacking), wearing a blue tunic, red scarf, brown boots, and a backpack, simple shading, retro game sprite style, beige background

05 몰입을 유도하는 3D 그래픽 디자인

게임에서의 몰입감은 기술 발전과 함께 꾸준히 진화해 왔습니다. 특히 3D 그래픽의 등장은 게임 속 몰입 방식을 획기적으로 변화시켰습니다. 이전의 2D 게임은 제한된 시야와 고정된 시점을 통해 몰입을 유도했지만, 3D 그래픽은 플레이어가 가상 공간을 직접 '경험'하는 감각을 제공함으로써, 시각적 몰입을 공간적 체험의 영역으로 확장시켰습니다.

1990년대 중반, 〈DOOM〉과 〈Super Mario 64〉 같은 게임들은 당시로서는 혁신적인 3D 표현과 입체적 조작 시스템을 통해 새로운 몰입의 기준을 제시했습니다. 1인칭 시점과 3인칭 시점의 자유로운 전환 공간 탐색, 상호작용의 증가, 그리고 시각적 연출의 진보는 몰입형 게임 디자인의 초석이 되었습니다. 물론 초기 3D 그래픽은 폴리곤 수나 해상도 등 기술적 한계로 인해 다소 단순한 표현을 사용할 수밖에 없었지만, 디자이너들은 이러한 제약을 감성적 스타일과 창의적 구성으로 보완하며 새로운 몰입감을 만들어 냈습니다.

이처럼 3D 그래픽은 게임 디자인의 중요한 축으로 자리 잡았고, 최근에는 여기에 생성형 인공지능(Generative AI) 기술이 결합되면서 몰입형 그래픽의 새로운 가능성이 열리고 있습니다. 생성형 AI는 텍스트 입력만으로도 게임 배경, 캐릭터, 오브젝트, 텍스처 등의 시각 요소를 자동 생성하는 기술로, 그래픽 작업의 효율을 높이는 동시에 창의적 실험의 폭을 넓혀줍니다. 예를 들어, 미드저니, 달리, 스테이블 디퓨전과 같은 도구를 통해 개발자는 다양한 스타일과 분위기의 비주얼을 빠르게 구현할 수 있으며, 플레이어는 더 개인화되고 다채로운 몰입 경험을 누릴 수 있습니다. 이러한 기술은 개발 시간 단축뿐 아니라, 몰입의 '질적 깊이'를 끌어올리는 중요한 수단이 되고 있습니다.

특히, 생성형 AI는 3D 모델링 분야에서도 주목받고 있습니다. 텍스트나 이미지 입력만으로 3D 모델을 자동 생성하는 기술이 개발되어, 복잡하고 시간이 많이 소요되던 3D 자산 제작 과정을 간소화하고 있습니다. 예를 들어, 엔비디아(NVIDIA)의 겟3D(GET3D)는 2D 이미지 컬렉션을 학습하여 다양한 3D 형상을 생성할 수 있는 모델을 선보였으며, 마스터피스 스튜디오(Masterpiece Studio)는 텍스트 프롬프트만으로도 3D 모델을 생성하고 수정할 수 있는 도구를 제공하고 있습니다.

그러나 현재의 생성형 AI 기반 3D 모델링 기술은 아직 발전해야 할 부분이 많습니다. 생성된 모델이 디테일이나 정확성 면에서 부족할 수 있으며, 특히 복잡한 구조나 정밀한 작업이 필요한 분야에서는 한계가 있습니다. 또한, AI가 생성한 모델은 수작업으로 추가적인 수정이 필요한 경우가 많아 완전한 자동화에는 아직 이르다는 평가가 있습니다.

> **NOTE**
> DOOM은 2D 맵 데이터를 기반으로 하여 3D처럼 보이도록 렌더링한 '2.5D' 그래픽 엔진을 사용하였습니다. 이는 수직 축(Z축) 정보를 제한적으로 활용하여 3D 공간감을 표현한 방식으로, 당시로서는 혁신적인 기술이었습니다.

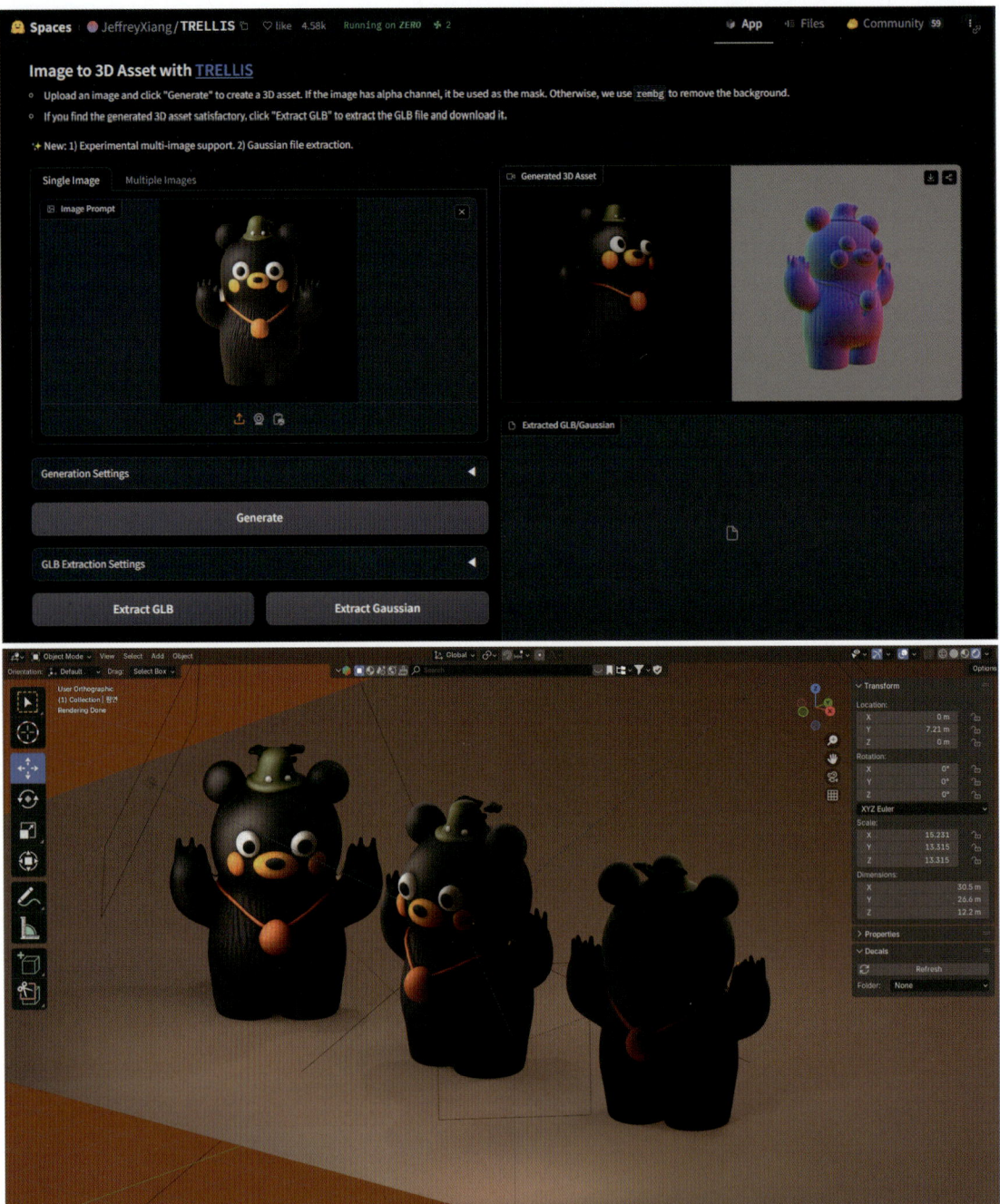

▲ 트렐리스(Trellis)에서 생성한 3D 이미지를 블렌더로 불러온 캐릭터

> **NOTE**
> 트렐리스는 마이크로소프트에서 개발한 첨단 AI 모델로, 텍스트나 이미지 입력만으로 고품질의 3D 자산을 생성할 수 있는 혁신적인 도구입니다. 이 모델은 Structured LATent(SLAT)라는 독특한 표현 방식을 사용하여 다양한 형식의 3D 출력을 지원합니다.

궁극적으로, 몰입형 3D 그래픽은 기술적 진보뿐 아니라, 창작 방식의 변화, 플레이어 경험의 개인화, 그리고 상호작용의 확장이라는 여러 축에서 함께 발전하고 있습니다. 앞으로의 게임은 눈으로만 보는 세계가 아니라, 플레이어의 감각과 감정, 상상력을 모두 끌어들이는 복합적이고 진화된 몰입 환경으로 나아갈 것입니다. 이러한 흐름 속에서 생성형 AI는 몰입형 게임의 미래를 만드는 중요한 도구이자 동반자가 될 것입니다.

▶ 클래식 2D 플랫폼 게임 구조를 재해석한 3D

▶ 복셀(Voxel) 기반의 3D 픽셀 아트 스타일

▶ 픽셀 아트 기반으로 깊이감을 연출한 3D

▲ 단순하고 귀여운 느낌의 게임 스타일을 기반으로 한 3D 로우폴리(Low-poly) 캐릭터

프롬프트 3D pixel art scene inspired by Indiana Jones: an adventurer with a fedora and whip explores an ancient tomb, leaping over traps and searching for treasure in a moody, low-lit environment

▲ 모바일 FPS 게임을 묘사해 현실적인 재질과 스타일을 바탕으로 디자인한 3D 게임

프롬프트 A screenshot of a 3d shooting game with a player holding an M4 gun, in the style of fps game, set in a Middle Eastern city street, a mobile app screenshot, realistic with a simple background, for mobile gaming

SECTION 2.

게임 디자인을 위한 프롬프트 가이드

최근에는 AI 도구들이 단순한 보조 수단을 넘어 아이디어 발굴과 시각화, 콘셉트 개발의 강력한 파트너로 자리 잡고 있습니다. 특히 게임 개발의 초기 단계에서는 캐릭터 설정이나 세계관 구축, 게임 룰 설계 등 여러 분야에서 AI 프롬프트가 큰 힘을 발휘합니다. 이 섹션에서는 게임 배경, 캐릭터, 아이템 등 다양한 게임 요소를 효과적으로 표현할 수 있는 텍스트 프롬프트 예시를 중심으로, 실무에서 바로 적용 가능한 활용법을 알아봅니다.

01 전통적인 게임 디자인 프로세스

▲ 팀원들의 활발한 브레인스토밍 장면

예전에는 게임 아이디어를 구상하고 정리하기 위해 몇 가지 필수적인 과정을 거쳤습니다. 첫 번째 단계는 브레인스토밍으로, 기획자가 혼자 또는 팀원들과 함께 화이트보드나 포스트잇 등을 이용해 자유롭게 떠오르는 아이디어를 무작위로 도출하고 정리했습니다. 이때 단순히 아이디어만 떠올리는 것이 아니라, 때로는 벤치마킹을 위해 비슷한 장르의 다른 게임을 철저히 분석하거나 관련 분야의 책, 영화, 음악 등에서 창의적인 영감을 얻기도 했습니다.

▲ 아이디어를 구체화한 게임 기획 문서 작성 과정

두 번째 단계는 도출된 아이디어를 바탕으로 '게임 개요서'와 같은 콘셉트 문서를 작성하는 일입니다. 이 문서에는 게임의 장르부터 시작하여 주요 타깃 유저, 플랫폼, 핵심적인 특징과 시스템 등 전반적인 기초 기획을 명확히 정리했습니다. 하지만 이 과정에서 아이디어가 자주 수정되거나 초기화되면서, 콘셉트 문서를 완성하는 데 많은 시간과 에너지가 들었습니다.

세 번째 단계는 팀 내부에서의 피드백 과정입니다. 작성한 개요서나 콘셉트 문서를 기반으로 동료나 상사로부터 구체적인 의견을 받고, 이를 다시 검토하여 방향성을 재조정하는 작업이 필요했습니다. 이 과정에서는 논리적이고 설득력 있는 문서를 작성하는 능력이 매우 중요했습니다. 따라서 아이디어를 팀에 이해시키고 공감을 얻기까지 물리적인 시간이 걸렸고, 실제 프로젝트로 이어지는 데에도 장벽이 되기도 합니다.

▲ 팀 내부에서의 피드백 과정

마지막으로, 게임 아이디어가 어느 정도 정리된 이후에는 캐릭터 디자인, 배경 콘셉트, UI 디자인 등 구체적인 시각화 작업에 들어갑니다. 이 작업은 기획자 혼자서 수행하기 보단 전문적인 디자이너와의 긴밀한 협업이 필수였기 때문에 콘셉트 아트를 제작하려면 최소한 며칠 이상의 시간이 소요되었으며, 커뮤니케이션 과정에서도 큰 비용이 발생합니다.

▲ 아티스트들의 협업 장면

▲ 스케치를 바탕으로 디지털 아트로 발전시키는 과정

결국, 이와 같은 게임 아이디어 정리 방식은 '창작'과 '정리'를 동시에 요구하며 많은 시간과 커뮤니케이션 비용을 초래했습니다. 각 단계마다 나름의 의미는 있었지만, 효율성과 속도 면에서는 한계가 뚜렷했고 디자이너와 기획자 모두에게 적지 않은 부담으로 작용하곤 했습니다.

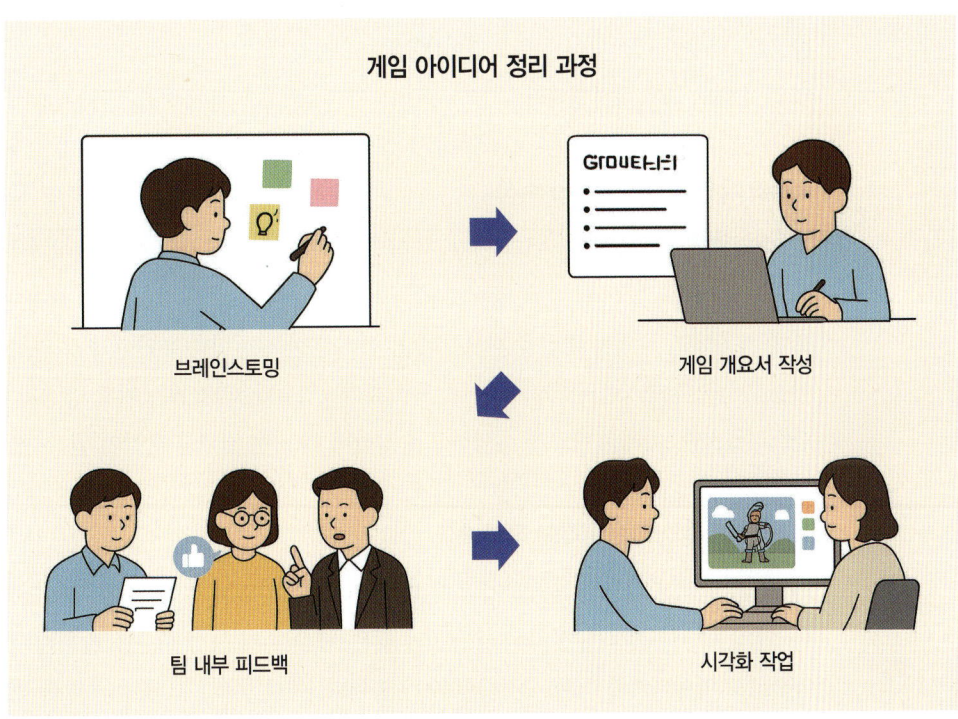

02 AI를 활용한 아이디어 정리의 장점

과거의 게임 기획은 아이디어 정리부터 문서 작성, 협업, 시각화까지 많은 시간과 노력이 필요했고, 새로운 방향을 실험하는 데도 제약이 많았습니다. 하지만 이제는 AI 도구의 등장으로 기획 초기 단계부터 시각화와 반복 실험까지 전 과정을 빠르고 유연하게 진행할 수 있게 되었습니다. AI는 기획자의 상상력을 더욱 효과적으로 현실로 구현할 수 있도록 돕는 강력한 도구가 되고 있습니다.

비약적으로 증가하는 아이디어 확산 속도

AI는 주어진 키워드나 콘셉트를 바탕으로 수십 가지의 아이디어를 빠르게 제안할 수 있습니다. 과거에는 아이디어를 하나씩 정리하고 발전시키는 데 며칠이 걸리던 일이, 이제는 AI를 활용하면 몇 분 만에 다양한 방향으로 확장할 수 있게 되었습니다. 이는 기획자의 상상력을 보완함과 동시에, 초기 기획 단계에서 발생할 수 있는 시행착오를 줄여주는 큰 장점이 됩니다.

쉽고 체계적으로 이루어지는 기획 문서

기획자의 머릿속에 있는 아이디어를 문서로 정리하는 일은 쉽지 않고, 많은 시간과 노력이 필요한 작업입니다. 하지만 GPT 계열의 AI를 활용하면, 간단한 프롬프트 한 줄로도 주요 항목들을 구조화된 형태로 정리할 수 있습니다. AI는 자동으로 기획서 형식을 갖춰 내용을 생성해 주기 때문에, 다양한 아이디어를 반복적인 포맷으로 정리하고 비교 분석하기가 훨씬 쉬워지며, 전체 작업 효율도 크게 향상됩니다.

빠르고 유연한 반복 실험과 수정

AI와의 대화는 단순히 '한 번의 명령 → 결과'로 끝나지 않습니다. 예를 들어 "적을 추가해서 난이도를 높여줘", "캐릭터 수를 줄이고 각자의 개성을 살려줘"와 같은 추가 요청에 대해 AI는 빠르게 반응하고, 수정된 버전을 제시합니다. 이러한 반복 실험과 유연한 조정 과정은 기획 아이디어를 다듬고 방향성을 구체화하는 데 매우 효과적입니다. 과거에는 기획 방향을 바꾸는 일이 부담스러웠지만, 이제는 빠르게 실험하고 수정하며 더 나은 결과를 만들어 낼 수 있습니다.

획기적으로 향상되는 시각화 작업 속도

과거에는 콘셉트 아트를 제작하기 위해 디자이너와의 긴밀한 협업이 필요했지만, 이제는 미드저니, 달리, 스테이블 디퓨전, ImageFX와 같은 AI 이미지 생성 도구를 활용해 텍스트 프롬프트만으로도 아이디어를 즉시 시각화할 수 있습니다. 예를 들어, '고대 유적을 배경으로 한 귀여운 모험가 캐릭터'라는 프롬프트를 입력하면, 수십 장의 비주얼 콘셉트가 몇 분 안에 생성됩니다. 이처럼 실시간으로 시각적 피드백을 받으며 아이디어를 빠르게 발전시킬 수 있는 시대입니다.

AI를 활용한 아이디어 정리는 단순히 작업 속도만 높이는 것이 아닙니다. 기획자의 상상력을 확장하고 반복 작업을 효율화하는 동시에, 팀 간의 소통을 원활하게 만들어주는 도구로서, 현대 게임 디자인에서 중요한 파트너로 자리잡고 있습니다. 기획의 본질은 여전히 사람의 창의력에 있지만, 그 창의력을 실현하는 속도와 범위는 AI 덕분에 훨씬 넓고 빠르게 변화하고 있습니다. 이제는 아이디어 하나만 있어도, AI를 활용하여 그것을 곧바로 구체적인 콘셉트로 발전시킬 수 있는 시대입니다.

03 AI를 활용한 기획 아이디어 정리

AI 도구(GPT, Gemini, Grok등)를 활용하면, 기존의 수작업 중심 게임 기획 방식에서 발생하던 시간적, 인적, 창의적 제약을 효과적으로 줄일 수 있습니다. 특히 기획 초기 단계에서 가장 중요한 '아이디어 구상 → 정리 → 시각화'의 흐름이 훨씬 빠르고 유연해졌다는 점은 큰 장점입니다.

아이디어를 문서화하고 체계적으로 정리하는 일은 많은 기획자에게 큰 부담이 되곤 합니다. 그러나 GPT 계열 AI를 활용하면 게임 개요, 캐릭터 설정, 시스템 구조, 수익 모델 등 복잡한 요소들을 일관성 있게 정리할 수 있습니다. 또한, 일정한 포맷을 기반으로 '게임 기획 개요서', '게임 그래픽 콘셉트', '캐릭터 시트'와 같은 실무에 바로 쓸 수 있는 문서 형태로 자동 정리해주기 때문에, 반복적인 기획서 작성에 드는 시간과 노력을 크게 줄일 수 있습니다.

사용자

자원을 수집하고 마을을 성장하여 전투를 벌이는 전략 시뮬레이션 게임을 만들고 싶어. 기본 게임 구조, 핵심 시스템, 플레이 흐름을 정리해 줘.

시뮬레이션 게임에서 자원 수집 → 마을 성장 → 병력 생산 → 전투로 이어지는 흐름은 매우 직관적이며, 유저에게 깊은 몰입감을 줄 수 있는 구조입니다. 아래에 기본 게임 구조와 핵심 시스템, 그리고 전체적인 플레이 흐름을 정리해 드렸습니다.

기본 게임 구조

- **장르** : 실시간 전략 시뮬레이션(RTS 또는 하이브리드 형태 가능)
- **플랫폼** : 모바일/PC/웹 등 멀티 플랫폼 대응 가능(크로스플레이 고려 가능)
- **그래픽 스타일** : 2.5D 아이소메트릭/3D/셀 쉐이딩 등 선택 가능
- **플레이 방식** : 싱글 플레이/멀티 플레이/PVE와 PVP 혼합 가능
- **게임 세계관** : 중세 판타지/SF 미래/포스트 아포칼립스 등 테마 설정 가능
- **운영 방식** : 서버 기반 온라인 게임/로컬 저장 중심의 오프라인 게임/하이브리드
- **세션 구조** : 지속형 빌드업 게임 또는 라운드 기반 세션 게임
- **조작 방식** : 터치 기반(모바일), 마우스&키보드(PC), 클릭 드래그 기반의 직관적 인터페이스
- **UI/UX 방향성** : 직관적인 자원/건물/유닛 관리, 미니맵, 알림 시스템 등 포함

핵심 시스템

1. 자원 시스템

자원은 게임의 경제 기반으로, 목재, 돌, 금속, 식량 등으로 구성됩니다. 건물에서 자동 생산하거나 유닛이 수동 채집하며, 자원은 건설, 유닛 생산, 연구, 업그레이드 등에 사용됩니다. 효율적인 자원 운용이 성장 속도에 큰 영향을 미칩니다.

2. 마을 성장 시스템

마을은 자원 생산, 인프라, 군사, 연구 건물로 구성되며, 건물 업그레이드를 통해 기능이 강화됩니다. 건물 간의 밸런스와 성장 전략이 플레이어의 전력 확보에 중요하게 작용합니다.

3. 유닛 시스템

유닛은 근접, 원거리, 기병, 공성병기로 나뉘며, 군사 건물에서 자원과 시간을 들여 생산됩니다. 병과 간 상성 시스템이 존재하여 전략적 조합과 배치가 전투의 핵심이 됩니다.

4. 전투 시스템

전투는 자동 또는 수동 조작으로 진행되며, 사전 유닛 배치가 중요합니다. 목표는 자원 약탈, 기지 파괴, 점령이며, 전투 보상으로 자원과 트로피, 경험치를 획득할 수 있습니다.

5. 기술 연구/발전 시스템

연구소에서 기술 트리를 통해 자원 생산, 유닛 능력, 건설 효율 등을 강화할 수 있습니다. 분야별로 경제, 군사, 방어 기술을 선택적으로 성장시키며 전략의 다양성을 높입니다.

6. PVP/PVE 콘텐츠

PVE는 스토리, 던전, NPC 마을 공략을 포함하며, PVP는 유저 간 전투, 랭킹 경쟁, 클랜전으로 구성됩니다. 두 콘텐츠 모두 성장을 유도하고 게임에 지속적인 몰입감을 제공합니다.

전체 플레이 흐름

시작 → 자원 수집 → 마을 건설 및 업그레이드 → 군사력 확보 → 전투 → 보상 획득 및 성장 → 반복

- **초반**

게임의 시작 단계에서는 튜토리얼을 통해 기본적인 조작법과 자원 수집 방법을 익히게 됩니다. 플레이어는 소규모 자원을 활용해 첫 번째 건물을 건설하고, 초기 유닛을 생산하며 게임의 구조를 이해하게 됩니다. 이 시기는 마을의 기초를 다지는 단계로, 빠른 진입과 몰입감을 제공하는 것이 중요합니다.

- **중반**

자원이 안정적으로 확보되면, 생산과 소비의 효율성을 최적화하고 다양한 병과의 유닛을 확보하게 됩니다. 연구소를 통한 기술 발전이 본격화되며, PVE 콘텐츠를 중심으로 전략적인 공격과 방어를 설계하게 됩니다. 마을의 구조를 재정비하고, 생산과 군사력을 균형 있게 성장시키는 것이 핵심입니다.

- **후반**

후반부에는 클랜 시스템이나 시즌제 콘텐츠 등 대규모 전투(PVP)에 진입하게 됩니다. 고급 유닛 및 영웅 유닛이 등장하면서 전략의 폭이 넓어지고, 실시간 유저 간 전투나 협동 콘텐츠가 중심이 됩니다. 이 시기는 경쟁과 협력이 공존하며, 랭킹 상승과 마스터리 추구가 주된 동기가 됩니다.

이렇게 정리된 기본 게임 기획과 챗GPT를 통해 도출한 제안을 바탕으로, 이제 아이디어를 구체화하고 더욱 완성도 있게 수정·발전시켜 나가는 단계로 들어갑니다.

AI를 활용한 아이디어 정리(캐릭터 및 세계관)

이제 생성된 기본 게임구조를 바탕으로, 캐릭터와 세계관을 설계하고 스토리를 구성해 보는 단계입니다. 이를 통해 게임의 전반적인 흐름과 분위기에 어울리는 스토리라인을 자연스럽게 만들어갈 수 있습니다.

이 전략 시뮬레이션 게임의 세계관과 플레이 흐름에 잘 어울리는 핵심 캐릭터와 유닛의 콘셉트를 중세 판타지 세계관에 맞게 제안해 줘.

전략 시뮬레이션 게임의 세계관(중세 판타지)에 잘 어울리는 핵심 캐릭터와 유닛 콘셉트를 정리해 드리겠습니다. 이 캐릭터들은 각각의 게임 시스템과 자연스럽게 연결되며, 게임 몰입도를 높이는 중심 역할을 하게 됩니다.

세계관 배경(기본 설정)

"대륙의 균형이 무너지고, 다섯 왕국은 신의 유산 '심장의 돌'을 차지하기 위해 전쟁을 시작했다. 고대 마법이 다시 깨어나고, 인간, 엘프, 드워프, 언데드, 야수족이 각자의 세력을 확장해 간다."

핵심 캐릭터 및 유닛 콘셉트 제안

자원 수집/마을 성장 핵심 캐릭터

이름	역할	설명
에이나 빌더	건설/관리 영웅	드워프 출신의 장인. 건설 속도와 자원 생산량을 증가시키는 오라 능력 보유. 마을 성장 속도를 크게 높여주는 초기 핵심 캐릭터.
멜린의 여왕	식량 생산	자연 마법에 특화된 엘프. 농장 근처에 배치 시 식량 생산량 증가. 시간 경과에 따라 숲을 재생시켜 목재 수급에도 도움을 줌.

기본 전투 유닛

이름	역할	설명
왕국 검병	근접 보병	가장 기본적인 인간 병력. 방패와 검을 장비하며, 건물 파괴에는 약하지만, 근접전에 강함. 초반 방어/공격용으로 자주 활용.
그린우드 궁수	원거리	엘프 유닛. 사거리가 길고 정밀도가 높지만, 체력이 낮음. 나무 지형 근처에서 은신 가능.
강철 창병	대기병	드워프 창병. 느리지만 방어력이 높고 기병에 강함. 적의 돌격을 막는 데 효과적.

고급/특수 유닛

이름	역할	설명
화염술사 에르노	마법사	화염 마법으로 광역 공격 가능. 마나가 고갈되면 일반 공격으로 전환. 높은 폭발력과 위험 요소를 동시에 지님.
빛의 성녀 아르벨	힐러/서포터	범위 회복 및 방어력 증가 오라 제공. 신성 마법을 사용하여 언데드 유닛에게 강력한 피해를 줌.
페가수스 수호자	공중 기동 유닛	하늘을 나는 기사. 방어 타워를 무시하고 깊숙이 침투 가능. 비용이지만 전략적으로 유용함.

영웅 유닛(히어로 클래스)

이름	역할	설명
화염술사 에르노	마법사	화염 마법으로 광역 공격 가능. 마나가 고갈되면 일반 공격으로 전환. 높은 폭발력과 위험 요소를 동시에 지님.
빛의 성녀 아르벨	힐러/서포터	범위 회복 및 방어력 증가 오라 제공. 신성 마법을 사용하여 언데드 유닛에게 강력한 피해를 줌.
페가수스 수호자	공중 기동 유닛	하늘을 나는 기사. 방어 타워를 무시하고 깊숙이 침투 가능. 비용이지만 전략적으로 유용함.

중세 판타지 전략 시뮬레이션 게임에 어울리는 캐릭터와 유닛이 자원 수집, 마을 성장, 병력 생산, 전투의 역할에 맞춰 자동 생성되었습니다. 이렇게 생성된 캐릭터는 생성형 AI를 활용해 시각화할 수 있습니다.

04 AI를 활용한 게임 캐릭터의 시각적 구현

게임에서 캐릭터는 플레이어와 가장 가까운 존재이며, 게임의 분위기와 정체성을 가장 강하게 전달하는 요소입니다. 하지만 캐릭터의 비주얼을 구체화하는 과정은 디자이너와 긴밀한 협업, 스케치, 피드백, 수정의 연속으로 이루어졌고, 많은 시간과 커뮤니케이션이 필요합니다. 이제는 생성형 AI 이미지 생성 도구를 활용하여 캐릭터 콘셉트를 빠르게 시각화할 수 있습니다. 이 과정은 크게 4단계의 과정으로 진행하면 좋습니다.

캐릭터 콘셉트 정리 및 핵심 키워드 추출

먼저 머릿속에 떠오른 캐릭터 아이디어를 간단한 문장으로 정리한 뒤, 그 안에서 시각적으로 핵심이 되는 키워드를 추출합니다. 이후 이 키워드를 바탕으로 프롬프트를 구성해 시각화 작업을 진행합니다.

| 예시 아이디어 | "그린우드 궁수 : 숲을 지키는 엘프 여성 궁수. 초록빛 망토를 두르고, 마법이 깃든 활로 정령 화살을 쏜다. 날렵하고 조용하며, 숲속에 숨어 적을 노린다." |

| 핵심 키워드 정리 | 엘프 여성 궁수/숲의 수호자/초록 망토/마법 활/정령 화살/은신과 정찰 능력/민첩하고 조용한 스타일 |

프롬프트 구성(텍스트 → 이미지 지시문)

AI는 사람이 일상적인 언어로 작성한 문장, 즉 자연어 프롬프트를 기반으로 이미지를 생성합니다. 사용자가 머릿속의 아이디어를 텍스트로 표현하면, AI는 그 내용을 분석해 시각적인 형태로 구현합니다.

| 프롬프트 | Elven female archer in a green cloak, magical bow, shooting spirit arrows, stealthy, hiding in the forest, fantasy style, detailed illustration |

TIP 미드저니는 묘사에 감정, 재질, 색조 등을 섬세하게 넣을수록 더 정밀한 결과를 생성됩니다.

이미지 생성 결과 확인 및 선택

미드저니는 입력된 프롬프트를 바탕으로 4장의 캐릭터 이미지를 생성합니다. 이 중 원하는 스타일이나 분위기에 가까운 이미지를 선택해 다음 단계로 진행할 수 있습니다. 만약 마음에 드는 결과가 없다면, 프롬프트를 수정하거나 다시 생성하여 원하는 방향에 맞게 반복 작업을 진행합니다.

Variations	유사한 스타일로 추가 이미지 생성
업스케일	고해상도 버전 생성
Prompt 수정	"좀 더 슬림한 체형으로", "다크 판타지 느낌으로" 등 원하는 방향으로 조정하여 다시 생성할 수 있습니다.

리파인(Refine) 및 스타일 가이드

원하는 이미지가 생성되었다면, 이를 기반으로 캐릭터의 다양한 포즈나 표정, 무기와 방어구의 변화 등을 추가로 생성하여 보다 풍부한 버전으로 확장할 수 있습니다. 이렇게 생성된 다양한 이미지들은 캐릭터의 스타일과 분위기를 명확히 보여 주는 참고 자료가 되며, 나아가 전체적인 스타일 가이드로 활용할 수 있어 이후 3D 디자인 작업이나 팀 내 커뮤니케이션에도 큰 도움이 됩니다.

프롬프트 Mysterious elven female archer in a black hood and dark leather armor, enchanted emerald cloak, magical bow with glowing runes, firing spirit arrows with ghostly trails, stealthy and hidden in a dark enchanted forest, dark fantasy style, moody lighting, detailed illustration

입력 팁
1. black hood and dark leather armor : 검은색 후드와 어두운 가죽 갑옷
2. enchanted emerald cloak : 마법이 깃든 에메랄드색 망토
3. magical bow with glowing runes : 빛나는 룬이 새겨진 마법 활
4. dark fantasy style, moody lighting : 다크 판타지 스타일, 분위기 있는 조명

생성된 이미지를 기반으로 장비와 능력치, 외형을 조정해 다크한 스타일의 궁수가 새롭게 탄생했습니다.

| 프롬프트 | Elven female archer character sheet, front view, side view, back view, various poses and expressions, wearing a green cloak and leather armor, magical bow with glowing runes, spirit arrows, fantasy style, detailed illustration, clean white background, concept art layout |

입력팁
1. **character sheet** : 캐릭터 시트 형식 생성
2. **front/side/back view** : 캐릭터의 다각도 표현
3. **various poses and expressions** : 감정/동작 표현 추가
4. **clean white background** : 요소가 잘 보이도록 배경 통일
5. **concept art layout** : 게임 개발용 콘셉트 시트 스타일로 구성

이렇게 해서 캐릭터의 정면, 측면, 액션, 감정 표현 등 여러 시트를 구성할 수 있고, 실제 3D 모델링 전 가이드를 만드는 데도 활용됩니다.

이와 같이 AI로 시각화한 캐릭터 이미지는 다양한 실무에 폭넓게 활용될 수 있습니다. 가장 기본적으로는 기획서에 삽입하여 캐릭터 콘셉트를 명확하게 전달하는 데 유용하며, 아트 디렉터나 팀원들과 공유하여 전체 스타일 방향성을 설정하는 데에도 큰 도움이 됩니다. 또한 개발 초기 단계에서는 모델링이나 애니메이션 작업을 위한 참고 자료로 사용할 수 있고, 마케팅 시안이나 일러스트 등의 초기 비주얼 제작에도 적극적으로 활용할 수 있습니다. 물론 현재 AI는 최종 아트워크를 완전히 대체할 수는 없지만, 기획자의 상상을 빠르게 시각화하고 팀 전체의 방향성을 구체화하는 데 매우 효과적인 도구입니다.

05 게임 디자인에 활용할 프롬프트

생성형 AI를 활용하는 과정에서 가장 핵심이 되는 요소는 단연 프롬프트(prompt)입니다. 프롬프트는 AI와의 대화에서 사용자가 원하는 결과를 끌어내기 위한 '질문이자 지시문'이며, 그 퀄리티와 구조에 따라 결과물의 완성도가 크게 달라집니다. 같은 AI 모델이라도 어떤 프롬프트를 입력하느냐에 따라 캐릭터의 느낌과 배경의 분위기, 문장의 스타일이 전혀 다르게 표현될 수 있습니다.

캐릭터 관련 프롬프트

AI가 인물의 외형이나 전체적인 구조를 정확하게 이해하고 표현하기 위해서는 몇 가지 핵심 정보가 필요합니다. 특히 성별, 나이대, 그리고 종족(예 : 인간, 엘프, 오크, 로봇 등)은 캐릭터의 외형과 분위기를 결정짓는 데 중요한 역할을 합니다. 이러한 설정은 신체 비율이나 표정의 표현 방식, 디테일의 밀도 등에 큰 영향을 주기 때문입니다.

> 인간(Human), 엘프(Elf), 오크(Orc), 로봇(Robot), 외계인(Alien), 악마(Demon), 천사(Angel), 드워프(Dwarf), 드래곤(Dragon) 등

여기에 더해 캐릭터가 속한 세계관(예 : 중세 판타지, 디스토피아 SF, 고대 신화, 스팀펑크 등)도 디자인의 방향성을 정하는 핵심 요소입니다. 같은 엘프 캐릭터라도 '숲의 수호자'와 '어둠의 암살자'는 전혀 다른 외형과 분위기를 지니게 됩니다.

> 중세 판타지(Medieval Fantasy), 디스토피아(Dystopian), 사이버펑크(Cyberpunk), 고대 신화(Mythological), 신화적 세계(Ancient), 스팀펑크(Steampunk), 포스트 아포칼립스(Post-Apocalyptic), 우주 SF(Space Sci-Fi), 갤럭틱 세계(Galactic), 동양 판타지(East Asian Fantasy), 전통설화(Mythic)

마지막으로 캐릭터의 성격 역시 중요한 시각적 단서가 됩니다. 냉철한 전략가, 명랑한 모험가, 복수심에 불타는 전사 등 어떤 인물인가에 따라 포즈나 표정, 의상, 색감 등이 달라지며, 이는 캐릭터의 개성과 설득력을 높여줍니다.

냉철한 전략가(Calm Strategist/Tactical), 명랑한 모험가(Cheerful Adventurer), 복수심에 불타는 전사(Vengeful Warrior), 신비로운 마법사(Mysterious Mage), 정의로운 기사(Noble Knight/Heroic), 불안하거나 내성적인 인물(Shy/Nervous), 거만한(smug), 슬픈(teary eyes), 냉소적인(sarcastic smile), 지혜로운(wise), 광기 어린(insane/wild eyes)

결국, AI를 활용해 매력적인 캐릭터 아트를 얻기 위해서는 단순한 외형 묘사에 그치지 않고 세계관과 성격, 설정이 조화를 이루는 풍부한 프롬프트 구성이 필요합니다. 이러한 정보들이 어우러질 때, AI는 더욱 생동감 있고 완성도 높은 캐릭터를 만들어 낼 수 있습니다.

▶ FPS game 3D graphic Style로 제작된 고품질 캐릭터

▶ 중세 시대 배경의 궁수와 기사 캐릭터

배경 관련 프롬프트

배경 디자인(Background Design)은 게임 속에서 캐릭터와 오브젝트가 활동하는 공간과 환경을 시각적으로 설계하는 작업을 말합니다. 세계관의 분위기, 시간적 배경, 플레이어의 몰입도를 좌우하는 핵심 시각 요소입니다.

캐릭터나 이벤트가 발생하는 장소의 설정은 전체 비주얼의 분위기와 콘셉트를 결정하는 데 핵심적인 요소입니다. 숲, 도시, 성, 던전, 우주, 바닷속 등 다양한 배경은 캐릭터의 정체성과 행동 방식에 영향을 주며, 세계관의 확장성과도 연결됩니다. 예를 들어, 깊은 숲은 은밀하고 신비로운 분위기를, 우주는 고립감과 광활함을 표현하는 데 효과적입니다.

> 숲(Forest), 도시(City), 성(Castle), 던전(Dungeon), 우주(Space), 바닷속(Underwater), 사막(Desert), 계곡(Valley), 열대 섬(Tropical Island), 공중 도시(Sky City), 폐허 도시(Ruined City), 얼음 성(Ice Castle)

배경이 놓인 세계관은 디자인 전체의 톤과 방향을 결정짓는 근본적인 틀입니다. 중세 판타지, 미래 도시, 고대 신화, 스팀펑크 등 어떤 세계관이냐에 따라 등장하는 캐릭터, 건축물, 기술, 복장 등이 달라집니다. 같은 '전사' 캐릭터라도 중세 판타지에선 갑옷과 검을, 미래 세계에선 강화 슈트와 에너지 블레이드를 들고 있을 수 있습니다.

> 중세 판타지(Medieval Fantasy), 미래 도시(Futuristic City/Cyberpunk), 고대 신화(Ancient Mythology), 스팀펑크(Steampunk), 우주 SF/스페이스 오페라(Space Sci-Fi/Galactic Empire), 몽환 판타지(Whimsical Fantasy)

배경이나 장면의 분위기는 감정 전달에 있어 매우 중요한 역할을 합니다. 따뜻함, 긴장감, 신비로움, 공포 등은 색상, 조명, 구도, 캐릭터의 표정이나 자세 등을 통해 표현됩니다. 예를 들어, 어두운 색조와 역광은 위협적인 분위기를, 부드러운 톤과 자연광은 편안함과 안정감을 줄 수 있습니다.

> 따뜻함(Warmth), 긴장감(Tension/Suspense), 신비로움(Mystery/Enchantment), 공포(Fear/Horror), 평온(Calm/Serenity)

조명과 색감은 시간대, 날씨, 감정 상태 등을 시각적으로 드러내는 핵심 요소입니다. 이른 아침의 부드러운 햇살, 한밤중의 푸른 달빛, 폭풍 속 붉은 하늘 등은 장면의 정서와 몰입도를 높여줍니다. AI 프롬프트에서는 시간대나 날씨를 명시하면 색상 톤과 명암이 자연스럽게 반영됩니다.

> 이른 아침/새벽(Soft Morning Light), 한밤중/달빛(Moonlight Atmosphere), 폭풍 속(Stormy Weather, Drama), 흐림+안개 낀 날(Overcast+Foggy), 강한 햇빛(Bright Noon Light), 석양/저녁노을(Golden Hour), 눈 오는 날/차가운 조명(Snowy Scene/Cold Light)

구조물, 식생, 조형물, 오브젝트 등 디테일 요소는 장면에 현실감과 깊이를 더해 줍니다. 배경 속 나무의 종류, 도시의 건축 양식, 던전 벽의 문양, 바닥에 흩어진 아이템 하나하나가 캐릭터의 세계를 풍부하게 만들어 줍니다. 또한, 시점과 구도(예 : 탑뷰, 아이 레벨, 로우앵글 등)를 함께 설정하면 장면의 몰입도와 시각적 강도가 한층 높아집니다.

> 고딕 양식 기둥(Gothic stone pillars), 위엄 있는 중세 왕좌의 방(Majestic medieval throne room), 스테인드 글라스 창문(Stained glass windows), 금빛 장식(Gold accents), 고퀄리티 판타지(High-detail fantasy), 깊고 신비한 숲(Deep enchanted forest), 덩굴 식물(Ivy-covered trunks)
>
> 탑뷰(Top View), 아이 레벨(Eye Level), 로우앵글(Low-angle), 버드아이 뷰(Bird's-eye View), 하이앵글(High-angle), 오버 숄더(Over-the-Shoulder View), 와이드 앵글(Wide Angle/Long Shot), 익스트림 클로즈업(Extreme Close-up), 심도 있는 뷰(Deep Focus), POV(Point of View), 실루엣(Silhouette), 다이내믹 앵글(Tilted/Dutch Angle)

▲ 고전적인 중세 시대 전장의 느낌을 표현한 와이드 샷

▲ 레이싱 게임의 트랙이 있는 설산

06 생성된 이미지를 리소스로 활용하기

과거에는 원하는 재질이나 표면 질감을 표현하기 위해 웹에서 이미지를 찾거나, 고가의 PBR 텍스처 세트를 구매해야 했습니다. 하지만 이제는 생성형 AI에 간단한 설명만 입력하면, 원하는 분위기와 질감을 가진 이미지를 손쉽게 만들 수 있습니다. 또한, AI 기반의 이미지 보정 도구나 PBR 텍스처 생성 툴을 함께 사용하면, Albedo, Normal, Roughness, Metalness 등의 맵을 포함한 고품질의 텍스처 세트를 빠르게 제작할 수 있습니다.

AI 기반 제작 방식은 게임 개발, 3D 모델링, 가상현실, 애니메이션 등 다양한 분야에서 유용하게 활용되고 있습니다. 창작자는 반복적인 리소스 검색과 재질 제작에 소요되는 시간을 줄이고, 더 많은 시간을 창의적인 작업에 집중할 수 있습니다. 무엇보다 생성형 AI는 사용자의 스타일이나 프로젝트 방향에 맞춰 구체적이고 맞춤된 이미지를 빠르게 생성할 수 있어, 결과물의 일관성과 품질 향상에 긍정적인 영향을 줍니다.

생성형 AI는 단순한 보조 도구를 넘어, 실제 제작 과정 전반에 활용 가능한 강력한 리소스로 자리 잡고 있습니다. 반복적인 리소스 제작에 드는 시간을 줄이고, 창의적인 작업에 집중할 수 있게 해주는 것은 물론, 제한된 시간과 자원 속에서도 높은 품질의 결과물을 도출할 수 있는 환경을 제공합니다. 앞으로 생성형 AI를 능동적으로 활용하는 역량은 디지털 콘텐츠 제작자에게 중요한 경쟁력이 될 것입니다.

활용 예시

미드저니에서 달 표면 타일 맵 이미지를 생성하고 블렌더를 활용해 3D 텍스처로 자연스럽게 적용합니다.

TIP 수정된 프롬프트 뒤에 파라미터 --tile을 입력하면 타일맵이 생성됩니다.

▲ 미드저니로 생성한 달 표면 질감의 타일(Tile) 이미지

프롬프트
Close-up moon surface 3D texture map for games, with realistic dust, craters, porous rocks, seamless tiling, soft lighting, PBR look, geology-inspired, for ZBrush/Substance Painter workflow --stylize 250 --tile --v 6.1 --style raw

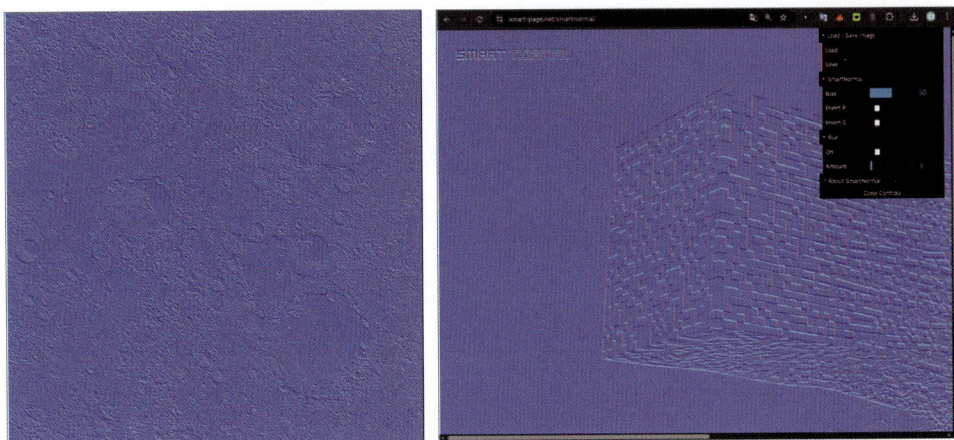

▲ 스마트노멀맵 2.0(www.smart-page.net/smartnormal/)으로 변환한 노멀맵

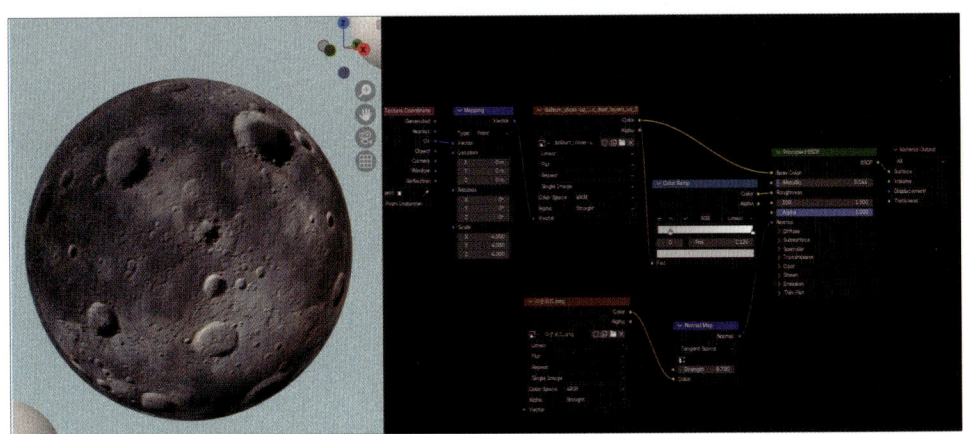

▲ 블렌더의 노드를 활용해 생성한 이미지의 재질 적용

07 챗GPT로 쉽게 만드는 게임 비주얼 요소

챗GPT(ChatGPT)는 원래 텍스트 기반의 대화형 인공지능으로 잘 알려져 있었습니다. 하지만 2025년 3월, Open AI가 GPT-4o 모델을 발표하면서 이미지 생성 기능이 본격적으로 추가되었고, 이를 통해 챗GPT는 단순한 텍스트 생성 도구를 넘어 시각 콘텐츠까지 제작할 수 있는 멀티모달(Multimodal) 플랫폼으로 한 단계 도약하게 되었습니다. 이제는 텍스트 프롬프트만 입력해도 원하는 이미지를 만들 수 있어, 게임 디자인 분야에서도 실제 창작 도구로 활발히 활용되고 있습니다.

챗GPT의 큰 강점 중 하나는 사용자와의 대화를 통해 맥락을 이해하고 학습하면서 점점 더 맞춤화된 결과물을 만들어 낸다는 점입니다. 대화를 주고받으며 사용자의 의도나 스타일을 파악하고, 여기에 맞춰 결과를 점진적으로 정교하게 다듬는 구조를 갖추고 있어, 단순히 자동 생성기를 넘어 진정한 협업 파트너로서의 가치를 보여 줍니다. 일관성 있는 게임 아이콘, 캐릭터 일러스트, UI 요소 등을 쉽게 만들 수 있으며, 이러한 시각 자산은 게임의 콘셉트와 분위기를 보다 선명하게 전달하는 데 큰 도움을 줍니다. 또한, 이미지 생성뿐 아니라 스토리 라인 구성, 세계관 설정, 캐릭터 서사 등 텍스트 기반 작업에도 강점을 가지고 있어, 게임 개발의 초기 기획 단계부터 완성 후반까지 전반적으로 활용 가능한 도구로 자리 잡고 있습니다.

특히 소규모 개발팀이나 1인 제작자에게는 챗GPT의 기능이 더욱 유용합니다. 반복적인 작업을 빠르게 처리해 줄 뿐 아니라, 새로운 아이디어나 시도를 부담 없이 실행해 볼 수 있게 도와줍니다. 결과적으로 더 높은 완성도를 유지하면서도 작업 효율을 크게 높일 수 있는 환경을 만들어 줍니다. 앞으로 챗GPT의 멀티모달 기능을 전략적으로 활용한다면, 게임 디자인에서의 창의성과 생산성 모두에서 의미 있는 도약이 가능할 것입니다.

멀티모달

텍스트, 이미지, 음성 등 서로 다른 형태의 정보를 동시에 이해하고 처리할 수 있는 인공지능 기술을 말합니다. 기존에는 텍스트만 다루던 AI가 대부분이었지만, 멀티모달 AI는 여러 입력을 함께 받아들이고, 그 의미를 종합적으로 파악할 수 있습니다.

다시 한번 정리하자면, 챗GPT의 최신 버전인 GPT-4o는 이런 멀티모달 기능을 갖추고 있어서, 글로 대화하는 것은 물론 그림을 만들고 이해하는 일도 함께 할 수 있습니다. 이 덕분에 사용자는 다양한 작업을 한 번에 처리할 수 있고, 게임이나 콘텐츠를 만들 때 더 빠르고 편리하게 작업할 수 있습니다.

활용 예시

다양한 질문을 바탕으로 챗GPT와 함께 하이퍼 캐주얼 게임 이미지를 생성해 나가는 예시를 살펴봅시다.

하이퍼 캐주얼 런게임 캐릭터를 생성해 줘.

하이퍼 캐주얼 런게임 캐릭터는 단순하고 직관적인 디자인, 강한 실루엣, 귀여움 또는 독특한 개성이 특징입니다.

캐릭터 콘셉트 제안
- **이름** : 버블런(Bubble-Run)
- **설정** : 과즙이 톡톡 터지는 젤리 세계를 달리는 캐릭터
- **특징** : 통통 튀는 모션
  젤리처럼 반투명한 몸체, 표정이 자주 바뀌며 감정 표현이 풍부
  머리에는 작고 귀여운 액세서리(예 : 우산, 왕관, 사탕 막대)

이 게임에서 플레이하게 될 캐릭터를 만들어 줘.

 하이퍼 캐주얼 런게임의 메인 캐릭터는 게임의 얼굴이자 첫인상이기 때문에 귀여움 + 눈에 띄는 개성 + 단순함이 핵심입니다. 아래는 메인 캐릭터 디자인을 구체화한 예시를 알려드릴게요.

메인 캐릭터 : "젤리런(JellyRun)"

- **형태** : 말랑한 젤리 모양의 캐릭터, 전신이 살짝 반투명
- **눈** : 큰 동그란 눈, 살짝 반짝이는 하이라이트
- **색상** : 기본 색은 오렌지 젤리, 하이라이트는 연한 노랑과 흰색
- **특징** : 머리 위에 작은 왕관 또는 사탕 막대기 액세서리
- **모션** : 뛰거나 구를 때 말랑하게 튀는 애니메이션 느낌

혹시 이 캐릭터를 3D로 구현하거나, 다양한 포즈가 필요한 경우도 말씀해 주세요! 원하시면 이 캐릭터의 러닝 포즈나 점프 애니메이션 참고용 시트도 만들어 드릴 수 있어요.

 해당 특징을 반영하여 캐릭터 이미지를 생성해 주고 화면 가로 비율로 변환하여 이 캐릭터의 러닝 포즈나 점프 애니메이션 시트도 만들어 줘.

 이 캐릭터의 뒤에서 본 모습을 3D 게임 화면에 넣어서 보여 줘. 게임 화면은 '9:16'의 세로 비율로 과즙이 톡톡 터지는 젤리 세계로 설정해 주고, 런게임에 어울리는 UI와 UX를 넣어 줘.

 이 게임의 색감을 살려서 배경과 캐릭터가 들어간 앱스토어 아이콘을 생성해 줘.

이처럼 챗GPT와의 대화를 통해 스타일의 일관성을 유지한 채 게임 스크린 샷과 앱 아이콘 이미지까지 비교적 쉽게 생성할 수 있었습니다. 사용자는 생성된 결과물을 확인하며 계속해서 수정하고 발전시킬 수 있어, 게임이나 콘텐츠 제작 과정이 더욱 빠르고 효율적으로 이루어집니다.

> **NOTE**
> 챗GPT에게 이미지 생성을 요청할 때, 다음의 프롬프트처럼 두 가지 이상의 옵션을 비교하거나 선택지를 함께 제시하면 스타일, 구성, 분위기 등의 차이를 명확하게 반영한 프롬프트를 생성할 수 있어 더욱 구체적이고 원하는 결과에 가까운 이미지를 얻을 수 있습니다.
>
> **프롬프트** 게임의 앱 아이콘을 만들거야. 하나는 캐릭터 중심으로, 다른 하나는 게임 플레이 요소를 강조하는 스타일로 생성해 줘.

SECTION 3. 실무에 활용하면 좋은 AI 도구

생성형 AI는 이제 게임 제작의 다양한 과정에서 실질적인 도구로 활용되고 있습니다. 이번에는 캐릭터 콘셉트 디자인, 배경 이미지 생성, 밸런스 조정 등 게임 그래픽 작업에 적용할 수 있는 실용적인 기능들을 중심으로 살펴보겠습니다.

01 다양한 도구 활용하기

현재 생성형 AI 도구들은 다양하게 발전하고 있으며, 각각의 도구는 고유한 특징과 강점을 가지고 있으며 작업 목적에 따라 알맞게 선택해 사용하는 것이 중요합니다. 대표적인 도구로는 미드저니, 챗GPT, 이마젠 3, 파이어플라이, 위스크 등이 있으며, 이들은 이미지 생성, 텍스트 생성, 편집, 아이디어 확장 등 다양한 작업에 특화되어 있습니다.

예를 들어, 미드저니는 감각적이고 예술적인 이미지를 쉽게 만들 수 있어 콘셉트 아트나 아이디어 스케치에 유용합니다. 감성이 담긴 그림을 빠르게 생성할 수 있어 디자인 초기에 특히 효과적입니다. 챗GPT는 스토리, 캐릭터 설정, 게임 시스템 같은 기획 작업에 도움이 되며, 최근에는 이미지 리터칭이나 편집도 가능해져 후반 작업에서도 잘 활용됩니다.

이마젠 3는 사실적이고 섬세한 이미지 표현에 강해, 현실적인 질감이나 구조가 필요한 장면에 적합합니다. 위스크는 웹 기반으로 빠른 장면 구성이나 콘셉트 시각화에 유용하며, 게임 배경이나 아이템 아이디어 탐색에 효과적입니다. 파이어플라이는 포토샵, 일러스트레이터와의 연동이 뛰어나 이미지 편집과 작업 흐름에 잘 맞습니다. 더 정밀한 이미지 제작에는 스테이블 디퓨전이나 노드 기반의 컴피 UI(Comfy UI)처럼 커스터마이징이 가능한 도구가 적합합니다.

이처럼 하나의 도구에만 의존하지 않고, 각 도구의 특성을 이해해 목적에 맞게 조합하는 것이 중요합니다. 실제 게임 제작에서도 콘셉트 디자인은 미드저니, 기획과 리터칭은 챗GPT, 복잡한 그래픽 설정은 스테이블 디퓨전, UI 제작은 파이어플라이처럼 역할을 나눠 사용하면 효율을 높일 수 있습니다. 다양한 AI 도구를 유기적으로 활용하면 적은 인력과 시간으로도 높은 완성도의 결과물을 만들 수 있습니다.

활용 예시

다양한 스타일에 적합한 도구들을 활용하여, 과일을 주제로 한 3 매치 퍼즐 게임의 타이틀 화면을 제작하였습니다.

▲ 미드저니로 생성한 게임 타이틀 화면　　▲ ImageFX로 생성한 게임 UI 디자인

▲ 파이어플라이로 생성한 러프한 스케치를 챗GPT를 통해 완성한 이미지

◀ 생성된 여러 요소를 조합한 타이틀 화면

PART 2

게임 디자인을 위한 핵심 생성형 AI 기능

AI GAME DESIGN

게임 디자인을 위한 이미지 생성형 AI인 미드저니와 영상 생성형 AI인 클링(Kling AI)의 활용법을 이해하는 것은, 단순히 툴을 다루는 수준을 넘어, 원하는 게임 콘셉트의 비주얼을 효과적으로 구현하고 다양한 제작물로 확장할 수 있는 핵심 기술입니다.

이미지 생성 단계에서는 프롬프트 작성법, 스타일 지정, 반복 생성 및 선택, 그리고 세부 수정 기법을 익혀야 하며, 이는 캐릭터 시안, 배경 콘셉트, UI 요소 등 게임 전반의 시각 자료 제작에 사용됩니다. 이후 영상 생성 툴인 클링 AI를 통해 시네마틱 프리뷰, 게임 소개 영상, 또는 마케팅 트레일러를 제작할 수 있습니다.

이러한 작업 프로세스를 학습하여 개발 초기 단계의 아이디어 구상부터 시각적 구현, 그리고 프레젠테이션 및 자료 제작까지 게임 디자인 전반 작업을 구현할 수 있습니다.

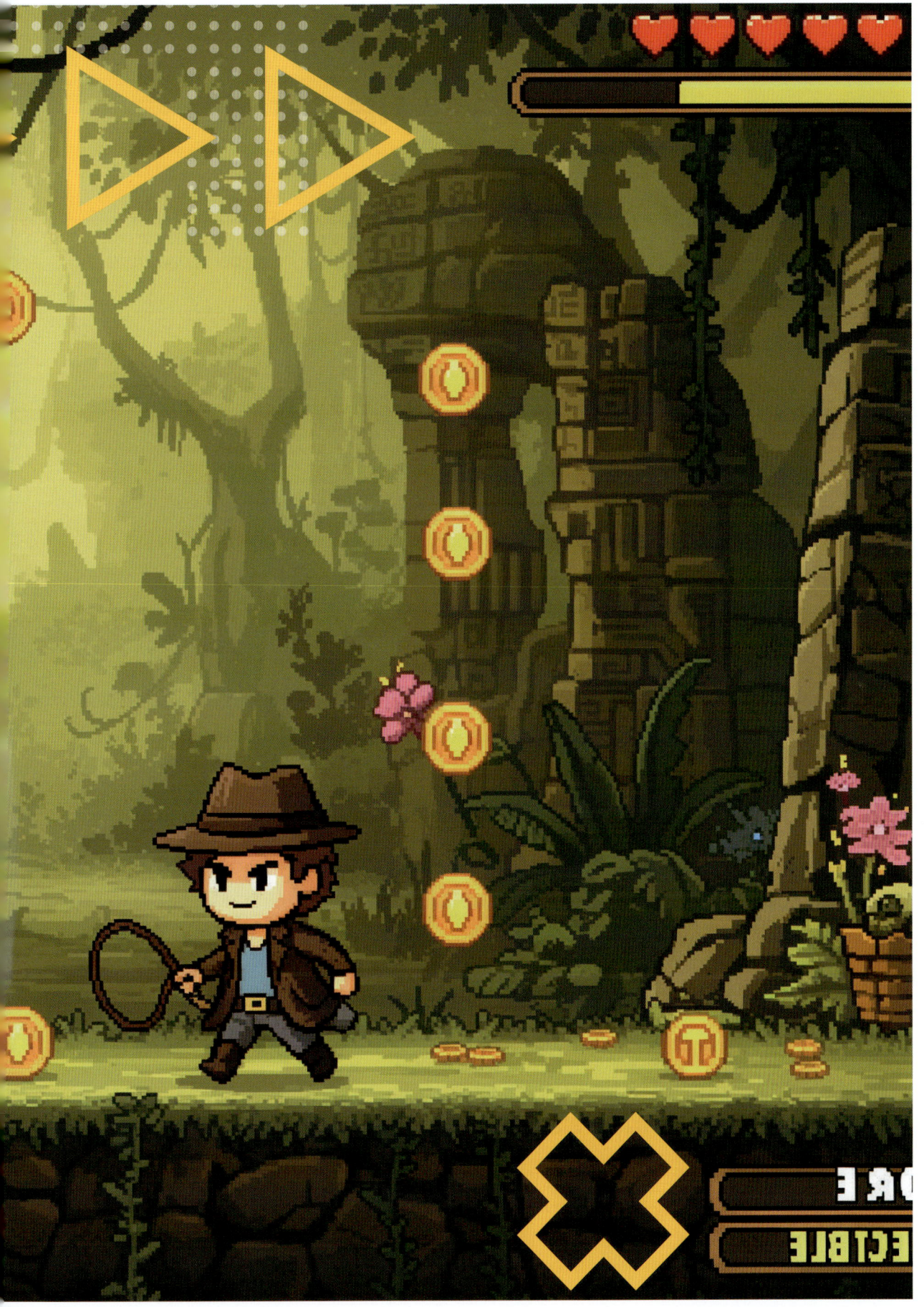

SECTION 1.

게임 디자인을 위한 기본, 생성형 AI 미드저니

미드저니는 사용자가 입력한 텍스트 프롬프트를 바탕으로 고품질의 이미지를 생성하는 생성형 AI 도구입니다. 게임 그래픽 제작에서 초기 콘셉트 아트나 독특한 스타일을 탐구하는 데 적합하며, 사실적 그래픽부터 캐주얼한 디자인까지 다양한 비주얼을 빠르게 구현할 수 있습니다. 프롬프트의 구체성에 따라 결과가 달라지므로, 원하는 방향을 명확히 설정하는 것이 중요합니다.

미드저니는 텍스트 프롬프트를 기반으로 고화질 이미지를 생성하는 AI 도구로, 게임 그래픽 제작에서 강력한 도구로 자리 잡고 있습니다. 특히 게임 개발 초기 단계에서 캐릭터 디자인, 환경 콘셉트, UI 요소, 텍스처, 배경 스타일 등 다양한 시각적 요소를 빠르고 자연스럽게 구현할 수 있어 작업 흐름을 효율적으로 정리하는 데 도움을 줍니다. 사실적인 3D 그래픽부터 감각적인 2D 스타일까지 폭넓게 지원하며, 디자이너의 아이디어를 신속하게 시각화하는 데 강점을 보입니다.

이 도구의 가장 큰 장점은 시간과 비용을 절감하면서도 창의적인 가능성을 극대화할 수 있다는 점입니다. 복잡한 스케치나 반복적인 수정 없이도 빠르게 결과물을 확인할 수 있어 아이디어를 구체화하고 팀원 간 소통을 원활하게 만드는 데 유용합니다. 또한, 게임의 아트 스타일을 정립하거나 다양한 디자인 방향을 탐색할 때도 효율성을 높이며, 신속한 피드백과 조정을 가능하게 합니다.

미드저니는 결과물의 일관성과 품질을 높이기 위해 프롬프트 작성의 중요성을 강조하며, 이를 효과적으로 활용하면 디자이너의 의도를 더욱 정확하게 반영한 그래픽을 얻을 수 있습니다. 또한, 반복적인 수정 기능을 통해 세부적인 조정이 가능해 단순한 생성 도구를 넘어 작업의 완성도를 높이는 데 실질적인 도움을 줍니다. 이러한 특성 덕분에 미드저니는 게임 그래픽 제작 과정에서 창의력과 효율성을 동시에 충족시키는 든든한 파트너로 자리 잡았으며, 디자이너가 상상력을 자유롭게 펼칠 수 있는 환경을 제공합니다. 현대 게임 개발의 흐름 속에서 미드저니는 혁신적인 도구로서, 창작자의 비전을 현실로 구현하는 데 기여하고 있습니다.

01 미드저니 가입하고 실행하기

미드저니는 텍스트 프롬프트를 입력하면 AI가 자동으로 이미지를 생성하는 웹 기반 서비스입니다. 별도의 프로그램 설치 없이 디스코드와 웹에서 직접 실행할 수 있으며, 가입을 위해 디스코드

(Discord) 계정이 필요합니다. 디스코드와 연동하여 작동하며, 사용자는 디스코드 계정으로 로그인한 후 이미지 생성을 시작할 수 있습니다.

01 디스코드는 음성, 영상, 텍스트 채팅을 제공하는 커뮤니케이션 플랫폼으로, 미드저니 사용을 위해 필수적으로 가입해야 하는 계정입니다. 웹브라우저에서 'https://discord.com/'를 입력하여 디스코드에 접속하고 〈Login〉 버튼을 클릭합니다.

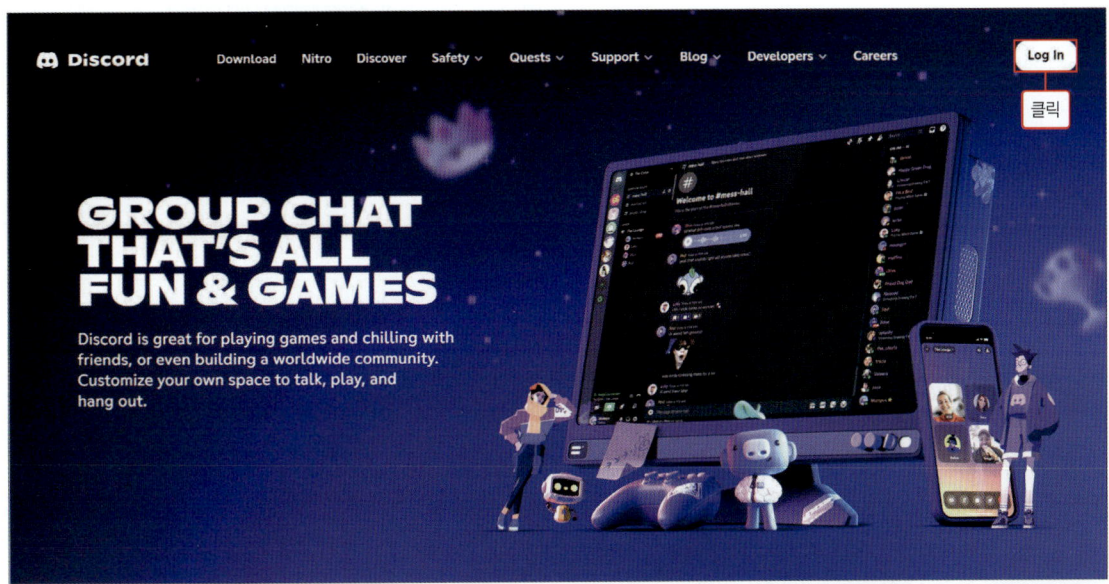

02 로그인 화면에서 가입을 해야 합니다. 화면에서 〈가입하기(Register)〉 버튼을 클릭합니다. 계정 만들기 화면에서 이메일 주소, 사용자명(닉네임), 비밀번호, 생년월일을 입력하고 〈계속하기〉 버튼을 클릭하여 가입을 진행합니다.

03 입력한 이메일로 인증 메일이 발송되며, 메일을 확인하여 〈이메일 인증〉 버튼을 클릭합니다.

TIP 이메일 인증이 완료되면 디스코드에 로그인할 수 있으며, 이때 웹용으로 디스코드를 로그인하거나 프로그램을 다운로드하여 설치해 실행하는 방법도 있습니다.

04 가입이 완료되면 웹브라우저에 'www.midjourney.com'을 입력하여 미드저니 사이트에 접속합니다. 로그인하기 위해 〈Sign Up〉 버튼을 클릭하고 Sign up 화면이 표시되면 디스코드 계정과 구글 계정을 연동하여 로그인하기 위해 〈Continue with Google〉 버튼을 클릭합니다.

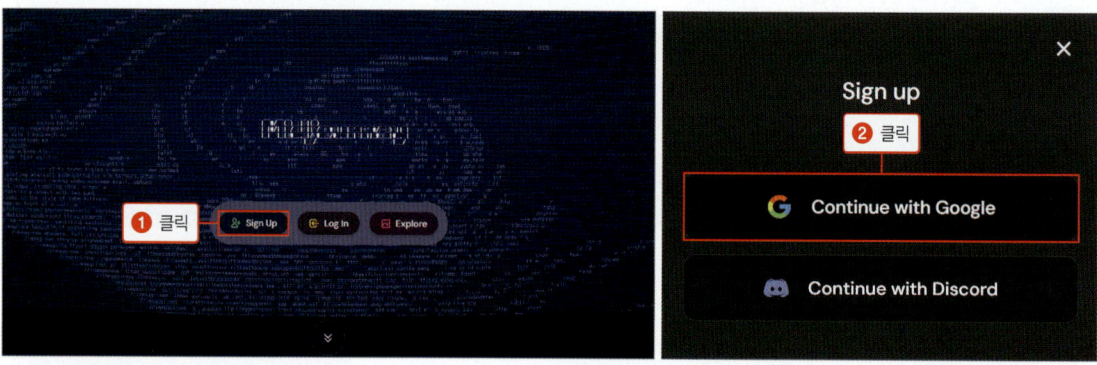

05 미드저니에서 이미지를 생성하기 위해서는 미드저니 멤버십에 가입해야 합니다. 멤버십에 가입하기 위해 화면 왼쪽 하단에서 아이디가 표기되어 있는 계정을 클릭하고 'Manage Subscription'을 선택합니다.

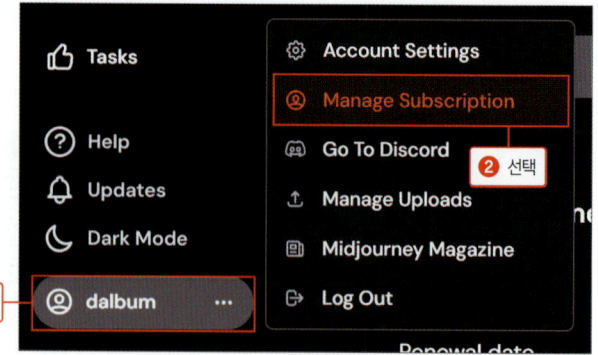

06

미드저니는 사용량에 따라 여러 가지 유료 요금제(플랜)를 제공합니다. 각 플랜의 가격과 특징을 비교한 후, 자신에게 적합한 옵션을 선택하여 플랜을 결제해 구독합니다. 구독이 완료되면 미드저니 웹 버전과 디스코드에서 바로 이미지 생성이 가능합니다.

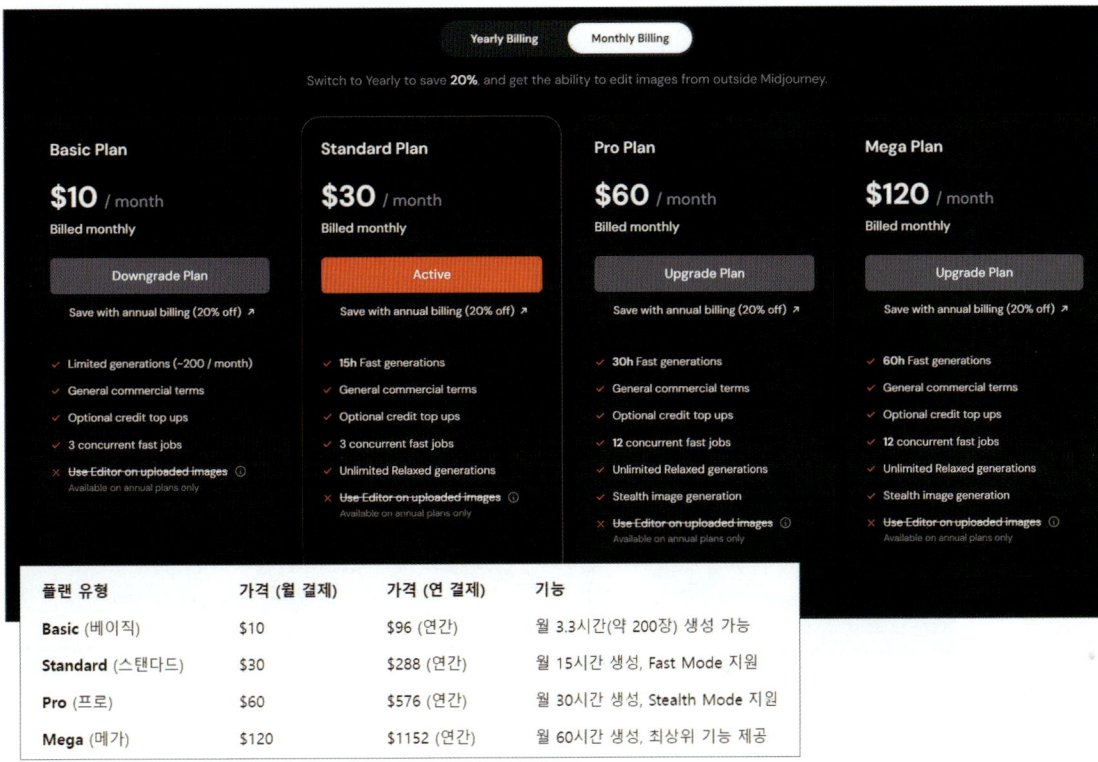

플랜 유형	가격 (월 결제)	가격 (연 결제)	기능
Basic (베이직)	$10	$96 (연간)	월 3.3시간(약 200장) 생성 가능
Standard (스탠다드)	$30	$288 (연간)	월 15시간 생성, Fast Mode 지원
Pro (프로)	$60	$576 (연간)	월 30시간 생성, Stealth Mode 지원
Mega (메가)	$120	$1152 (연간)	월 60시간 생성, 최상위 기능 제공

TIP 표시된 가격은 부가세가 포함되지 않은 금액이며, 베이직과 스탠다드 요금제의 차이는 생성 시간에 있습니다. 스탠다드 플랜은 지정된 시간이 소진된 후에도 느린 속도의 Relaxed 모드로 계속해서 이미지를 생성할 수 있다는 점이 특징입니다.

NOTE 구독 플랜의 업그레이드와 다운그레이드

구독 플랜은 언제든지 업그레이드 또는 다운그레이드할 수 있습니다. 구독을 취소하려면 미드저니 웹사이트에서 (Manage Subscriptions(구독 관리)) 메뉴로 이동하여 해지 요청을 진행할 수 있으며, 해지 후에도 남은 사용 시간은 만료일까지 유지됩니다.

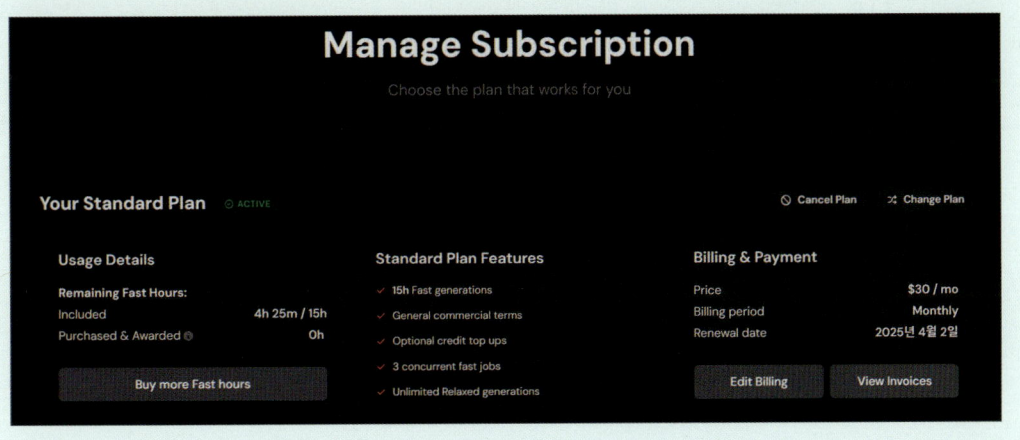

02 웹용 미드저니 인터페이스 살펴보기

미드저니는 AI를 활용해 창의적인 이미지를 생성하는 도구입니다. 이 웹사이트에서는 사용자가 간편하게 다양한 이미지를 만들 수 있도록 돕는 여러 기능과 옵션을 제공합니다. 미드저니 웹사이트 버전에서 왼쪽에 있는 메뉴들을 살펴보겠습니다.

❶ **Explore(탐색)** : 미드저니 커뮤니티에서 생성된 다양한 이미지를 탐색하고 영감을 얻을 수 있는 공간입니다. 이곳에서는 다른 사용자의 작품을 감상하고, 인기 있는 스타일이나 트렌드를 파악할 수 있습니다.

❷ **Create(생성)** : 이미지 생성을 위한 주요 작업 공간으로, 사용자가 텍스트 프롬프트를 입력하면 실시간으로 이미지를 생성하고 미리 볼 수 있는 기능을 제공합니다. 이를 통해 아이디어를 빠르게 시각화할 수 있습니다.

TIP 웹페이지 상단의 Imagine Bar 영역은 항상 표시되므로, 〈Create〉 버튼을 클릭하지 않아도 이곳에 프롬프트를 입력하여 빠르게 원하는 이미지를 생성할 수 있습니다.

❸ **Edit(편집)** : 생성된 이미지를 수정하거나 변형할 수 있는 기능입니다. 사용자는 결과물에 대한 추가적인 수정을 요청하거나, 세부적인 요소를 변경하여 원하는 스타일이나 구성을 더욱 정교하게 조정할 수 있습니다. 단, 이 기능을 사용하려면 연간 유료 결제 구독이 필요하거나, 이미지를 10,000장 이상 생성해야 사용할 수 있습니다.

❹ **Personalization(개인화)** : 사용자가 자신의 취향에 맞게 작업 환경을 조정하거나, 자주 사용하는 프롬프트와 설정을 저장할 수 있습니다. 또한, 무드보드 기능을 통해 사용자는 다양한 이미지를 모아 특정 스타일이나 아이디어에 맞는 시각적 참조를 만들 수 있습니다. 이를 통해 작업 흐름을 더욱 효율적으로 관리하고, 개인적인 스타일을 반영한 결과물을 생성할 수 있습니다.

❺ **Organize(정리하다)** : 생성한 이미지를 효율적으로 관리하고 구성할 수 있는 다양한 도구를 제공합니다. 사용자는 프로젝트별로 이미지를 정리하거나 특정 주제에 맞춰 작품을 모을 수 있습니다. 폴더 기능을 활용해 이미지를 주제나 프로젝트별로 분류하고, 관련 작업들을 그룹화하여 나중에 쉽게 찾고 활용할 수 있습니다. 이를 통해 다양한 스타일이나 테마에 맞는 이미지를 하나의 폴더로 묶어 관리할 수 있습니다.

❻ **Chat(채팅)** : 사용자가 다른 사용자들과 상호작용하거나, 생성된 이미지에 대해 피드백을 주고받을 수 있는 공간을 제공합니다. 이 기능을 통해 커뮤니티 내에서 아이디어를 교환하거나, 작업을 공유하고 개선할 기회를 얻을 수 있습니다.

03 Imagine Bar와 Customize Settings 알아보기

홈페이지 가장 상단에 있는 Imagine Bar는 사용자가 원하는 이미지를 만들기 위해 텍스트를 입력하는 곳입니다. Imagine Bar 오른쪽에 위치해 있는 'Customize Settings' 아이콘(🎛)은 이미지 생성에 필요한 설정을 개인 취향에 맞게 조정할 수 있는 기능입니다. 이 두 가지 기능을 잘 활용하면 더 창의적이고 세밀한 이미지를 만들 수 있습니다. 여기에서는 Customize Settings에 있는 세부 기능만 최소한으로 간략하게 살펴보겠습니다.

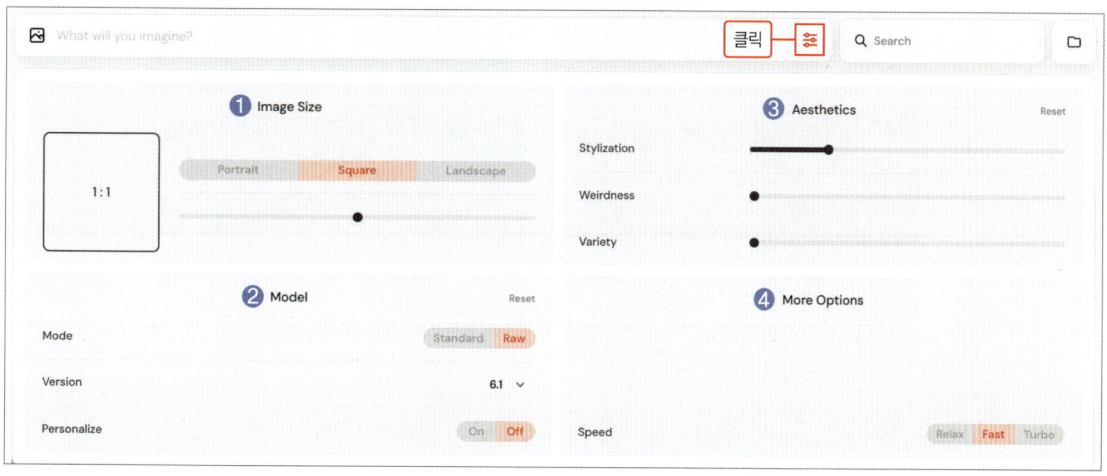

❶ **Image Size(Aspect Ratio)** : 미드저니의 기본 비율은 1:1로 설정되어 있으며, 이를 조정하여 이미지의 가로와 세로 비율을 쉽게 변경할 수 있습니다. 바의 점을 이동시켜 원하는 비율로 이미지를 생성할 수 있으며, 비율의 숫자를 클릭해 직접 수치를 입력하는 것도 가능합니다. 이를 통해 웹 배너 디자인, 인스타그램 이미지, 영화 포스터 등 특정 비율을 요구하는 작업에 유용하게 활용할 수 있습니다.

❷ **Model(Mode/Version/Personalization)** : 미드저니에서 사용자가 생성하는 이미지의 스타일과 품질을 영향을 미치는 중요한 설정 항목입니다. 이 설정을 통해 모델을 선택하고, 특정 버전이나 개인화된 모델을 사용할 수 있습니다.

- **Mode** : 미드저니에서는 이미지 생성 시 Standard 모드와 Raw 모드를 선택할 수 있습니다. Standard는 미드저니의 기본 모드로, 예술적 스타일과 미화 기능이 자동으로 적용되어 빠르고 일관된 결과를 제공합니다. 반면, Raw는 자동화된 스타일링을 줄여 사용자의 입력에 더 충실한, 자연스럽고 사실적인 이미지를 생성합니다.

- **Version** : 버전(Version)은 이미지 생성 시 품질, 스타일, 속도 등을 조절하는 중요한 요소입니다. 각 버전은 고유한 알고리즘과 특성이 있으며 사용자는 원하는 결과에 따라 적절한 버전을 선택할 수 있습니다. 참고로 Niji 모드는 애니메이션 및 동양 미학에 특화된 모델로, 캐릭터 중심의 역동적인 장면을 생성하는 데 적합합니다(2025년 현재 기준으로, 미드저니의 최신 버전은 V7입니다.).

- **Personalization** : 특정 스타일이나 패턴을 반복적으로 적용할 수 있습니다. 이를 통해 지속적으로 같은 스타일로 이미지를 생성하여 해당 스타일을 인식시킬 수 있으며, 기능은 On/Off로 활성화 또는 비활성화할 수 있습니다. 또한, 여러 개의 무드보드를 동시에 선택할 수 있습니다.

❸ **Aesthetics(Stylization/Weirdness/Variety)** : 미드저니에서 다양한 미학적 스타일과 미적 요소를 선택할 수 있는 기능을 제공합니다. 이를 통해 사용자는 프롬프트에 원하는 스타일을 추가하여 독창적이고 예술적인 이미지를 생성할 수 있습니다. Aesthetics 항목을 활용하면, 이미지의 분위기와 느낌을 세밀하게 조정하여 자신만의 독특한 작품을 만들어낼 수 있습니다.

- **Stylization(스타일화)** : 옵션은 이미지의 미학적 스타일을 조정하는 기능입니다. 이 설정을 통해 생성된 이미지가 얼마나 예술적이거나 특정 스타일을 따를지를 결정할 수 있습니다. 값이 높을수록 더 추상적이고 예술적인 느낌을 주며, 낮을수록 더 사실적이고 현실적인 스타일로 생성됩니다.

- **Weirdness(기괴함)** : 옵션은 이미지에서 비정상적이거나 이상한 요소를 강조하는 기능입니다. 이 설정을 사용하면 더 창의적이고 독특한 결과를 얻을 수 있으며, 기존의 일반적인 비주얼을 넘어서는 실험적인 이미지를 생성할 수 있습니다.

- **Variety(다양성)** : 옵션은 이미지의 변화를 조정하는 기능으로, 동일한 프롬프트로 여러 버전의 결과를 생성할 수 있게 해 줍니다. 이 옵션을 사용하면 다양한 스타일이나 구성을 가진 이미지를 생성할 수 있으며, 값이 높을수록 더 많은 변형된 결과물을 얻을 수 있습니다.

❹ **More options(추가 설정)** : 이미지 생성 속도를 조정할 수 있는 다양한 옵션을 제공합니다. 각 옵션은 생성 시간과 이미지 품질에 영향을 미칩니다.

- **Relax** : 이미지 생성 속도가 느리지만, 대기 시간이 길어도 배경 작업을 계속할 수 있는 모드입니다.
- **Fast** : 빠른 생성 속도를 제공하며, 더 짧은 시간 내에 이미지를 얻을 수 있습니다.
- **Turbo** : 가장 빠른 이미지 생성 속도를 제공하는 모드입니다. 최대 속도로 이미지를 생성하며, 비용이 가장 높습니다.

04 미드저니 업데이트 안내

미드저니는 업데이트 버전에 따라 인터페이스가 다릅니다. 2025년 4월 5일 기준으로 V7 알파 버전이 출시되었으며, 본문의 미드저니 관련 내용은 V6.1 버전을 기반으로 작성하였습니다. 이전 버전과 비교하여 주요 업데이트 내용을 살펴보겠습니다.

V7 알파 버전 주요 업데이트 내용

❶ **개인화 스타일 설정(Personalize)** : 처음 V7 버전을 사용할 때 선호 이미지 스타일을 선택해 나만의 스타일 프로필을 설정할 수 있습니다. 이 설정은 이미지 생성 시 자동으로 반영되어 더욱 일관성 있는 결과물을 만들어 줍니다.

❷ **드래프트 모드(Draft Mode)** : 간단한 아이디어를 빠르게 실험해 볼 수 있는 기능으로, 일반 생성보다 10배 빠른 속도로 이미지를 미리보기 형태로 바로 생성합니다. 생성된 이미지는 〈V Subtle〉 또는 〈V strong〉 버튼을 통해 고화질로 전환할 수 있습니다. 초안 모드는 음성 입력 기능과 함께 사용해야 활성화됩니다.

❸ **대화형 모드(Conversational Mode)** : 사용자가 원하는 이미지를 자연스럽고 점진적으로 완성할 수 있게 해 주는 기능입니다. 마치 디자이너에게 지시하는 느낌으로 미드저니를 사용할 수 있어서 매우 직관적입니다.

❹ **음성 프롬프트 지원(Start Vioce Mode)** : 'Conversational Mode' 아이콘()을 클릭해야 활성화되는 기능으로, 프롬프트를 음성으로 입력할 수 있습니다. 컴퓨터에 연결되어 있는

마이크를 통해 말하면 자동으로 텍스트로 변환되어 이미지가 생성되며, 입력 방식이 훨씬 직관적이고 빠릅니다.

TIP 이 아이콘들은 Imagine Bar 오른쪽에 위치해 있습니다. 처음 V7 버전을 사용할 때 음성 프롬프트 지원, 대화형 모드 기능의 아이콘이 표시되지 않을 수 있습니다. 이런 경우에는 'Drafft Mode' 아이콘( )을 클릭하고 표시되는 창에서 〈Unlock Personalization〉 버튼을 클릭한 다음 표시되는 2개의 그림 중에서 선호 이미지를 선택하는 작업을 진행해 V7 버전의 프로필을 설정하면 인터페이스에 보이지 않던 아이콘들이 표시됩니다.

V6 버전과 V7 알파 버전의 인터페이스와 비교하기

이전 버전에서는 Settings 아이콘( )을 클릭하여 Personalize의 'On'과 'Off'를 선택하여 무드보드를 선택했지만, V7에서는 바로 'Personalize' 아이콘( )을 클릭하여 활성화하고 무드보드를 선택할 수 있습니다.

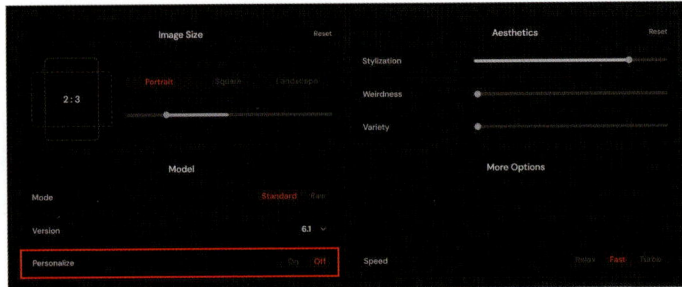
▲ V6 버전의 개인화 스타일 설정

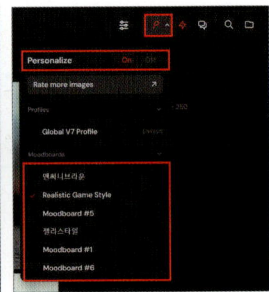
▲ V7 버전의 개인화 스타일 설정

캐릭터의 일관성(Character Reference, 약칭 Cref)과 스타일 일관성(Style Reference, 약칭 Sref)를 설정하는 방식이 이전보다 조금 달라졌습니다. 기존 버전에서는 이미지를 등록할 때 이미지 아래의 'Character References' 아이콘( )을 클릭해야 했고, 스타일과 프롬프트를 동시에 적용하려면 Shift를 누른 채 클릭해야 했습니다. 반면, V7에서는 각 기능이 구분된 영역이 표시되어 직관적이고 편리하게 등록할 수 있습니다.

V6 버전

- 레퍼런스 이미지를 드래그하여 Select images below에 드래그 혹은 클릭하여 이미지를 불러오고, 캐릭터의 일관성을 유지하기 위해서는 'Character References' 아이콘( )을, 스타일을 참고하기 위해서는 'Style References' 아이콘( )을 클릭하여 활성화할 수 있습니다.

- 캐릭터와 레퍼런스를 동시에 적용하려면 Shift를 누른 상태에서 각각 클릭해 함께 설정할 수 있습니다.

▲ V6 버전에서 Cref와 Sref를 설정하는 방법

TIP 본 책의 따라하기 예제는 V6 버전과 방식으로 구성되었습니다.

V7 버전

- Image Prompts 영역과 Style References 영역이 구분되었고 각각의 활용도에 맞게 영역을 클릭하여 이미지를 불러오거나 참고할 이미지를 드래그하여 영역에 추가할 수 있습니다.

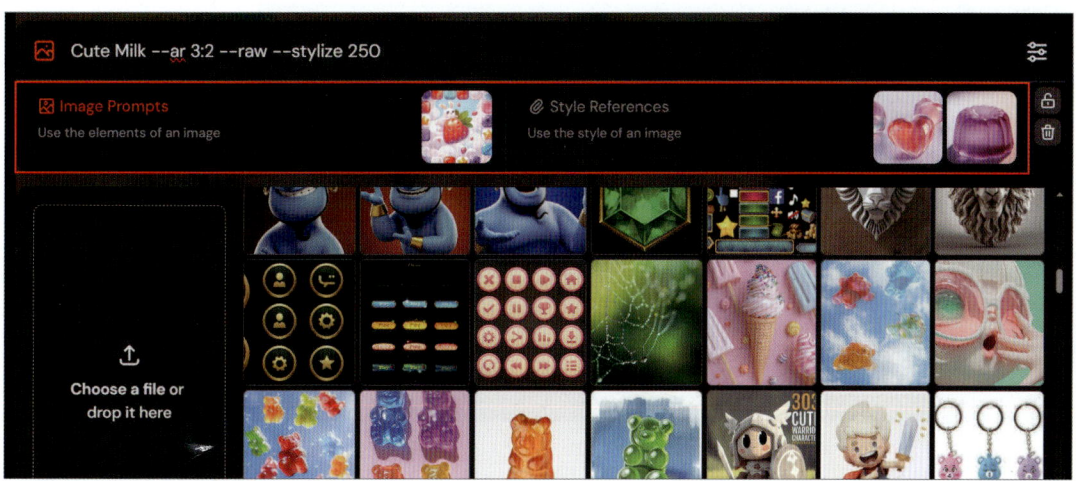

▲ V7 버전에서 Cref와 Sref를 설정하는 방법

캐릭터를 참조할 수 있는 캐릭터의 일관성(Character Reference) 기능은 V7 버전에서 지원되지 않습니다. 따라서 'Settings' 아이콘(⚙)을 클릭하여 버전을 6.1 이하로 변경해야 합니다. 버전을 변경하면 그림과 같이 이미지 프롬프트(Image Prompts), 스타일 참조(Style References), 캐릭터 참조(Character References)의 세 가지 영역으로 변경된 화면을 확인할 수 있습니다.

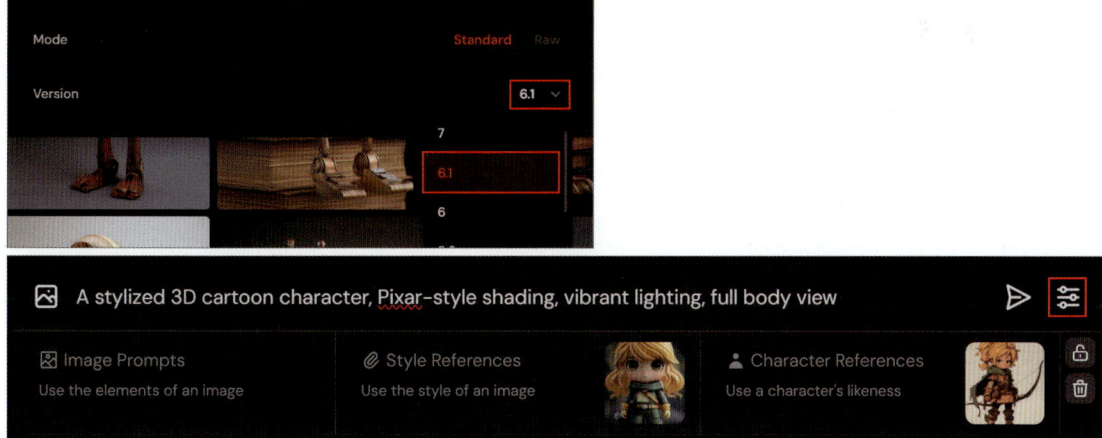

▲ V7 버전에서 버전을 변경해 캐릭터 참조 기능을 활성화하는 방법

TIP 캐릭터의 일관성을 유지하거나 스타일을 참고하려는 목적에 따라 이미지를 적절한 영역에 배치하면, 그에 맞는 따라 하기 예제를 진행할 수 있습니다.

미드저니는 최근 웹 기반 'Editor' 기능을 업그레이드하여, 이미지 편집과 창작을 훨씬 더 자유롭고 유연하게 할 수 있도록 개선되었습니다. 외부에서 가져온 파일도 손쉽게 편집하거나 변형할 수 있으며, (Edit) 메뉴를 선택하면 메뉴가 아이콘 형태로 변경되면서 바로 편집 화면으로 이동합니다.

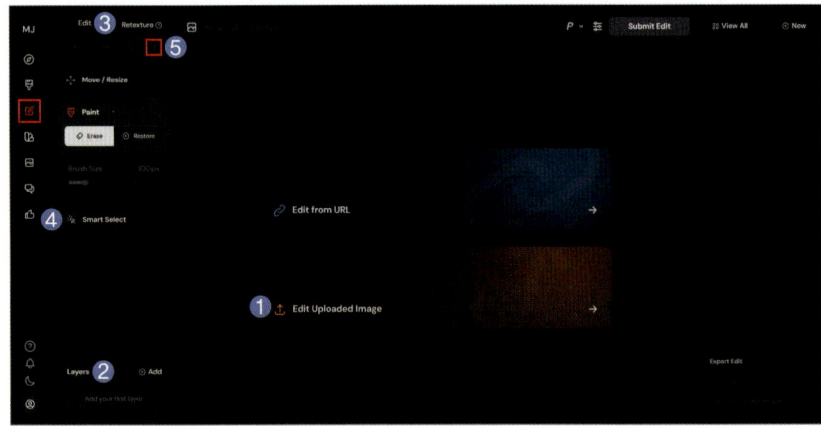

◀ V7 버전에서 변경된 Editor 화면

❶ **외부 이미지 업로드 및 편집 지원(Edit Uploaded Image)** : 미드저니에서 생성한 이미지뿐만 아니라, 사용자가 직접 업로드한 외부 이미지도 편집할 수 있습니다.

❷ **레이어(Layers) 기능 도입** : 여러 이미지를 레이어로 추가하여 합성 작업이 가능합니다.

❸ **리텍스처(Retexture) 기능 추가** : 기존 이미지의 구조를 유지하면서 새로운 스타일이나 질감을 적용할 수 있습니다. 이를 통해 동일한 구성의 이미지에 다양한 분위기를 적용해 볼 수 있습니다.

❹ **스마트 선택(Smart Select) 도구 추가** : AI 기반의 자동 선택 도구로, 복잡한 영역도 손쉽게 선택 및 마스킹할 수 있습니다.

❺ **프롬프트 제안(Suggest Prompt) 기능 추가** : 편집 중인 이미지를 분석해 자동으로 적합한 프롬프트를 생성해주는 기능입니다. 프롬프트 작성이 익숙하지 않은 사용자도 쉽게 활용할 수 있으며, 이미지의 스타일과 분위기를 유지하면서 다양한 변형을 시도할 수 있도록 돕습니다.

> **NOTE 예제에서 사용하는 V6 버전 살펴보기**
>
> - 본문 예제에서는 생성된 이미지에서 'Editor'를 클릭하면 곧바로 Paint 기능을 사용할 수 있습니다. Erase 기능에서는 브러시 크기(Brush Size)를 조정하면서 수정하고 싶은 부분을 부드럽게 칠하면 됩니다.
>
>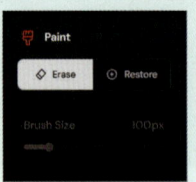
>
> - 본문 예제에서는 스케일을 조정하려면, 모듈 형식으로 구성된 'Move/Resize'를 클릭해 세부 항목을 표시한 다음 원하는 값을 설정해 이미지를 확장하거나 축소할 수 있습니다.
>
>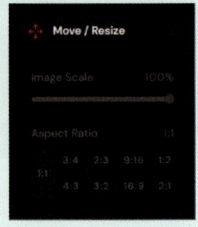
>
> - Editor 화면에서 편집이 완료되면, 완성된 이미지를 바로 업스케일 하거나 다운로드할 수 있으며, 수정된 이미지는 왼쪽에서 (Create) 메뉴를 선택하여 확인할 수 있습니다.

05 이미지 생성을 위한 프롬프트 작성 및 기본 규칙

프롬프트는 AI에게 원하는 이미지를 생성하기 위한 텍스트 지시문(Text-to-Image)으로, 이미지의 스타일, 색상, 분위기, 구성 등을 설명하여 AI가 이에 맞는 이미지를 생성할 수 있도록 돕습니다. 프롬프트를 작성할 때 몇 가지 기본 규칙을 따르면 더 효과적으로 원하는 이미지를 얻을 수 있습니다. 이제 미드저니에서 프롬프트를 입력하는 방법과 작성 규칙을 살펴보겠습니다.

미드저니 프롬프트를 작성하기

미드저니의 프롬프트 구조는 사용자가 원하는 이미지를 생성하기 위해 텍스트로 입력하는 명령어의 형식입니다. 이 구조는 미드저니가 텍스트를 해석하고, 그에 맞는 시각적 결과물을 만들어내는 데 중요한 역할을 합니다. 기본적으로 프롬프트는 간단한 단어부터 복잡한 문장에 이르기까지 다양하게 작성할 수 있으며, 이를 통해 사용자는 매우 다양한 스타일과 구성을 반영한 이미지를 생성할 수 있습니다.

미드저니에서 효과적인 이미지를 생성하려면, 구체적이고 명확한 키워드를 사용하는 것이 중요합니다. 모호한 표현보다 세부 사항을 정확히 기재하는 것이 더 나은 결과를 도출할 수 있습니다. 또한, 중요한 요소를 프롬프트의 앞부분에 배치함으로써 생성되는 이미지의 핵심 주제를 강조할 수 있습니다. 앞서 언급한 요소가 우선적으로 반영되도록 하여 원하는 스타일이나 분위기를 더욱 확실히 전달할 수 있으며, 파라미터를 적절히 활용해 비율, 품질, 스타일화 정도 등을 조정하면 더욱 정밀하고 맞춤화된 이미지를 얻을 수 있어, 자신이 의도하는 결과에 가까운 이미지를 생성하는 데 도움이 됩니다.

단, AI를 활용하여 이미지를 생성할 때 가장 중요한 점은 원하는 결과가 한 번에 나오지 않을 수도 있다는 것입니다. 프롬프트를 조금씩 수정하며 테스트해 보는 과정이 꼭 필요하며, 단어나 표현을 추가하거나 레퍼런스 이미지를 추가하여 조정하고, 파라미터 값을 세밀하게 조절하면서 자신만의 최적의 조합을 찾아가는 과정이 미드저니를 활용하는 즐거움 중 하나라고 생각합니다. 이러한 반복적인 시도를 통해 점점 더 원하는 결과에 가까운 이미지를 만들 수 있으며, 자연스럽게 미드저니를 더욱 효과적으로 활용하는 법을 익히게 됩니다.

프롬프트의 구성은 〈주요 대상(Subject)〉+〈스타일(Style)〉+〈세부 사항(Details)〉+〈파라미터(Parameters)〉의 구조로 작성하면 원하는 분위기와 느낌을 보다 정확하게 반영한 이미지를 생성할 수 있습니다. 핵심 정보를 명확하게 전달하는 것이 중요하며, 스타일과 세부 사항을 구체적으로 지정할수록 AI가 해석하기 쉬워집니다. 또한, 적절한 파라미터를 활용하면 이미지의 비율, 품질, 스타일 강도 등을 조정하여 더욱 원하는 결과에 가까운 이미지를 얻을 수 있습니다.

```
vibrant California poppies
```

▲ 미드저니의 프롬프트 입력창

TIP 프롬프트의 구조는 꼭 정해진 순서대로 작성할 필요는 없으며, 순서를 자유롭게 바꿀 수 있습니다. 미드저니는 각 요소를 이해하고 해석하여 이미지를 생성하기 때문에, 주요 대상, 스타일, 세부 사항, 파라미터의 순서를 유연하게 조정할 수 있습니다. 다만, 특정 구조를 유지하면 원하는 결과를 더 정확하게 얻을 수 있어, 수정할 때 도움이 될 수 있습니다.

이 프롬프트는 고양이가 창가에서 햇살을 받으며 졸린 표정을 짓고 있는 장면을 수채화 스타일로 묘사하며, 비율과 품질을 설정한 간결한 명령어입니다.

프롬프트
Cat by the window, watercolor style, sleepy eyes, warm sunlight, autumn leaves falling outside --ar 16:9 --q 2

입력 팁
1. 주요 대상(Subject) : Cat by the window
2. 스타일(Style) : Watercolor style
3. 세부 사항(Details) : Sleepy eyes, warm sunlight, autumn leaves falling outside
4. 파라미터(Parameters) : --ar 16:9 --q 2

▲ 해당 프롬프트가 반영된 결과물

미드저니 프롬프트를 사용해 캐릭터 생성하기

미드저니를 사용해 캐릭터를 생성하려면, 텍스트 기반 프롬프트를 활용하여 원하는 캐릭터의 스타일, 외형, 의상 등을 구체적으로 정의하는 것이 중요합니다. 이 과정에서 프롬프트를 어떻게 구성하느냐에 따라 생성된 캐릭터의 스타일과 느낌이 크게 달라집니다.

01 미드저니에서 이미지를 생성하기 위해 웹브라우저에서 'midjourney.com'을 입력하여 미드저니 웹 버전 사이트에 접속하고 화면 상단에 있는 Imagine bar에 프롬프트를 입력한 다음 Enter 또는 '▶' 아이콘을 클릭합니다.

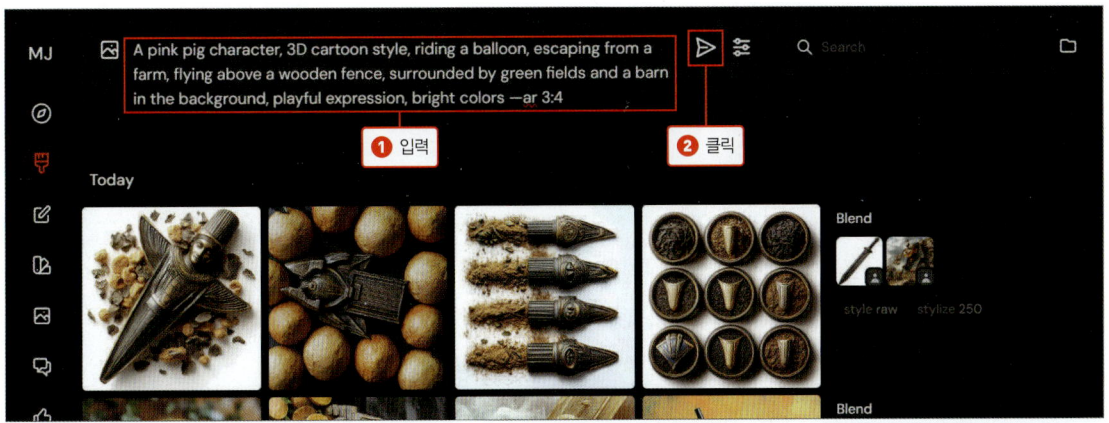

프롬프트
A pink pig character, 3D cartoon style, riding a balloon, escaping from a farm, flying above a wooden fence, surrounded by green fields and a barn in the background, playful expression, bright colors --ar 3:4

한글 번역 핑크색 돼지 캐릭터, 3D 만화 스타일, 풍선을 타고 농장에서 탈출하는 모습, 나무 울타리 위를 날아가는 장면, 주변에는 푸른 들판과 헛간이 배경으로 있음, 장난기 있는 표정, 밝은 색감 화면 비율 3:4

02 그림과 같이 프롬프트에 맞춰 총 4개의 이미지가 생성됩니다. 예제에서는 1번 이미지를 선택하였습니다.

03 프롬프트를 기반으로 원하는 이미지가 생성되었다면, 해당 이미지를 선택하고 Creation Actions 항목에서 Upscale의 'Creative'를 선택하여 업스케일 합니다. 완료되면 '⬇' 아이콘을 클릭하여 이미지를 PC에 저장합니다.

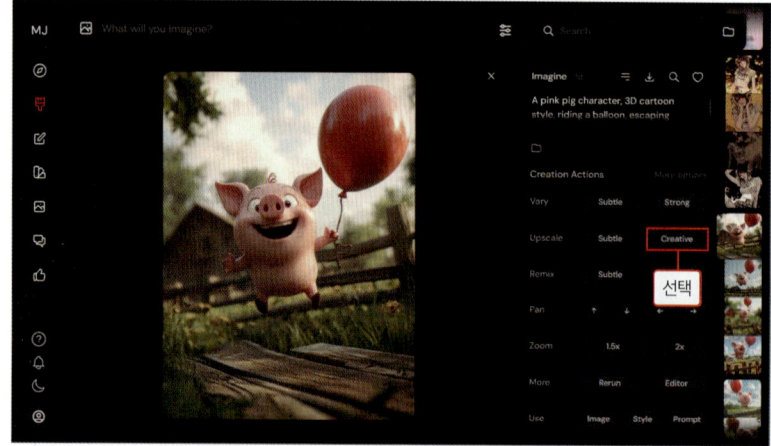

TIP 업스케일(Upscale)은 저해상도의 이미지를 보다 높은 해상도로 변환하는 기능입니다. 초기 생성된 이미지는 비교적 작은 크기이므로, 디테일을 더욱 살리고 해상도를 높이기 위해 업스케일 기능을 사용합니다.

NOTE 귀여운 캐릭터를 만들 때는 외형뿐만 아니라 밝고 사랑스러운 성격도 중요한 요소입니다. 단순히 귀여운 디자인뿐만 아니라, 캐릭터의 표정과 분위기를 잘 설정하면 더욱 매력적인 개성을 부여할 수 있습니다. 프롬프트에 'playful expression'과 'bright colors' 같은 요소를 포함하면, 캐릭터의 장난기 넘치는 표정과 생동감 있는 색감을 강조할 수 있어 더욱 기분 좋은 느낌을 주는 캐릭터를 생성할 수 있습니다.

06 다양한 참고 자료를 활용하여 이미지 생성하기

기존 이미지를 활용하여 새로운 아이디어나 스타일을 적용하는 것은 창의적인 작업에 큰 도움이 됩니다. 먼저, 기존 이미지를 잘 살펴보며 그 안에 있는 핵심 요소나 특징을 파악합니다. 그런 다음, 이러한 요소들을 유지하면서 새로운 스타일이나 분위기를 더할 수 있는 방법을 고민합니다. 색감이나 구성을 조정하거나, 캐릭터의 표정을 바꾸는 등 디테일을 추가하면서 이미지에 변화를 줄 수 있습니다. 이때 중요한 것은 원본의 특성을 살리면서도 새로운 느낌을 만들어 내는 균형을 잘 맞추는 것입니다. 여러 번의 실험을 통해 변형을 시도하고, 점차적으로 원하는 결과에 가까워지도록 수정해 나가며 최종적으로 만족스러운 이미지를 완성할 수 있습니다.

미드저니 웹버전에서는 기존 이미지를 참고하는 방식이 디스코드와 유사한 방법과 새로운 방법이 있습니다. 첫 번째 방법은 다른 웹사이트나 미드저니에서 생성한 이미지의 URL을 복사하여 붙여넣는 방식입니다. 이미지를 마우스 오른쪽 버튼으로 클릭하고 'URL 복사'를 실행한 다음 미드저니의 Imagine bar에 Ctrl+V를 눌러 이미지 URL을 붙여넣으면 해당 이미지가 참고자료로 등록됩니다. 두 번째 방법은 Imagine bar의 'Add images to your prompt' 아이콘 (🖼) 기능을 활용해 직접 이미지를 등록하고 참고 자료로 사용하는 것입니다. 클릭하면 나타나는 설정 창에서 'Choose a file or drop it here'라고 표시된 영역을 클릭해 이미지를 불러오거나, 외부 이미지를 드래그 앤 드롭으로 업로드할 수 있습니다. 이렇게 업로드한 이미지를 레퍼런스로 활용하려면, 원하는 이미지를 'Select images below' 영역에 드래그 앤 드롭으로 적용하면 됩니다.

캐릭터 일관성 적용하기

캐릭터 일관성 적용이란, 같은 캐릭터가 여러 이미지에서 모양, 스타일, 표정, 색감, 분위기 등을 일정하게 유지하도록 만드는 과정입니다. 이렇게 하면 생성되는 캐릭터가 동일한 모습을 유지하기 때문에 게임이나 애니메이션, 웹툰 같은 콘텐츠에서 자연스럽게 연결되는 느낌을 줄 수 있습니다. 이를 위해 이전에 만든 이미지를 참고하거나 비슷한 설명을 반복해서 사용하고, 스타일 가이드를 정해두는 방법이 있습니다. 이런 과정을 거치면 캐릭터가 여러 장면에서도 한결같은 개성과 특징을 유지할 수 있습니다.

같은 캐릭터의 다양한 모습 만들어 보기

● 예제파일 : 02\궁수.png   ● 완성파일 : 02\궁수_완성.png

미드저니로 생성한 귀여운 궁수 캐릭터를 참고하여, 캐릭터의 개성을 유지하면서 공격과 방어 동작을 만들어 보겠습니다. 공격 시에는 캐릭터의 힘찬 움직임과 역동성을 강조하고, 방어 동작에서는 안정적인 자세와 방패나 무기를 활용한 방어적인 표현을 추가하여 더욱 생동감 있는 연출을 구현하겠습니다.

01 미드저니에서 이미지를 생성하기 위해 웹브라우저에서 'midjourney.com'을 입력하여 미드저니 웹 버전 사이트에 접속하고 참조할 이미지를 업로드하기 위해 Imagine bar의 'Add Images' 아이콘(🖼)을 클릭하고 02 폴더에서 '궁수.png' 파일을 불러온 다음 'Select images below' 영역으로 드래그합니다.

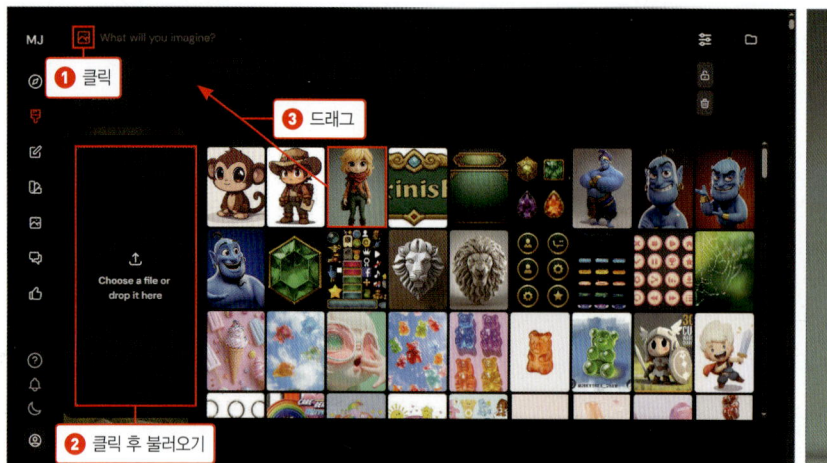

02 이미지 하단에서 'Use as Character Ref' 아이콘(👤)을 클릭하여 이미지 일관성을 유지합니다.

03 동일한 캐릭터를 다른 스타일로 적용하기 위해서는 동작에 맞는 새로운 프롬프트를 적용하여 생성해야 합니다. Imagine bar에서 추가 프롬프트를 입력하고 '▶' 아이콘을 클릭하여 이미지를 생성합니다.

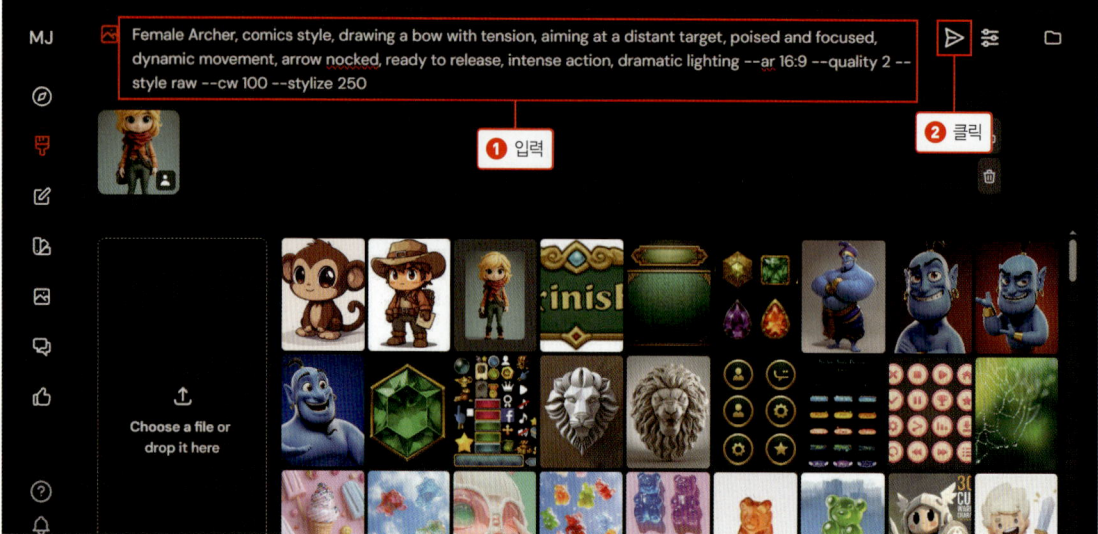

프롬프트 Female Archer, comics style, drawing a bow with tension, aiming at a distant target, poised and focused, dynamic movement, arrow nocked, ready to release, intense action, dramatic lighting --ar 16:9 --quality 2 --style raw --cw 100 --stylize 250

한글 번역 여성 궁수, 만화 스타일, 활을 당기며 긴장감을 주는 자세로 먼 목표를 겨누고 집중력 있는 모습, 역동적인 움직임, 화살을 장전한 상태로 발사 준비 완료, 강렬한 액션, 극적인 조명

TIP 이 프롬프트는 만화 스타일의 여성 궁수가 활을 당기며 먼 목표를 겨누고 있는 장면을 묘사합니다. 궁수는 집중하며 발사 준비를 마친 상태로, 강렬한 액션과 극적인 조명이 장면을 강조합니다.

04 참고한 캐릭터와 비교하여 살펴보았을 때, 새로 생성된 이미지는 화살을 장전한 역동적인 동작으로 변경되면서 스타일도 만화 스타일로 변경되었습니다. 이처럼 캐릭터의 일관성을 적용하면 캐릭터는 유지한 채로 추가 프롬프트에 따라 변형된 4개의 이미지를 추가로 얻을 수 있습니다.

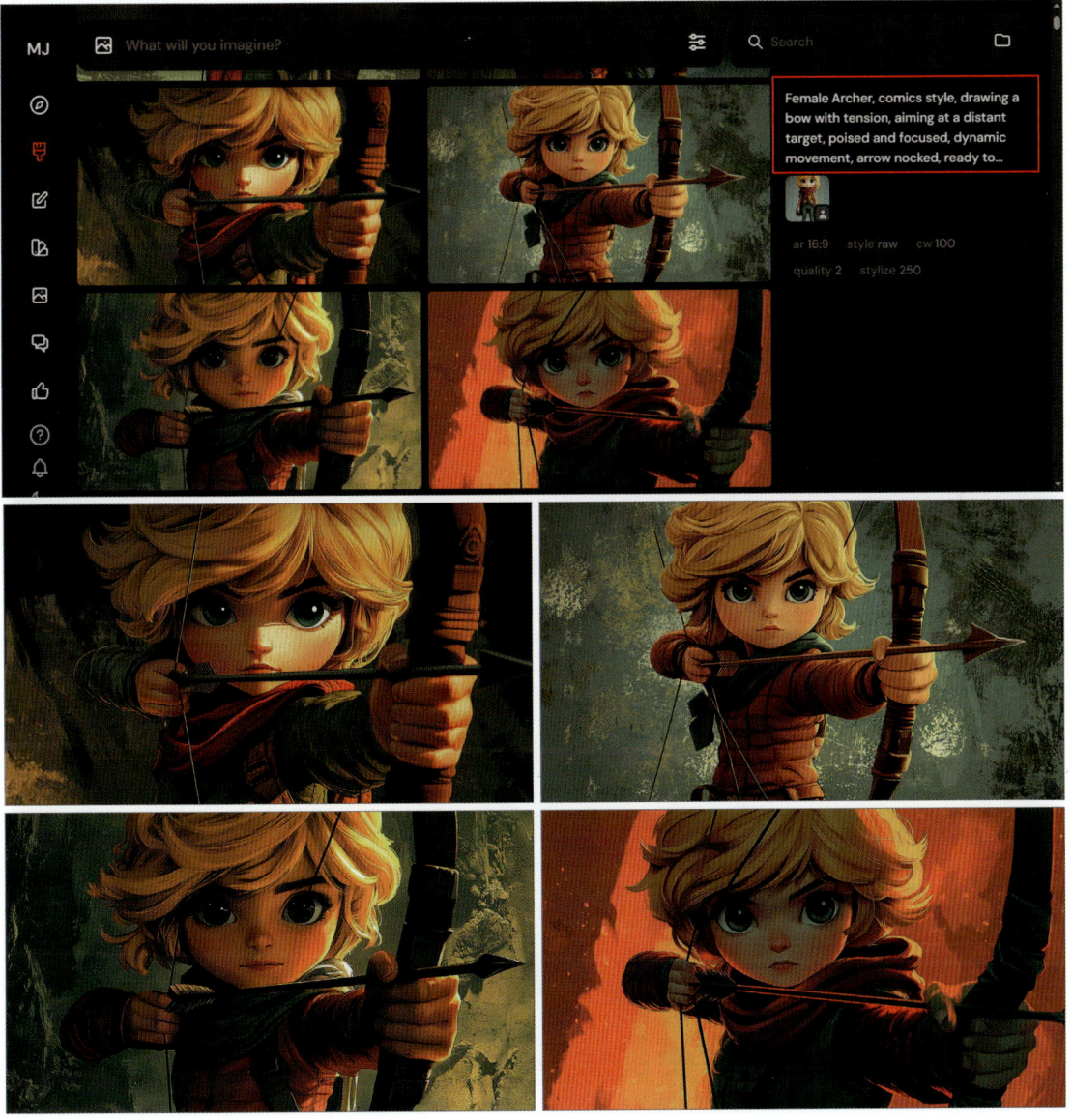

NOTE cref란?

cref는 일반적으로 Character Reference 약어로 사용되며, AI 이미지 생성 툴에서 특정 캐릭터의 외모, 스타일, 특징을 일관되게 유지하기 위해 사용하는 참조 이미지를 의미합니다.

AI 이미지 생성 시, --cref를 사용하여 기존에 만든 캐릭터 이미지나 참조 이미지를 제공하면, 이 이미지를 기반으로 새로운 캐릭터 생성 시 일관성을 유지할 수 있습니다. 이 기능은 같은 캐릭터를 여러 장면에서 반복적으로 사용하거나 스타일을 일관되게 만들고 싶을 때 유용하게 활용됩니다.

추가로 작성된 파라미터인 --cw는 캐릭터 참고 이미지의 참고 가중치를 조절할 수 있는 기능입니다. 이 값은 0에서 100까지 설정할 수 있으며, 0에서 100으로 가면서 외형적 특징이 얼마나 강하게 반영될지를 조절할 수 있습니다.

스타일을 참고하여 비슷한 이미지 생성하기   ● 예제파일 : 02\모험가1.png   ● 완성파일 : 02\모험가1_완성.png

미드저니는 특정 이미지나 스타일을 기준으로, 그 스타일의 특징을 반영하여 유사한 이미지를 생성할 수 있습니다. 이는 색감, 구도, 질감, 분위기 등의 요소를 바탕으로 유사한 스타일을 구현하는 과정을 포함합니다. 이 과정에서 생성된 이미지는 원본 스타일을 참고하되, 새로운 콘텐츠나 변형을 적용하여 비슷한 느낌을 주는 이미지를 만들어 냅니다.

01 스타일을 참고하는 이미지를 올리기 위해 Imagine bar에서 'Add Images' 아이콘(🖼)을 클릭하고 02 폴더에서 '모험가1.png' 파일을 불러옵니다.

02 불러온 이미지를 'Select images below' 영역으로 드래그합니다. 이미지의 스타일을 일관성 있게 유지하기 위해 이미지 하단에 'Use as Style References' 아이콘(📎)을 클릭합니다.

03 캐릭터의 외형을 변경하고 동일한 스타일을 유지하려면, 수정된 외형에 맞는 새로운 프롬프트를 작성하여 이미지를 생성해야 합니다. 모험가 스타일을 유지하면서 외모만 표범으로 변경해 보기 위해 Imagine bar에 캐릭터를 묘사하는 프롬프트를 입력하고 '▶' 아이콘을 클릭합니다.

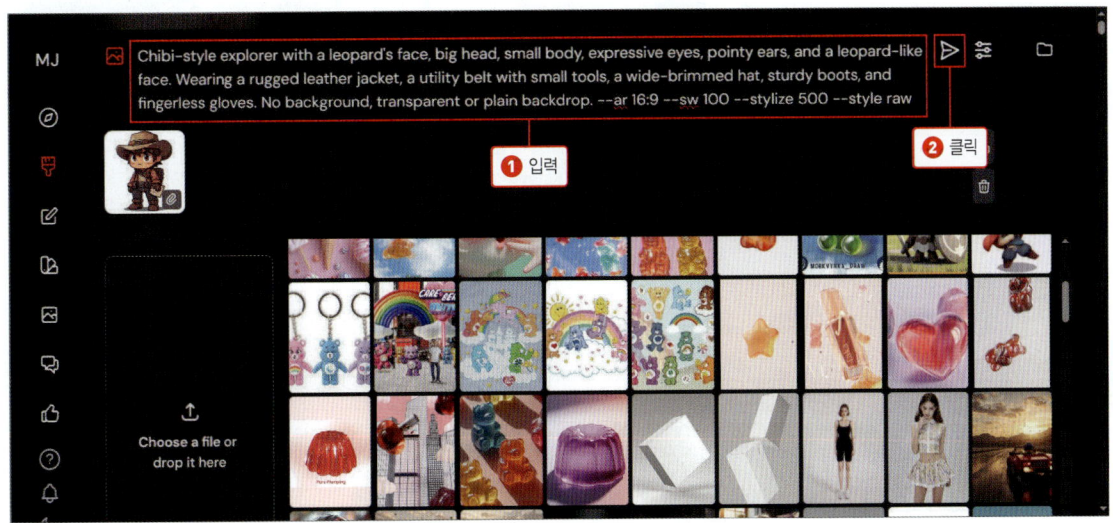

프롬프트 Chibi-style explorer with a leopard's face, big head, small body, expressive eyes, pointy ears, and a leopard-like face. Wearing a rugged leather jacket, a utility belt with small tools, a wide-brimmed hat, sturdy boots, and fingerless gloves. No background, transparent or plain backdrop. --ar 16:9 --sw 100 --stylize 500 --style raw

한글 번역 Chibi 스타일의 탐험가, 표범의 얼굴을 가진 큰 머리와 작은 몸, 표현력 있는 눈과 뾰족한 귀를 가진 표범 같은 얼굴. 거친 가죽 재킷과 작은 도구가 달린 유틸리티 벨트, 넓은 챙이 있는 모자, 튼튼한 부츠, 손끝이 없는 장갑을 착용. 배경 없이 투명하거나 단순한 배경

입력 팁 Chibi-style : 캐릭터의 머리가 크고 몸은 작은 형태로 그려지는 귀엽고 아기자기한 스타일을 의미합니다.

TIP 이 프롬프트는 Chibi 스타일로 표현된 탐험가 캐릭터를 설정하는데, 표범의 얼굴을 가지고 있으며 탐험가의 전형적인 의상과 소품들을 착용하고 있습니다. Chibi 스타일을 강조하여 큰 머리와 작은 몸, 감정 표현이 풍부한 눈, 그리고 표범 특유의 외모적 특징을 가진 얼굴을 묘사합니다. 배경은 투명하거나 간단한 배경으로 설정되어, 캐릭터에 집중할 수 있도록 합니다.

 --sw 옵션이란?

스타일의 특성이 얼마나 반영될지를 조절하려면 --sw 옵션을 사용해야 하며, 이 파라미터는 0에서 1000까지 설정 가능합니다. 만약 이 값을 설정하지 않으면 기본값은 100으로 적용됩니다. 이를 통해 생성된 이미지의 스타일 강도를 세밀하게 조정할 수 있으며, 값이 클수록 참조 스타일의 영향을 더 강하게 받아 이미지의 전반적인 스타일이 더 두드러지게 됩니다. 반대로 값이 낮을수록 스타일의 영향이 약해져 원본 이미지와 더 가까운 결과가 생성됩니다.

04 참고한 이미지 특유의 벡터 스타일을 그대로 유지하면서 표범으로 변경된 모험가 캐릭터 이미지가 4개 생성되있습니다.

TIP 이 변화는 캐릭터의 외형뿐만 아니라 스타일에도 영향을 미치므로 원본 스타일을 반영하면서도 새로운 형태의 이미지가 생성됩니다.

하나의 화면에 여러 참고 캐릭터 배치하기　　◉ 예제파일 : 02\모험가1~2.png　　◉ 완성파일 : 02\모험가2_완성.png

참고 이미지를 잘 활용하면, 여러 캐릭터를 하나의 화면에 배치하는 것도 가능합니다. 각 캐릭터는 자신의 개성과 스타일을 그대로 유지하면서, 화면 안에서 자연스럽게 어우러지도록 배치할 수 있습니다. 이를 통해 다양한 캐릭터들이 하나의 장면 안에서 상호작용하거나 독립적으로 존재하는 모습을 만들 수 있습니다.

01 캐릭터의 외형과 스타일을 참고하는 이미지를 올리기 위해서 'Add Images' 아이콘(▨)을 클릭하고 02 폴더에서 '모험가2.png' 파일을 불러옵니다.

02 불러온 이미지를 'Select images below' 영역으로 드래그합니다. 이미지 하단에 'Use as Character Ref' 아이콘(👤)을 클릭하여 이미지 일관성을 유지하고 스타일도 유지하기 위해 Shift 를 누른 상태로 'Use as Style Ref' 아이콘(📎)을 클릭합니다.

03 같은 방법으로 '모험가1.png' 파일도 불러와 'Select images below' 영역으로 드래그하고 이미지와 스타일 일관성을 위해 하단 아이콘들을 클릭하고 두 캐릭터로 묘사할 장면의 프롬프트를 입력한 다음 Enter 를 누릅니다.

프롬프트 Chibi-style explorer and small monkey exploring the jungle. The human explorer wears a leather jacket, utility belt, and wide-brimmed hat, carrying a notebook and dagger. The small, naked monkey swings from a vine, both standing in the jungle

한글 번역 정글을 탐험하는 치비 스타일의 탐험가와 작은 원숭이. 인간 탐험가는 가죽 재킷, 유틸리티 벨트, 넓은 챙이 있는 모자를 쓰고, 노트북과 단검을 가지고 있습니다. 작은 원숭이는 줄을 타고 있으며, 두 캐릭터는 정글 속에 서 있습니다.

TIP 이 프롬프트는 치비 스타일의 탐험가와 작은 원숭이가 정글을 탐험하는 장면을 묘사합니다. 탐험가는 특유의 의상을 착용하고 있으며, 작은 원숭이는 줄을 타는 모습이 강조됩니다. 이 장면은 정글의 배경 속에서 두 캐릭터가 함께 존재하는 상황을 표현하고 있습니다.

04 참고한 이미지 스타일과 프롬프트에 맞게 탐험가 캐릭터와 원숭이가 한 화면에 배치된 이미지가 4개 생성되었습니다.

TIP 이 중에서 마음에 드는 이미지를 선택하고, 선택한 이미지를 바탕으로 변형을 거치면 최종 이미지를 확정할 수 있습니다.

07 Editor 기능을 이용한 이미지 편집하기

편집하기 기능은 사용자가 이미지를 더욱 세밀하게 수정하고 조정할 수 있는 과정입니다. 이 과정에서는 이미지를 기반으로 원하는 스타일이나 효과를 추가하거나, 기존의 이미지에서 불필요한 부분을 제거하고 색상, 형태, 배경 등을 조정하는 작업을 포함합니다. 이를 통해 사용자는 생성된 이미지를 자신의 요구와 취향에 맞게 완성도를 높이고, 최종적으로 만족스러운 결과물을 도출할 수 있습니다. 다양한 편집 도구와 기능을 활용하여 이미지의 세부적인 요소를 수정하는 것뿐만 아니라, 전체적인 분위기나 느낌을 조정하는 것도 가능합니다.

용사 캐릭터 확장하기

◉ 예제파일 : 02\용사캐릭터.png ◉ 완성파일 : 02\용사캐릭터_완성.png

캐릭터나 장면의 잘린 부분 비율을 조정하여, 전신을 더 잘 드러내고 원하는 스타일이나 구도에 맞게 배경을 확장합니다. 이 작업은 캐릭터의 상반신과 하반신을 포함해 전체적인 비율을 재구성하거나 새로운 포즈를 추가하는 방식으로 진행됩니다. 이를 통해 보다 다채로운 캐릭터 디자인을 완성하고, 특정 장면이나 구도에 맞게 캐릭터와 배경을 확장할 수 있습니다.

01 편집하려는 이미지를 선택합니다. 이미지를 수정하기 위해 Creation Actions 항목에서 More의 〈Editor〉 버튼을 클릭하여 편집 모드로 들어갑니다.

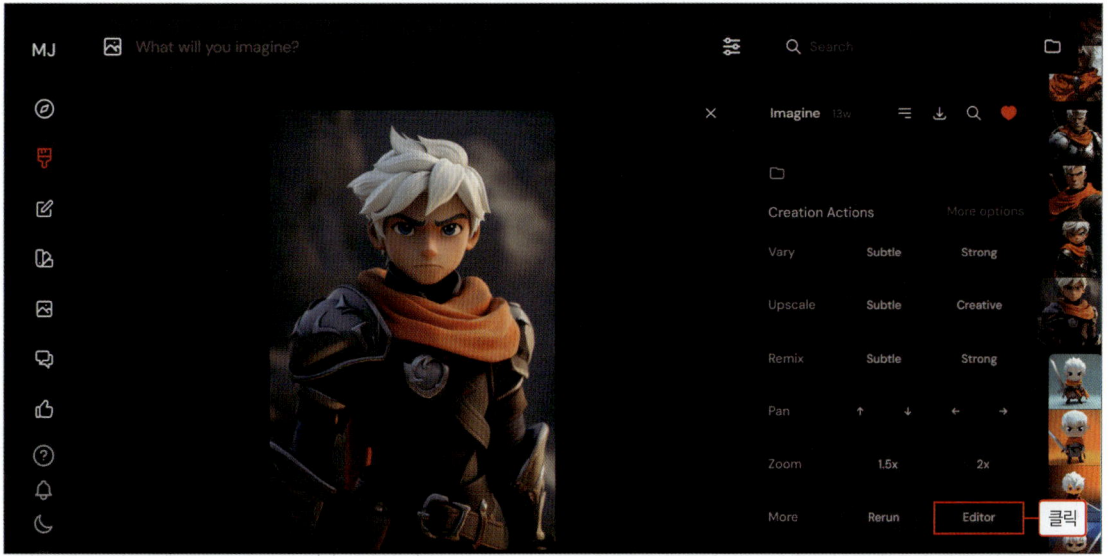

프롬프트 Greta from the game as a 3D male knight in armor, angry expression on his face, with white hair and blue eyes, wearing an orange scarf around his neck and holding a medieval sword in one hand. with an angry expression with black shoulder pads beneath the armor, in a cartoon style, on a solid-colored background --stylize 250

TIP 유사한 이미지로 진행하려면 제시된 프롬프트를 입력해 이미지를 생성하고, 예제와 같은 이미지를 사용하려면 02 폴더에서 '용사캐릭터.png' 파일을 불러와 사용합니다.

02 먼저 화면의 오른쪽 위에 비율을 캐릭터의 전신으로 표현하기 위해 '1:2'를 선택하여 비율을 설정하고 스케일 바를 '65%'로 조절하여 비율을 유지한 채 줄입니다.

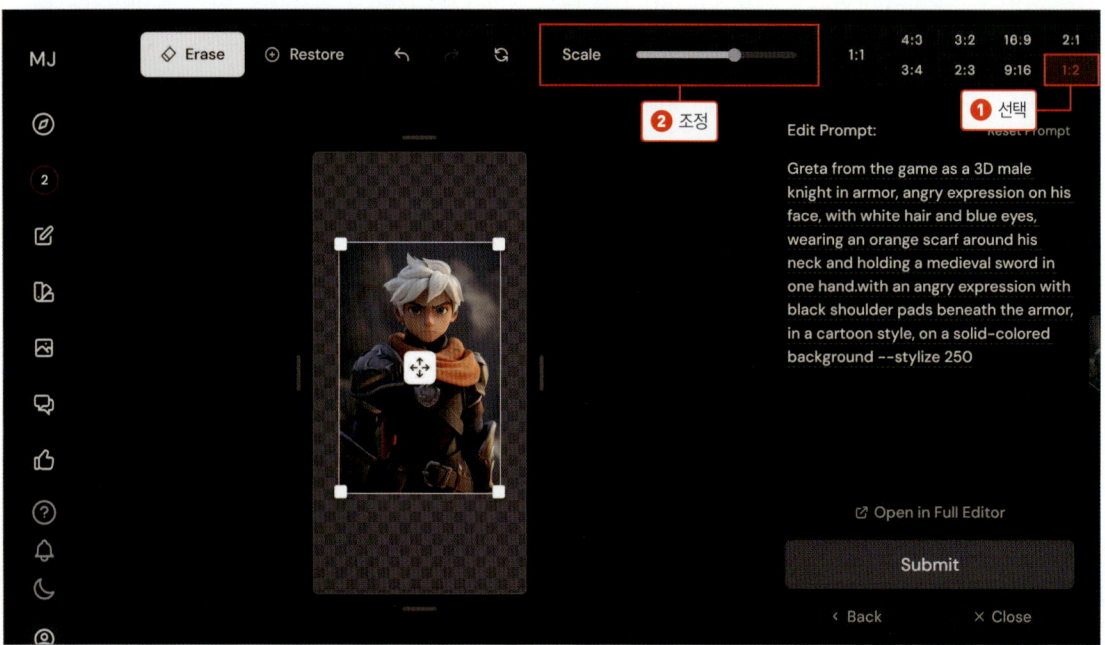

03 이미지의 가운데 있는 '✥' 아이콘을 드래그하여 그림과 같이 위치를 조정합니다. 정확한 위치가 되면 〈Submit〉 버튼을 클릭하여 이미지를 확장합니다.

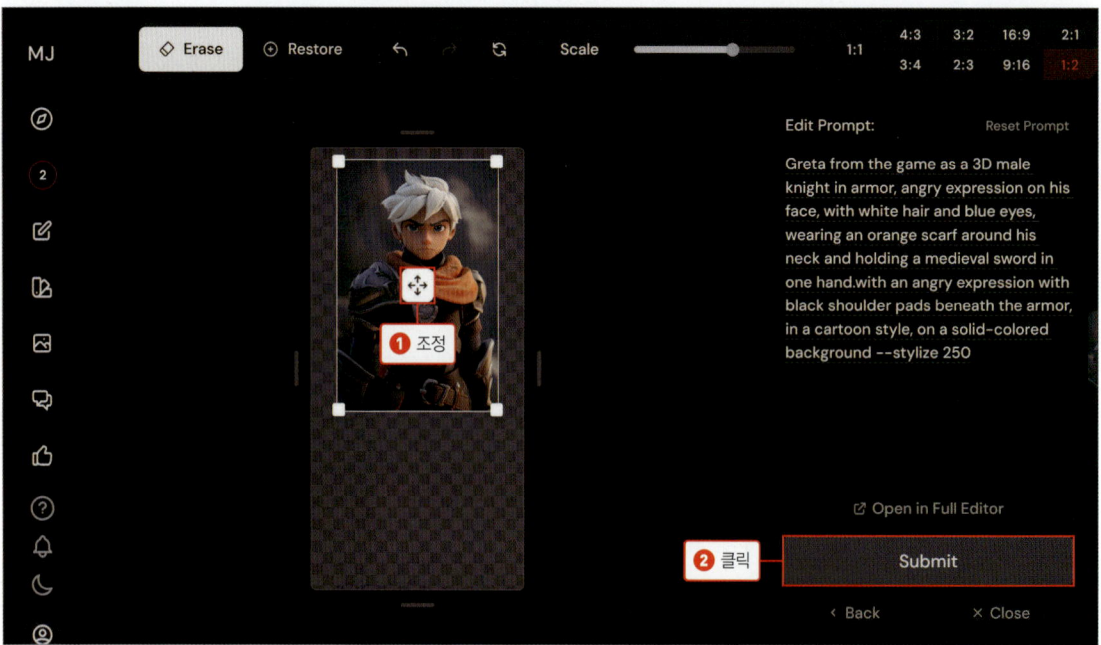

TIP AI가 이미지를 기준으로 여백을 추가적으로 생성하므로 생성될 부분을 생각해 보며 위치를 적절하게 조정하는 것이 좋습니다.

04 상반신만 있던 캐릭터 이미지가 확장되어 전신이 표현된 이미지가 4개 생성되었습니다.

TIP 이후 생성된 이미지 중에서 원하는 구도를 선택하고 다시 한번 세부 조정을 통해 캐릭터의 자세나 배경을 다듬을 수도 있습니다. 필요에 따라 추가 수정 작업을 진행해 이미지의 완성도를 더욱 높입니다.

캐릭터의 특정 부분을 선택하여 정교하게 편집하기

미드저니에서 편집은 원하는 요소를 정밀하게 조정하거나 변경하는 작업을 의미합니다. 이를 통해 캐릭터의 포즈, 의상, 표정 등을 세부적으로 수정하거나 배경과의 조화를 더욱 자연스럽게 만들 수 있습니다. 필요에 따라 특정 부위를 강조하거나 추가적인 디테일을 더하여 완성도를 높이는 것이 가능합니다.

소원을 들어주는 요정의 터번 장착하기
● 예제파일 : 02\터번씌우기.png   ● 완성파일 : 02\터번씌우기_완성.png

미드저니의 편집 기능을 활용하여 소원을 들어주는 파란색 캐릭터의 머리에 기존의 땋은 머리를 교체하고, 화려한 터번을 쓴 모습으로 변경해 보겠습니다.

01 모자를 씌울 캐릭터 이미지를 생성하고 편집할 이미지를 선택한 다음 Creation Actions 항목에서 More의 〈Editor〉 버튼을 클릭하여 편집 모드로 들어갑니다.

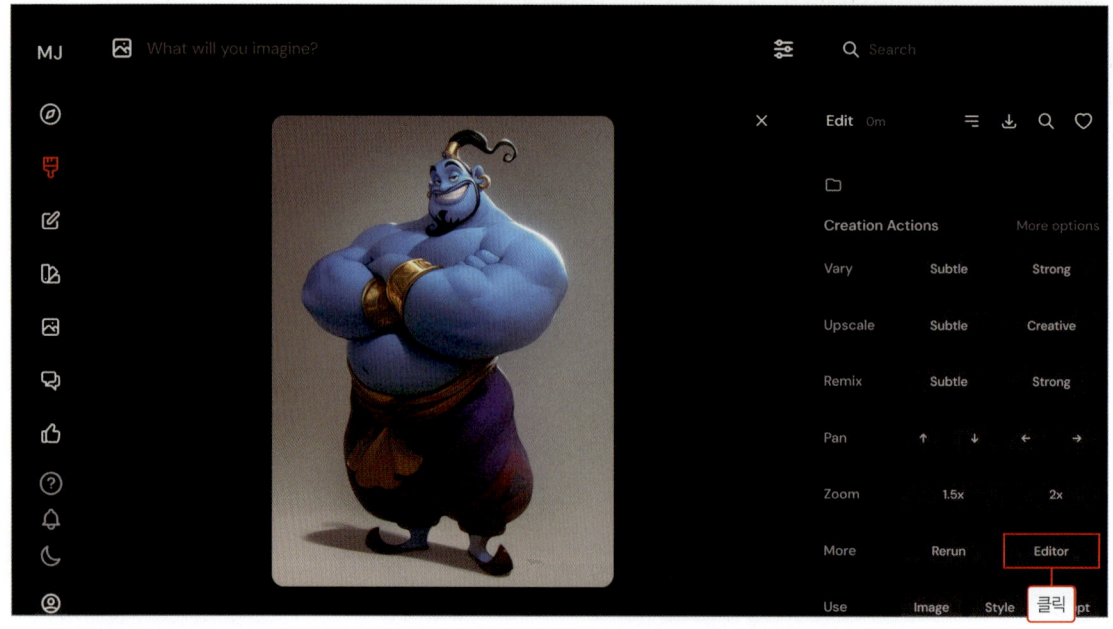

TIP 예제와 같은 이미지를 사용하려면 02 폴더에서 '터번씌우기.png' 파일을 불러와 사용합니다.

02 캐릭터의 머리에 모자를 씌우기 위해 수정할 부분을 지우겠습니다. Erase 기능을 이용해 머리 부분을 칠합니다.

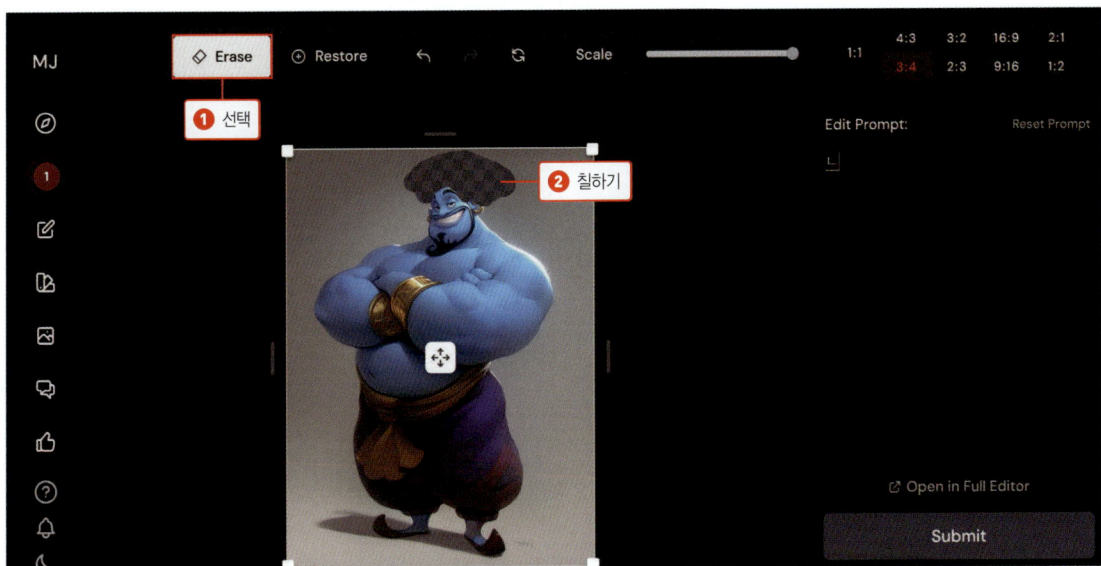

03 Edit Prompt에 변형될 내용의 프롬프트를 입력하고 〈Submit〉 버튼을 클릭합니다.

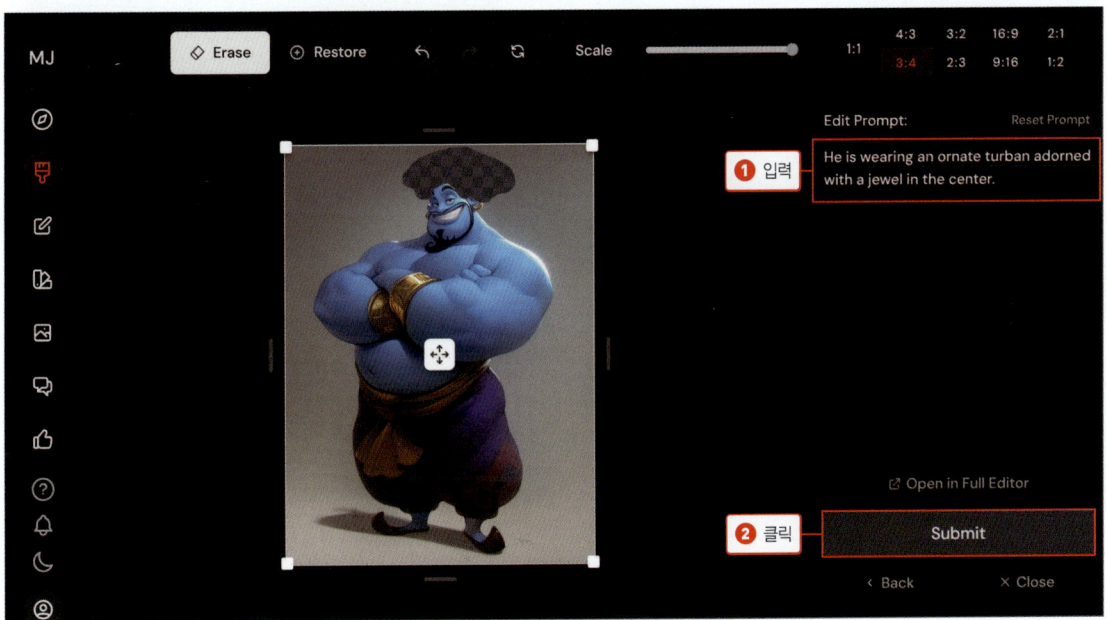

프롬프트 He is wearing an ornate turban adorned with a jewel in the center

한글 번역 그는 중앙에 보석이 장식된 화려한 터번을 쓰고 있다.

TIP 이와 같이 미드저니의 인페인팅을 이용하면 표정 및 옷 등을 추가로 생성할 수 있으며, 잘못 생성된 부분이나 배경을 만들 경우에 유용합니다.

04 Erase 기능으로 칠한 위치에 보석이 박혀있는 터번이 자연스럽게 생성되었습니다. 다양한 형태의 터번을 쓴 4개의 캐릭터 이미지에서 가장 자연스러운 이미지를 선택합니다. 예제에서는 1번 이미지를 선택하였습니다.

05 선택한 이미지를 확장해 살펴보니 어색한 부분이 있어 이미지를 추가로 변형하면서 업스케일을 진행하는 기능을 적용하겠습니다. Creation Actions 항목에서 Upscale의 〈Creative〉 버튼을 클릭하여 업스케일 작업을 진행하고 업스케일이 완료되어 새로 이미지가 생성되면 생성되면 '저장' 아이콘(⬇) 클릭하여 최종 이미지를 저장합니다.

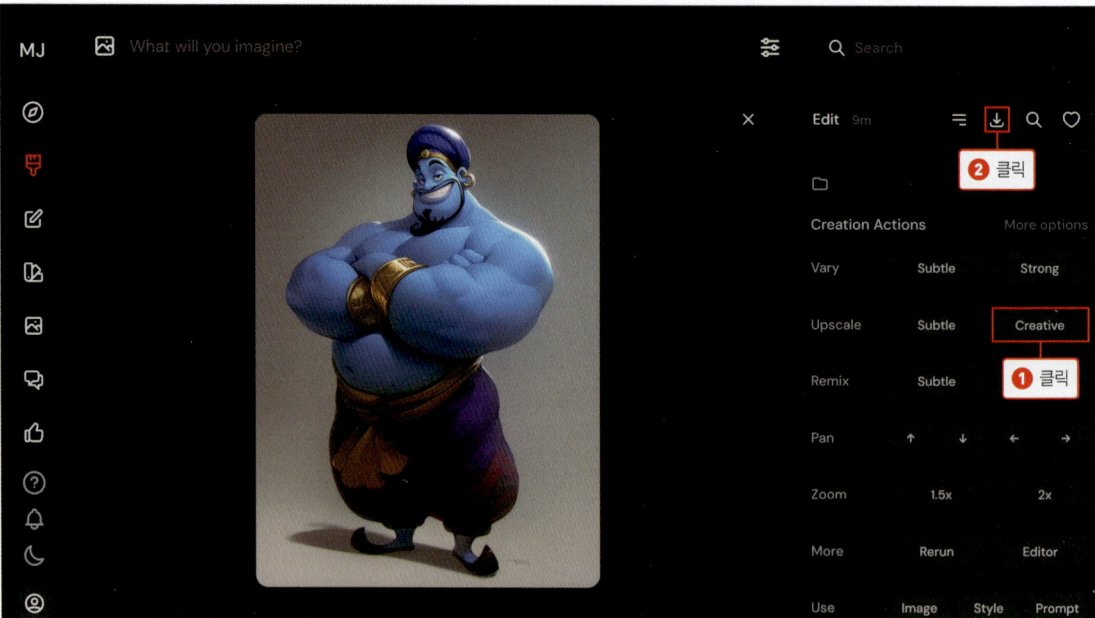

생성형 영상 AI와 클링 AI

영상 생성형 AI는 인공지능 기술을 활용하여 사용자의 입력에 따라 자동으로 영상을 제작하는 시스템입니다. 사용자는 텍스트, 이미지 또는 기존 영상을 입력하여 원하는 스타일의 영상을 생성하거나 편집할 수 있으며, 이를 통해 광고, 교육, 엔터테인먼트 등 다양한 분야에서 영상 제작 과정이 더욱 쉽고 효율적으로 변화하고 있습니다. 이러한 기술의 발전은 누구나 전문적인 편집 기술 없이도 창의적인 영상을 제작할 수 있도록 도와주며, 특히 게임, 애니메이션, 영화 등 다양한 산업에서 활발히 활용되고 있습니다.

대표적인 영상 생성형 AI 중 하나로 클링 AI(Kling AI)가 있습니다. 클링 AI는 사용자가 입력한 텍스트와 이미지를 기반으로 고품질 영상을 자동으로 생성하는 플랫폼으로, 다양한 기능을 통해 영상 제작의 효율성과 창의성을 극대화합니다. 첫 번째로, 텍스트 기반 영상 생성 기능은 사용자가 제공한 텍스트를 분석하여 관련된 영상을 자동으로 만들어주며, 이를 통해 복잡한 영상 제작 과정을 간소화합니다. 두 번째로, 이미지 기반 영상 생성 기능은 정적인 이미지를 동적인 영상으로 변환해 주며 이는 제품 시연, 역사적 사진의 애니메이션화 등 다양한 목적에 활용됩니다.

또한 모션 브러시(Motion Brush)를 활용해 창의적인 움직임을 추가하거나, 카메라 움직임을 설정하여 영상을 더욱 풍성하게 만들어주는 기능도 제공합니다. 이를 통해 사용자는 단순한 영상 제작을 넘어서, 더 세밀한 편집과 표현을 할 수 있습니다. 또한, 립싱크 기능은 얼굴의 움직임과 목소리를 일치시키는 기술로, 실시간으로 고품질의 내레이션 및 동작을 제공하여 더욱 몰입감 있는 영상을 제작할 수 있습니다.

추가로, 클링 AI는 영상의 시작과 종료 프레임을 설정하여 사용자가 원하는 영상 흐름을 제어할 수 있는 기능을 제공하며, 가상 체험과 얼굴 모델을 활용하여 개인화된 영상 제작도 가능합니다. 이러한 다양한 기능들은 광고, 교육, 게임, 영화 등 여러 분야에서 콘텐츠 제작을 효율적이고 창의적으로 지원하며, 특히 마케팅, 엔터테인먼트 및 교육 콘텐츠 제작에 큰 도움을 줍니다. 클링 AI는 누구나 전문적인 기술 없이도 손쉽게 고품질 영상을 제작할 수 있게 하며, 영상 제작의 접근성을 높이고 창의적 콘텐츠 생산을 촉진하는 강력한 도구로 자리잡고 있습니다.

01 클링 AI 가입하고 플랜 선택하기

이러한 영상 생성 기능을 사용하려면 먼저 클링 AI 웹사이트를 방문하여 회원가입을 해야 합니다. 가입하고 로그인을 진행한 다음 자신의 필요에 맞는 사용 계획을 설정하여 무료 플랜 또는 유료 플랜 중 하나를 선택할 수 있습니다. 이후 제공된 크레딧을 사용하여 원하는 영상을 생성할 수 있습니다.

01 클링 AI의 기능을 사용하려면 먼저 공식 웹사이트에 접속합니다. 웹브라우저에서 'klingai.com'를 입력하여 클링 AI 사이트에 접속하고 오른쪽 위에 있는 〈Create〉 버튼을 클릭하여 메인 화면으로 이동합니다.

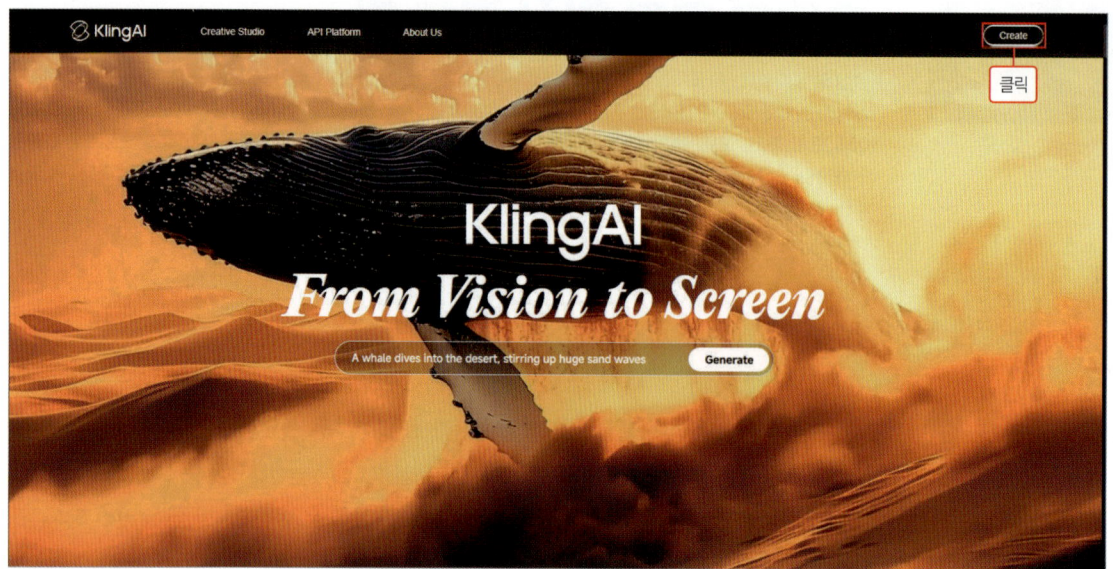

02 메인 화면의 왼쪽 아래 메뉴에서 〈Sign In〉 버튼을 클릭하면 회원가입 페이지로 이동합니다. 이 페이지에서 이메일 주소, 구글 계정 또는 Apple 계정을 이용해 손쉽게 가입할 수 있습니다. 구글 및 애플의 계정을 통해 가입 방법은 매우 간단하며, 예제에서는 이메일을 사용하는 방법에 대해 알아보겠습니다. Welcome to Kling AI 화면에서 〈Sign in with email〉 버튼을 클릭합니다.

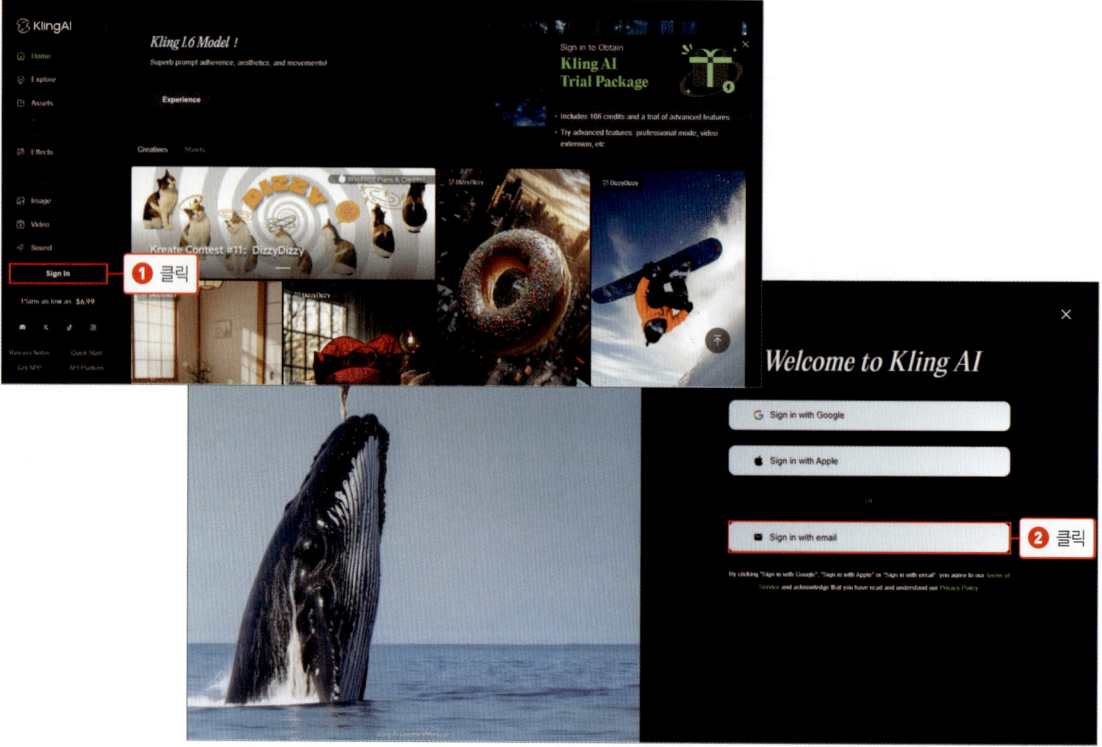

03 Welcome to Kling AI 화면이 표시되면 계정이 아직 없기 때문에 로그인 화면 아래 'Sign up for free'을 클릭하고 Create an account 화면으로 이동해 이메일 및 패스워드를 입력하고 〈Next〉 버튼을 클릭합니다.

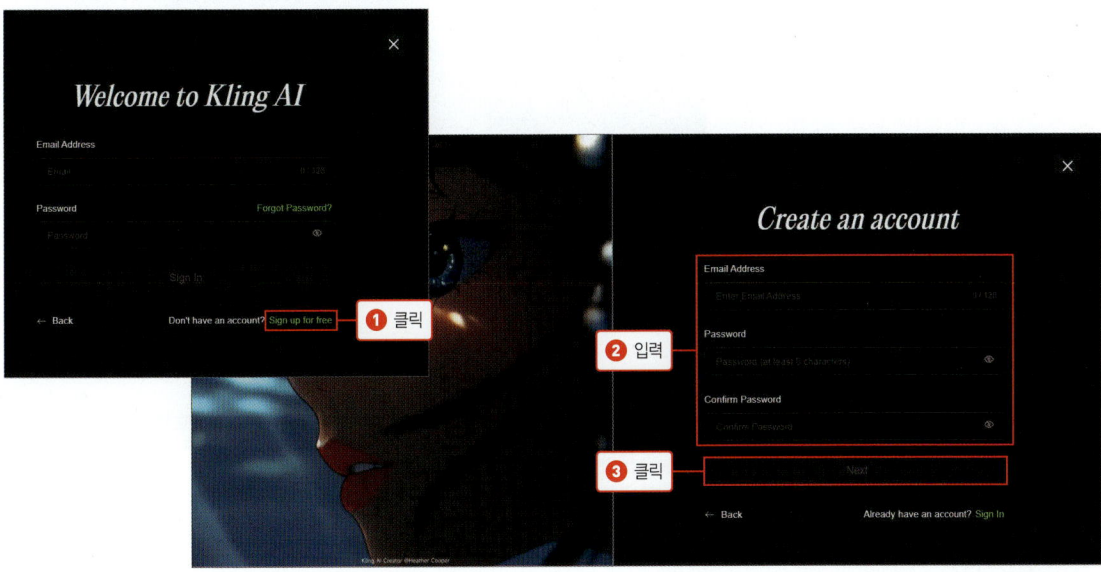

04 표시되는 Please complete security verification 화면에서 퍼즐을 드래그하여 위치에 맞추면 퍼즐을 맞추면 입력한 이메일로 인증 메일이 발송됩니다. 개인 이메일을 열어 인증코드를 확인하여 입력하고 〈Sign in〉 버튼을 클릭하면 가입 절차가 완료됩니다. 가입이 완료되면 자동으로 로그인되며, 클링 AI의 다양한 기능을 이용할 수 있습니다.

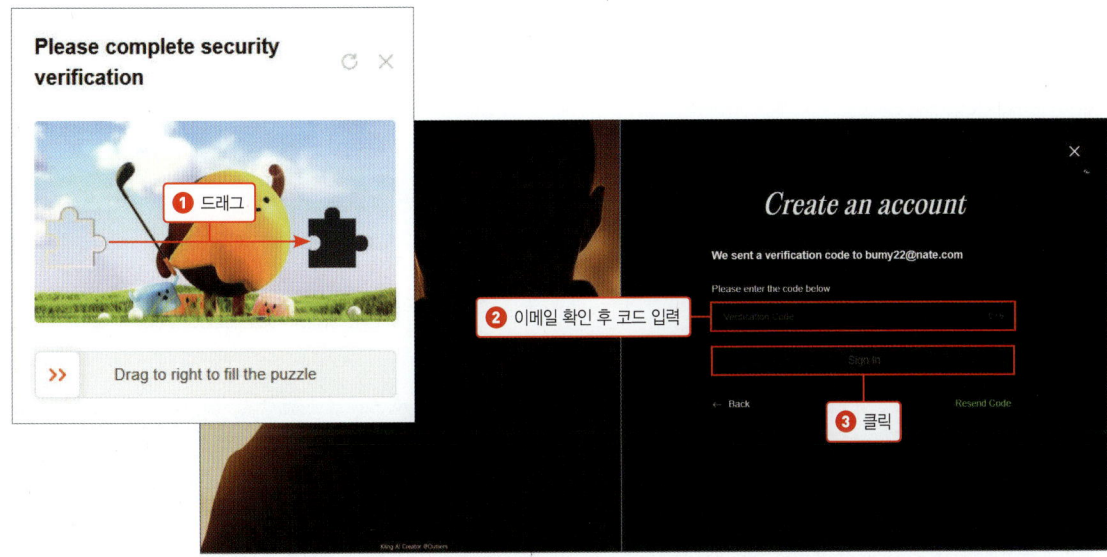

05 로그인하면 무료로 166개의 크레딧이 제공되며, 이를 통해 비용 없이 플랫폼의 기본 기능을 계속 사용할 수 있습니다. 그러나 무료 크레딧을 사용할 경우 생성 속도가 느려지며, 워터마크 제거, 긴 영상 생성(최대 3분) 등 고급 기능은 제한될 수 있습니다. 자신에게 맞는 플랜을 살펴보고 유료 구독을 원한다면 플랜을 선택하여 구독합니다.

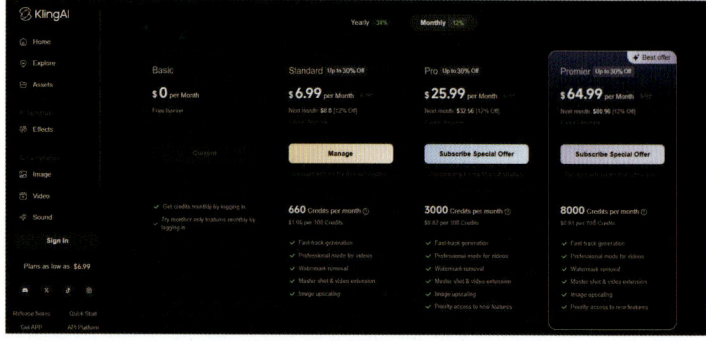

 유료 플랜

유료 플랜 사용자들은 '가속화된 도구'를 통해 영상 생성 속도가 빨라지며, 출력 영상에 워터마크가 표시되지 않아 전문적인 결과물을 얻을 수 있습니다. 또한, Pro 플랜은 Master Shorts Video Extension을 통해 짧은 형식의 영상 제작을 지원하고, Premier 플랜은 Image Upscale 기능을 통해 이미지 품질을 향상시킬 수 있습니다.

유료 구독을 원하면 Plans as low as $6.99를 클릭하여 멤버십 플랜 페이지로 이동하여 적합한 플랜을 선택하고 결제 과정을 완료하면 됩니다.

Standard 플랜	월 $10, 660 크레딧 제공 (구매 첫 달은 $ 6.99 다음 달은 $ 8.8 할인 혜택이 제공됩니다.)
Pro 플랜	월 $40, 3000 크레딧 제공
Premier 플랜	월 $92, 8000 크레딧 제공

2025년 2월 20일 이후 가입한 유료 사용자는 매일 무료 크레딧(66 크레딧)을 받지 못하며, 크레딧은 한 달 동안만 유효합니다. 이는 기존 구독자에게는 적용되지 않습니다.

02 클링 AI 인터페이스 살펴보기

클링 AI의 인터페이스는 직관적이고 사용자 친화적으로 디자인되어, 주요 기능에 쉽게 접근할 수 있습니다. 인터페이스를 살펴보겠습니다.

❶ **Explore(살펴보다)** : 이곳에서는 클링 AI에서 진행하는 다양한 이벤트를 확인할 수 있으며, 유저들이 생성하여 공유한 AI 영상을 살펴보거나 감상할 수 있습니다.

❷ **Effects(효과)** : 클링 AI에서 제공하는 Effects는 영상 템플릿에 적용할 수 있는 다양한 시각적 효과들을 테스트해 볼 수 있는 기능입니다. 사용자는 이미지를 업로드하고 별도의 프롬프트 입력 없이 여러 가지 재미있는 효과를 실시간으로 확인할 수 있습니다. 이 기능을 통해 창의적인 방식으로 이미지를 변환하고, 다양한 스타일의 효과를 손쉽게 적용해 볼 수 있습니다.

❸ **Asset(자산)** : 사용자가 영상 제작에 필요한 다양한 미디어 자원들이 확인 할 수 있으며, 여기에는 템플릿, 이미지, 비디오 클립, 음악, 효과, 그래픽 요소 등이 포함될 수 있습니다.

❹ **Image(이미지)** : 사용자가 텍스트나 이미지 등을 기반으로 AI가 자동으로 이미지를 생성하는 기술입니다. 이 기능을 통해 사용자는 간단한 텍스트 프롬프트를 입력하거나 레퍼런스 이미지를 업로드하여 새로운 이미지를 만들 수 있습니다.

❺ **Video(영상)** : 사용자가 입력한 텍스트나 이미지를 기반으로 AI가 자동으로 영상을 생성하는 기능입니다. 이 기능을 통해 사용자는 간단한 텍스트 프롬프트나 이미지를 제공하여 그에 맞는 동영상을 자동으로 제작할 수 있습니다. AI는 주어진 입력을 분석하여 관련된 장면, 효과, 배경 음악 등을 추가해 영상을 완성합니다.

❻ **Profile Page(개인 프로필)** : 플랫폼에서 사용자의 개인 정보를 관리하고, 활동 내역을 확인할 수 있는 페이지입니다. 이 페이지에서는 사용자가 가입할 때 설정한 정보, 계정 상태, 생성한 콘텐츠 및 프로젝트를 확인하고 수정할 수 있으며 사용자가 공유한 AI 영상을 확인할 수 있습니다.

03 클링 AI로 영상 생성하기

사용자가 입력한 텍스트, 이미지 또는 프롬프트를 기반으로 AI가 자동으로 영상을 생성하는 과정입니다. 이를 통해 사용자는 복잡한 편집 과정 없이 원하는 스타일과 내용의 영상을 빠르게 만들 수 있으며, 생성된 영상은 다양한 효과 및 설정을 적용하여 최적화할 수 있습니다.

텍스트 프롬프트로 영상 생성하기

▶ 완성파일 : 02\클링영상_완성.mp4

사용자가 입력한 텍스트 기반의 명령어(프롬프트)를 바탕으로 AI가 자동으로 애니메이션 영상을 생성합니다. 간단한 텍스트 프롬프트를 이용해 영상을 생성해 보겠습니다.

01 메인 화면의 왼쪽 메뉴에서 (Video)를 선택하여 영상 생성 옵션으로 이동합니다.

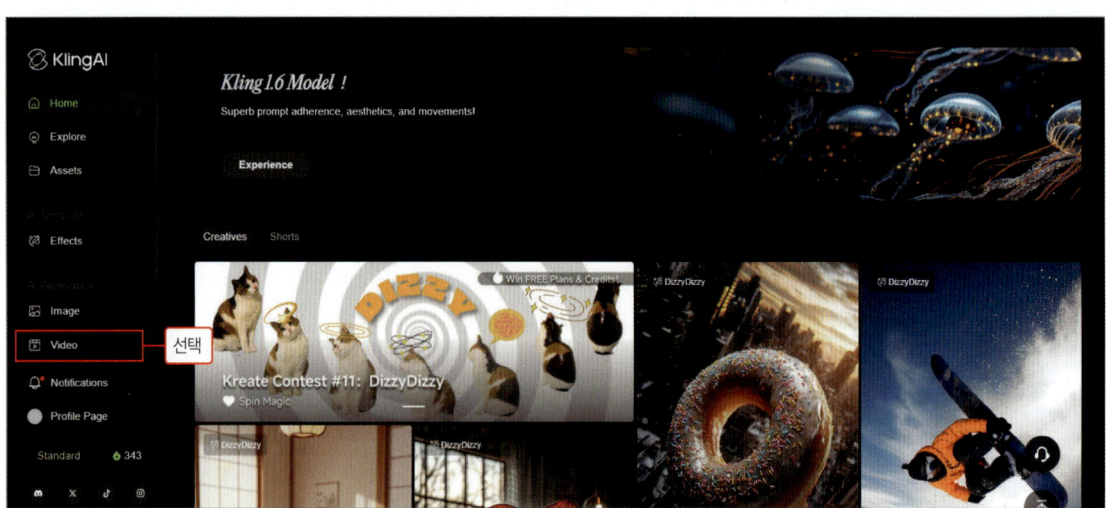

02 (Text to Video)을 선택하고 Prompt 공간에 기획한 프롬프트를 입력하고 원치 않는 스타일이 있다면 Negative Prompt 공간에 입력(선택사항)합니다.

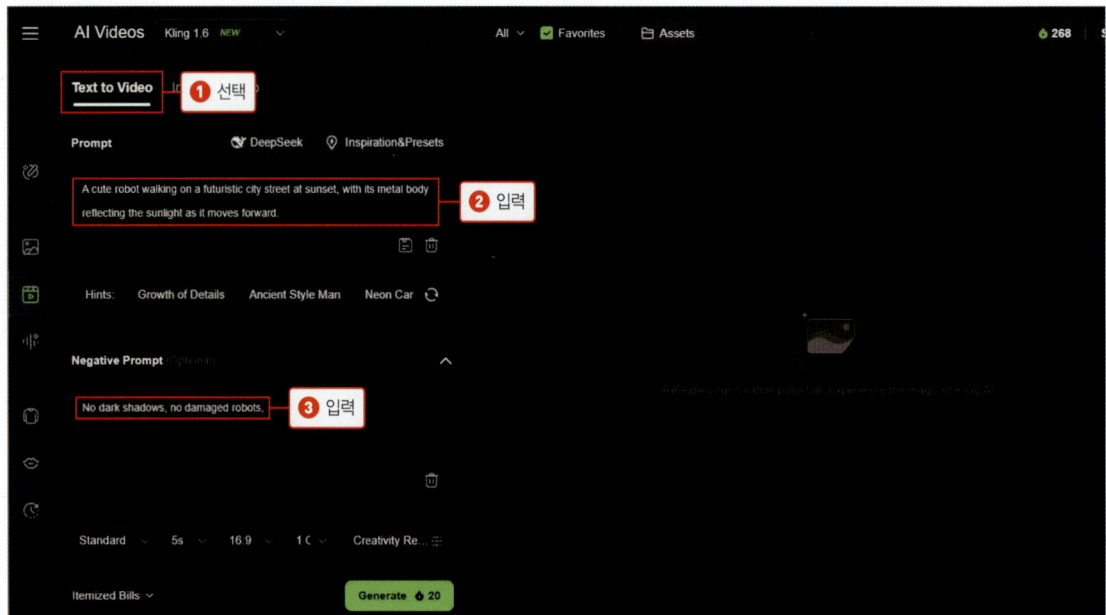

| 프롬프트 | A cute robot walking on a futuristic city street at sunset, with its metal body reflecting the sunlight as it moves forward |

한글 번역 : 일몰이 지는 미래적인 도시 거리에서 걷고 있는 귀여운 로봇, 움직이며 금속 몸체가 햇빛을 반사하는 장면

입력 팁
1. **Prompt** : 이 장면은 미래적인 배경에서 로봇이 걷는 모습을 그리고 있습니다. 일몰 시간대에 로봇의 금속 몸체가 햇빛을 반사하는 모습을 강조하고 있습니다.

2. **Negative Prompt** : No dark shadows, no damaged robots (어두운 그림자, 손상된 로봇)

03 하단 메뉴에서 시간, 화면 비율, 출력물 개수, 창의성 강도를 설정한 후 모든 준비가 완료되면 〈Generate〉 버튼을 클릭합니다.

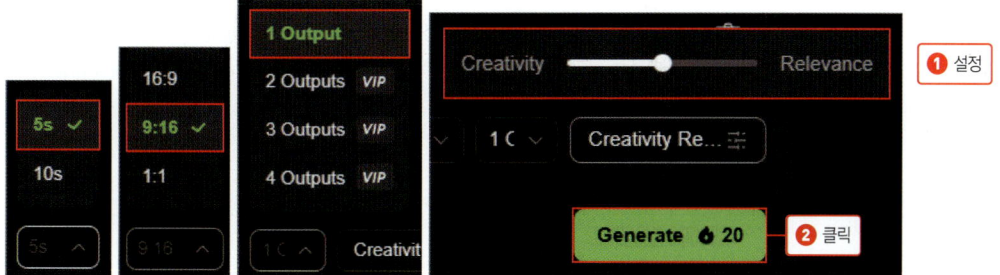

> **NOTE**
> Creativity(창의성)은 사용자가 제공한 텍스트 프롬프트를 기반으로 AI가 상상력과 독창성을 발휘해 다양한 스타일과 디테일을 추가하여 영상을 생성하는 역할을 합니다. 이를 통해 예상치 못한 요소를 도입하거나, 분위기와 스타일을 창의적으로 해석하여 풍부하고 독특한 영상 결과물을 만들어 냅니다. Relevance(관련성)은 텍스트에 맞춰 정확하고 일관된 결과를 원할 때 조정하는 설정입니다.

04 오른쪽 화면에서 영상 제작이 시작됩니다. 잠시 기다리면 입력한 프롬프트 내용대로 로봇이 길을 걷고 있는 영상이 자동으로 생성됩니다. 생성된 영상을 클릭하여 영상을 확인할 수 있으며, 마음에 드는 결과물이 생성되면 '다운로드' 아이콘(⤓)을 클릭하여 영상을 저장합니다.

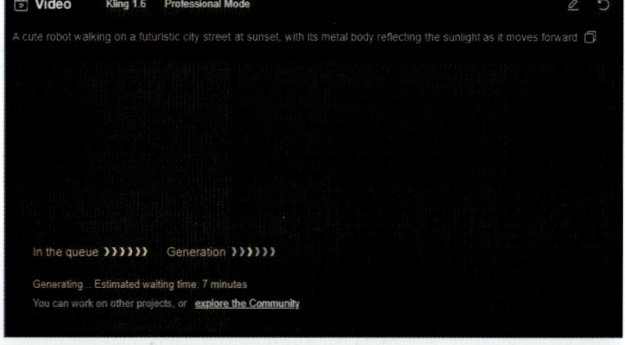

▶ 영상 생성이 진행되는 화면

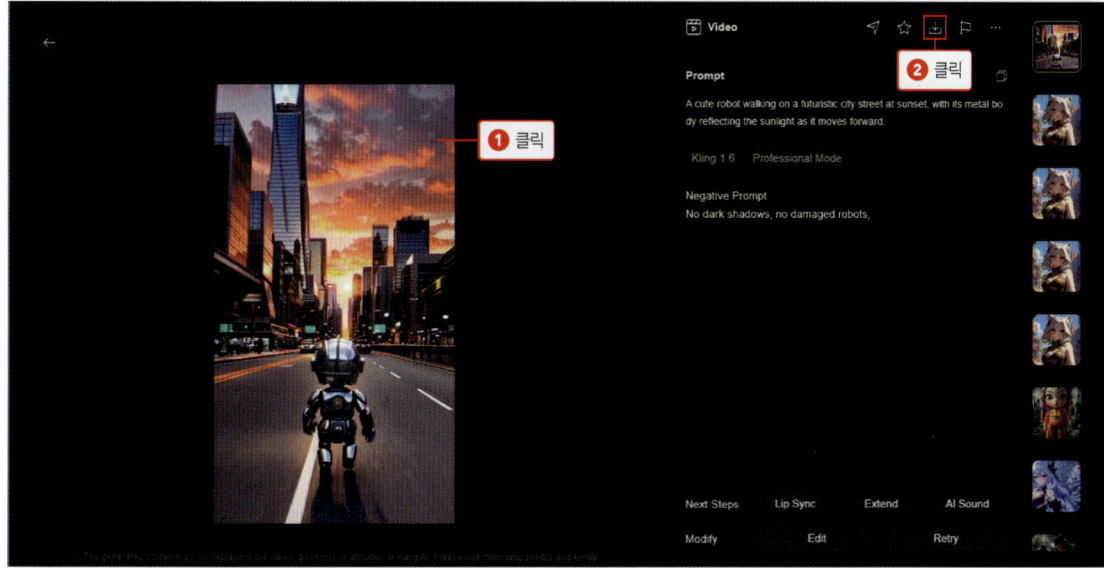

기존 이미지를 이용하여 영상 생성하기

◉ 예제파일 : 02\미소녀.png   ◉ 완성파일 : 02\미소녀_완성.mp4

사용자가 이미 가지고 있는 정적인 이미지를 바탕으로 AI가 동적인 영상을 자동으로 만들어 내는 과정입니다. 이 방식은 이미지에 움직임을 추가하거나, 여러 이미지를 이어붙여 영상처럼 보이게 하는 기술을 사용합니다. 이를 통해 이미지 하나로도 다양한 시각적 효과와 장면 전개를 구현할 수 있습니다.

01 메인 화면에서 'Video'를 선택합니다. 'Click/Drop/Paste'를 클릭해 대화상자가 표시되면 02 폴더에서 '미소녀.png' 파일을 선택하여 불러오거나 컴퓨터 폴더에서 이미지를 이 공간으로 드래그하여 불러옵니다.

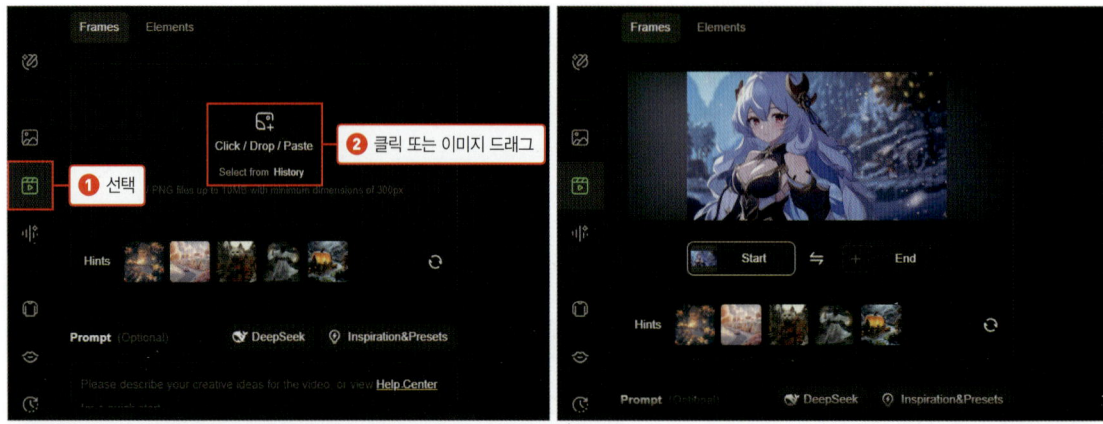

02 Prompt 공간의 입력창에 영상 구성을 위한 프롬프트를 입력합니다.

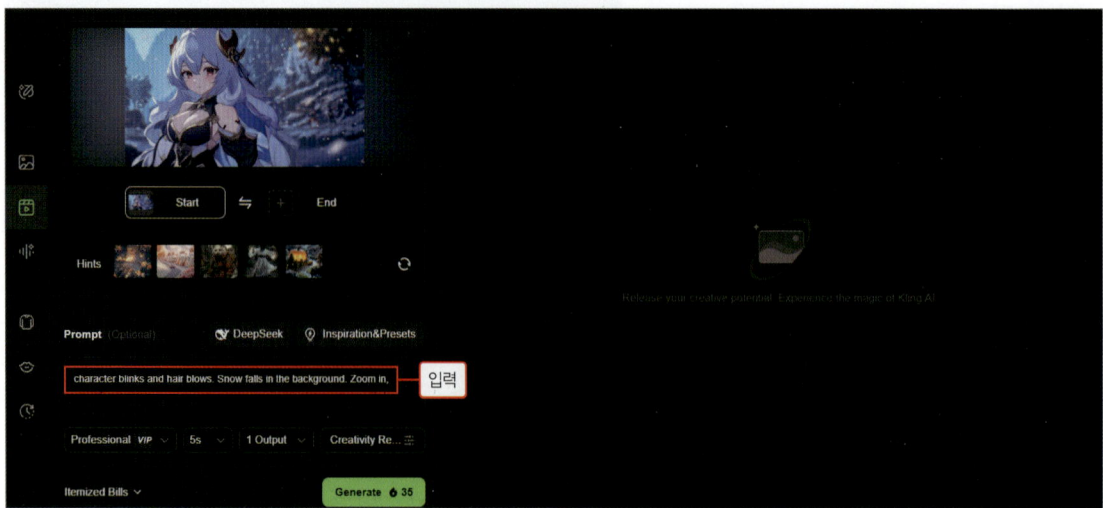

프롬프트 character blinks and hair blows. Snow falls in the background. Zoom in

한글 번역 캐릭터가 눈을 깜박이고, 머리카락이 바람에 휘날립니다. 배경에는 눈이 내리고, 카메라는 줌 인 합니다.

입력 팁 이 텍스트는 애니메이션을 생성하기 위한 프롬프트로, 각 요소가 장면의 동작과 변화를 설명합니다.

03 〈Generate〉 버튼을 클릭하여 영상을 생성합니다. 잠시 기다리면 영상이 생성되며, 생성된 영상을 클릭해 확인한 다음 마음에 드는 결과물이 생성되었다면 '다운로드' 아이콘( )을 클릭하여 영상을 저장합니다.

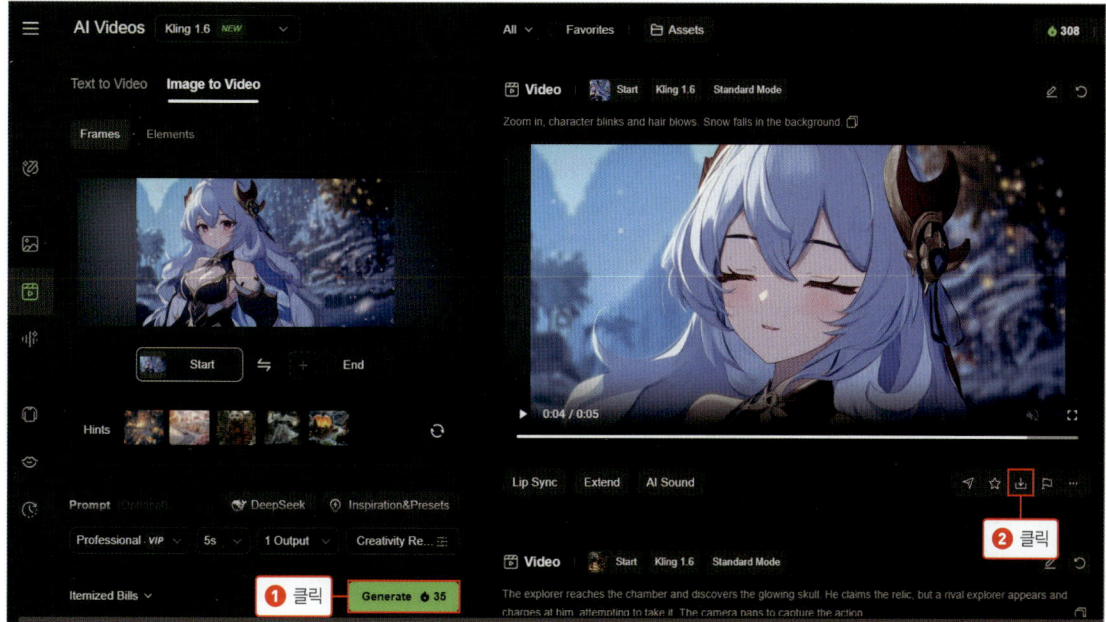

TIP 캐릭터의 경우 텍스트를 사용하여 립싱크 영상을 만들 수 있습니다. 텍스트로 된 보이스 내용을 입력하면, 그에 맞춰 캐릭터의 입모양이 자동으로 변환됩니다(P.252 참고).

Element 기능으로 다채로운 영상 생성하기

● 예제파일 : 02\cola.png, cutebear.png, fastfood.png, vintagesuit.png
● 완성파일 : 02\bear_완성.mp4

영상 제작 시 다양한 시각적 효과와 환경을 추가하는 중요한 기능으로, 이미지를 조합하여 더 풍부하고 다채로운 영상을 만들 수 있습니다. 이 기능은 주로 영상의 분위기나 감정을 표현하거나 장면에 세부 사항을 추가하는 데 사용됩니다. 텍스트 프롬프트에 맞는 설정을 입력하면, 요소들이 자연스럽게 영상에 결합하여 원하는 결과를 얻을 수 있습니다.

01 메인 화면에서 (Video) 메뉴를 선택하고 Image to Video에서 (Element) 탭을 선택합니다. 영상의 요소들을 불러오기 위해 'Upload an Image' 를 클릭합니다.

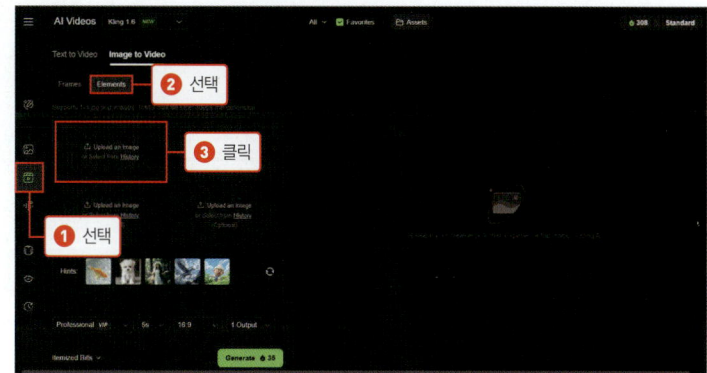

TIP 영상의 아이디어가 없을 때 아래 Hint의 이미지를 선택하면 이미지의 여러 요소들을 사용하여 테스트해 볼 수 있습니다.

02 열기 대화상자가 표시되면 02 폴더에서 차례대로 곰과 양복과 배경, 음료 이미지인 'cola.png', 'cutebear.png', 'fastfood.png', 'vintagesuit.png' 파일을 선택하고 〈열기(O)〉 버튼을 클릭하여 불러옵니다.

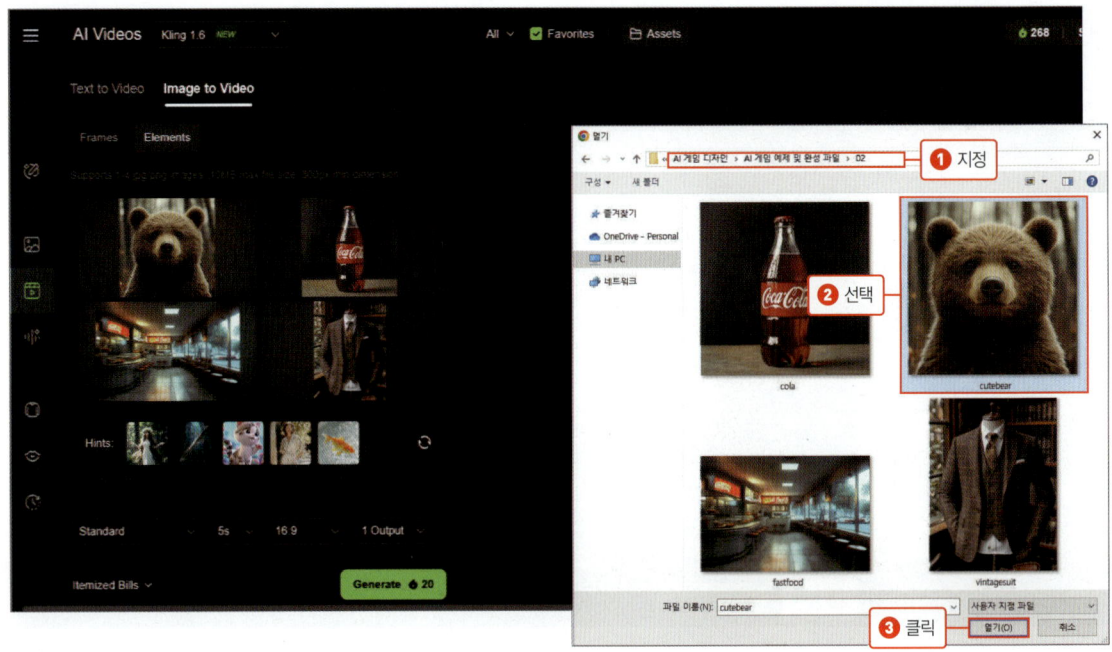

03 각 화면에 이미지를 모두 불러왔으면 Prompt 공간의 입력창에 생성할 영상을 묘사하는 프롬프트를 입력하고 영상의 비율 설정을 '16:9'로 설정한 다음 〈Generate〉 버튼을 클릭하여 영상을 생성합니다.

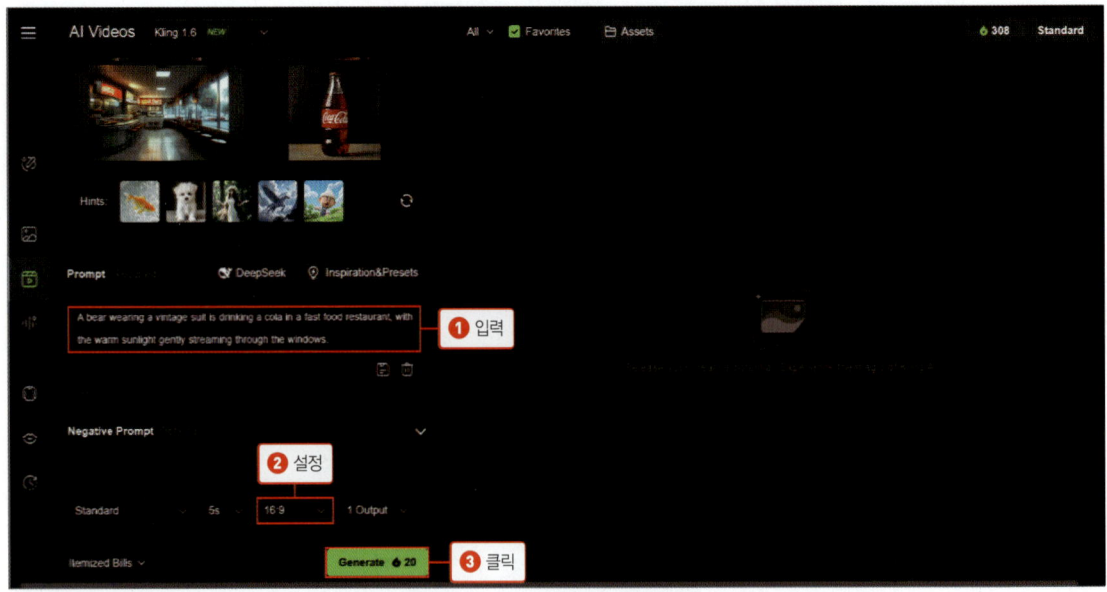

프롬프트 A bear wearing a vintage suit is drinking a cola in a fast food restaurant, with the warm sunlight gently streaming through the windows

한글 번역 빈티지 수트를 입은 곰이 패스트푸드 레스토랑에서 콜라를 마시고 있으며, 따듯한 햇살이 창문을 통해 부드럽게 비추고 있습니다.

04 각각 불러온 요소들이 프롬프트와 결합하여 멋진 영상이 생성되었습니다. 이러한 방식으로 다양한 요소를 변경하면 여러 스타일의 영상을 만들 수 있습니다.

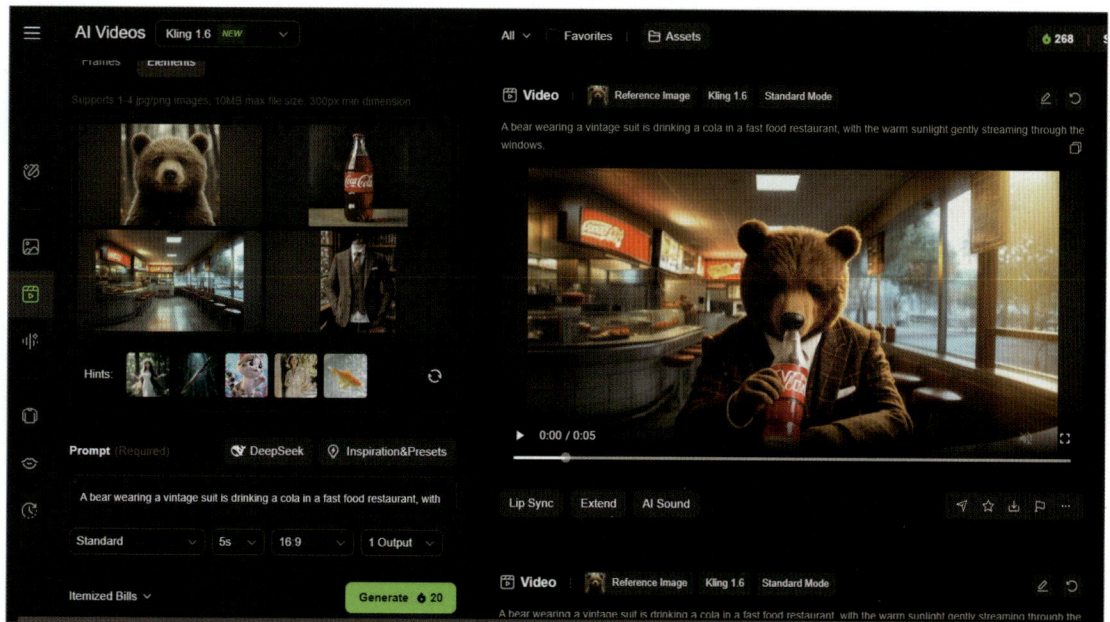

 Element 기능 활용 팁

Element 기능을 활용하는 팁이 있습니다. 다음과 같이 4가지 방법을 살펴보며 영상 생성할 때 활용해 보세요.

❶ **객체 중심의 크롭 적용**

객체가 이미지의 중심에 위치하도록 크롭하여 업로드합니다. 이렇게 하면 AI가 객체의 주요 특징을 정확하게 파악하고, 영상 내에서의 배치나 움직임을 자연스럽게 구현할 수 있습니다.

❷ **참조 이미지의 여백 최소화**

업로드하는 참조 이미지에서 불필요한 여백을 제거하여 주 피사체가 프레임을 가득 채우도록 합니다. 이는 AI가 해당 객체를 명확하게 인식하고 자연스럽게 영상에 통합하는 데 도움이 됩니다.

❸ **배경 제거 또는 단색 배경 사용**

복잡한 배경은 AI의 객체 인식에 혼란을 줄 수 있으므로, 가능하면 배경을 제거하거나 단색 배경을 사용하는 것이 좋습니다.

❹ **프롬프트에 크롭 및 여백 정보 명시**

프롬프트 작성 시, '객체가 화면을 가득 채우도록', '중앙에 위치한 인물', '여백 없이 꽉 찬 구성' 등의 표현을 사용하여 AI가 원하는 구도를 정확하게 이해하도록 합니다.

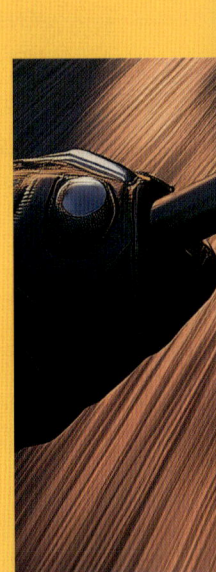

PART 3

AI 기반 게임 그래픽과 인터랙션 디자인 스킬

AI GAME DESIGN

AI를 활용하면 레고 기반 게임에서 인터페이스와 메뉴 구성을 직관적으로 설계할 수 있으며, 조립형 UI의 시각화도 손쉽게 구현할 수 있습니다. 스포츠 게임에서는 캐릭터의 페이셜 애니메이션과 동작을 사실적으로 연출하여 몰입감을 높일 수 있고, AI가 선수들의 반응과 감정 표현을 유기적으론 생성합니다. 3D RPG에서는 보이스와 립싱크 기술을 통해 캐릭터의 감정 전달과 생동감을 극대화할 수 있습니다.

플랫폼 게임에서는 AI를 통해 픽셀 아트를 자동 생성하고, 정교한 레벨 디자인을 빠르게 구성할 수 있어 개발 효율이 높아집니다. 또한, 애니메이션 보정과 리소스 추출 자동화는 반복 작업을 줄이고 그래픽 품질을 일정하게 유지하는 데 효과적입니다. 이처럼 AI는 게임 디자인 전반에서 시각화, 연출, 인터랙션을 정교화하며 실무에 직접적인 도움을 주는 핵심 기술로 자리잡고 있습니다.

캐주얼 게임의 스크린 샷 인터페이스와 메뉴 구성

레고는 남녀노소 누구나 즐길 수 있는 블록 장난감으로, 창의력을 키우고 교육적인 효과도 제공합니다. 예제에서는 레고를 활용한 액션 게임을 만들어보고, 블록 조립의 재미에 모험, 퍼즐, 전투 요소를 더해 흥미로운 플레이를 구성해 보겠습니다. 이러한 전반적인 게임 구성 연습은 레고의 상징성과 사용자 참여 중심의 메커니즘을 유지하면서도, 현대 게임 사용자가 기대하는 시각적 완성도와 UX 경험을 동시에 만족시키는 개발 방향이 될 수 있습니다.

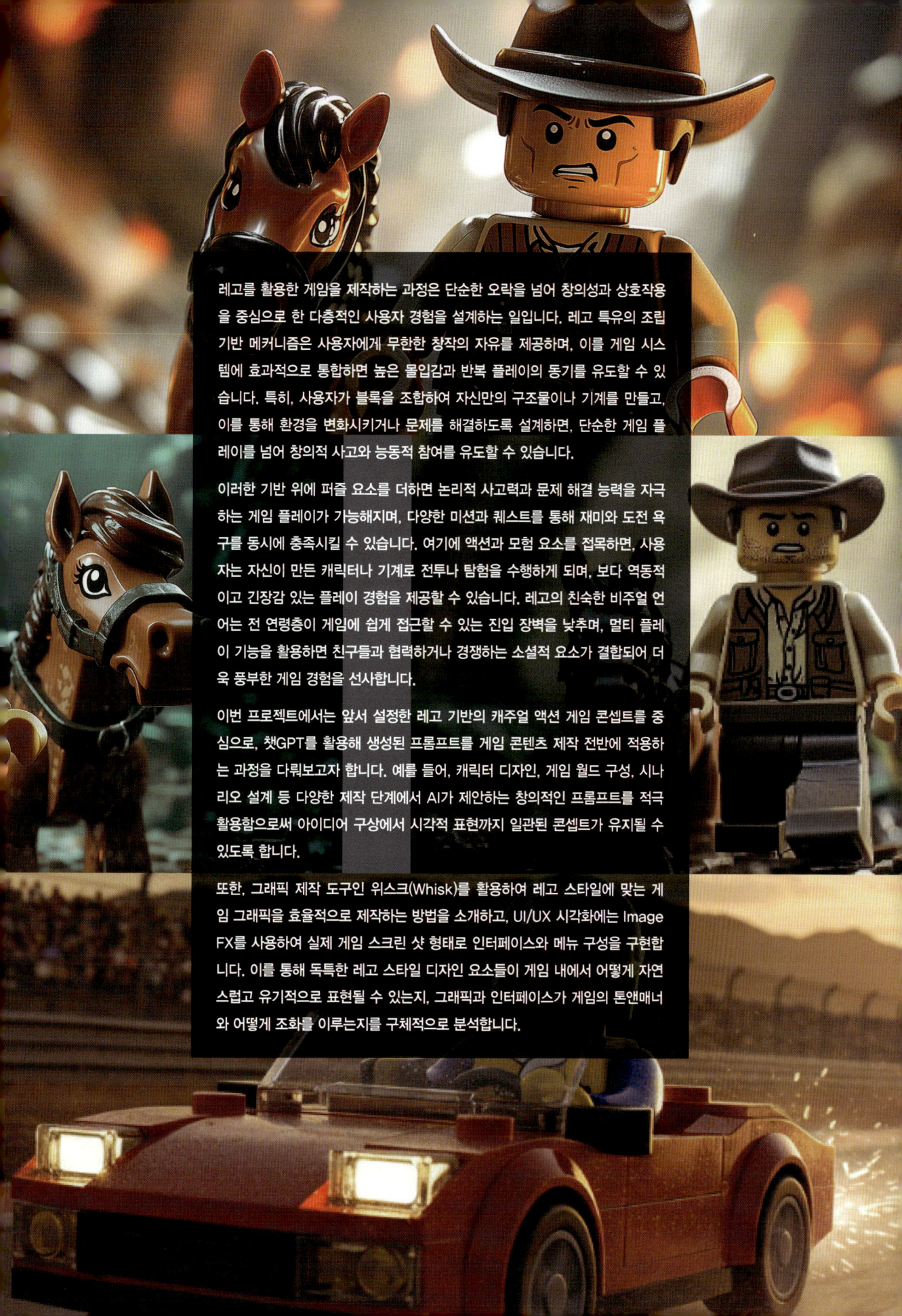

레고를 활용한 게임을 제작하는 과정은 단순한 오락을 넘어 창의성과 상호작용을 중심으로 한 다층적인 사용자 경험을 설계하는 일입니다. 레고 특유의 조립 기반 메커니즘은 사용자에게 무한한 창작의 자유를 제공하며, 이를 게임 시스템에 효과적으로 통합하면 높은 몰입감과 반복 플레이의 동기를 유도할 수 있습니다. 특히, 사용자가 블록을 조합하여 자신만의 구조물이나 기계를 만들고, 이를 통해 환경을 변화시키거나 문제를 해결하도록 설계하면, 단순한 게임 플레이를 넘어 창의적 사고와 능동적 참여를 유도할 수 있습니다.

이러한 기반 위에 퍼즐 요소를 더하면 논리적 사고력과 문제 해결 능력을 자극하는 게임 플레이가 가능해지며, 다양한 미션과 퀘스트를 통해 재미와 도전 욕구를 동시에 충족시킬 수 있습니다. 여기에 액션과 모험 요소를 접목하면, 사용자는 자신이 만든 캐릭터나 기계로 전투나 탐험을 수행하게 되며, 보다 역동적이고 긴장감 있는 플레이 경험을 제공할 수 있습니다. 레고의 친숙한 비주얼 언어는 전 연령층이 게임에 쉽게 접근할 수 있는 진입 장벽을 낮추며, 멀티 플레이 기능을 활용하면 친구들과 협력하거나 경쟁하는 소셜적 요소가 결합되어 더욱 풍부한 게임 경험을 선사합니다.

이번 프로젝트에서는 앞서 설정한 레고 기반의 캐주얼 액션 게임 콘셉트를 중심으로, 챗GPT를 활용해 생성된 프롬프트를 게임 콘텐츠 제작 전반에 적용하는 과정을 다뤄보고자 합니다. 예를 들어, 캐릭터 디자인, 게임 월드 구성, 시나리오 설계 등 다양한 제작 단계에서 AI가 제안하는 창의적인 프롬프트를 적극 활용함으로써 아이디어 구상에서 시각적 표현까지 일관된 콘셉트가 유지될 수 있도록 합니다.

또한, 그래픽 제작 도구인 위스크(Whisk)를 활용하여 레고 스타일에 맞는 게임 그래픽을 효율적으로 제작하는 방법을 소개하고, UI/UX 시각화에는 Image FX를 사용하여 실제 게임 스크린 샷 형태로 인터페이스와 메뉴 구성을 구현합니다. 이를 통해 독특한 레고 스타일 디자인 요소들이 게임 내에서 어떻게 자연스럽고 유기적으로 표현될 수 있는지, 그래픽과 인터페이스가 게임의 톤앤매너와 어떻게 조화를 이루는지를 구체적으로 분석합니다.

SECTION 1. 완구에서 플랫폼으로, 상상력의 발전

어릴 적 한 번쯤 레고 블록을 쌓으며 상상의 세계를 만들어 본 경험이 있을 것입니다. 하지만 레고가 처음부터 지금의 모습이었던 것은 아니며, 오랜 발전 과정을 거쳐왔습니다. 레고가 어떻게 변화하며 전 세계적으로 사랑받는 브랜드가 되었는지 살펴보겠습니다.

레고는 1932년 덴마크의 작은 마을 빌룬드에서 목수 올레 키르크 크리스티얀센(Ole Kirk Christiansen)에 의해 설립되었습니다. 처음에는 목재 장난감을 만들며 사업을 시작했지만, 1947년에는 플라스틱 사출 성형 기술을 도입하면서 새로운 전환점을 맞았습니다. 'LEGO'라는 이름은 잘 놀다라는 의미인 덴마크어 'Leg Godt'에서 유래되었으며, 이 이름은 레고 장난감이 제공하는 창의적이고 즐거운 놀이의 의미를 담고 있습니다. 1949년, 레고는 첫 번째 플라스틱 블록을 출시했지만, 당시 블록은 오늘날처럼 강력하게 결합되지 않았습니다. 그러나 1958년에 레고는 '결합 돌기(Stud-and-Tube Coupling)' 구조를 도입하여, 블록들이 안정적이고 튼튼하게 결합되도록 했습니다. 이 혁신적인 기술은 지금까지 레고 블록의 핵심 특징으로 남아 있습니다.

1970~80년대는 레고에게 큰 변화의 시기였습니다. 1978년, 레고는 아이콘인 미니피겨(Minifigure)를 도입하여 블록의 세계에 인물을 추가했고, 이로써 상상력의 폭을 넓혔습니다. 미니피겨는 빠르게 아이들에게 인기를 끌었고 이후 레고 시티, 레고 캐슬, 레고 스페이스 등 다양한 테마 시리즈가 등장하면서 레고의 제품군은 더욱 다양해졌습니다. 1980년대에는 레고 테크닉 시리즈가 출시되었고, 이 시리즈는 복잡한 기계적 구조를 가진 모델을 조립할 수 있게 해주어 성인 취미 시장까지 겨냥하게 되었습니다. 1990년대에는 〈마인드스톰(Mindstorms)〉이라는 로봇 공학 시리즈가 출시되었으며, 이를 통해 레고는 단순한 장난감을 넘어 교육적인 도구로 자리 잡게 되었습니다.

2000년대에 들어서면서 레고는 디지털 시대와 접목되어 혁신적인 방향으로 발전했습니다. 2005년, 〈레고 스타워즈(LEGO Star Wars)〉 비디오 게임이 출시되며 레고는 비디오 게임 시장에 진출하게 되었습니다. 2014년에는 〈레고 무비(The LEGO Movie)〉가 개봉되어 전 세계적으로 큰 인기를 얻었고, 레고는 단순한 장난감을 넘어 문화적 아이콘으로 자리 잡게 되었습니다. 이러한 디지털 확장은 레고의 브랜드 인지도를 높이는 데 큰 역할을 했으며, 레고와 관련된 다양한 미디어 콘텐츠가 인기를 끌면서 그 가치는 더욱 커졌습니다. 또한, VR/AR 기술을 활용한 레고 스마트 블록과 같은 혁신적인 기술 제품들이 등장하며, 창의적 교육 도구로의 역할도 강화되었습니다.

오늘날의 레고는 친환경 소재를 사용한 제품을 출시하며, 지속 가능한 생산 방식을 연구하고 있습니다. 2021년에는 모든 제품을 친환경 소재로 전환할 계획을 발표했고, 환경을 고려한 장난감 제작에 힘쓰고 있습니다. 또한, AI와 메타버스를 활용한 신제품을 개발하고 있어, 디지털과 물리적 세상 간의 경계를 허물며 새로운 형태의 놀이 경험을 제공하려고 합니다. 레고는 이제 단순한 블록 완구를 넘어 창의력과 문제 해결 능력을 키울 수 있는 강력한 플랫폼으로 성장했으며, 앞으로도 새로운 세대의 상상력을 자극하는 혁신을 계속 이어갈 것입니다.

TIP 레고 마인드스톰은 1998년 출시된 로봇 공학 교육 키트로, 레고 블록과 프로그래밍을 활용해 직접 로봇을 만들며 STEM 교육에 활용되는 대표적인 교구입니다.

▲ 레고 마인드스톰 샘플 이미지

▲ 레고 스타일의 레이싱 장면 연출

SECTION 2.
가상과 현실을 연결하는 레고와 게임의 융합

레고는 더 이상 단순한 블록 완구에 머무르지 않습니다. 기술과의 융합을 통해 가상과 현실을 연결하며, 새로운 방식으로 레고를 경험할 수 있게 되었습니다. 레고와 게임이 만나 어떻게 색다른 놀이 문화를 만들어가는지 살펴보겠습니다.

레고는 창의력과 상상력을 자극하는 대표적인 놀이 도구로, 어린이뿐만 아니라 어른들에게도 큰 사랑을 받아왔습니다. 단순한 블록들을 조합해 상상 속의 세상이나 구조물을 만들 수 있는 기회를 제공하며, 문제 해결 능력과 공간적 사고 능력을 길러주는 도구로 인정받고 있습니다.

최근 레고는 디지털 기술과 게임과의 융합을 통해 새로운 형태의 상호작용을 가능하게 했습니다. 이는 실제 블록을 조작하면서 가상 세계를 경험할 수 있게 하여, 레고가 단순한 장난감을 넘어 가상 세계에서도 큰 존재감을 발휘하도록 만들었습니다.

레고와 게임의 만남은 단순한 디지털 놀이에 머무르지 않고, 현실과 가상 세계를 잇는 혁신적인 경험을 선사하고 있습니다. 레고는 오랜 전통을 바탕으로 창의력과 상상력을 자극하는 놀이 도구로 자리 잡아 왔으며, 최근에는 디지털 기술과의 융합을 통해 그 영역을 크게 확장하고 있습니다.

먼저, 레고는 '레고 월드', '레고 시티 언리미티드', '레고 스타워즈' 등 다양한 디지털 게임을 통해 레고 블록의 물리적 특성과 창의적 조립 경험을 그대로 디지털 세계에 재현하고 있습니다. 이들 게임은 사용자가 자유롭게 블록을 쌓으며 스토리라인을 따라가거나 자신만의 세계를 창조할 수 있도록 유도하여, 레고 브랜드가 가진 상상력의 무한한 가능성을 디지털 환경에서도 느낄 수 있게 합니다.

또한, 레고는 증강 현실(AR) 기술을 접목해 현실과 가상 세계를 자연스럽게 연결하는 새로운 형태의 게임 경험을 선보이고 있습니다. 대표적인 예로, 레고 그룹이 발표한 '레고 히든 사이드(LEGO Hidden Side)' 시리즈는 실제 레고 세트를 AR 앱을 통해 스캔하면 모바일 화면에 유령이나 숨겨진 세계가 나타나, 사용자가 직접 상호작용하며 미션을 수행할 수 있도록 설계되었습니다. 이처럼 AR 기술을 활용하면 사용자는 실제 환경에서 레고 블록을 조작하는 동시에 가상 캐릭터나 물체와 상호작용하며 몰입감 넘치는 경험을 하게 됩니다.

더 나아가, 혼합 현실(MR) 기술은 현실과 가상 세계가 융합되어 사용자가 물리적 환경과 가상 환경을 동시에 체험하고 상호작용할 수 있도록 합니다. 예를 들어, 레고는 이러한 MR 기술을 활용하여 마이크로소프트 사의 홀로렌즈(HoloLens)와 같은 기기를 통해 실제로 레고 블록을 조립하면서 동시에 가상 캐릭터와 상호작용하거나, 가상 미션을 수행하는 몰입감 높은 경험을 제공합니다. 이러한 혼합 현실 게임은 단순히 가상 캐릭터를 화면에서 관찰하는 데에 그치지 않고, 사용자가 손으로 블록을 조작하는 동안 가상 세계의 변화가 실시간으로 반영되어, 현실과 가상이 하나로 어우러진 경험을 가능하게 합니다.

이처럼 레고와 게임의 융합은 디지털 게임, AR, MR, 그리고 앞으로의 VR 등 다양한 최신 기술들을 통해 새로운 창의적 상호작용을 이끌어 내고 있습니다. 미래에는 더욱 다양한 기술이 레고와 결합되어, 사용자들이 창의적인 활동과 몰입감 있는 경험을 할 수 있는 새로운 지평을 열어갈 것으로 기대됩니다. 레고와 게임의 융합은 단순한 놀이의 영역을 넘어, 상상력과 기술이 만나 무한한 가능성을 실현하는 중요한 혁신이라고 할 수 있습니다.

▲ 레고 스타워즈의 연출

▲ 레고와 혼합 현실(MR) 기술의 조합

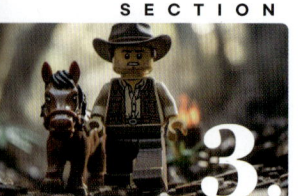

SECTION 3.

완성파일 : 03\레고스타일1~3_완성.png

고대 유적을 탐험하는 레고 액션 게임 만들기

이 게임의 핵심 요소인 레고 조립, 고대 유적 탐험, 퍼즐 해결의 재미를 강조하면서, 액션의 박진감과 모험의 즐거움을 생동감 있게 표현한 게임 그래픽을 제작해 보겠습니다.

01 위스크로 고대 유적을 탐험하는 장면 만들기

구글이 2025년 2월에 출시한 AI 이미지 생성 도구인 위스크(Whisk)를 활용하여 이미지를 조합해 제작하겠습니다.

01 구글 랩스 'https://labs.google/fx/ko/tools/whisk'로 접속하면 기존 생성형 AI와는 다른 독특한 첫인상을 받게 됩니다. 메인 화면은 누구나 쉽게 여러 테스트를 체험할 수 있도록 구성되어 있으며, 이후 〈처음부터 새로 시작〉 버튼을 클릭하여 자연스럽게 작업 화면으로 이동할 수 있습니다.

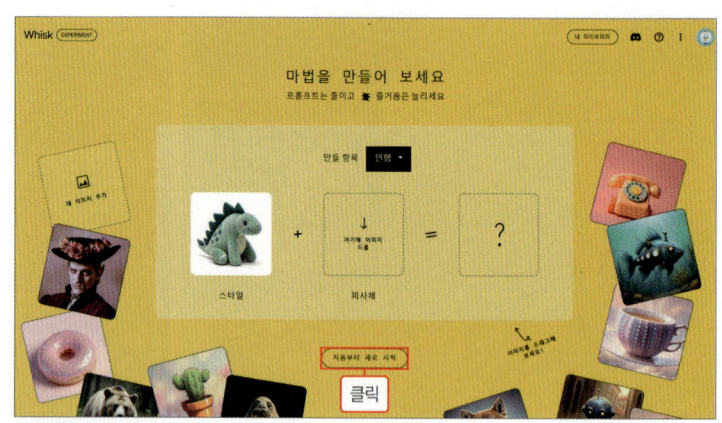

TIP 위스크는 구글에서 개발한 실험적인 AI 이미지 생성 도구로, 이미지를 업로드하면 이를 분석해 제미나이(Gemini) AI로 상세한 캡션을 만들고, 이마젠 3 모델을 통해 창의적인 이미지를 생성합니다. 이 도구는 빠른 시각적 탐구와 아이디어 실험을 가능하게 하여 디지털 캐릭터나 스티커와 같은 독특한 결과물을 제작하는 데에 적합하며, 이를 통해 사용자는 주제(Subject), 장면(Scene), 스타일(Style)을 정의하는 이미지를 활용해 새로운 이미지를 쉽게 만들 수 있습니다. 또한, 직관적인 이미지 기반 작업 방식으로 초보자들도 창의적인 결과를 빠르게 시도할 수 있습니다. 현재는 구글 랩스(Google Labs)를 통해 일부 국가에서 사용 가능합니다.

 메인 화면에서 테스트 체험하기

메인 화면에서 주변을 둘러싸고 있는 여러 이미지를 가운데 피사체 공간으로 드래그하여 결합된 이미지를 생성할 수 있습니다. 그림과 같이 물고기 이미지를 피사체로 드래그하여 인형과 결합하면 왼쪽에 있는 인형 스타일과 결합된 이미지가 생성됩니다.

02 그림과 같이 작업 화면이 표시됩니다. 피사체, 장면, 스타일 공간에 원하는 이미지를 가져오거나 생성한 후, 간단한 프롬프트를 입력해 결과를 만드는 방식입니다.

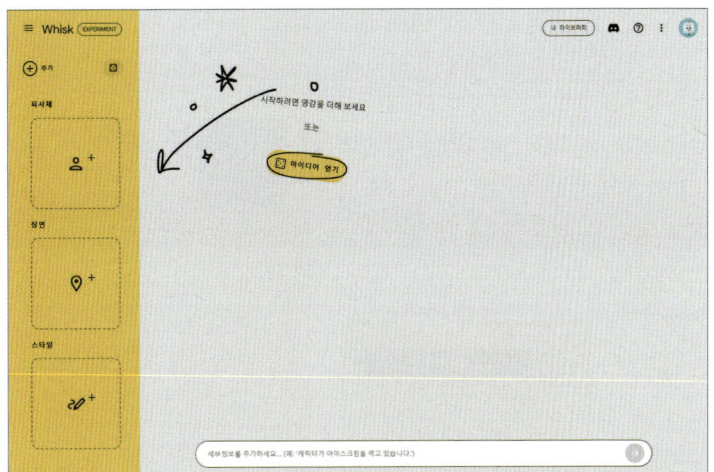

03 먼저 게임의 메인 캐릭터를 만들기 위해 피사체를 생성해 보겠습니다. 왼쪽 화면에서 피사체 공간에 커서를 위치하면, 텍스트를 입력할 것인지 아니면 이미지를 업로드할지 선택할 수 있는 옵션이 아이콘으로 표시됩니다. 예제에서는 텍스트로 이미지를 생성하기 위해 '텍스트 입력' 아이콘( )을 클릭합니다.

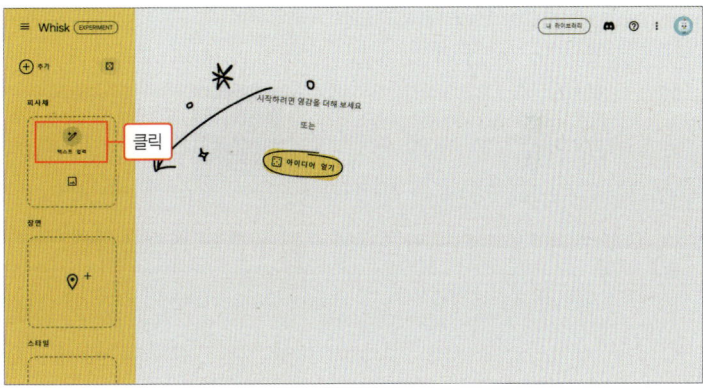

04 프롬프트를 입력할 수 있는 이미지 생성 창이 표시되면 한글 또는 영어로 캐릭터에 대한 프롬프트를 입력하고 〈생성〉 버튼을 클릭합니다. 정확도 측면에서 영어로 입력하여 생성했을 때 결과가 좋다고 생각되므로 영어로 입력하겠습니다.

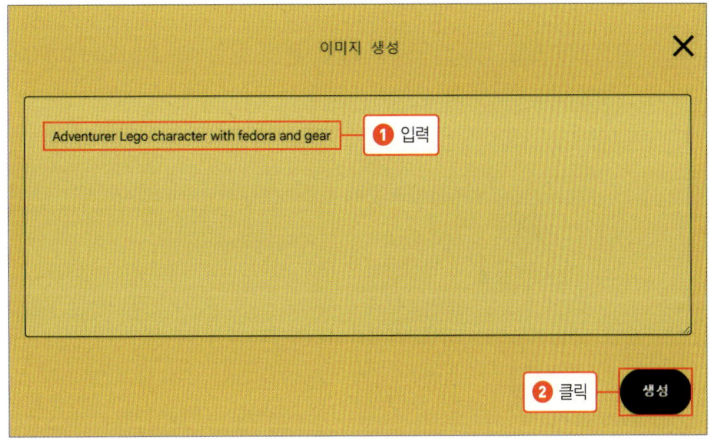

프롬프트 Adventurer Lego character with fedora and gear

한글 번역 페도라와 장비를 착용한 모험가 레고 캐릭터

05 간단한 프롬프트지만, '레고'라는 단어가 널리 알려진 단어라 비교적 정확하게 반영된 이미지가 생성되었습니다. 이제 메인 캐릭터의 동료가 될 말을 만들기 위해 피사체를 하나 더 추가하기 위해 '⊕' 아이콘을 클릭하고 '피사체'를 선택합니다.

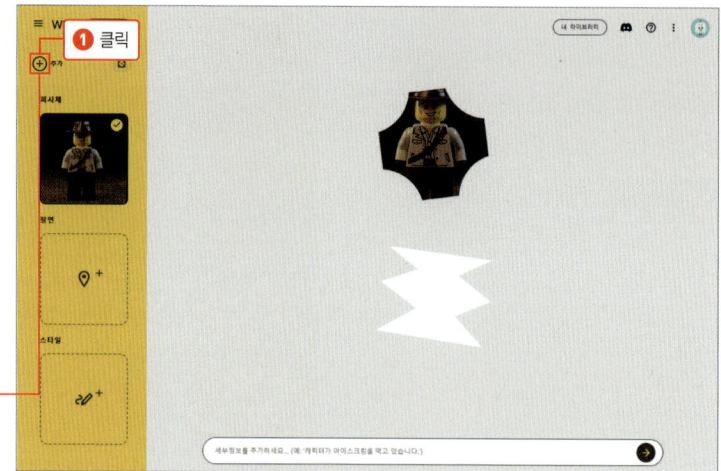

06 피사체 공간이 하나 더 추가되었습니다.

07 같은 방법으로 '텍스트 입력' 아이콘(✏️)을 클릭하여 표시되는 이미지 생성 창에서 프롬프트를 입력한 다음 〈생성〉 버튼을 클릭하여 이미지를 생성합니다.

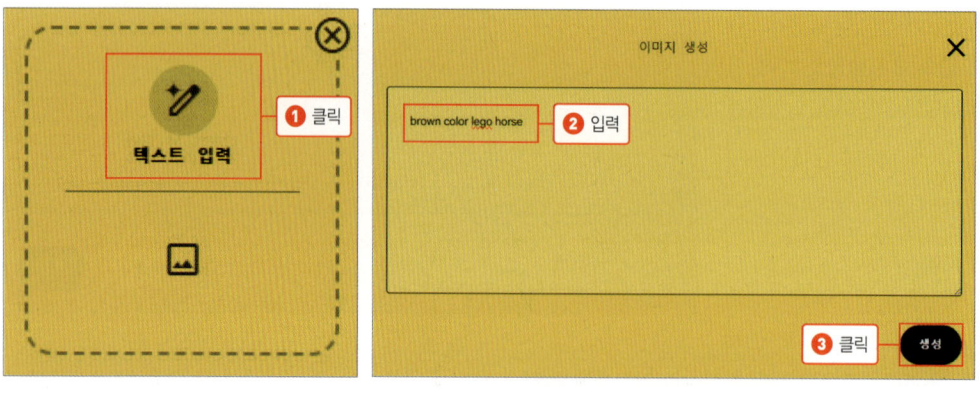

프롬프트 brown color lego horse

한글 번역 갈색 레고 말

08 두 번째 피사체 공간에 멋지고 용맹한 분위기를 풍기는 갈색 레고 말이 생성되었습니다. 단단한 체형과 세련된 디자인이 돋보이며, 강인한 인상을 주는 외형이 모험가의 여정을 함께할 든든한 동반자처럼 보입니다.

09 다음으로 장면을 생성하겠습니다. 장면은 이야기의 배경이 되는 중요한 장소로, 현재 모험가 캐릭터가 고대 유적지를 탐험하며 깊숙한 동굴 안에 위치해 있는 것으로 설정하겠습니다. 장면에 마우스 커서를 위치하고 '텍스트 입력' 아이콘(✏️)을 클릭하여 표시되는 이미지 생성 창에서 프롬프트를 입력한 다음 〈생성〉 버튼을 클릭하여 이미지를 생성합니다.

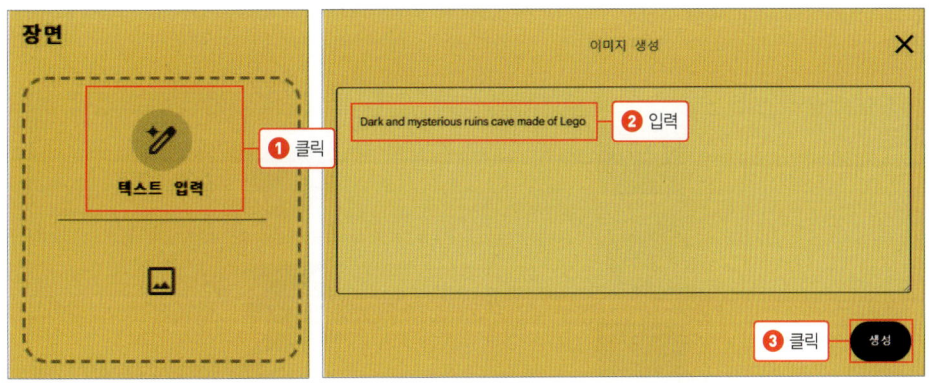

| 프롬프트 | Dark and mysterious ruins cave made of Lego |

| 한글 번역 | 레고로 만들어진 어둡고 신비한 유적지 동굴 |

10 장면 공간에 레고로 만들어진 어둡고 신비한 유적지 동굴이 생성되었습니다.

11 생성 요소의 마지막 단계로, 전체적인 분위기를 결정하는 스타일을 설정하겠습니다. 스타일에 마우스 커서를 위치하고 '텍스트 입력' 아이콘( )을 클릭하여 표시되는 이미지 생성 창에 프롬프트를 입력한 다음 〈생성〉 버튼을 클릭하여 이미지를 생성합니다.

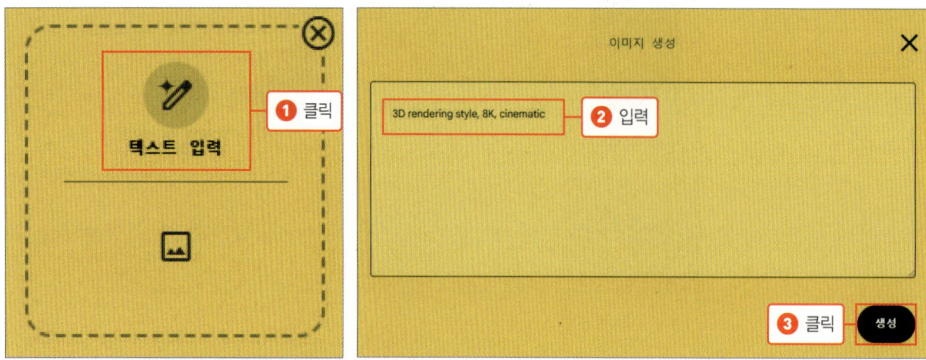

프롬프트 3D rendering style, 8K, cinematic

한글번역 3D 렌더링 스타일, 8K, 시네마틱

12 스타일 공간에 3D 렌더링 장면이 생성됩니다.

13 화면에 표시되어 있는 프롬프트 입력창에 장면에서 일어나는 일이나 캐릭터의 동작을 자세히 입력하고 ' ' 아이콘을 클릭합니다. 입력한 내용에 맞춰 이미지가 2개씩 생성됩니다.

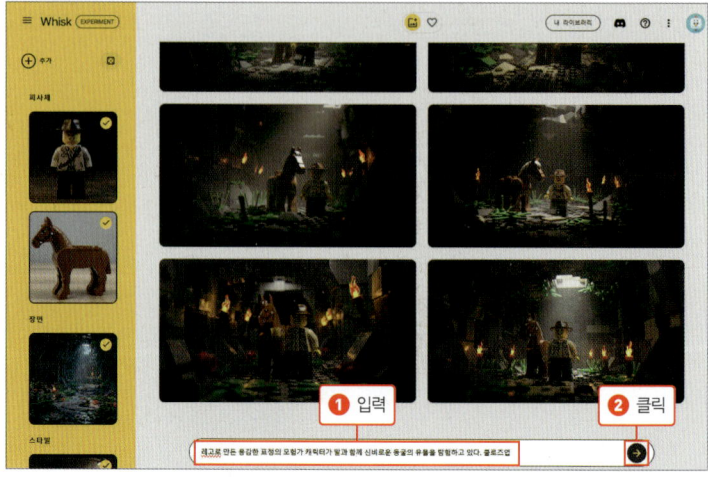

프롬프트　A brave-looking adventurer character made of Lego explores the relics of a mysterious cave with his horse. Close-up of the character

한글 번역　레고로 만든 용감한 표정의 모험가 캐릭터가 말과 함께 신비로운 동굴의 유물을 탐사하고 있다. 캐릭터 클로즈업

TIP　프롬프트를 입력할 때는 캐릭터가 무엇을 하고 있는지 또는 어떤 상황인지 간단히 설명하듯 입력하면 됩니다. 또한, 상황을 나타내는 프롬프트는 한글로 작성해도 문제없이 잘 만들어집니다. 원하는 장면에 가까워질 때까지 프롬프트를 조금씩 고치면서 반복적으로 이미지를 생성하면 좋습니다.

14　콘셉트에 맞게 가장 잘 조합된 이미지를 선택하여 저장할 수 있습니다. 원하는 이미지에 커서를 위치하여 표시되는 '다운로드' 아이콘( )을 클릭하면 이미지를 PC에 저장할 수 있습니다.

02 미드저니로 시네마틱한 스타일 이미지 생성하기

같은 프롬프트라도 생성형 AI 도구마다 스타일이 달라 다른 느낌을 줄 수 있습니다. 위스크에서 생성한 이미지의 프롬프트를 그대로 복사하여 미드저니에서 다시 생성해 시네마틱 이미지를 만들어 보겠습니다.

01 위스크에서 생성한 이미지의 프롬프트를 복사하기 위해 최종 이미지에 커서를 위치하고 표시되는 '✏️' 아이콘을 클릭합니다.

02 예상했던 내용이 아닌가요? 창이 표시되면 세부정보 추가 혹은 수정하기에서 이미지 생성에 사용된 프롬프트를 확인할 수 있습니다. 여기에서 프롬프트를 수정하면 이미지를 새로 생성할 수 있습니다. 하지만 예제에서는 미드저니에서 활용할 프롬프트를 얻기 위해 프롬프트를 전체 선택하고 Ctrl+C를 눌러 복사합니다.

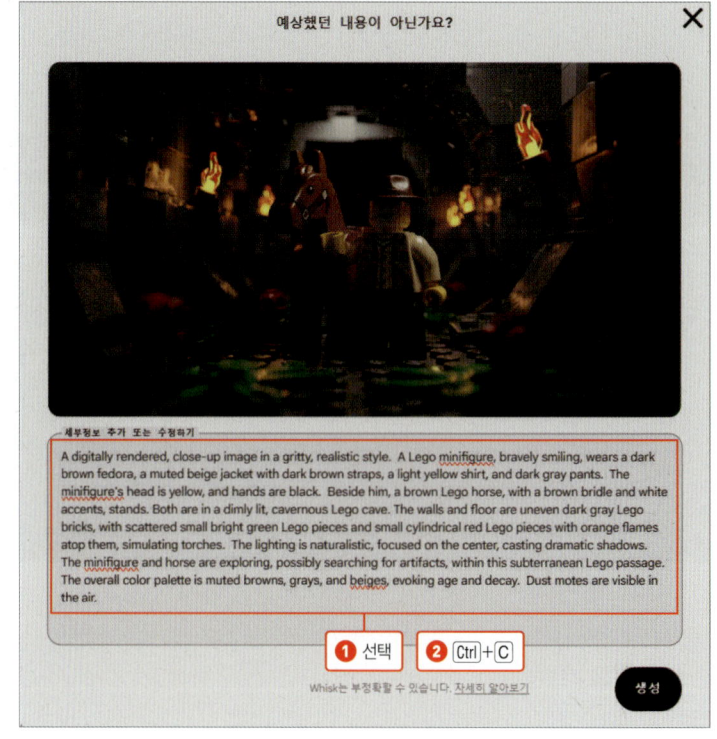

03 이 상태로 미드저니에 붙여넣어 사용해도 이미지가 생성되지만, 프롬프트가 너무 길고 방대하면 수정하거나 응용할 때 어려움이 있을 수 있습니다. 챗GPT의 도움을 받아 영상 느낌을 더해 더욱 효과적이고 직관적인 프롬프트로 다듬어 보겠습니다. 챗GPT 입력창에서 Ctrl+V를 눌러 복사한 프롬프트를 붙여넣고 다음과 같은 요청을 추가합니다.

사용자

이 프롬프트에서 중복된 것을 삭제하고 이미지를 유지하도록 줄여줘.

A gritty, realistic close-up of a Lego minifigure in a dimly lit cavern. The figure wears a dark brown fedora, beige jacket with straps, light yellow shirt, and dark gray pants. With a brave smile, he stands beside a brown Lego horse with a bridle and white accents. The uneven dark gray Lego brick walls and floor are scattered with bright green Lego pieces and red Lego torches with orange flames. Focused lighting casts dramatic shadows, highlighting their exploration for artifacts in this ancient, dusty passage.

TIP AI 이미지 생성 도구에서 자동으로 생성된 프롬프트는 종종 길고 복잡하여, 원하는 결과를 얻기 어려울 수 있습니다. 이러한 경우, 챗GPT를 활용하여 프롬프트를 분석하고 해석한 후, 원하는 방향으로 단어를 수정하는 것이 효율적입니다.

04 추가로 영상 이미지에 잘 맞는 분위기가 두드러지도록 요청합니다. 다음과 같이 프롬프트가 요약되고 시네마 영상 스타일이 추가되면 챗GPT가 제시한 프롬프트를 복사합니다.

사용자

이 프롬프트에서 시네마틱 영상과 퀄리티업 관련 효과를 추가해 줘.

A cinematic, ultra-detailed close-up of a Lego minifigure in a dimly lit, atmospheric cavern. Wearing a dark brown fedora, weathered beige jacket with straps, light yellow shirt, and dark gray pants, he stands beside a brown Lego horse with a bridle and white accents. His determined expression is highlighted by dramatic, filmic lighting with volumetric rays cutting through the dust-filled air. The uneven dark gray Lego brick walls and floor are scattered with bright green Lego pieces and flickering red Lego torches with orange flames, casting dynamic shadows. Subtle depth of field and cinematic motion blur enhance the realism, immersing viewers in this high-quality, adventure-filled scene.

프롬프트 최적화를 위한 실용 팁

❶ 생성된 프롬프트를 챗GPT에게 입력하여, 각 단어와 구문의 의미를 분석하도록 요청하세요. 이를 통해 프롬프트의 구조와 의도를 명확히 이해할 수 있습니다.

❷ 분석 결과를 바탕으로, 필요에 따라 특정 단어를 추가하거나 제거하여 프롬프트를 조정하세요. 예를 들어, 'photorealistic'을 'minimalist'로 변경하여 스타일을 조정할 수 있습니다.

❸ 불필요한 반복이나 중복된 표현을 제거하여 프롬프트를 간결하게 만드세요. 이는 AI가 핵심 요소에 집중하여 더 정확한 이미지를 생성하는 데 도움이 됩니다.

❹ 수정된 프롬프트를 사용하여 이미지를 생성하고, 결과를 평가하여 추가적인 조정을 반복하세요. 이러한 피드백 루프를 통해 원하는 결과에 점점 더 가까워질 수 있습니다.

05 미드저니에서 이미지를 생성하기 위해 웹브라우저에서 'midjourney.com'을 입력하여 미드저니 웹 버전 사이트에 접속하고 Imagine bar에 Ctrl+V를 눌러 복사한 프롬프트를 붙여넣기한 다음 프롬프트 끝부분에 '--ar 16:9 --stylize 500 --style raw'를 추가로 입력하고 '▷' 아이콘을 클릭합니다.

> A cinematic, ultra-detailed close-up of a Lego minifigure in a dimly lit, atmospheric cavern. Wearing a dark brown fedora, weathered beige jacket with straps, light yellow shirt, and dark gray pants, he stands beside a brown Lego horse with a bridle and white accents. His determined expression is highlighted by dramatic, filmic lighting with volumetric rays cutting through the dust-filled air. The uneven dark gray Lego brick walls and floor are scattered with bright green Lego pieces and flickering red Lego torches with orange flames, casting dynamic shadows. Subtle depth of field and cinematic motion blur enhance the realism, immersing viewers in this high-quality, adventure-filled scene. **--ar 16:9 --stylize 500 --style raw** ① 입력
>
> ② 클릭

입력팁
1. **A cinematic, ultra-detailed close-up of a Lego minifigure** : 영화처럼 극적이고 세밀한 레고 미니피겨의 클로즈업 샷입니다.
2. **dramatic, filmic lighting with volumetric rays cutting through the dust-filled air** : 극적인 영화 조명과 먼지 낀 공기 사이로 빛줄기가 뻗어 나오는 분위기로 신비롭고 몰입감 있는 분위기 연출입니다.
3. **Subtle depth of field** : 초점이 캐릭터와 말에 맞춰지고 배경은 살짝 흐려져서 입체감을 표현합니다.
4. **cinematic motion blur** : 약간의 모션 블러로 움직임이 느껴지게 해서 영화 같은 사실감을 더합니다.

06 설정한 프롬프트를 기반으로 시네마틱한 레고 영상 이미지가 4개 생성되었습니다. 이 중에서 스타일과 구성 콘셉트에 가장 잘 어울리는 이미지에 커서를 위치하고 〈Vary Subtle〉 버튼을 클릭합니다. 예제에서는 3번 이미지를 선택하였습니다.

07 베리에이션 된 이미지가 4개 생성되었습니다. 이 중에서 가장 자연스러운 이미지를 최종으로 선택합니다. 예제에서는 3번 이미지를 선택하였습니다.

08 확장된 화면의 오른쪽에 있는 Creation Actions에서 Upscale의 〈Creative〉 버튼을 클릭하여 업스케일 작업을 진행합니다. 업스케일이 완료되면 '저장' 아이콘(📥)을 클릭하여 이미지를 PC에 저장합니다.

03 ImageFX에서 게임 UI 스크린 샷 만들기

영상 이미지와 같은 방식을 활용해 게임 스크린 샷도 만들어 보겠습니다. 이번에는 미드저니 대신 구글 랩스에서 제공하는 ImageFX를 사용해 보려고 합니다. ImageFX는 UI 구성 요소가 비교적 잘 표현하는 툴이라 생각합니다.

01 먼저 게임 스크린 샷 느낌으로 프롬프트를 수정하기 위해 미드저니에서 사용한 프롬프트를 Ctrl+C를 눌러 복사합니다.

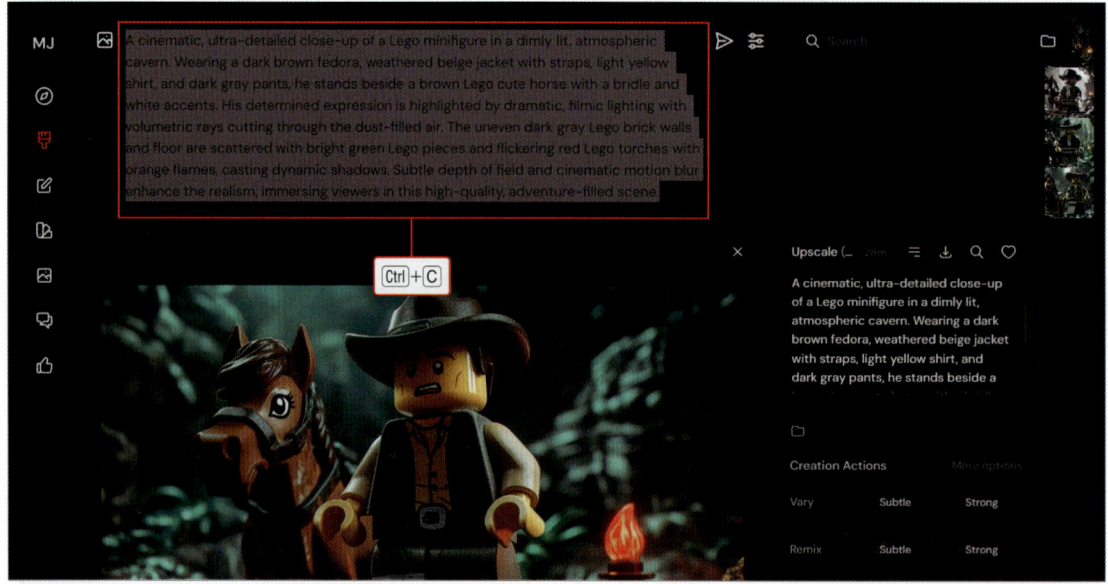

02 챗GPT의 도움을 받아 프롬프트를 게임 스크린 샷의 느낌으로 수정하여 더욱 효율적이고 직관적인 프롬프트로 다듬어 보겠습니다. 챗GPT에서 Ctrl+V를 눌러 복사한 프롬프트를 붙여넣고 다음과 같은 요청을 추가합니다.

이 프롬프트를 기본 구성은 유지한 채로 나머지는 삭제하는 것으로 수정해 줘.

A cinematic, ultra-detailed close-up of a Lego minifigure in a dimly lit cavern, wearing a dark brown fedora, weathered beige jacket with straps, light yellow shirt, and dark gray pants, standing beside a brown Lego cute horse with a bridle and white accents.

03 이어서 게임 화면에 어울리는 뷰와 스타일을 추가한 프롬프트를 요청합니다.

이 프롬프트를 게임 화면에 어울리게 탑뷰로 수정하고 게임 UI를 추가하는 것으로 수정해 줘.

A top-down cinematic view of a Lego minifigure in a dimly lit cavern, wearing a dark brown fedora, weathered beige jacket with straps, light yellow shirt, and dark gray pants, standing beside a brown Lego cute horse with a bridle and white accents. The scene includes a simple game UI with health and inventory icons at the top corners of the screen, and a mini-map in the bottom left. The cavern walls are made of dark gray Lego bricks, with scattered bright green Lego pieces and flickering red Lego torches with orange flames casting dynamic shadows, creating an immersive adventure atmosphere

04 이미지를 만들기 위해 웹브라우저에서 'deepmind.google/technologies/imagen-3/'를 입력하여 이마젠 3 사이트에 접속하고 〈Try in ImageFX〉 버튼을 클릭합니다.

05 ImageFX 작업 화면이 표시됩니다. 이 화면은 왼쪽에 프롬프트를 작성할 수 있는 공간과 화면 비율 등을 설정할 수 있는 메뉴가 있으며, 오른쪽에는 생성된 결과물이 표시됩니다.

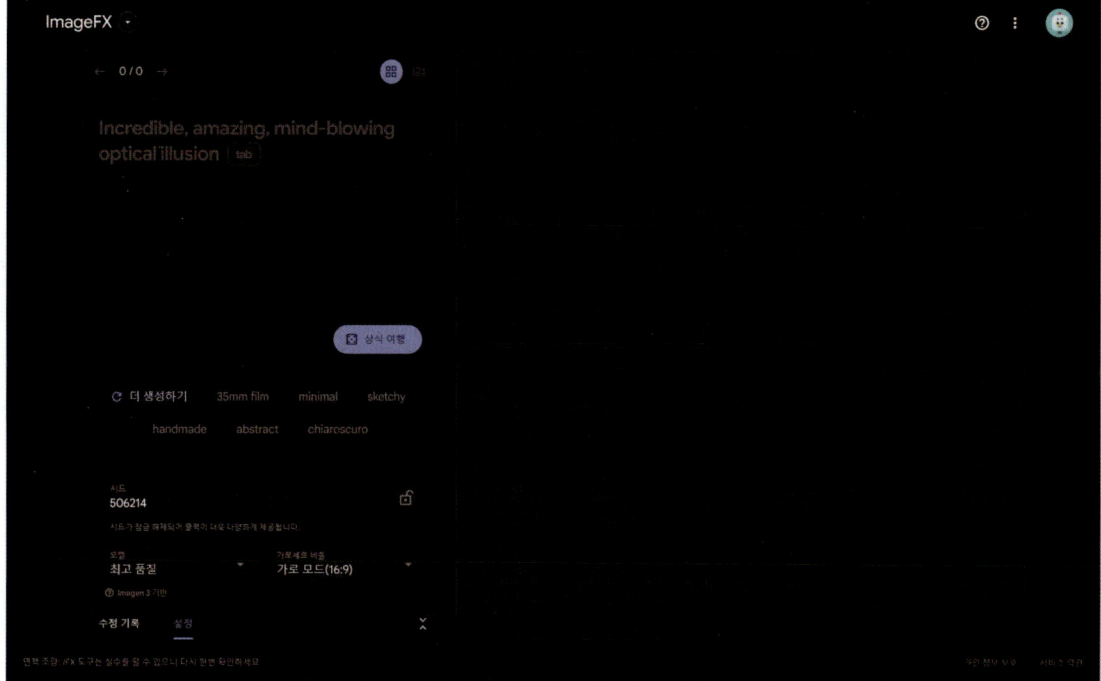

06 챗GPT에게 제안받은 프롬프트를 복사하여 프롬프트 입력창에 붙여넣고 가로세로 비율이 '가로 모드(16:9)'로 지정되어 있는지 확인한 다음 〈만들기〉 버튼을 클릭하여 게임 화면 이미지를 생성합니다.

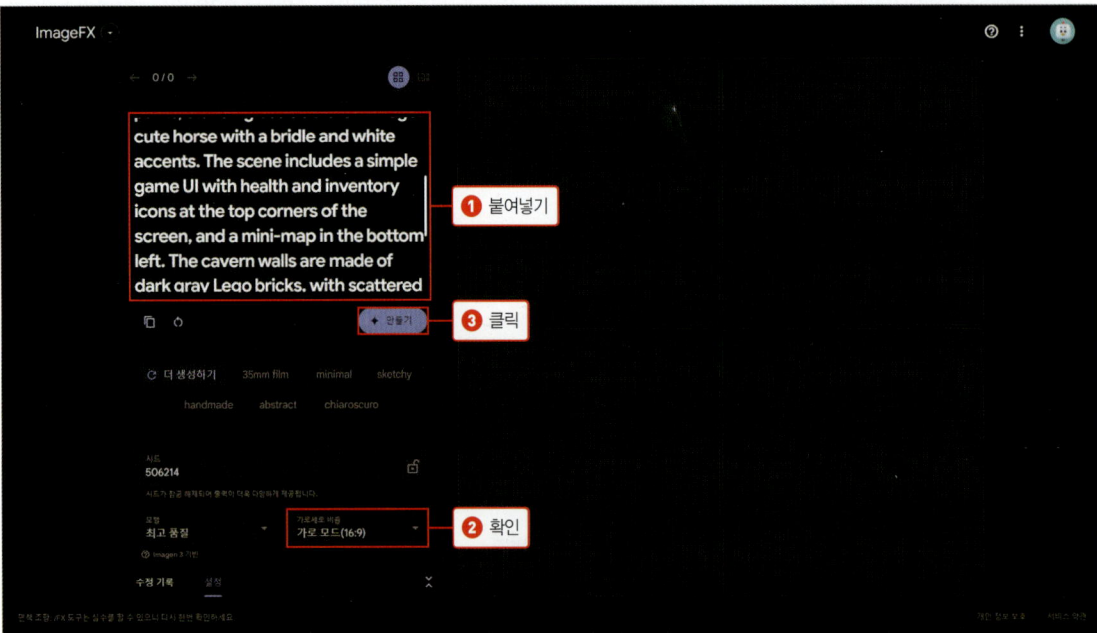

프롬프트

A top-down cinematic view of a Lego minifigure in a dimly lit cavern, wearing a dark brown fedora, weathered beige jacket with straps, light yellow shirt, and dark gray pants, standing beside a brown Lego cute horse with a bridle and white accents. The scene includes a simple game UI with health and inventory icons at the top corners of the screen, and a mini-map in the bottom left. The cavern walls are made of dark gray Lego bricks, with scattered bright green Lego pieces and flickering red Lego torches with orange flames casting dynamic shadows, creating an immersive adventure atmosphere

입력팁
1. **A top-down cinematic view** : 위에서 내려다보는 영화 같은 시점입니다.
2. **The scene includes a simple game UI with health and inventory icons at the top corners of the screen, and a mini-map in the bottom left** : 장면에 간단한 게임 UI가 표현되고 화면 위쪽 모서리에 체력과 인벤토리 아이콘, 왼쪽 아래에 미니맵이 존재합니다.
3. **creating an immersive adventure atmosphere** : 모험 느낌이 강한 몰입감 있는 분위기를 만듭니다.

TIP 프롬프트 아래에 있는 〈더 생성하기〉 옆 버튼들은 '이미지 스타일 옵션'으로, ImageFX는 직관적인 사용자 인터페이스(UI)를 통해 사용자가 텍스트 프롬프트를 입력하면 자동으로 이미지를 생성해 주는 시스템을 제공합니다. 이는, '익스프레시브 칩스(Expressive Chips)' 기능을 통해 프롬프트의 핵심 키워드를 시각적으로 강조하고, 이를 클릭하여 다양한 스타일이나 표현으로 쉽게 변형할 수 있습니다. 예를 들어, 'photorealistic'이라는 키워드를 클릭하면 'cartoon', 'sketch', 'oil painting' 등 다른 스타일 옵션이 드롭다운 메뉴로 제공되어 사용자가 원하는 스타일로 이미지를 조정할 수 있습니다.

07 오른쪽 이미지 생성 화면 뷰가 변경되면서 어드벤처 형 UI 이미지가 4개 생성되었습니다. 이미지를 크게 보려면 이미지를 선택하거나 프롬프트 입력창 위에 있는 '🔲' 아이콘을 클릭합니다. 예제에서는 콘셉트에 적합한 1번 이미지를 선택하였습니다.

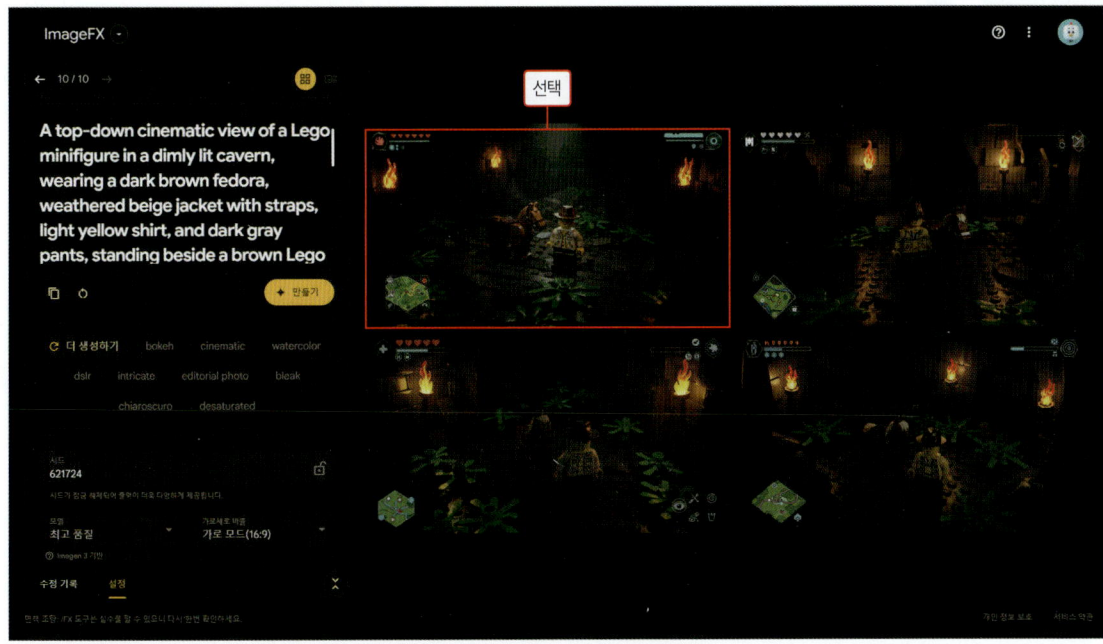

08 확정된 이미지에 커서를 위치하여 표시되는 '다운로드' 아이콘(⬇)을 클릭하여 이미지를 저장합니다.

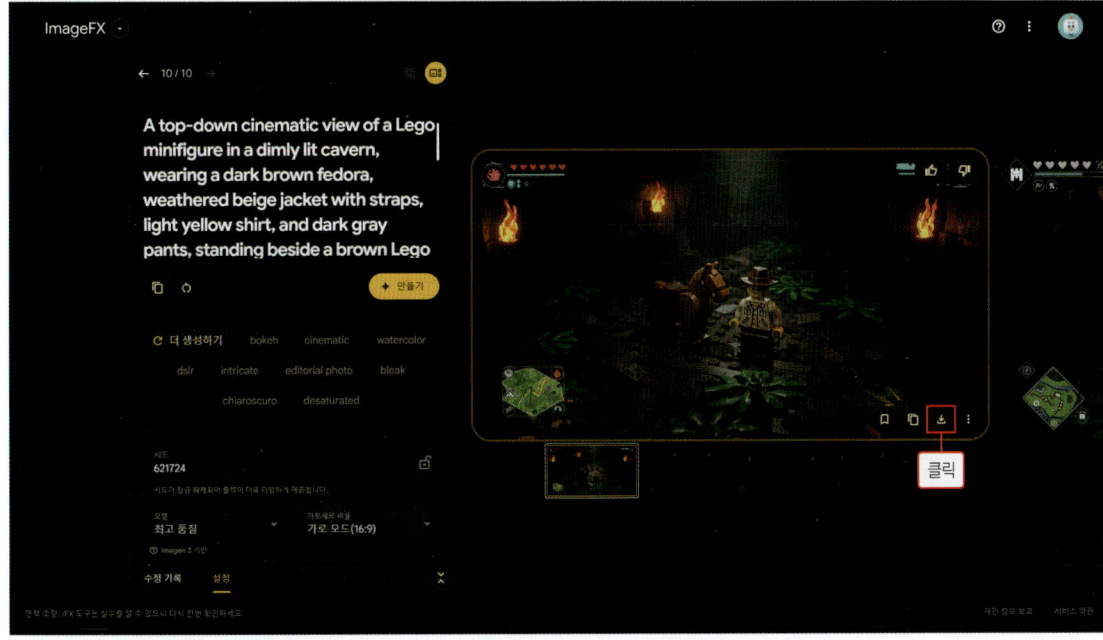

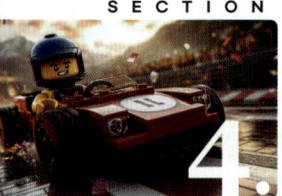

SECTION 4.

> 예제파일 : 03\racer.png, red_car.png, racing_track.png
> 완성파일 : 03\레고스타일_완성.png, 레고시네마틱_완성.png, 레고UI_완성.png

레고 자동차 경주 디자인하기

같은 과정을 진행하면서 조금씩 변형해, 레고로 만든 레이싱 게임의 그래픽을 제작하겠습니다. 레고를 기반으로 한 게임의 분위기에 맞는 차량과 배경을 조금 더 창의적으로 바꿔서 재미있는 아웃풋을 만들어 보겠습니다.

01 위스크로 조합하여 레고 자동차 경주 장면 만들기

위스크를 이용하여 피사체, 장면, 스타일을 설정해 레고 자동차 경주 장면을 만들어 보겠습니다.

01 처음 기본이 되는 장면은 위스크를 활용하여 제작하겠습니다. 웹 브라우저에 'labs.google/fx/ko/tools/whisk'를 입력하여 위스크 사이트에 접속하고 〈처음부터 새로 시작〉 버튼을 클릭합니다.

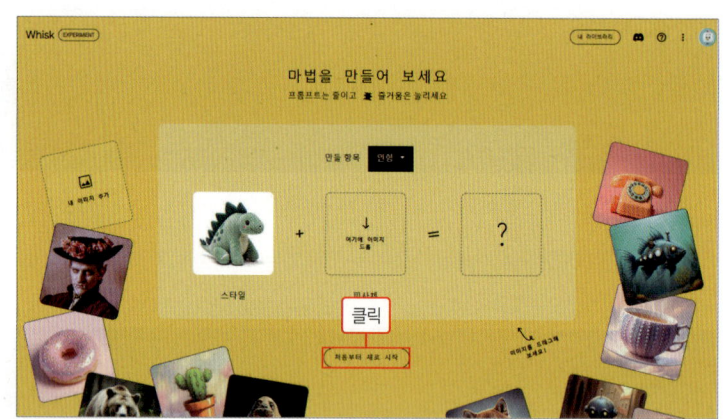

02 그림과 같이 작업 화면이 표시됩니다. 피사체를 먼저 생성하겠습니다.

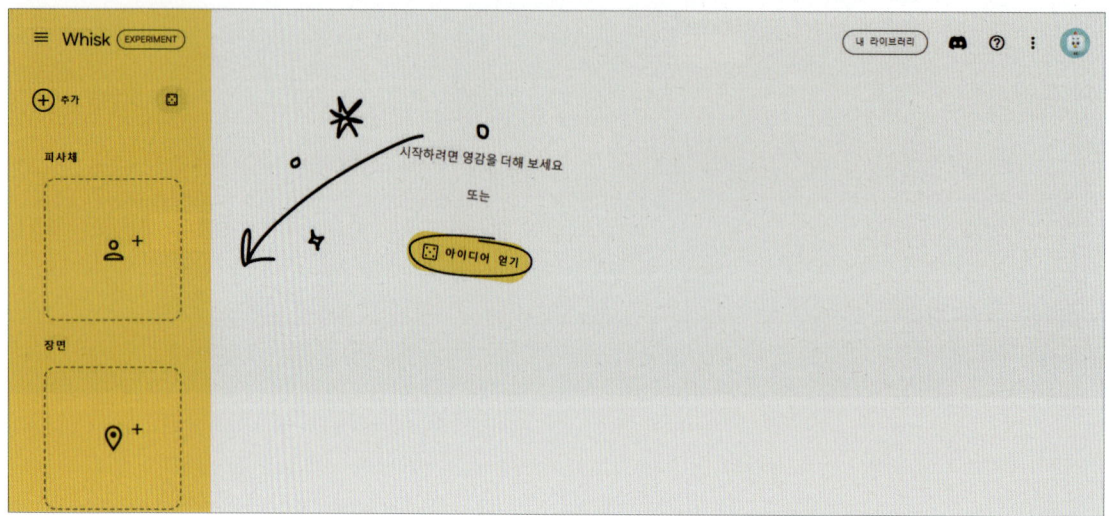

122

03 이번에는 이미지를 업로드하여 생성하기 위해 피사체 공간에 커서를 위치하여 표시되는 '이미지 업로드' 아이콘(🖼)을 클릭합니다.

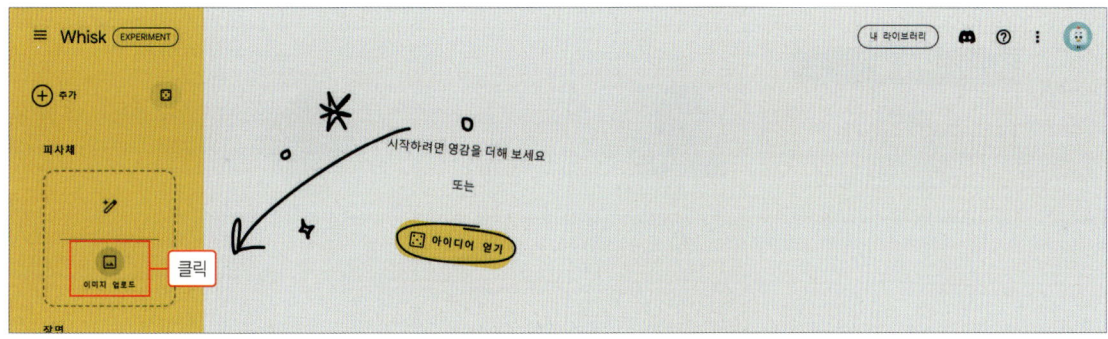

04 열기 대화상자가 표시되면 03 폴더에서 'racer.png' 파일을 선택하고 〈열기(O)〉 버튼을 클릭합니다.

TIP 이 이미지는 미드저니에서 만든 이미지로, 같은 형태 다른 이미지를 얻고 싶다면 'Racer with blue helmet lego character'라는 프롬프트를 입력하여 생성해 보세요.

05 이미지가 업로드되면서 자동으로 분석되고 피사체 공간에 올라갑니다.

06 레이서가 탈 차량을 만들기 위해 피사체를 하나 더 추가하겠습니다. '⊕' 아이콘을 클릭하고 '피사체'를 선택합니다. 피사체의 공간이 하나 더 추가되었습니다.

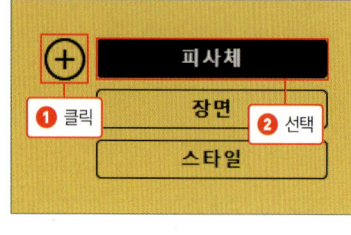
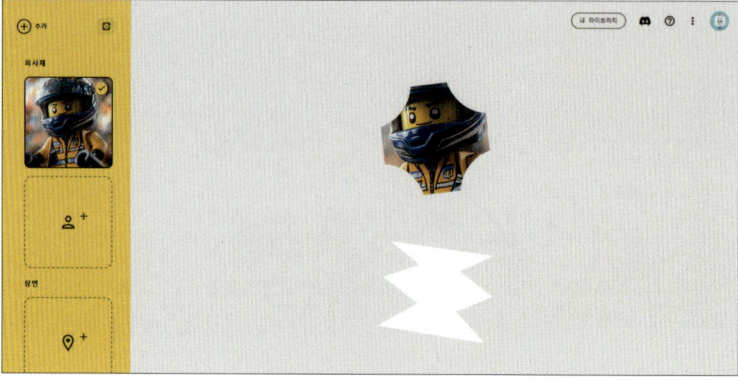

07 같은 방법으로 '이미지 업로드' 아이콘(🖼)을 클릭합니다. 열기 대화상자가 표시되면 03 폴더에서 'red_car.png' 파일을 선택하고 〈열기(O)〉 버튼을 클릭하여 불러옵니다.

TIP 자동차의 프롬프트는 'red car made of lego'입니다.

08 같은 방법으로 장면에 커서를 위치하고 '이미지 업로드' 아이콘(🖼)을 클릭합니다. 열기 대화상자가 표시되면 03 폴더에서 'racingtrack.png' 파일을 선택하고 〈열기(O)〉 버튼을 클릭하여 불러옵니다.

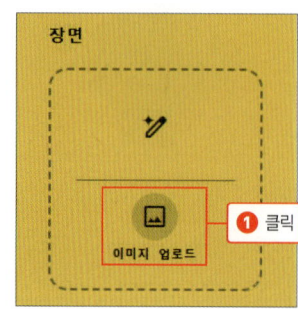

TIP 경기장 트랙의 프롬프트는 'A high-speed drag racing track, captured from a dynamic, low-angle perspective. The straight track is lined with sleek guardrails and features a smooth asphalt surface with racing stripes'입니다.

09 그림과 같이 피사체 2개와 장면 공간에 이미지가 추가되었습니다. 마지막으로 스타일을 추가하겠습니다.

10 스타일 공간 위에 커서를 위치하고 '텍스트 입력' 아이콘( )을 클릭합니다. 이미지 생성 창이 표시되면 3D 렌더링 스타일을 입력하고 〈생성〉 버튼을 클릭합니다.

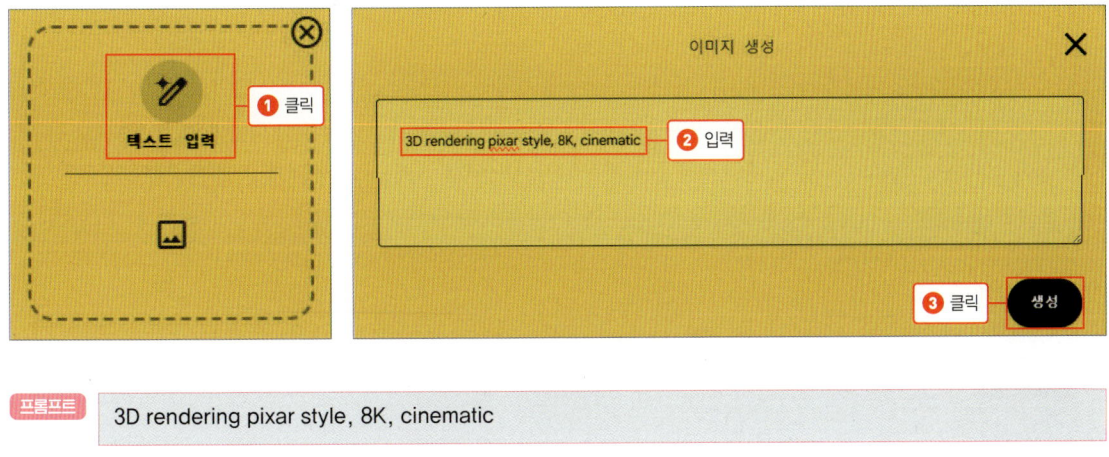

프롬프트 3D rendering pixar style, 8K, cinematic

한글 번역 3D 렌더링 스타일, 8K, 시네마틱

11 스타일 공간에 3D 렌더링 장면이 생성되었습니다. 화면에 표시되어 있는 프롬프트 입력창에 장면에서 일어나는 일이나 캐릭터의 동작을 자세히 입력하고 '➡' 아이콘을 클릭합니다.

프롬프트 A racing character made of Lego drives a red car around the track

한글 번역 레고로 만든 레이싱 캐릭터가 빨간 자동차를 타고 트랙을 달립니다.

12 각각의 요소들이 서로 잘 어우러지며 자연스럽게 조화를 이루는 방식으로 조합되어 생성되었습니다. 이 과정을 반복하거나 프롬프트를 조금씩 변경하면서 여러 번 이미지를 생성해 보며 그 중에서 가장 마음에 드는 결과물을 선택합니다. 레이서의 모습, 차량의 디테일, 트랙의 배경 등을 계속 확인하며 원하는 느낌에 가까운 이미지를 선택합니다.

13 이번에는 같은 장면에서 조금 다른 연출을 시도해 보겠습니다. 최종으로 선택한 이미지에 커서를 위치하고 〈세부 조정〉 버튼을 클릭합니다.

14 다음과 같은 화면으로 이동되었습니다. 이 화면에서 새로운 조건을 입력하여 이미지를 변형할 수 있습니다. 프롬프트 입력창에 세부정보를 변경하여 입력하고 '➡' 아이콘을 클릭합니다.

프롬프트 빨간 자동차가 불꽃을 튕기며 빠르게 달리고, 하늘에는 색종이 가루가 흩날리고 있습니다.

127

15 수정한 프롬프트를 반영하여 새로운 장면이 연출되었습니다. 원하는 형태로 이미지가 수정되어 생성되면 '다운로드' 아이콘(⬇)을 클릭하여 PC에 파일을 저장합니다.

TIP 이 기능은 한 번 적용하면 여러 가지 요소가 함께 수정되므로, 미드저니의 Edit 기능보다는 Remix 기능에 더 가까운 방식이라고 생각하면 이해하기 쉽습니다.

02 시네마틱한 레이싱 이미지 생성하기

위스크에서 생성한 이미지의 프롬프트를 그대로 복사하여 미드저니에서 다시 생성해 시네마틱한 스타일의 레이싱 이미지를 만들어 보겠습니다.

01 위스크에서 생성한 이미지의 프롬프트를 복사하기 위해 최종 이미지에 커서를 위치하고 표시되는 '≡' 아이콘을 클릭합니다.

02 미드저니에서 활용할 프롬프트를 얻기 위해 예상했던 내용이 아닌가요? 창이 표시되면 세부정보 추가 혹은 수정하기에서 프롬프트를 전체 선택하고 Ctrl + C 를 눌러 복사합니다.

03 챗GPT의 도움을 받아 영상 느낌을 더해 더욱 효율적이고 직관적인 프롬프트로 다듬어 보겠습니다. 챗GPT 입력창에서 Ctrl + V 를 눌러 복사한 프롬프트를 붙여넣고 다음과 같은 요청을 추가합니다.

사용자

이 프롬프트에서 외형적인 요소만 남기고 나머지는 제거해서 프롬프트를 줄여줘.

A 3D rendered image with a muted, warm color palette of browns and oranges. A Lego minifigure in a yellow and blue racing suit with a dark blue helmet races a red Lego convertible sports car on a wet track at sunset. The track's red and white lines extend into the distance, with a blurred crowd behind a fence. Mountains are visible under a partly cloudy sky. The minifigure's yellow face has black eyebrows, eyes, and a slightly upturned mouth. The red car is angled slightly to the left, emitting small sparks or flames. Confetti or colored paper is in the air. The scene has soft, defined edges and a slightly desaturated, vintage feel.

04 추가로 영상 이미지에 잘 맞는 분위기가 두드러지도록 다음과 같이 입력하여 요청합니다. 프롬프트가 요약되고 시네마 영상 스타일이 추가되면, 이 프롬프트를 선택하고 Ctrl + C 를 눌러 복사합니다.

이 프롬프트에서 시네마틱 영상에 대한 문구를 추가해 줘.

A cinematic 3D rendered image with a muted, warm color palette of browns and oranges. A Lego minifigure in a yellow and blue racing suit with a dark blue helmet races a red Lego convertible sports car on a wet track at sunset. The track's red and white lines extend into the distance, with a blurred crowd behind a fence. Mountains are visible under a partly cloudy sky. The minifigure's yellow face has black eyebrows, eyes, and a slightly upturned mouth. The red car is angled slightly to the left, emitting small sparks or flames. Confetti or colored paper drifts through the air. The scene features dynamic motion blur, cinematic lighting, and atmospheric depth, enhancing its film-like quality.

05 미드저니에서 이미지를 생성하기 위해 미드저니 웹 버전 사이트에 접속하여 Imagine bar에 Ctrl + V 를 눌러 붙여넣기한 다음 프롬프트 끝부분에 '--ar 16:9 --stylize 500 --style raw'를 추가로 입력하고 '▷' 아이콘을 클릭합니다.

❶ Ctrl + V

A cinematic 3D rendered image with a muted, warm color palette of browns and oranges. A Lego minifigure in a yellow and blue racing suit with a dark blue helmet races a red Lego convertible sports car on a wet track at sunset. The track's red and white lines extend into the distance, with a blurred crowd behind a fence. Mountains are visible under a partly cloudy sky. The minifigure's yellow face has black eyebrows, eyes, and a slightly upturned mouth. The red car is angled slightly to the left, emitting small sparks or flames. Confetti or colored paper drifts through the air. The scene features dynamic motion blur, cinematic lighting, and atmospheric depth, enhancing its film-like quality --ar 16:9 --stylize 500 --style raw ❷ 추가 입력

❸ 클릭

프롬프트 A cinematic 3D rendered image with a muted, warm color palette of browns and oranges. A Lego minifigure in a yellow and blue racing suit with a dark blue helmet races a red Lego convertible sports car on a wet track at sunset. The track's red and white lines extend into the distance, with a blurred crowd behind a fence. Mountains are visible under a partly cloudy sky. The minifigure's yellow face has black eyebrows, eyes, and a slightly upturned mouth. The red car is angled slightly to the left, emitting small sparks or flames. Confetti or colored paper drifts through the air. The scene features dynamic motion blur, cinematic lighting, and atmospheric depth, enhancing its film-like quality --ar 16:9 --stylize 500 --style raw

입력팁
1. **A cinematic 3D rendered image** : 영화 같은 3D로 렌더링된 이미지입니다.
2. **with a muted, warm color palette of browns and oranges** : 색감이 부드럽고 따뜻한 갈색과 주황색 계열입니다.
3. **The scene features dynamic motion blur, cinematic lighting, and atmospheric depth** : 장면에 움직임 블러, 영화 같은 조명, 분위기 깊이감을 표현합니다.
4. **enhancing its film-like quality** : 영화 같은 퀄리티를 표현합니다.

06 ─── 설정한 프롬프트를 기반으로 속도감 있는 영상 이미지가 4개 생성되었습니다. 이 중에서 스타일과 구성 콘셉트에 가장 잘 어울리는 이미지에 커서를 위치하고 〈Vary Subtle〉 버튼을 클릭합니다.

07 ─── 베리에이션 된 이미지가 4개 생성되었습니다. 이 중에서 가장 자연스러운 이미지를 최종으로 선택합니다. 예제에서는 4번 이미지를 선택하였습니다.

08 확장된 화면의 오른쪽에 있는 Creation Actions에서 Upscale의 〈Subtle〉 버튼을 클릭하여 업스케일 작업을 진행합니다. 업스케일이 완료되면 '저장' 아이콘(⬇)을 클릭하여 이미지를 PC에 저장합니다.

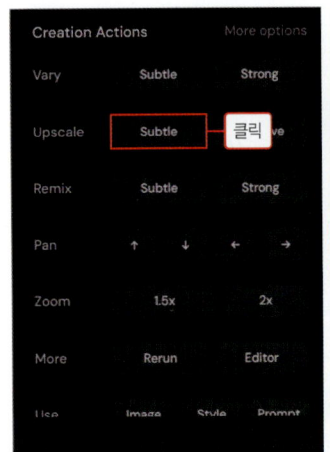

03 ImageFX에서 레이싱 UI 스크린 샷 만들기

게임 스크린 샷도 영상 이미지와 같은 방식을 활용해 만들어 보겠습니다. 이번에도 구글 랩스에서 제공하는 ImageFX를 사용하겠습니다.

01 먼저 게임 스크린 샷 느낌으로 프롬프트를 수정하기 위해 미드저니에서 사용한 프롬프트를 전체 선택하고 Ctrl+C를 눌러 복사합니다.

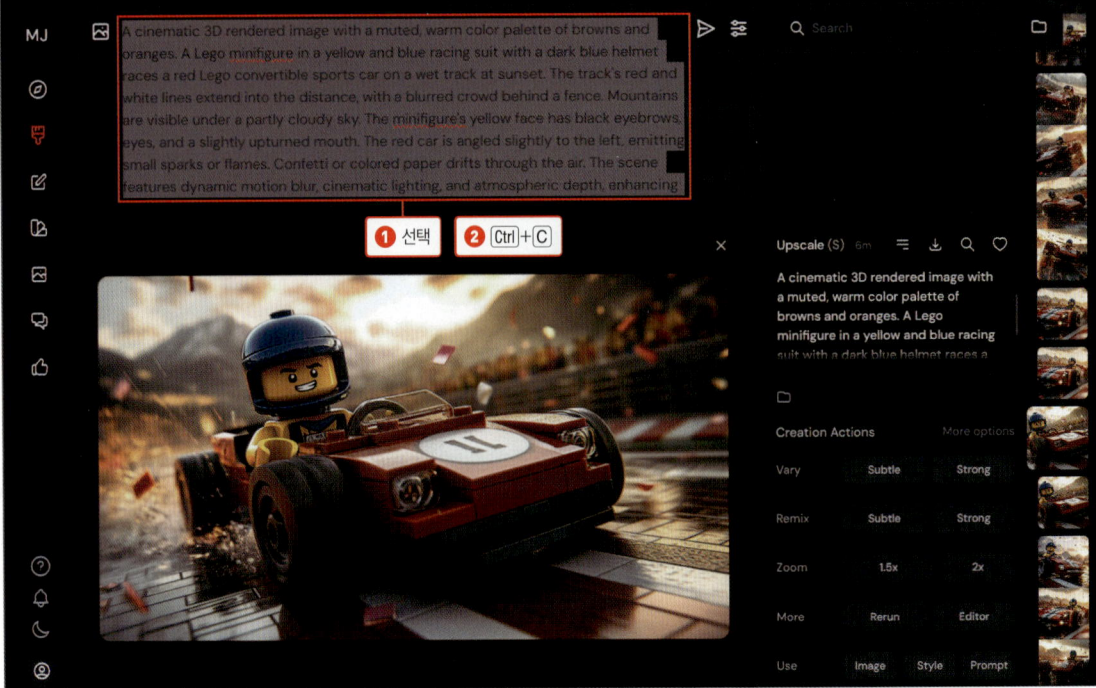

02 챗GPT의 도움을 받아 프롬프트를 게임 스크린 샷의 느낌으로 수정하여 더욱 효율적이고 직관적인 프롬프트로 다듬어 보겠습니다. 챗GPT에서 Ctrl+V를 눌러 복사한 프롬프트를 붙여넣고 다음과 같은 요청을 추가합니다.

> 이 프롬프트를 기본 구성은 유지한 채로 중복되거나 중요도가 낮으면 삭제해 줘.

> A cinematic 3D-rendered image with a warm, muted palette of browns and oranges. A Lego minifigure in a yellow and blue racing suit with a dark blue helmet races a red Lego convertible sports car on a wet track at sunset. The track's red and white lines extend into the distance, with a blurred crowd behind a fence. Mountains rise under a partly cloudy sky. The minifigure's yellow face has black eyebrows, eyes, and a slight smirk. The red car, angled left, emits small sparks or flames. Confetti drifts through the air. Motion blur, cinematic lighting, and atmospheric depth enhance the film-like quality.

03 이어서 게임 화면에 어울리는 뷰와 스타일을 추가한 프롬프트를 요청합니다.

> 이 프롬프트를 게임 화면에 어울리게 1인칭 콕 뷰로 수정하고 레이싱 게임 UI를 추가하는 것으로 수정해 줘.

> A cinematic 3D-rendered racing game screenshot with a warm, muted palette of browns and oranges. A Lego minifigure in a yellow and blue racing suit with a dark blue helmet drives a red Lego convertible sports car on a wet track at sunset. The track's red and white lines extend into the distance, with a blurred crowd behind a fence. Mountains rise under a partly cloudy sky. The minifigure's yellow face has black eyebrows, eyes, and a slight smirk. The red car, angled left, emits small sparks or flames as it drifts. Confetti drifts through the air. A racing game UI overlays the scene, displaying speed, lap time, position, and a mini-map. Motion blur, cinematic lighting, and atmospheric depth enhance the immersive experience.

챗GPT에게 프롬프트 분석 및 수정 요청하는 방법

챗GPT에게 프롬프트의 내용을 분석하고 해석해 달라고 요청한 뒤, 원하시는 스타일이나 구성, 분위기에 맞게 다시 작성해 달라고 하면 보다 정교하고 효율적인 이미지 프롬프트를 만들 수 있습니다.

❶ 프롬프트 분석 요청
예) '아래의 이미지 생성 프롬프트를 분석해서, 어떤 스타일이나 구성 요소가 포함되어 있는지 설명해 줘.'

❷ 원하는 스타일에 맞게 수정 요청
예) '이 프롬프트를 미니멀하고 따뜻한 감성의 일러스트 스타일로 바꿔 줘.' 또는 '이 프롬프트에서 3D 느낌은 유지하면서, 좀 더 단순하고 귀여운 스타일로 재구성해 줘.'

❸ 간결하게 정리해달라고 요청
예) '이 프롬프트를 15단어 이내로 요약하고, 중복되거나 불필요한 표현은 제거해 줘.'

04 이미지를 만들기 위해 웹브라우저에 'deepmind.google/technologies/imagen-3/'를 입력하여 이마젠 3 사이트에 접속하고 〈Try in ImageFX〉 버튼을 클릭합니다.

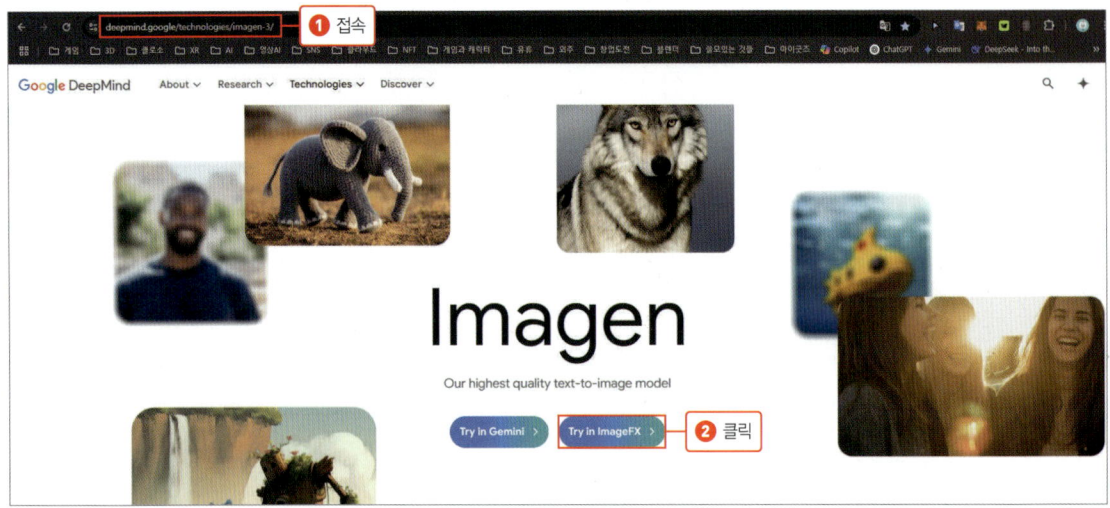

05 챗GPT에게 제안받은 프롬프트를 복사하여 프롬프트 입력창에 붙여넣고 가로세로 비율이 '가로 모드(16:9)'로 지정되어 있는지 확인한 다음 〈만들기〉 버튼을 클릭하여 게임 화면 이미지를 생성합니다.

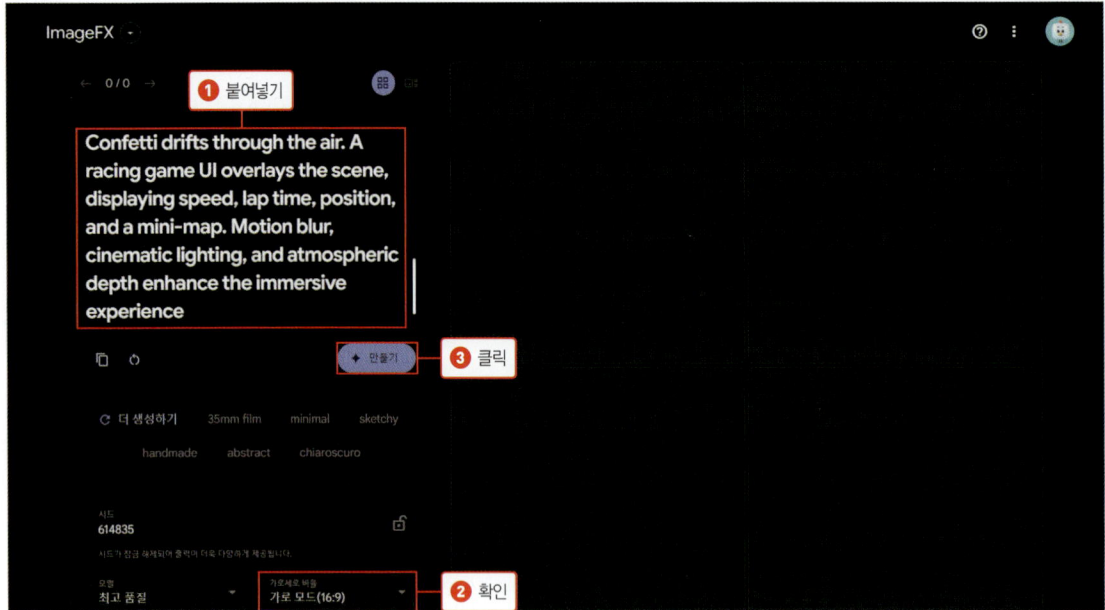

입력팁
1. A cinematic 3D-rendered racing game screenshot : 영화 같은 3D로 렌더링된 레이싱 게임 스크린 샷 스타일입니다.
2. A racing game UI overlays the scene, displaying speed, lap time, position, and a mini-map : 레이싱 게임 UI가 화면에 겹쳐져 속도, 랩 타임, 순위, 미니맵 포함된 게임 인터페이스입니다.
3. Motion blur, cinematic lighting, and atmospheric depth enhance the immersive experience : 모션 블러, 영화 같은 조명, 분위기 깊이가 몰입감을 더해 줍니다.

06 오른쪽 이미지 생성 화면 뷰가 변경되면서 어드벤처 형 UI 이미지가 4개 생성되었습니다. 이미지를 크게 보려면 이미지를 선택하거나 프롬프트 입력창 위에 있는 '⬚' 아이콘을 클릭합니다. 예제에서는 콘셉트에 적합한 3번 이미지를 선택하였습니다.

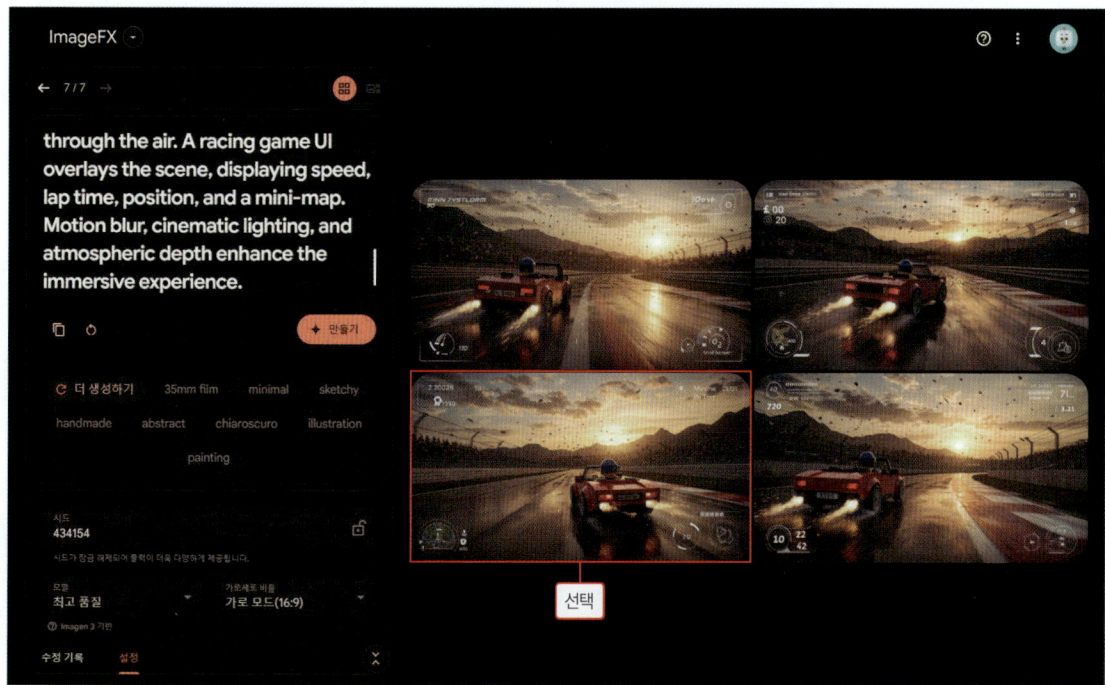

07 확정된 이미지에 커서를 위치하여 표시되는 '다운로드' 아이콘(⬇)을 클릭하여 이미지를 저장합니다.

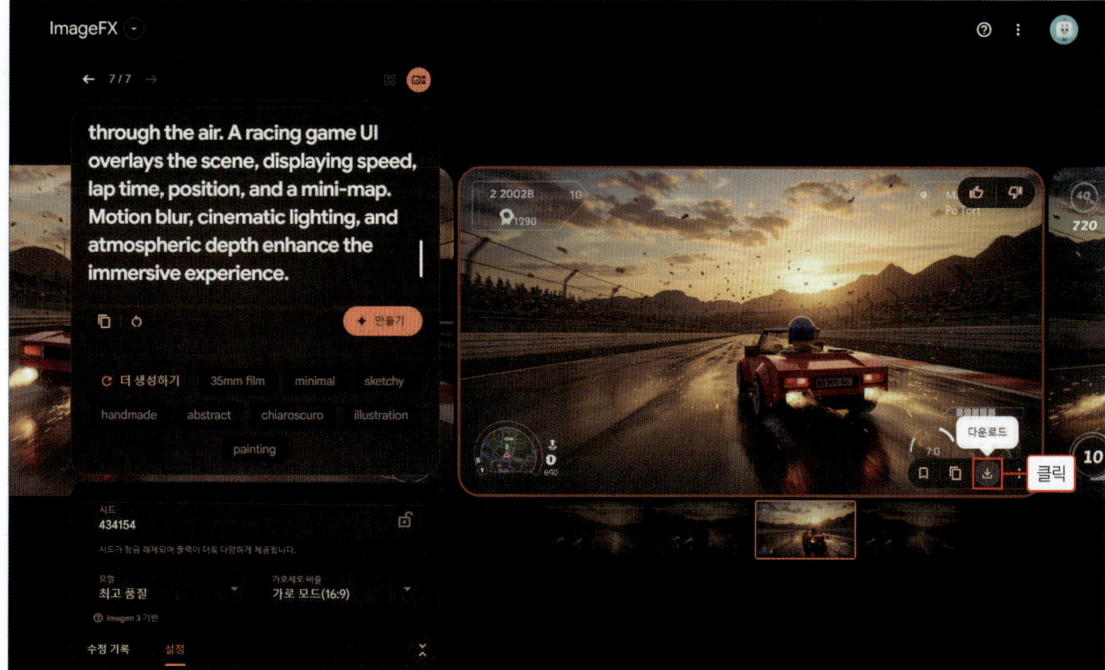

AI SKILL

캐릭터 동작의 리얼리즘
축구 게임 타이틀 만들기

스포츠 게임의 디자인은 선수의 개성과 움직임을 반영하는 중요한 요소로, 신체 구조와 모션을 고려한 유니폼과 장비가 게임의 분위기를 결정짓습니다. 캐릭터는 자연스럽게 움직이고 감정을 표현해야 하며, 표정과 세리머니 동작 등이 현실감을 높입니다. 또한, AI 기술은 선수들의 반응을 사실적으로 만들어 경기 흐름에 맞춰 유기적으로 움직이며 몰입감 있는 경험을 제공합니다.

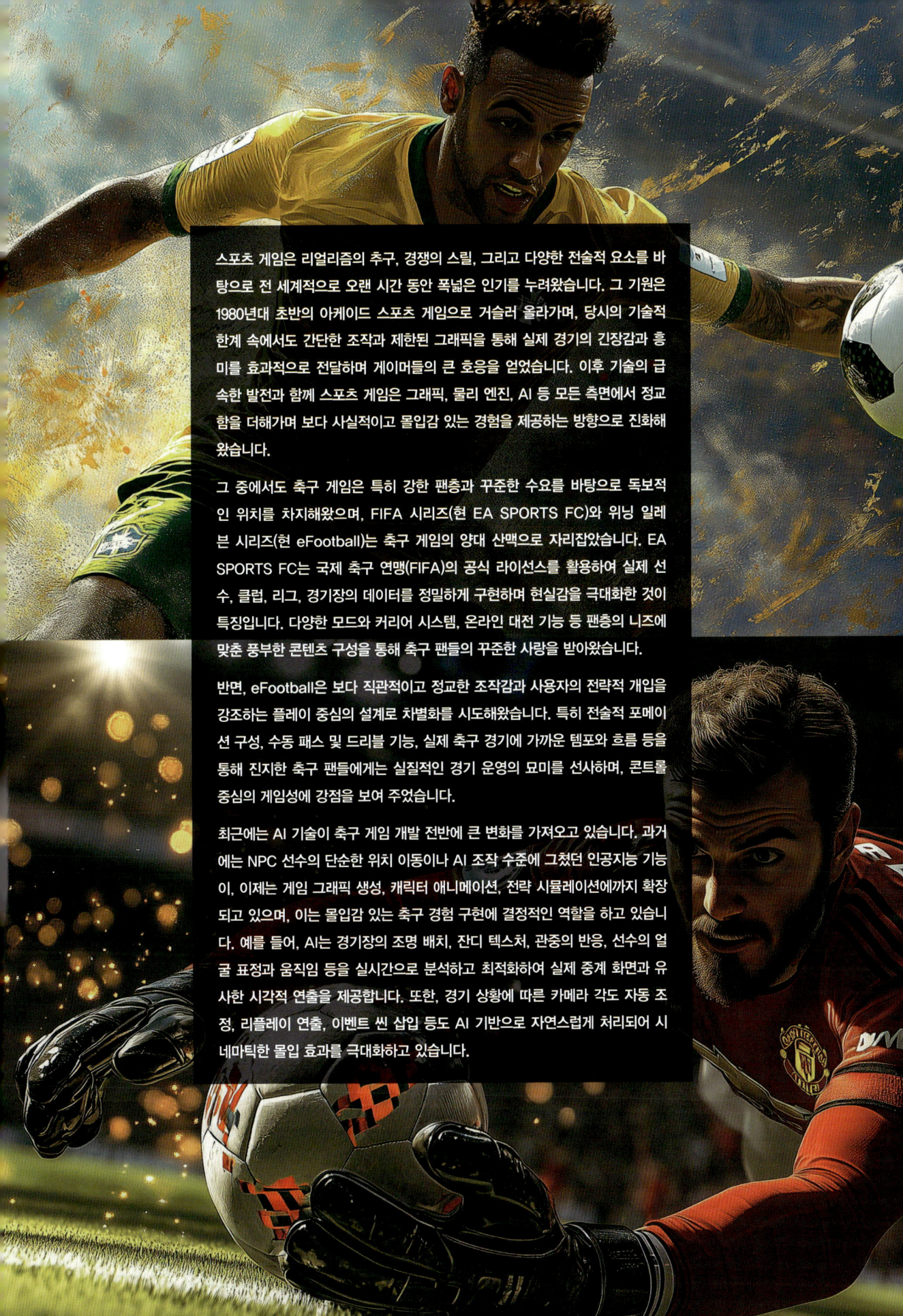

스포츠 게임은 리얼리즘의 추구, 경쟁의 스릴, 그리고 다양한 전술적 요소를 바탕으로 전 세계적으로 오랜 시간 동안 폭넓은 인기를 누려왔습니다. 그 기원은 1980년대 초반의 아케이드 스포츠 게임으로 거슬러 올라가며, 당시의 기술적 한계 속에서도 간단한 조작과 제한된 그래픽을 통해 실제 경기의 긴장감과 흥미를 효과적으로 전달하며 게이머들의 큰 호응을 얻었습니다. 이후 기술의 급속한 발전과 함께 스포츠 게임은 그래픽, 물리 엔진, AI 등 모든 측면에서 정교함을 더해가며 보다 사실적이고 몰입감 있는 경험을 제공하는 방향으로 진화해 왔습니다.

그 중에서도 축구 게임은 특히 강한 팬층과 꾸준한 수요를 바탕으로 독보적인 위치를 차지해왔으며, FIFA 시리즈(현 EA SPORTS FC)와 위닝 일레븐 시리즈(현 eFootball)는 축구 게임의 양대 산맥으로 자리잡았습니다. EA SPORTS FC는 국제 축구 연맹(FIFA)의 공식 라이선스를 활용하여 실제 선수, 클럽, 리그, 경기장의 데이터를 정밀하게 구현하며 현실감을 극대화한 것이 특징입니다. 다양한 모드와 커리어 시스템, 온라인 대전 기능 등 팬층의 니즈에 맞춘 풍부한 콘텐츠 구성을 통해 축구 팬들의 꾸준한 사랑을 받아왔습니다.

반면, eFootball은 보다 직관적이고 정교한 조작감과 사용자의 전략적 개입을 강조하는 플레이 중심의 설계로 차별화를 시도해왔습니다. 특히 전술적 포메이션 구성, 수동 패스 및 드리블 기능, 실제 축구 경기에 가까운 템포와 흐름 등을 통해 진지한 축구 팬들에게는 실질적인 경기 운영의 묘미를 선사하며, 콘트롤 중심의 게임성에 강점을 보여 주었습니다.

최근에는 AI 기술이 축구 게임 개발 전반에 큰 변화를 가져오고 있습니다. 과거에는 NPC 선수의 단순한 위치 이동이나 AI 조작 수준에 그쳤던 인공지능 기능이, 이제는 게임 그래픽 생성, 캐릭터 애니메이션, 전략 시뮬레이션에까지 확장되고 있으며, 이는 몰입감 있는 축구 경험 구현에 결정적인 역할을 하고 있습니다. 예를 들어, AI는 경기장의 조명 배치, 잔디 텍스처, 관중의 반응, 선수의 얼굴 표정과 움직임 등을 실시간으로 분석하고 최적화하여 실제 중계 화면과 유사한 시각적 연출을 제공합니다. 또한, 경기 상황에 따른 카메라 각도 자동 조정, 리플레이 연출, 이벤트 씬 삽입 등도 AI 기반으로 자연스럽게 처리되어 시네마틱한 몰입 효과를 극대화하고 있습니다.

SECTION 5.

스포츠 게임 장르의 특징

스포츠 게임은 게임 산업 초기부터 꾸준히 인기를 얻어온 장르로, 어린이부터 성인까지 폭넓은 연령층이 즐깁니다. 이러한 인기의 배경에는 리얼리즘, 경쟁 요소, 그리고 전략적 재미가 결합된 특성이 있습니다.

스포츠 게임은 게임 산업 초기부터 꾸준히 인기를 얻어온 장르로, 어린이부터 성인까지 폭넓은 연령층이 즐깁니다. 이러한 인기의 배경에는 리얼리즘, 경쟁 요소, 그리고 전략적 재미가 결합된 특성이 있습니다.

스포츠 게임에서 리얼리즘과 몰입감은 핵심 요소입니다. 실제 경기 규칙과 환경을 반영한 게임은 현실감을 높이며, 이는 발전된 그래픽과 물리 엔진을 통해 더욱 생동감 있는 경험을 제공합니다. 또한, 경쟁 요소도 중요한 매력 중 하나입니다. 친구나 전 세계의 사용자와 실시간으로 대결하며

▼ 미식축구 일러스트

▼ NBA 농구장 주제의 장면 일러스트

승패에 따른 긴장감과 성취감을 느낄 수 있어, 이 과정에서 사용자는 실력을 향상시키고 도전 욕구를 자극받습니다.

스포츠 게임은 단순한 조작을 넘어 전략적 사고와 경기 흐름에 대한 이해를 요구하는 복합 장르입니다. 축구, 농구, 야구 등 실제 스포츠의 전술과 포지셔닝을 게임에 반영함으로써 사용자는 선수이자 감독으로 몰입감 있는 플레이를 경험할 수 있습니다.

또한, 현실에서 스포츠를 즐기기 어려운 사람들에게 대리 만족과 몰입형 체험을 제공합니다. 자신이 좋아하는 선수나 팀을 선택해 실제 리그에서는 보기 힘든 전략을 실행하며 인터랙티브한 시뮬레이션을 즐길 수 있습니다. 최신 게임은 현실과 유사한 로스터, 경기장, 유니폼 등을 정밀하게 구현해 몰입감을 더욱 높입니다.

쉬운 조작과 다양한 난이도 설정으로 누구나 접근 가능하며, 고급 사용자도 도전욕을 자극받는 깊이 있는 콘텐츠를 제공합니다. 이로써 연령, 성별, 게임 경험과 관계없이 폭넓은 사용자층을 포용할 수 있습니다.

결국 스포츠 게임은 현실 스포츠의 열정과 경쟁심을 가상 공간에 구현한 매개체로, AI와 물리 엔진, 네트워크 기술의 발전과 함께 현실을 뛰어넘는 몰입형 경험을 제공하고 있습니다.

▼ 테니스 선수의 역동적인 장면

SECTION 6. 축구 게임의 캐릭터 핵심 요소

스포츠 게임 중에서도 축구 게임은 꾸준한 인기를 얻으며, 사실적인 경기 연출과 전략적 요소가 결합된 점에서 많은 게이머들에게 사랑받고 있습니다. 축구는 개별 선수의 능력, 팀 전술, 경기 환경 등이 복합적으로 작용하는 스포츠이므로, 이를 게임에서 어떻게 구현하느냐에 따라 몰입감과 완성도가 크게 달라집니다. 제일 먼저 축구 게임에서의 핵심 요소에 대해 알아보겠습니다.

축구 게임의 핵심 요소는 리얼리즘, 조작감, 인공지능(AI), 전략성, 몰입감, 다양한 게임 모드로 구성되며, 이 중에서도 '리얼리즘'이 가장 중요합니다. 현대 축구 게임은 실제 경기와 유사한 환경과 경험을 제공해야 하며, 이를 위해 정교한 그래픽과 물리 엔진이 필수적입니다. 공의 움직임, 선수들의 자연스러운 모션, 경기장의 분위기 등을 세밀하게 구현하고, 실제 리그 및 구단 라이선스를 확보하여 현실 팀과 선수를 조작하는 경험을 제공하면, 현실과 비슷한 '리얼리즘' 요소로 인해 사용자는 더욱 게임에 몰입할 수 있습니다.

❶ **조작감** : 축구 게임의 재미를 좌우하는 중요한 요소로, 패스, 슈팅, 드리블, 태클 등이 자연스럽고 직관적으로 구현되어야 합니다. 기본적인 조작은 쉽지만, 숙련자들이 다양한 기술을 사용할 수 있는 깊이가 필요합니다. 또한, 각 선수의 능력에 따라 움직임이 달라져야 합니다. AI는 경기의 흐름을 조절하며, 선수들이 개별 특성을 반영해 플레이하고, 상대 팀이 전술에 맞춰 대응하는 방식으로 더 도전적이고 흥미로운 경험을 제공합니다.

❷ **전략성** : 사용자가 팀을 운영하고 경기를 주도할 수 있도록 돕는 요소로, 포메이션 설정, 선수 역할 지정, 공격과 수비 전략을 변화시킬 수 있어야 합니다. 몰입감은 관중의 반응, 실시간 해설, 중계 카메라 연출 등을 통해 강화되며, 경기장의 분위기가 생동감 있게 구현될수록 현실감 있는 경험을 제공합니다.

❸ **다양한 게임 모드** : 싱글 플레이, 멀티 플레이, 커리어 모드와 같은 기능을 통해 사용자가 장기간 게임을 즐길 수 있게 도와 게임의 완성도를 높입니다.

결국, 축구 게임의 가장 중요한 목표는 사용자가 실제 축구 경기를 플레이하는 듯한 생생한 경험을 제공하는 것이며, 이를 위해 리얼리즘을 중심으로 모든 요소가 조화롭게 결합되어야 합니다.

▲ 축구 선수의 포토카드

▲ 축구 게임의 전략을 비주얼화한 일러스트

▲ 축구 선수의 역동적인 화보

▲ 축구 경기 배경 화면

SECTION 7.
캐릭터의 신체적 특징과 포지션별 차이

축구 게임에서 캐릭터의 신체적 특징은 선수의 포지션과 역할에 따라 차별화되어야 하며, 각 포지션의 특성에 맞는 신체적 특성이 게임 내에서 중요한 역할을 합니다. 이를 통해 각 선수는 실제 경기에서처럼 각기 다른 능력과 플레이 스타일을 보이게 됩니다.

01 포지션별 핵심 신체적 특징

축구 게임에서 포지션별로 신체적인 특징을 반영하여 선수 캐릭터를 디자인하는 것은 단순한 외형적 다양성을 넘어서, 게임의 현실성, 전략성, 몰입감을 높이는 데 매우 중요한 요소입니다. 다음은 각 포지션 별로 게임 캐릭터의 신체적 특징을 알아봅시다.

❶ **골키퍼(Goalkeeper)** : 골키퍼는 다른 포지션에 비해 더 큰 신체를 가질 수 있으며, 반사 신경과 순발력이 뛰어나야 합니다. 팔과 다리 길이가 중요하고, 키가 크면 공을 더 많이 차단할 수 있습니다. 빠르게 반응해야 하므로 빠른 반사 신경, 공간 인식 능력, 점프력 등은 골키퍼의 핵심 능력으로 중요한 역할을 합니다.

❷ **수비수(Defender)** : 수비수는 빠른 발과 강한 체격을 갖추고, 특히 강한 근력과 지구력이 요구됩니다. 키가 크고 몸집이 큰 수비수는 공중볼 싸움에서 유리하며, 공격수를 막을 때 더 큰 압박을 가할 수 있습니다. 센터백은 체격이 크고 강한 수비 능력이 강조되며, 풀백은 스피드와 민첩성이 필요합니다. 또한, 수비수는 경기 중 많은 거리를 이동하며 공격을 방어하는 역할을 하므로 뛰어난 체력도 필수적입니다.

▲ 골키퍼

▲ 수비수

❸ **미드필더(Midfielder)** : 미드필더는 빠른 발과 뛰어난 지구력, 민첩성과 균형감각이 중요하며, 경기 중반을 지배하는 역할을 하므로 빠르게 방향을 전환하고 상황에 맞는 결정을 내려야 합니다. 수비형 미드필더는 강한 체력과 수비 능력이 강조되고, 공격형 미드필더는 빠른 스피드와 창의적인 플레이가 요구됩니다. 중앙 미드필더는 넓은 공간을 커버할 수 있는 지구력과 안정적인 패스 능력이 필요합니다.

❹ **공격수(Forward)** : 공격수는 빠른 스피드와 민첩성을 바탕으로, 특히 폭발적인 순간 스피드와 순발력이 중요합니다. 골을 넣는 능력에 특화되어 강력한 슈팅과 뛰어난 위치 선정이 필요합니다. 중앙 공격수는 뛰어난 골 결정력이 요구되며, 빠른 반응속도와 공간 활용 능력이 중요한 역할을 합니다.

▲ 미드필더

▲ 공격수

이와 같은 각 포지션에 맞는 신체적 특징은 게임 내에서 사용자의 능력치와 스타일을 크게 좌우하며, 현실적인 경기 경험을 제공하는 데 중요한 역할을 합니다. 이와 같은 포지션별 특성은 선수 개개인의 특성에 맞게 조정되어야 하며, 게임의 전략적 재미를 높이는 데 중요한 역할을 합니다.

캐릭터의 애니메이션과 동작 표현

축구선수의 캐릭터 애니메이션과 동작 모션은 각 포지션에 맞는 신체적 특징과 역할을 반영하여, 경기의 현실감을 높이고 게임 또는 애니메이션의 몰입감을 증대시키는 중요한 요소입니다.

01 포지션별 핵심 동작과 특징

축구 선수의 동작은 포지션마다 뚜렷한 차이를 보이며, 이는 캐릭터 애니메이션에서도 중요한 표현 요소가 됩니다.

❶ **골키퍼(Goalkeeper)** : 주로 세이브와 펀칭 동작을 통해 팔과 다리의 유연성을 강조하며, 빠르게 반응하고 몸을 던져 공을 막는 모습이 필수적입니다. 이때, 골키퍼의 동작은 시각적으로 강한 인상을 남기기 위해 빠르고 정확해야 하며, 다양한 각도에서의 세이브 동작이 필요합니다.

❷ **수비수(Defender)** : 수비수는 강한 태클과 정확한 위치 선정이 중요한데, 상대방을 방어하기 위해 빠르고 강력한 움직임을 보여야 하며, 태클할 때는 몸의 각도와 손, 발의 위치가 자세하게 반영되어야 합니다.

❸ **미드필더(Midfielder)** : 패스와 드리블을 통해 균형 잡힌 움직임과 민첩성을 보여 주며, 공을 컨트롤하고 방향을 바꾸는 빠르고 유연한 동작이 요구됩니다. 미드필더의 역할은 경기를 지배하는 중심적인 인물로서, 빠르게 변화하는 경기 상황에 맞춰 반응할 수 있는 능력이 중요합니다.

❹ **공격수(Forward)** : 강력한 슛과 빠른 속도를 자랑하는 동작이 필수적입니다. 날렵한 몸짓과 공격적인 포즈를 통해 상대 수비수를 제치고 골을 넣는 모습을 애니메이션으로 잘 표현해야 하며, 강력한 발차기와 빠른 스프린트 동작이 강조됩니다.

02 포지션별 움직임과 애니메이션 포인트

축구 선수의 동작은 포지션마다 뚜렷한 차이를 보이며, 이는 캐릭터 애니메이션에서도 중요한 표현 요소가 됩니다. 골키퍼의 반사 신경을 살린 세이브 동작, 수비수의 강한 태클, 미드필더의 정교한 패스와 드리블, 공격수의 빠른 스프린트와 강력한 슛 등 각 포지션의 특징을 반영한 애니메이션은 캐릭터의 개성을 더욱 돋보이게 하고, 경기의 역동성을 효과적으로 전달합니다.

이처럼 각 동작의 타이밍과 반응 속도는 축구 경기의 리듬을 반영해야 하며, 선수들의 움직임은 상황에 따라 빠르게 변화하고 자연스럽게 이어져야 합니다. 예를 들어, 패스 후 상대방의 반응을 고려한 동작이나, 드리블 중 상대의 태클을 피하는 순간도 매끄럽게 연결되어야 합니다. 또한, 게임 스타일에 따른 동작의 표현은 실사적 애니메이션에서 현실적인 물리적 반응과 세부적인 표정을 중요시하거나, 카툰 스타일에서 과장된 움직임과 빠른 반응을 강조하는 등 다양하게 조정할 수 있습니다.

더불어, 축구 선수의 감정과 표정도 중요한 역할을 합니다. 예를 들어, 골을 넣고 기뻐하는 표정이나 실수를 후회하는 모습, 팀워크를 강조하는 장면에서는 선수들의 감정을 자연스럽게 전달해야 합니다. 이러한 표현은 선수의 성격과 상황에 따라 달라지며, 사용자의 몰입감을 높이는 요소가 됩니다. 이처럼 움직임뿐만 아니라 감정과 성격까지 반영된 애니메이션은 경기의 생동감을 더해주고, 사용자에게 실제 경기 같은 경험을 제공합니다.

기본 동작 프롬프트

축구 캐릭터 애니메이션에서 기본이 되는 동작들은 경기 전반에 걸쳐 사용됩니다. 이동, 정지, 회전 등의 동작은 선수의 움직임을 자연스럽게 표현하는 데 필수적이며, 경기 중에도 반복적으로 활용됩니다.

❶ **걷기(Walking)** : 일반적인 이동, 다리가 교차하며 일정한 속도로 걷는 모션입니다.
❷ **뛰기(Running)** : 빠르게 이동하는 동작, 다리의 빠른 교차와 팔의 자연스러운 흔들립니다.
❸ **달리기(Sprinting)** : 매우 빠르게 달리는 동작, 상체의 전방 기울어짐, 다리의 큰 스트라이드입니다.
❹ **정지(Stopping)** : 급격한 정지 모션, 발바닥이 땅에 닿으며 체중을 이동합니다.
❺ **회전(Turning)** : 빠르게 방향을 바꾸는 동작, 몸의 중심을 지키며 상체와 하체가 반응합니다.

축구 관련 특수 동작 모션 프롬프트

축구 경기에서 중요한 액션들은 포지션과 경기 상황에 따라 달라집니다. 패스, 슛, 태클 등은 경기의 흐름을 결정하는 핵심 요소이며, 이를 자연스럽고 역동적으로 표현하는 것이 중요합니다.

❶ **패스(Passing)** : 공을 차는 동작, 발끝이나 발등으로 정확하게 공을 전달합니다.
❷ **슛(Shooting)** : 공을 목표로 강하게 차는 동작, 발로 공을 강하게 때리는 동작입니다.
❸ **드리블(Dribbling)** : 공을 발로 차면서 이동하는 동작, 공을 자주 컨트롤하며 빠른 방향 전환이 필요합니다.
❹ **태클(Tackling)** : 상대방의 공을 빼앗는 동작, 다리로 상대를 제압하거나 몸으로 밀어내는 모션입니다.

❺ 헤딩(Heading) : 공을 머리로 맞히는 동작, 몸을 뒤로 젖히며 공을 정확히 맞히기 위한 동작입니다.

골키퍼의 동작 모션

골키퍼는 필드 사용자와 다른 특수한 동작을 요구하는 포지션입니다. 빠른 반응 속도와 유연성이 필수적이며, 다양한 방식으로 공을 막는 장면이 연출됩니다.

❶ 세이브(Save) : 골대를 향해 뛰어가며 공을 막는 동작, 팔과 다리의 유연한 움직임입니다.

❷ 펀칭(Punching) : 공을 손으로 튕겨내는 동작, 강한 팔 동작과 함께 몸의 회전이 포함될 수 있습니다.

❸ 발차기(Goal Kick) : 골킥을 찰 때, 몸의 자세와 킥의 강도를 반영한 애니메이션입니다.

▲ 골키퍼의 세이브 장면

▲ 공격수의 드리블

▲ 공격수가 슛을 날리는 순간

▲ 수비수의 드리블

SECTION 9.

완성파일 : 03\축구프로필_완성.png, 축구유니폼_완성.png, 축구3D_완성.png, 축구표정1~5_완성.png

축구 선수 캐릭터 제작하기

축구 게임의 주요 선수 캐릭터를 생성하려고 합니다. 여러 포지션 중에서 득점에 특화된 공격수인 스트라이커를 선택했으며, 강한 존재감과 역동적인 느낌을 갖춘 남미 출신 캐릭터로 디자인할 예정입니다. 먼저, 스트라이커로서의 개성을 살리기 위해 얼굴과 체형을 세밀하게 묘사합니다.

01 기본 공격수 캐릭터 프로필 제작하기

프롬프트를 활용하여 선수의 출신과 외형을 바탕으로 공격 포지션에 적합한 캐릭터를 생성하려고 합니다. 이를 통해 캐릭터의 독특한 특성과 스타일을 자연스럽게 표현할 수 있을 것입니다.

01 미드저니 웹 버전에서 화면 상단에 있는 Imagine bar를 통해 작업을 시작합니다. 기본 공격수 캐릭터를 나타내는 프롬프트를 입력하고 '▶' 아이콘을 클릭하여 이미지를 생성합니다.

프롬프트
A young South American soccer player in his 20s, wearing a solid {yellow,blue} uniform. charismatic expression, tanned skin, wavy hair, He is posing confidently on the field in a cool stance. The background is a simple, solid color to highlight the player. Upper body shot, well-lit and detailed --ar 2:3 --stylize 450

입력 팁
1. **A young South American soccer player** : 20대의 젊은 남미 출신 축구 선수입니다.

2. **wearing a solid { yellow, blue } uniform** : 단색의 노란색 또는 파란색 유니폼을 착용(무늬 없이 단색이라는 점을 강조)합니다.

3. **He is posing confidently on the field in a cool stance** : 축구 경기장을 배경으로 자신감 있는 자세로 멋지게 포즈를 취하며, 자연스러운 동작을 연출합니다.

4. **The background is a simple, solid color to highlight the player** : 배경은 단순한 단색으로 설정으로 선수를 강조하기 위한 연출을 합니다.

5. **Upper body shot, well-lit and detailed** : 상반신 촬영으로 설정되어 있어 인물에 집중할 수 있으며, 조명이 잘 세팅되어 밝고 선명한 분위기를 연출합니다. 또한, 디테일이 강조되어 더욱 생동감 있는 이미지를 제공합니다.

6. --stylize 450 : 스타일 강도를 450으로 설정하여, 창의적인 해석보다는 원본 프롬프트에 좀 더 충실한 결과를 생성합니다.

7. --style raw : 가공되지 않은 자연스러운 스타일을 적용하여, 사실적인 표현을 강화합니다.

8. --ar 3:4 : 가로:세로 비율을 3:4로 설정하여, 상반신 촬영(Upper Body Shot)에 적합한 세로형 이미지 생성합니다.

TIP 이 프롬프트는 남미 출신의 젊은 축구선수를 강조하는 요소를 포함하고 있으며, 캐릭터의 외형, 분위기, 포즈, 배경, 조명 등을 세밀하게 지정하고 있습니다.

TIP 프롬프트에 {A,B}를 추가하면 생성된 이미지가 A와 B를 반영한 프롬프트가 2종 생성됩니다.

02 설정한 프롬프트를 기반으로 이미지를 생성한 결과, 남미 출신 축구 선수 캐릭터가 각기 다른 색상의 유니폼을 착용한 4개씩 총 2줄로 생성되었습니다. 이 중 가장 프로필에 어울리는 이미지를 선택합니다. 예제에서는 파란색 유니폼 중 1번 이미지를 선택하였습니다.

03 확장된 화면의 오른쪽에 있는 Creation Actions 항목에서 Vary의 〈Strong〉 버튼을 클릭하여 기존 이미지의 스타일과 구성을 유지하면서 보다 강하게 변형된 새로운 이미지를 생성합니다.

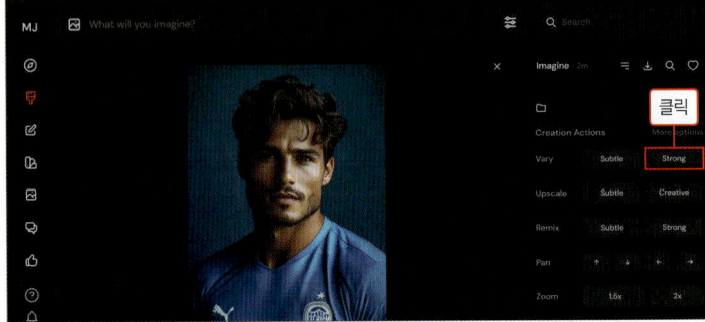

04 프롬프트에 맞게 다양한 스타일로 변형된 캐릭터 이미지가 4개 생성됩니다. 원하는 스타일로 만들어진 이미지를 선택하여 외형이 좀 더 표현되게 배경을 확장하겠습니다.

05 예제에서는 4번 이미지의 포즈와 인상이 마음에 들어 최종 이미지로 선택하겠습니다. 선택한 4번 이미지에서 마우스 오른쪽 버튼을 클릭한 다음 More → Editor를 실행합니다.

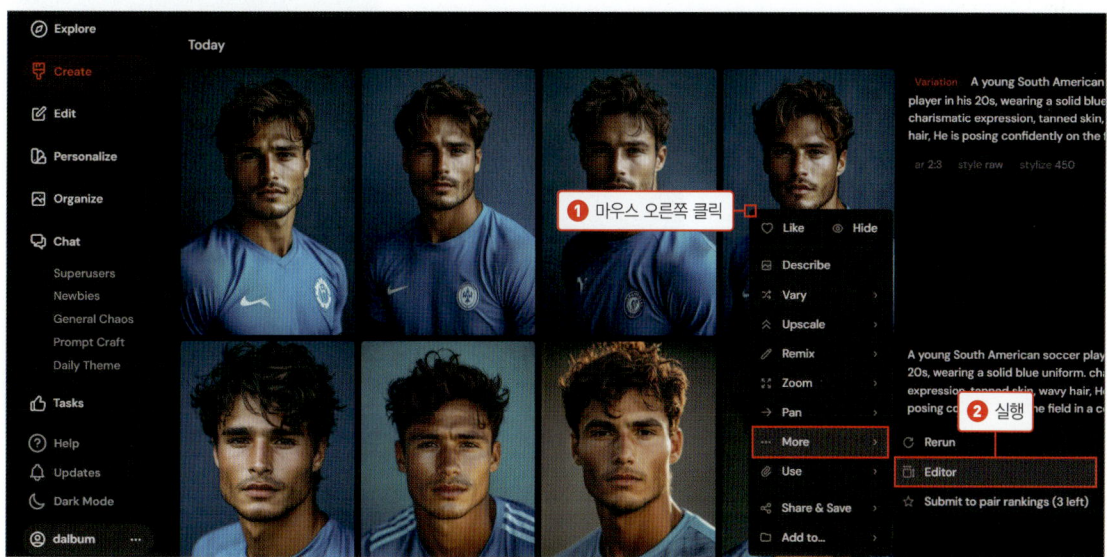

06 세밀한 수정 작업을 할 수 있는 공간이 제공되면, 상단의 Scale 바를 드래그하여 '75%'로 조절하고 '⊕' 아이콘 모양의 커서를 드래그하여 그림과 같이 이미지를 원하는 위치에 이동한 다음 〈Submit〉 버튼을 클릭합니다.

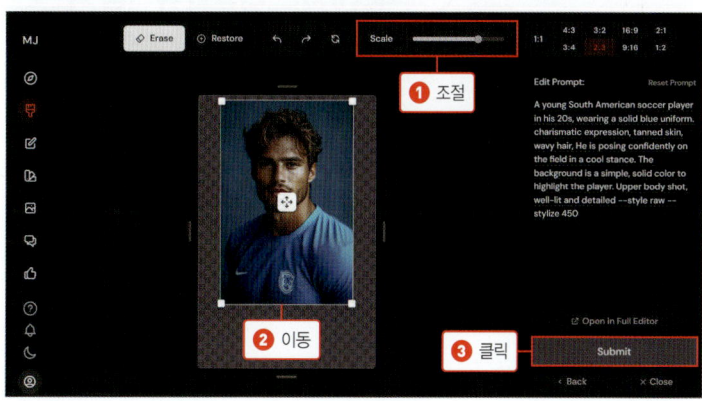

07 그림과 같이 확장된 결과물이 4개 표시됩니다. 이 중에서 콘셉트와 비교하여 가장 어울리는 이미지를 선택하여 최종 이미지로 확정합니다. 예제에서는 3번 이미지를 선택하였습니다.

08 확장된 화면의 오른쪽에 있는 Creation Actions 항목에서 Upscale의 〈Creative〉 버튼을 클릭하여 이미지를 업스케일 합니다. 업스케일이 완료되면 '저장' 아이콘( )을 클릭하여 이미지를 PC에 저장합니다.

02 스포츠 캐릭터 헤어스타일과 유니폼 커스터마이징하기

스포츠게임에서 캐릭터 커스터마이징은 사용자에게 자신의 스타일과 개성을 반영할 수 있는 중요한 요소로 자리 잡고 있습니다. 이 과정은 단순히 캐릭터의 외형을 변화시키는 것 이상의 의미를 가지며, 게임에 대한 몰입감을 높이고, 사용자의 경험을 한층 더 개인화하는 중요한 역할을 합니다. 다양한 헤어스타일과 유니폼을 커스터마이징해 보겠습니다.

01 먼저 머리를 여러 가지 스타일로 변경해 보겠습니다. 업스케일 된 캐릭터 이미지에서 마우스 오른쪽 버튼을 클릭하고 **More → Editor**를 실행합니다.

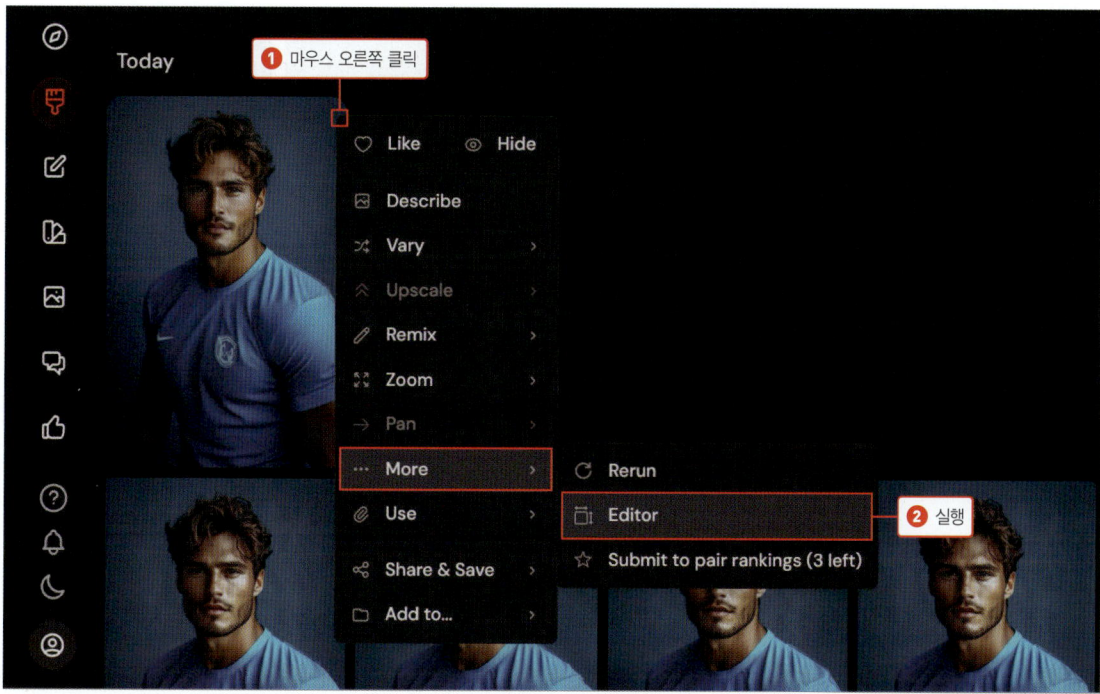

02 세밀한 수정 작업을 할 수 있는 공간이 제공되면, Erase 기능을 이용해 머리 부분을 칠하고 Edit Prompt에 변형될 내용의 프롬프트인 'bobbed hair'를 입력한 다음 〈Submit〉 버튼을 클릭합니다.

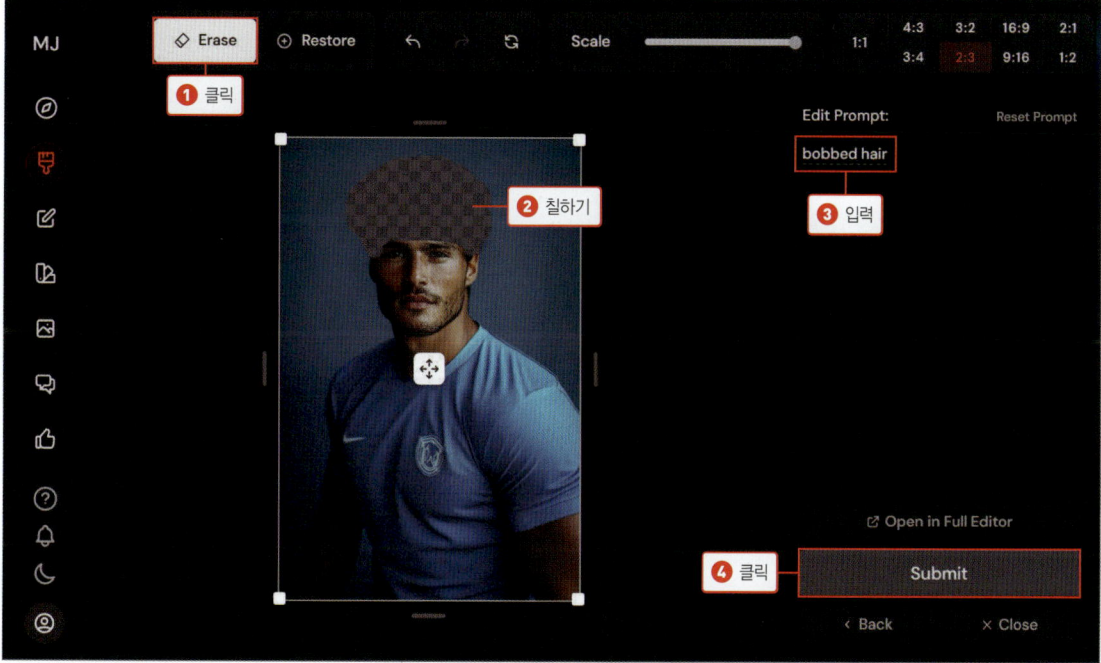

03 헤어스타일이 다양하게 변경된 이미지 4개가 화면에 표시됩니다. 마음에 드는 헤어가 나오면 업스케일을 진행하기 위해 마음에 드는 헤어스타일의 캐릭터 이미지를 선택합니다. 예제에서는 2번 이미지를 선택하였습니다.

TIP 마음에 드는 헤어스타일이 없을 경우, 〈Return〉 버튼을 클릭하여 마음에 드는 스타일이 나올 때까지 생성합니다. 또는 이전에 진행했던 Editor 화면에서 다른 헤어 프롬프트를 입력하여 재생성합니다.

04 헤어스타일이 변경된 이미지에서 유니폼을 커스텀하겠습니다. 현재 푸른색 유니폼에서 아르헨티나 국가대표 유니폼으로 변경하겠습니다. 업스케일 된 캐릭터 이미지에서 마우스 오른쪽 버튼을 클릭한 다음 **More → Editor**를 실행합니다.

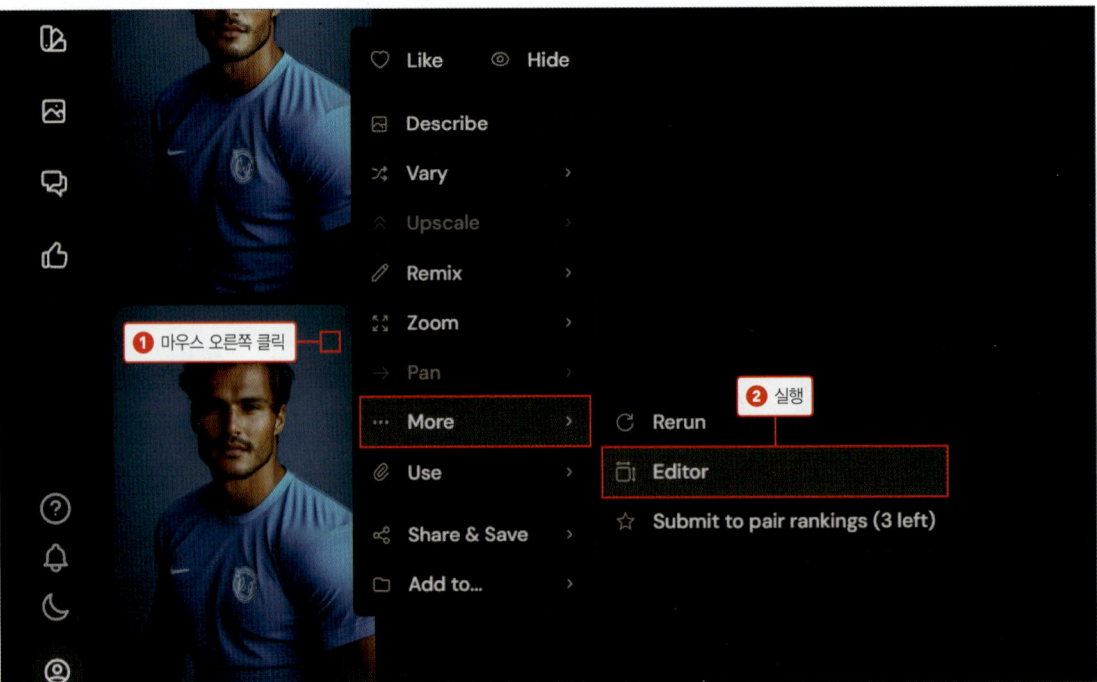

05 세밀한 수정 작업을 할 수 있는 공간이 제공되면, Erase 기능을 이용해 유니폼 부분을 칠하고 Edit Prompt에 변형될 내용의 프롬프트인 'Argentina national team uniform'을 입력한 다음 〈Submit〉 버튼을 클릭합니다.

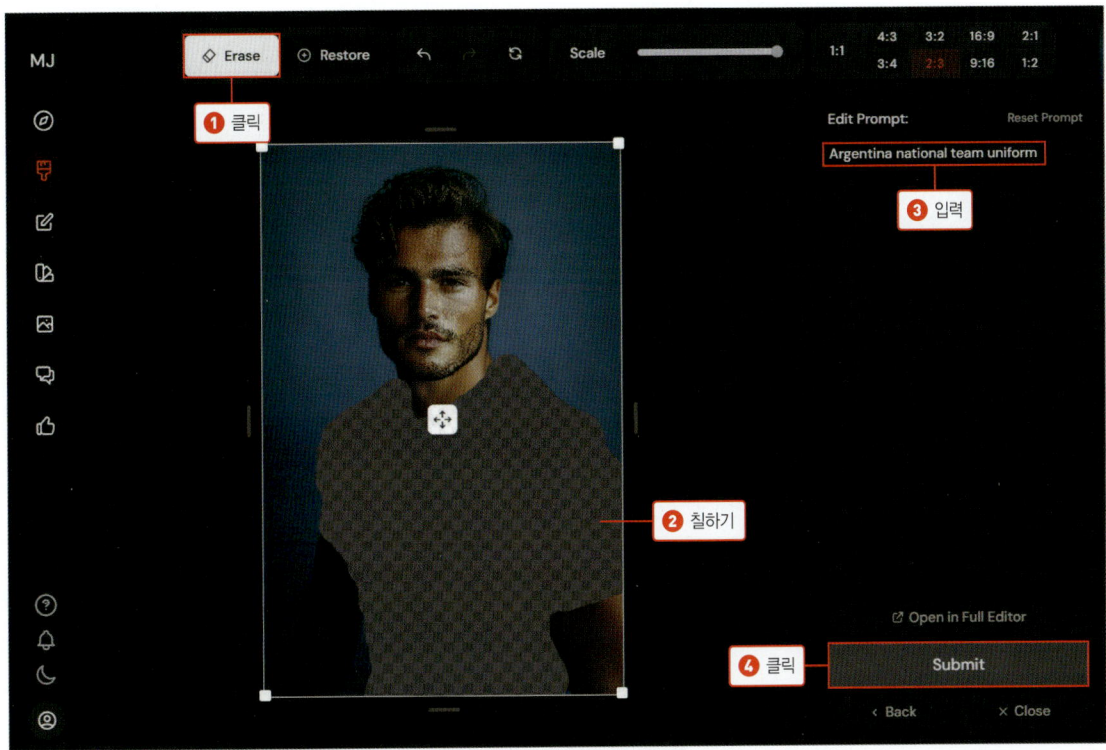

06 아르헨티나 국가대표 유니폼을 기반으로 다양한 변형이 적용된 유니폼 이미지가 4개 생성되었습니다. 한 단계 더 변형을 시도하기 위해 변경할 이미지에 마우스 커서를 위치하고 〈V Subtle〉 버튼을 클릭합니다. 예제에서는 2번 이미지를 선택하였습니다.

07 선택한 유니폼을 기반으로 다양한 변형이 적용된 이미지가 4개 생성되었습니다. 업스케일을 진행하기 위해 이 중 가장 자연스럽게 표현된 유니폼 이미지를 선택합니다. 예제에서는 3번 이미지를 선택하였습니다.

  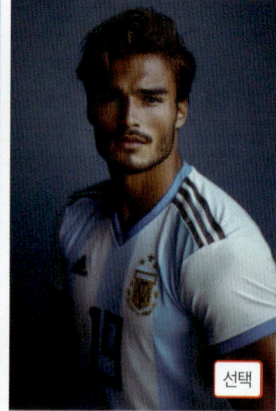 

08 확장된 화면의 오른쪽에 있는 Creation Actions 항목에서 Upscale의 〈Creative〉 버튼을 클릭하여 이미지를 업스케일 합니다. 업스케일이 완료되면 '저장' 아이콘( )을 클릭하여 이미지를 PC에 저장합니다.

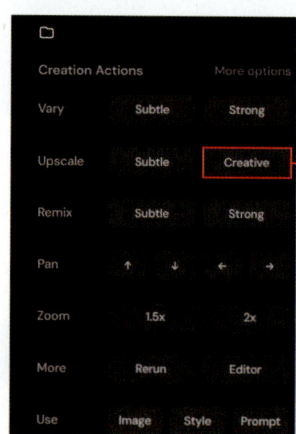 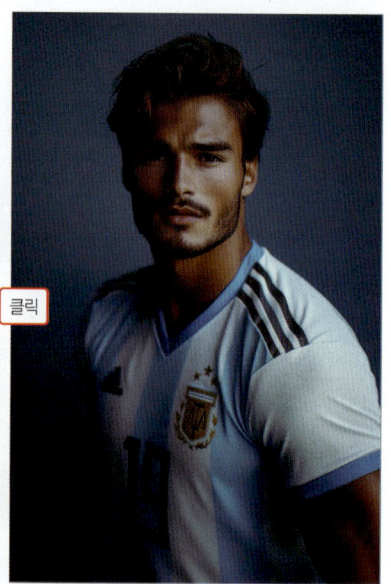

03 생성된 인물을 3D 게임 캐릭터로 변환하기

게임에서 캐릭터를 플레이하려면, 실제 선수들의 모습을 닮은 3D 모델링과 리깅 작업이 필요합니다. 하지만 3D 리소스를 만들기 전에 AI를 사용해 캐릭터의 완성된 모습을 미리 확인할 수 있습니다. 이를 통해 실제 작업 전에 캐릭터의 외형과 움직임을 예측하고 개선할 수 있습니다.

01 3D 게임 스타일로 제작하기 위해 이전 단계에서 만든 선수 캐릭터를 참고 이미지로 활용합니다. Imagine bar에서 '📷' 아이콘을 클릭하고 'Use as Character Ref' 아이콘(👤)을 클릭하여 활성화해 새롭게 생성될 이미지에 캐릭터 일관성을 부여한 다음 3D 및 게임 관련 프롬프트를 추가한 다음 '▶' 아이콘을 클릭하여 이미지를 생성합니다.

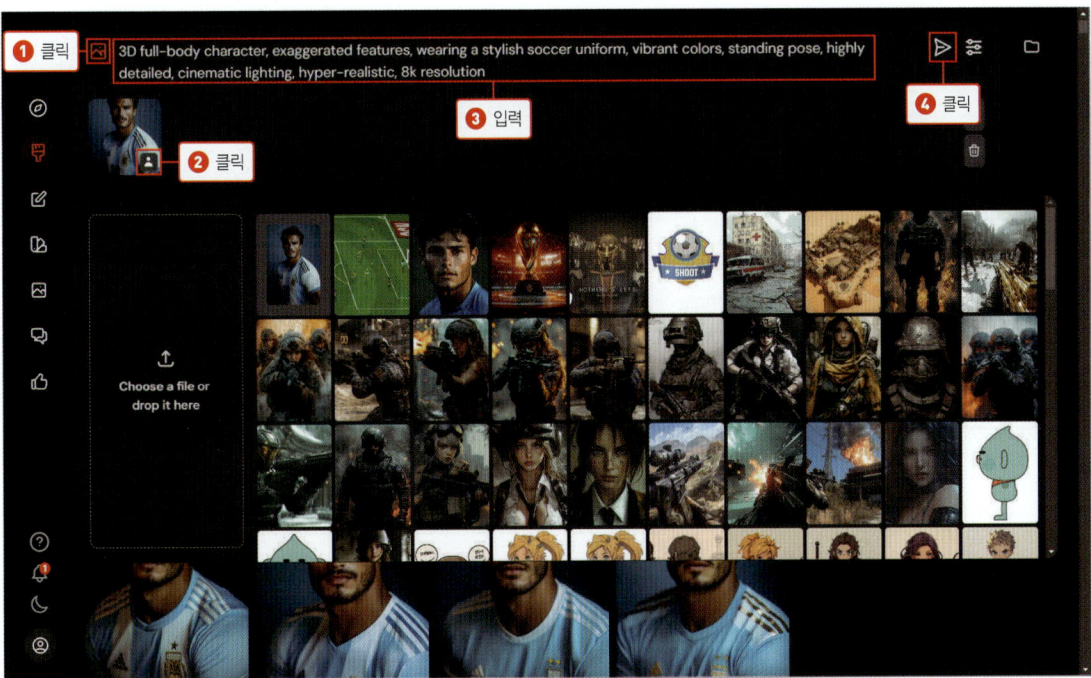

프롬프트
3D full-body character, exaggerated features, wearing a stylish soccer uniform, vibrant colors, standing pose, highly detailed, cinematic lighting, hyper-realistic, 8k resolution --ar 2:3 --cw 80 --stylize 450

입력팁
1. **3D full-body character, exaggerated features** : 3D 스타일의 전신 캐릭터와 과장된 특징(예 : 큰 눈, 강한 표정 등)입니다.
2. **wearing a stylish soccer uniform** : 세련된 축구 유니폼을 착용합니다.
3. **vibrant colors** : 생동감 있는 색감을 표현합니다.
4. **standing pose** : 서 있는 자세입니다.
5. **highly detailed** : 세부 표현이 정교합니다.
6. **cinematic lighting, hyper-realistic** : 영화적인 조명 효과와 초현실적인 디테일입니다.
7. **8k resolution** : 초고해상도(8K급)입니다.
8. **--ar 2:3** : 가로세로 비율을 2:3으로 설정(세로형 이미지)합니다.
9. **--cw 80** : 창의적 가중치(Creative Weight)를 '80'으로 설정하여 창의성과 명확성, 균형을 조정합니다.
10. **--stylize 450** : 스타일 강조 수치를 '450'으로 설정하여 기본보다 더 창의적이고 스타일리시한 이미지를 생성합니다.

TIP 이 기능은 미드저니 V7 버전부터 섹션이 구분되어 보다 직관적으로 사용할 수 있게 되었습니다(P.68 참고).

02 선택한 캐릭터의 스타일과 포즈를 반영한 3D 그래픽 이미지 4개가 생성되었습니다. 한 단계 더 변형을 시도하기 위해 업스케일을 진행하기 위해 마음에 드는 라이팅과 기존 실사가 가장 잘 반영된 이미지에 마우스 커서를 위치하고 〈V Subtle〉 버튼을 클릭합니다. 예제에서는 2번 이미지를 선택하였습니다.

   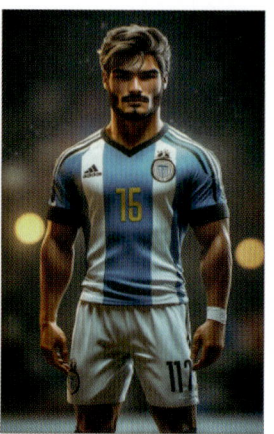

03 선택한 이미지의 스타일을 유지하면서 디테일이 조정된 캐릭터 이미지가 4개 생성되었습니다. 배경을 확장하여 캐릭터가 프레임 안에 잘 들어오도록 조정하기 위해 캐릭터의 인상이 잘 표현된 이미지를 선택합니다. 예제에서는 3번 이미지를 선택하였습니다.

TIP '3D full-body character, exaggerated features' 프롬프트는 전신 캐릭터를 통해 실루엣, 의상, 포즈, 장비 등 다양한 요소를 한눈에 보여줄 수 있어 캐릭터의 개성을 입체적으로 표현하는 데 효과적입니다. 여기에 '3D animation style', 'cartoonish', 'chibi'와 같은 스타일 키워드를 함께 활용하면 전체적인 톤과 분위기를 더욱 일관성 있게 유지할 수 있습니다. 특히 캐릭터는 포즈에 따라 인상이 크게 달라지므로 'dynamic pose', 'standing pose', 'heroic stance' 등 구체적인 자세를 명확히 지정하는 것도 중요한 요소입니다.

04 세부적으로 편집할 수 있는 화면으로 이동하기 위해 확장된 화면의 오른쪽에 있는 Creation Actions 항목에서 More의 〈Editor〉 버튼을 클릭합니다.

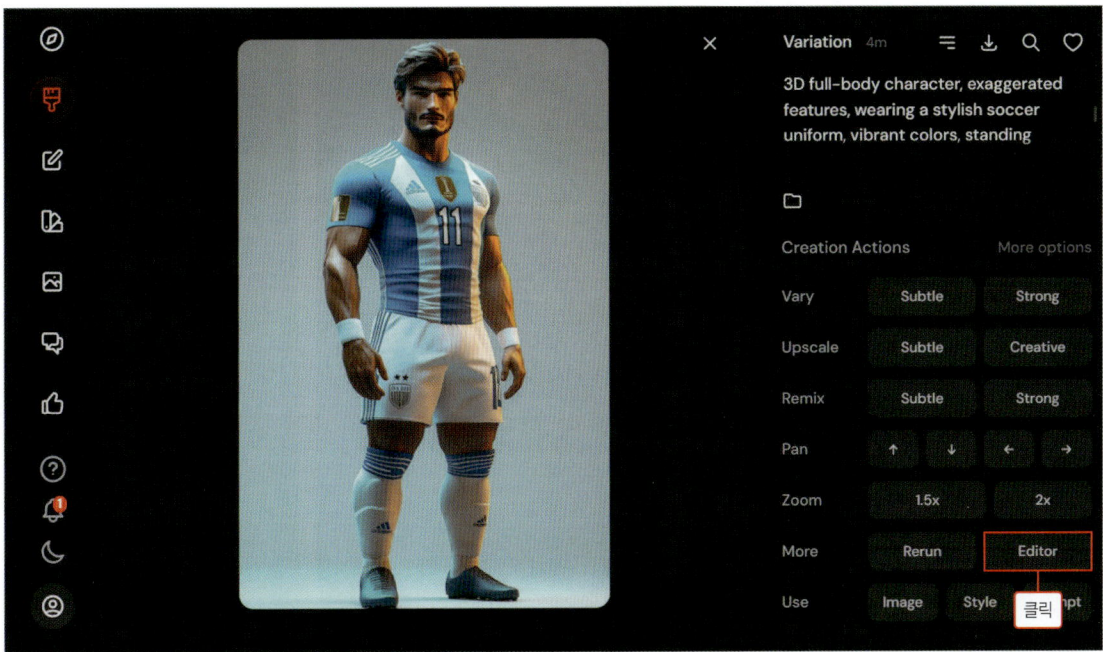

05 비율을 '9:16'으로 선택하고 캐릭터의 위치를 조정하여 화면 구성을 최적화한 다음 〈Submit〉 버튼을 클릭하여 이미지의 상하 배경을 자연스럽게 확장합니다. 이를 통해 캐릭터가 더욱 조화롭게 배치되며, 전체적인 장면의 완성도를 높일 수 있습니다.

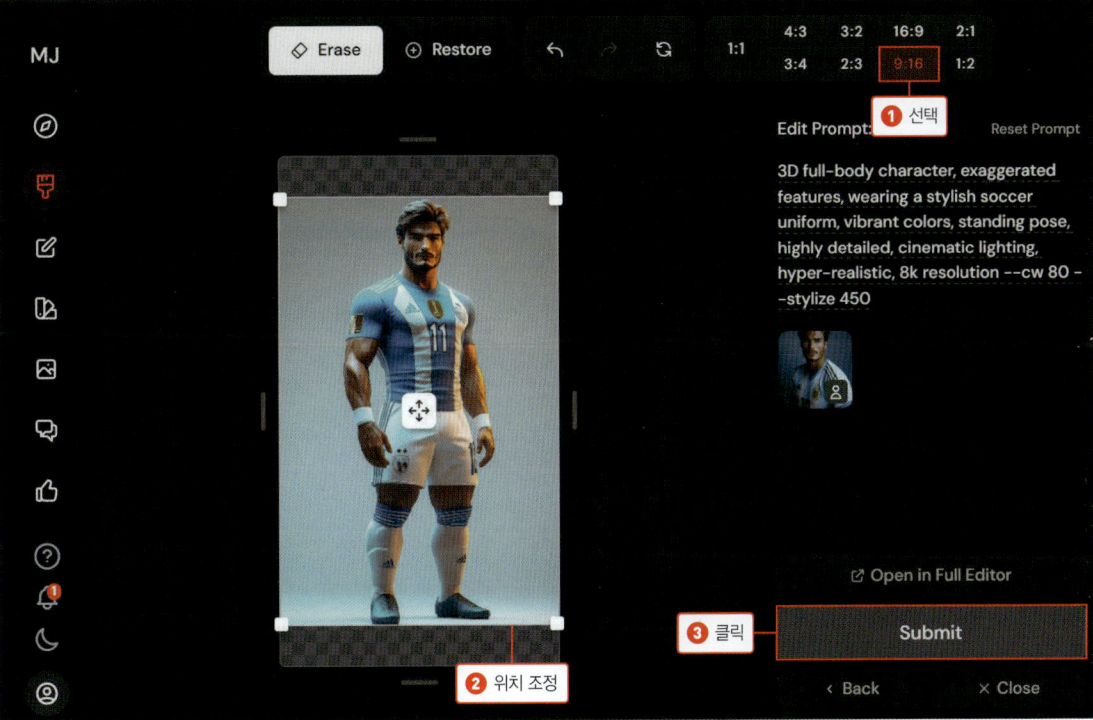

157

06 배경만 확장되어 비슷한 이미지가 4개 생성되었습니다. 원하는 최종 결과물을 선택하고 업스케일을 진행하여 저장합니다. 예제에서는 1번 이미지를 선택해 작업을 마무리하였습니다.

> **NOTE 프롬프트로 비율과 포즈 변경하기**
>
> 추가로 입력한 프롬프트에서 'standing pose'를 'dynamic pose'로 변경하고 ar을 '3:2' 비율로 변경한다면 게임 트레일러와 같은 역동적이고 에너지 넘치는 이미지가 생성됩니다. 이렇게 변경된 포즈는 캐릭터의 움직임과 강렬한 액션을 강조하며, 게임의 활기찬 분위기를 잘 전달할 수 있습니다.

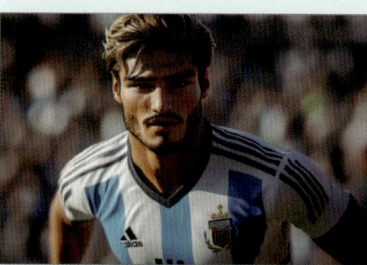

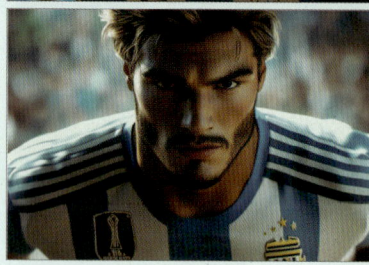

04 캐릭터 페이셜 애니메이션 이미지 생성하기

게임을 플레이할 때 축구선수의 감정과 표정은 중요한 역할을 합니다. 골을 넣고 기뻐하는 표정, 실수를 후회하는 모습, 팀워크를 강조하는 장면 등에서는 선수들의 감정을 자연스럽게 전달하는 것이 필수적입니다. 생성된 캐릭터의 얼굴에는 다양한 감정을 담아, 선수들의 심리적 변화와 동적인 반응을 생동감 있게 표현해 봅니다.

01 이전에 와이드 화면으로 생성한 이미지를 선택하여 캐릭터의 표정을 변경하겠습니다. 미드저니에서 생성한 축구선수 이미지 중 얼굴이 잘 나온 이미지를 선택하여 More → Editor를 실행합니다.

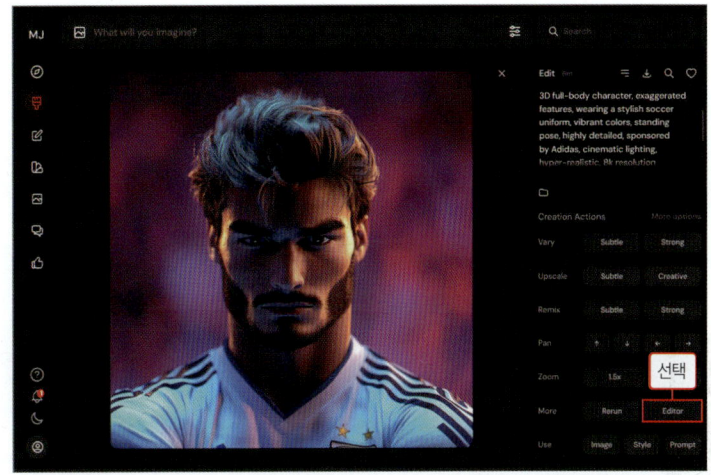

> **프롬프트**
> 3D full-body character, exaggerated features, wearing a stylish soccer uniform, vibrant colors, standing pose, highly detailed, sponsored by Adidas, cinematic lighting, hyper-realistic, 8k resolution

02 세밀한 수정 작업을 할 수 있는 공간이 제공되면, Erase 기능을 얼굴 부분을 칠하고 Edit Prompt에 변형될 내용의 프롬프트를 입력한 다음 〈Submit〉 버튼을 클릭합니다.

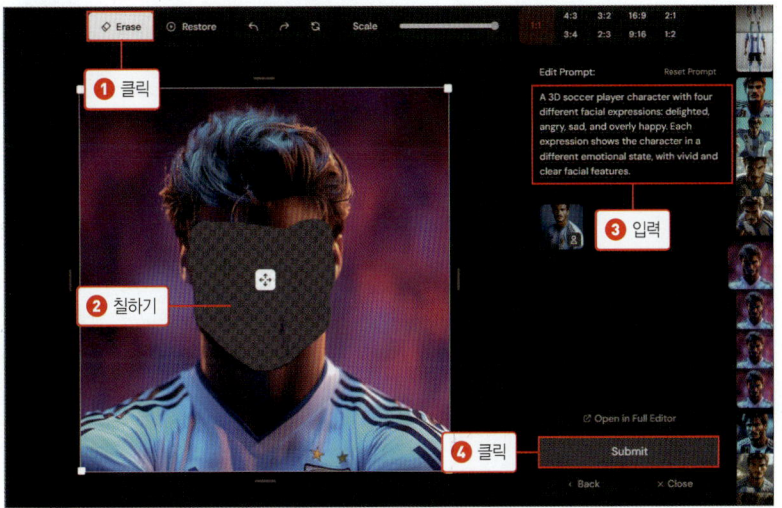

프롬프트	A 3D soccer player character with four different facial expressions: delighted, angry, sad, and overly happy. Each expression shows the character in a different emotional state, with vivid and clear facial features

입력팁	1. **Four different facial expressions: delighted, angry, sad, and overly happy** : 캐릭터는 기쁨, 분노, 슬픔, 지나치게 행복한 표정 등 네 가지 감정을 표현합니다.
	2. **Each expression shows the character in a different emotional state** : 각 표정은 캐릭터가 다른 감정 상태에 있다는 것을 표현합니다.
	3. **With vivid and clear facial features** : 표정은 선명하고 생동감 있게 표현합니다.

TIP 이 프롬프트는 축구선수 캐릭터가 다양한 감정을 표현하는 3D 이미지를 생성하는 데 사용됩니다.

03 수정된 얼굴이 한 화면에 4개씩 나타납니다. 캐릭터마다 표정이 다소 애매하거나 특정 표정이 빠지는 경우가 있으므로 여러 번 생성해 보며 시행착오를 겪는 것이 좋습니다.

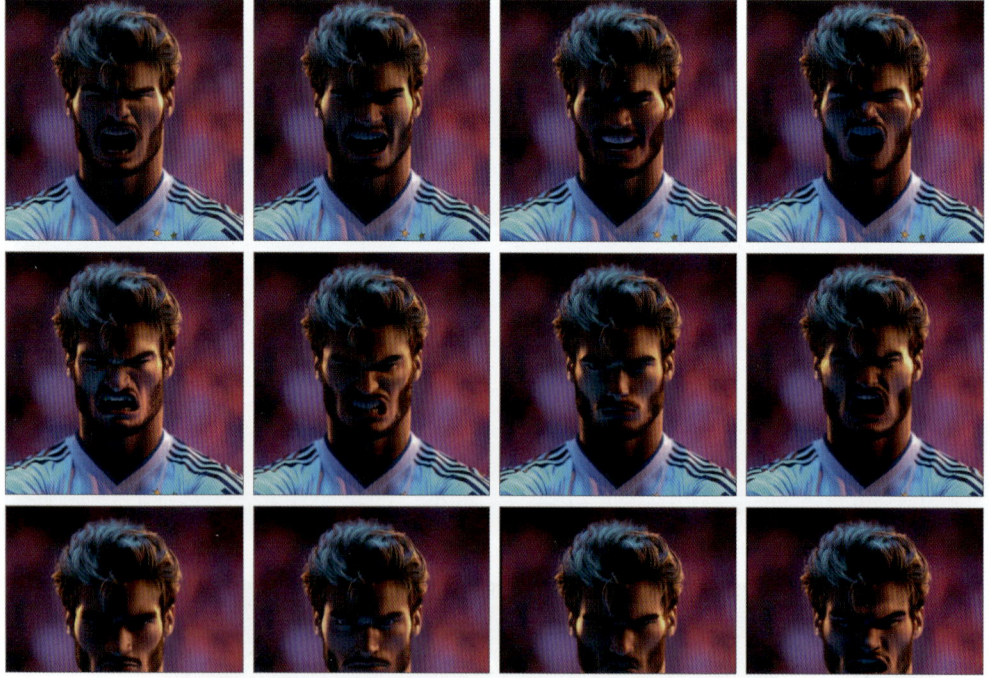

04 마음에 드는 이미지를 선택하여 다운로드합니다. 3D 제작을 위한 참고용으로 작업된 이미지를 영상 AI에 업로드하여 테스트해 보는 것도 좋은 방법입니다. 이러한 표정은 구체적인 동작이 추가될 경우 더욱 돋보일 수 있습니다.

SECTION 10.

축구 게임 캐릭터의 동작과 애니메이션

○ 예제 및 완성 파일 : 03\축구 애니메이션 연출 폴더

축구 게임 캐릭터의 동작과 애니메이션은 게임의 현실감과 몰입감을 높이는 핵심 요소입니다. 선수들의 자연스러운 움직임과 표정 변화는 게임 사용자가 감정적으로 연결되고, 게임의 역동성을 더욱 강조하는 중요한 역할을 합니다.

01 포지션에 따른 슈팅 동작 모션 적용하기

축구 게임에서 공격 위치에 있는 새로운 캐릭터를 제작하고, 이를 바탕으로 영상을 생성하기 위한 리소스를 먼저 준비하는 과정을 알아보겠습니다.

01 챗GPT를 활용하여 스트라이커 선수의 동작을 프롬프트로 생성합니다.

사용자 | 브라질 국가대표 선수가 경기에서 골대를 향해 슛하는 모습을 3D 게임 그래픽 스타일을 잘 표현하는 미드저니 프롬프트로 작성해 줘.

다음은 브라질 국가대표 선수가 경기에서 골대를 향해 슛하는 모습을 3D 게임 그래픽 스타일로 잘 표현한 미드저니 프롬프트입니다.

프롬프트
A Brazilian football player in a yellow and green jersey, poised just outside the penalty box in a dynamic 3D game style, preparing to strike the ball. His body leans forward with focused expression, highlighted by dramatic lighting. The goalkeeper braces for the shot, while the crowd roars in the background, all rendered with stylized 3D textures and lighting --stylize 200 --style raw --ar 2:3

입력팁
1. **A Brazilian football player in a yellow and green jersey** : 브라질 축구팀의 대표적인 유니폼 색인 노란색과 초록색을 입은 선수를 묘사합니다.

2. **Poised just outside the penalty box in a dynamic 3D game style** : 선수가 페널티 박스 밖에서 골을 향해 슛을 준비하는 모습입니다.

3. **Preparing to strike the ball** : 선수가 볼을 차기 위한 준비 동작을 하고 있습니다.

4. **His body leans forward with focused expression, highlighted by dramatic lighting** : 선수가 집중하고 있다는 표정과 자세를 강조하는 부분입니다.

5. **The goalkeeper braces for the shot** : 골키퍼가 슛을 대비하는 모습을 묘사합니다.

6. **While the crowd roars in the background** : 관중들의 응원 소리가 배경에서 들린다는 표현으로, 경기의 열기와 분위기를 강조합니다.

7. **all rendered with stylized 3D textures and lighting** : 장면의 모든 요소가 'stylized 3D textures and lighting'으로 표현된다는 점을 강조합니다.

8. **--stylize 350** : 적절한 창의적 변형을 적용해 자연스러우면서도 스타일리시한 느낌을 유지합니다.
9. **--style raw** : 과도한 스타일링 없이 현실적인 디테일과 조명을 강조해 더욱 사실적인 3D 표현을 구성합니다.
10. **--ar 16:9** : 시네마틱한 와이드스크린 구도를 적용해 몰입감을 높이고 게임이나 영상 연출에 적합합니다.

TIP 미드저니에서 종횡비(--ar)를 조정하면 이미지의 구성이 달라집니다. 세로 비율은 캐릭터의 동작과 포즈를 강조하는 데 유리하며, 가로 비율은 넓은 배경과 영화적 연출을 더 잘 표현합니다. 이를 활용하면 원하는 연출 효과를 효과적으로 구현할 수 있습니다.

02 미드저니 웹 버전 사이트에 접속하고 화면 상단에 있는 Imagine bar를 통해 작업을 시작합니다. 여기에서 슛하는 축구선수 스타일의 프롬프트를 입력하고 '' 아이콘을 클릭하여 이미지를 생성합니다.

NOTE

AI 영상을 만들기 위한 미드저니 이미지 생성 고려 사항

AI 영상을 만들기 위한 미드저니 이미지 생성 시 고려해야 할 기준은 다음과 같습니다.

- **주제와 스타일** : 영상의 테마와 스타일을 명확히 설정(예 : 레트로, 사이버펑크 등)
- **구도와 시점** : 이미지의 시점과 구도를 정의하여 영상의 움직임을 예측
- **배경과 환경** : 간결하고 적절한 배경을 설정, 동적인 환경을 고려
- **조명과 색감** : 영상 분위기에 맞는 조명과 색감 설정
- **액션과 디테일** : 캐릭터나 객체의 동작을 구체적으로 명시
- **캐릭터 디자인 일관성** : 캐릭터 외모와 특징을 일관되게 유지

03 캐릭터 시트 이미지가 4개 생성되었습니다. 베리에이션을 진행하기 위해 원하는 느낌과 형태, 스타일에 가장 잘 맞는 동작이 표현된 이미지에 마우스 커서를 위치하고 〈Vary Strong〉 버튼을 클릭합니다. 예제에서는 가장 동적이고 화려한 연출이 돋보이는 1번 이미지를 선택하였습니다.

04 그림과 같이 전체 구성을 유지한 채 4개의 베리에이션 결과물이 표시되었습니다. 원하는 느낌과 형태, 스타일에 가장 잘 맞는 동작 이미지를 최종으로 선택합니다. 예제에서는 1번 이미지를 업스케일 하기 위해 선택하였습니다.

05 확장된 화면의 오른쪽에 있는 Creation Actions 항목에서 Upscale의 〈Creative〉 버튼을 클릭하여 이미지를 업스케일 합니다. 업스케일이 완료되면 '저장' 아이콘(⬇)을 클릭하여 이미지를 PC에 저장합니다.

02 공격 사용자 동작 애니메이션 연출하기

공격수 캐릭터의 동작을 더욱 효과적으로 표현하고, 게임의 역동성과 몰입감을 한층 강화하기 위해 영상 생성형 AI인 클링 AI를 활용해 보겠습니다. 이를 통해 캐릭터의 움직임을 보다 자연스럽고 생동감 있게 구현하며, 실감 나는 연출을 시각적으로 완성해 나가겠습니다.

01 웹브라우저에서 'klingai.com'을 입력하여 클링 AI 사이트에 접속하고 로그인한 다음 메뉴에서 〈Video〉를 선택합니다.

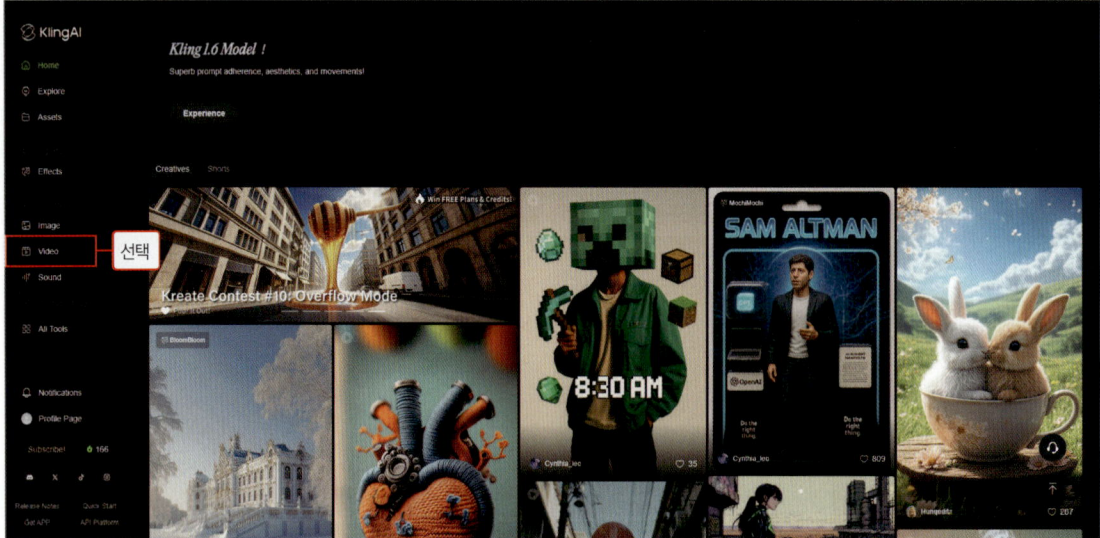

02 그림과 같이 작업 화면이 변경됩니다. 미드저니에서 만든 이미지를 영상으로 제작하기 위해 'Upload an Image'를 클릭하고 03 폴더에서 '축구스트라이커.png' 파일을 불러옵니다.

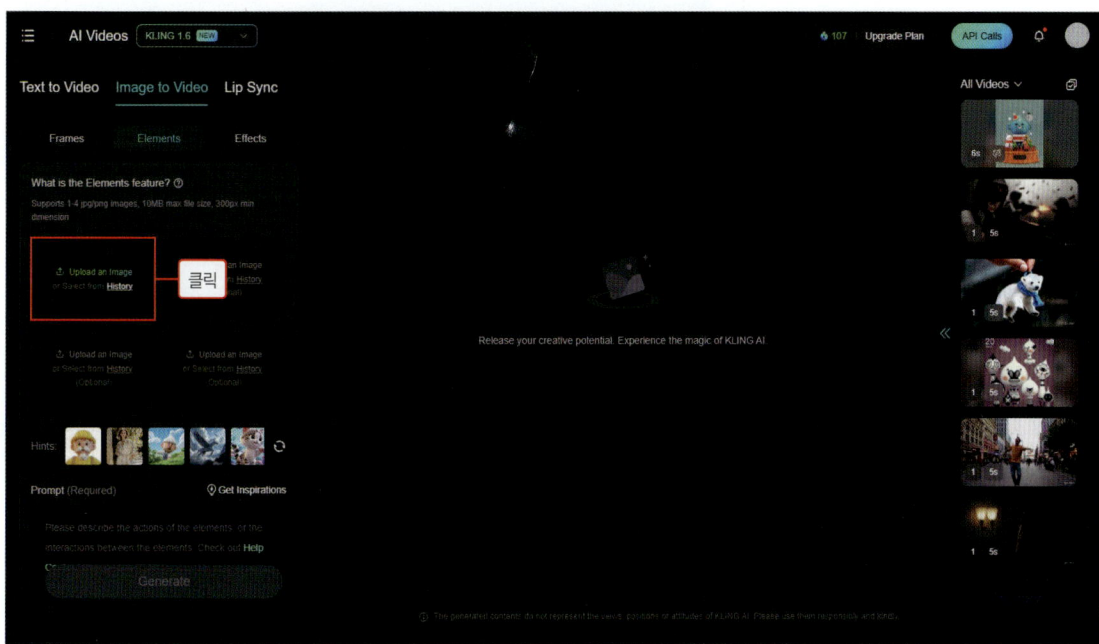

03 이미지가 업로드되면 Prompt(Optional) 항목에 상황 연출과 관련된 프롬프트를 작성하고 시간을 '5초' 또는 '10초'로 설정한 다음 〈Generate〉 버튼을 클릭합니다.

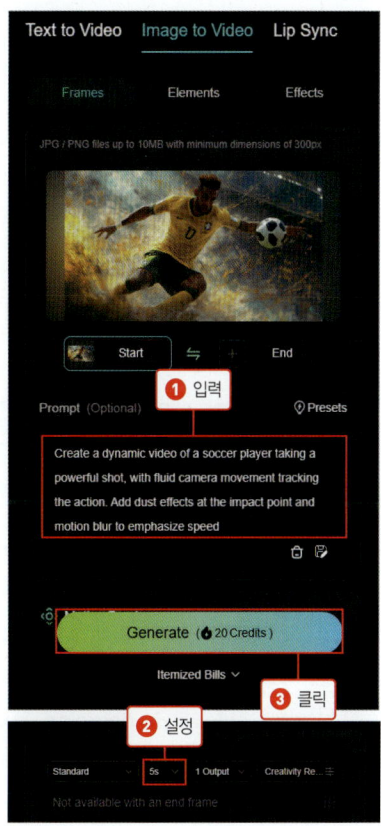

프롬프트
> Create a dynamic video of a soccer player taking a powerful shot, with fluid camera movement tracking the action. Add dust effects at the impact point and motion blur to emphasize speed

입력팁
1. **Dynamic video of a soccer player taking a powerful shot** : 강력한 슛 동작에 초점을 맞춰, 주된 액션이 강조됩니다.
2. **Fluid camera movement tracking the action** : 카메라 워킹을 통해 선수의 움직임을 자연스럽게 따라가며, 몰입감을 제공합니다.
3. **Add dust effects at the impact point** : 슛이 이루어지는 순간에 먼지 이펙트를 추가합니다.
4. **Motion blur to emphasize speed** : 빠른 움직임을 강조하기 위해 모션 블러를 사용, 동작의 속도감을 높입니다.

04 생성된 영상을 확인하고 원하는 형태로 영상이 생성되었다면 'Download' 아이콘()을 클릭하여 영상을 저장합니다.

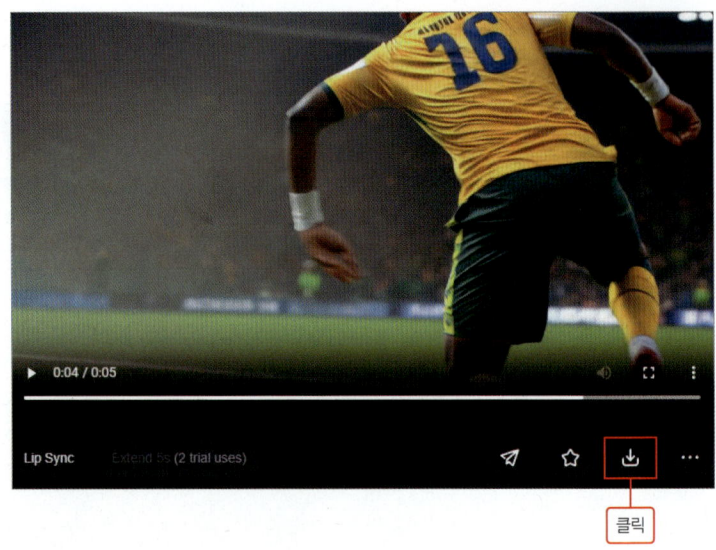

클릭

03 골키퍼가 슛을 막는 애니메이션 연출하기

골키퍼 관점에서 이미지가 2개 필요한 이유는, 하나는 골키퍼의 준비 동작, 다른 하나는 슛을 막는 순간을 표현하기 위해서입니다. 이를 통해 애니메이션에서 두 동작을 자연스럽게 연결할 수 있습니다.

01 챗GPT를 활용하여 골키퍼의 동작을 프롬프트로 생성합니다.

사용자: (지난 공격수 프롬프트 복사 붙여넣기) + 이 프롬프트를 다른 것은 유지하고 소속을 맨유로 포지션은 골키퍼로 동작은 정면에서 공중에서 슛을 막고 있는 것으로 수정해 줘(+ 이펙트 효과).

프롬프트: A Manchester United goalkeeper in a red jersey, poised just outside the penalty box in a dynamic 3D game style, jumping in mid-air to block a shot from the front. His body is fully extended with a focused expression, highlighted by dramatic lighting. Game-style particles, such as energy bursts and dust, explode around the impact area, adding intensity to the moment. The crowd roars in the background, all rendered with stylized 3D textures and lighting

입력팁
1. **A Manchester United goalkeeper in a red jersey** : 맨체스터 유나이티드의 골키퍼라는 구체적인 소속과 색상(빨간 유니폼)을 명시하여 특정 팀을 표현합니다.
2. **Poised just outside the penalty box** : 골키퍼는 페널티 박스 밖에 위치합니다.
3. **Jumping in mid-air to block a shot from the front** : 골키퍼가 공중에서 슛을 막고 있는 순간을 강조합니다.
4. **Game-style particles, such as energy bursts and dust, explode around the impact area** : 게임성 파티클 효과로, 파티클 이펙트는 게임 스타일에 맞춘 비주얼적 요소입니다.
5. **Adding intensity to the moment** : 파티클 효과가 장면에 강렬함을 추가합니다.

02 미드저니 웹 버전 사이트에 접속합니다. 골키퍼를 생성할 프롬프트를 입력하기 전에 기존 작업에서 시드를 복사하여 파라미터에 붙여넣겠습니다. 기준이 될 이미지를 선택하고 확장된 메뉴에서 'Options' 아이콘(≡)을 클릭한 다음 **Copy → Seed**를 실행합니다.

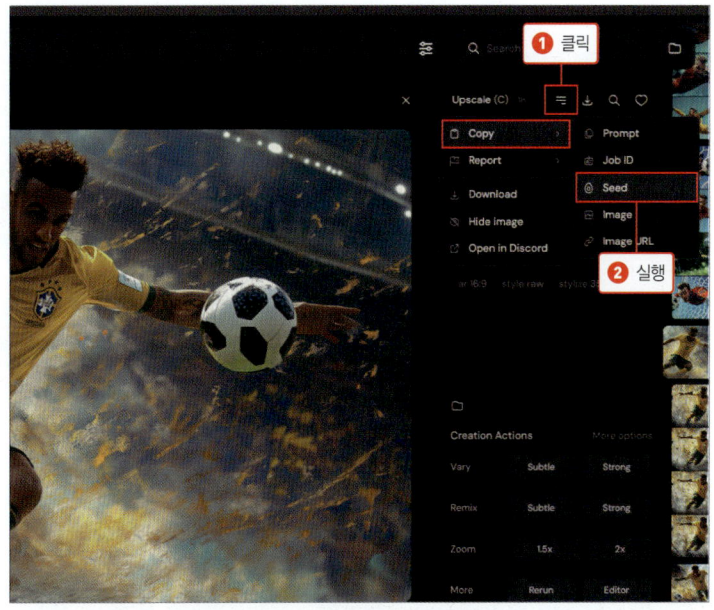

03 Imagine bar에서 챗GPT에게 제안받은 프롬프트를 입력하고 스타일과 비율을 표현하는 '--stylize 350 --style raw --ar 16:9'를 입력합니다. 시드도 추가로 입력하기 위해 '--seed'를 입력하고 Ctrl+V를 눌러 복사한 시드 값을 붙여넣은 다음 '▷' 아이콘을 클릭합니다.

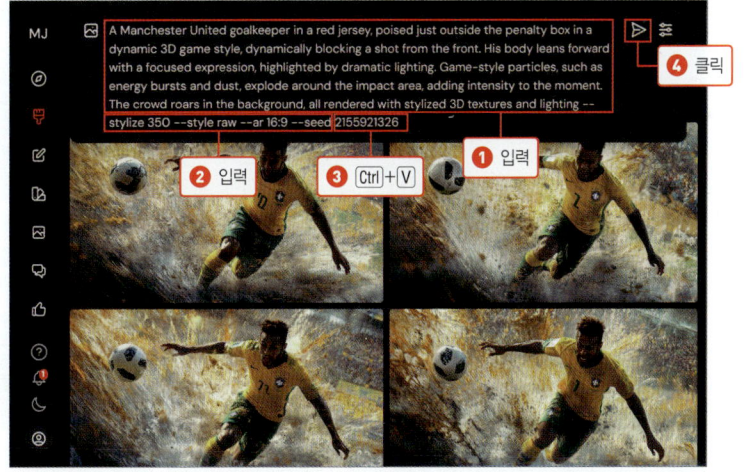

04 캐릭터 시트 이미지가 4개 생성되었습니다. 원하는 느낌과 형태, 스타일에 가장 잘 맞는 동작의 이미지에서 마우스 오른쪽 버튼을 클릭한 다음 **Remix → Strong**을 실행합니다. 예제에서는 공이 등장하고 화려한 연출이 돋보이는 2번 이미지를 선택하였습니다.

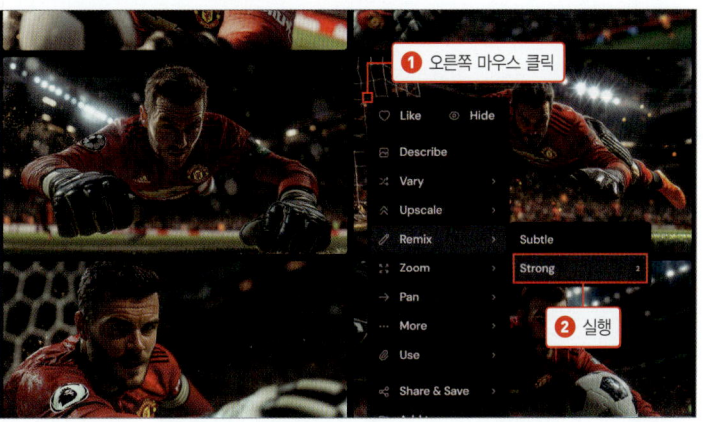

05 Remix에서 프롬프트를 변경하겠습니다. 이전 동작인 'dynamically blocking a shot'을 'Dynamically catching a shot'으로 변경하고 '▶' 아이콘을 클릭하여 새로운 동작을 반영한 이미지를 다시 생성합니다. 이를 통해 골키퍼가 공을 막는 대신 잡는 순간을 더 강조한 효과를 얻을 수 있습니다.

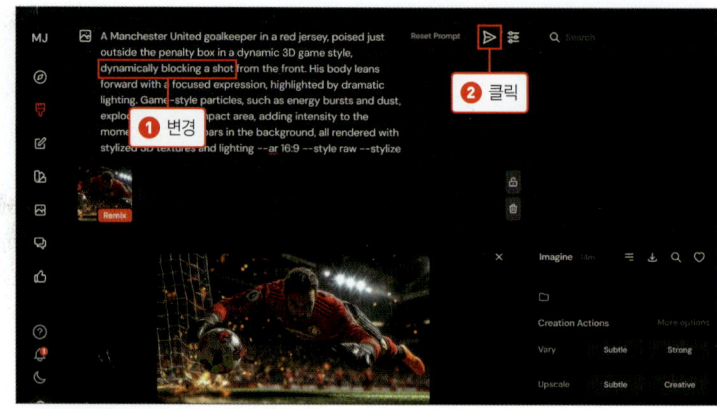

06 Remix에서 캐릭터 이미지가 4개 생성되면, 원하는 느낌과 형태, 스타일에 가장 잘 맞는 동작을 선택합니다. 예제에서는 한 손으로 공을 잡는 이미지가 필요했으므로 2번 이미지를 선택하였습니다.

07 슛을 잡는 동작의 흐름이 자연스럽고 잘 표현되어 추가적인 베리에이션 없이 바로 업스케일을 진행하여 이미지를 저장하였습니다.

04 수비 사용자 동작 애니메이션 연출하기

골키퍼 캐릭터의 역동적인 동작을 더욱 효과적으로 표현하고, 게임의 긴장감과 몰입감을 한층 강화하기 위해 클링 AI를 활용하겠습니다. 이를 통해 골키퍼의 민첩하고 반응적인 움직임을 자연스럽고 생동감 있게 구현하며, 실제 경기처럼 사실적인 연출을 시각적으로 완성해 나가겠습니다.

01 웹브라우저에서 'klingai.com'을 입력하여 클링 AI 사이트에 접속하고 로그인한 다음 메뉴에서 (Video)를 선택합니다.

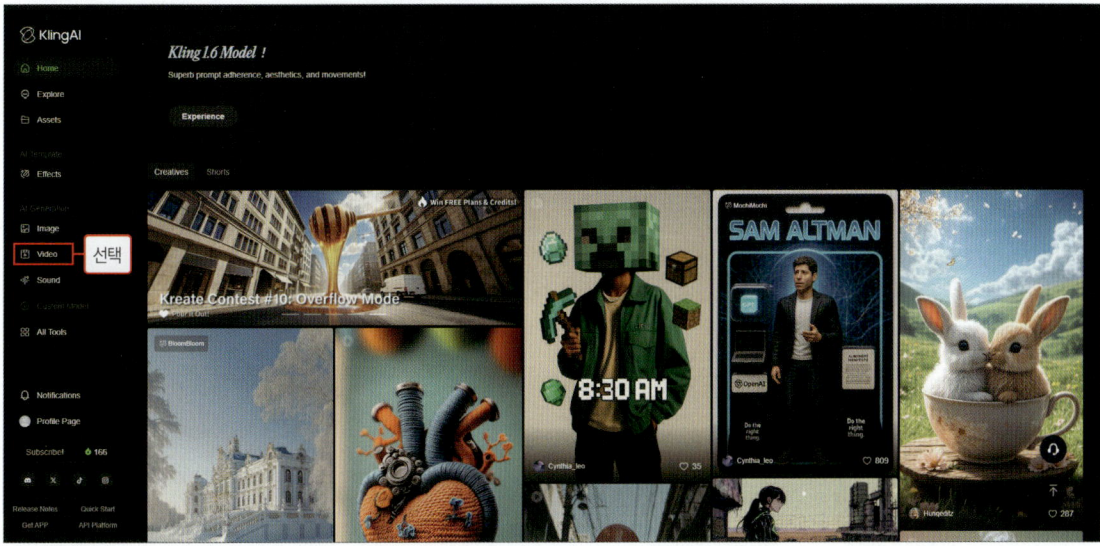

02 그림과 같이 작업 화면이 변경되면 영상을 제작하기 위해 'Click/Drop/Past'를 클릭하고 03 폴더에서 '축구골키퍼1.png' 파일을 불러옵니다.

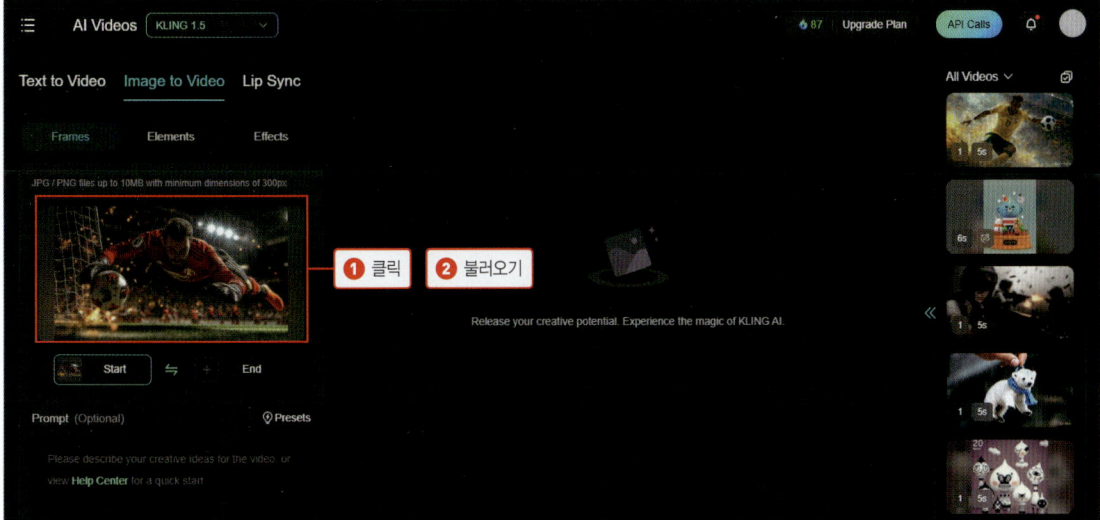

03 그림과 같이 Start 부분에 이미지가 업로드되면 'End'를 선택하고 03 폴더에서 '축구골키퍼2.png' 파일을 불러옵니다.

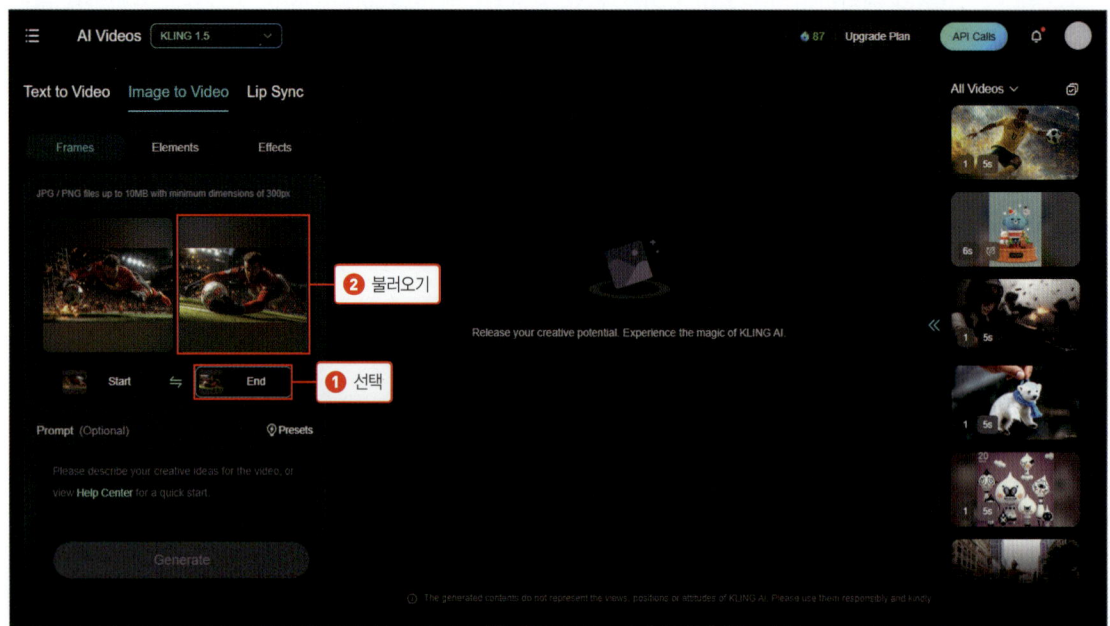

04 Prompt(Optional) 항목에 카메라 연출이나 동작들을 영문으로 입력하고 왼쪽 메뉴에서 마우스 휠을 아래로 돌려 Settings 항목에서 시간을 설정한 다음 〈Generate〉 버튼을 클릭합니다.

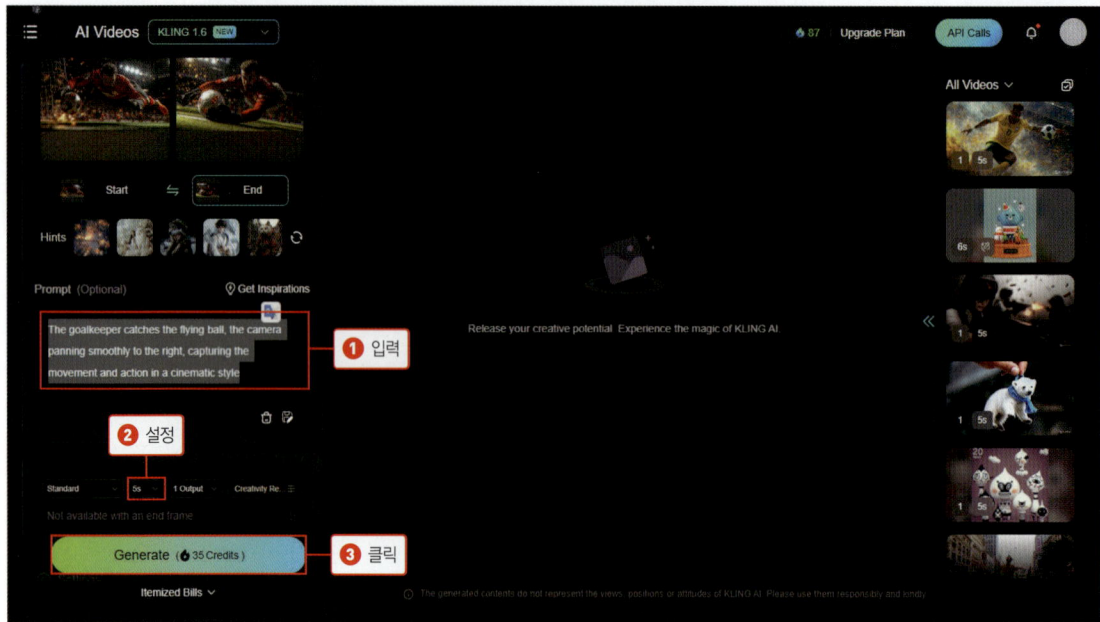

프롬프트 The goalkeeper catches the flying ball, the camera panning smoothly to the right, capturing the movement and action in a cinematic style

05 생성된 영상을 확인하고 원하는 형태로 영상이 생성되었다면 'Download' 아이콘(⬇)을 클릭하여 영상을 저장합니다.

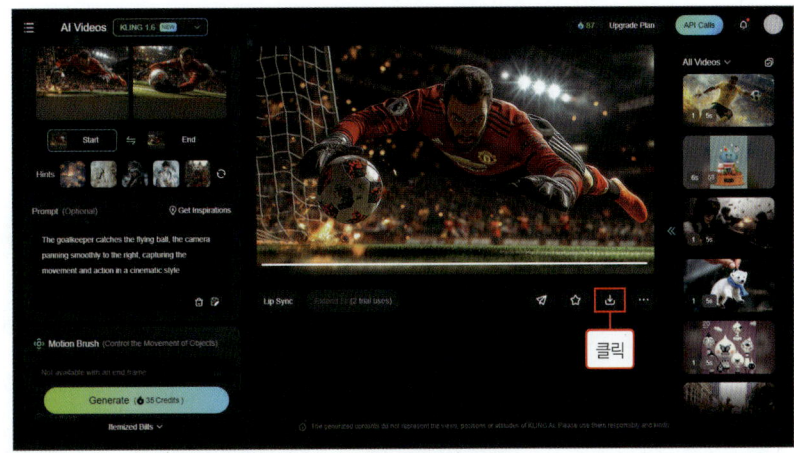

05 결승전에서 우승하여 기뻐하는 선수 연출하기
Key Prompts • 3가지 요소(캐릭터 얼굴+트로피+축구 경기장)

클링 AI의 Elements 기능은 사용자가 업로드한 이미지(최대 4장)에서 특정 대상(사람, 동물, 사물, 장면 등)을 선택하고, 해당 대상들의 행동과 상호작용을 설명하면, 이를 기반으로 AI가 영상을 생성하는 기능입니다. 이 기능을 활용하면 여러 장의 단순 이미지를 기반으로 AI가 동적인 애니메이션을 만들어주므로, 창작 작업이나 콘텐츠 제작에 유용하게 활용할 수 있습니다.

01 클링 AI 사이트에 접속하고 로그인한 다음 메뉴에서 (Video)를 선택합니다. 영상을 제작하기 위해 (Elements) 버튼을 클릭하고 'Upload an image'를 클릭합니다.

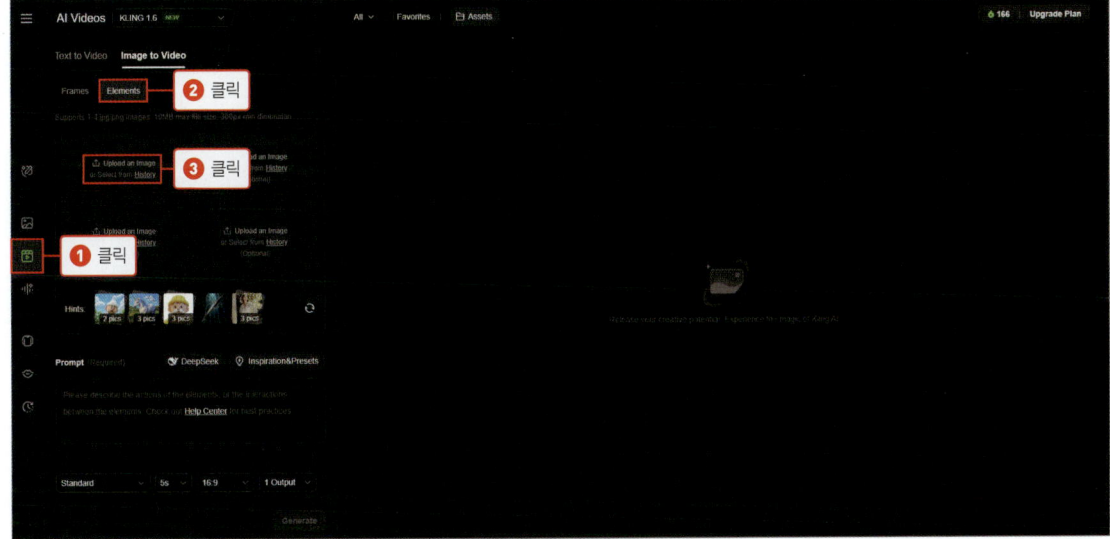

TIP 클링 AI에서 생성한 이미지를 선택하려면 'Selection from History'를 선택하면 됩니다.

02 03 폴더에서 축구 선수의 얼굴이 크게 보이는 '상반신.png' 파일을 선택하여 불러옵니다. 선택한 이미지를 화면에서 확인하고 필요한 얼굴 부분을 크롭하여 강조하겠습니다.

03 적용된 이미지를 확인하고 마우스 커서를 위치하여 표시되는 'Edit' 아이콘( ) 아이콘을 클릭합니다.

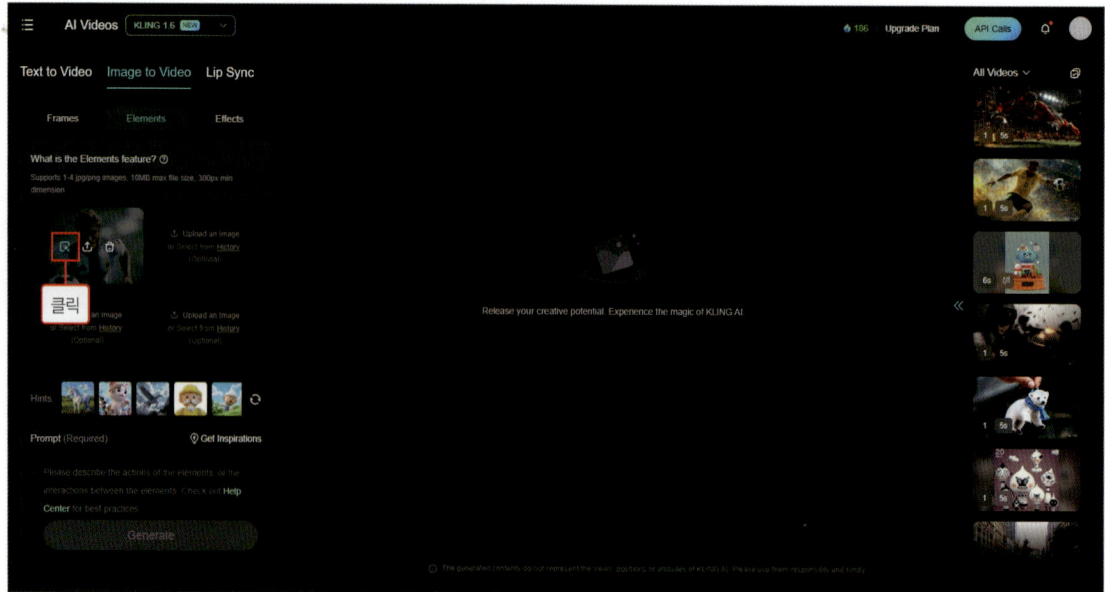

TIP Elements의 크롭 기능은 이미지나 요소를 영상에 삽입할 때 불필요한 여백을 잘라내고 핵심 부분만 정확하게 사용하는 데 도움을 줍니다. 이를 통해 AI가 주요 피사체를 더 정확하게 인식하고, 영상에 자연스럽게 반영할 수 있습니다. 또한, 요소의 위치와 크기를 적절히 조정해 전체 구도와 밸런스를 맞추는 데 유용하며, 투명 배경 이미지와 함께 사용할 경우 더욱 깔끔한 결과를 얻을 수 있습니다.

04 Select the Element 창이 표시되면 지정 위치를 조정하여 선수의 얼굴을 강조하고 〈Confirm〉 버튼을 클릭하여 참고할 화면을 확장해 보다 정확한 작업이 가능하도록 설정합니다.

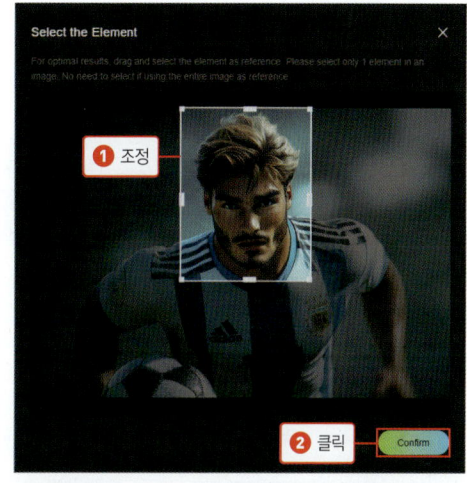

05 같은 방법으로 'Upload an image'를 클릭하여 03 폴더에서 'championshipcup.png' 파일을 불러오고 Select the Element 창에서 우승컵만 남기도록 지정 위치를 조정한 다음 〈Confirm〉 버튼을 클릭합니다.

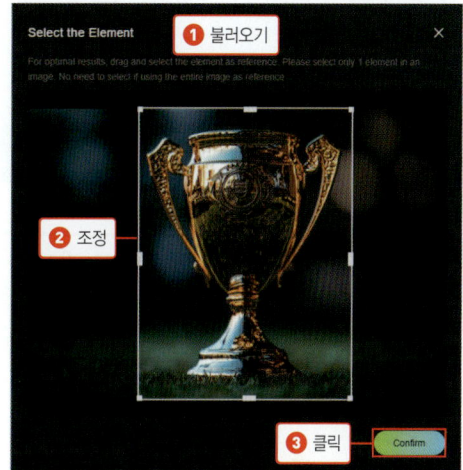

06 같은 방법으로 03 폴더에서 '유니폼.png' 파일을 불러와 축구 선수의 유니폼을 참고한 다음 필요한 부분만 보이도록 조정한 다음 〈Confirm〉 버튼을 클릭합니다.

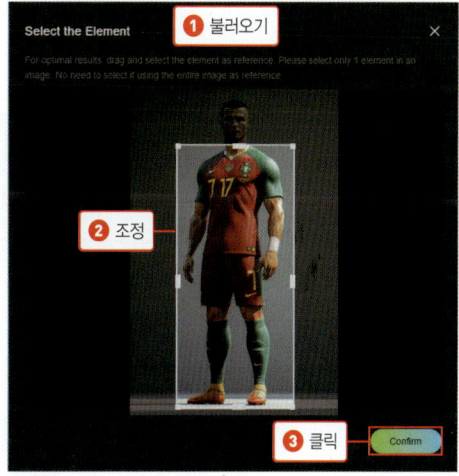

07 마지막으로 03 폴더에서 배경이 될 'field.png' 파일을 불러옵니다. 모든 이미지가 적용되면 이제 프롬프트를 입력하여 선택된 요소들이 조화롭게 구성되게 설정합니다. 선수의 얼굴, 유니폼, 우승컵, 운동장 배경을 고려하여 원하는 장면을 구체적으로 묘사하고 〈Generate〉 버튼을 클릭하여 영상을 생성합니다.

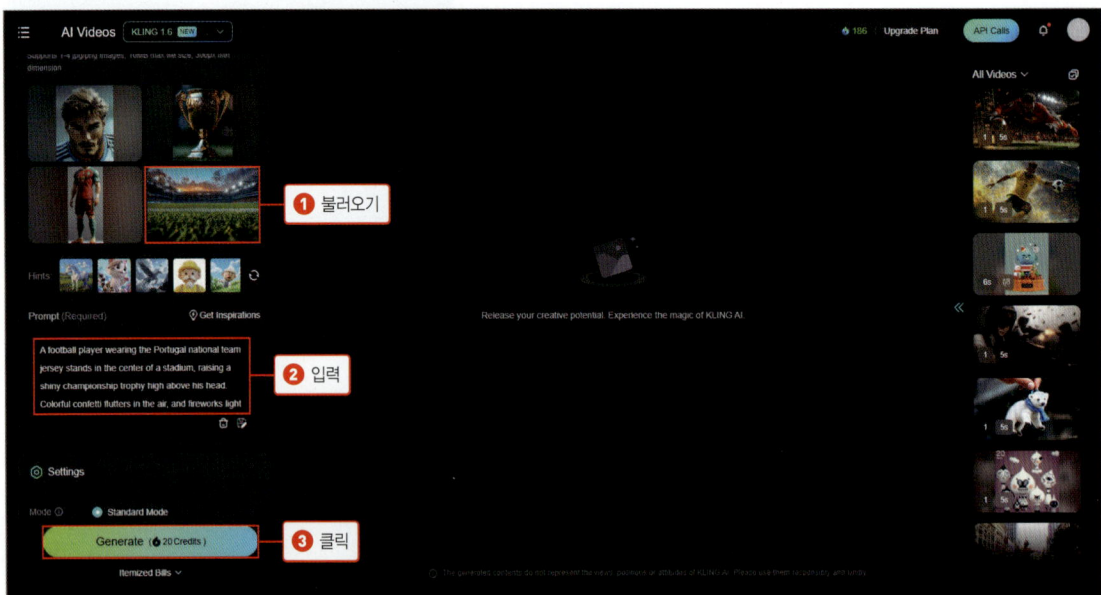

프롬프트 | A football player wearing the Portugal national team jersey stands in the center of a stadium, raising a shiny championship trophy high above his head. Colorful confetti flutters in the air, and fireworks light up the night sky. The player's face shows joy and triumph, while the stadium lights glimmer around him

한글 번역 | 포르투갈 대표팀 유니폼을 입은 축구선수가 경기장 중앙에 서서 반짝이는 우승 트로피를 두 손으로 높이 들어 올리고 있다. 형형색색의 색종이 조각이 공중에 흩날리고, 불꽃놀이가 밤하늘을 밝힌다. 선수의 얼굴에는 기쁨과 승리의 표정이 담겨 있고, 경기장 조명이 그를 비추고 있다.

TIP 운동장은 전체 이미지를 참고하므로 추가 조정하여 크롭할 필요가 없습니다.

08 생성된 영상을 확인하고 배경이나 유니폼의 레퍼런스 등 요소들이 원하는 형태로 생성되었다면 'Download' 아이콘(⬇)을 클릭하여 영상을 저장합니다.

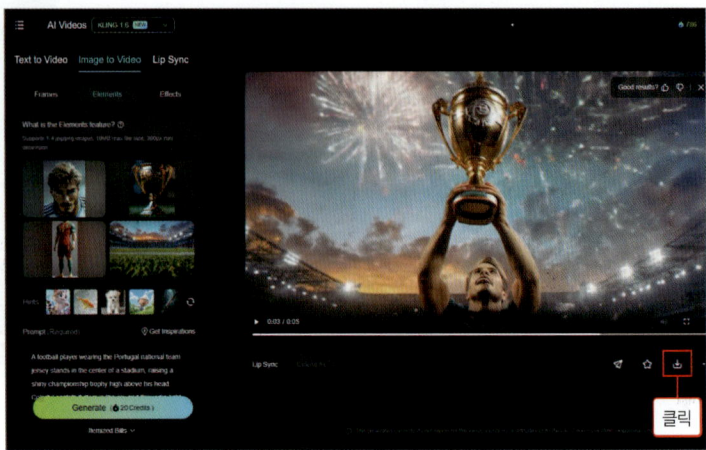

●예제파일 : 03\게임타이틀UI1~2.jpg   ●완성파일 : 03\게임타이틀UI_완성.png

SECTION
11.

게임 타이틀 화면 만들기

어도비 파이어플라이(Adobe Firefly)를 활용하여 게임의 타이틀 화면을 디자인하고, 게임의 첫인상과 분위기를 효과적으로 전달하는 방법에 대해 알아보겠습니다. 이 과정에서는 파이어 플라이의 시각적 효과를 게임 타이틀에 어떻게 적용할지 살펴보며, 게임의 분위기를 설정하는 중요한 디자인 요소를 구성해 보겠습니다.

01 일러스트레이터와 파이어플라이로 게임 UI 제작하기

Adobe 프로그램을 활용하면 이미지를 러프하게 그린 후 형태를 구상하는 단계에서도 고품질의 UI 요소를 생성할 수 있습니다. 이를 통해 디자인의 초기 아이디어를 빠르게 시각화하고, 세부적인 조정과 다듬기를 통해 최종적으로 완성도 높은 UI를 구현할 수 있습니다.

01 일러스트레이터를 실행하고 Tools 패널의 타원 도구(●)와 사각형 도구(■)를 사용하여 그림과 같이 축구 게임의 상단 에너지 바를 컬러 없이 러프하게 표현해 그리고 AI 기능을 사용하기 위해 하단에 위치한 Contextual Bar에서 〈Generate Vectors〉 버튼을 클릭합니다.

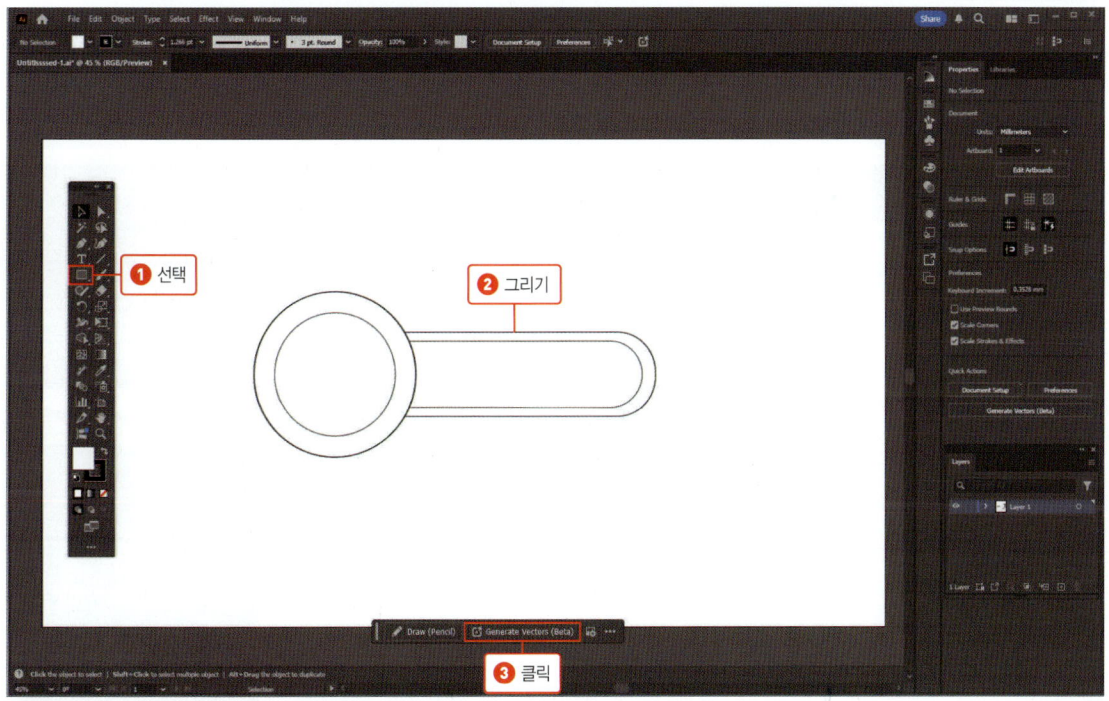

TIP 어도비 사이트(www.adobe.com/kr/products/illustrator.html)에서 일러스트레이터의 최신 무료 체험판을 다운로드할 수 있으며, 연간 플랜, 매월 청구 플랜에서 선택하여 구독할 수 있습니다.

02 선택 도구( )를 사용하여 생성한 도형을 모두 클릭해 선택하고 Contextual Task Bar에 표시된 입력 창에 '축구 게임 UI, 에너지 진행 바'를 입력한 다음 〈Generate〉 버튼을 클릭합니다.

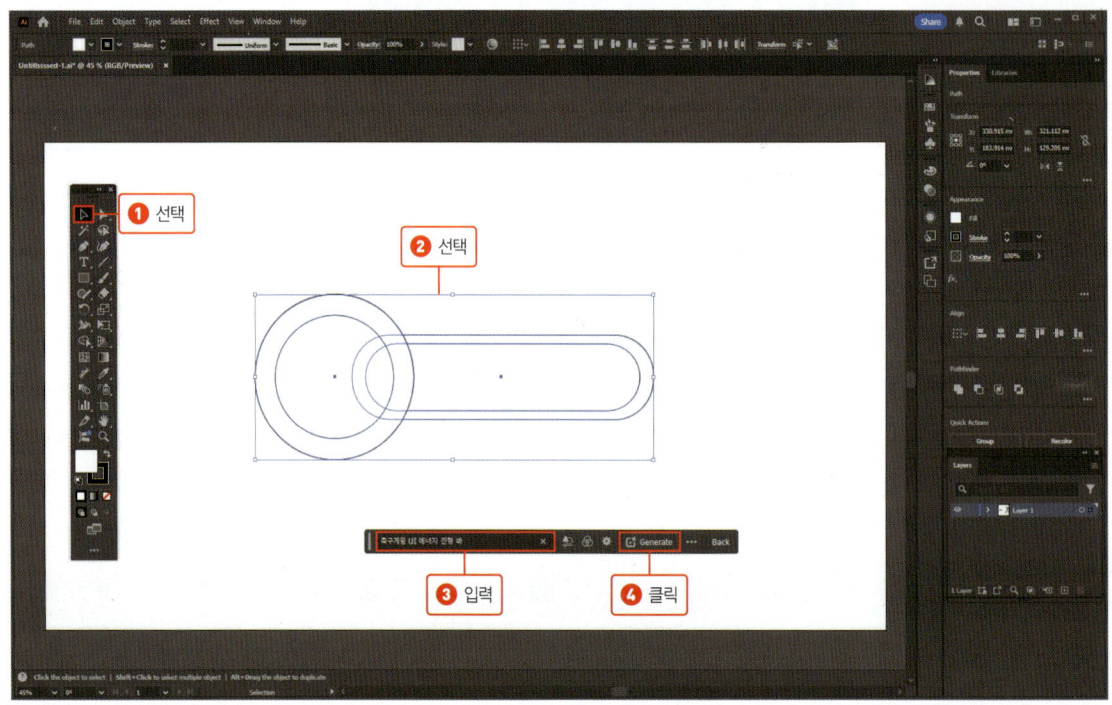

03 Properties 패널에 러프한 도형 이미지들을 기반으로 벡터 그래픽이 3개 생성되었습니다. 3개의 이미지 중에서 마음에 드는 이미지를 하나 선택합니다. 예제에서는 1번 이미지를 선택하였습니다.

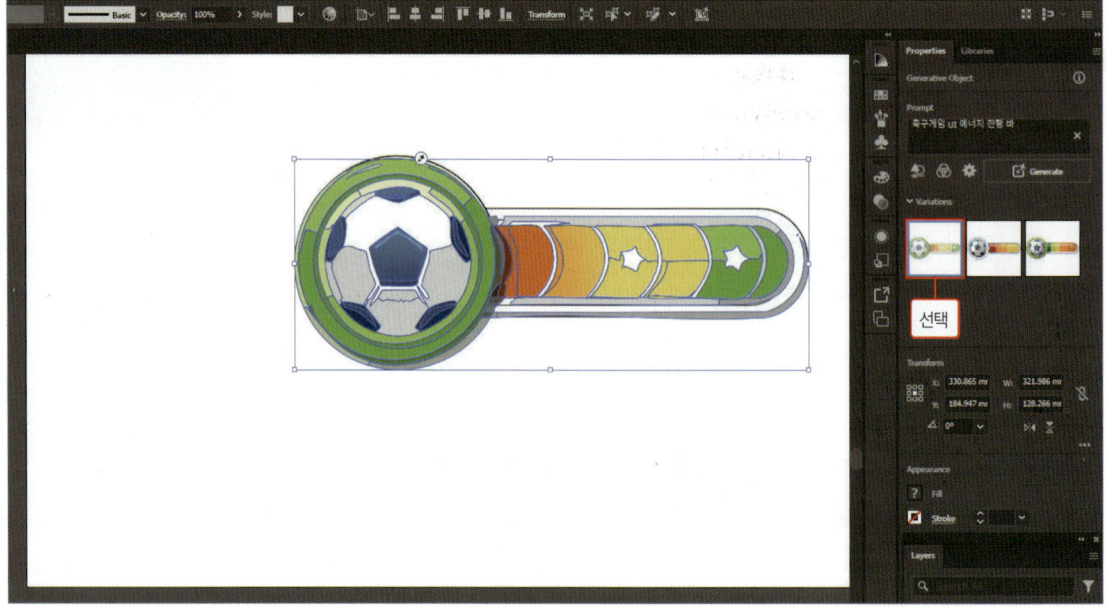

TIP 추가로 〈Generate〉 버튼을 클릭하면 더 많은 이미지를 생성할 수 있습니다.

04 프로그레스 바의 수치를 표현하는 숫자를 추가하고 이미지를 수정한 다음 일러스트레이터에서 File → Export → Export As를 실행해 JPEG 파일로 저장합니다.

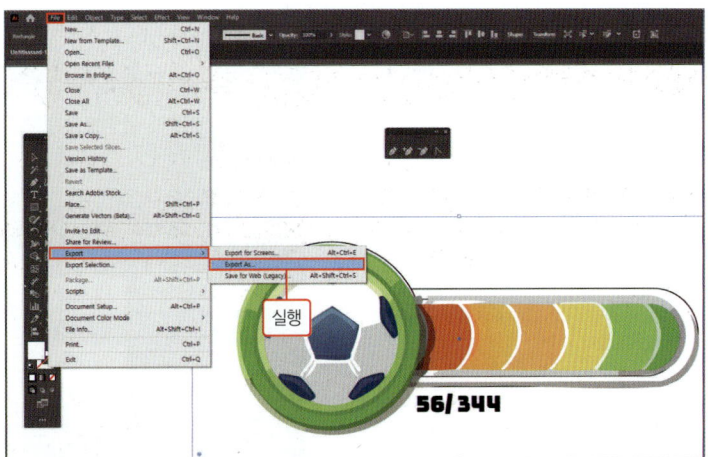

05 파이어플라이를 실행합니다. 왼쪽 메뉴의 구성 항목에서 〈이미지 업로드〉 버튼을 클릭하여 일러스트에서 생성한 UI 이미지를 업로드하고 강도의 슬라이더를 오른쪽으로 조절합니다.

TIP 강도를 조절하면 업로드된 이미지의 참고하는 정도를 조절할 수 있습니다. 포인트를 오른쪽으로 이동할수록 윤곽선과 깊이(Depth)를 더욱 적극적으로 반영하게 됩니다.

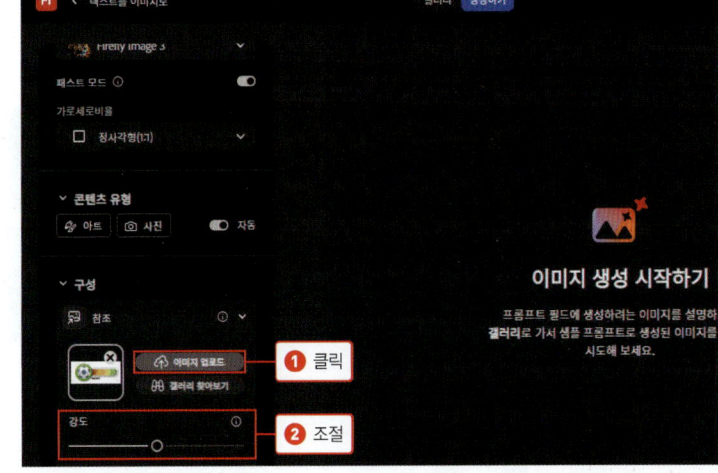

06 이미지가 업로드되면 콘텐츠 유형을 '아트'로 선택하고 가로세로비율을 '와이드스크린(16:9)'으로 지정합니다.

TIP 예제와 다른 비율의 로고 이미지라면 다른 형태의 비율로 지정하세요.

07 프롬프트 입력 창에 '축구 게임 에너지 UI 단일 컬러 배경'을 입력하고 효과에서 '디지털 아트'를 선택한 다음 색상 및 톤을 '생동감 있는 색상'으로 지정한 후 〈생성하기〉 버튼을 클릭합니다.

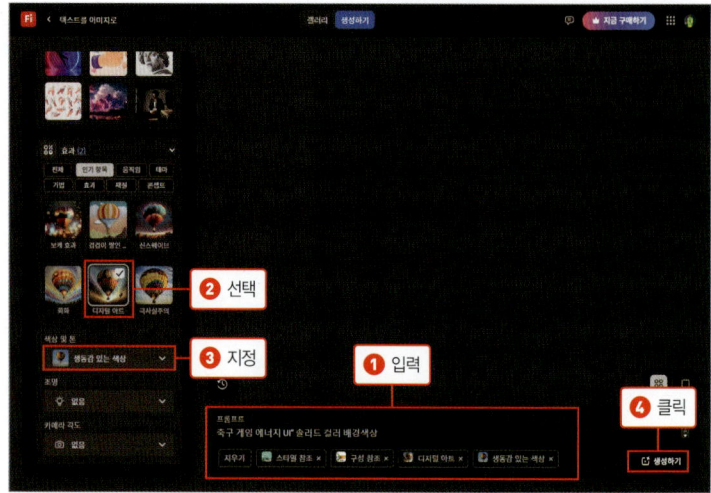

08 첨부한 이미지를 기반으로 게임 UI가 4개 생성되었습니다. 마음에 드는 형태 나올 때까지 스타일을 변경하면서 내가 원하는 형태를 찾아 선택합니다. 예제에서는 2번 이미지를 선택하였습니다.

09 이제 잘린 부분을 확장 생성하고 배경을 지워 리소스로 사용하겠습니다. 선택한 이미지에 커서를 위치하여 표시되는 '편집' 아이콘(　)을 클릭하고 '생성형 채우기'를 선택합니다.

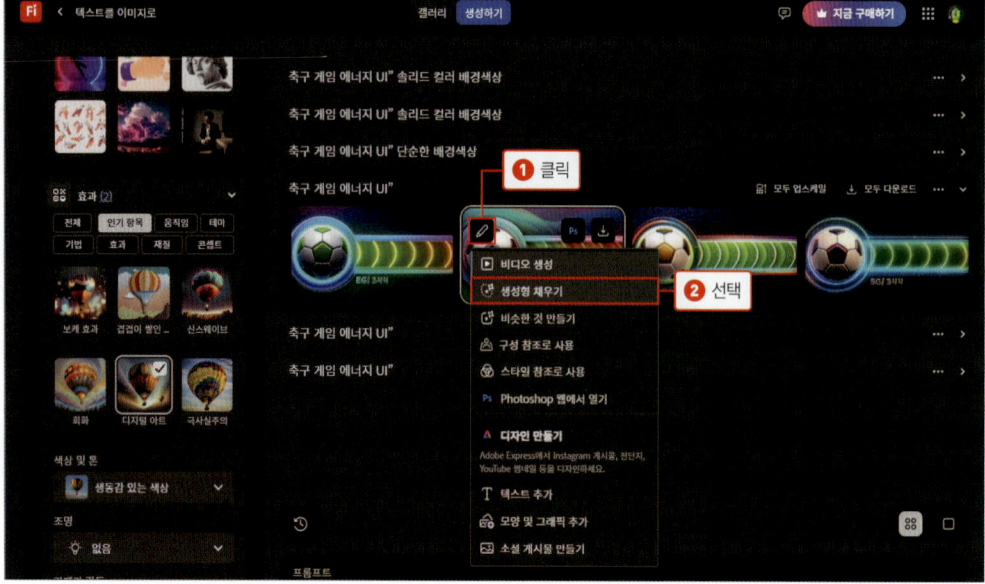

10 생성형 채우기 화면이 표시되면 왼쪽에서 '확장'을 선택하고 그리드의 양쪽을 드래그하여 조정해 그림과 같이 투명한 배경을 만든 다음 〈생성하기〉 버튼을 클릭합니다.

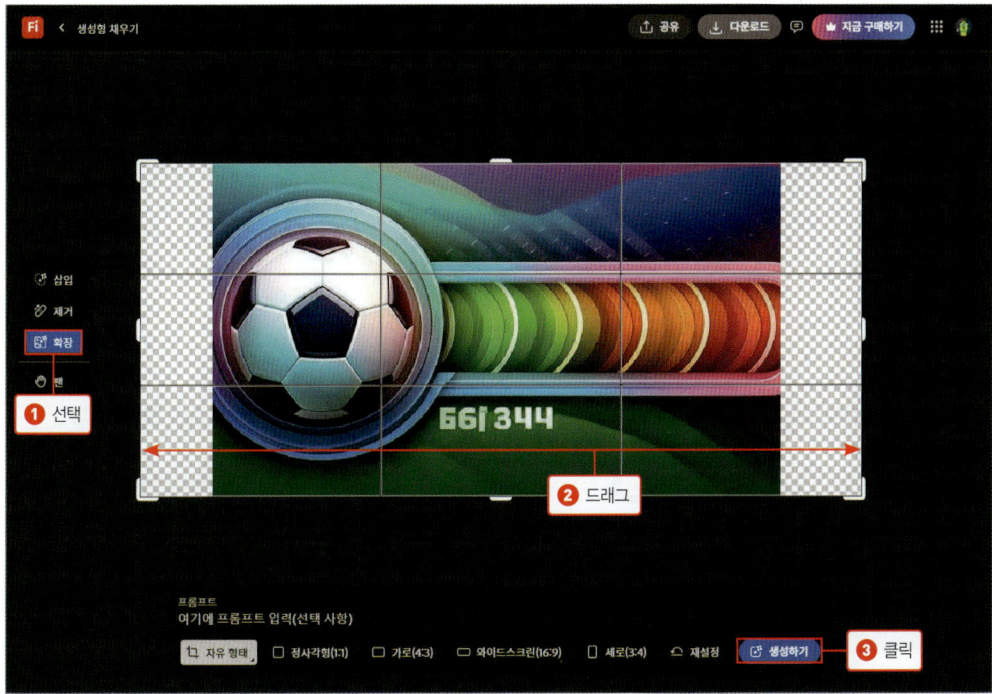

11 투명한 공간이 확장되어 생성되면 이미지가 3개 생성됩니다. 마음에 들게 생성되면 〈유지하기〉 버튼을 클릭하여 변형을 확정하고 이미지 생성이 완료되면 〈다운로드〉 버튼을 클릭하여 UI 리소스 이미지를 PC에 저장합니다.

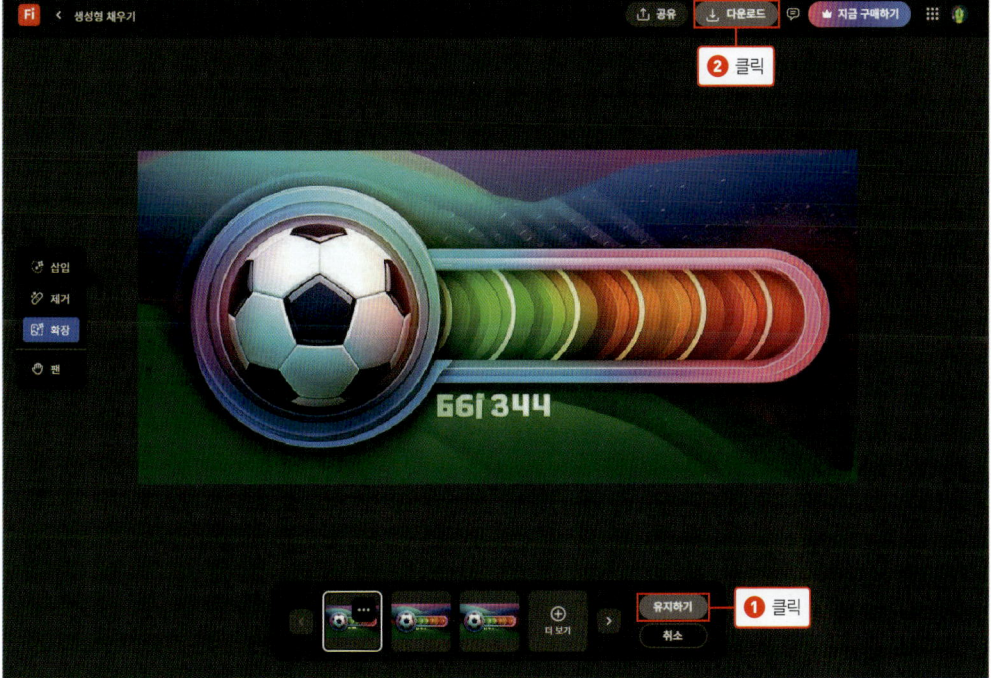

02 게임 타이틀 화면 만들기

Key Prompts • 스케치를 이미지를 AI로 퀄리티 있게 만들기

게임 타이틀 화면도 UI와 같은 방법으로 진행합니다. 제작한 게임 타이틀에 어울리는 배경을 어도비의 자동 확장 기능을 활용하여 보완하고, 로딩 바 이미지를 추가하여 완성도 높은 타이틀 화면을 구성하겠습니다.

01 게임 타이틀도 UI 생성 과정과 동일합니다. 먼저 일러스트레이터에서 러프하게 형태를 만들고 Contextual Task Bar에서 AI 기능을 활용해 더욱 구체적인 이미지를 생성한 다음 최종적으로 JPEG 형식으로 내보내기(Export)하여 저장합니다.

프롬프트 soccer game title

02 예제에서 생성한 이미지는 타이틀이 될 문자 부분이 제대로 표시되지 않고 오탈자가 있어서 수정을 진행해야 합니다. 포토샵에 이미지를 불러오고 도구를 이용하여 그림과 같이 게임의 타이틀이 될 'SHOOTING'을 작성해 이미지를 보완하고 내보내기(Export) 하여 저장합니다.

TIP 예제에서는 원활한 진행을 위해 03 폴더에서 '게임타이틀UI2.jpg' 파일을 활용해 진행할 예정입니다. 여기에서는 타이틀 화면을 생성하고 수정한다는 정도만 간단하게 살펴봅니다.

03 파이어플라이를 실행합니다. 왼쪽 메뉴의 구성 항목에서 〈이미지 업로드〉 버튼을 클릭해 03 폴더에서 '게임타이틀 UI2.jpg' 파일을 업로드하고 강도의 슬라이더를 오른쪽으로 드래그하여 윤곽선과 참고 강도를 최대로 조절합니다.

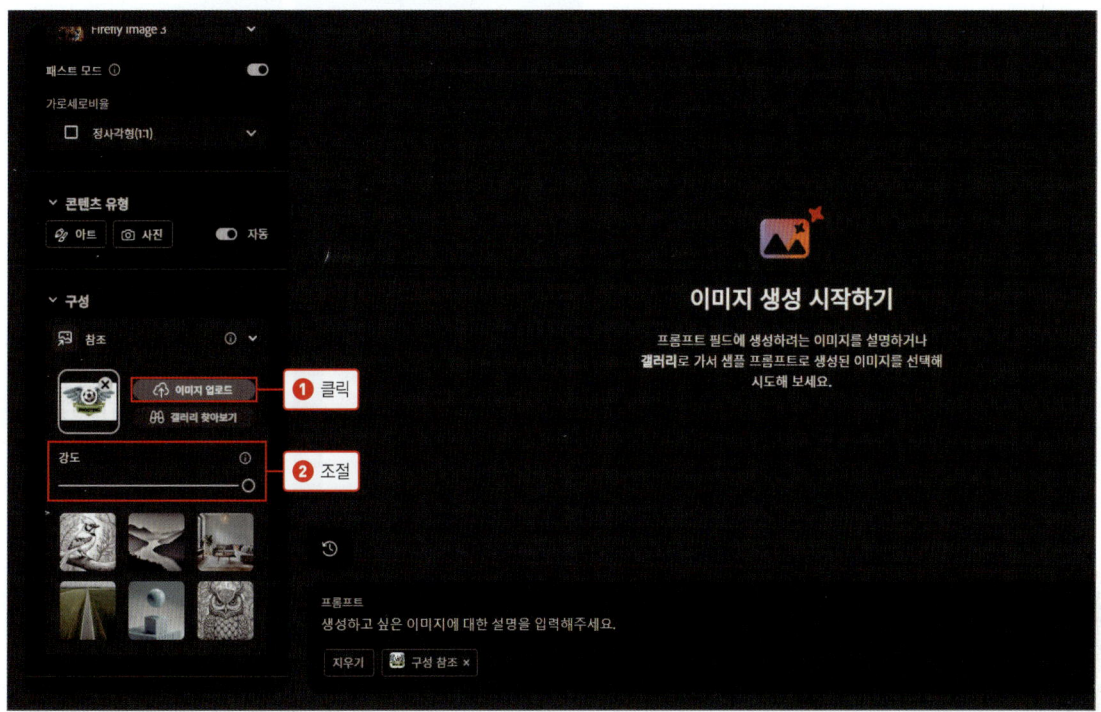

04 이미지가 등록되면 콘텐츠 유형을 '아트'로 선택하고 가로세로비율을 '와이드스크린(16:9)'로 지정한 다음 참조 항목에서 〈갤러리 찾아보기〉 아이콘을 클릭합니다.

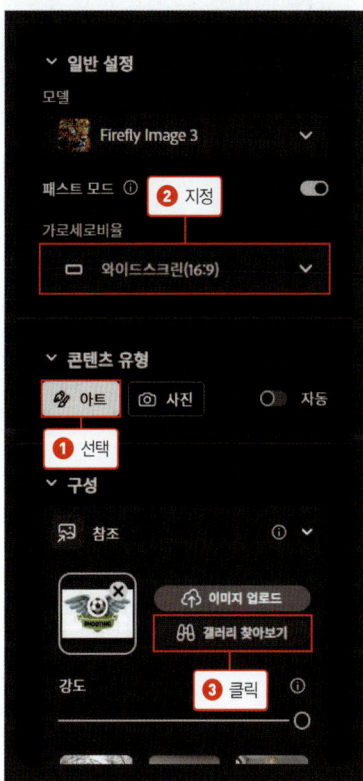

> **NOTE**
> **파이어플라이에서 원하는 이미지를 효과적으로 생성하기 위해 알아두면 좋은 설정**
>
> ❶ **콘텐츠 유형** : 이미지 스타일을 결정짓는 핵심 요소입니다. '사진(Photographic)'은 현실적인 질감과 조명이 강조된 이미지가 생성되고, '아트(Artistic)'은 일러스트나 회화처럼 표현된 이미지가 만들어집니다.
>
> ❷ **참조(Style Reference)** : 이미지 생성 시 일관된 스타일을 유지하는 데 유용한 기능입니다. 자신이 가진 이미지나 참고 자료를 업로드하면, 스타일을 학습해 유사한 느낌의 결과물을 생성해 주므로, 브랜딩 작업처럼 일관된 시각적 톤이 중요한 경우에 효과적입니다.
>
> ❸ **가로세로비율(Aspect Ratio)** : 이미지의 용도에 맞는 구도를 만드는 데 중요합니다. 16:9, 9:16, 1:1 등 다양한 비율을 선택할 수 있습니다.

05 참조 이미지 갤러리가 표시되면 다양한 이미지 중에서 목업처럼 보이는 이미지를 선택합니다. 효과 항목에서는 '디지털 아트'를 선택하고 색상 및 톤 항목에서 색상을 지정하여 설정을 마무리합니다.

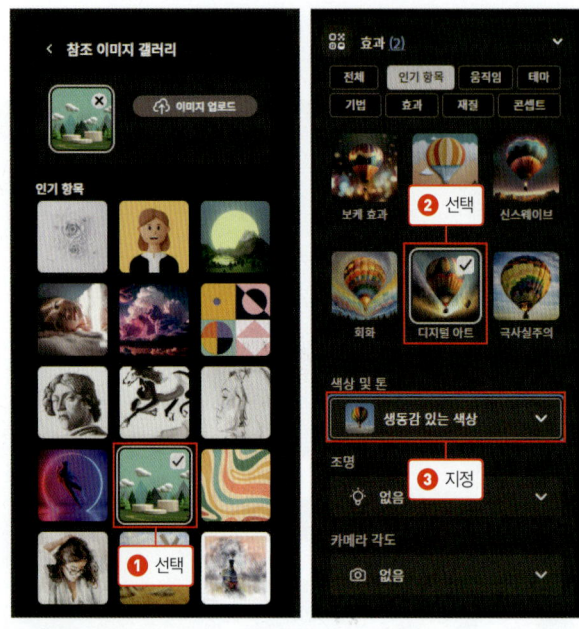

06 모든 설정이 완료되면 프롬프트 입력 창에 '축구 게임 타이틀 CI, 심플한 배경'이라는 간결한 문구를 입력하고 〈생성하기〉 버튼을 클릭합니다.

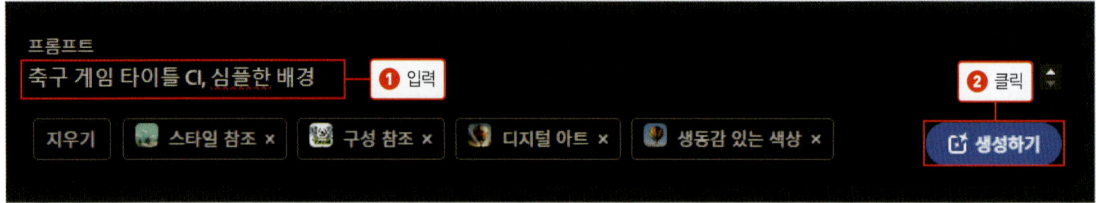

TIP 이렇게 간결하면서도 명확한 프롬프트를 입력하면 보다 직관적이고 원하는 스타일의 디자인이 생성될 확률이 높아집니다.

07 러프한 스케치를 기반으로 퀄리티가 향상된 타이틀 이미지가 4개 생성되었습니다. 이 중에서 콘셉트에 가장 어울리는 결과물을 선택합니다. 예제에서는 3번 결과물을 선택하였습니다.

TIP 설정을 변경할수록 다양한 스타일의 결과물이 나오므로, 여러 가지 효과를 조정하며 테스트해 보는 것도 좋은 방법입니다.

08 배경을 좀 더 확장하기 위해 선택한 이미지에 커서를 위치하여 표시되는 〈편집〉 버튼을 클릭하고 '생성형 채우기'를 선택합니다.

09 변경된 작업 화면에서 타이틀 화면을 제작하겠습니다. 왼쪽에서 '확장'을 선택하고 아래에서 게임 화면에 맞는 '와이드스크린(16:9)'를 선택합니다.

10 로고가 타이틀에 적절히 배치될 수 있게 조절 핸들을 드래그하여 위치를 조정하고 〈생성하기〉 버튼을 클릭하여 최종 이미지를 생성합니다.

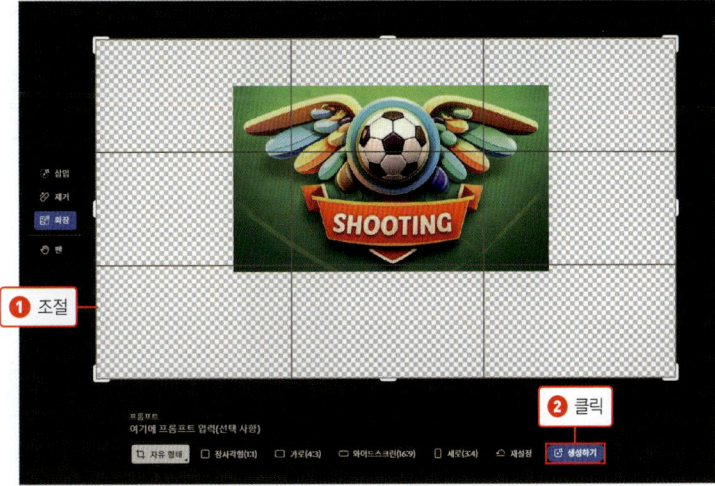

TIP 조절 핸들을 이용하여 위치를 조정할 때, 비율(16:9)은 유지된 상태로 확장할 수 있습니다.

11 로딩이 완료되면 확장된 이미지가 3개 생성됩니다. 배경을 제거해야 하므로 비교적 단순한 이미지를 선택하고 〈유지하기〉 버튼을 클릭하여 변형된 이미지를 확정합니다. 예제에서는 1번 이미지를 선택하였습니다.

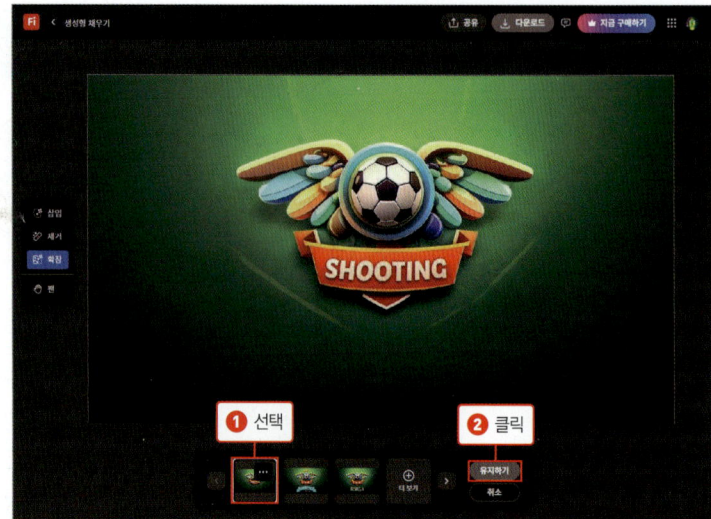

12 다음으로 로고와 어울리는 축구 경기장 배경을 추가하겠습니다. 왼쪽에서 '삽입'을 선택하고 아래에서 '빼기'를 선택하여 활성화한 상태로 '배경 저장'을 선택하여 로고를 제외한 배경 이미지를 투명하게 생성합니다.

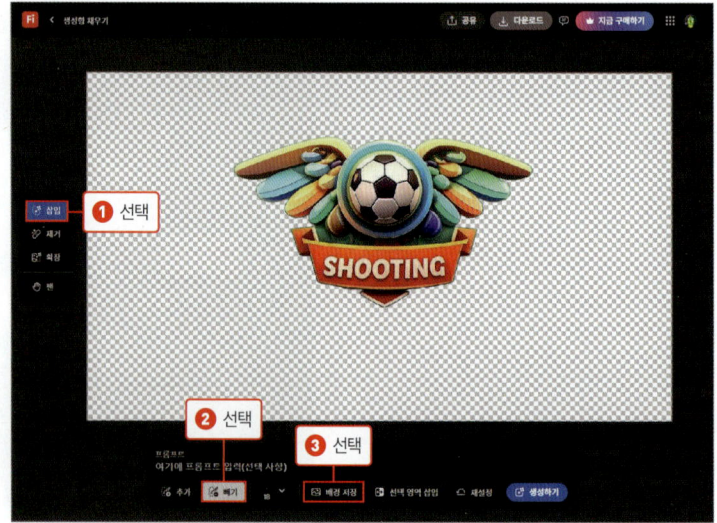

13 프롬프트 입력 창에 '실사 축구 경기장 배경, Worm's Eye View, 파티클'을 입력하고 〈생성하기〉 버튼을 클릭합니다.

TIP 'Worm's Eye View'는 카메라 앵글 또는 촬영 기법의 하나로, 사람이 지면에 가까운 곳에서 위를 바라보는 시점에서 촬영하는 방법입니다.

14 그림과 같이 이미지가 3개 생성됩니다. 마음에 드는 이미지를 선택하고 〈유지하기〉 버튼을 클릭합니다. 예제에서는 3번 이미지를 선택하였습니다.

TIP 만약 마음에 드는 이미지가 없다면 '더 보기'를 클릭하여 3종의 추가 이미지를 확인할 수 있습니다.

15 마지막으로 게임의 로딩바를 추가해 작업 마무리하겠습니다. 왼쪽에서 '삽입'이 선택되어 있는 상태로 아래에서 '추가'를 선택하여 활성화한 상태로 브러시 크기를 지정한 다음 로딩바를 위치할 부분을 칠합니다. 프롬프트 입력 창에 '게임 로딩바'를 입력하고 〈생성하기〉 버튼을 클릭합니다.

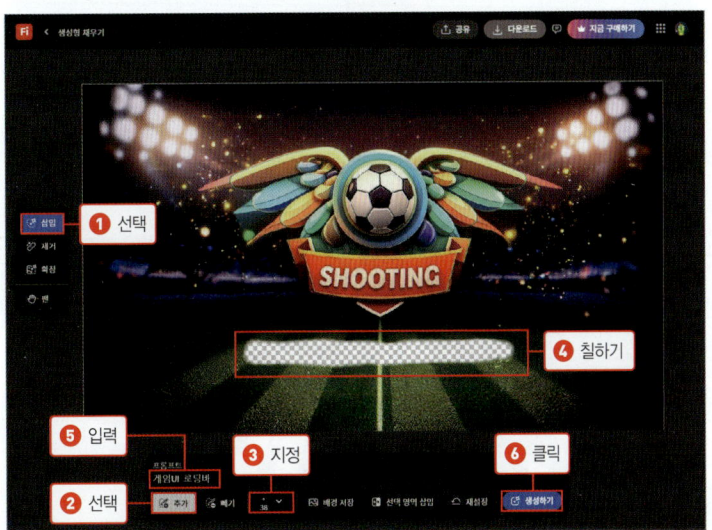

16 확장된 이미지가 3개 생성됩니다. 최종으로 선택할 이미지를 선택하고 〈유지하기〉 버튼을 클릭하여 변형을 확정하고 이미지 생성이 완료되면 〈다운로드〉 버튼을 클릭하여 UI 리소스 이미지를 PC에 저장합니다. 예제에서는 1번 이미지를 선택하여 최종으로 마무리하였습니다.

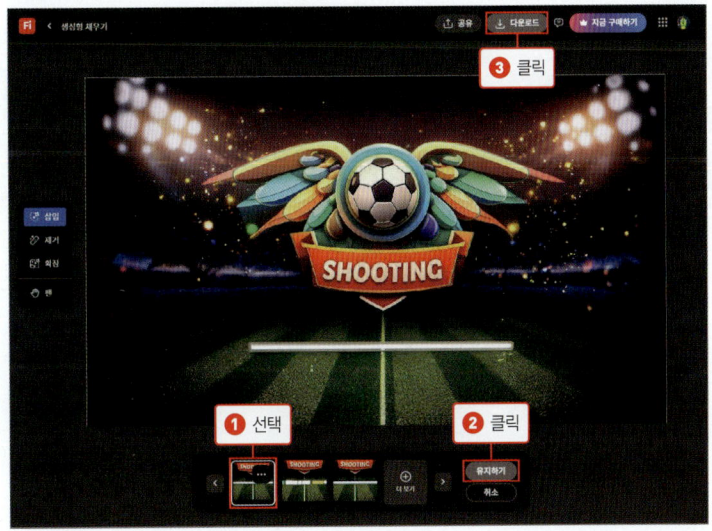

AI SKILL

플랫폼 게임의 스크린 샷부터
게임 앱 아이콘 제작

플랫폼 게임(Platformer)은 플레이어가 점프, 달리기, 벽 타기 등의 동작을 활용하여 플랫폼(발판) 사이를 이동하며 장애물을 극복하는 게임 장르입니다. 플랫폼 게임은 정확한 조작, 장애물 회피, 레벨 탐험이 중요한 게임 장르이며, 2D/3D 환경에서 다양한 스타일로 발전하고 있습니다. AI 기술을 활용하면 자동 레벨 디자인, 픽셀 아트 생성, 애니메이션 보정 등을 통해 더 빠르고 효율적으로 개발할 수 있습니다.

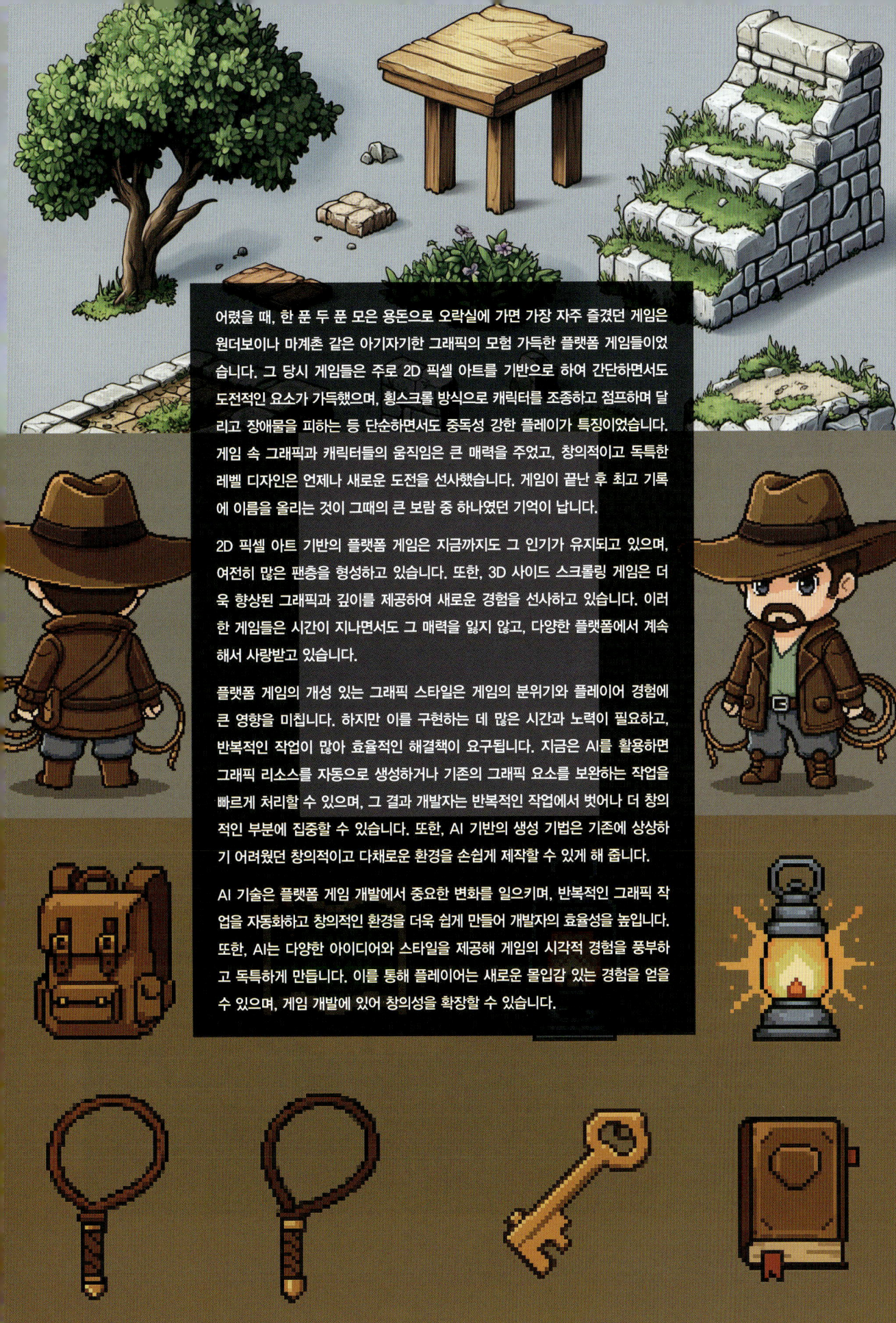

어렸을 때, 한 푼 두 푼 모은 용돈으로 오락실에 가면 가장 자주 즐겼던 게임은 원더보이나 마계촌 같은 아기자기한 그래픽의 모험 가득한 플랫폼 게임들이었습니다. 그 당시 게임들은 주로 2D 픽셀 아트를 기반으로 하여 간단하면서도 도전적인 요소가 가득했으며, 횡스크롤 방식으로 캐릭터를 조종하고 점프하며 달리고 장애물을 피하는 등 단순하면서도 중독성 강한 플레이가 특징이었습니다. 게임 속 그래픽과 캐릭터들의 움직임은 큰 매력을 주었고, 창의적이고 독특한 레벨 디자인은 언제나 새로운 도전을 선사했습니다. 게임이 끝난 후 최고 기록에 이름을 올리는 것이 그때의 큰 보람 중 하나였던 기억이 납니다.

2D 픽셀 아트 기반의 플랫폼 게임은 지금까지도 그 인기가 유지되고 있으며, 여전히 많은 팬층을 형성하고 있습니다. 또한, 3D 사이드 스크롤링 게임은 더욱 향상된 그래픽과 깊이를 제공하여 새로운 경험을 선사하고 있습니다. 이러한 게임들은 시간이 지나면서도 그 매력을 잃지 않고, 다양한 플랫폼에서 계속해서 사랑받고 있습니다.

플랫폼 게임의 개성 있는 그래픽 스타일은 게임의 분위기와 플레이어 경험에 큰 영향을 미칩니다. 하지만 이를 구현하는 데 많은 시간과 노력이 필요하고, 반복적인 작업이 많아 효율적인 해결책이 요구됩니다. 지금은 AI를 활용하면 그래픽 리소스를 자동으로 생성하거나 기존의 그래픽 요소를 보완하는 작업을 빠르게 처리할 수 있으며, 그 결과 개발자는 반복적인 작업에서 벗어나 더 창의적인 부분에 집중할 수 있습니다. 또한, AI 기반의 생성 기법은 기존에 상상하기 어려웠던 창의적이고 다채로운 환경을 손쉽게 제작할 수 있게 해 줍니다.

AI 기술은 플랫폼 게임 개발에서 중요한 변화를 일으키며, 반복적인 그래픽 작업을 자동화하고 창의적인 환경을 더욱 쉽게 만들어 개발자의 효율성을 높입니다. 또한, AI는 다양한 아이디어와 스타일을 제공해 게임의 시각적 경험을 풍부하고 독특하게 만듭니다. 이를 통해 플레이어는 새로운 몰입감 있는 경험을 얻을 수 있으며, 게임 개발에 있어 창의성을 확장할 수 있습니다.

SECTION 12.

플랫폼 게임의 특징

플랫폼 게임(Platform Game, Platformer)은 1980년대 초반 아케이드 게임과 가정용 콘솔 시장에서 큰 인기를 끌며 발전하기 시작했습니다. 특히 닌텐도의 <슈퍼 마리오 브라더스(1985)>는 플랫폼 게임의 대표적인 작품으로, 점프와 발판 이동을 기반으로 한 게임 플레이를 대중적으로 정착시킨 작품입니다. 이후 다양한 스타일과 기술이 추가되면서, 플랫폼 게임은 지속적으로 발전해 왔습니다.

플랫폼 게임은 캐릭터가 점프, 달리기, 오르기, 매달리기 등의 동작을 사용하여 다양한 플랫폼(발판)과 지형을 이동하며 목표를 달성하는 액션 게임 장르입니다. 이 장르의 가장 큰 특징은 플랫폼 간의 이동이 게임 플레이의 핵심 요소라는 점으로, 단순히 앞으로 나아가는 것이 아니라 다양한 이동 기술을 익히고 활용하는 것이 중요합니다. 점프, 이중 점프, 벽 점프, 대시 등의 기술을 통해 장애물을 넘거나 새로운 길을 개척해야 하며, 일부 게임에서는 사다리, 밧줄, 공중 부양 능력 등을 활용한 이동 방식이 제공됩니다. 이를 통해 플레이어는 정해진 길을 따라가는 것이 아니라, 창의적으로 지형을 활용하며 스테이지를 탐험하게 됩니다.

이처럼 지형과 이동 기술이 중요한 만큼, 정확한 타이밍과 정밀한 조작도 필수적입니다. 많은 플랫폼 게임에서 플레이어는 장애물을 피하거나 적을 처치하기 위해 순간적인 반응과 정교한 컨트롤이 요구되며, 난이도가 높아질수록 반복적인 도전과 연습이 필요합니다. 이러한 요소는 단순한 플레이를 넘어 도전 욕구를 자극하고 성취감을 높이는 역할을 하며, 플랫폼 게임이 오랜 시간 사랑받는 이유 중 하나가 됩니다.

플랫폼 게임은 보통 스테이지 기반(Level-based) 혹은 오픈 월드 형식으로 구성됩니다. 대부분의 전통적인 플랫폼 게임은 각 스테이지를 하나씩 클리어해 나가는 방식이며, 점점 난이도가 상승하는 구조를 가지고 있습니다. 반면, <메트로이드바니아 스타일>과 같은 일부 게임은 연결된 세계를 탐험하는 오픈 월드 형식을 채택하여, 특정 능력을 얻으면 새로운 지역으로 진입할 수 있도록 설계됩니다. 이러한 구조는 플레이어에게 더 깊이 있는 탐험 요소를 제공하며, 게임의 몰입도를 높이는 역할을 합니다.

플랫폼 게임에서는 장애물과 퍼즐 요소 역시 중요한 부분을 차지합니다. 단순한 점프 액션뿐만 아니라, 특정 발판을 밟아야 길이 열리거나, 퍼즐을 해결해야만 다음 구역으로 이동할 수 있는 방식이 자주 등장합니다. 이는 일부 게임에서는 환경과의 상호작용이 중요한 요소로 작용하기도 합니다. 예를 들어, 특정 블록을 밀어 계단을 만드는 등의 기믹이 추가되면서, 게임 플레이가 더욱 다양하고 흥미로워집니다.

전투 요소가 강조된 플랫폼 게임도 많습니다. 적과의 전투 및 보스전은 플레이어에게 또 다른 도전 요소를 제공합니다. 기본적인 적들은 점프해서 밟거나, 무기 또는 특정 능력을 활용해 처치할 수 있으며, 게임마다 전투 방식이 조금씩 다릅니다. 예를 들어, 슈퍼 마리오 시리즈에서는 적을 밟아 제거하는 방식이 주를 이루는 반면, 소닉 시리즈에서는 빠른 속도를 이용해 적에게 부딪혀 공격하는 시스템을 사용합니다. 또한, 〈할로우 나이트〉, 〈오리와 도깨비불〉과 같은 일부 게임은 보스전과 전투 요소를 강조하여, 액션 게임의 특징을 더욱 강하게 드러내기도 합니다.

마지막으로, 현대 플랫폼 게임에서는 스토리와 세계관이 점점 더 중요한 요소로 자리 잡고 있습니다. 초기의 플랫폼 게임들은 단순한 구조로 되어 있었지만, 최근에는 깊이 있는 스토리텔링이 결합된 작품들이 많아졌습니다. 예를 들어, 〈셀레스트〉는 주인공이 산을 오르는 과정에서 자신의 정신적 문제를 극복하는 이야기를 담고 있으며, 〈할로우 나이트〉는 방대한 세계관과 캐릭터 간의 관계를 강조하면서 플레이어에게 몰입감을 제공합니다.

이처럼 플랫폼 게임은 단순한 액션을 넘어 이동, 조작, 탐험, 전투, 퍼즐, 스토리 등 다양한 요소를 결합하여 끊임없이 발전해 나가고 있습니다. 이러한 특징 덕분에 플랫폼 게임은 시대가 변해도 꾸준히 사랑받으며, 새로운 스타일과 기술이 접목된 다양한 작품들이 계속해서 등장하고 있습니다.

플랫폼 게임은 단순한 조작 방식과 도전적인 게임성을 바탕으로 어린이부터 성인까지 폭넓은 연령층이 즐길 수 있는 장르입니다. 특히, 정밀한 컨트롤과 반복적인 도전이 필요한 점이 특징이며, 클리어했을 때 큰 성취감을 느낄 수 있습니다.

최근에는 〈메트로이드바니아〉 스타일의 플랫폼 게임과 3D 탐험형 플랫폼 게임이 다시 인기를 얻고 있으며, 인디 게임 개발자들도 창의적인 플랫폼 게임을 지속적으로 출시하고 있습니다. 또한, VR 및 AR 기술이 발전하면서 새로운 형태의 플랫폼 게임이 등장할 가능성도 열려 있습니다. 결과적으로 플랫폼 게임은 과거부터 현재까지 꾸준히 진화하면서 사랑받고 있는 게임 장르로, 앞으로도 다양한 형태로 발전할 것입니다.

다양한 플랫폼 게임의 특징과 콘셉트 활용

플랫폼 게임은 기본적인 이동과 장애물 회피를 넘어, 다양한 스타일과 콘셉트를 통해 독특한 게임 경험을 선사합니다. 각 게임은 고유한 시스템과 디자인을 바탕으로 플레이어에게 새로운 재미와 도전을 제공합니다. 다양한 플랫폼 게임들이 어떻게 특징과 콘셉트를 활용하는지 살펴봅니다.

01 2D 클래식 플랫폼 게임

전통적인 2D 플랫폼 게임은 캐릭터가 여러 플랫폼을 뛰어넘으며 장애물을 피하고 목표를 향해 나아가는 방식입니다. 〈슈퍼 마리오〉는 점프와 발판 이동을 중심으로 한 게임 플레이로 전 세계적으로 큰 인기를 끌었으며, 〈소닉 더 헤지혹〉은 빠른 속도감과 타이밍을 강조하여 속도감 넘치는 게임 경험을 제공합니다. 이러한 게임들은 타이밍과 속도, 정밀한 조작을 요구하며, 이를 통해 플레이어는 도전적인 경험을 하게 됩니다.

02 메트로이드바니아 스타일

메트로이드바니아 스타일의 게임은 연결된 세계를 탐험하며 새로운 능력을 얻고, 이를 통해 다른 지역으로 나아가는 구조를 특징으로 합니다. 〈할로우 나이트〉는 방대한 세계관과 깊이 있는 스토리를 바탕으로 탐험과 퍼즐을 결합하여 플레이어에게 몰입감을 제공합니다. 〈메트로이드 시리즈〉는 능력을 얻은 후에만 새로운 지역을 탐험할 수 있는 구조로, 탐험과 전투의 균형을 잘 맞추고 있습니다.

03 퍼즐 기반 플랫폼 게임

퍼즐을 중심으로 한 플랫폼 게임은 플레이어가 환경과 상호작용하며 문제를 해결하는 방식으로 진행됩니다. 〈리틀 빅 플래닛〉은 창의적인 레벨 디자인과 사용자 생성 콘텐츠를 강조하는 게임으로, 플레이어가 자신만의 레벨을 만들 수 있는 기능도 제공합니다. 〈페이퍼 마리오〉는 종이 같은 그래픽과 유머러스한 스토리로 플레이어에게 다양한 퍼즐을 풀며 탐험하는 재미를 선사합니다.

04 액션 중심의 플랫폼 게임

액션 중심의 플랫폼 게임은 전투와 빠른 반응이 중요한 요소입니다. 〈오리와 도깨비불〉은 아름다운 비주얼과 감동적인 스토리를 바탕으로 액션과 퍼즐을 결합하여, 게임의 몰입감을 한층 강화합니다. 〈할로우 나이트〉는 깊이 있는 스토리와 함께 보스전과 전투 요소를 강조하며, 전투와 탐험의 균형을 맞춰 도전적인 경험을 제공합니다.

05 기술적 혁신을 보여 주는 3D 플랫폼 게임

3D 플랫폼 게임은 게임 공간에서의 자유로운 이동을 가능하게 하여, 2D에서 구현할 수 없었던 다양한 플레이 경험을 제공합니다. 〈슈퍼 마리오 64〉는 3D 공간에서 자유롭게 탐험할 수 있는 환경을 제공하며, 〈크래시 밴디쿳〉은 3D 환경에서 빠른 속도의 이동과 반응을 요구하는 게임으로, 플레이어가 뛰어난 조작을 통해 게임을 풀어나가는 재미를 제공합니다.

플랫폼 게임은 그 기본적인 요소를 넘어, 다양한 스타일과 콘셉트를 결합하여 플레이어에게 풍부한 경험을 제공합니다. 각 게임은 2D와 3D, 퍼즐과 액션, 탐험과 전투 등 다양한 방식으로 게임의 재미를 확장하고, 계속해서 새로운 방식으로 발전해 나가고 있습니다. 이를 통해 플랫폼 게임은 매번 새로운 도전과 재미를 선사하며, 다양한 장르와 스타일을 즐길 수 있는 경험을 제공합니다.

SECTION 14. 정교한 타일 기반 맵과 레벨 디자인

타일 기반 맵과 레벨 디자인은 게임의 핵심적인 구조로, 게임의 난이도와 흐름을 결정하는 중요한 요소입니다. 각 타일은 게임 환경을 구성하는 기본 단위로, 타일의 배치와 구성에 따라 게임의 진행 방식과 플레이어의 경험이 달라집니다. 게임이 진행될수록 복잡한 장애물과 도전적인 구간이 등장하게 되며, 이를 통해 플레이어는 점차 기술을 익히고, 성공적으로 도전을 해결하는 성취감을 경험하게 됩니다.

타일 디자인은 시각적으로도 중요한 역할을 하며, 게임의 세계관과 분위기를 효과적으로 표현합니다. 각 지역의 특성에 맞는 색상과 텍스처, 형태를 가진 타일을 배치하여, 플레이어가 게임을 진행하면서 새로운 경험을 할 수 있도록 합니다. 예를 들어, 어두운 던전이나 푸르른 숲, 차가운 눈 덮인 지역 등은 각각의 특성에 맞는 타일 디자인을 통해 그 분위기를 잘 살립니다.

잘 설계된 타일 기반 맵은 다양한 경로와 선택을 제공하여 플레이어가 자유롭게 탐험할 수 있는 기회를 줍니다. 특히 메트로이드바니아 스타일의 게임에서는 특정 능력을 얻은 후에만 새로운 지역에 접근할 수 있는 구조를 채택함으로써, 반복적인 탐험을 통해 점점 더 확장되는 세계를 경험할 수 있게 합니다. 이런 설계는 게임을 단순히 선형적으로 진행하는 것이 아니라, 플레이어가 여러 경로를 탐색하며 새로운 요소를 발견할 수 있도록 돕습니다. 타일 기반 맵은 이러한 자유로운 탐험을 가능하게 하여, 게임을 보다 다채롭고 풍부한 경험으로 만듭니다.

타일 기반 맵과 레벨 디자인에서 중요한 또 다른 요소는 반복적인 도전과 실패의 경험입니다. 타일로 구성된 각 구간은 플레이어가 점프, 이동, 장애물 피하기 등의 기술을 활용하여 클리어해야 하는 도전을 제시합니다. 처음에는 비교적 쉬운 구간이지만, 게임이 진행됨에 따라 점차 더 어려운 구간들이 등장합니다. 이러한 반복적인 도전은 플레이어에게 성취감을 주며, 실패를 통해 배운 기술은 다음 도전에서 중요한 역할을 합니다. 타일 배치는 바로 이러한 반복적인 도전과 실패의 과정을 통해 플레이어가 게임을 마스터하고 점점 더 성장할 수 있도록 돕습니다. 난이도가 점진적으로 상승하는 방식은 게임의 재미를 증가시키고, 플레이어에게 끊임없는 도전의 기회를 제공합니다. 이 과정에서 플레이어는 점차 게임의 기술을 익히며, 게임의 몰입도를 더욱 높일 수 있습니다.

결국, 타일 기반 맵과 레벨 디자인은 게임의 재미와 도전적인 요소를 강화하고, 플레이어에게 깊이 있는 몰입감을 선사하는 중요한 역할을 합니다. 타일을 통한 세밀한 배치는 게임의 흐름과 페이싱(Facing)을 제어하고, 시각적 및 감정적 요소를 통해 플레이어에게 강렬한 경험을 제공합니다. 잘 디자인된 타일 기반 맵은 게임의 세계관을 풍부하게 표현하고, 다양한 경로와 도전 요소를 통해 플레이어의 탐험 욕구를 자극합니다. 이처럼 타일 기반 디자인은 게임의 본질을 정의하는 중요한 요소로, 게임을 의미 있는 도전으로 만들어 줍니다.

챗GPT를 활용하여
플랫폼 게임 기획하기

챗GPT를 활용해 게임의 개념, 스토리, 레벨 디자인, 캐릭터 개발 등을 창의적이고 효율적으로 구상하는 방법을 살펴보겠습니다. 아이디어 생성, 콘텐츠 작성, 대화형 시나리오 개발 등 다양한 분야에서 AI가 어떻게 게임 기획을 빠르고 효과적으로 발전시킬 수 있는지 알아보겠습니다.

01 가상의 프로젝트를 상상하고 GPT를 활용하여 플랫폼 게임의 전반적인 게임 기획에 대해 요청하겠습니다.

모험적인 탐험가 캐릭터가 고대 유적지나 신비로운 장소를 탐험하며 다양한 장애물을 넘고 퍼즐을 해결하는 플랫폼 게임을 기획하고 싶어. 게임의 배경과 주요 목표, 캐릭터의 특성, 게임 플레이 스타일 등을 어떻게 설정하면 좋을지 알려줘.

1. 배경 설정
- **장소** : 고대 유적지나 신비로운 장소(예 : 잃어버린 도시, 동굴, 신비한 섬 등) 배경입니다. 각 장소는 고유의 테마와 분위기(예 : 고대 문명의 폐허, 숨겨진 신비한 유적, 기계적 덫이 있는 정글 등)를 가질 수 있습니다.
- **세부 설정** : 유적지마다 시대적 배경이나 문화적 특성에 맞는 건축물, 자연 환경, 몬스터 등이 등장합니다. 예를 들어, 고대 그리스 유적은 기둥과 조각상, 이집트 유적은 피라미드와 고대 신들 관련 스토리가 포함될 수 있습니다.

2. 주요 목표
- **주요 목표** : 장애물을 넘고 퍼즐을 해결하며 숨겨진 보물이나 비밀을 찾는 것입니다. 각 스테이지마다 중요한 아이템이나 새로운 지역으로 가는 문을 여는 것이 목표가 될 수 있습니다.
- **서브 목표** : 시간제한 내에 특정 지점에 도달하기, 적을 처치하기, 특수 아이템을 수집하는 등의 다양한 도전 과제가 추가될 수 있습니다.

3. 캐릭터 특성
- **모험가의 능력** : 캐릭터는 다양한 장애물을 극복할 수 있는 능력을 가질 수 있습니다. 예를 들어, 뛰어넘기, 미끄러지기, 회피, 물속에서 숨쉬기, 특수 아이템(예 : 도약 부츠, 고대의 열쇠)을 사용하여 퍼즐을 풀 수 있는 능력 등이 있습니다.
- **캐릭터의 배경** : 캐릭터가 모험을 떠나는 이유나 동기 부여가 중요합니다. 예를 들어, 고대 문명에 관해 연구하는 학자이거나, 아버지의 유산을 찾고 있는 후계자일 수도 있습니다.

4. 게임 플레이 스타일
- **플랫폼 요소** : 캐릭터는 각 스테이지에서 뛰어넘기, 벽을 타기, 미끄러지기 등 다양한 플랫폼 장애물을 넘으며 진행합니다. 각 지역마다 고유의 장애물(예 : 회전하는 칼날, 빠르게 닫히는 문, 함정 등)이 등장할 수 있습니다.

- 퍼즐 : 환경을 이용한 퍼즐 해결이 중요한 요소가 됩니다. 예를 들어, 특정 조합의 아이템을 사용해 숨겨진 문을 열거나, 이동하는 플랫폼을 타고 특정 위치로 가야 하는 퍼즐을 만들 수 있습니다.
- 아이템 및 능력 : 퍼즐을 풀거나 장애물을 넘기 위해 여러 가지 아이템이나 능력을 활용합니다. 예를 들어, 무거운 바위를 밀기 위한 특수 장갑, 고대 문을 열기 위한 열쇠, 시간 제한을 넘기기 위한 속도 부스터 등이 있을 수 있습니다.

이 게임의 기획을 위한 아이디어를 몇 가지 제안해 드릴 수 있습니다. 이러한 요소들을 조합해 각 스테이지마다 플레이어가 도전할 수 있는 다양한 장애물과 퍼즐을 설계하면 게임이 흥미진진해질 것입니다!

02 챗GPT를 활용하면 게임의 초기 구상 단계에서 고민해야 할 핵심 요소들을 쉽게 정리할 수 있습니다. 챗GPT가 답변을 내용을 바탕으로 세부적인 요소를 다듬고 구체화하는 과정이 필요합니다. 다음은 그래픽적 요소 중 제일 중요한 캐릭터 설정에 대해 질문해 보았습니다.

사용자

고대 문명에 관해 연구하는 남자 모험가의 외형적인 모습을 설명해 줘.

이 모험가는 고대 문명을 연구하며 세계 곳곳을 탐험하는 인물로, 실용적이면서도 개성 있는 외형을 가지고 있습니다. 이런 외형은 그가 단순한 탐험가가 아니라 학자이자 연구자로서의 깊이 있는 면모를 반영하며, 실용성과 개성을 모두 갖춘 모습입니다.

- 머리 : 짧고 자연스럽게 헝클어진 머리, 탐험으로 거친 느낌
- 눈빛 : 호기심과 탐구심이 깃든 날카로운 눈. 신중하면서도 탐험의 열정이 느껴짐
- 피부 : 태양 아래에서 오랜 시간을 보내 약간 그을린 건강한 피부
- 복장 : 튼튼한 가죽 재킷 또는 면 셔츠. 실용적인 카고 팬츠. 연구와 탐험을 병행
- 모자 : 넓은 챙이 있는 탐험가용 페도라 모자 또는 사파리 모자
- 장갑 : 손가락이 드러난 가죽 장갑
  - 거친 환경에서도 손을 보호하면서도 세밀한 조작이 가능하도록 설계
- 신발 : 험한 지형에서도 편한 트레킹 부츠
- 소지품 :
  - 낡은 가죽 가방(지도, 유물 보관)
  - 작은 곡괭이(발굴용)
  - 필기 노트와 펜(연구 기록)
  - 손전등, 나침반(탐험 필수 도구)
  - 주머니와 도구를 걸 수 있는 다용도 벨트
  - 낡은 손목시계 또는 가죽 팔찌
  - 고대 유물 조각이 달린 목걸이
  - 안경 또는 단안경
  - 손목에 감은 천 조각 또는 지도 조각
  - 소형 스케치 도구

03 아트 스타일과 비주얼을 설정하겠습니다. 이 단계에서는 픽셀 아트, 3D 모델링 등 표현 방법을 정하고 색상 팔레트와 애니메이션 요소를 고려합니다. 게임의 배경과 레벨 디자인에 맞는 테마와 분위기를 시각적으로 구현하며 캐릭터와 환경의 조화로운 디자인을 위해 적절한 텍스처와 디테일을 추가하는 과정을 거칩니다. 다음과 같이 게임의 스토리에 주는 배경 관련 요소들에 대해 질문합니다.

숨겨진 신비한 유적을 배경으로 한 플랫폼 게임을 만들 때 그래픽적으로 필요한 요소를 알려줘.

숨겨진 신비한 유적을 배경으로 한 플랫폼 게임을 만들 때 필요한 그래픽 요소는 다음과 같습니다.

- 배경 환경 : 덩굴, 나무, 바위, 동굴 입구 등 자연적인 요소와 함께 고대 유적의 기둥, 벽화, 신전 등 유물들을 배경에 포함시킵니다. 어두운 동굴 안에서 손전등이나 불빛을 활용한 조명 효과로 분위기를 더하고, 신비한 물체나 유물들이 플레이어를 탐험하도록 유도합니다.
- 지형 : 게임의 지형은 다양한 높낮이와 장애물을 포함하여 도전적인 요소를 만들어야 합니다. 무너진 건축물, 계단, 미로 같은 고대 유적의 구조물이나 상호작용 가능한 지형은 탐험의 재미를 더해줍니다.
- 플랫폼 : 점프를 요구하는 바위, 나무, 상자 등의 플랫폼 외에도, 움직이는 기계 장치나 무너지는 바닥 같은 장애물을 추가하여 게임의 도전성을 높일 수 있습니다.
- 적과 장애물 : 유적을 지키는 몬스터와 다양한 덫들, 밀려오는 벽이나 날카로운 바늘처럼 플레이어를 방해하는 장애물이 필요합니다.
- 애니메이션과 효과 : 바람에 흔들리는 나뭇잎, 물방울 떨어지는 효과와 같은 환경 애니메이션을 추가하여 생동감을 주고, 발자국 흔적이나 고대 문명의 에너지를 나타내는 시각적 효과로 유적의 신비함을 강조할 수 있습니다.
- UI 요소 : 수집 가능한 유물 아이템이나 상호작용 할 수 있는 물체를 구별할 수 있는 그래픽 요소와 점수, 체력 등을 표시하는 게임 인터페이스도 중요한 그래픽적 요소입니다.

이렇게 다양한 그래픽 요소들을 조합하여 신비한 고대 유적의 분위기와 도전적인 게임 환경을 만들어 낼 수 있습니다.

핵심 메커니즘 구체적으로 설명하기

예제와 같이 챗GPT를 활용하여 게임의 기본 구성, 세계관, 메인 캐릭터, 스토리뿐만 아니라 게임 밸런스에 중요한 영향을 미치는 배경 그래픽 요소에 대해서도 유용한 답을 얻을 수 있었습니다. 이를 통해 게임의 전반적인 방향성과 시각적 요소를 보다 명확하게 구상할 수 있습니다.

한 가지 추가로 알아두면 좋은 방법은 챗GPT에게 플랫폼 게임 기획을 요청할 때 가장 중요한 것은 게임의 핵심 콘셉트와 방향을 명확히 제시하는 것입니다. 예를 들어, '픽셀 아트 스타일의 점프 중심 어드벤처 게임'처럼 장르, 분위기, 핵심 메커니즘을 구체적으로 설명하면, 챗GPT는 그에 맞춰 게임의 구조, 캐릭터, 스테이지 설계 등 전반적인 내용을 정교하게 구성해 줍니다. 초기에 방향이 명확할수록 이후의 기획 흐름이 자연스럽고 일관성 있게 이어집니다.

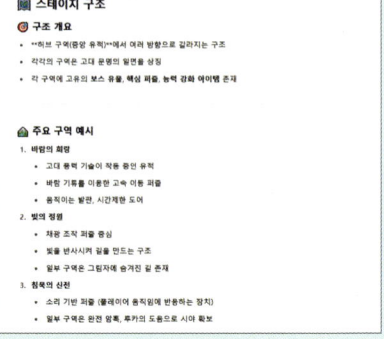

SECTION 16.

> 완성파일 : 03\픽셀아트캐릭터1~3_완성.jpg

픽셀 아트 캐릭터 생성하기

플랫폼 게임의 전통적이고 널리 사용되는 그래픽 스타일인 픽셀 아트는 여전히 매력적이며, 고전적인 느낌과 현대적인 스타일이 잘 조화를 이루어 많은 사랑을 받고 있습니다. 이번 예제에서는 픽셀 아트 스타일을 유지하면서, 게임에 활력을 더할 캐릭터를 만들겠습니다.

01 모험심 강한 주인공 캐릭터 만들기

이전 과정에서 정리된 캐릭터 설정을 바탕으로, 플랫폼 게임에서 중요한 역할을 하는 모험가 캐릭터를 만들겠습니다. 이번 예제에서는 이미지 생성을 위해 미드저니가 아닌 구글의 ImageFX를 활용할 예정입니다.

01 웹브라우저에서 'deepmind.google/technologies/imagen-3'을 입력하여 Imagen 사이트에 접속하고 〈Try in ImageFX〉 버튼을 클릭합니다.

TIP 이마젠 3은 구글이 개발한 AI 이미지 생성기로, 텍스트 프롬프트를 기반으로 고품질의 이미지를 만들어냅니다. 대형언어모델(LLM)인 제미나이를 활용하여 정교한 디테일과 높은 해상도를 구현하며, 창의적인 비주얼 콘텐츠를 제작할 수 있다는 강점을 갖습니다. 이를 통해 다양한 분야에서 이미지 생성 작업을 효율적이고 직관적으로 수행할 수 있습니다.

02 로그인 페이지가 표시되면 〈Sign in with Google〉 버튼을 클릭하여 구글 아이디로 회원가입을 진행합니다.

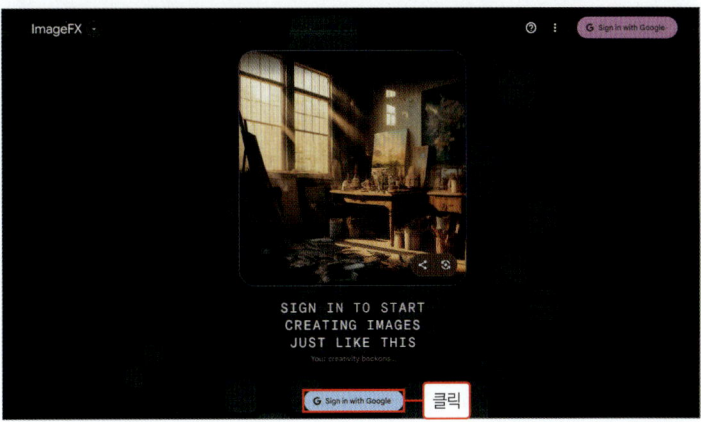

03 로그인이 완료되면 ImageFX 화면이 이미지 생성 전의 작업 환경으로 나타납니다. 이 화면은 왼쪽에 프롬프트 작성 공간과 화면 비율 등을 설정할 수 있는 메뉴가 있으며, 오른쪽에는 생성된 결과물이 표시됩니다.

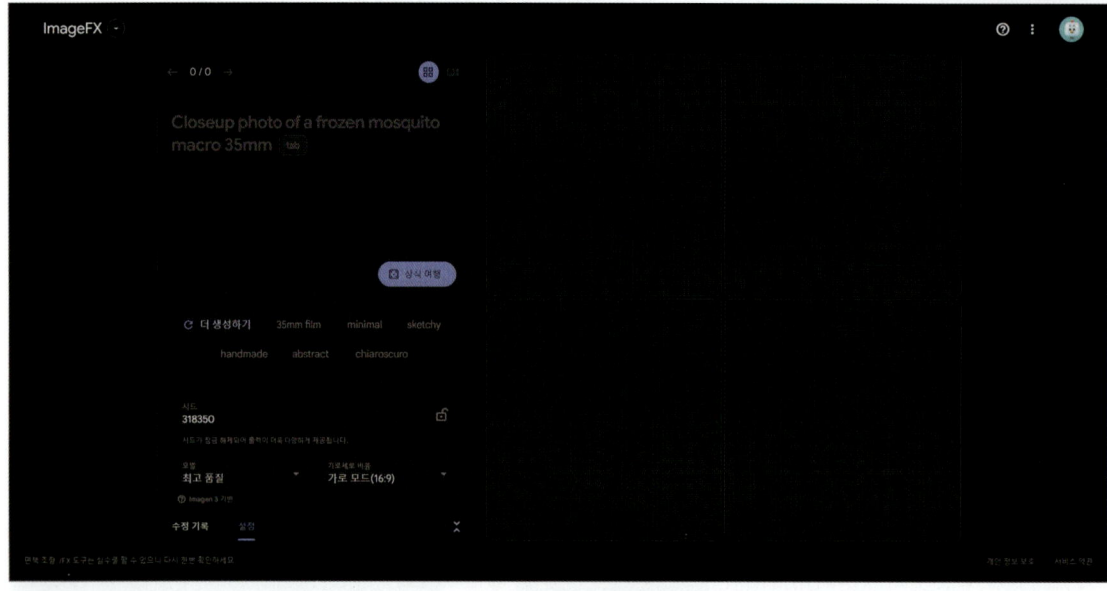

04 ImageFX는 이미지 생성 모드에 초점을 맞춰, 누구나 생성형 AI를 쉽게 활용할 수 있도록 설계되었습니다. 하지만 아직 다양한 기능이 추가되지 않은 상태이므로, 원하는 결과를 얻기 위해서는 프롬프트 작성이 매우 중요합니다. 왼쪽 공간에서 입력창에 프롬프트를 입력하고 〈만들기〉 버튼을 클릭합니다.

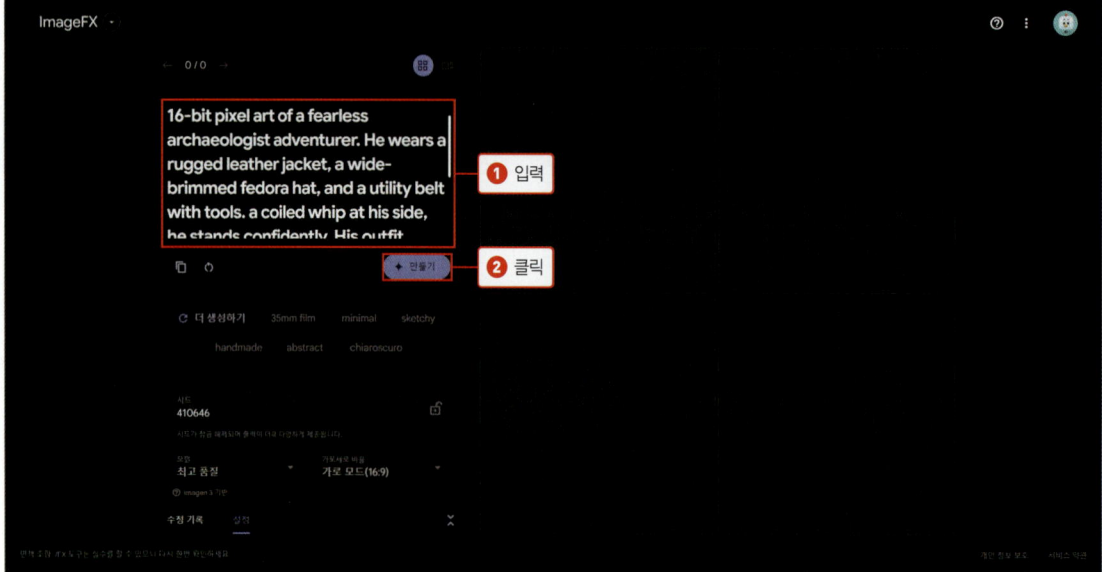

프롬프트 16-bit pixel art of a fearless archaeologist adventurer. He wears a rugged leather jacket, a wide-brimmed fedora hat, and a utility belt with tools. a coiled whip at his side, he stands confidently. His outfit includes sturdy boots and fingerless gloves. The background is minimal, with simple stone ruins hinting at an ancient site

입력 팁
1. **16-bit pixel art style** : 레트로 감성, 고전 어드벤처 게임 스타일입니다.
2. **Fearless archaeologist adventurer** : 두려움 없는 고고학 탐험가, 대담하고 모험적인 성격입니다.
3. **Rugged leather jacket** : 러기드 가죽 재킷, 거친 환경에서도 견딜 수 있는 탐험가 스타일입니다.
4. **Wide-brimmed fedora hat** : 넓은 챙의 모자, 클래식한 탐험가 이미지, 강한 개성 표현을 합니다.
5. **Utility belt with tools** : 탐험과 생존에 필요한 실용적인 장비를 보유합니다.
6. **Coiled whip at his side** : 전형적인 탐험가 장비, 액션 요소를 추가합니다.
7. **Sturdy boots** : 거친 지형을 탐험하는 데에 필수인 튼튼한 부츠입니다.
8. **Fingerless gloves** : 활동성과 실용성 강조한 손가락 없는 장갑입니다.
9. **Stands confidently** : 모험가로서의 강한 개성과 리더십을 표현합니다.
10. **Simple stone ruins hinting at an ancient site** : 고대 유적을 암시하는 간단한 돌 구조물 최소한의 정보로 탐험 분위기를 유지합니다.

TIP 이 프롬프트는 픽셀 아트 기반의 탐험가 캐릭터를 묘사하는 데 중점을 두고 있으며, 클래식한 탐험 게임의 분위기를 살리는 것이 핵심입니다. 의상과 장비가 세부적으로 설명되어 있어 캐릭터의 개성이 분명하고, 배경도 모험과 탐험을 강조하는 심플한 요소들로 구성되어 있습니다.

TIP 프롬프트에서 자주 사용하는 기능은 입력 창 아래에 버튼 형식으로 나열되어 있습니다. 이를 클릭하면 프롬프트 창에 색상이 있는 글자가 입력되며, 글자 옆에 표기되어 있는 화살표를 클릭하여 다른 설정으로 쉽게 변경할 수 있습니다. 또한, 〈더 생성하기〉 버튼을 클릭하면 다양한 프롬프트 단어들이 자동으로 생성되어 편리하게 활용할 수 있습니다.

05 오른쪽 이미지 생성 화면에 프롬프트가 반영된 이미지가 4개 생성되었습니다. 이미지를 크게 보려면 이미지를 선택하거나 프롬프트 입력 창 위에 있는 '🟠' 아이콘을 클릭하여 다른 방식으로 확인할 수 있습니다. 예제에서는 콘셉트에 적합한 3번 이미지를 선택하였습니다.

06 이미지에 마우스 커서를 위치하여 표시되는 '다운로드' 아이콘(⬇)을 클릭하여 이미지를 PC에 저장합니다.

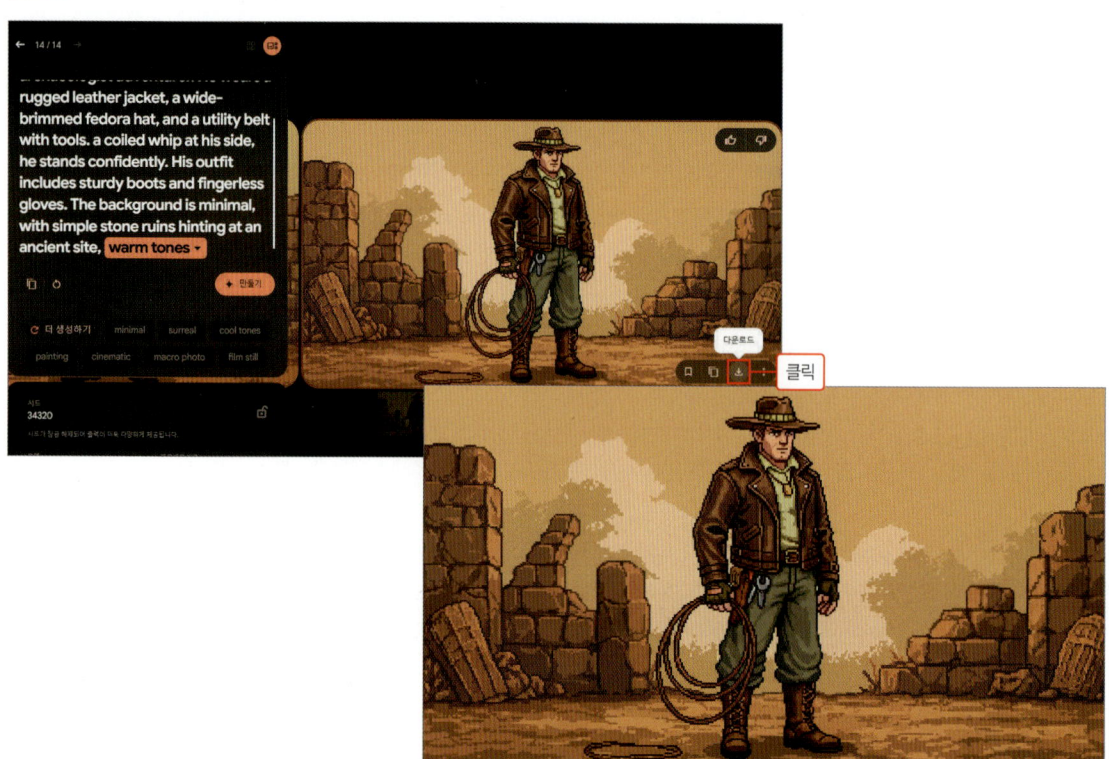

> **NOTE**
>
> **다른 방법으로 이미지 저장하기**
>
> 만약 이미지를 생성한 페이지를 벗어났다면, 왼쪽 상단 메뉴에 있는 ImageFX 오른쪽에 있는 '▪' 아이콘을 클릭하고 '내 라이브러리'를 선택합니다. 그림과 같이 그동안 생성된 이미지들이 모여 있는 화면이 표시됩니다. 이 라이브러리 화면에서 원하는 이미지에 마우스 커서를 위치하고 '⋮' 아이콘을 클릭한 다음 '다운로드'를 선택하여 이미지를 다운로드할 수 있습니다.

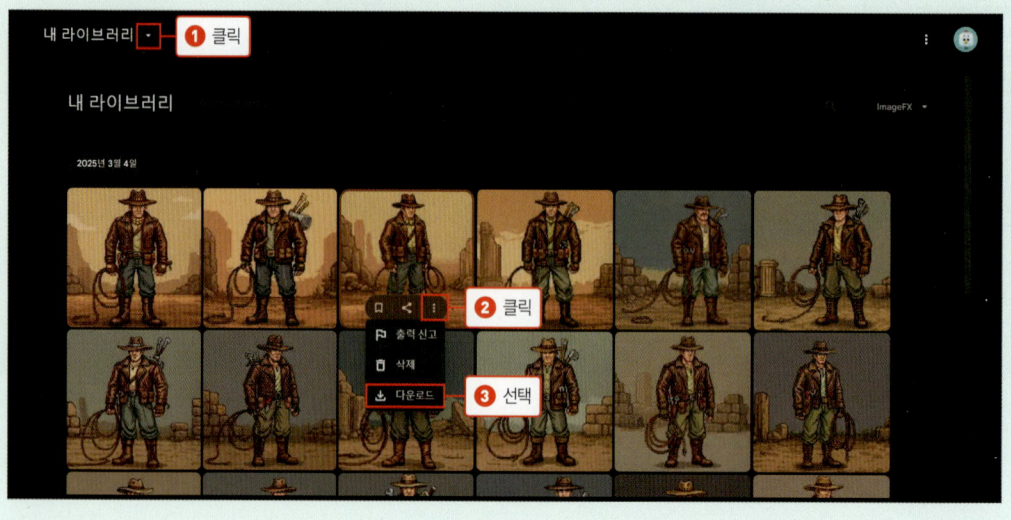

02 귀여운 스타일의 게임 캐릭터 만들기

프롬프트에서 모험가 유형의 캐릭터 콘셉트를 통해 전반적인 느낌을 확인했다면, 이번에는 플랫폼 게임에 적용할 수 있는 더 단순한 스타일의 캐릭터를 만들기 위해 앞서 생성한 모험가 캐릭터에서 프롬프트를 조금 더 간단하게 입력하여 스타일을 변경해 보겠습니다.

01 ImageFX 화면에서 왼쪽 공간의 입력 창에 귀여운 스타일의 게임 캐릭터에 어울리는 프롬프트를 입력하고 〈만들기〉 버튼을 클릭합니다.

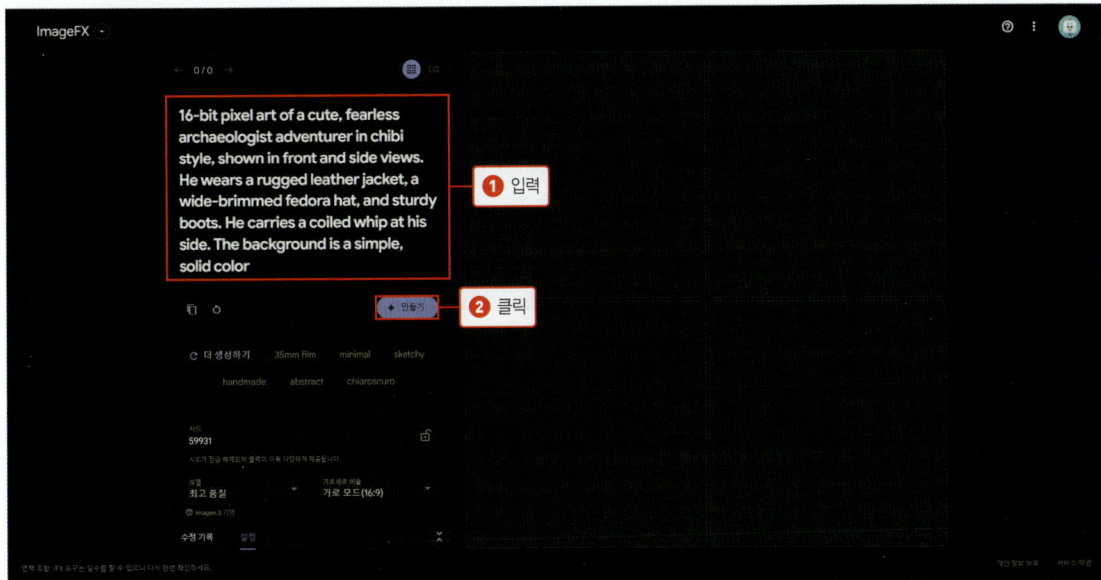

프롬프트 16-bit pixel art of a fearless archaeologist adventurer in chibi style, shown in front and side views. He wears a rugged leather jacket, a wide-brimmed fedora hat, and sturdy boots. He carries a coiled whip at his side. The background is a simple, solid color

입력 팁
1. **16-bit pixel art** : 레트로 감성의 픽셀 아트 스타일을 사용하여 고전적인 게임 스타일을 추구합니다.
2. **Cute, fearless archaeologist adventurer** : 귀엽고 대담한 특성은 두 가지 대비되는 성격을 강조합니다.
3. **In chibi style** : Chibi 스타일은 큰 머리, 작은 몸으로 특징지어지며 귀여움과 유머를 강조합니다.
4. **Shown in front and side views** : 캐릭터를 정면과 측면에서 보입니다.
5. **The background is a simple, solid color** : 배경은 단색으로 설정되어 캐릭터 디자인에 집중할 수 있습니다.

TIP 이 프롬프트는 귀여운 고고학 탐험가 캐릭터를 16비트 픽셀 아트 스타일로 구현하며, Chibi 스타일로 대담하면서도 귀여운 느낌을 강조합니다. 정면과 측면에서 보여 주는 것은 캐릭터의 외형을 명확하게 파악할 수 있게 돕습니다.

02 치비 스타일의 귀여운 모험가 캐릭터가 전체적인 스타일과 의상을 유지한 채 4개 생성되었습니다. 마음에 드는 이미지를 최종 이미지로 선택합니다. 예제에서는 깔끔한 픽셀의 느낌을 잘 살린 1번 이미지를 선택하였습니다.

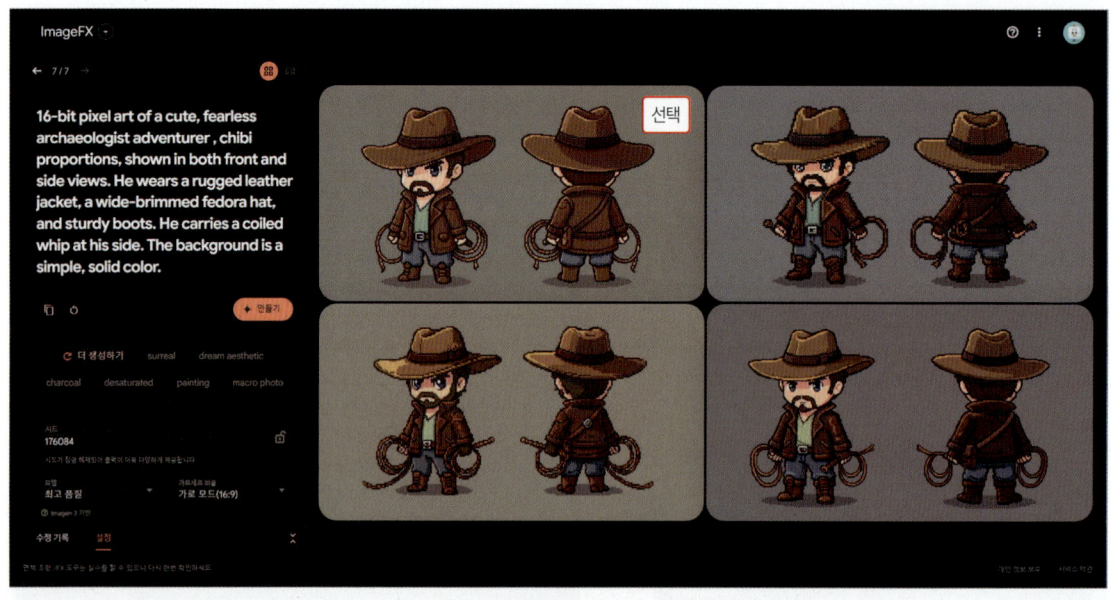

03 내 라이브러리 화면에서 이미지에 마우스 커서를 위치하고 '⋮' 아이콘을 클릭한 다음 '다운로드'를 선택하여 이미지를 PC에 저장합니다.

03 일관성 유지하여 캐릭터의 다양한 동작 만들기

게임에 활용될 캐릭터의 외형이 완성되어, 다음 단계로 이 캐릭터의 다양한 포즈와 액션을 한 화면에 배치하여, 각 동작을 쉽게 참고할 수 있는 가이드 이미지를 만들어 보겠습니다. 이를 통해 캐릭터의 움직임을 시각적으로 이해하고, 게임 내에서 어떻게 활용할지에 대한 방향성을 잡을 수 있을 것입니다.

01 일관성을 유지한 캐릭터 이미지를 생성하기 전에 동일한 출력 결과를 유지하기 위해 시드를 복사하여 추가하고 잠금 설정하겠습니다. 먼저 왼쪽 상단 메뉴에서 '내 라이브러리'를 선택하여 이미지들이 나열된 화면으로 이동합니다. 여기서 이전에 저장한 이미지를 찾아 선택합니다.

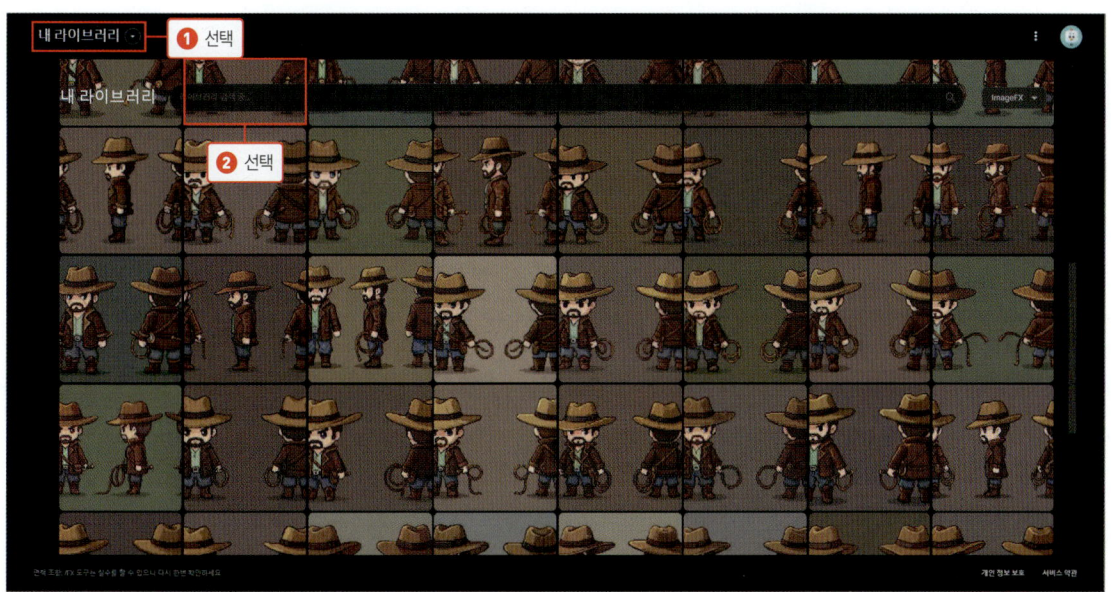

02 이미지가 크게 확대되면서 상단에 프롬프트가 함께 표시됩니다. 시드 번호를 확인하기 위해 이미지의 오른쪽 아래에 있는 '플립카드' 아이콘(◯)을 클릭합니다.

03 창의 뒷면이 표시되면서 화면이 변경됩니다. 시드에 있는 '복사' 아이콘(◻)을 클릭하여 시드 번호를 복사합니다.

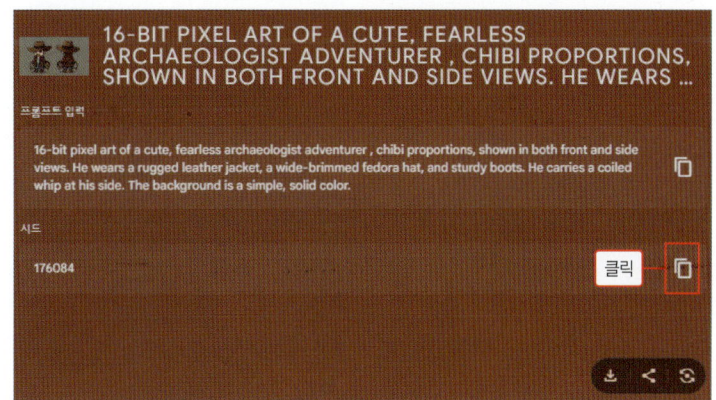

04
다시 왼쪽 상단 메뉴에서 'ImageFX'를 선택하여 이동합니다. 왼쪽 프롬프트 입력 창에 캐릭터 시트에 대한 프롬프트를 입력하고 시드 입력에서 Ctrl + V를 눌러 붙여넣기 하고 '자물쇠' 아이콘( )을 클릭하여 시드가 변경되지 않도록 합니다.

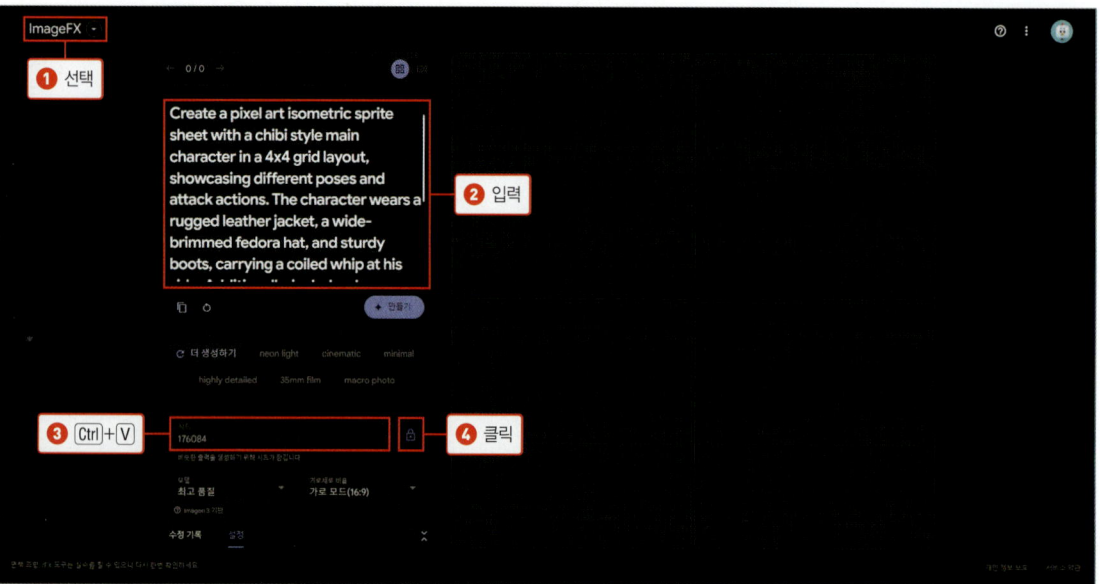

프롬프트
Create a pixel art isometric sprite sheet with a chibi style main character in a 4x4 grid layout, showcasing different poses and attack actions. The character wears a rugged leather jacket, a wide-brimmed fedora hat, and sturdy boots, carrying a coiled whip at his side. Additionally, include a larger character in the background, designed with more detail, contrasting the chibi character. The background should be a simple, solid color, with a bright and vibrant tone to enhance the overall aesthetic

입력 팁
1. **Create a pixel art isometric sprite sheet** : 픽셀 아트 스타일로 제작합니다. 스프라이트 시트 형태로 여러 동작이 포함됩니다.
2. **4x4 grid layout** : 4×4 격자로 배치(총 16개 프레임)합니다. 게임에서 애니메이션할 수 있도록 다양한 포즈를 포함합니다.
3. **showcasing different poses and attack actions** : 다양한 포즈와 공격 액션을 포함합니다.
4. **Additionally, include a larger character in the background, designed with more detail, contrasting the chibi character** : 더 크고 디테일한 캐릭터를 배치합니다. 비교를 통해 메인 캐릭터의 스타일 강조합니다.
5. **The background should be a simple, solid color, with a bright and vibrant tone to enhance the overall aesthetic** : 단순한 배경(복잡한 디테일 X)과 밝고 생생한 색감을 활용합니다.

TIP 이 프롬프트는 플랫폼 게임이나 어드벤처 게임에 활용할 픽셀 아트 캐릭터 스프라이트 시트 제작에 적합하며, 다양한 동작을 표현하는 데 초점을 맞추고 있습니다.

05 프롬프트와 동일한 시드가 적용된 이미지가 4개 생성되었습니다. 동작이 완벽하게 연결되지는 않았지만, 비교적 다양한 포즈와 액션이 잘 반영된 이미지를 선택합니다. 예제에서는 4번 이미지를 선택하여 마우스 커서를 위치하면 표시되는 '북마크' 아이콘(▯)을 클릭하여 등록하고 '다운로드' 아이콘(▼)을 클릭하여 이미지를 PC에 저장합니다.

TIP 이미지를 생성하다 보면 개수가 많아져 원하는 이미지를 바로 찾기 어려울 수 있습니다. 나중에 찾아볼 이미지를 북마크로 등록해 두면 '내 라이브러리'에서 쉽게 찾아볼 수 있어 더욱 편리합니다.

TIP 시드를 잠금 상태로 만들면 프롬프트가 변경되지 않아 다시 생성하더라도 동일한 이미지가 4개 생성됩니다. 이때 조금 다른 이미지 느낌으로 생성하고 싶다면 프롬프트에 단어를 추가하거나 소문자를 대문자로 변경합니다. 이렇게 살짝 수정하는 것만으로도 다른 이미지가 생성될 수 있습니다.

205

S E C T I O N **17.**

완성파일 : 03\플랫폼콘셉트1~4_완성.jpg

플랫폼 게임 콘셉트 설정하기

플랫폼 게임에서 배경은 게임의 분위기와 테마를 설정하는 중요한 요소로, 다양한 콘셉트 스타일을 통해 플레이어가 게임의 세계에 몰입할 수 있게 합니다. 이러한 배경 스타일은 게임의 세계관을 시각적으로 정의하며, 플레이어에게 다양한 경험을 선사합니다. 따라서 게임의 핵심과 목표에 맞는 배경 스타일을 선택하는 것이 중요합니다.

01 고전적인 레트로 스타일 생성하기

레트로 스타일(Retro Classic Style)은 8비트 또는 16비트 그래픽으로 간단하고 직관적인 배경 디자인을 제공합니다. 기본적인 색상과 기하학적 형태가 주로 사용되어 복고풍의 느낌을 주며, 직관적인 디자인으로 게임의 분위기에 빠르게 적응할 수 있습니다.

TIP 이 섹션부터는 생성과 저장 과정의 차이가 크지 않기 때문에 주요 프롬프트를 중심으로 살펴보겠습니다.

프롬프트 A vibrant 8-bit retro-style platform game background with pixelated trees, hills, and a blue sky. The ground has blocky platforms with red bricks and grassy patches, with a few classic platformer-style objects like floating question mark blocks, a power-up mushroom, and a pipe. Simple mountains and pixel clouds fill the distance, creating a nostalgic, classic platformer game aesthetic

입력 팁
1. **8-bit retro-style platform game background** : 전적인 비디오 게임의 느낌을 주는 단순한 그래픽입니다.
2. **pixelated trees, hills, and a blue sky** : 픽셀화된 나무, 언덕, 푸른 하늘은 전통적인 플랫폼 게임에서 자주 등장하는 간단하고 직관적인 배경 요소들을 표현합니다.
3. **he ground has blocky platforms with red bricks and grassy patches** : 플랫폼 게임에서 자주 사용하는 직사각형 블록 형태의 지형을 의미하며, 고전적인 플랫폼 게임의 전형적인 지면 디자인 요소들입니다.
4. **classic platformer-style objects** : 플랫폼 게임에서 자주 등장하는 상호작용 가능한 오브젝트들 요소입니다.
5. **simple mountains and pixel clouds fill the distance** : 배경에 깊이와 공간감을 더하는 요소들입니다.
6. **classic platformer game aesthetic** : 프롬프트의 전체적인 분위기를 강조하는 부분으로 고전적인 플랫폼 게임의 시각적 스타일을 정의합니다.

TIP 이 프롬프트는 8비트 레트로 스타일의 플랫폼 게임 배경을 설정하고, 고전적인 게임의 느낌을 살리려는 의도가 담겨 있습니다. 나무, 언덕, 하늘과 같은 주요 배경 요소와 게임 내 상호작용 가능한 오브젝트들이 전통적인 플랫폼 게임을 연상시키며, 이는 플레이어에게 향수를 불러일으키고 친근감을 선사할 수 있습니다.

02 판타지와 고대 유적 스타일 생성하기

판타지와 고대 유적 스타일(Fantasy and Ancient Ruins)은 신비로운 고대 유적지, 마법의 숲, 고딕 건축물이 배경이 되는 스타일로, 고대의 문화와 판타지적 요소들이 반영됩니다. 거대한 성, 유적지, 신비로운 장소들이 등장하며, 이러한 배경은 상상력을 자극하고, 모험과 미스터리의 분위기를 잘 전달할 수 있습니다. 프롬프트의 기본 구성은 유지한 채 세부 조건들을 변형했습니다.

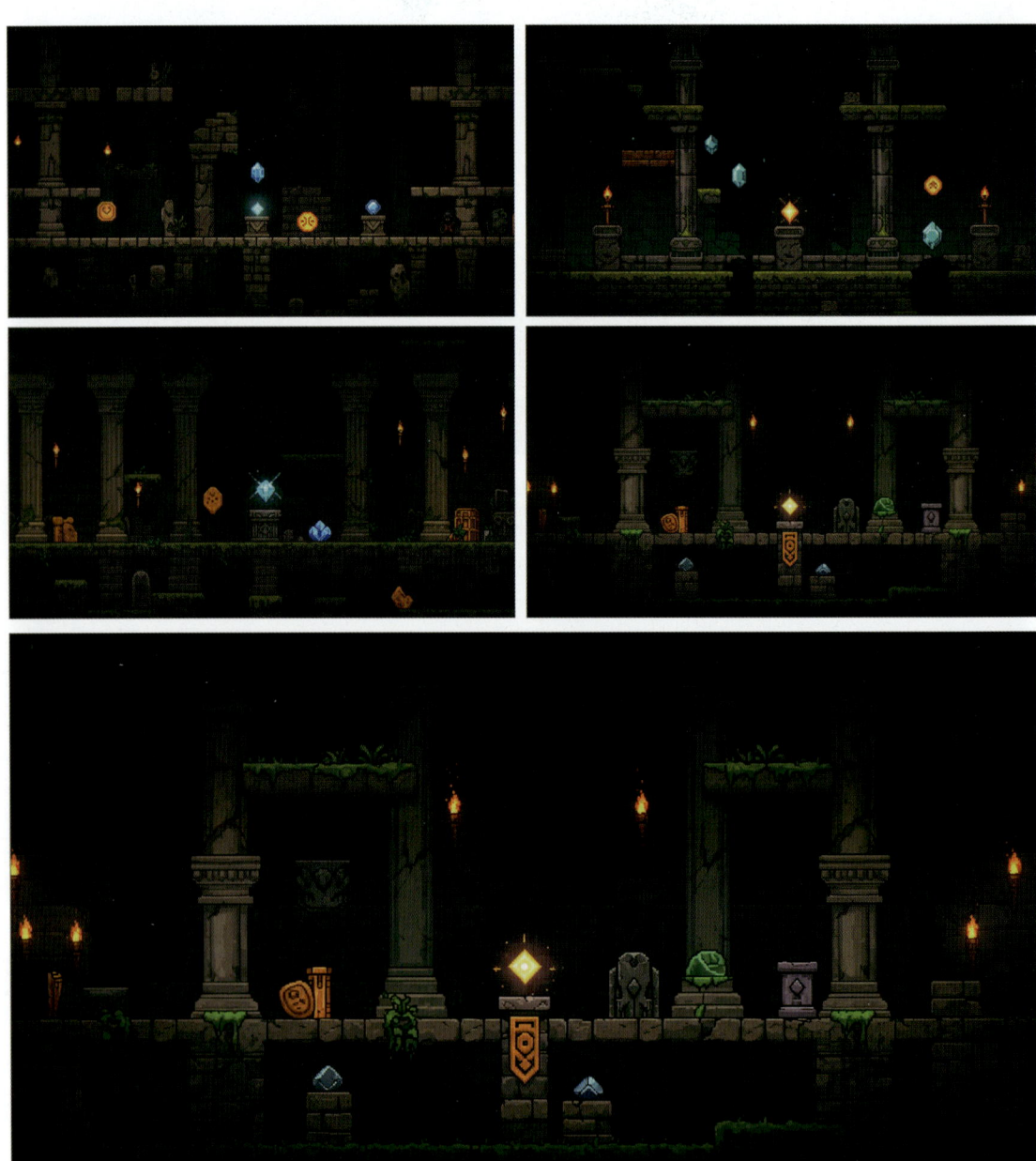

프롬프트 A vibrant 8-bit retro-style platform game background set indoors, with pixelated ancient stone walls, towering columns, and dimly lit chambers. The ground has blocky stone platforms with moss-covered bricks and cracks, with a few classic platformer-style objects like floating relics, a glowing power-up crystal, and a stone pedestal. Mysterious ruins and pixelated torches flicker in the distance, creating a nostalgic, classic platformer game aesthetic with a touch of fantasy and ancient adventure

입력팁 1. **dimly lit chambers** : 어두운 조명과 신비한 분위기를 전달합니다.
2. **blocky stone platforms with moss-covered bricks** : 환경에 자연스럽고 오래된 느낌을 더해 고대 유적지의 감각을 제공합니다.
3. **floating relics, a glowing power-up crystal, and a stone pedestal** : 고대 유물과 마법의 아이템을 상징적으로 표현하여, 판타지와 모험의 요소입니다.
4. **Mysterious ruins and pixelated torches** : 신비로움과 고대의 분위기를 강조하며, 빛이 깜빡이는 햇불은 게임 내 긴장감을 높여주는 시각적 요소입니다.

TIP 이 프롬프트는 고대 유적지와 판타지를 배경으로 한 8비트 스타일의 플랫폼 게임을 설정하고 있습니다. 실내 공간에 돌벽, 기둥, 유물 등을 배치하여 고대의 신비로운 분위기를 만들고, 발광하는 크리스탈과 햇불 같은 오브젝트로 게임을 더 흥미롭게 만듭니다.

03 어두운 판타지 및 호러 배경 생성하기

어두운 판타지 및 호러 배경(Dark Fantasy/Horror Background)은 음침하고 고딕적인 배경으로, 어두운 숲, 폐허, 고딕 건축물 등이 등장합니다. 그림자와 빛의 대비가 강조되며, 공포와 미스터리의 분위기를 만들어 냅니다. 이러한 배경은 긴장감 넘치는 분위기와 스릴을 전달하며, 플레이어를 몰입시키는 효과적인 환경을 제공합니다. 이 스타일 역시 프롬프트의 기본 구성은 유지한 채 세부 조건들을 변형했습니다.

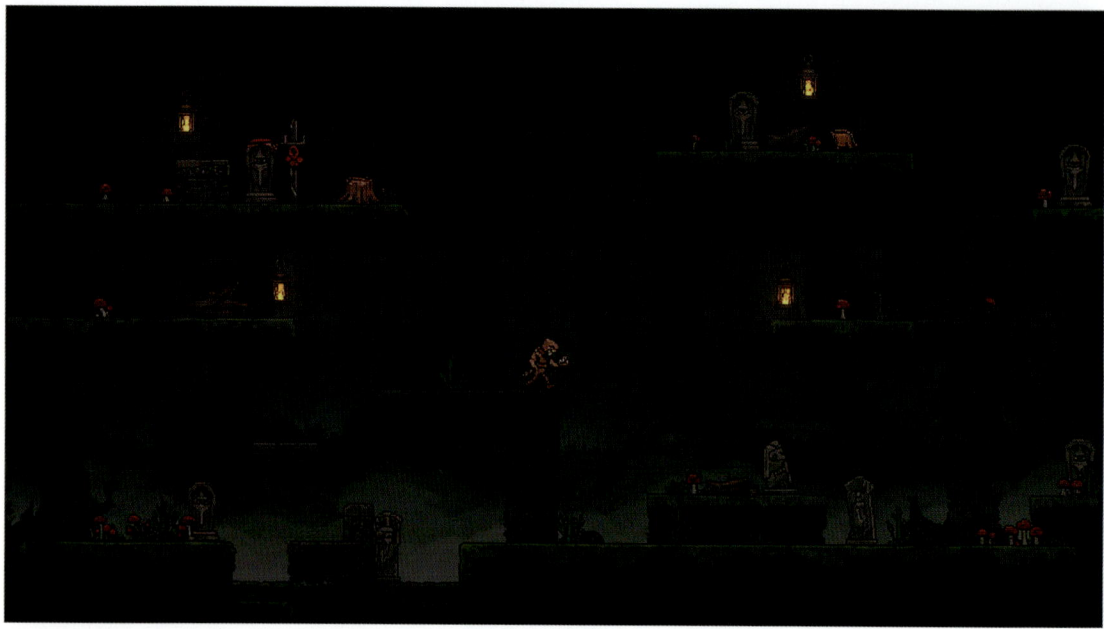

프롬프트 | A dark 8-bit retro-style platform game background set in a dense, pixelated forest with twisted ancient trees and ominous shadows. The ground has moss-covered stone platforms and cracked earth, with eerie fog rolling across the forest floor. Sinister objects like glowing mushrooms, cursed relics, and withered tree stumps appear in the distance, while flickering pixelated lanterns cast dim light, creating a foreboding atmosphere with a blend of dark fantasy and horror

입력 팁
1. dense, pixelated forest : 이 배경은 빽빽한 숲속에서 이루어져 있으며, 픽셀화된 형태로 숲의 나무와 식물들이 있습니다.
2. twisted ancient trees and ominous shadows : 고대의 구부러지고 비틀린 나무들, 그리고 음산한 그림자가 있습니다.
3. moss-covered stone platforms and cracked earth : 이 지면은 이끼로 덮인 돌 플랫폼과 갈라진 땅을 묘사합니다.
4. eerie fog rolling across the forest floor : 숲 바닥을 가로지르는 불길한 안개는 고요하면서도 음산한 분위기입니다.
5. sinister objects like glowing mushrooms, cursed relics, and withered tree stumps : 불길한 물체들인 빛나는 버섯, 저주받은 유물, 시든 나무 그루터기들이 있습니다.

TIP 이 프롬프트는 어두운 판타지와 공포적인 요소가 결합된 고대 숲의 배경을 설정하는 것을 목표로 합니다. 고전적인 8비트 그래픽 스타일로, 픽셀화된 고대 숲의 디테일을 표현하면서도 그 안에 숨겨진 불길한 기운을 강조합니다.

04 고대 유적 스타일 맵 투시 변경하기

플랫폼 게임은 주로 횡스크롤 시점을 사용하지만, 다른 뷰로 변경하면 조작법이나 게임의 분위기가 완전히 달라질 수 있습니다. 이번에는 기존의 고대 유적 맵을 기반으로, 쿼터뷰로 변형하여 그 변화를 확인해 보겠습니다.

| 프롬프트 | A vibrant 8-bit retro-style platform game background set indoors, presented in a quarter view perspective. The scene features pixelated ancient stone walls, towering columns, and dimly lit chambers, all viewed from an angled top-down view. The ground consists of blocky stone platforms with moss-covered bricks and cracks, with a few classic platformer-style objects such as floating relics, a glowing power-up crystal, and a stone pedestal placed at different angles to match the perspective |

입력 팁   1. Quarter view : 쿼터뷰 시점으로, 45도 각도에서 환경을 바라보며, 배경에 깊이감을 추가합니다.

2. Pixelated elements : 픽셀화된 그래픽으로 디자인되어 레트로한 게임 분위기를 강화합니다.

3. Perspective and angle : 쿼터뷰 시점에서 각도에 맞게 오브젝트들이 배치됩니다.

TIP   이 프롬프트는 고전적인 플랫폼 게임의 고유한 느낌을 살리면서도 고대 유적지와 같은 신비로운 환경을 8비트 픽셀 아트 스타일로 표현하려는 의도를 담고 있습니다. 쿼터뷰 시점은 깊이감을 주며, 게임 플레이와 분위기를 강조합니다.

S E C T I O N

18.

● 완성파일 : 03\플랫폼세부그래픽1~4_완성.jpg

플랫폼 게임 제작을 위한
세부 그래픽 생성하기

플랫폼 게임에서는 핵심 기능과 함께 시각적 요소가 중요한 역할을 합니다. 게임 스크린 샷은 분위기, 스토리, 게임 플레이를 직관적으로 전달하며, 환경, 캐릭터, UI 디자인을 효과적으로 보여 줍니다. 또한, 앱 아이콘은 사용자가 앱을 처음 접할 때 브랜드와 목적을 빠르게 인식하도록 돕고, 게임의 정체성을 확립하는 데에 중요한 역할을 합니다. 이러한 시각적 요소들은 게임의 전반적인 사용자 경험을 형성하는 핵심 요소입니다.

01 어드벤처 게임의 가상 스크린 샷 만들기

게임 개발의 가상 스크린 샷은 게임의 비주얼과 사용자 경험을 직관적으로 전달하며, 게임의 스토리와 게임 플레이를 시각적으로 표현하는 중요한 역할을 합니다. 이를 통해 게임의 분위기, UI 디자인, 환경 구성 등을 효과적으로 보여 주어 개발자가 게임의 목표와 진행 방식을 쉽게 이해하고 몰입할 수 있도록 돕습니다.

프롬프트 Pixel art screenshot of a chibi-style adventurer in a vibrant ancient jungle. The character, wearing a fedora and leather jacket, navigates the terrain with a whip in hand. The background features jungle plants, large trees, and ancient stone structures. Along the path, multiple coin items, hidden traps, vines, and rocks create obstacles. The game interface displays a score, life count, and collectibles. The overall tone is playful, with smooth character movements enhancing the sense of exploration

입력 팁
1. **Pixel art screenshot** : 픽셀 아트 그래픽을 강조하는 게임 스타일입니다.
2. **Ancient jungle** : 고대 정글이라는 배경 설정, 숨겨진 신전이나 유적 등의 분위기를 조성합니다.
3. **Adventurer wearing a fedora and leather jacket, holding a whip** : 모험가 스타일의 캐릭터로 탐험과 액션 요소를 강조합니다.
4. **Multiple coin items** : 여러 개의 동전 아이템을 수집하는 게임 요소 추가합니다.
5. **Collectibles(coin items), score, life count** : 전형적인 플랫폼 게임 UI 요소를 포함하여 게임의 진행 상태를 표시합니다.

TIP 이 프롬프트는 픽셀 아트 기반의 치비 스타일 플랫폼 게임에 대한 내용으로, 스크린 샷을 묘사하며, 탐험가 캐릭터가 정글을 모험하며 동전과 유물 같은 수집 요소를 얻고, 장애물을 피하는 게임 플레이를 기본적인 UI의 구성과 함께 담고 있습니다.

02 게임 속 아이콘 생성하기

아이템 아이콘은 게임 내에서 사용되는 아이템을 나타내는 작은 그래픽 이미지입니다. 아이템 아이콘은 간단하면서도 직관적인 디자인으로, 아이템의 기능이나 속성을 표현하는 것이 중요합니다.

프롬프트	2x2 pixel art item icons for a video game, featuring explorer's tools in a retro 8-bit style. Includes a backpack, marked map, glowing lantern, whip, key, and book. Each icon is clear, simple, and fits seamlessly into a game UI

입력 팁
1. **2x2 pixel art item icons for a video game** : 비디오 게임에서 사용할 2×2 크기의 픽셀 아트 아이템 아이콘을 의미합니다.
2. **featuring explorer's tools** : 탐험가가 사용하는 도구들을 아이콘으로 제작합니다.
3. **backpack, marked map, glowing lantern, whip, key, and book** : 아이템 목록입니다.
4. **Each icon is clear, simple, and fits seamlessly into a game UI** : 각 아이콘이 명확하고 심플하며 게임 UI와 자연스럽게 어울려야 합니다.

TIP 이 프롬프트는 탐험가 테마의 아이템 아이콘을 만드는 데 초점을 맞추고 있으며, 게임 UI에 적합한 단순하면서도 직관적인 스타일의 디자인입니다.

03 전체 맵 생성하기

게임에서 플레이어가 현재 자신의 상황을 빠르게 파악할 수 있는 월드맵은 매우 중요한 요소입니다. 이를 통해 플레이어는 게임의 진행 상태를 한눈에 확인하고, 다음 목표를 설정하는 데 도움을 받을 수 있습니다. 따라서, 위에서 생성한 맵을 하나의 지역으로 표현하여, 직관적이고 간결한 인포메이션 형태의 이미지로 제작할 예정입니다.

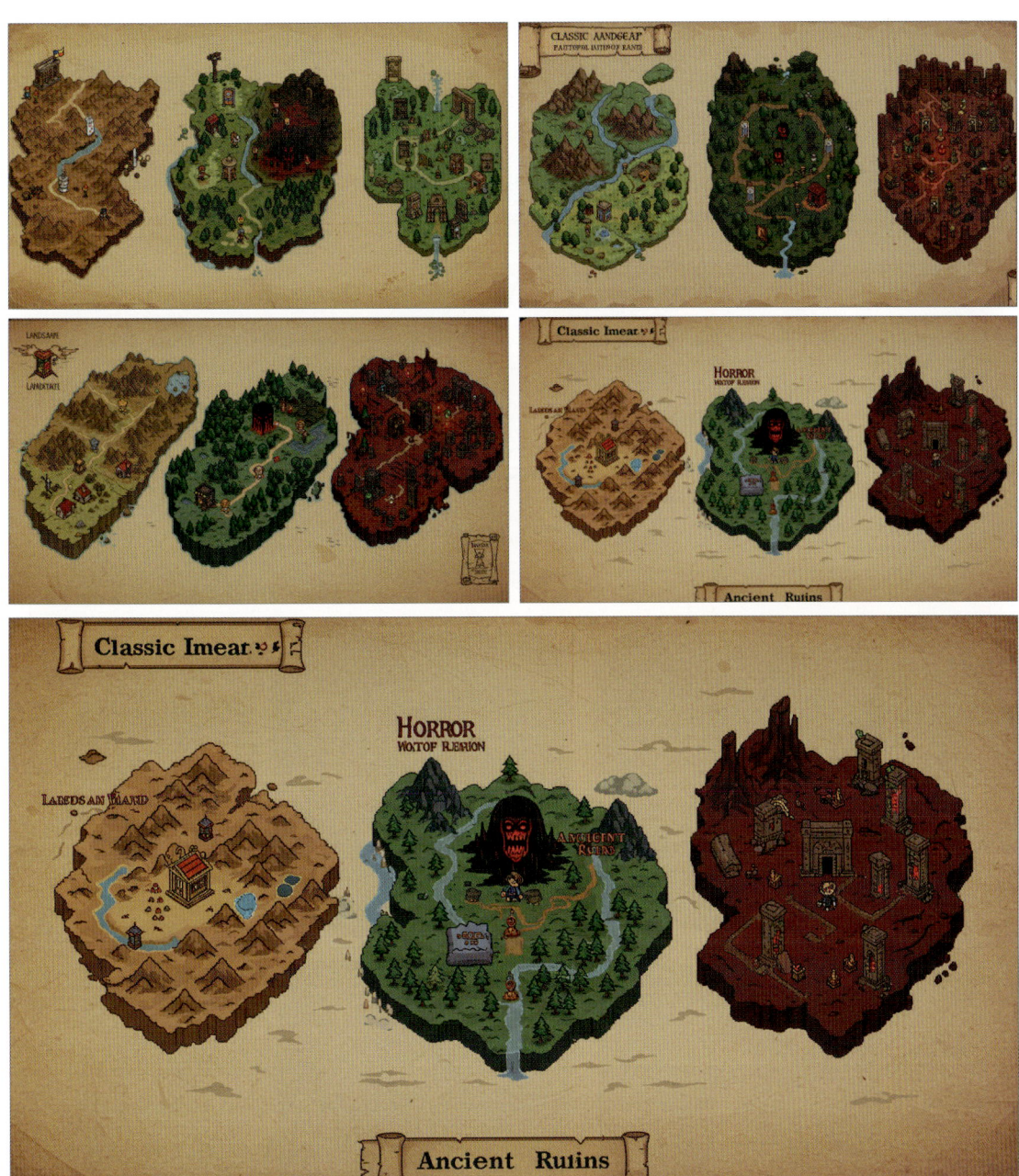

프롬프트 A pixelated world map for a platform game, featuring three distinct regions : a classic retro landscape, a horror-themed area, and an ancient ruins setting. The map is designed as if drawn on aged parchment or a scroll, with a vintage, hand-drawn look. The overall style is reminiscent of old fantasy adventure maps, with sharp, simple pixel art and a mix of earthy tones and eerie shades

입력 팁
1. A pixelated world map for a platform game : 픽셀화된 월드맵은 플랫폼 게임을 위한 맵을 의미합니다.
2. featuring three distinct regions : a classic retro landscape, a horror-themed area, and an ancient ruins setting : 세 가지 주요 지역이 포함 '고전적인 레트로 풍경', '호러 테마 지역' 그리고 '고대 유적지'라는 설정입니다.
3. The map is designed as if drawn on aged parchment or a scroll, with a vintage, hand-drawn look : 디자인은 노후한 양피지나 두루마리에 그려진 듯한 느낌입니다.
4. The overall style is reminiscent of old fantasy adventure maps : 옛날 판타지 모험 맵을 연상시키는 미니 맵입니다.

TIP 이 프롬프트는 픽셀 아트 스타일의 플랫폼 게임을 위한 월드맵을 묘사합니다. 맵은 고전적인 레트로 스타일, 호러, 고대 유적지라는 세 가지 구역으로 구성되어 있으며, 양피지나 두루마리처럼 그려진 디자인을 채택해 빈티지하고 고풍스러운 느낌을 강조합니다.

04 게임 앱 아이콘 생성하기

앱 아이콘은 사용자가 앱을 처음 접할 때 가장 먼저 눈에 띄는 시각적 요소로, 앱의 브랜드 이미지를 강하게 전달하는 중요한 역할을 합니다. 잘 디자인된 아이콘은 사용자에게 신뢰감을 주고, 앱의 목적과 기능을 직관적으로 표현하여 앱을 선택하게 만드는 데 큰 영향을 미칩니다.

프롬프트 Pixel art of an archaeologist inspired by an adventurous treasure hunter, close up face, wearing a leather jacket, fedora, and holding a torch and a whip in a dynamic pose. The character has a confident expression and a stubbled chin. The background is a blurred dark temple with glowing runes, using warm, earthy tones and detailed shading. A white app frame surrounds the icon

입력 팁
1. Pixel art of an archaeologist inspired by an adventurous treasure hunter : 모험적인 보물 사냥꾼에서 영감을 받은 고고학자의 픽셀 아트입니다.
2. The background is a blurred dark temple with glowing runes, using warm, earthy tones and detailed shading : 배경은 흐릿한 어두운 사원과 빛나는 룬들로 구성되며, 따뜻하고 자연적인 색조와 세밀한 음영이 사용됩니다.
3. white app frame surrounds the icon : 아이콘을 둘러싼 하얀 앱 프레임입니다.

TIP 이 프롬프트는 가죽 재킷과 페도라를 착용한 모험적인 고고학자 캐릭터를 픽셀 아트 스타일로 묘사합니다. 캐릭터는 횃불과 채찍을 들고 동적인 포즈를 취하며, 자신감 있는 표정과 턱수염을 가진 강한 인상을 줍니다. 어두운 사원과 빛나는 룬으로 신비로운 분위기를 연출하고, 따뜻한 자연 색조와 흰색 앱 프레임으로 깔끔하게 디자인됩니다.

게임 앱 아이콘의 기능성과 전략성

게임의 앱 아이콘은 단순히 예쁘기만 해서는 안 되며, 기능성과 전략성이 중요합니다.

- **단순한 형태 & 명확한 실루엣**
  앱 아이콘은 다양한 크기로 축소되어 사용되기 때문에, 너무 복잡한 디테일은 오히려 인식에 방해가 됩니다. 단순하고 명확한 형태를 유지하면 작은 화면에서도 쉽게 식별할 수 있으며, 실루엣만으로도 어떤 앱인지 알 수 있도록 디자인하는 것이 좋습니다.

- **중심에 포커스를 맞춘 구성**
  앱 아이콘은 플랫폼에 따라 사각형 안에서 마스크 처리가 되거나 일부 영역이 잘려 나갈 수 있습니다. 이런 점을 고려해 핵심 그래픽 요소는 항상 중앙에 배치하는 것이 안전합니다.

- **불필요한 텍스트는 지양**
  앱 이름은 보통 아이콘 아래에 자동으로 표시되기 때문에, 아이콘 안에 텍스트를 넣는 것은 시각적으로 중복될 수 있습니다.

- **명확하고 강한 색상 사용**
  색상은 시선을 끄는 데 매우 중요한 요소입니다. 대비가 약하거나 흐릿한 색상보다는 명확하고 강한 색조를 사용해 시각적인 주목도를 높이고, 사용자로 하여금 빠르게 아이콘을 인지할 수 있도록 해야 합니다.

- **A/B 테스트로 최적의 아이콘 찾기**
  구글 플레이 스토어(Goolgle Play Store)에서는 앱 아이콘에 대해 A/B 테스트를 진행할 수 있는 기능을 제공합니다. 이를 활용하면 서로 다른 디자인의 아이콘을 사용자 그룹에 무작위로 노출시켜, 어떤 아이콘이 더 높은 클릭률과 설치 전환율을 보이는지를 비교 분석할 수 있습니다.

AI SKILL

보이스와 립싱크로
애니메이션 RPG 그래픽 만들기

3D 애니메이션 RPG 그래픽은 일본 애니메이션의 그래픽적 스토리텔링에 입체적인 공간감, 생동감 넘치는 캐릭터 움직임, 화려한 액션 연출, 사실적인 조명과 텍스처, 그리고 유연한 카메라 활용을 더하여 시각적 차원을 크게 확장시켰습니다. 이는 전통적인 2D 애니메이션의 단순함을 넘어, 이야기를 더 입체적이고 감각적으로 풀어내는 데 중요한 역할을 하고 있습니다. 생성형 AI는 이러한 요소들을 어떻게 효과적으로 구현할 수 있을지에 대해 알아보겠습니다.

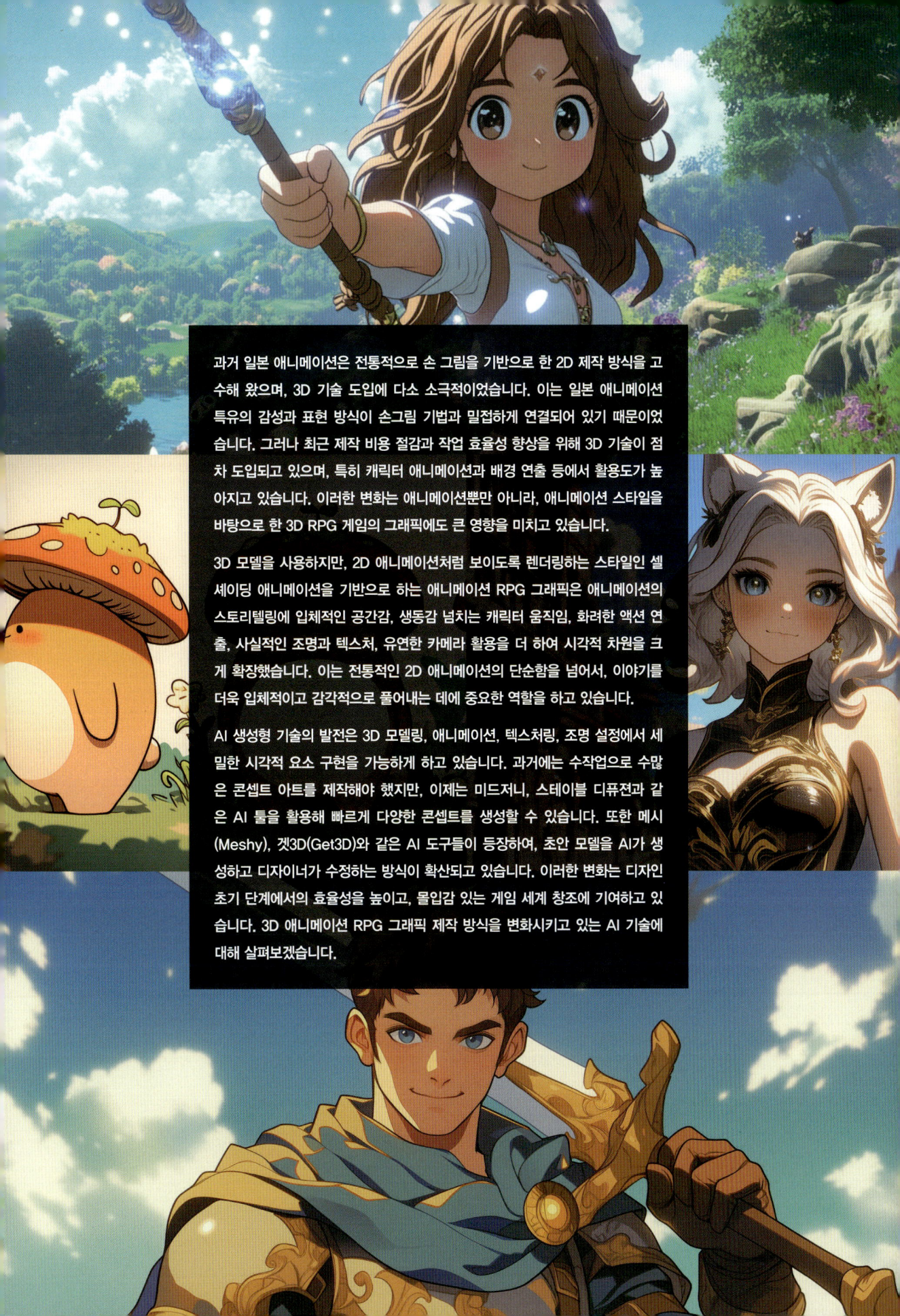

과거 일본 애니메이션은 전통적으로 손 그림을 기반으로 한 2D 제작 방식을 고수해 왔으며, 3D 기술 도입에 다소 소극적이었습니다. 이는 일본 애니메이션 특유의 감성과 표현 방식이 손그림 기법과 밀접하게 연결되어 있기 때문이었습니다. 그러나 최근 제작 비용 절감과 작업 효율성 향상을 위해 3D 기술이 점차 도입되고 있으며, 특히 캐릭터 애니메이션과 배경 연출 등에서 활용도가 높아지고 있습니다. 이러한 변화는 애니메이션뿐만 아니라, 애니메이션 스타일을 바탕으로 한 3D RPG 게임의 그래픽에도 큰 영향을 미치고 있습니다.

3D 모델을 사용하지만, 2D 애니메이션처럼 보이도록 렌더링하는 스타일인 셀 셰이딩 애니메이션을 기반으로 하는 애니메이션 RPG 그래픽은 애니메이션의 스토리텔링에 입체적인 공간감, 생동감 넘치는 캐릭터 움직임, 화려한 액션 연출, 사실적인 조명과 텍스처, 유연한 카메라 활용을 더 하여 시각적 차원을 크게 확장했습니다. 이는 전통적인 2D 애니메이션의 단순함을 넘어서, 이야기를 더욱 입체적이고 감각적으로 풀어내는 데에 중요한 역할을 하고 있습니다.

AI 생성형 기술의 발전은 3D 모델링, 애니메이션, 텍스처링, 조명 설정에서 세밀한 시각적 요소 구현을 가능하게 하고 있습니다. 과거에는 수작업으로 수많은 콘셉트 아트를 제작해야 했지만, 이제는 미드저니, 스테이블 디퓨전과 같은 AI 툴을 활용해 빠르게 다양한 콘셉트를 생성할 수 있습니다. 또한 메시(Meshy), 겟3D(Get3D)와 같은 AI 도구들이 등장하여, 초안 모델을 AI가 생성하고 디자이너가 수정하는 방식이 확산되고 있습니다. 이러한 변화는 디자인 초기 단계에서의 효율성을 높이고, 몰입감 있는 게임 세계 창조에 기여하고 있습니다. 3D 애니메이션 RPG 그래픽 제작 방식을 변화시키고 있는 AI 기술에 대해 살펴보겠습니다.

SECTION 19.

애니메이션 장르의 다양성

애니메이션은 정지된 이미지를 빠르게 이어 보여 움직임을 구현하는 시각적 예술입니다. 이 기법은 다양한 스타일과 기술을 활용해 이야기를 전달하고 감정을 표현하며, 영화, TV, 게임 등에서 중요한 역할을 합니다. 애니메이션은 독특한 예술적 가치를 지니고 관객에게 몰입감을 주는 창의적이고 혁신적인 시각적 경험을 제공합니다. 장르는 크게 2D와 3D로 나눌 수 있습니다.

01 2D 애니메이션

2D 애니메이션은 가장 오래된 형태로, 손으로 그린 그림을 차례대로 촬영하여 움직임을 만드는 방식으로 시작되었으며, 19세기 말부터 20세기 초까지 실험적 기법으로 발전했습니다. 디즈니의 등장으로 큰 전환점을 맞이했으며, 〈미키 마우스〉와 〈백설공주〉는 애니메이션의 상업적 성공을 이끌었습니다. 일본 애니메이션도 1960년대부터 발전을 거듭하며, 〈아톰〉과 〈우주전함 야마토〉 등의 작품이 전 세계적으로 큰 인기를 끌었습니다. 특히 일본의 스튜디오 지브리는 〈센과 치히로의 행방불명〉, 〈이웃집 토토로〉 등으로 세계적으로 인정받으며, 2D 애니메이션의 예술적 경지를 확립했습니다. 2D 애니메이션은 카툰, 코미디뿐만 아니라 드라마와 액션 장르에서도 강력한 시각적 효과를 발휘했으며, 1980~90년대에는 컴퓨터 기술의 도입으로 더욱 부드럽고 세밀한 스타일로 발전했습니다. 오늘날 2D 애니메이션은 여전히 전 세계에서 사랑받고 있으며, 신카이 마코토의 〈너의 이름은〉과 같은 작품을 통해 예술적 아름다움과 감정적 깊이를 전달하며 끊임없이 진화하고 있습니다.

▼ 따뜻한 느낌의 2D 애니메이션

02 3D 애니메이션

3D 애니메이션은 1960~1970년대 컴퓨터 그래픽스(CG)의 발전과 함께 시작되었으며, 초기에는 기하학적인 형태로만 작업이 이루어졌습니다. 1982년 트론을 비롯한 초기 실험적인 작품들이 3D 그래픽을 활용하면서 기술적 진보를 이뤘고, 1995년 픽사의 토이 스토리가 세계 최초의 전면 3D 애니메이션 장편 영화로 성공을 거두며, 3D 애니메이션의 상업적 가능성을 입증했습니다. 1990년대 중반에는 쥬라기 공원이 3D 컴퓨터 그래픽을 실사 영화에 결합하여 혁신적인 시각적 효과를 선보였고, 2000년대에는 〈슈렉〉, 〈몬스터 주식회사〉와 같은 작품들이 3D 애니메이션을 대중화하며, 다양한 장르에서 3D 스타일이 확립되었습니다. 이렇게 3D 애니메이션은 캐릭터 표현과 감정선, 스토리텔링을 중요한 요소로 발전시키며, 게임 산업에서도 사실감 있는 그래픽을 통해 큰 성장을 이루었습니다. 현재 3D 애니메이션은 VR, AR, 실시간 렌더링 기술 등과 결합되어 더욱 사실적이고 몰입감 있는 시각적 경험을 제공하고 있으며, AI와 머신러닝 기술이 애니메이션 제작에 활용되면서 새로운 가능성을 열고 있습니다. 오늘날 3D 애니메이션은 영화, 게임, 광고, 웹 콘텐츠 등에서 핵심적인 역할을 하며, 계속해서 진화하고 있는 중요한 시각적 도구로 자리 잡고 있습니다.

▼ 귀여운 스타일의 3D 애니메이션

03 클레이 애니메이션

그 밖에 다른 장르인 클레이 애니메이션은 점토를 사용하여 캐릭터와 배경을 만들고, 이를 조금씩 움직여 촬영하는 기법으로, 독특한 질감과 현실감을 선사합니다. 이 기법은 점토의 물리적 특성으로 인해 손에 잡히는 듯한 느낌을 주며, 자연스러운 움직임과 사실적인 텍스처를 표현할 수 있습니다. 주로 판타지나 유머러스한 작품에서 많이 사용되며, 이러한 특성 덕분에 감성적이고 친근한 분위기를 형성할 수 있습니다. 클레이 애니메이션은 종종 상상력 넘치는 세계나 인물들을 창조할 때 유용하며, 애니메이션에서만 가능한 독특한 시각적 매력을 발산합니다.

04 스톱 모션 애니메이션

클레이 애니메이션과 같은 방식인 스톱 모션 애니메이션은 실물 인형이나 오브제를 조금씩 움직여 촬영하는 방식으로, 클레이 애니메이션과 비슷하지만, 다양한 재료와 오브제를 활용할 수 있어 더욱 실험적인 분위기를 자아냅니다. 이 기법은 각 프레임을 촬영할 때마다 미세한 움직임을 주어 촬영을 이어가며, 현실적인 질감을 강조하는 동시에 물리적인 세계의 느낌을 전달합니다. 스톱 모션은 종종 감성적이고 기계적인 요소가 결합한 작품에서 뛰어난 효과를 발휘하며, 대체로 독립적인 영화나 예술 작품에서 많이 찾아볼 수 있습니다.

애니메이션은 다양한 기법과 스타일을 통해 감정적, 시각적 효과를 전달하는 독특한 예술 형식입니다. 2D, 3D, 디지털 페인팅, 셀 애니메이션, 클레이 애니메이션 등 각 기법은 특정 장르와 이야기의 성격에 맞춰 독특한 매력을 발산하며, 감성적이고 철학적인 메시지를 전달하는 중요한 매체로 자리 잡았습니다. 애니메이션은 영화, 게임, 광고 등 여러 분야에서 중요한 역할을 하며, 무한한 창의력과 표현의 가능성을 열어줍니다.

05 로토스코핑 애니메이션

로토스코핑 애니메이션은 실사 영상을 기반으로 각 프레임을 따라 그리는 기법으로, 실제 배우의 동작이나 장면을 촬영한 뒤 이를 프레임 단위로 트레이싱해 애니메이션으로 표현하는 방식입니다. 이러한 작업을 통해 매우 자연스럽고 사실적인 움직임을 구현할 수 있으며, 그림체나 색감, 선의 스타일을 자유롭게 조절할 수 있어 현실과 환상을 넘나드는 독특한 연출이 가능합니다. 대표적인 예로는 리처드 링클레이터 감독의 〈A Scanner Darkly〉와 〈Waking Life〉가 있으며, 뮤직비디오나 광고에서도 자주 활용됩니다. 단점으로는 프레임 마다 수작업이 필요해 많은 시간과 노력이 요구된다는 점이 있습니다.

그러나 최근에는 AI 기술의 발전으로, 이러한 로토스코핑 작업을 훨씬 빠르고 효율적으로 수행할 수 있게 되었습니다. 특히 스테이블 디퓨전, 노드 기반으로 시각적 제어가 가능한 컴피 UI(ComfyUI), 그리고 이미지의 윤곽, 포즈, 깊이 정보를 인식해 정밀한 제어를 도와주는 확장 도구인 컨트롤넷(ControlNet)을 활용하면, 실사 영상을 프레임 단위로 분리하고 스타일을 변환하거나, 객체를 자동으로 마스킹해 애니메이션처럼 표현하는 작업이 가능합니다. 이처럼 최신 AI 도구들은 전통적인 로토스코핑 기법을 보완하거나 대체할 수 있는 새로운 방식으로 주목받고 있습니다.

▶ 스톱모션 애니메이션 제작 현장

▶ 애니메이션 콘셉트 아트 작업 현장

▲ 클레이 애니메이션

▲ 로토스코핑 애니메이션 제작 현장

애니메이션의 스타일의 게임 렌더링

애니메이션 스타일의 게임 렌더링은 게임의 시각적 스타일을 애니메이션처럼 보이게 만드는 렌더링 기법을 의미합니다. 일반적으로 3D 그래픽에서 현실적인 렌더링(예 : 사실적인 텍스처, 조명, 셰이딩)과 대비되는 스타일로, 만화나 애니메이션 영화에서 볼 수 있는 특징적인 스타일을 게임에 적용한 것입니다. 이 스타일은 특히 애니메이션, 만화, 판타지, 슈퍼 히어로 등의 장르에서 자주 사용되며, 게임에 유니크한 비주얼과 개성을 부여합니다.

01 셀 셰이딩(Cell Shading)

셀 셰이딩은 3D 모델에 셀 애니메이션처럼 그림자가 강하게 구분되도록 적용하는 기법입니다. 이 기법을 사용하면 3D 모델이 평면적인 애니메이션처럼 보이게 됩니다. 〈젤다의 전설 : 야생의 숨결(The Legend of Zelda : The Wind Waker)〉에서는 셀 셰이딩 기법을 통해 실제 3D로 표현되지만, 렌더링을 통해 2D 애니메이션처럼 보이도록 만들어졌습니다. 이 스타일은 동적인 그림자와 색감 차이를 뚜렷하게 나타내어, 캐릭터가 마치 애니메이션에서 튀어나온 것처럼 느껴집니다.

▼ 셀 셰이딩 스타일이 적용된 3D 애니메이션풍 그래픽

02 강한 윤곽선(Outline)

애니메이션 스타일을 더욱 강조하기 위해, 게임에서 3D 모델의 가장자리에 두껍고 뚜렷한 윤곽선을 추가하는 기법이 있습니다. 이는 만화나 애니메이션에서 흔히 볼 수 있는 기법으로, 모델의 윤곽을 강조하여 더 명확하고 스타일리시하게 만듭니다. 이는 윤곽선이 두드러지게 처리되어, 게임이 만화 같은 느낌을 주도록 했습니다. 강한 윤곽선은 캐릭터와 배경을 분리하고, 씬에 더욱 뚜렷한 시각적 효과를 부여합니다.

▲ 2D 스타일의 캐주얼 RPG 게임 이미지

03 단순화된 텍스처(Simplified Textures)

셀 애니메이션에서는 현실적인 디테일보다는 간단하고 평면적인 텍스처가 많이 사용됩니다. 이런 스타일을 게임에 적용할 때는, 물체나 캐릭터의 표면에 과도한 세부 묘사보다는 간단하고 일정한 색상이나 패턴을 사용하여, 2D 애니메이션의 느낌을 그대로 전달합니다.

▲ 셀 셰이딩 기반의 3D 애니메이션 렌더링

04 밝고 생동감 있는 색상(Bright and Vibrant Colors)

애니메이션 스타일에서는 현실보다 훨씬 더 밝고 생동감 있는 색상을 사용하여 감정과 분위기를 강조하는 경우가 많습니다. 게임에서 이 스타일을 적용하면, 색상이 시각적 효과와 스토리텔링을 도와줍니다. 〈Okami〉에서는 자연과 동물들이 물감으로 그려진 것처럼, 강렬하고 밝은 색감을 사용하여 전체적인 분위기를 낭만적이고 신비로운 느낌을 줍니다.

05 비현실적인 조명(Unrealistic Lighting)

애니메이션에서는 현실적인 조명보다 과장되거나 비현실적인 방식으로 조명을 설정하여 감정적 효과나 특정 분위기를 강조하는 경우가 많습니다. 게임에서도 이런 기법을 사용하면, 세밀한 현실적인 빛의 흐름보다 감성적인 분위기를 조성할 수 있습니다.

● 완성파일 : 03\수인여행자_완성.png, 용감한여행자_완성.png, 여행자_완성.png

SECTION 21.

애니메이션 스타일로
여행자 캐릭터 콘셉트 아트 제작하기

부드러운 색감과 경계선이 강조된 애니메이션풍 그래픽을 3D 모델에 부드러운 셰이딩과 자연스러운 명암을 적용하여 결합된 스타일로 구현해 보겠습니다. 3D 입체감을 유지하면서 애니메이션의 감성을 살리고, 캐릭터에 생동감과 매력을 더해 보겠습니다.

01 수인 여행자 캐릭터 제작하기

동물과 인간의 특징을 가진 수인 여행자를 만들어 보겠습니다. 캐릭터는 다른 세계에서 건너와 잃어버린 소중한 것을 찾고 있습니다. 우아하고 도도한 성격을 지녔지만, 때때로 순수하고 철없는 모습을 보이기도 합니다. 특유의 민첩함과 날렵한 움직임이 특징이며, 감각이 예민해 주변의 변화를 빠르게 감지하는 능력을 갖추고 있다는 설정으로 진행하겠습니다.

01 웹브라우저에서 'midjourney.com'를 입력하고 미드저니 웹 버전 사이트에 접속합니다. Imagine bar에 화면 구성 프롬프트를 입력하고 '▶' 아이콘을 클릭합니다.

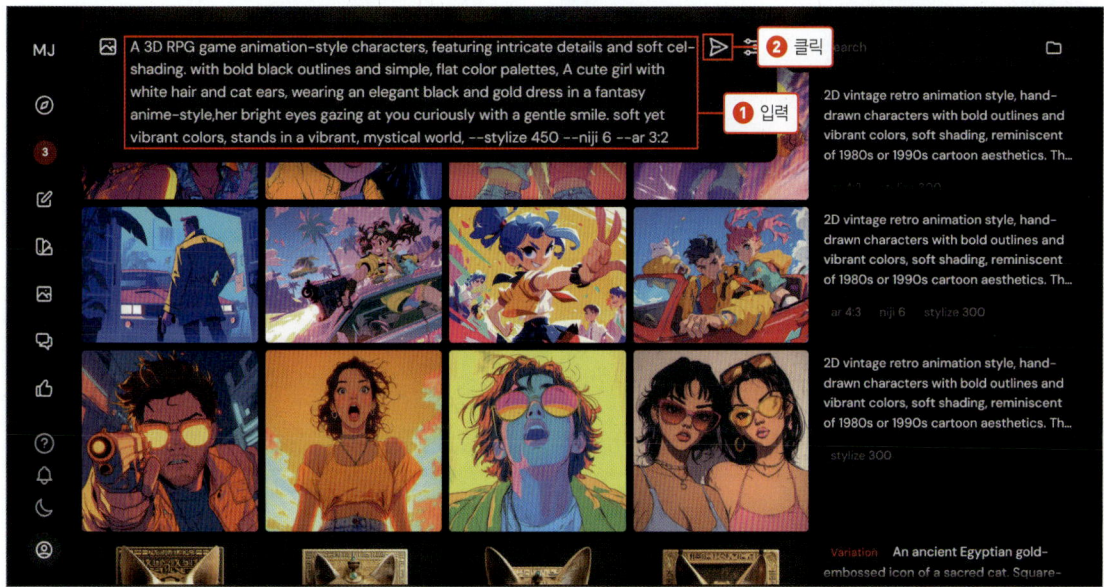

프롬프트 A 3D RPG game animation-style characters, featuring intricate details and soft cel-shading. with bold black outlines and simple, flat color palettes, A cute girl with white hair and cat ears, wearing an elegant black and gold dress in a fantasy anime-style, her bright eyes gazing at you curiously with a gentle smile. soft yet vibrant colors, stands in a vibrant, mystical world --stylize 450 --niji 6 --ar 3:2

입력 팁

1. **A 3D RPG game animation-style characters** : 3D 애니메이션 스타일을 설정합니다.
2. **featuring intricate details and soft cel-shading** : 세밀한 디테일과 부드러운 셀 셰이딩으로 자연스러우면서도 부드러운 형태로 디자인합니다.
3. **Bold black outlines** : 경계를 강조해 캐릭터를 돋보이게 합니다.
4. **Simple, flat color palettes** : 평면적인 색상 팔레트로 그레이디언트와 그림자 없이 평면적 색상을 사용합니다.
5. **A cute girl with white hair and cat ears** : 흰색 머리와 고양이 귀 소녀를 표현합니다, 순수하고 신비로운 느낌, 판타지적 특성 강조합니다.
6. **stands in a vibrant, mystical world** : 다채롭고 강렬한 색으로 표현된 판타지 세계입니다.
7. **Soft yet vibrant colors** : 부드럽고 생동감 있는 색상은 색상이 밝고 자연스럽게 조화를 이루는 색상입니다.
8. **--stylize 450** : 스타일화 강도를 '450'으로 설정하여, 더 예술적이고 세밀한 스타일을 적용합니다.
9. **--niji 6** : 'Niji' 스타일 적용하여, 일본 애니메이션 스타일을 반영합니다.
10. **--ar 3:2** : 이미지 비율을 3:2로 설정, 가로가 세로보다 긴 비율입니다.

TIP 이 프롬프트는 3D RPG 게임 애니메이션 스타일의 캐릭터 디자인을 설명하며, 디테일한 셰이딩과 색상 팔레트를 잘 조화시킨 귀여운 소녀 캐릭터를 묘사합니다. 고양이 귀와 판타지 의상이 매력적이며, 신비롭고 활기찬 배경이 게임의 분위기를 잘 살립니다. 캐릭터의 표정은 호기심과 부드러움을 강조하여 성격을 부각시키며, 전체적으로 게임의 세계관을 효과적으로 강조합니다.

02 애니메이션 스타일의 캐릭터 이미지가 4개 만들어졌습니다. 이 중에서 도도한 디자인 콘셉트에 가장 잘 어울리는 이미지를 선택합니다. 예제에서는 1번 이미지를 다양한 방식으로 변형하기 위해 선택하였습니다.

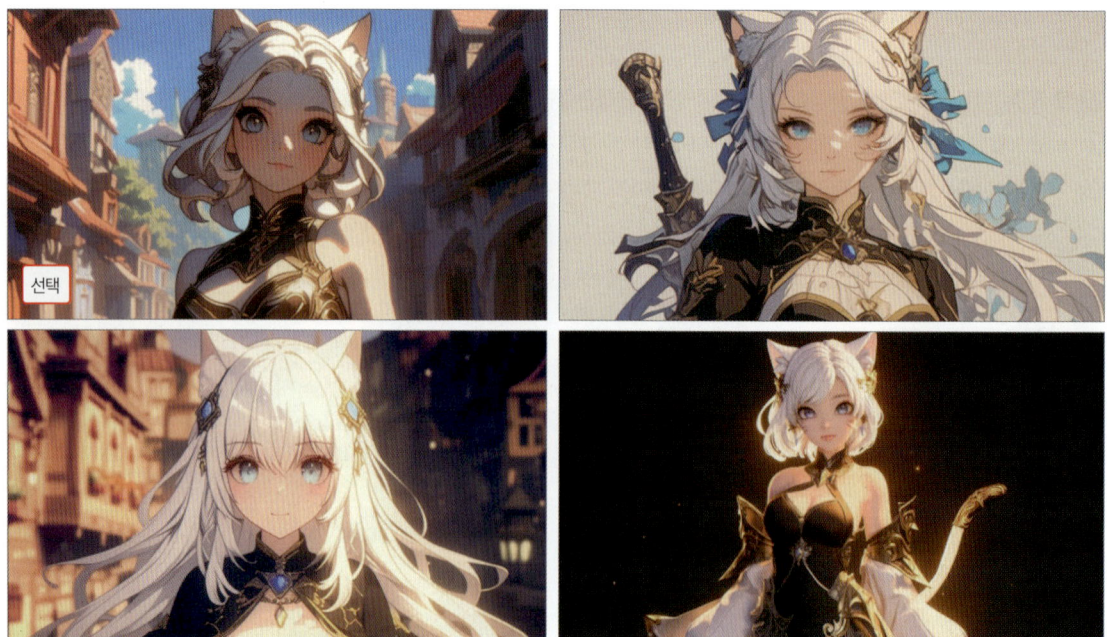

03 확장된 화면의 오른쪽에 있는 Creation Actions에서 Vary의 〈Subtle〉 버튼을 클릭하여 기존 이미지의 스타일과 표정이 마음에 들어 비교적 안전하게 변형하여 새로운 이미지를 생성합니다.

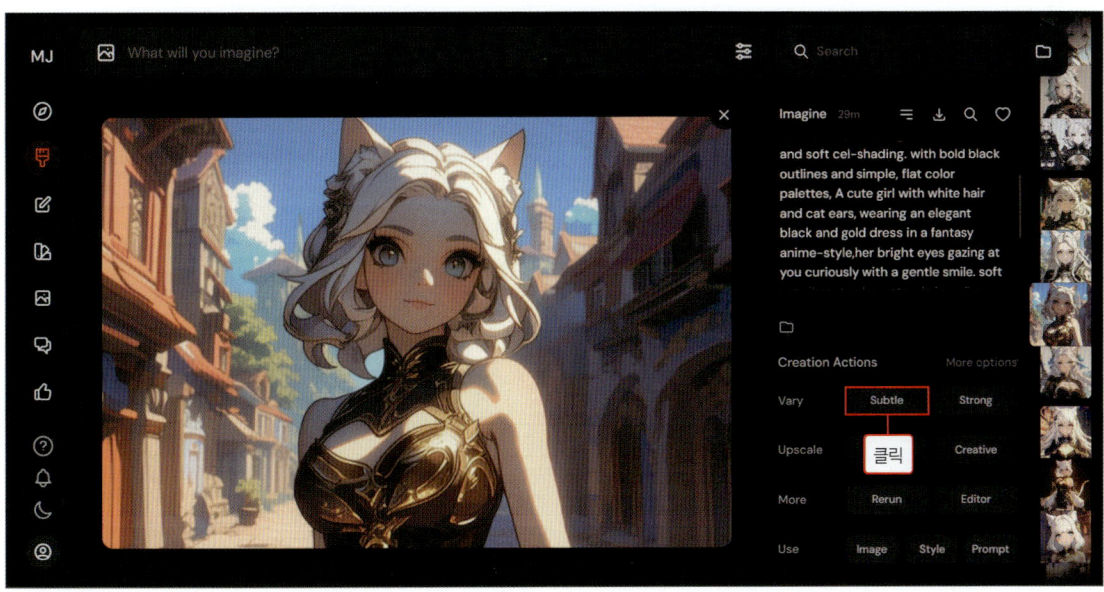

04 전체 구성을 유지한 채, 베리에이션 된 결과물이 4개 표시됩니다. 이 중 콘셉트에 가장 어울리는 이미지를 최종으로 선택합니다. 예제에서는 2번 이미지를 선택하였습니다.

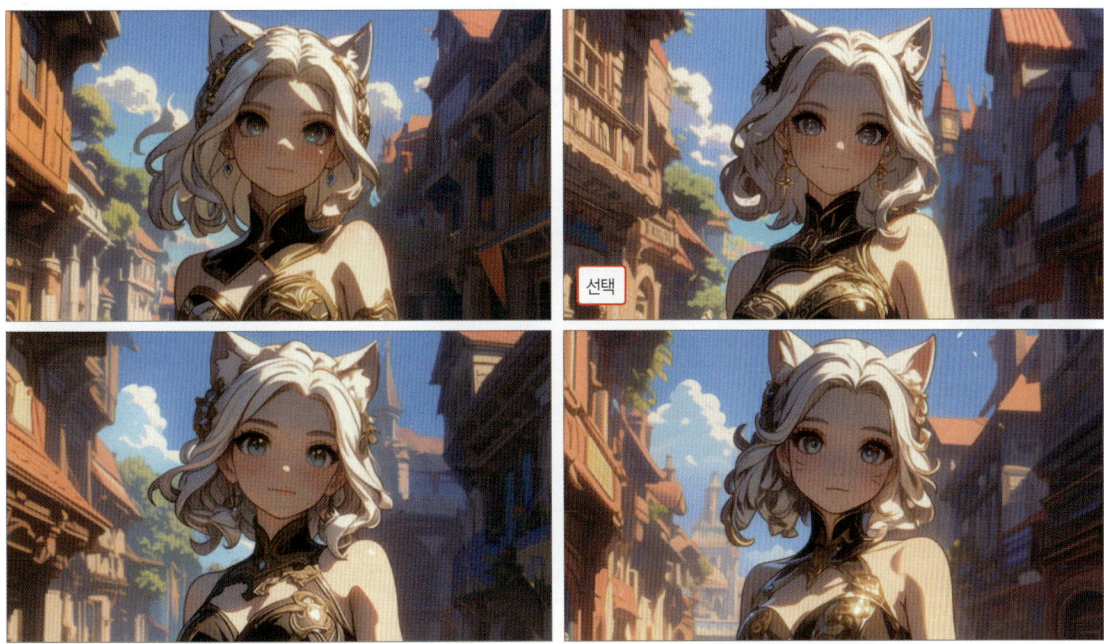

05 확장된 화면의 오른쪽에 있는 Creation Actions에서 Upscale의 〈Creative〉 버튼을 클릭하여 업스케일 합니다.

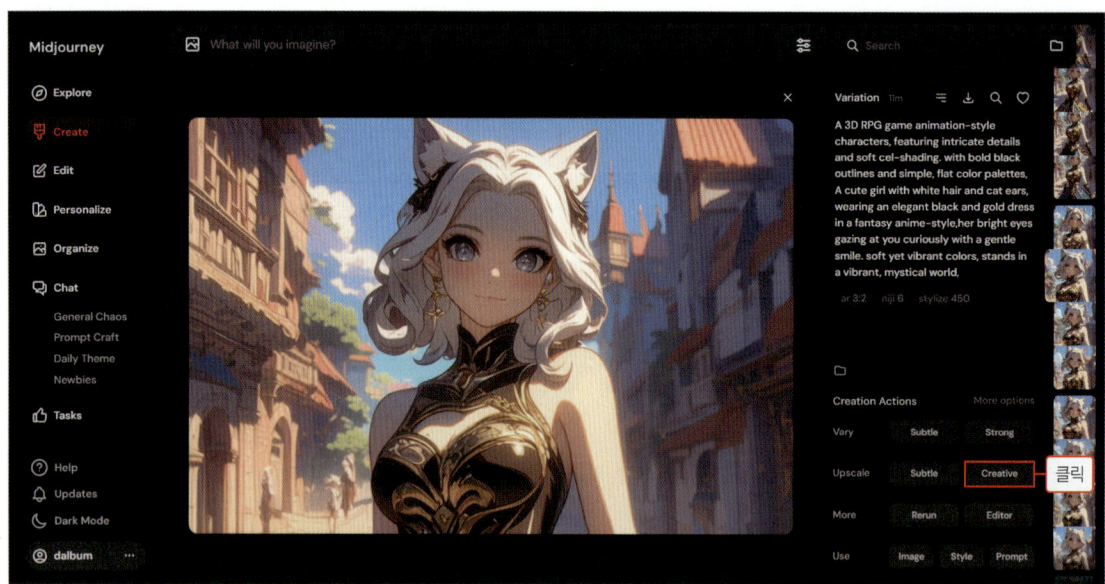

TIP Creative 업스케일은 단순 확대가 아닌 디테일과 스타일을 풍부하게 보완해 주는 기능입니다. 주로 예술적 분위기나 복잡한 질감을 강화할 때 효과적입니다.

06 업스케일이 완료되면 '저장' 아이콘(⬇)을 클릭하여 이미지를 PC에 저장합니다.

02 용감한 여행자 캐릭터 제작하기

이번에는 남성 캐릭터를 생성해 보겠습니다. 남성 캐릭터는 용감하고 과묵하며 따뜻한 성격의 여행자로 설정되었습니다. 그는 신을 찾기 위해 고향을 떠나 성장하고 성찰하는 여정을 거칩니다. 주로 갑옷을 입고 한 손 검을 능숙하게 다룹니다. 스타일은 3D 입체감을 유지하면서 애니메이션의 감성을 더하고, 캐릭터에 생동감과 매력을 부여하는 방향으로 진행하겠습니다.

01 미드저니 웹 버전 사이트의 Imagine bar에 화면 구성 프롬프트를 입력하고 '▶' 아이콘을 클릭하여 이미지를 생성합니다.

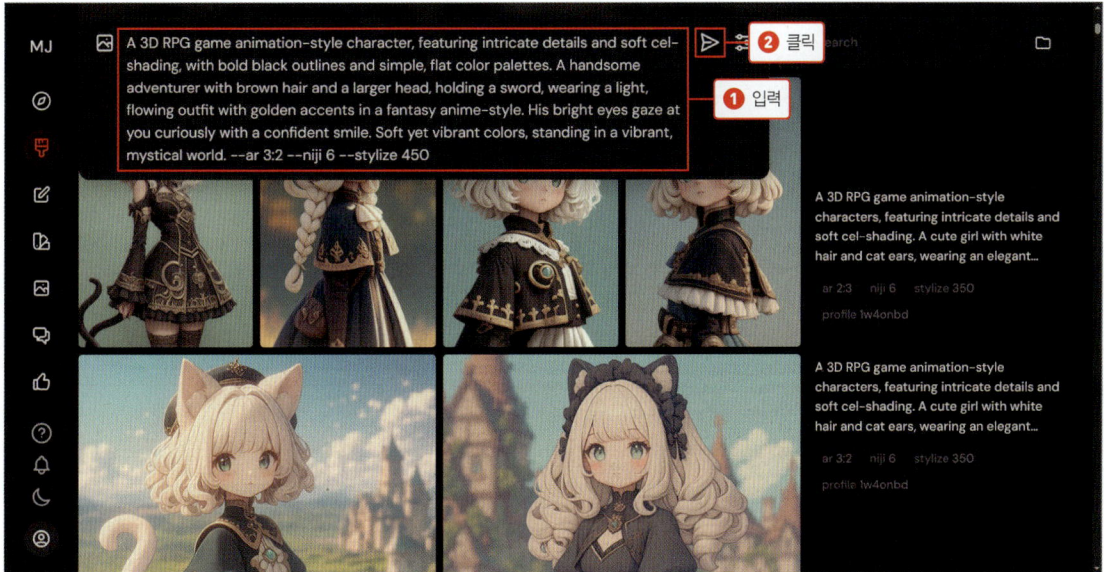

프롬프트
A 3D RPG game animation-style character, featuring intricate details and soft cel-shading, with bold black outlines and simple, flat color palettes. A handsome adventurer with brown hair and a larger head, holding a sword, wearing a light, flowing outfit with golden accents in a fantasy anime-style. His bright eyes gaze at you curiously with a confident smile. Soft yet vibrant colors, standing in a vibrant, mystical world. --ar 3:2 --niji 6 --stylize 450

입력팁
1. **A handsome adventurer with brown hair and a larger head** : 갈색 머리를 가진 잘생긴 남성 모험가로, 더 큰 머리 크기를 사용하여 귀엽고 애니메이션적인 비율입니다.

2. **His bright eyes are filled with curiosity, and he has a confident smile** : 밝은 눈과 자신감 있는 미소로 캐릭터의 성격을 나타냅니다.

TIP 이 프롬프트는 3D RPG 게임의 애니메이션 스타일 캐릭터를 생성하는 데 초점을 맞추고 있습니다. 세련된, 신비로운 판타지 세계와 어울리는 자신감 있는 모험가 캐릭터를 묘사하며, 그의 밝은 눈과 자신감 있는 미소, 그리고 간단하지만 아름다운 의상이 캐릭터의 매력을 돋보이게 합니다.

02 애니메이션 스타일의 남성 캐릭터 이미지가 4개 만들어졌습니다. 이 중에서 캐릭터의 콘셉트에 가장 잘 어울리는 이미지를 베리에이션 하기 위해 선택합니다. 예제에서는 4번 이미지를 선택하였습니다.

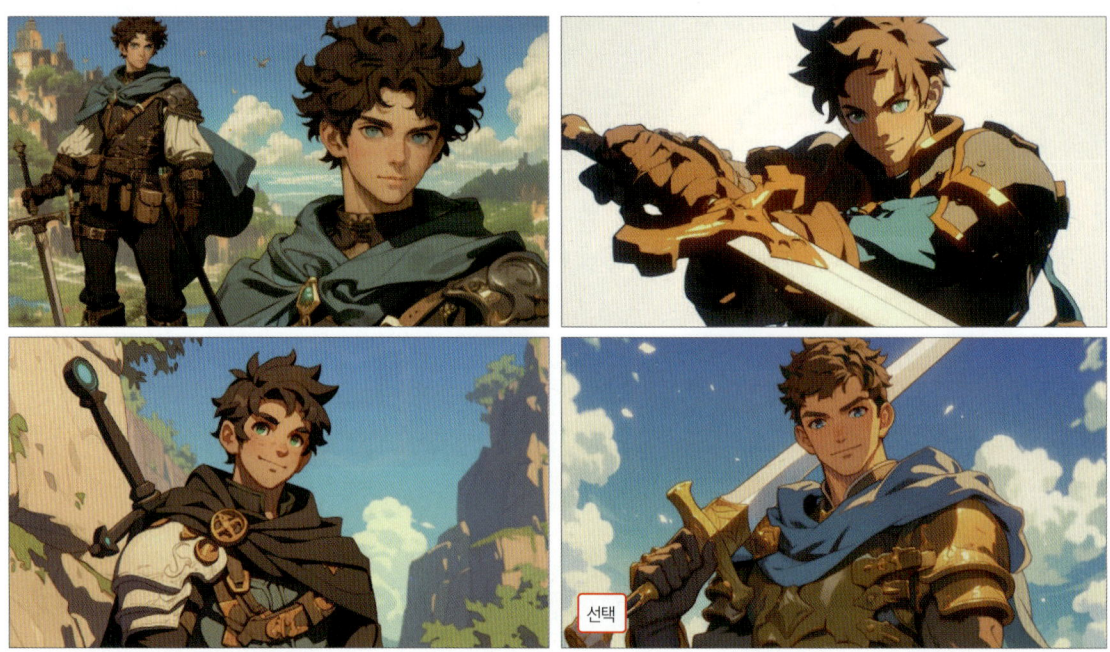

03 확장된 화면의 오른쪽에 있는 Creation Actions에서 Vary의 〈Strong〉 버튼을 클릭하여 기존 이미지의 스타일과 구성을 보다 강렬하게 변형하면서도 일관성을 유지한 새로운 이미지를 생성합니다.

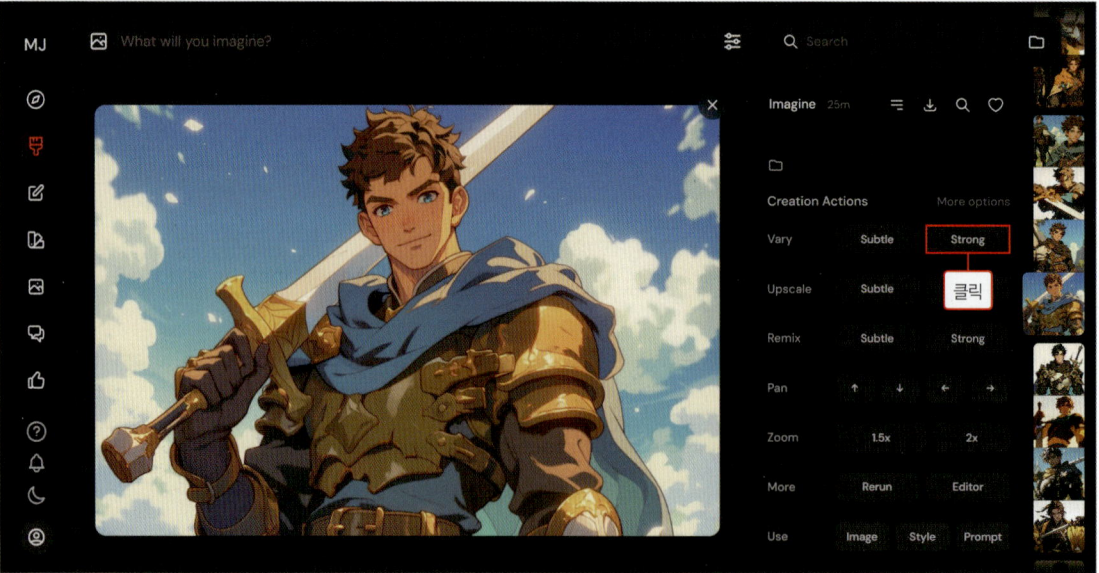

04 전체 구성을 유지한 채 베리에이션 된 결과물이 4개 표시됩니다. 이 중 콘셉트에 가장 어울리는 이미지를 최종으로 선택합니다. 예제에서는 자신감 넘치는 표정이 인상 깊은 2번 이미지를 선택하였습니다.

05 확장된 화면의 오른쪽에 있는 Creation Actions에서 Upscale 의 〈Creative〉 버튼을 클릭하여 업스케일 합니다.

06 업스케일이 완료되면 '저장' 아이 콘(⬇)을 클릭하여 이미지를 PC 에 저장합니다.

03 두 캐릭터를 한 장면에 조화롭게 배치하기

여행자 캐릭터가 모두 완성되었습니다. 이제 RPG 오픈월드 게임 속 스토리의 한 장면을 표현하기 위해 두 캐릭터의 일관성을 유지하면서 한 화면의 연출 작업을 진행하겠습니다.

01 따로 생성한 두 캐릭터를 한 화면에 함께 담기 위해 미드저니 웹 버전의 Imagine bar에 각 캐릭터 이미지를 드래그하여 추가합니다. 그다음 각 이미지 하단에서 'Use as Character Ref' 아이콘(👤)을 클릭하고 Shift 를 누른 상태로 'Use as Style Ref' 아이콘(📎)을 클릭하여 활성화합니다.

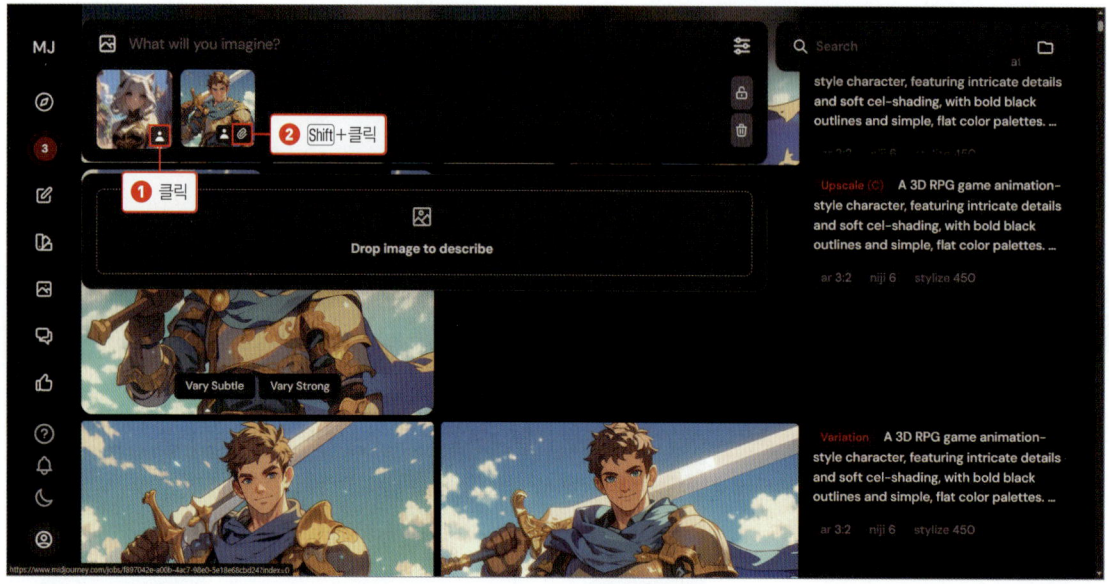

02 미드저니 웹 버전 사이트의 Imagine bar에서 두 캐릭터가 한 화면에 같이 배치되는 프롬프트를 입력하고 '▶' 아이콘을 클릭하여 이미지를 생성합니다.

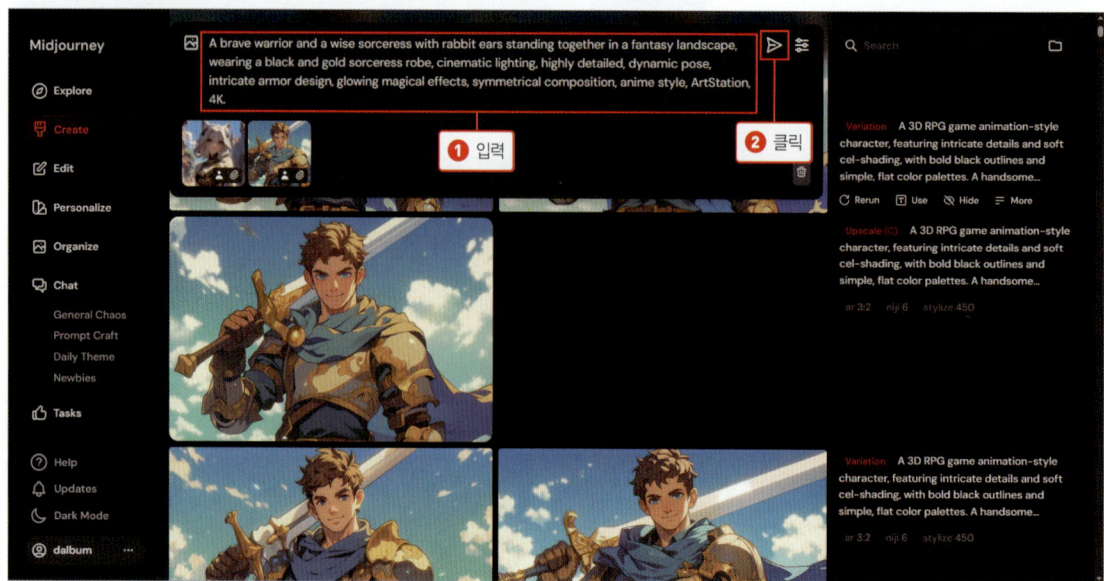

프롬프트 A brave warrior and a wise sorceress with rabbit ears standing together in a fantasy landscape, wearing a black and gold sorceress robe, cinematic lighting, highly detailed, dynamic pose, intricate armor design, glowing magical effects, symmetrical composition, anime style, ArtStation, 4K

입력팁
1. **A brave warrior and a wise sorceress with rabbit ears** : 용감한 전사와 토끼 귀를 가진 지혜로운 여자 마법사가 등장합니다.
2. **standing together in a fantasy landscape** : 두 캐릭터가 함께 서 있는 장면. 배경은 판타지 풍경으로 설정하여 분위기 강조합니다.
3. **wearing a black and gold sorceress robe** : 마법사는 검은색과 금색의 마법 로브 착용합니다.
4. **cinematic lighting** : 영화적인 조명을 사용해 극적인 분위기 연출합니다.
5. **dynamic pose** : 정적인 자세가 아닌, 생동감 있는 포즈를 강조합니다.
6. **symmetrical composition** : 대칭적인 구도를 강조하여 균형감 있는 이미지를 연출합니다.
7. **glowing magical effects** : 마법적인 발광 효과를 추가하여 신비로운 분위기를 강조합니다.
8. **ArtStation, 4K** : 수준의 고품질 아트 스타일을 목표로 합니다.

TIP 스타일을 체크하는 'Use as Style Ref' 아이콘(●)을 활성화했기 때문에 프롬프트에 기본 스타일에 대한 문구는 중복하여 입력하지 않아도 됩니다.

TIP 프롬프트에 'standing side by side', 'facing each other', 'symmetrical composition' 같은 표현을 넣으면 두 캐릭터가 단순히 나란히 있는 것 이상으로, 하나의 장면 안에서 조화롭게 연결된 느낌을 줄 수 있습니다.

03 한 화면에 일관성을 유지한 남녀가 포즈를 취하고 동시에 조화를 이루는 이미지가 4개 생성되었습니다. 생성된 이미지를 베리에이션 하기 위해 가장 프롬프트 적용이 잘된 이미지를 선택합니다. 예제에서는 구도와 의상의 반영도가 뛰어난 2번 이미지를 선택하였습니다.

04 기존 이미지의 스타일과 구성이 괜찮아서 비교적 안전하게 변형하겠습니다. 확장된 화면의 오른쪽에 있는 Creation Actions에서 Vary의 〈Subtle〉 버튼을 클릭하여 새로운 이미지를 생성합니다.

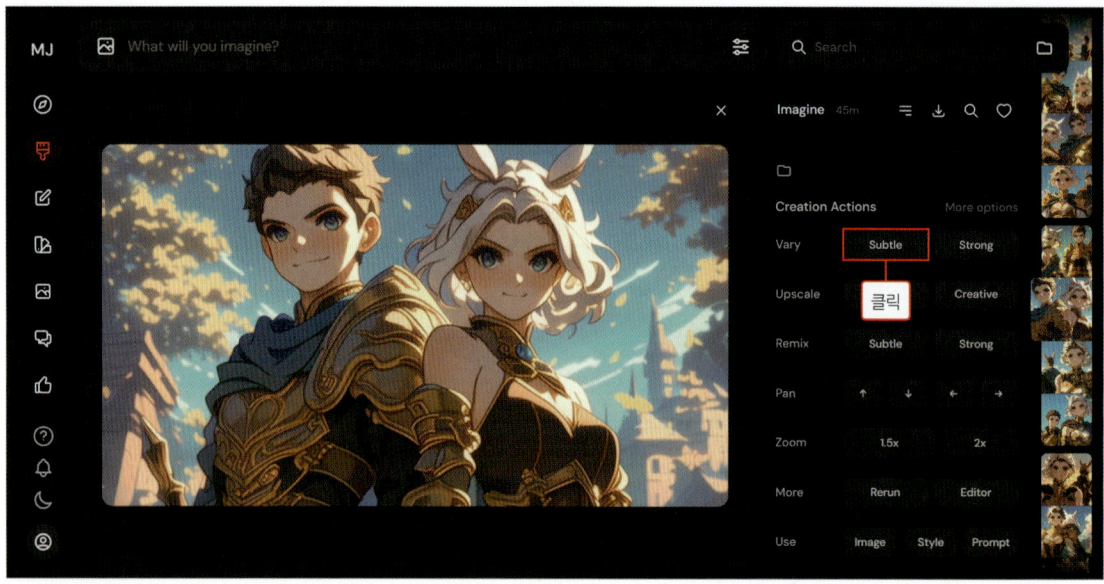

05 전체 구성을 유지한 채 베리에이션 된 이미지가 4개 생성되었습니다. 이 중에서 표정이 제일 자연스러운 이미지를 최종으로 선택합니다. 예제에서는 4번 이미지를 선택하여 잘린 부분을 확장하겠습니다.

TIP 두 인물 이상이 등장하는 경우, 인물 간 거리나 크기 비율이 자연스러운 이미지를 선택하면, 장면의 균형을 유지하면서 다양한 용도로 활용하기가 수월합니다.

06 선택한 이미지에서 마우스 오른쪽 버튼을 클릭한 다음 More → Editor를 실행합니다.

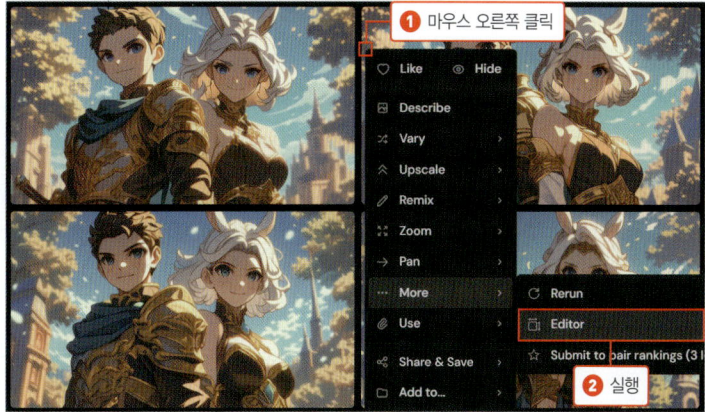

07 세밀한 수정 작업을 할 수 있는 공간이 제공되면 스케일 바를 '85%'로 조절하여 축소하고 그림과 같이 이미지를 이동하여 배치한 다음 〈Submit〉 버튼을 클릭합니다.

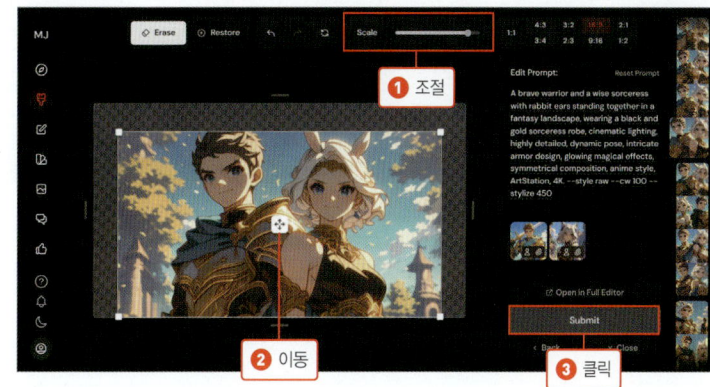

08 잘린 윗부분이 확장된 이미지가 4개 생성되었습니다. 이 중 가장 자연스러운 이미지를 최종으로 선택합니다. 예제에서는 2번 이미지를 선택하였습니다.

237

09 확장된 화면의 오른쪽에 있는 Creation Actions에서 Upscale의 〈Subtle〉 버튼을 클릭하여 업스케일 작업을 진행합니다.

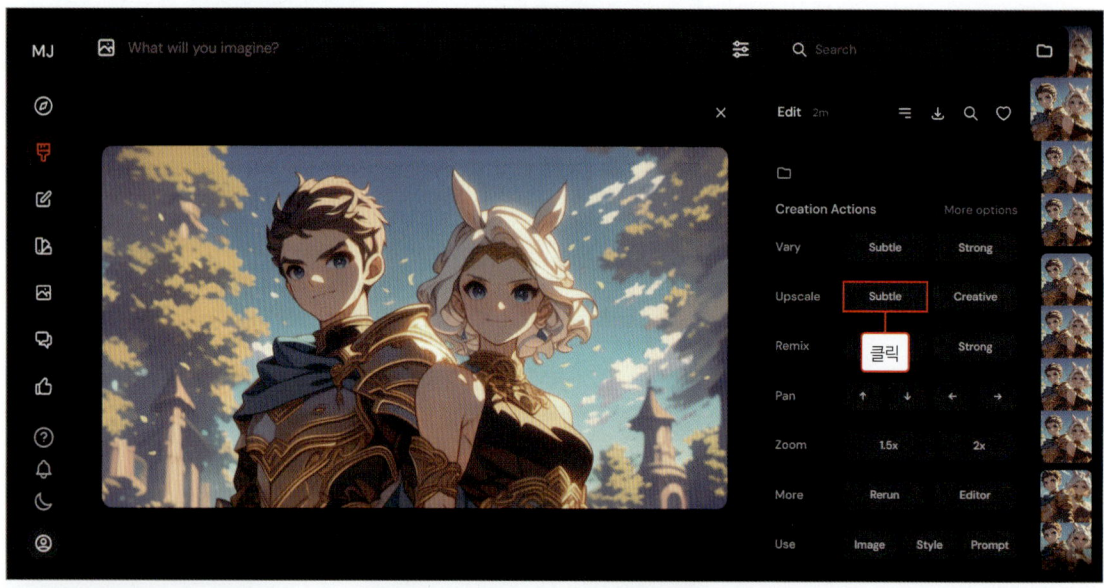

10 업스케일이 완료되면 '저장' 아이콘(⬇)을 클릭하여 이미지를 PC에 저장합니다.

● 완성파일 : 03\버섯몬스터1~2_완성.png

SECTION 22. 애니메이션 스타일의 귀여운 몬스터 생성하기

몬스터는 사용자의 성장과 도전을 유도하는 적대적인 존재로, 일반적으로 경험치(XP), 아이템, 그리고 스토리 진행의 핵심 요소로 활용됩니다. 게임의 장르와 세계관에 따라 다양한 역할과 종류로 나뉘며, 능력에 따라 등급별로 구분됩니다. 이번에는 그중에서도 일반 몬스터를 작업해 보겠습니다.

01 몬스터 유형 정하고 캐릭터 생성하기

RPG 게임에서 슬라임과 같은 일반 몬스터는 주로 필드에서 등장하며, 비교적 약한 존재로 쉽게 쓰러뜨릴 수 있습니다. 이들은 경험치와 기본 아이템을 제공하는 역할을 하며, 사용자의 성장과 게임 진행을 돕습니다.

01 몬스터 작업을 진행하기 위해 먼저 몬스터의 유형(동물형, 인간형 등), 전투 스타일, 난이도 등의 기본 콘셉트를 설정합니다.

> **일반 몬스터의 종류**
> - 생물형 몬스터(Beast Type) : 자연 속에서 서식하는 동물이나 환상 생물 형태의 몬스터들입니다.
>   예 슬라임(Slime), 고블린(Goblin), 늑대(Wolf), 박쥐(Bat), 버섯(Mushroom)
> - 인간형 몬스터(Humanoid Type) : 지능이 있지만 주로 적대적인 NPC 몬스터들입니다.
>   예 도적(Bandit), 좀비(Zombie), 해골 전사(Skeleton Warrior), 오우거(Ogre)
> - 마법/정령형 몬스터(Magical/Elemental Type) : 마법적 성질을 가진 몬스터들로, 자연의 힘이나 마법을 사용합니다.
>   예 불 정령(Fire Elemental), 얼음 골렘(Ice Golem), 암흑 망령(Dark Wraith), 돌 골렘(Stone Golem)
> - 언데드형 몬스터(Undead Type) : 죽은 자가 다시 살아나거나 저주받은 형태의 몬스터들입니다.
>   예 해골 궁수(Skeleton Archer), 리치(Lich), 구울(Ghoul), 망령 기사(Phantom Knight)

02 예제는 판타지 RPG에서 흔히 등장하는 귀엽지만, 위험한 버섯 몬스터(Mushroom Monster)를 제작합니다. 다음과 같이 캐릭터의 기본 설정을 작성합니다.

> - 이름 : 팡팡 버섯(Pangpang Mushroom)
> - 출현 : 자연 친화적 판타지 환경, 숲과 늪지 등에서 출현
> - 등급 : 일반 몬스터(Lv 1~3)
> - 특징 : 온순하지만, 위협을 받으면 반격하며, 위험을 감지하면 도망감
> - 공격 방식 : 몸통 박치기
> - 드랍 아이템 : 버섯 가루, 초급 음식 재료
> - 외형 디자인 : 작고 동그란 버섯 모양의 머리를 가진 통통한 몸통을 지닌 몬스터입니다. 짧은 팔과 다리로 둔하게 걷는 모습이 특징이며, 전체적으로 귀엽고 둔한 인상을 줍니다. 몸은 부드러운 곡선으로 이루어져 있으며, 버섯 특유의 텍스처와 색상이 돋보입니다.

03 웹브라우저에서 'midjourney.com'을 입력하고 미드저니 웹 버전 사이트에 접속합니다. Imagine bar에 몬스터에 대한 프롬프트를 입력하고 '▷' 아이콘을 클릭하여 이미지를 생성합니다.

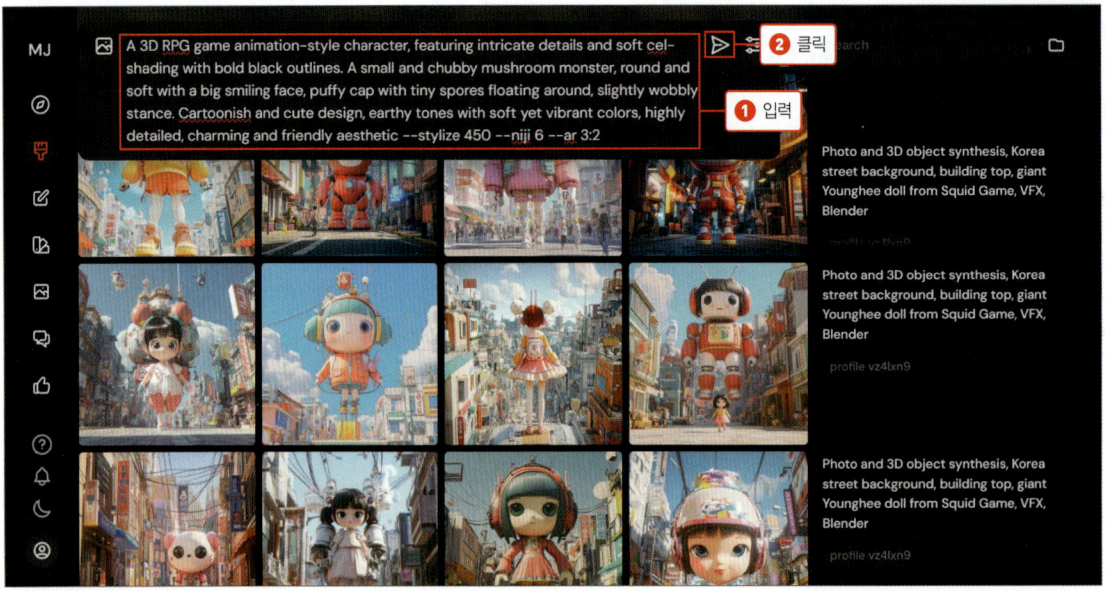

프롬프트 A 3D RPG game animation-style character, featuring intricate details and soft cel-shading with bold black outlines. A small and chubby mushroom monster, round and soft with a big smiling face, puffy cap with tiny spores floating around, slightly wobbly stance. Cartoonish and cute design, earthy tones with soft yet vibrant colors, highly detailed, charming and friendly aesthetic --stylize 450 --niji 6 --ar 3:2

입력 팁

1. **A small and chubby mushroom monster, round and soft with a big smiling face** : 귀엽고 부드러운 느낌을 주는 작고 통통한 버섯 몬스터입니다.

2. **Puffy cap with tiny spores floating around** : 부풀어 오른 버섯 모자와 작은 포자들이 떠다니는 모습은 몬스터의 특징적 요소로, 자연스러운 판타지 세계에서의 생동감을 추가합니다.

3. **Cartoonish and cute design** : 만화 스타일로 그려진 귀여운 디자인을 강조하여, 게임의 분위기에 맞는 친근하고 장난스러운 느낌을 전달합니다.

4. **Earthy tones with soft yet vibrant colors** : 자연적인 색조(earthy tones)는 몬스터가 판타지 세계에서 자연과 밀접하게 연결되어 있다는 느낌을 줍니다.

5. **Highly detailed, charming and friendly aesthetic** : 세밀한 디테일과 매력적인 외관을 강조합니다.

TIP 이 프롬프트는 귀엽고 친근한 버섯 몬스터를 3D RPG 게임 스타일로 디자인하려는 의도를 잘 전달합니다. 셀 셰이딩을 사용하여 만화 같은 느낌을 주며, 초반 저레벨 몬스터로 적합하고 사용자에게 매력적인 캐릭터로 다가갈 수 있습니다.

04 애니메이션 스타일의 귀여운 버섯 몬스터 이미지가 4개 만들어졌습니다. 이 중에서 외형과 스타일이 콘셉트에 가장 잘 어울리는 이미지를 베리에이션 하기 위해 선택합니다. 예제에서는 2번 이미지를 선택하여 다양한 방식으로 변형하겠습니다.

05 확장된 화면의 오른쪽에 있는 Creation Actions에서 Vary의 〈Strong〉 버튼을 클릭하여 기존 이미지의 스타일과 구성을 보다 강렬하게 변형하면서도 일관성을 유지한 새로운 이미지를 생성합니다.

06 전체 구성을 유지한 채, 4개의 강하게 변형된 결과물이 표시됩니다. 이 중 영상 콘셉트에 가장 적합한 이미지를 선택합니다. 예제에서는 몬스터의 정면의 이미지가 잘 표현된 2번 이미지를 선택하여 업스케일 작업을 진행하겠습니다.

07 확장된 화면의 오른쪽에 있는 Creation Actions에서 Upscale의 〈Creative〉 버튼을 클릭하여 업스케일합니다.

08 업스케일이 완료되면 '저장' 아이콘(⬇)을 클릭하여 이미지를 PC에 저장합니다.

02 버섯 몬스터 캐릭터 시트 만들기

생성한 캐릭터 이미지를 기준으로, 앞모습, 옆모습, 뒷모습을 포함한 캐릭터 시트(Character Sheet)를 만들어 보겠습니다.

01 최종으로 저장한 몬스터 이미지를 미드저니 웹 버전의 Imagine bar의 'Drop to Add Image'로 드래그하여 추가합니다.

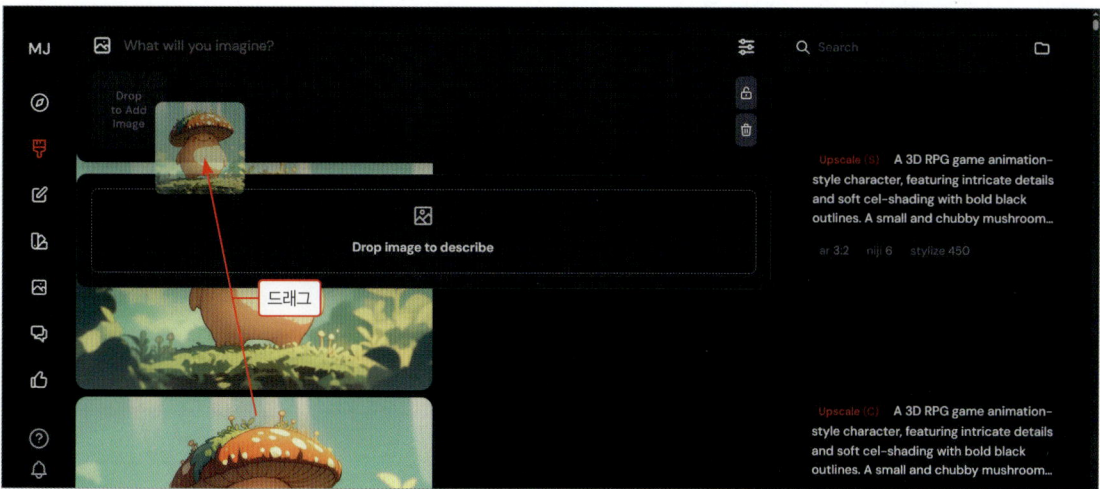

TIP 예제와 같은 이미지를 사용하려면 03 폴더에서 '버섯몬스터1_완성.png' 파일을 불러와 사용하세요.

02 이미지 하단에서 'Use as Character Ref' 아이콘(👤)을 클릭하고 Shift 를 누른 상태로 'Use as Style Ref' 아이콘(📎)을 클릭하여 캐릭터의 일관성과 스타일을 활성화합니다.

03 Imagine bar에 몬스터 캐릭터의 시트가 표현될 'Character Sheet, Character around view, Front, side, back, profile view --ar 16:9 --cw 90'을 프롬프트를 입력하고 '▶' 아이콘을 클릭하여 이미지를 생성합니다.

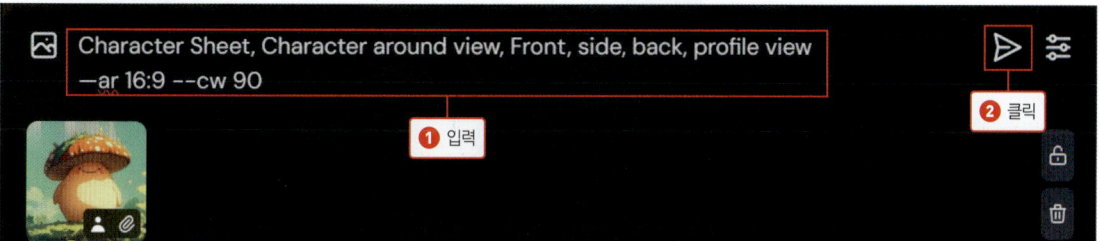

04 그림과 같이 한 화면에 일관성을 유지하며 단순한 스타일의 캐릭터 시트 이미지가 4개 생성되었습니다. 예제에서는 반영도가 괜찮은 2번 이미지를 선택했으나 눈이 이전과 유사했으면 좋겠다고 생각하여 Editor 화면으로 이동하겠습니다.

05 확장된 화면의 오른쪽에 있는 Creation Actions 항목에서 More의 〈Editor〉 버튼을 클릭합니다.

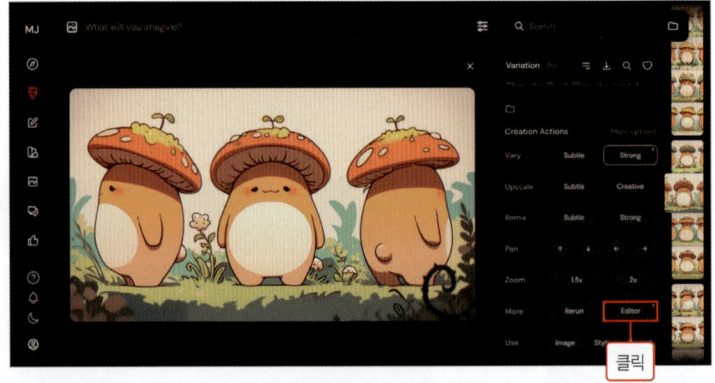

06 세밀한 수정 작업을 할 수 있는 공간이 제공되면 Erase 기능을 이용해 눈 부분을 칠하고 〈Submit〉 버튼을 클릭하여 변경 사항을 저장합니다.

TIP Erase 기능을 사용한 뒤, 별도로 프롬프트를 입력하지 않고 바로 〈Submit〉 버튼만 클릭해도 다양한 수정 결과를 확인할 수 있습니다.

07 몬스터의 눈 부분이 수정된 이미지가 4개 생성되었습니다. 여기서 기준이 되었던 몬스터 캐릭터의 눈 형태와 잘 맞는 이미지를 최종으로 선택합니다. 예제에서는 1번 이미지를 선택하였습니다.

08 확장된 화면의 오른쪽에 있는 Creation Actions에서 Upscale 의 〈Subtle〉 버튼을 클릭하여 업스케일 작업을 진행합니다.

09 업스케일이 완료되면 '저장' 아이콘(⬇)을 클릭하여 이미지를 PC에 저장합니다.

TIP 캐릭터 시트에는 아래 프롬프트를 추가하면 캐릭터가 돋보이는 깔끔한 배경을 만들 수 있습니다.
- plain background : 단색 또는 깔끔한 배경
- light neutral color : 시선을 분산시키지 않는 중립 색상
- studio lighting : 캐릭터의 외형이 잘 드러나도록 균일한 조명을 사용

SECTION
23. 파스텔 톤의 오픈 월드 배경 디자인 생성하기

완성파일 : 03\오픈월드_배경완성.png

캐릭터가 완성되었으면, 이제 비슷한 톤으로 배경을 생성해야 합니다. 파스텔 톤의 오픈 월드 배경 디자인은 부드럽고 따뜻한 색조를 사용하여 전체적인 분위기를 평화롭고 아늑하게 만드는 스타일입니다. 일반적으로 밝고 부드러운 색상을 중심으로 하여, 자연환경이나 마법적인 요소들이 잘 어우러지도록 합니다.

오픈월드의 배경을 생성하기 위해 전체적으로 파스텔 느낌에 동양적인 판타지풍 배경으로 기획하겠습니다.

01 웹브라우저에서 'midjourney.com'을 입력하고 미드저니 웹 버전 사이트에 접속합니다. Imagine bar에서 배경에 대한 프롬프트를 입력하고 '▶' 아이콘을 클릭하여 이미지를 생성합니다.

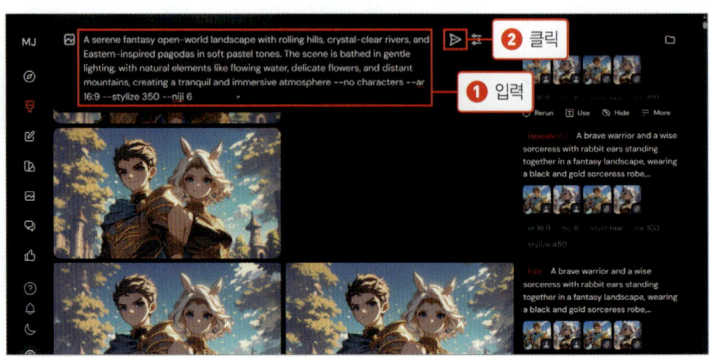

프롬프트 A serene fantasy open-world landscape with rolling hills, crystal-clear rivers, and Eastern-inspired pagodas in soft pastel tones. The scene is bathed in gentle lighting, with natural elements like flowing water, delicate flowers, and distant mountains, creating a tranquil and immersive atmosphere --no characters --ar 16:9 --stylize 350 --niji 6

입력 팁
1. **A serene fantasy open-world landscape with rolling hills, crystal-clear rivers, and Eastern-inspired pagodas in soft pastel tones** : 판타지적인 분위기의 동양풍의 오픈 월드 배경을 설정하며, 부드러운 파스텔 톤을 사용하여 평화롭고 따뜻한 느낌을 줍니다.
2. **The scene is bathed in gentle lighting, with natural elements like flowing water, delicate flowers, and distant mountains, creating a tranquil and immersive atmosphere** : 부드러운 조명과 흐르는 물과 산등 자연적인 요소들이 강조되며, 장면이 평화롭고 몰입감 있는 분위기를 조성합니다.
3. **--no characters** : 캐릭터를 제외하고 배경에만 집중하겠다는 명시적 요청을 할 수 있습니다.
4. **--niji 6** : Niji 모델(버전 6)을 사용하여, 일본 애니메이션 스타일의 디테일과 감성을 강화하는 설정입니다. 이는 부드럽고 섬세한 느낌을 더하며, 특히 동양적인 분위기를 강조할 수 있습니다.

TIP 이 프롬프트는 동양적인 판타지 배경과 평화로운 자연을 강조하며, 캐릭터 없이 고요하고 몰입감 있는 풍경을 조성합니다. Niji 모델을 사용해 애니메이션 느낌을 강조하고, 16:9 비율로 영화적인 구도를 제공합니다. 이 요소들이 결합되어 판타지적이고 평화로운 환경을 만들어 몰입감을 제공합니다.

02 설정한 프롬프트를 바탕으로 생성된 동양적인 파스텔 톤의 월드맵 배경 이미지가 4개 생성되었습니다. 주변을 좀 더 확대하기 위해 먼저 구성과 색감이 가장 잘 어울리는 이미지를 최종적으로 선택합니다. 예제에서는 구도와 맵 밸런스가 좋은 3번 이미지를 선택하였습니다.

03 맵의 확대된 부분을 더욱 세밀하게 살펴보고 추가적인 조정 작업을 진행하기 위해 확장된 화면의 오른쪽에 있는 Creation Actions에서 Zoom의 〈2x〉 버튼을 클릭합니다.

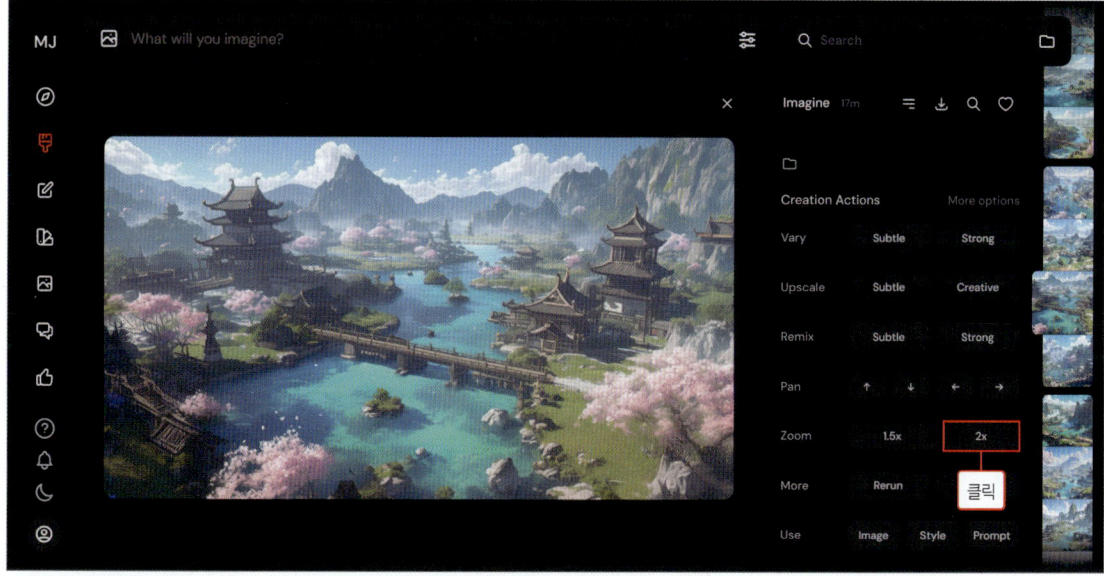

TIP 미드저니의 Zoom의 '2x' 기능은 기존에 생성한 이미지를 해상도나 구도를 유지한 채 더 넓은 장면으로 확장하거나, 더 정밀하게 확대하기 위해 사용하는 기능입니다. 단순히 배율을 키우는 것이 아니라, 기존 이미지의 스타일과 디테일을 분석해 자연스럽게 장면을 확장하는 것이 핵심이며, 새로운 씬을 만드는 대신 같은 장면을 이어가는 방식이기 때문에 스토리보드용 연속 이미지로 활용하기에도 적합합니다.

04 전체 구성을 유지한 채 주변이 2배 확장된 이미지가 4개 생성되었습니다. 이 중에서 콘셉트에 가장 어울리는 이미지를 최종으로 선택합니다. 예제에서는 전체 동선을 파악할 수 있는 1번 이미지를 선택하였습니다.

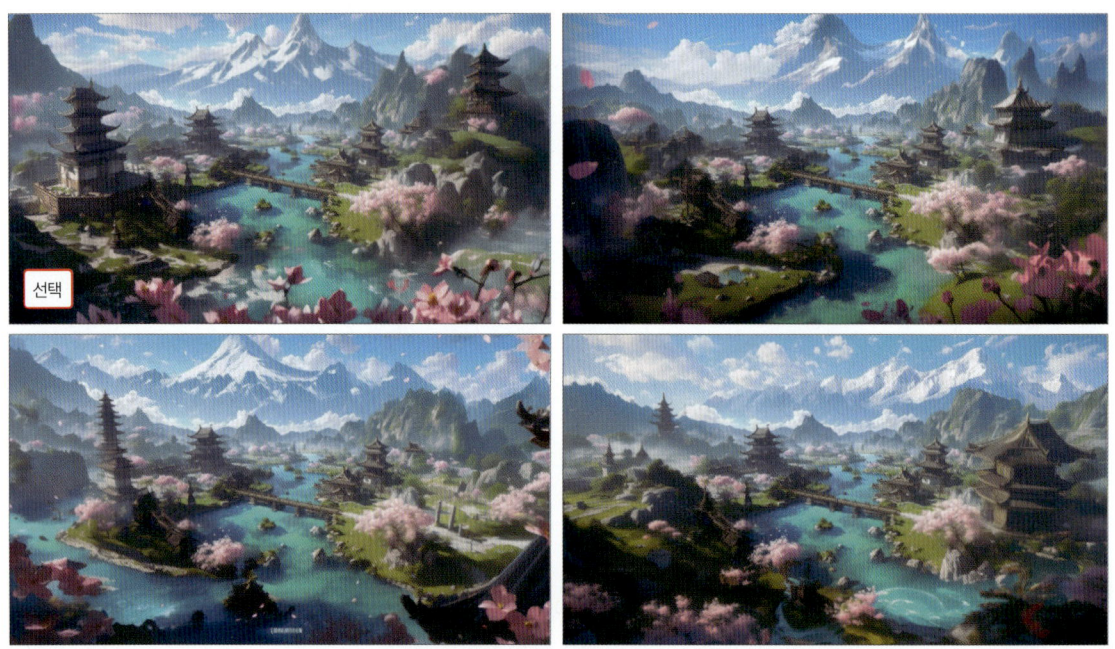

05 확장된 화면의 오른쪽에 있는 Creation Actions에서 Upscale의 〈Creative〉 버튼을 클릭하여 업스케일 작업을 진행합니다.

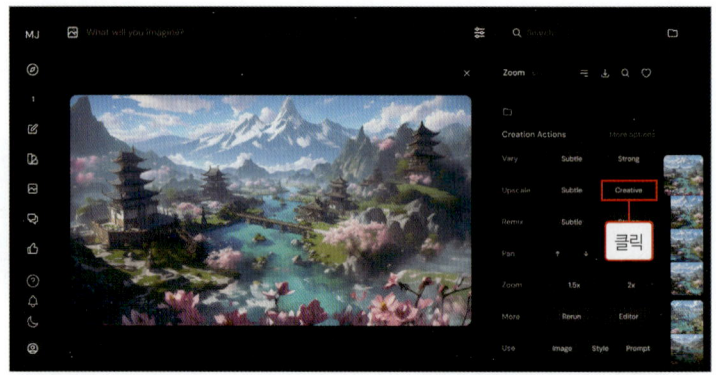

06 업스케일이 완료되면 '저장' 아이콘(⬇)을 클릭하여 이미지를 PC에 저장합니다.

SECTION 24.

텍스트로 AI 보이스 생성하기

> 완성파일 : 03\AI보이스_완성.mp3

일레븐랩스(ElevenLabs)를 활용하여 텍스트를 자연스럽고 감정이 담긴 음성으로 변환하는 과정을 살펴보겠습니다. 다양한 음성 스타일과 감정을 설정할 수 있어 맞춤형 AI 보이스 생성이 가능합니다.

01 AI 보이스를 생성하기 위해 웹브라우저에 'elevenlabs.io'를 입력하여 일레븐랩스 사이트에 접속하고 〈GET STARTED FREE〉 버튼을 클릭합니다.

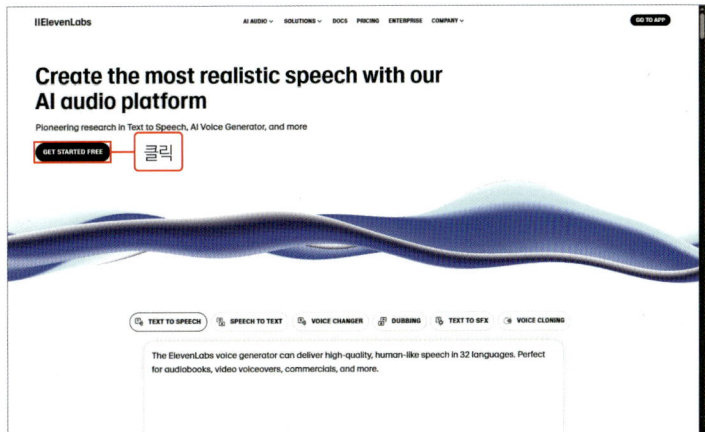

02 왼쪽에서 [Text to Speech(텍스트 음성 변환)] 메뉴를 선택하여 해당 화면으로 이동합니다. 가운데 공간에 음성으로 변환하고 싶은 텍스트를 입력하고 다양한 목소리 샘플을 살펴보기 위해 오른쪽 메뉴에서 Settings의 'Voice'를 클릭합니다. 예제에서는 영어로 'Shall we embark on an exciting adventure together from now on?'을 입력하였습니다.

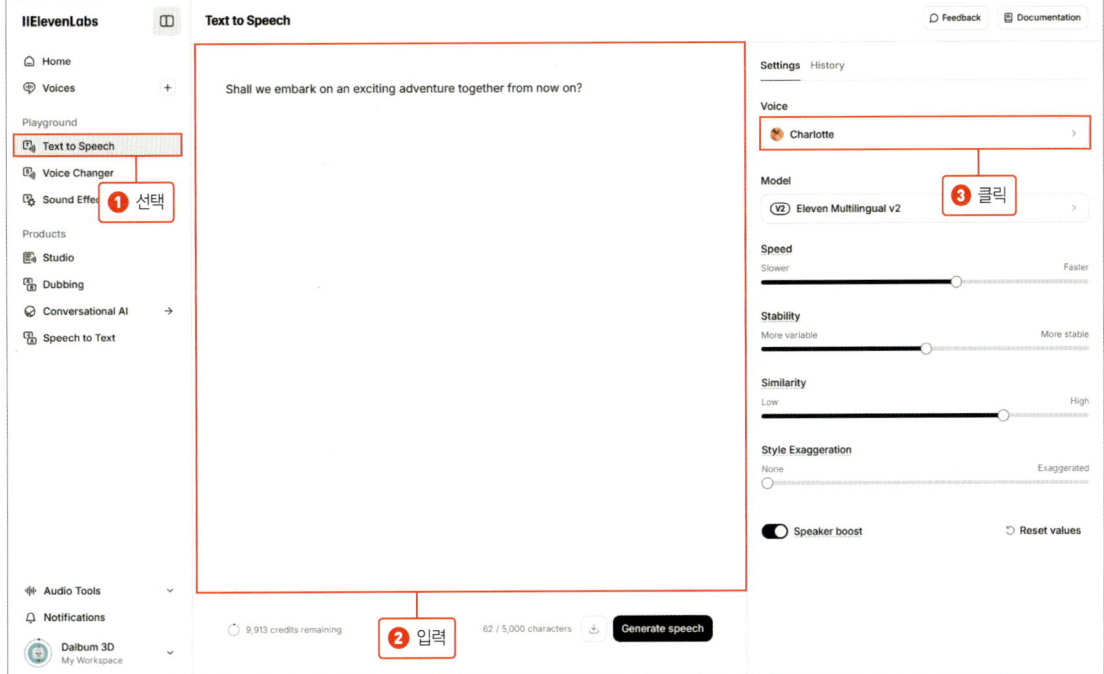

03 각각 이미지에 섬네일에 마우스 커서를 위치하면 '🎧' 아이콘으로 변경되는데, 이를 클릭하면 해당 목소리를 미리 들어볼 수 있습니다. 이 중에서 마음에 드는 목소리를 선택하고 '↵' 아이콘을 클릭하여 이전 화면으로 되돌아갑니다. 예제에서는 'Dorothy'를 선택하였습니다.

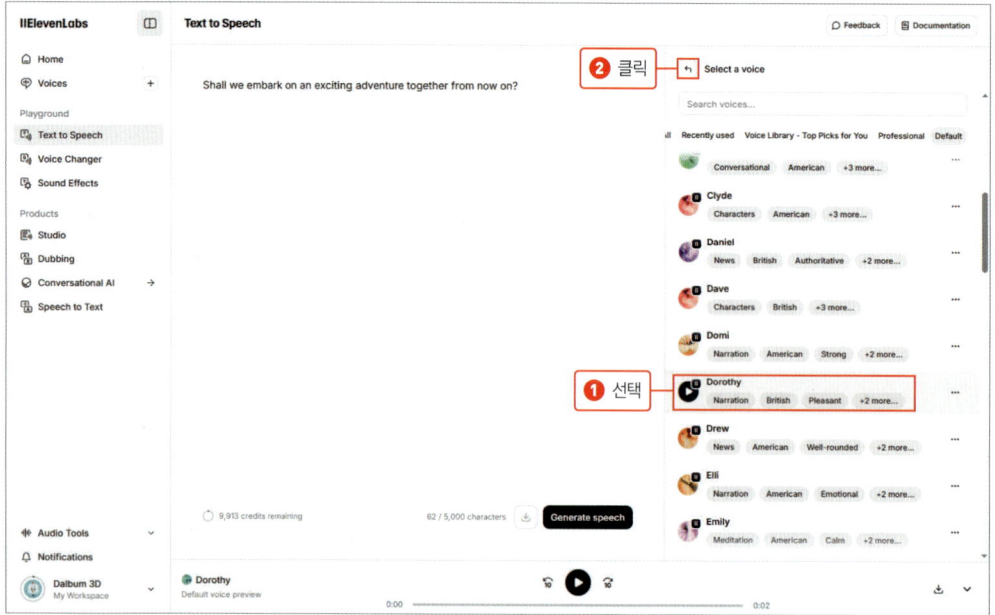

04 설정 화면에서 속도, 안정성, 과장 등의 값을 조정하여 설정을 변경하고 〈Generate speech〉 버튼을 클릭하여 음성을 생성합니다. 예제에서는 기본값으로 설정하였습니다.

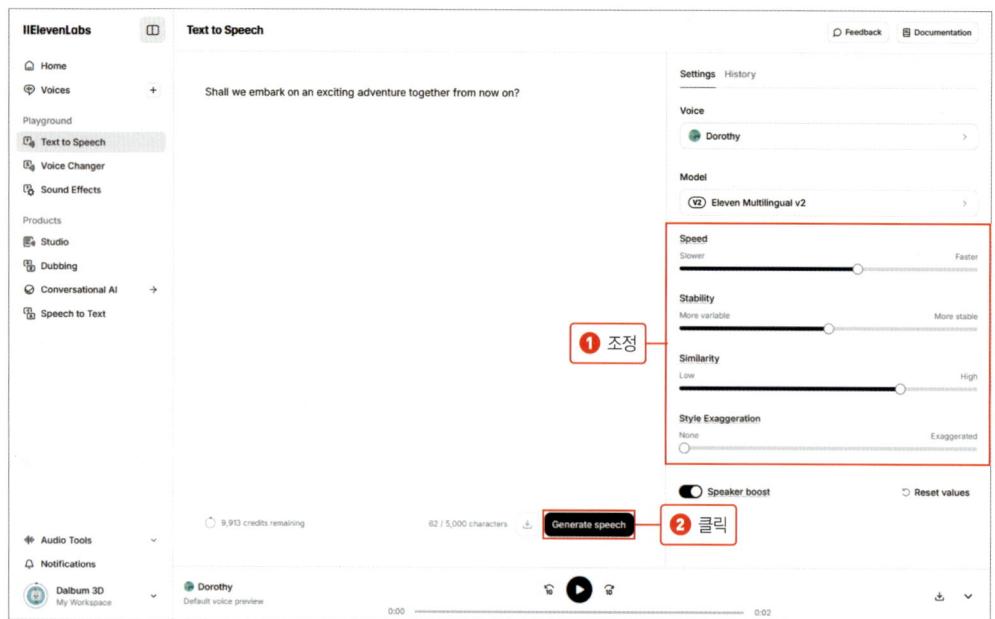

TIP 예제에서는 영어 텍스트를 사용하여 진행했지만, 한글을 입력해도 자연스러운 보이스가 생성됩니다. 일레븐랩스는 다양한 언어를 지원하며, 한글 음성도 부드럽고 자연스럽게 생성할 수 있습니다.

05 음성이 만족스럽지 않다면 성우를 변경하거나 설정을 조정하여 원하는 결과가 나올 때까지 변환합니다. 최종적으로 확정된 사운드는 오른쪽 아래의 '다운로드' 아이콘()을 클릭하여 다운로드하거나 (History) 메뉴를 통해 이전에 변환한 음성을 확인하고 다운로드할 수 있습니다.

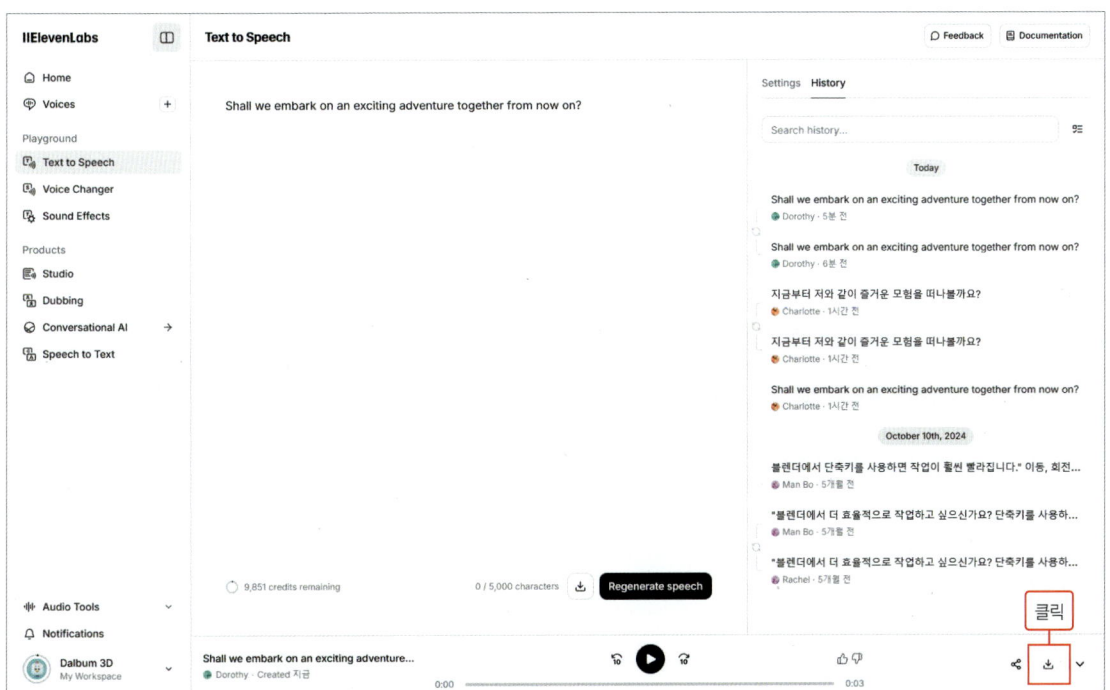

> **NOTE 일레븐랩스를 효과적으로 활용하기 위한 팁 3가지**
>
> ❶ 일레븐랩스는 텍스트의 문맥을 분석하여 음성의 억양과 감정을 조절합니다. 따라서, 텍스트에 감정 표현을 명시하면 보다 자연스러운 감정 전달이 가능합니다.
> 예를 들어, '그녀는 차분하게 조용히 말했다 : "괜찮아요."'와 같이 감정이나 말투를 명시하면, AI가 해당 문맥을 이해하여 적절한 감정을 담아 음성을 생성합니다.
>
> ❷ 일레븐랩스는 음성의 특성을 조절할 수 있는 다양한 설정을 제공합니다.
> • Stability : 낮은 값을 설정하면 자연스러운 억양과 감정 변화가 강조되며, 높은 값을 설정하면 일정한 톤의 음성이 생성됩니다.
> • Similarity : 생성되는 음성이 원본 보이스와 얼마나 비슷한지를 조절할 수 있습니다. Similarity 값을 높이면 기준 보이스에 가깝게, 낮추면 조금 더 자유롭고 감정이 섞인 스타일로 음성이 만들어집니다.
> • Style Exaggeration : 감정 표현의 강도를 조절하여, 더욱 극적인 표현이 필요한 경우 유용합니다.
>
> ❸ 일레븐랩스는 다양한 음성 스타일과 보이스 프리셋을 제공합니다. 같은 텍스트라도 다양한 음성 스타일로 테스트하여, 콘텐츠에 가장 적합한 음성을 선택하는 것이 중요합니다. 이를 통해 청중에게 더욱 효과적으로 메시지를 전달할 수 있습니다.

S E C T I O N

25.

● 예제파일 : 03\수인여행자.png, 립싱크.mp3   ● 완성파일 : 03\립싱크_완성.mp4

립싱크 기능으로 애니메이션 생성하기

클링 AI를 활용해 애니메이션을 제작하겠습니다. 이번에는 클링 AI의 립싱크 기능을 활용하여 오픈월드 게임 속 캐릭터가 NPC처럼 말하는 영상을 만들어 보겠습니다.

01 웹브라우저에서 'klingai.com'를 입력하여 클링 AI 사이트에 접속하고 로그인합니다. 영상을 생성하기 위해 'Video'를 선택합니다.

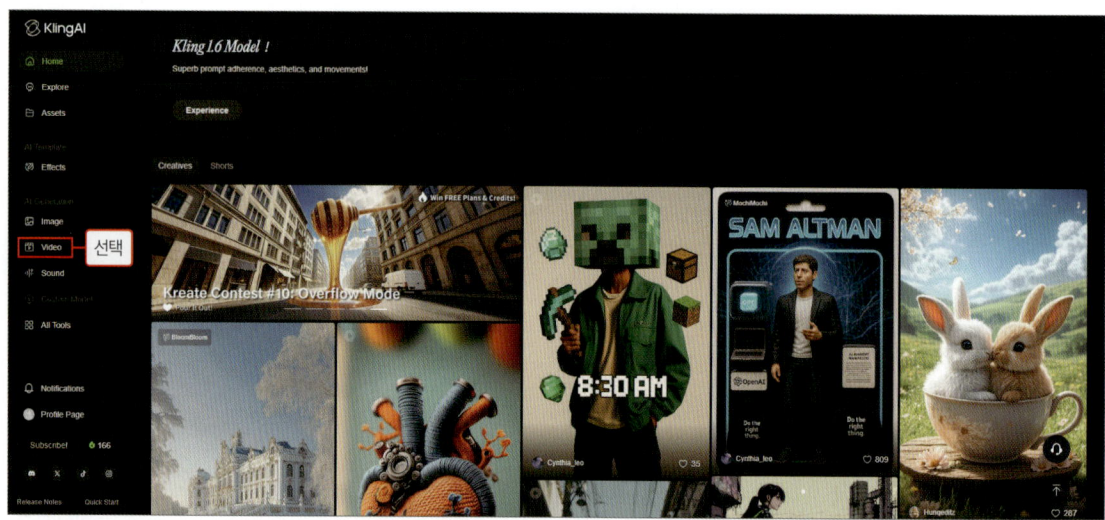

02 작업 화면이 변경되면 왼쪽상단에 Frames를 선택하고 'Click/Drop/Paste'를 클릭합니다.

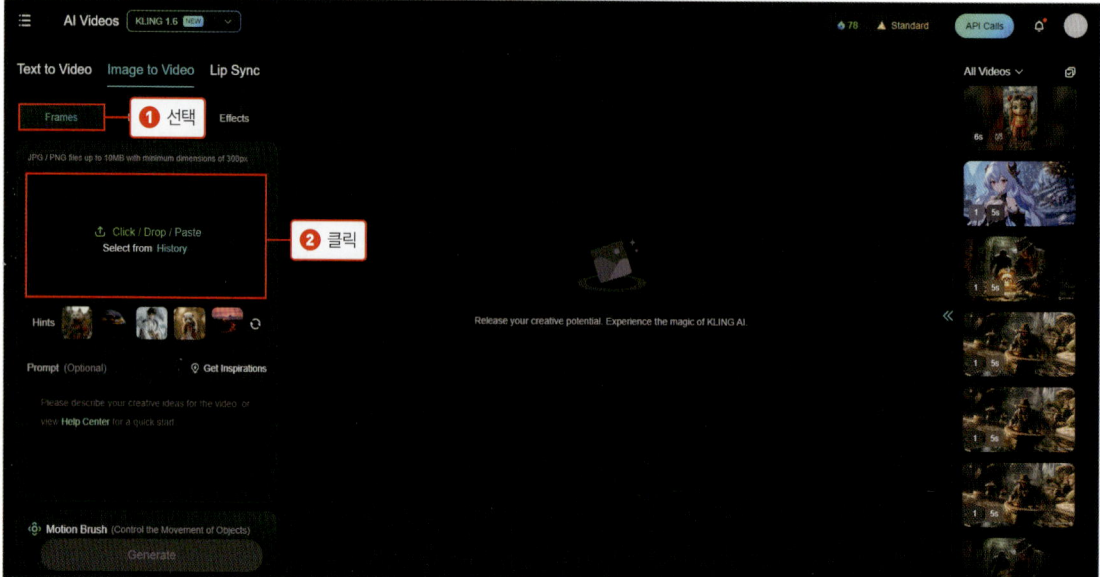

03 열기 대화상자가 표시되면 생성하여 저장해둔 이미지를 선택하고 〈열기(O)〉 버튼을 클릭하여 이미지를 불러옵니다. 03 폴더에서 '수인여행자.png'를 불러왔습니다.

04 이미지가 업로드되면 프롬프트 입력 창에 캐릭터가 수행할 동작을 입력하고 스크롤하여 영상의 길이와 버전을 선택한 다음 〈Generate〉 버튼을 클릭하여 영상을 생성합니다.

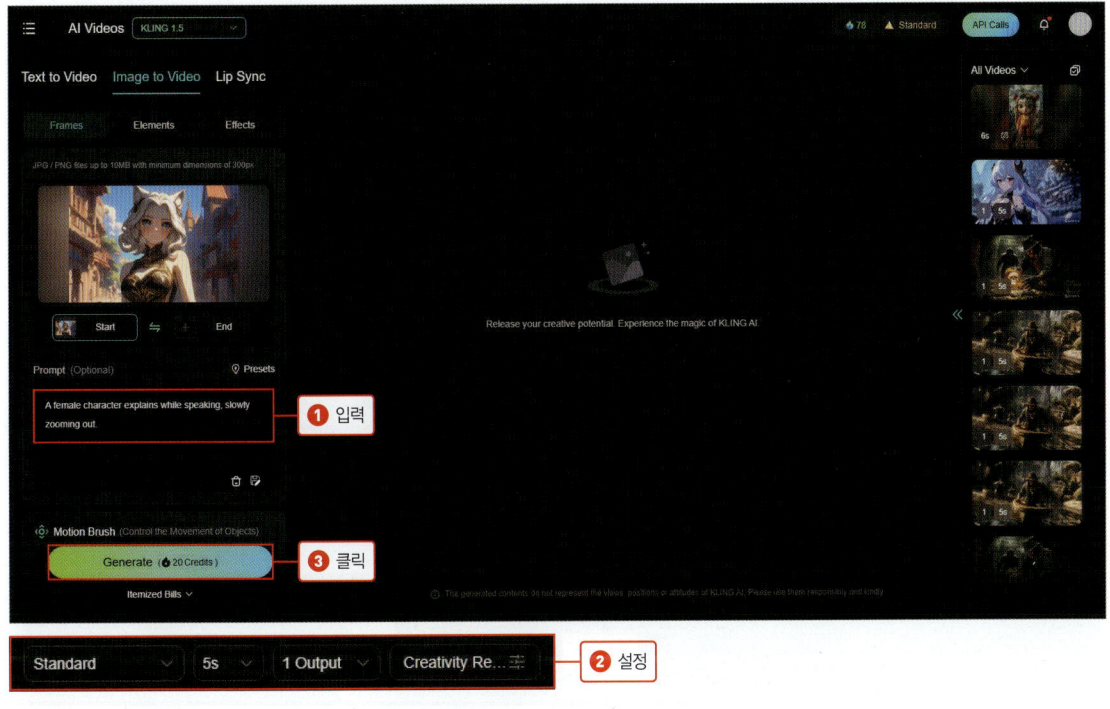

프롬프트 A female character explains while speaking, slowly zooming out

입력 팁 1. **A female character** : '여성 캐릭터'라는 것을 명확하게 지정합니다.

2. **explains while speaking** : 단순히 말하는 것이 아니라 설명하는 동작을 강조합니다.

3. **slowly zooming out** : 카메라가 서서히 줌 아웃하면서 장면이 점점 넓어지는 효과입니다.

TIP 이 프롬프트는 여성 캐릭터의 동작과 설명 그리고 카메라 움직임을 묘사하는 간결한 지시문입니다.

05 실행하면 AI가 영상을 생성하기 시작합니다. 생성된 영상이 만족스럽다면 재생되는 영상 아래에 있는 〈Lip Sync〉 버튼을 클릭합니다.

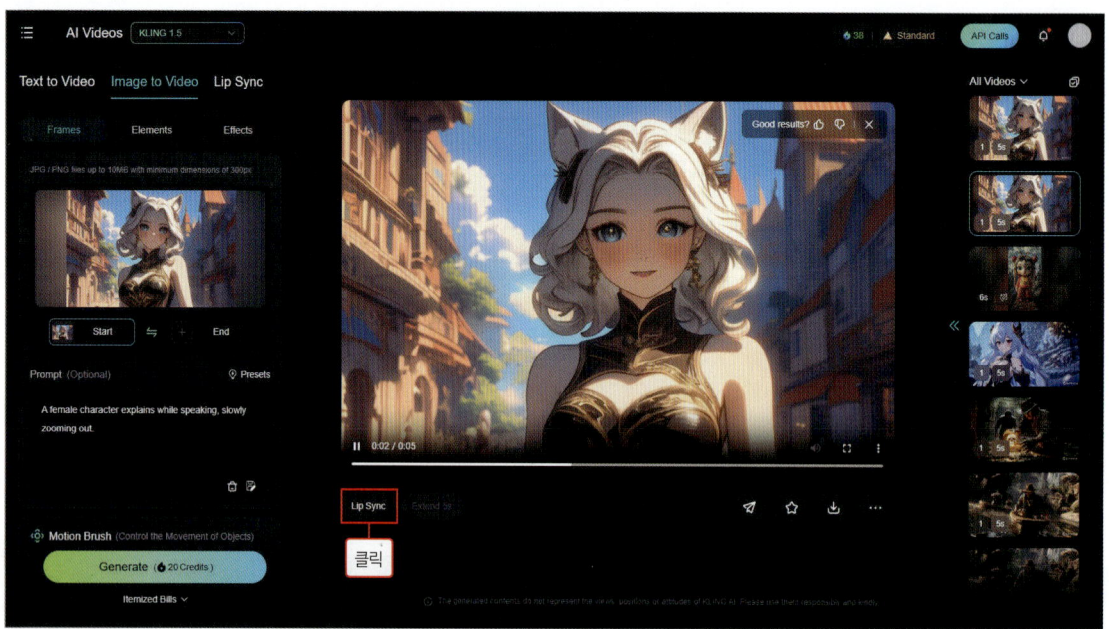

06 자동으로 Lip Sync 화면으로 변경됩니다. 클링 AI 자체에서 '5 credits'를 사용하여 음원을 추출할 수 있지만, 예제에서는 미리 만들어 놓은 음원을 사용하겠습니다. (Upload Local Dubbing(로컬 더빙 업로드)) 탭을 선택하고 'Click/Drop'를 클릭합니다.

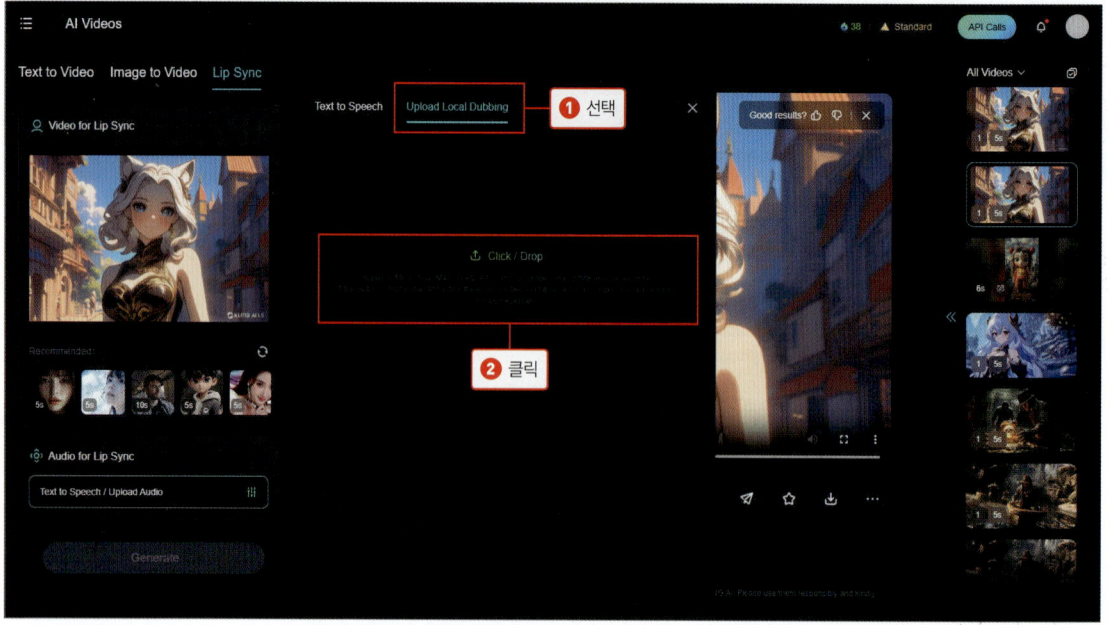

TIP 예제와 같이 더빙을 위한 음성 파일을 직접 불러올 수도 있으며, Kling AI의 자체 기능인 Text to Speech(텍스트 음성 변환) 옵션을 활용하면 바로 텍스트로 자연스러운 보이스를 생성할 수 있습니다.

07 열기 대화상자가 표시되면 일레븐랩스로 생성한 03 폴더에서 '립싱크.mp3' 파일을 선택하고 〈열기(O)〉 버튼을 클릭합니다.

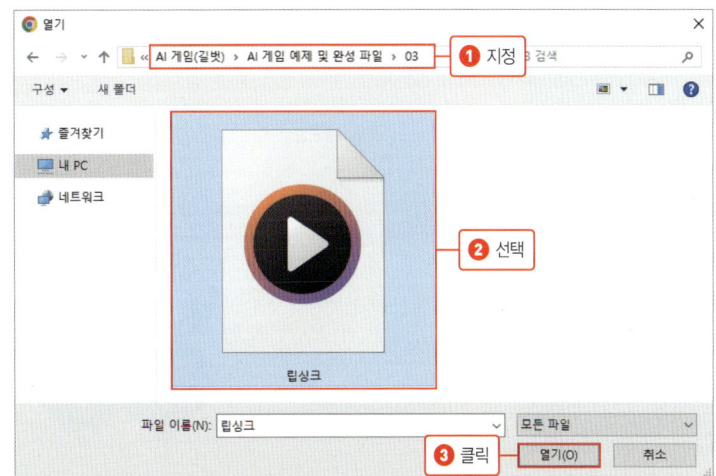

08 음원이 제대로 업로드되었는지 확인하고 〈Generate〉 버튼을 클릭합니다.

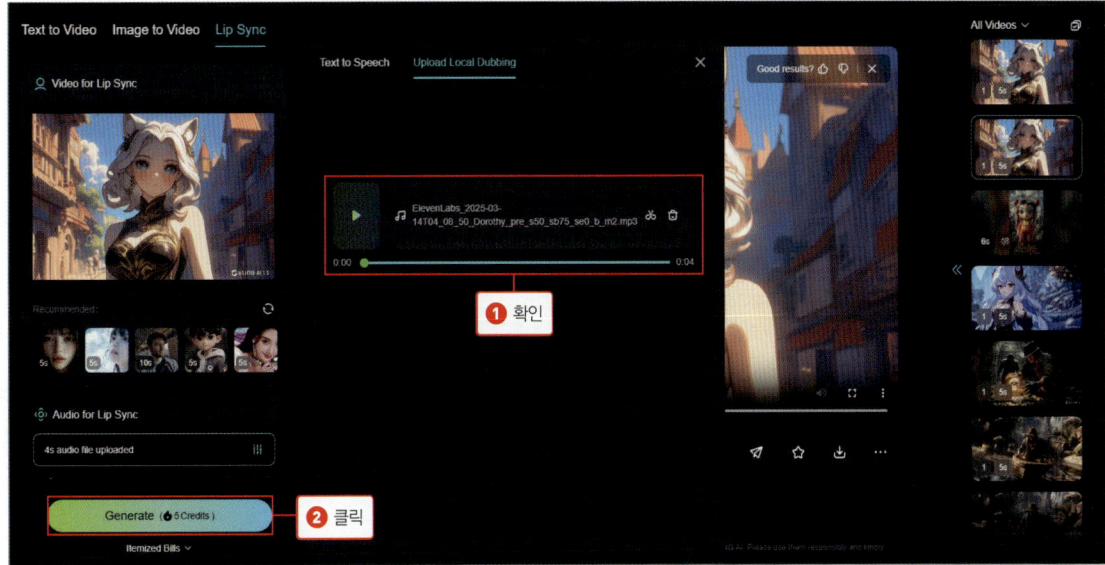

09 Lip Sync 기능이 실행되면서 영상 생성이 시작됩니다. 약 10분 정도 기다리면 영상이 완료됩니다. 음원과 입 모양이 잘 맞는지 확인하고 '다운로드' 아이콘( )을 클릭하여 영상을 저장합니다.

TIP 립싱크(Lip Sync) 기능을 통해 캐릭터의 입 모양과 음성이 자연스럽게 맞춰져, 더 현실감 있는 애니메이션을 생성할 수 있습니다.

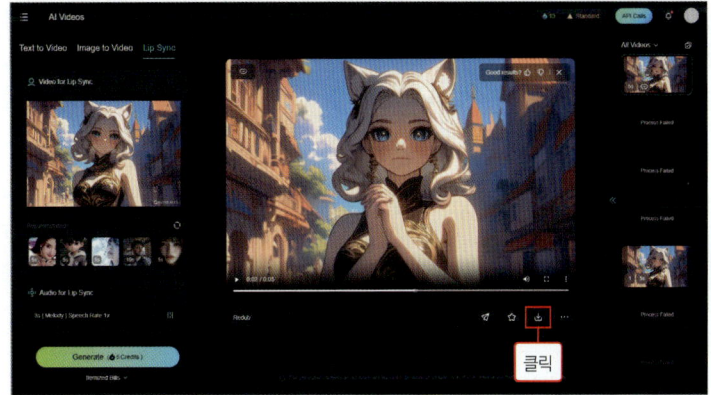

PART 4

게임 실무 디자이너가 알려주는 장르별 실전 AI 게임 프로젝트

AI GAME DESIGN

다양한 게임 장르에서 생성형 AI의 도입은 기획과 디자인의 방식 자체를 혁신적으로 변화시키고 있습니다. 이번 파트에서는 AI 게임 디자인 방법을 따라하는 방식으로 소개합니다. 과거에는 전문가의 손길이 필수였던 캐릭터 설정, 맵 디자인, 시나리오 작성, 트레일러 영상 제작 등 게임 개발의 핵심 요소들이 이제는 생성형 AI 도구를 통해 더 빠르고 창의적으로 구현되고 있습니다.

특히 텍스트와 이미지를 기반으로 한 AI는 사용자의 아이디어를 구체적인 형태로 실현하는 데 강력한 도구로 작용합니다. 여기서는 중세 판타지, FPS, 레이싱, 어드벤처 게임 등 각기 다른 장르를 중심으로 생성형 AI를 활용한 실전 예제를 소개하며, 어떻게 AI 기술을 이용하여 새로운 게임 디자인을 만들어 낼 수 있는지를 단계별로 살펴봅니다.

PROJECT

직관적인 모바일 게임을 위한
중세 판타지 게임 캐릭터 디자인

중세 판타지 배경의 모바일 전략 게임은 상상력과 전략이 결합된 독특한 장르입니다. 사용자는 마을을 세우고, 군대를 조직하며, 끊임없는 도전 속에서 자신만의 성장 스토리를 만들어갑니다. 이러한 세계를 완성하는 핵심 요소는 바로 캐릭터입니다. 캐릭터는 단순히 게임 일부가 아니라, 게임의 정체성을 형성하고 사용자와 감정적으로 연결되며, 게임 세계에 생명력을 불어넣는 존재입니다. 그렇다면 AI 기술을 활용해 더욱 독창적이고 매력적인 캐릭터를 제작할 수 있다면 어떨까요? 챗GPT와 미드저니를 활용해 중세 판타지 캐릭터를 설계하는 과정을 살펴보며, 기술과 상상력의 조화를 통해 새로운 세계를 창조하는 방법을 알아봅니다.

판타지 중세 시대를 배경으로 한 모바일 게임 캐릭터를 개발할 때는 PC용 게임과는 다른 몇 가지 중요한 차별화 요소를 고려해야 합니다. 모바일 게임은 플랫폼의 특성, 사용자의 사용 패턴, 기기 성능 등 여러 요인에 영향을 받기 때문에 이에 맞춘 캐릭터 디자인과 개발이 필요합니다. 이러한 차이점들을 반영하지 않으면, 사용자에게 직관적이고 몰입감 있는 경험을 제공하는 데 어려움을 겪을 수 있습니다.

PC 게임은 상대적으로 큰 화면과 고해상도 디스플레이를 활용할 수 있기 때문에, 캐릭터 디자인에서 더욱 세밀하고 복잡한 디테일을 표현할 수 있습니다. 고급스러운 장비나 정교한 텍스처, 리얼리즘을 강조한 디자인이 가능하고, 세부적인 캐릭터 성격 표현도 충분히 구현할 수 있습니다. 이로 인해 사용자는 캐릭터의 표정이나 의상, 장비의 디테일 등에서 많은 정보를 얻을 수 있으며, 게임의 몰입감이 깊어집니다.

반면, 모바일 게임에서는 화면 크기와 해상도의 제한으로 인해 세밀한 디테일을 표현하는 데 어려움이 있습니다. 작은 화면에서 캐릭터를 쉽게 식별하고 직관적으로 이해할 수 있어야 하므로, 복잡한 디자인은 오히려 방해될 수 있습니다. 따라서 모바일 게임 캐릭터 디자인은 간결하고 눈에 띄는 형태로 구성되어야 하며, 주로 머리와 팔, 다리 등의 중요한 장비나 액세서리는 직관적이고 강렬한 형태로 디자인됩니다. 이는 사용자가 빠르게 캐릭터를 식별하고, 게임 내에서 캐릭터의 역할이나 특성을 직관적으로 파악할 수 있도록 돕습니다. 또한, 강렬한 색상과 명확한 실루엣을 사용하여 모바일 화면에서 캐릭터의 외형을 잘 드러내는 것이 중요합니다.

모바일 게임은 종종 짧은 시간 동안 플레이되는 경우가 많고, 사용자가 손쉽게 캐릭터와 감정적으로 빠르게 연결할 수 있어야 합니다. AI 기술을 활용하면 플랫폼 특성에 맞춘 최적화된 캐릭터 디자인을 빠르게 개발할 수 있습니다. 이를 통해 모바일 게임에서는 간결하고 직관적인 디자인으로 게임의 몰입감을 높일 수 있는 캐릭터를 디자인할 수 있습니다.

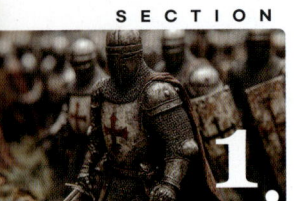

SECTION 1.

중세 판타지의 매력 분석과 게임 디자인에 활용하기

중세 판타지의 독특한 매력을 깊이 이해하고, 그 매력이 게임 디자인에 어떻게 자연스럽게 녹아들 수 있는지, 캐릭터와 배경을 비롯한 다양한 요소들을 어떻게 활용할 수 있는지 함께 알아보겠습니다.

01 중세 시대가 게임 배경으로 자주 등장하는 이유

판타지와 연결되는 특성

중세 시대는 판타지 장르와 매우 잘 맞아떨어집니다. 중세의 분위기와 생활 방식은 마법, 기사, 드래곤, 마녀, 신화적인 생물들과 잘 결합되며, 이러한 요소들은 판타지 게임에서 중요한 역할을 합니다. 마법이나 신비로운 세계가 자연스럽게 녹아들 수 있는 배경으로 중세가 적합합니다. 특히 왕국, 성, 마법, 용 등의 요소는 중세와 깊은 연관이 있습니다.

또한, 중세 사회는 계급 사회였으며, 봉건제와 왕권 중심의 사회 구조가 강하게 나타났습니다. 이러한 구조는 게임 내에서 다양한 갈등과 이야기를 풀어내는 데에 유용합니다. 왕국 간의 전쟁, 기사들의 영예와 충성, 신의 뜻과 인간의 욕망 사이에서 벌어지는 이야기들은 게임 내의 미션이나 스토리라인을 풍부하게 만듭니다. 사용자는 이러한 구조 속에서 다양한 캐릭터와 관계를 맺고, 성장하며 갈등을 해결하는 역할을 맡게 됩니다.

전투 게임의 묘미와 세계관 확장

중세 시대의 전투는 상대적으로 간단하면서도 전략적입니다. 기사의 검술, 방패의 방어, 궁수의 원거리 공격 등 각기 다른 무기와 전술을 활용할 수 있기 때문에 다양한 전투 스타일을 게임 내에 반영할 수 있습니다. 또한, 성을 방어하거나 성을 함락시키는 등의 전투도 게임에서 자주 등장하는 스토리라인이 됩니다. 이러한 전투 시스템은 게임의 주요한 액션 요소로 작용합니다.

중세 시대의 배경은 넓고 다양한 지형을 포함하고 있기 때문에 탐험 요소가 매우 흥미롭습니다. 숲, 산, 마을, 성, 던전, 폐허 등 다양한 장소들이 존재하여 게임 내에서 다양한 환경을 탐험하고, 숨겨진 보물이나 미션을 발견하는 재미를 더할 수 있습니다. 또한, 중세의 세계관을 바탕으로 한 게임은 세계 설정을 확장하는 데 있어 유리하며, 다양한 문화와 종교, 신화 등을 자연스럽게 결합할 수 있습니다.

▲ 중세 판타지 세계관의 대표적인 이미지

02 대표적인 중세 시대 캐릭터 디자인 분석하기

기존 캐릭터 디자인을 분석하는 과정은 게임 개발과 캐릭터 디자인에서 중요한 역할을 합니다. 이를 통해 개발자는 어떤 디자인 요소가 사용자의 관심을 끌고, 게임의 몰입감을 높이는지 파악할 수 있습니다. 또한, 캐릭터가 게임의 분위기나 스토리와 어떻게 어울리는지 이해하여 매력적이고 개성 있는 캐릭터를 만들 수 있습니다. 이런 캐릭터는 게임의 품질을 향상시키고 사용자가 더 몰입할 수 있게 도와줍니다.

중세 기사 캐릭터 특징

중세 기사는 현실의 중세 기사에 마법과 신화적 요소가 결합된 독특한 외형과 장비를 갖추고 있습니다. 판타지 세계에서 기사는 강력한 무기와 마법의 방어구를 착용하며, 종종 신비로운 능력을 지닌 존재로 그려집니다. 갑옷, 투구, 방패, 무기, 장신구 등은 캐릭터의 전투력을 더욱 강화하는 중요한 아이템이며, 때로는 마법적인 특성을 가진 장비들이 캐릭터의 능력을 극대화합니다.

중세 궁수 캐릭터 특징

기사와 같은 전투 직업과는 달리, 중세 궁수는 탁월한 궁술과 민첩성을 바탕으로 원거리에서 적을 제압하는 전사입니다. 현실의 중세 궁수와 달리 판타지 세계에서는 엘프, 드워프, 인간 등 다양한 종족이 등장하며, 그들은 마법과 신비로운 장비를 활용해 독특한 외형과 능력을 보여 줍니다. 활과 화살은 물론, 마법적인 특성이 담긴 갑옷과 망토 등을 착용하여 전투에서 중요한 역할을 수행합니다.

중세 마법사 캐릭터 특징

중세 마법사는 고대의 지혜와 신비로운 힘을 지닌 존재로, 현실의 연금술사와 점성술사에서 영감을 받았습니다. 판타지 세계에서는 다양한 종족의 마법사들이 등장하며, 그들은 원소 마법, 어둠의 힘, 치유 마법 등 각기 다른 능력을 다룰 수 있습니다. 지팡이와 로브, 모자, 마법 책 등은 그들의 신비로운 능력을 발휘할 수 있도록 돕는 중요한 도구들로, 마법사의 외형을 한층 더 신비롭고 강력하게 만들어 줍니다.

게임 속에서 판타지 세계의 기본 캐릭터인 기사, 궁수, 마법사는 각기 다른 특성과 역할로, 게임의 밸런스를 유지하며 팀의 전술적 완성도를 높입니다. 기사는 높은 방어력과 전선에서의 안정감으로 팀을 보호하고, 궁수는 중거리와 원거리에서 빠르고 정확하게 적을 제압하며 전투의 유연성을 제공합니다. 마법사는 강력한 광역 피해를 통해 대규모의 적 병력을 약화시키고 전황을 단번에 뒤집는 힘을 발휘합니다. 이러한 상호보완적 조합은 각 캐릭터의 약점을 보완하며, 게임 내에서 사용자가 다양한 전략을 활용할 수 있는 기반이 됩니다.

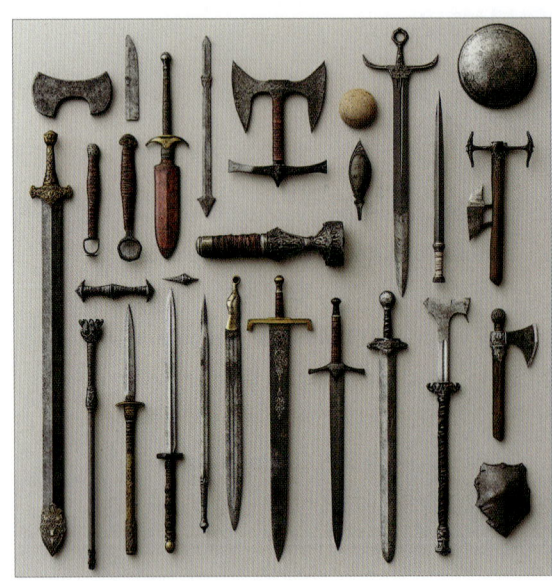 

▲ 중세 판타지 캐릭터들의 장비 레퍼런스

03 게임성 있는 레퍼런스 수집하기

게임의 전체적인 비주얼 톤과 아트 스타일을 결정하는 것은 매우 중요한 단계입니다. 이 과정은 단순히 그래픽 요소를 선택하는 것을 넘어서, 게임의 전반적인 느낌과 분위기를 형성하는 데에 핵심적인 역할을 합니다. 이를 위해서는 그래픽 엔진의 기술적 한계와 타깃 사용자 층의 기대를 모두 고려하여, 각기 다른 시각적 요소들을 적절히 수집하고 재해석하는 과정이 필요합니다. 각 요소가 어떻게 상호작용할지, 그리고 그 결과가 게임에 어떤 영향을 미칠지에 대한 깊은 이해가 요구됩니다.

특히, 중세 시대를 배경으로 한 캐주얼 게임에서는 전통적인 중세 이미지나 고증에 치중하기보다는, 이를 현대적인 감각으로 재해석하고 단순화하여 사용자에게 보다 친근하고 유쾌하게 다가갈 수 있는 비주얼 스타일을 구축하는 것이 핵심입니다. 중세 시대의 건축물, 인물, 의상, 무기 등과 같은 시각적 요소들은 일반적으로 웅장하고 엄숙하며, 때로는 무겁고 낯설게 느껴질 수 있는 이미지로 인식되기 쉽습니다. 따라서 이를 그대로 반영하기보다는, 현대 캐주얼 게임의 톤앤매너에 맞게 요소들을 과장하거나 왜곡하고, 유머러스하고 귀엽게, 혹은 단순화된 그래픽으로 재구성함으로써 사용자 접근성을 높이는 전략이 필요합니다.

예를 들어, 중세 성은 엄격한 석조 건축물로서 위압적인 느낌을 주는 반면, 게임에서는 기둥이나 탑의 비례를 과장하여 코믹하게 표현하거나, 둥글고 부드러운 실루엣을 적용하여 시각적 부담을 줄일 수 있습니다. 또한 중세의 갑옷이나 무기 역시 금속의 질감이나 복잡한 문양을 모두 재현하는 것이 아니라, 캐릭터의 개성과 게임의 톤에 맞추어 색상을 밝게 조정하거나, 외형을 단순화해 아이콘처럼 표현하는 것이 효과적입니다. 이렇게 변형된 디자인은 사용자에게 익숙한 애니메이션 스타일이나 캐릭터 중심의 게임 디자인과 결합될 때 더욱 높은 몰입감을 제공하며, 특히 저연령층에게 긍정적인 반응을 이끌어 낼 수 있습니다.

결국, 게임의 그래픽은 단순히 시각적인 요소들을 나열하는 것이 아니라 게임의 분위기와 사용자 경험을 최대화하기 위한 중요한 도구로 작용합니다. 중세 시대를 기반으로 한 캐주얼 게임에서는 그 시대의 이미지를 현대적인 감각으로 재해석하는 창의적인 접근이 필요하며, 이를 통해 새로운 매력을 전달할 수 있는 기회를 얻게 됩니다.

▲ 중세 시대 궁수를 상징하는 대표적인 복장

▲ 중세 판타지 세계 기사를 상징하는 대표 복장

▲ 중세 판타지 세계 마법사를 상징하는 대표 복장

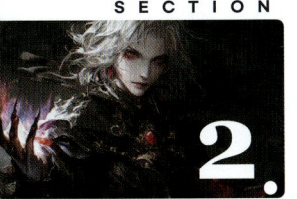

캐릭터의 콘셉트 아트와 설정 샷 제작하기

챗GPT를 활용하면 독창적이고 개성 있는 캐릭터를 창조하는 과정이 훨씬 더 창의적이고 흥미로워질 수 있습니다. 중세 판타지 배경을 바탕으로, 사용자가 몰입할 수 있는 독특한 캐릭터를 기획하는 방법부터 시작해 AI를 활용해 디자인 초안을 생성하고 발전시키는 과정을 자연스럽게 연결하며 살펴보겠습니다.

01 챗GPT를 활용하여 캐릭터 기획하기

게임 안에서 캐릭터는 단순한 '등장인물'이 아닙니다. 그들은 게임 세계관의 핵심이며, 사용자의 몰입을 이끌어 내는 중요한 존재들입니다. 특히 주인공, 적대자, 조력자 등 각자의 역할에 따라 캐릭터의 외형, 성격, 능력, 배경 이야기가 설득력 있게 설계되어야 합니다. 이 과정에서 챗GPT는 질문을 통해 창의적이고 독창적인 아이디어를 제안하여 개발자들이 더욱 빠르고 효율적으로 캐릭터가 게임의 세계관과 잘 어울리는 콘셉트를 잡을 수 있도록 돕습니다.

챗GPT는 캐릭터의 성격과 외모뿐만 아니라, 그 캐릭터가 속한 사회적 배경과 그들의 목표와 동기, 심리적 특성 등을 구체적으로 제안할 수 있습니다. 또한, 캐릭터의 배경 이야기나 특정 행동 특성, 그들이 가진 고유의 능력 등을 탐구하며, 이를 통해 더욱 풍부하고 입체적인 캐릭터를 창조할 수 있습니다. 이렇게 다각도로 접근하는 캐릭터 개발은 게임의 전반적인 몰입감을 높이는 데에 중요한 역할을 합니다.

또한, 이를 활용하면 팀원 간의 협업이 더욱 원활하게 이루어질 수 있습니다. 캐릭터 디자인, 스토리라인, 게임 플레이와 관련된 아이디어를 자유롭게 교환하고 이를 종합해 구체적이고 실행 가능한 방향으로 이끌어 줌으로써 협업을 강화합니다. AI가 제공하는 신속하고 다양한 아이디어 변형은 빠른 프로토타입 제작을 가능하게 하며, 게임 개발 초기 단계에서 혁신적이고 창의적인 캐릭터 설계를 실현하도록 돕습니다.

AI를 활용해 캐릭터 콘셉트를 개발할 때는 명확한 방향성을 정하는 것이 무엇보다 중요합니다. 단순히 '멋진 기사'나 '중세 마법사' 같은 막연한 요청보다는, 캐릭터의 역할(주인공, 조력자 등)과 세계관(중세 판타지, 사이버 펑크 등)을 명확히 정의하는 것이 필요합니다. 여기에 더해, 외형적인 특징(체형, 의상, 무기 등)과 고유한 능력(시간 조작, 불의 힘 등), 그리고 캐릭터의 배경 이야기(출신, 내적 갈등 등)까지 구체적으로 설정하면 AI의 제안이 훨씬 더 풍부하고 매력적으로 발전합니다.

구체적인 예를 들자면, 단순히 '중세 마법사'라고 요청하는 대신, '중세 판타지 세계관의 대마법사로, 은발에 붉은 눈을 가진 캐릭터. 어둠의 마법을 사용하며, 과거의 비밀로 인해 한 손이 검게 변했다'처럼 구체적인 정보를 제공하면, AI는 더 독창적이고 설득력 있는 콘셉트를 제시할 수 있습니다. 이렇게 명확한 질문을 던지는 과정이 캐릭터의 매력을 높이고, 게임의 스토리와 세계관에 자연스럽게 녹아드는 캐릭터를 만드는 핵심 전략이 됩니다.

이처럼 AI를 활용한 게임 캐릭터 콘셉트 개발은 단순한 디자인을 넘어서, 외형, 성격, 능력, 배경, 내러티브, 감정적 연결까지 통합적으로 접근해야 합니다. 챗GPT는 이런 작업을 효율적으로 돕는 도구로, 개발자가 쉽게 놓치는 아이디어를 빠르게 제시할 수 있습니다. 창작자의 아이디어에 AI의 창의력이 더해지면, 게임 속에서 매력적인 캐릭터를 만들어 낼 수 있습니다.

프롬프트 | 중세 마법사

프롬프트 | 은발에 붉은 눈을 가지고 어둠의 마법을 사용하며, 한 손이 검게 변한 중세 판타지 대마법사

02 중세 시대 핵심 캐릭터 설정하기

중세 판타지 세계의 주요 캐릭터인 기사, 궁사, 그리고 배경 콘셉트에 대한 구체적인 정보를 얻기 위해, 주인공의 성격, 배경, 스토리를 세부적으로 설정한 후, 챗GPT에 해당 정보를 기반으로 질문하기 위해 캐릭터의 핵심 요소를 설정해 봤습니다.

용감한 기사 캐릭터의 핵심 요소

젊고 용맹한 짙은 갈색 머리의 남자 기사, 고대의 룬 문자가 새겨진 장검과 방패를 들고 있다. 그리고 빛나는 갑옷과 망토를 착용, 국가를 수호하는 충성스러운 성격이며, 게임 속에서는 사용자를 보호하며 전투를 주도하는 '탱커형' 캐릭터로 설정하였습니다.

기사의 전투 스타일

- **탱커형** : 높은 방어력과 체력을 바탕으로 적의 공격을 받아내며 팀을 보호하는 역할. 육중한 체형에 두꺼운 갑옷과 방패를 착용하며, 보호를 상징하는 견고한 문양과 텍스처로 방어력을 강조합니다.
- **딜러형** : 강력한 근접 공격을 중심으로 적을 빠르게 제압, 날렵하고 민첩한 체형에 공격적인 무기를 들고 있으며, 화려한 색상과 강렬한 효과를 표현합니다.
- **서포터형** : 방패 스킬이나 버프를 활용하여 아군의 생존과 전투력을 지원, 부드럽고 친근한 분위기의 외모입니다.

냉정한 궁수 캐릭터의 핵심 요소

10대 후반의 냉정하지만 허당미 넘치는 성격의 여성 궁수, 가죽 갑옷과 휘어진 장궁을 착용, 냉정한 성격으로 감정을 드러내지 않으며, 게임 안에서는 높은 공격력과 원거리 전투에서 뛰어난 '딜러형' 캐릭터로, 사용자의 공격을 지원하며 적의 약점을 공략하는 역할을 하는 캐릭터로 설정하였습니다.

궁수 전투 스타일

- **딜러형** : 빠른 속도로 화살을 발사하거나 강력한 저격으로 적을 제압, 보통 가벼운 방어구나 천으로 제작된 갑옷을 착용하여 민첩성을 극대화합니다.
- **제어형** : 다양한 속성의 화살로 적을 느리게 하거나 상태 이상을 유발, 서늘한 분위기를 자아내는 푸른색, 보라색, 회색 등의 차분한 색조가 주로 사용되며, 덫이나 독화살과 같은 보조 무기가 포함된 디자인이 특징입니다.

중세 판타지 시대를 기반으로 한 배경 디자인

중세 시대의 세계관을 배경으로 설정할 때는 역사적 정확성과 판타지적 요소의 균형을 맞추는 것이 핵심입니다. 게임 내에서 현실적인 요소와 상상력을 결합하여 몰입감 있는 세계를 만들어 가는 것이 중요합니다.

중세 시대 배경은 웅장한 성곽과 고풍스러운 돌 건축물이 중심을 이루며, 높은 첨탑과 아치형 문이 그 시대의 장엄함을 드러냅니다. 주변에는 울창한 숲과 푸른 초원이 펼쳐지고, 강이나 호수가 조화를 이루며 자연의 생동감을 더합니다. 잿빛 하늘과 붉게 물든 노을 같은 낮은 채도의 색감이 배경을 감싸 신비롭고 고요한 분위기를 만들어 냅니다. 때로는 연기와 안개가 더해져 스산하면서도 극적인 장면을 연출합니다.

03 챗GPT로 캐릭터 기획안 작성하기

용감한 기사 캐릭터

중세 판타지 세계의 용맹한 기사에 대한 정보를 얻기 위해 주인공의 성격과 서사를 설정한 다음 챗GPT에 물어보았습니다. 이에 대한 답변을 통해 기사의 역할, 행동 양식, 그리고 그의 성장과 변화를 다룬 스토리에 대해 구체적인 아이디어를 얻을 수 있습니다.

중세 판타지 게임에 어울리는 용맹한 기사의 성격과 외모와 장비의 특징을 가지고 충성스러움과 자기애가 강한 성격에 게임에서 탱커형 스타일의 미드저니 프롬프트 작성해 줘.

A valiant medieval knight, noble and determined, standing proudly in a medieval castle. He wears shining full plate armor with intricate engravings of dragons and lions, a blue tabard with a golden crest flowing down his back. His face is strong and chiseled, with piercing blue eyes and long wavy dark hair. The knight holds a massive ornate longsword in one hand and a round shield featuring heraldic symbols in the other.

한글 번역 용맹한 중세 기사로, 고귀하고 결연한 모습으로 중세 성에 당당히 서 있다. 그는 용과 사자가 정교하게 새겨진 빛나는 풀 플레이트 갑옷을 입고 있으며, 등에 푸른색 타버드(의복)가 흐르고 그 위에는 황금 문장이 장식되어 있다. 그의 얼굴은 강인하고 조각 같은 외모를 지녔으며, 날카로운 푸른 눈과 긴 웨이브가 있는 짙은 색 머리카락이 특징이다. 기사는 한 손에 거대한 화려한 롱소드(장검)를 들고, 다른 손에는 문장이 새겨진 원형 방패를 들고 있다.

입력 팁
1. Strong and chiseled face : 얼굴은 조각 같은 정교함과 강인함을 표현합니다.
2. Piercing blue eyes : 인상적인 푸른 눈이 그의 강렬한 존재감을 강조합니다.
3. Long, wavy dark hair : 긴 짙은 색 웨이브 머리카락이 고귀하고 우아한 이미지를 더합니다.
4. Intricate armor with engravings of dragons and lions : 화려함과 웅장함을 표현한 갑옷의 세밀한 문장입니다.
5. Blue tabard with a golden crest : 귀족적인 품격을, 황금 문장은 그의 지위와 권위를 상징합니다.
6. Massive ornate longsword : 화려하게 장식된 거대한 장검입니다.
7. Round shield with heraldic symbols : 방패에 새겨진 문장은 그의 기사적 명예와 소속을 표현합니다.

이 프롬프트는 중세 기사 캐릭터를 묘사하는 데 초점을 둔 상세한 설명으로, 캐릭터의 외모, 의상, 장비, 배경 분위기를 포함한 전반적인 시각적 이미지의 설정을 정의합니다. 이를 통해 묘사된 캐릭터의 이미지를 구체적으로 상상하거나 디자인할 수 있도록 돕습니다.

이처럼 생성된 정보를 바탕으로 원화의 콘셉트 드로잉 스타일 프롬프트를 추가하여 캐릭터 콘셉트 초안을 생성하였습니다.

프롬프트 Game concept sketch, drawing, Create an 2D illustration of A young valiant medieval knight, shining full plate armor with intricate engravings of dragons and lions, a blue tabard with a golden crest flowing down his back. face is strong and chiseled, with piercing blue eyes and long wavy dark hair. The knight holds a massive ornate longsword in one hand and a round shield featuring heraldic symbols in the other Gray Background, Full Body, Game concept sketch, drawing --style raw --stylize 250 --niji 6 --ar 3:4

입력팁
1. Game concept sketch, drawing : 게임의 초기 아이디어나 디자인을 시각적으로 표현한 간단한 그림입니다.
2. Create an 2D illustration of : 일러스트로 그려야 할 대상이나 내용을 지정하는 부분입니다.
3. Game concept sketch, drawing : 게임 콘셉트 스케치, 드로잉입니다. 이미지가 게임에 적합한 콘셉트 아트 스타일입니다.
4. --style raw : 기본적인 스타일로, 필터나 효과를 최소화하여 자연스러운 이미지를 생성합니다.
5. --stylize 250 : 스타일의 강도를 중간 정도로 설정, 너무 과하지 않게 스타일이 적용됩니다.
6. --niji 6 : 애니메이션 스타일을 적용, '6'은 그 강도가 강한 편입니다.
7. --ar 3:4 : 세로형 비율의 이미지, 보통 인물 초상화나 포스터 스타일에 사용됩니다.

▲ 프롬프트를 기반으로 미드저니에서 생성한 기사 이미지들

냉정한 궁수 캐릭터

이번에는 중세 판타지 세계의 냉정한 궁수에 대한 정보를 얻기 위해 주인공의 성격과 서사를 설정하고 챗GPT에 질문하였습니다.

중세 시대 판타지 게임에 어울리는 게임에 어울리는 냉정하고 허당미 있는 딜러형 여성 궁사의 성격과 외모 및 장비를 미드저니의 프롬프트로 작성해 주고 중요한 포인트는 볼드체로 넣어줘.

A quirky female archer with a clumsy yet determined demeanor, standing in a dense forest. She has **messy brown hair tied into a loose ponytail**, with **a few strands falling across her face**. Her **eyes are bright green, full of curiosity but also showing a hint of confusion** as she looks at her bow. wears a **light leather tunic, with earthy colors that blend well with the forest**, and a **small quiver of arrows slung over her shoulder**. Her bow is **slightly too big for her, but she holds it with a confident stance** ready to shoot but unsure of her aim. The scene is playful and lighthearted, with a gentle breeze rustling the leaves around her.

`한글 번역` 허당이지만 결단력 있는 성격의 엉뚱한 여성 궁수가 울창한 숲속에 서 있습니다. 그녀는 엉망인 갈색 머리를 느슨한 포니테일로 묶고, 몇 가닥의 머리카락이 얼굴에 떨어져 있습니다. 그녀의 밝은 초록색 눈은 호기심으로 가득 차 있지만, 활을 보며 약간 혼란스러워 보입니다. 그녀는 숲과 잘 어울리는 가벼운 가죽옷을 입고, 작은 화살집을 어깨에 메고 있습니다. 그녀의 활은 조금 크고 자신 있는 자세로 그것을 잡고 있습니다. 장면은 장난스럽고 가벼운 느낌이며, 부드러운 바람이 나뭇잎을 흔들고 있습니다.

`입력 팁`
1. Messy brown hair tied into a loose ponytail : 헝클어진 갈색 머리, 느슨하게 묶인 포니테일입니다.
2. A few strands falling across her face : 얼굴에 떨어진 몇 가닥의 머리카락입니다.

   Bright green eyes, full of curiosity but also showing a hint of confusion : 호기심이 가득한 밝은 초록색 눈, 약간의 혼란스러움을 나타냅니다.
3. Light leather tunic, with earthy colors that blend well with the forest : 숲과 잘 어울리는 자연적인 색상의 가벼운 가죽 튜닉입니다.
4. A small quiver of arrows slung over her shoulder : 어깨에 메고 있는 작은 화살통입니다.
5. Her bow is slightly too big for her, but she holds it with a confident stance : 활이 그녀에게 약간 크지만, 자신 있는 자세로 잡고 있습니다.

이 프롬프트는 여성 궁수 캐릭터의 냉정하고 계산적인 성격을 강조하며, 정밀한 전투 기술을 돋보이게 합니다. 가죽 갑옷과 장궁을 통해 민첩성과 기동성을 잘 표현하고, 그녀의 장비와 자세는 궁수의 역할을 명확히 드러냅니다. 이러한 요소들이 결합되어 게임 내에서 허당미와 냉정함을 지닌 전문적인 궁수 캐릭터로서 강렬한 인상을 줍니다.

궁수 캐릭터 역시 이 정보를 바탕으로 외모를 중심으로 게임의 콘셉트 드로잉 스타일을 추가하여 캐릭터 초안을 생성하기 위한 기본 정보를 확정하겠습니다.

> **프롬프트**
> Game concept sketch, drawing Create an illustration of A quirky female archer with a clumsy yet demeanor, Front view, She has messy Yellow hair tied into a loose ponytail, Her eyes are green, she looks at her bow. wears a light leather tunic, with earthy colors, a small quiver of arrows slung over her shoulder. Her bow is slightly too big for her The scene is playful and lighthearted, Full Body, Game concept sketch, drawing, create an 2D --ar 2:3 --niji 6 --style raw --stylize 250

입력 팁

1. Game concept sketch, drawing : 게임의 초기 아이디어나 디자인을 시각적으로 표현한 간단한 그림입니다.
2. Create an 2D illustration of : 일러스트로 그려야 할 대상이나 내용을 지정하는 부분입니다.
3. Game concept sketch, drawing : 게임 콘셉트 스케치, 드로잉. 이미지가 게임에 적합한 콘셉트 아트 스타일입니다.
4. --style raw : 기본적인 스타일로, 필터나 효과를 최소화하여 자연스러운 이미지를 생성합니다.
5. --stylize 250 : 스타일의 강도를 중간 정도로 설정, 너무 과하지 않게 스타일이 적용됩니다.
6. --niji 6 : 일본 애니메이션 스타일을 적용, '6'은 그 강도가 강한 편입니다.
7. --ar 3:4 : 세로형 비율의 이미지, 보통 인물 초상화나 포스터 스타일에 사용됩니다.

▲ 프롬프트를 기반으로 미드저니에서 생성한 궁수 이미지들

완성파일 : 04\기사sd원화_완성.png, 궁수sd원화_완성.png, 기사캐릭터시트_완성.png, 궁수캐릭터시트_완성.png, 기사3d_완성.png, 궁수3d_완성.png

모바일 게임 캐릭터 생성하기

PC 게임과 모바일 게임은 캐릭터의 디테일과 크기에서 차이가 있습니다. 모바일 게임은 화면 크기와 해상도 제한으로 인해 더 단순하고 직관적인 디자인이 필요합니다. 모바일 게임은 디바이스 성능 제약과 작은 화면을 고려해 단순화된 텍스처와 로우 폴리곤 모델링을 사용하며, 선명한 색감과 명확한 대비를 통해 캐릭터의 외형을 간결하면서도 돋보이게 표현합니다.

01 용감한 기사 SD 캐릭터 원화 생성하기

챗GPT를 활용하여 만들었던 기본 외형 프롬프트를 바탕으로, 해당 특징들을 고려하여 몇 가지를 수정하고 추가하여 기사 캐릭터 원화를 만들어 보겠습니다.

01 미드저니 웹 버전에서 화면 상단에 있는 Imagine bar를 통해 작업을 시작합니다. 여기에서 캐주얼 게임 스타일에 어울리는 프롬프트를 입력하고 '▶' 아이콘을 클릭하여 이미지를 생성합니다.

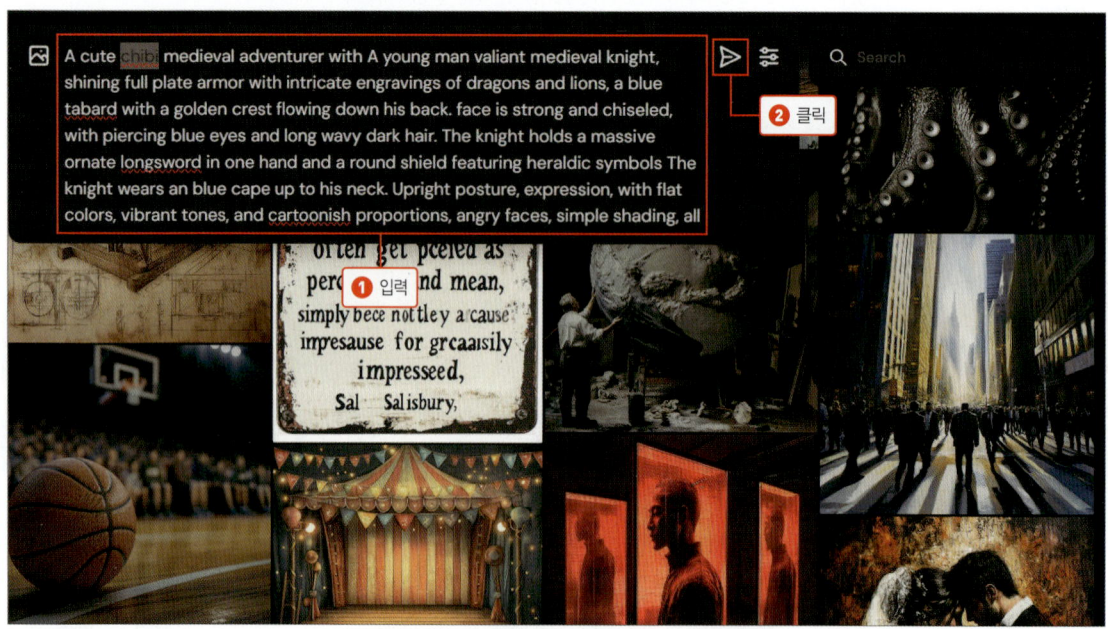

TIP 수정된 프롬프트는 모바일 게임의 주목도를 높일 수 있도록 헤어 컬러, 갑옷, 망토 등을 밝은 색상으로 조정하여 눈에 띄게 했습니다. 이러한 변경을 통해 캐릭터는 시각적으로 더 강렬하고 매력적으로 다가오며, 게임의 전체적인 스타일과 잘 어울리도록 개선되었습니다.

프롬프트 A cute chibi medieval adventurer with A young man valiant medieval knight, shining full plate armor with intricate engravings of dragons and lions, a blue tabard with a golden crest flowing down his back. face is strong and chiseled, with piercing blue eyes and long wavy dark hair. The knight holds a massive ornate longsword in one hand and a round shield featuring heraldic symbols The knight wears an blue cape up to his neck. Upright posture, expression, with flat colors, vibrant tones, and cartoonish proportions, angry faces, simple shading, all in concept art style --stylize 600 --style raw --ar 3:4 --niji 6

입력 팁
1. **Chibi medieval adventurer** : "Chibi" 스타일로 그려진 중세 모험가, 귀엽고 과장된 비율로 캐릭터가 표현됩니다.
2. **Upright posture** : 바로 선 자세, 자신감 있고 용감한 인물을 표현합니다.
3. **Expression with flat colors, vibrant tones** : 평평한 색상과 밝고 강렬한 톤, 전체적인 색상이 단순하면서도 뚜렷한 느낌을 주며, 만화 스타일의 느낌을 강조합니다.
4. **Cartoonish proportions, concept art style** : 만화 스타일의 과장된 비율과 개념 미술 스타일, 일반적으로 과장된 신체 비율과 단순화된 형태입니다.
5. **--stylize 600** : 스타일화 정도를 설정하는 파라미터로, 적당히 예술적인 스타일을 추가하면서도 기본적인 비율이나 현실성을 유지하는 수준입니다.
6. **--style raw** : 아직 완성되지 않은, 스케치나 거친 선들이 보이는 스타일입니다.
7. **--ar 3:4** : 3:4의 비율을 설정하여, 포트레이트 스타일의 세로형 이미지를 생성합니다.
8. **--niji 6** : 애니메이션 스타일(버전 6)을 사용하여 이미지를 생성하는 설정입니다.

02 설정한 프롬프트를 기반으로 이미지를 생성한 결과, 게임에 어울리는 귀여운 스타일의 캐릭터가 생성되었습니다. 이 중에서 가장 콘셉트에 잘 맞는 이미지를 선택하여 기존 스타일에서 좀 더 공격적으로 변형해 보겠습니다. 예제에서는 2번 이미지를 선택하였습니다.

선택

03 확장된 화면의 오른쪽에 있는 Creation Actions 항목에서 Vary의 〈Subtle〉 버튼을 클릭하여 기존 이미지의 스타일과 구성을 비교적 안전하게 변형하여 새로운 이미지를 생성합니다.

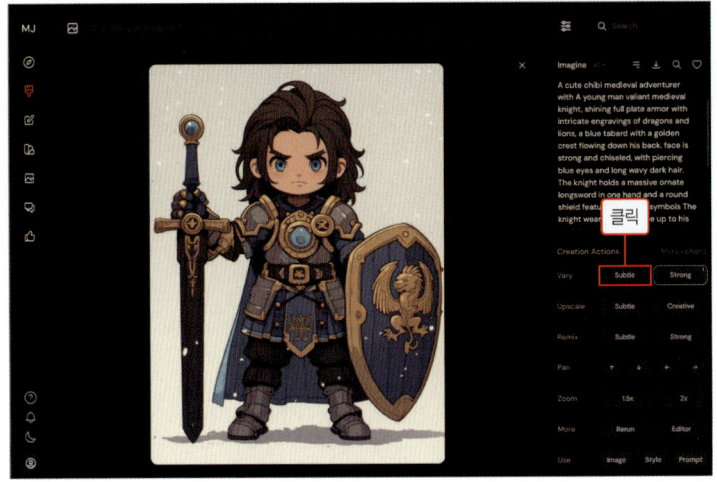

04 프롬프트에 맞게 다양한 스타일로 변형된 캐릭터 이미지가 4개 생성됩니다. 원하는 스타일에 가까운 이미지가 생성되면 마음에 드는 이미지를 선택합니다. 예제에서는 2번 캐릭터의 포즈와 인상이 마음에 들어 선택하고 오른손의 장검이 생각보다 얇은 느낌이라 그 부분만 다른 스타일로 한번 수정하려고 합니다.

05 세부적으로 편집할 수 있는 창으로 이동하기 위해 변형하고 싶은 이미지에서 마우스 오른쪽 버튼을 클릭한 다음 More → Editor를 실행합니다.

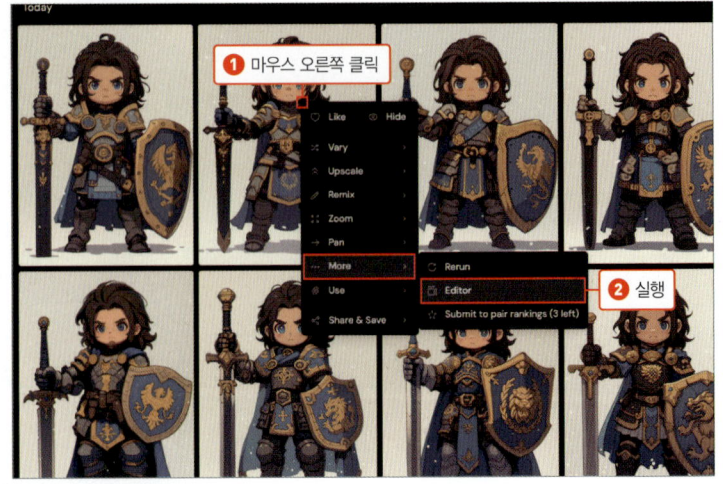

06 세밀한 수정 작업을 할 수 있는 공간이 제공되면, Erase 기능을 이용하여 수정할 칼날 부분을 칠하고 〈Submit〉 버튼을 클릭합니다.

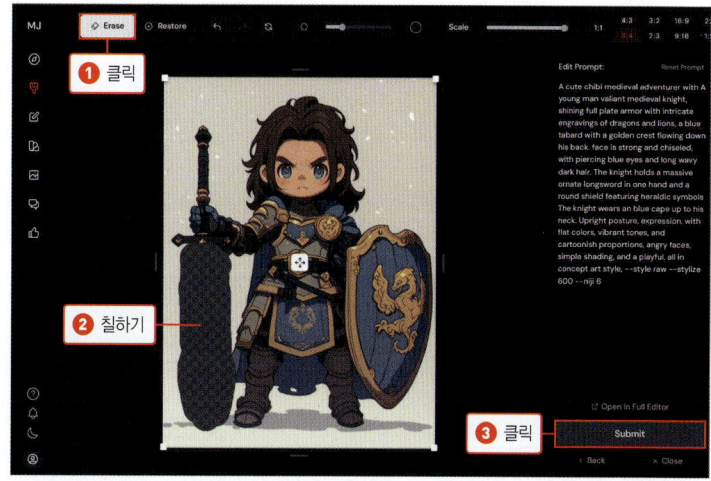

07 브러시로 칠한 장검 모양이 수정된 이미지가 4개 표시됩니다. 이 중에서 마음에 드는 이미지를 최종으로 선택합니다. 예제에서는 방패 모양과 문양이 가장 마음에 드는 4번 이미지를 선택하였습니다.

08 확장된 화면의 오른쪽에 있는 Creation Actions 항목에서 Upscale 의 〈Creative〉 버튼을 클릭하여 이미지를 업스케일 합니다. 업스케일이 완료되면 '저장' 아이콘(⬇)을 클릭하여 이미지를 PC에 저장합니다.

02 냉정한 궁수 SD 캐릭터 원화 생성하기

기사와 같은 방법으로 이번에는 궁수 캐릭터 원화를 만들어 보겠습니다.

01 미드저니 웹 버전에서 화면 상단에 있는 Imagine bar를 통해 작업을 시작합니다. 여기에서 변경된 설정과 캐주얼 게임 스타일에 적합한 프롬프트를 입력하고 '▷' 아이콘을 클릭하여 이미지를 생성합니다.

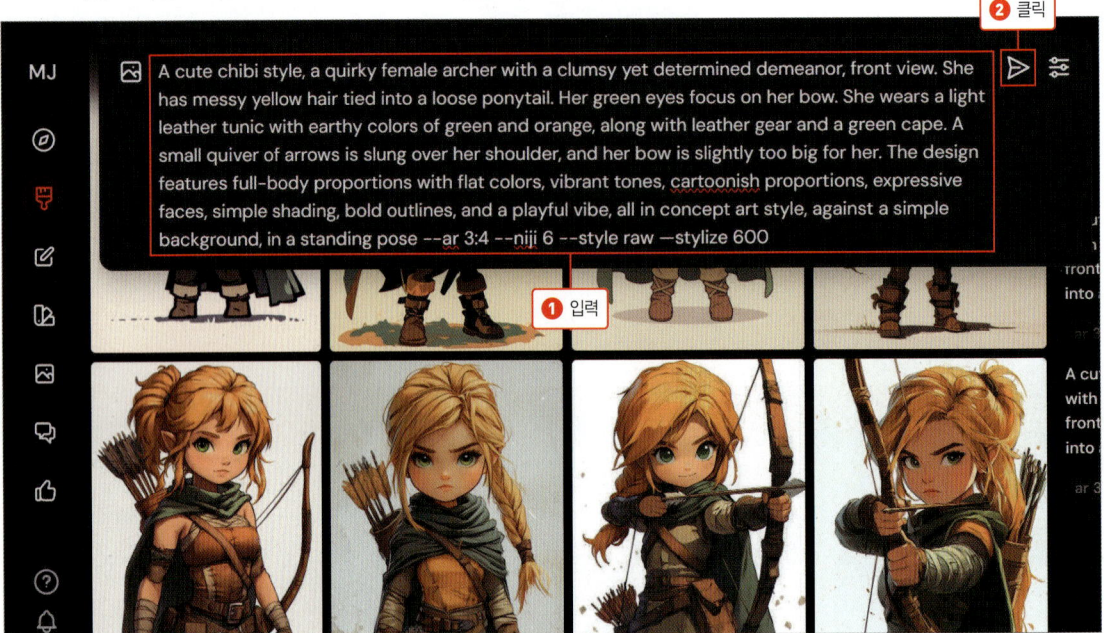

프롬프트 A cute chibi style, a quirky female archer with a clumsy yet determined demeanor, front view. She has messy yellow hair tied into a loose ponytail. Her green eyes focus on her bow. She wears a light leather tunic with earthy colors of green and orange, along with leather gear and a green cape. A small quiver of arrows is slung over her shoulder, and her bow is slightly too big for her. The design features full-body proportions with flat colors, vibrant tones, cartoonish proportions, expressive faces, simple shading, bold outlines, and a playful vibe, all in concept art style, against a simple background, in a standing pose --ar 3:4 --niji 6 --style raw --stylize 600

입력 팁
1. A cute chibi medieval adventurer : 머리와 몸이 과장된 비율을 기반으로 캐릭터 외형을 설정합니다.
2. Flat colors, vibrant tones, and simple shading : 평면적인 색상, 생동감 있는 톤, 간단한 음영입니다.
3. Cartoonish proportions and bold outlines : 만화 같은 비율, 굵은 윤곽선입니다.
4. All in concept art style, against a simple background : 콘셉트 아트 스타일로, 간단한 배경을 포함합니다.

TIP 수정된 프롬프트는 모바일 게임에서 더 많은 주목을 받을 수 있도록 헤어 색상, 갑옷, 망토 등의 색조를 더 밝고 눈에 띄는 톤으로 변경했습니다.

02 기존 프롬프트에서 새로운 문장을 추가하여 이미지를 생성한 결과, 여러 가지 SD 스타일의 궁수 캐릭터가 생성되었습니다. 이 중에서 가장 콘셉트에 잘 맞는 이미지를 선택하여 기존 스타일을 유지한 채 좀 더 변형해 보겠습니다. 예제에서는 무표정한 표정의 4번 이미지를 선택하였습니다.

03 캐릭터의 스타일은 괜찮지만, 포즈와 형태가 어색함이 있습니다. 확장된 화면의 오른쪽에 있는 Creation Actions 항목에서 Vary의 〈Strong〉 버튼을 클릭하여 기존 이미지의 스타일과 구성을 유지하면서 보다 강하게 변형된 새로운 이미지를 생성합니다.

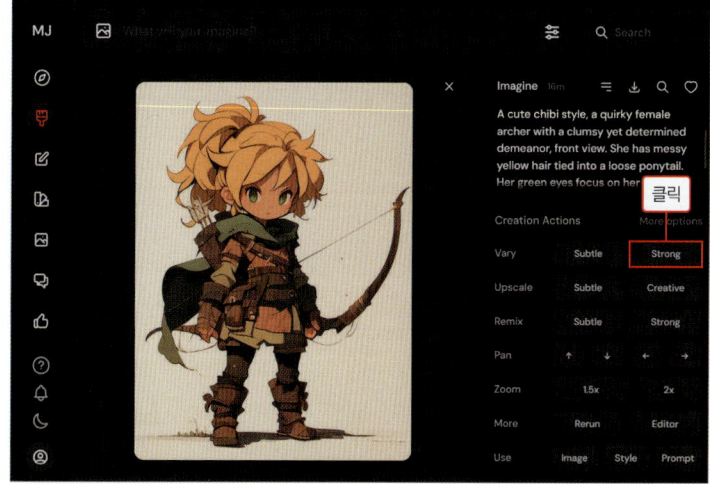

04 프롬프트에 맞춰 다양한 스타일로 변형된 캐릭터 이미지가 4개 생성됩니다. 원하는 스타일에 가까운 이미지를 최종으로 선택합니다. 예제에서는 3번 이미지의 표정과 포즈가 마음에 들어 최종 이미지로 선택하였습니다.

05 확장된 화면에서 이미지를 살펴보니 아직 어색한 부분이 남아있습니다. 오른쪽에 있는 Creation Actions 항목에서 Upscale의 〈Creative〉 버튼을 클릭하여 업스케일 합니다. 업스케일이 완료되면 '저장' 아이콘(⬇)을 클릭하여 이미지를 PC에 저장합니다.

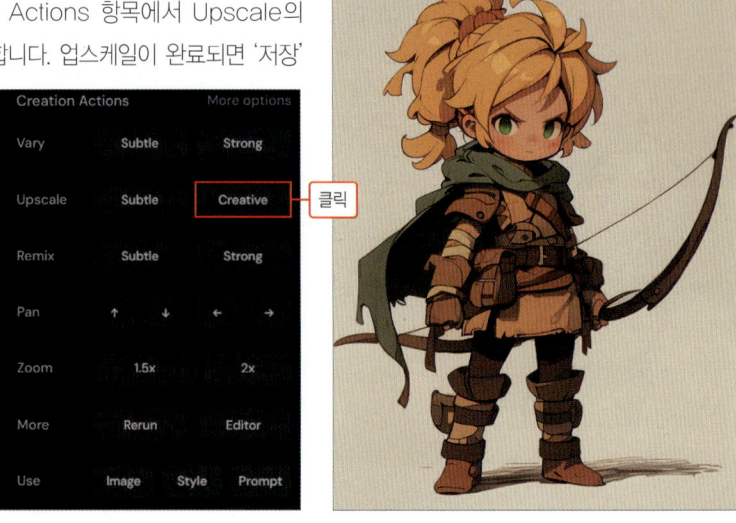

03 기사와 궁수 원화 캐릭터 시트 만들기

게임 캐릭터의 매력을 더욱 돋보이게 하려면 턴어라운드 작업이 중요합니다. 원화를 바탕으로 캐릭터를 360도로 시각화하면 디자인의 세부 요소와 균형을 명확히 확인할 수 있습니다. 이 과정은 3D 모델링과 애니메이션 작업에 있어 중요한 가이드가 되어 캐릭터의 완성도를 높이는 데 큰 도움이 됩니다.

용감한 기사 캐릭터

01 캐릭터의 일관성을 유지하기 위해 Imagine bar에서 '🖼' 아이콘을 클릭하여 최종으로 저장한 용감한 기사 이미지를 불러옵니다. 불러온 이미지를 'Choose a file or drop it here'로 드래그하여 이미지를 저장합니다.

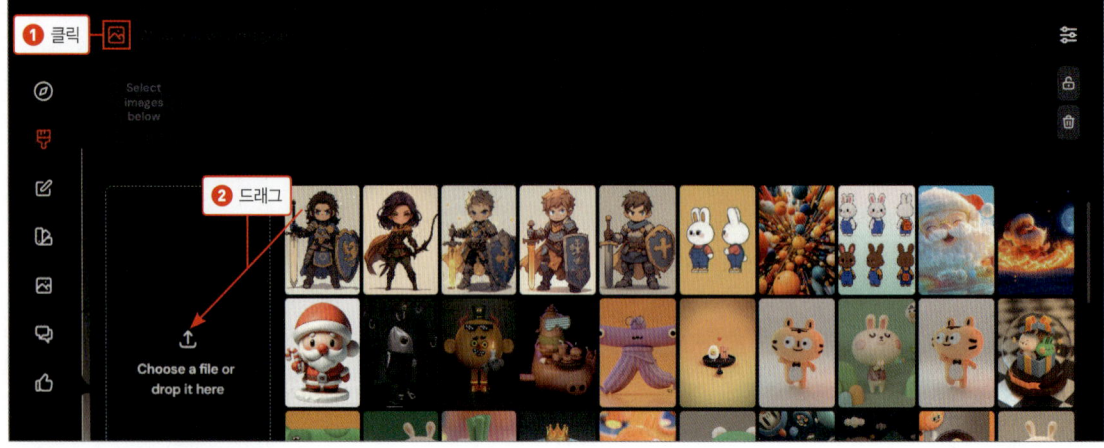

TIP 예제와 같은 이미지를 사용하려면 04 폴더에서 '기사sd원화_완성.png' 파일을 사용하세요.

02 저장한 이미지를 Imagine bar의 'Select images below'로 드래그하여 이미지 섬네일을 표시하고 이미지에 커서를 위치하면 표시되는 'Use as Character Ref' 아이콘(👤)을 클릭하여 이미지 일관성을 유지합니다.

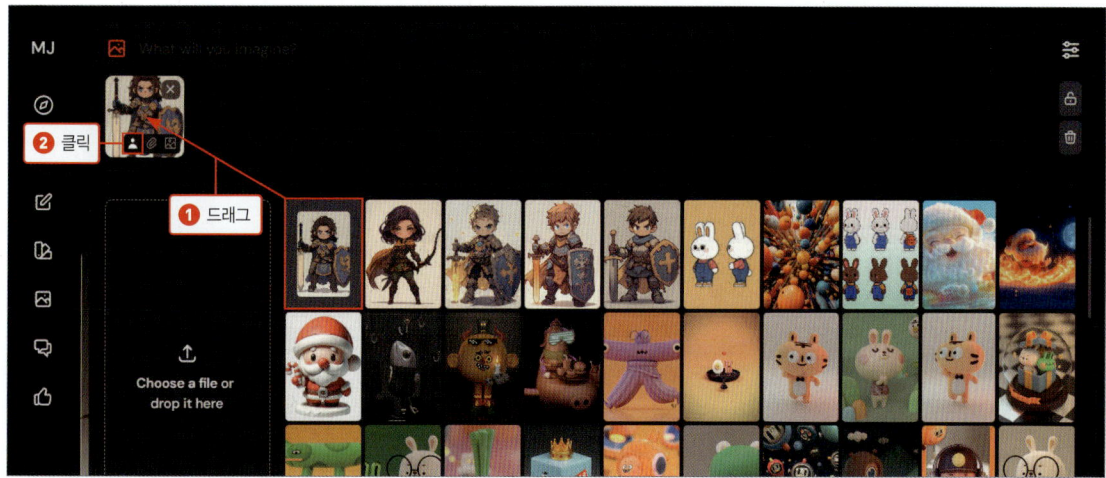

TIP 이 기능은 미드저니 V7 버전부터 섹션이 구분되어 보다 직관적으로 사용할 수 있게 되었습니다(P.68 참고).

03 여러 가지 이미지가 한 화면에 보여야 하므로 화면 비율을 와이드로 프롬프트를 설정하여 작업 효율을 높였습니다. 다음과 같이 프롬프트를 입력한 다음 '▷' 아이콘을 클릭하여 이미지를 생성합니다.

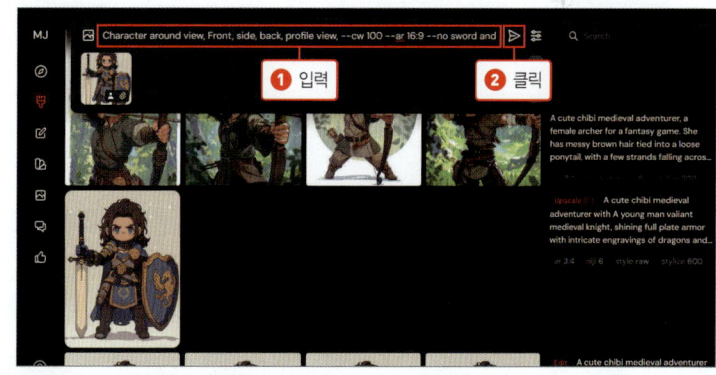

프롬프트 Character Sheet, Character around view, Front, side, back, profile view --no sword and a shield --style raw --cw 100 --stylize 900 --ar 16:9

입력 팁
1. **Character around view** : 캐릭터를 다양한 각도에서 보여 주는 뷰를 요청합니다. 이 경우에는 여러 각도를 포함하는 '턴 어라운드' 스타일을 의미합니다.
2. **Front, side, back, profile view** : 정면, 측면, 후면, 프로필 뷰를 포함하여, 캐릭터를 다양한 방향에서 볼 수 있도록 요청합니다.
3. **--no sword and a shield** : 검과 방패를 제외한다는 옵션입니다. 이 옵션은 캐릭터가 무기나 방패 없이 디자인되도록 지시합니다.
4. **--cw 100 Character Weight** : 수치를 100으로 설정하여, 캐릭터가 이미지에서 100%의 비중을 차지하도록 합니다. 이는 캐릭터를 중심으로 모든 요소가 구성된다는 의미입니다.
5. **--ar 16:9** : 비율을 16:9로 설정합니다. 이는 와이드 화면 비율을 의미합니다.

TIP Shift를 누른 상태로 이미지 아래에 있는 2개의 아이콘을 활성화하면 캐릭터의 일관성뿐만 아니라 스타일을 참고할 수 있는 기능이 추가됩니다.

04 캐릭터 시트 이미지가 4개 생성됩니다. 원하는 느낌과 형태, 스타일에 가장 가깝게 생성된 이미지를 선택하여 베리에이션을 진행하겠습니다.

05 예제에서는 3번 이미지를 선택하여 베리에이션을 진행하겠습니다. 이미지에서 마우스 오른쪽 버튼을 클릭한 다음 Vary → Subtle을 실행합니다.

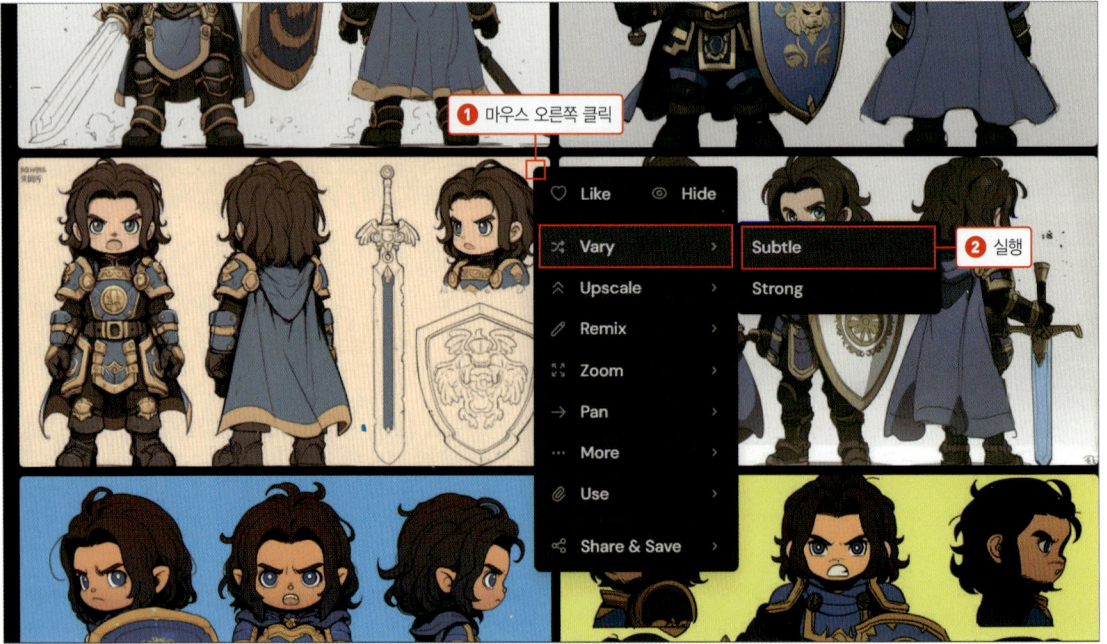

❶ 마우스 오른쪽 클릭
❷ 실행

TIP Subtle은 기존 이미지의 스타일과 구성을 유지한 채, 작은 변화만 주고 싶을 때 사용하는 기능입니다.

06 선택한 이미지를 기준으로 이미지가 4개 생성되었습니다. 이미지가 화면에 과도하게 가득 차 있는 관계로, 여백을 추가하여 더 균형감 있고 여유로운 구성으로 구현하겠습니다.

07 최종으로 선택할 이미지에서 마우스 오른쪽 버튼을 클릭한 다음 More → Edit을 실행하여 브러시를 직접 칠할 수 있는 화면으로 이동합니다. 예제에서는 2번 이미지를 선택하였습니다.

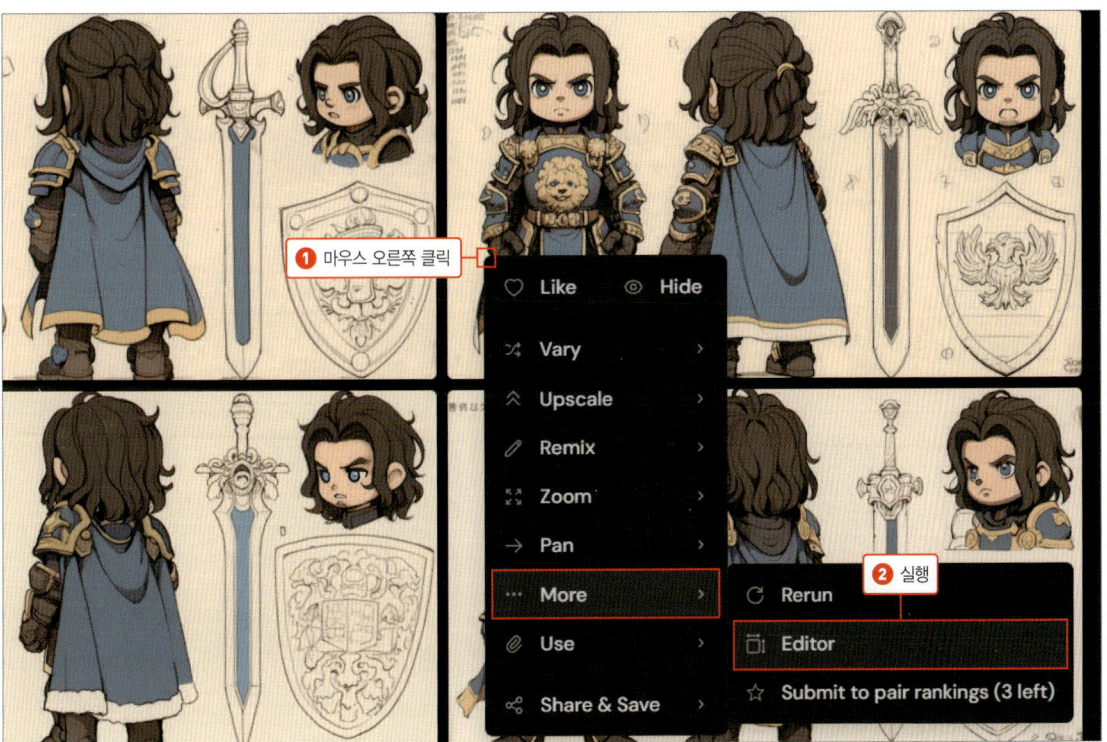

08 세밀한 수정 작업을 할 수 있는 공간이 제공되면, 화면 상단에서 스케일 바로 크기를 조절하고 이미지를 적절한 위치로 이동하여 배치한 다음 〈Submit〉 버튼을 클릭하여 해당 이미지를 기반으로 이미지를 확장합니다.

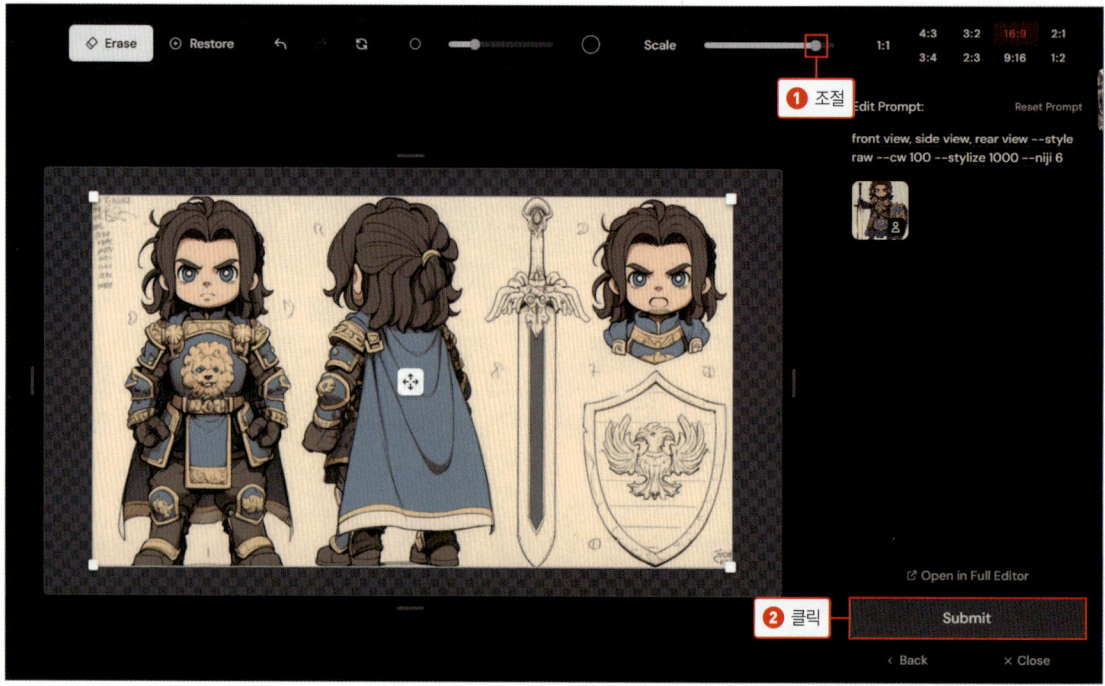

TIP 이 기능은 미드저니 V7 버전부터 Editor 화면이 다양한 기능이 추가되어 변경되었습니다(P.70 참고).

09 여백이 확장되어 나온 4개의 이미지 중에서 컬러 시트가 추가되어 마음에 드는 이미지를 선택하고 업스케일을 진행해 PC에 저장하여 작업을 마무리합니다. 예제에선 1번 결과물을 선택하여 마무리하였습니다.

냉정한 궁수 캐릭터

01 캐릭터의 일관성을 유지하기 위해 Imagine bar에서 '🖼️' 아이콘을 클릭하여 최종으로 저장한 용감한 기사 이미지를 불러옵니다. 이전에 생성한 궁수 이미지와 용감한 기사 이미지를 '🖼️' 아이콘을 클릭하여 불러옵니다.

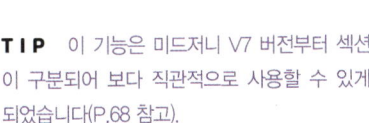
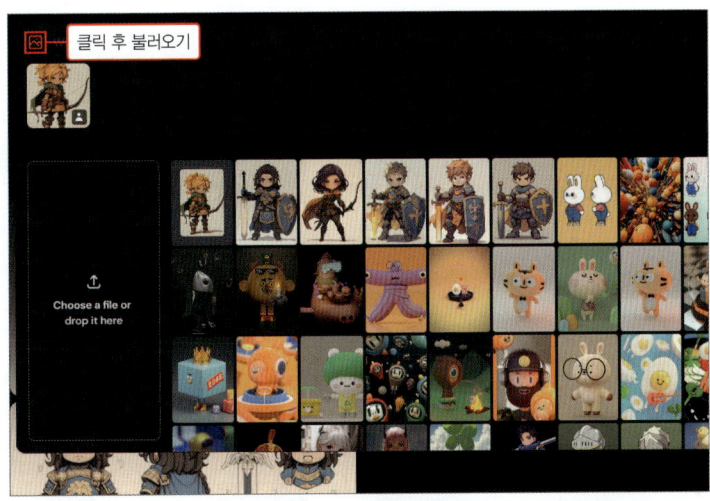

TIP 이 기능은 미드저니 V7 버전부터 섹션이 구분되어 보다 직관적으로 사용할 수 있게 되었습니다(P.68 참고).

02 냉정한 궁수의 캐릭터 시트를 얻기 위해 다음의 프롬프트를 입력하고, 스타일을 동일하게 유지하기 위해 용감한 기사 이미지에 Shift를 누른채 'Use as Style Ref' 아이콘(📎)을 클릭하여 활성화하겠습니다.

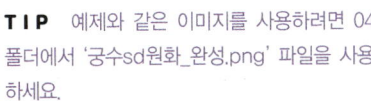
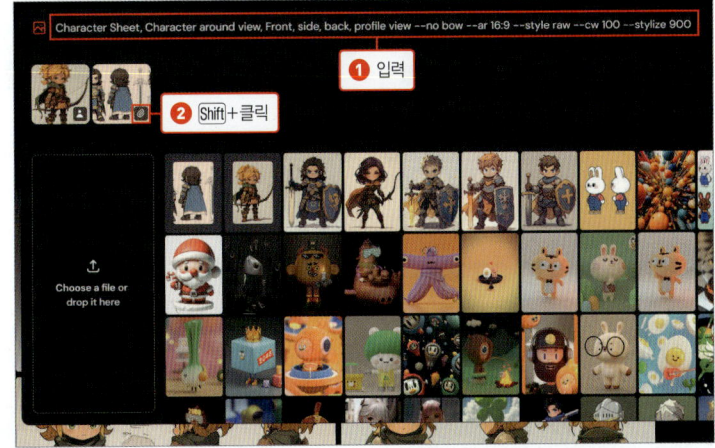

TIP 예제와 같은 이미지를 사용하려면 04 폴더에서 '궁수sd원화_완성.png' 파일을 사용하세요.

프롬프트 Character Sheet, Character around view, Front, side, back, profile view --no bow --style raw --cw 100 --stylize 900 --ar 16:9

입력 팁
1. **Character Sheet, Character around view, Front, side, back, profile view** : 캐릭터 디자인을 위한 다양한 시점(정면, 측면, 후면, 360도 회전)을 보여 주는 여러 각도의 이미지를 포함하는 작업을 의미합니다. 이는 주로 3D 모델링이나 일러스트에서 캐릭터의 전체적인 모습을 이해하고 재현하는 데 사용됩니다.
2. **--no bow** : 기사의 무기인 활을 생성에서 제외한다는 옵션입니다. 이 옵션은 캐릭터가 무기나 방패 없이 디자인되도록 지시합니다.
3. **--cw 100 Character Weight** : 100으로 설정하여, 캐릭터가 이미지에서 100%의 비중을 차지하도록 합니다. 이는 캐릭터를 중심으로 모든 요소가 구성된다는 의미입니다.
4. **--ar 16:9** : 비율을 16:9로 설정합니다. 이는 와이드 화면 비율을 의미합니다.

03 캐릭터 시트 이미지가 4개 생성되었습니다. 원하는 느낌과 형태와 스타일에 가장 가깝게 생성된 이미지를 선택합니다. 예제에서는 캐릭터 턴어라운드가 잘 표현된 4번 이미지를 선택하였습니다.

04 확장된 화면이 표시됩니다. 오른쪽에 있는 Creation Actions 항목에서 Upscale의 〈Creative〉 버튼을 클릭하여 새로 이미지를 업스케일 합니다. 업스케일이 완료되면 '저장' 아이콘(⬇)을 클릭하여 이미지를 PC에 저장합니다.

TIP 미드저니에서 캐릭터 시트를 만드는 것은 캐릭터의 일관성과 활용도를 높이기 위해 매우 중요합니다. 생성형 AI는 매번 결과가 달라질 수 있기에 정면, 측면, 후면 등의 시트를 미리 만들어두면 캐릭터의 얼굴, 체형, 복장 등을 일관되게 유지하는 데 도움이 됩니다. 또한, 이러한 시트는 이후 캐릭터의 동작 장면이나 특정 연출 컷을 만들 때 기준 자료로 활용될 수 있어, 프롬프트를 반복할 때도 효율적으로 사용할 수 있습니다.

04 기사와 궁수 게임용 3D 그래픽 스타일 생성하기

모바일 게임에 맞는 3D 그래픽 스타일로 중세 배경의 용감한 기사 캐릭터를 어떻게 디자인할 수 있을지 살펴봅시다. 이 과정에서는 캐릭터의 외형을 모바일 화면에 최적화하기 위해 디테일을 단순화하고, 텍스처와 색감을 고려한 재질 작업을 진행합니다. 또한, 렌더링 방법을 활용해 모바일 환경에서 부드럽고 효율적인 성능을 유지하면서도 시각적으로 매력적인 캐릭터를 구현하는 방법을 알아보겠습니다.

3D 용감한 기사 캐릭터

01 게임 제작 시, 3D 모델링 작업은 캐릭터 원화를 기반으로 진행됩니다. 이전 과정에서 생성된 캐릭터들을 기반으로 3D 스타일로 변형하여 제작해 보겠습니다. 먼저 이전에 저장한 2D 이미지를 참고 자료로 불러오겠습니다. Imagine bar에서 '🖼' 아이콘을 클릭하여 최종으로 저장한 용감한 기사 이미지를 2개 불러옵니다.

02 원화 스타일 이미지의 스타일을 동일하게 유지하기 위해 Shift 를 누른 채 'Use as Style Ref' 아이콘(📎)을 클릭하여 활성화하겠습니다.

TIP 예제와 같은 이미지를 사용하려면 04 폴더에서 '기사sd원화_완성.png', '기사캐릭터 시트_완성.png' 파일을 사용하세요.

프롬프트 3D game cartoon render with high saturation, a young valiant chibi medieval knight in shining full plate armor, intricately engraved with dragons and lions. The knight wears a blue tabard with a golden crest flowing down his back. He holds a massive ornate longsword in one hand and a round shield featuring heraldic symbols.an angry expression. The background is simple, in a 3D game-style, Blender, colorful cartoon with bright colors, solid color blocks, and soft lighting effects, creating a warm tonal palette a side profile --ar 9:16 --style raw --cw 100 --stylize 550

입력 팁　1. **Character Sheet, Character around view, Front, side, back, profile view** : 캐릭터 디자인을 위한 다양한 시점(정면, 측면, 후면, 360도 회전)을 보여 주는 여러 각도의 이미지를 포함하는 작업을 의미합니다. 이는 주로 3D 모델링이나 일러스트에서 캐릭터의 전체적인 모습을 이해하고 재현하는 데 사용됩니다.

2. **--no bow** : 기사의 무기인 활을 생성에서 제외한다는 옵션입니다. 이 옵션은 캐릭터가 무기나 방패 없이 디자인되도록 지시합니다.

3. **--cw 100 Character Weight** : 100으로 설정하여, 캐릭터가 이미지에서 100%의 비중을 차지하도록 합니다. 이는 캐릭터를 중심으로 모든 요소가 구성된다는 의미입니다.

4. **--ar 16:9** : 비율을 16:9로 설정합니다. 이는 와이드 화면 비율을 의미합니다.

03 업로드한 이미지에 커서를 위치하면 표시되는 'Use as Character Ref' 아이콘(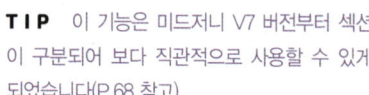)을 각각 클릭하여 이미지 일관성을 유지하고 프롬프트를 입력한 다음 '▶' 아이콘을 클릭합니다.

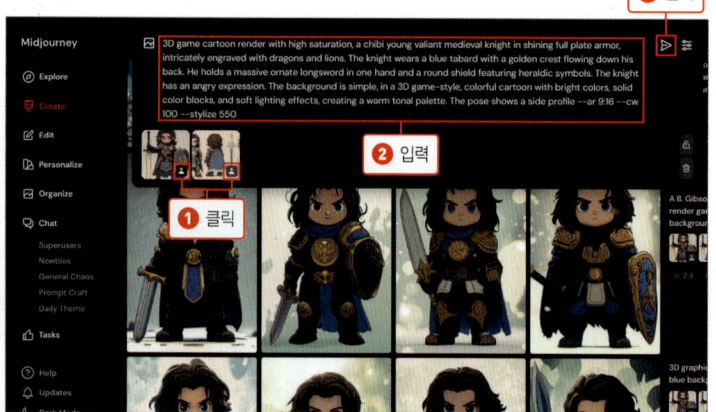

TIP 이 기능은 미드저니 V7 버전부터 섹션이 구분되어 보다 직관적으로 사용할 수 있게 되었습니다(P.68 참고).

프롬프트　3D game cartoon render with high saturation, a young valiant chibi medieval knight in shining full plate armor, intricately engraved with dragons and lions. The knight wears a blue tabard with a golden crest flowing down his back. He holds a massive ornate longsword in one hand and a round shield featuring heraldic symbols.an angry expression. The background is simple, in a 3D game-style, Blender, colorful cartoon with bright colors, solid color blocks, and soft lighting effects, creating a warm tonal palette. a side profile --ar 9:16 --style raw --cw 100 --stylize 550

입력 팁　1. **3D Game Cartoon Render with High Saturation** : 3D 게임 그래픽에서 볼 수 있는 고채도의 강렬하고 밝은 색상 스타일입니다.

2. **Blender** : Blender는 3D 모델링과 렌더링을 위한 소프트웨어로, 이 이미지는 Blender로 만들어진 것처럼 보이도록 위함입니다.

3. **Colorful Cartoon, Soft Lighting Effects and Warm Tonal Palette** : 조명은 부드럽고 따뜻한 느낌을 주며, 이미지에 부드러운 그림자와 하이라이트를 추가하여 캐릭터의 특징을 돋보이게 합니다.

4. **Simple, 3D Game-Style, Solid Color Blocks** : 단순한 3D 게임 스타일로 배경은 간단하게 설정되며, 크고 대담한 단색 블록들로 구성되어 캐릭터가 돋보일 수 있도록 합니다.

5. **Side Profile** : 캐릭터가 옆모습으로 그려집니다.

6. **--cw 100** : 100으로 설정하여, 캐릭터가 이미지에서 100%의 비중을 차지하도록 합니다. 이는 캐릭터를 중심으로 모든 요소가 구성된다는 의미입니다.

TIP 이 프롬프트는 중세 기사의 3D 카툰 이미지를 만들려고 하는 것입니다. 캐릭터는 활기차고 강한 느낌을 주도록 디자인되어 있고, 배경은 간단하지만, 색상과 조명으로 캐릭터의 특징이 잘 보이게 설정됩니다. 기사의 용감한 모습을 강조하기 위해 멋진 갑옷과 강한 표정이 주요 포인트로 사용됩니다.

04 이미지가 4개 생성되었습니다. 베리에이션 하기 위해 2D 캐릭터의 콘셉트와 스타일이 잘 반영되어 생성된 이미지를 선택합니다. 예제에서는 4번 이미지를 선택하였습니다.

05 확장된 화면의 오른쪽에 있는 Creation Actions 항목에서 Vary의 〈Strong〉 버튼을 클릭하여 기존 이미지의 스타일과 구성을 유지하면서 보다 강하게 변형된 새로운 이미지를 생성합니다.

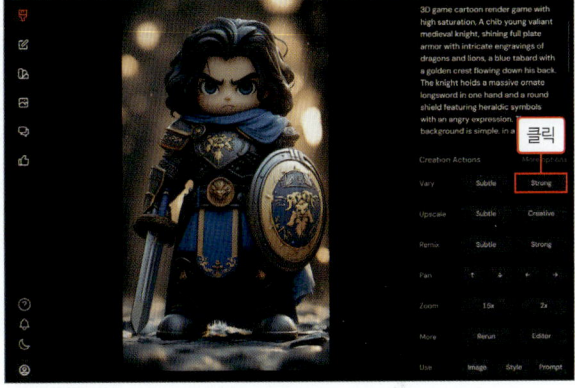

06 선택한 캐릭터의 스타일과 포즈를 바탕으로 비슷한 느낌의 결과물 이미지가 4개 표시됩니다. 여기서 콘셉트에 가장 잘 어울리는 이미지를 선택해 가이드로 확정합니다. 예제에서는 3번 이미지를 선택하였습니다.

07 마지막으로 검과 방패가 영역을 벗어나기 때문에 세부 수정을 진행하겠습니다. 확장된 화면에서 More의 〈Editor〉 버튼을 클릭하여 원하는 부분을 선택해 세부적으로 편집할 수 있는 화면으로 이동합니다.

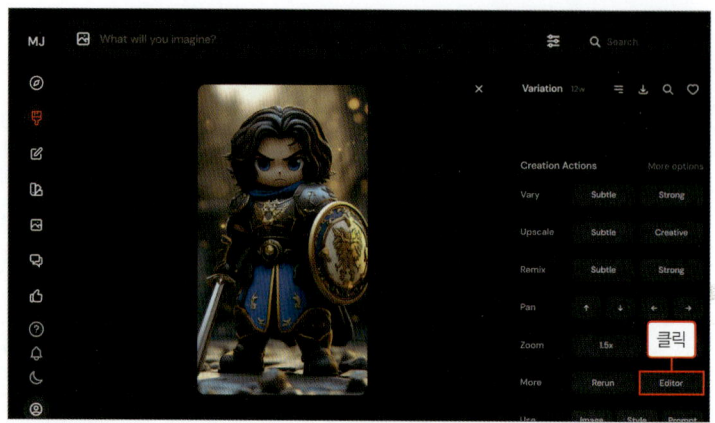

08 세부적으로 변형할 수 있는 Editor 화면이 표시되면 Erase 기능을 사용해 조금 얇게 생성된 검을 칠하고 상단 메뉴에서 '1:1' 비율을 선택하여 공간을 확장한 다음 〈Submit〉 버튼을 클릭합니다.

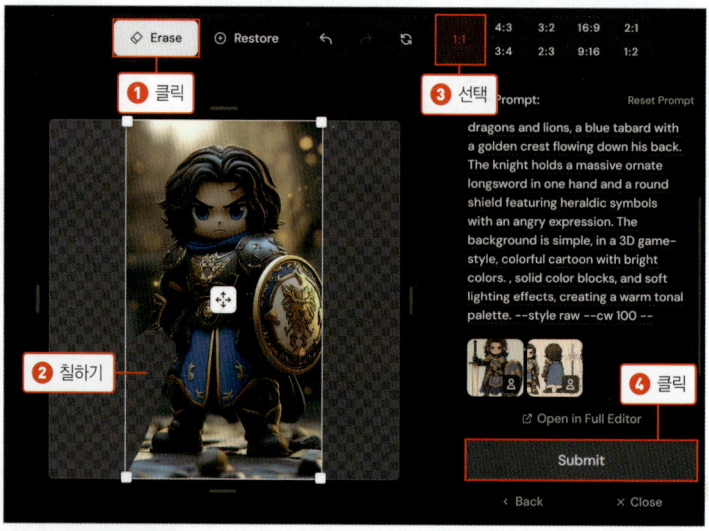

09 선택한 캐릭터의 스타일과 포즈를 바탕으로 비슷한 느낌의 결과물 이미지가 4개 표시됩니다. 여기서 콘셉트에 가장 잘 어울리는 이미지를 선택해 가이드로 확정합니다. 예제에서는 3번 이미지를 선택하였습니다.

10 확장된 화면이 표시됩니다. 오른쪽에 있는 Creation Actions 항목에서 Upscale의 〈Creative〉 버튼을 클릭하여 업스케일 합니다.

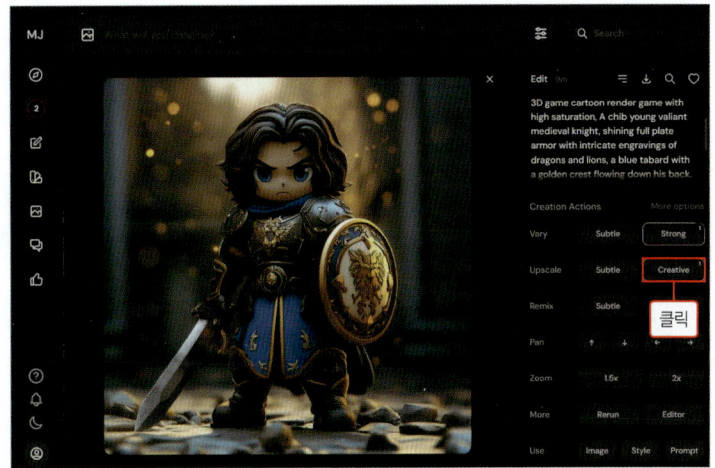

11 퀄리티가 업그레이드되고 스케일도 크게 된 이미지가 생성되면 '저장' 아이콘(⬇)을 클릭하여 이미지를 PC에 저장합니다.

▲ 업스케일 전

3D 냉정한 궁수 캐릭터

01 이전 과정에서 생성한 캐릭터를 기준으로 3D로 생성하기 위해 이전에 저장한 2D 이미지를 참고 자료로 불러오겠습니다. Imagine bar에서 '🖼' 아이콘을 클릭하여 최종으로 저장한 냉정한 궁수 이미지를 2개 불러옵니다.

02 원화 캐릭터 이미지의 일관성을 유지하기 위해 불러오기한 이미지에 커서를 위치하여 표시되는 '👤' 아이콘을 각각 클릭합니다.

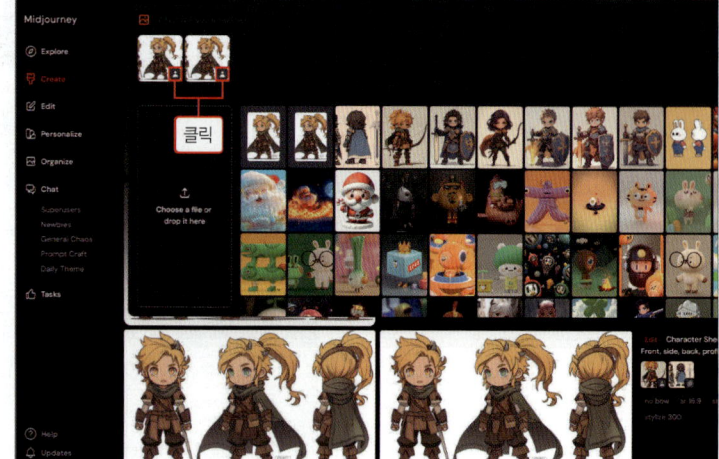

TIP 예제와 같은 이미지를 사용하려면 04 폴더에서 '궁수sd원화_완성.png', '궁수캐릭터시트_완성.png' 파일을 사용하세요.

03 3D 렌더링 스타일이 추가된 다음의 프롬프트를 입력하고 '▶' 아이콘을 클릭합니다.

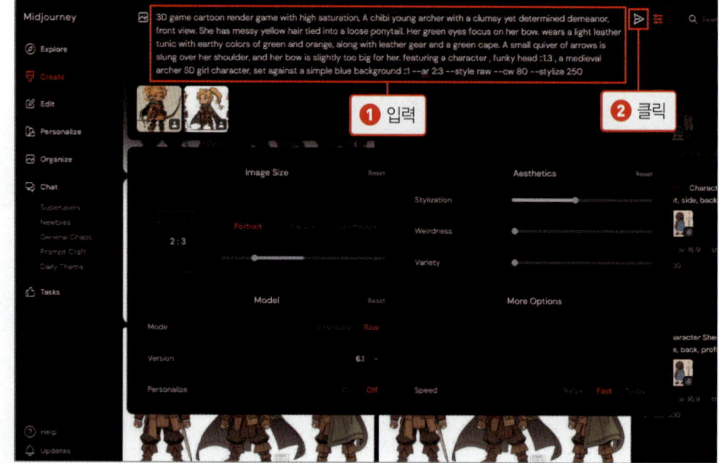

TIP 이 기능은 미드저니 V7 버전부터 섹션이 구분되어 보다 직관적으로 사용할 수 있게 되었습니다(P.68 참고).

> **프롬프트**
>
> 3D game cartoon render game with high saturation, A chibi young archer with a clumsy yet determined demeanor, front view. She has messy yellow hair tied into a loose ponytail. Her green eyes focus on her bow. wears a light leather tunic with earthy colors of green and orange, along with leather gear and a green cape. A small quiver of arrows is slung over her shoulder, and her bow is slightly too big for her. Featuring a character, funky head ::1.3, a medieval archer SD girl character, set against a simple blue background ::1

입력 팁
1. **3D game cartoon render game with high saturation** : 3D 만화 렌더 스타일에 채도가 높은 색감을 적용한 디자인입니다.
2. **Medieval archer SD(Super Deformed) girl character Funky head::1.3** : 과장된 머리 크기나 비율, 캐릭터의 귀여움과 만화적 매력을 강조합니다.
3. **Set against a simple blue background** : 단순한 파란색 배경으로 캐릭터를 돋보이게 합니다.

TIP 이 프롬프트는 귀엽고 독특한 3D 궁수 캐릭터를 만드는 데에 초점을 맞춥니다. 캐릭터는 귀여운 매력과 판타지 느낌을 담고 있으며, 단순한 배경으로 설정하여 캐릭터를 돋보이게 합니다. 중세 판타지 스타일에 애니메이션 감성을 더해 밝고 생동감 있는 이미지를 표현하려고 합니다.

04 3D 스타일의 이미지가 4개 생성되었습니다. 베리에이션 하기 위해 2D 캐릭터의 콘셉트와 스타일이 잘 반영되어 생성된 이미지를 선택합니다. 예제에서는 포즈랑 구성이 제일 좋은 3번 이미지를 선택하였습니다.

05 확장된 화면의 오른쪽에 있는 Creation Actions 항목에서 Vary의 〈Subtle〉 버튼을 클릭합니다. 선택한 이미지의 포즈와 구성을 유지하면서도 세부적인 변화를 가미한 베리에이션을 생성하여 이미지의 기본적인 구조와 느낌은 그대로 유지하면서, 색상이나 디테일 등에서 다양한 변화를 탐색합니다.

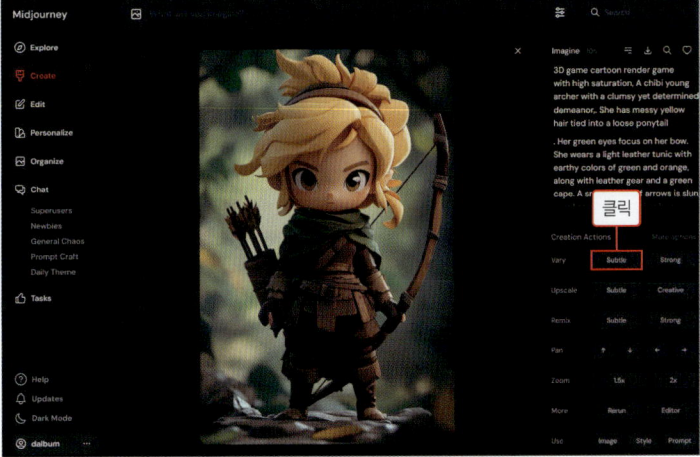

06 기본적인 구조와 느낌은 그대로 유지하면서 4개의 이미지가 생성되었습니다. 이 중에서 가장 마음에 드는 이미지를 선택합니다. 예제에서는 4번 이미지를 선택하였습니다.

07 화살통 등 일부 부분을 세부 수정하겠습니다. 확장된 화면에서 More의 〈Editor〉 버튼을 클릭하여 원하는 부분을 선택해 세부적으로 편집할 수 있는 화면으로 이동합니다.

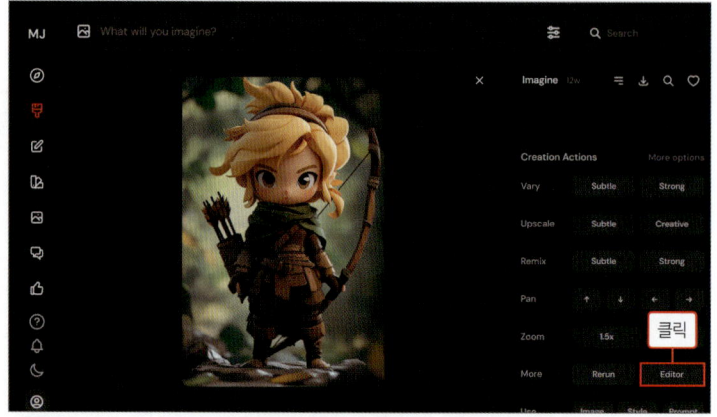

08 세부적으로 변형할 수 있는 Editor 화면이 표시되면 Erase 기능을 사용해 화살통 위치와 눈의 하이라이트를 수정하기 위해 그림과 같이 칠하고 〈Submit〉 버튼을 클릭합니다.

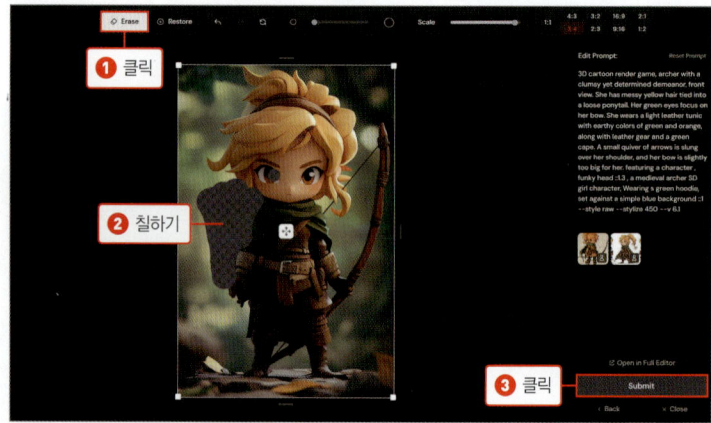

09 수정된 화살통과 하이라이트가 수정된 여러 가지 스타일의 결과물 이미지가 4개 표시됩니다. 여기서 콘셉트에 가장 잘 어울리는 이미지를 선택해 최종 가이드로 확정합니다. 예제에서는 3번 이미지가 자연스러워 보여 선택하였습니다.

10 업스케일을 진행하기 위해 선택한 이미지에서 마우스 오른쪽 버튼을 클릭한 다음 **Upcale → Creative**를 실행합니다.

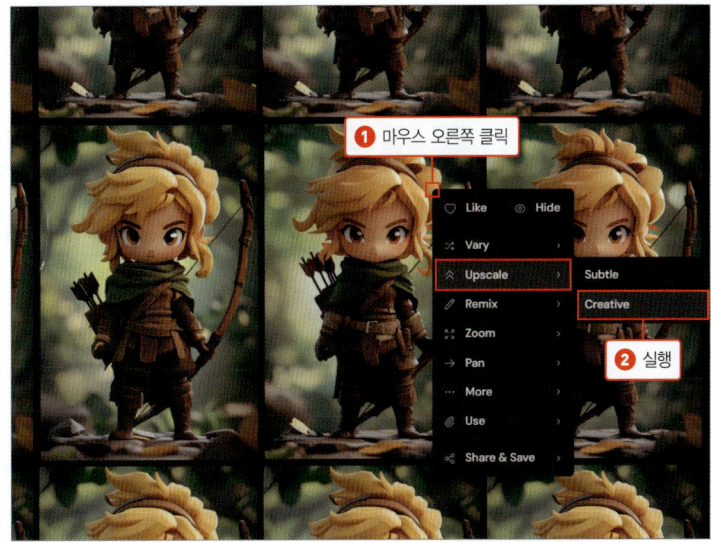

11 업스케일 된 이미지가 표시되면 이미지에서 마우스 오른쪽 버튼을 클릭하고 **Save Image**를 실행하여 최종 생성한 이미지를 PC에 저장합니다.

293

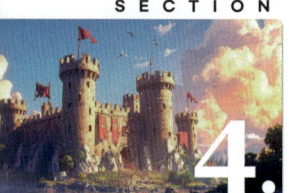

SECTION 4.

● 완성파일 : 04\중세성_완성.png, 숲속기지_완성.png

캐릭터에 어울리는 중세 판타지 배경 생성하기

중세 판타지 게임 세계관에 맞는 배경을 생성하려면, 기사와 궁수의 성격을 고려해 성곽, 전장, 숲속 등 각 캐릭터에 어울리는 장소를 선택해야 합니다. 각 배경은 캐릭터의 역할과 분위기를 잘 살릴 수 있도록 디자인할 수 있습니다.

01 기사와 어울리는 아름다운 중세 시대 성 생성하기

중세에서 성(城)은 권력과 보호의 상징으로, 기사는 이를 지키는 중요한 역할을 했습니다. 기사는 용기, 명예, 충성을 중요하게 여기며 성주를 위해 싸웠습니다. 판타지 세계에서는 성이 마법적인 힘이나 숨겨진 보물의 장소로 묘사되기도 하며, 적의 침략을 막는 요새의 기능을 합니다. 기사들은 성을 방어하거나 적의 성을 공격하는 임무를 맡았고, 이러한 성에 대한 전투와 방어는 기사의 영웅적인 이야기를 이끌어 가는 중심이 됩니다.

01 미드저니 웹 버전에서 화면 상단에 있는 Imagine bar를 통해 작업을 시작합니다. 여기에서 캐주얼 게임에 어울리는 중세 시대를 나타내는 프롬프트를 입력하고 '▶' 아이콘을 클릭하여 이미지를 생성합니다.

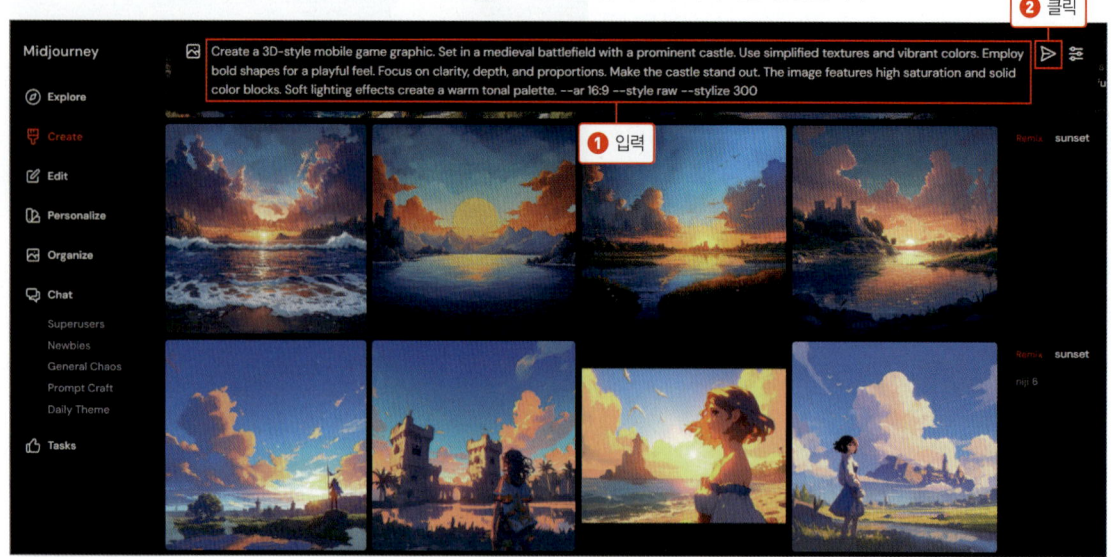

프롬프트 Create a 3D-style mobile game graphic. Set in a medieval battlefield with a prominent castle. Use simplified textures and vibrant colors. Employ bold shapes for a playful feel. Focus on clarity, depth, and proportions. Make the castle stand out. The image features high saturation and solid color blocks. Soft lighting effects create a warm tonal palette --ar 16:9 --style raw --stylize 300

입력팁 1. **3D-style mobile game graphic** : 모바일 게임을 위한 3D 스타일의 그래픽을 제작합니다.
2. **Medieval battlefield** : 중세 시대의 전장을 의미, 고전적인 전쟁의 느낌을 표현합니다.
3. **Simplified textures** : 텍스처를 단순화하여 게임의 캐주얼한 느낌을 강조합니다.
4. **Clarity, depth, and proportions** : 성이 돋보이도록 명확성, 깊이, 비율에 주의를 기울입니다.
5. **Soft lighting effects** : 부드러운 조명 효과를 통해 따뜻한 느낌을 전달합니다.
6. **Warm tonal palette** : 따뜻한 색조의 팔레트를 사용해 시각적으로 편안함을 제공합니다.

TIP 이 프롬프트는 중세 판타지 기사 캐릭터에 맞는 모바일 게임 배경을 디자인하기 위해 만들어졌으며, 중세 기사의 전투적인 특성과 영웅적인 이미지를 강조하기 위해 성과 전장의 배경을 설정하고, 이를 단순화된 형태와 화려한 색상으로 표현하여 게임의 캐주얼한 분위기를 맞췄습니다. 따뜻한 색조와 부드러운 조명 효과는 기사의 영웅적인 특성을 돋보이게 하며, 전반적으로 중세 판타지 세계의 영웅적인 요소를 부각하는 방식으로 구성하였습니다.

02 프롬프트에 새로운 문장을 추가하여 생성한 결과, 다양한 스타일의 중세 시대의 성 이미지가 생성되었습니다. 이 중 제일 콘셉에 잘 맞는 이미지를 선택하여 기존 스타일에서 조금 더 공격적으로 변형해 보겠습니다. 예제에서는 3번 이미지를 선택하였습니다.

TIP 라이팅(Lighting)은 이미지의 분위기와 몰입감을 결정하는 핵심 요소입니다. 어떤 스타일의 빛을 선택하느냐에 따라 장면의 감정, 현실감, 판타지성까지 완전히 달라질 수 있습니다.

1. **Golden Hour Lighting**: 따뜻하고 감성적, 영화 같은 분위기(자연 풍경, 감성적인 장면)
   golden hour, sunset light, warm glow, soft sunlight, long shadows
2. **Soft Lighting** : 은은하고 차분한, 꿈 같은 느낌(동화적 장면, 일러스트 느낌)
   soft lighting, diffused light, ambient light, dreamy light
3. **Hard Lighting** : 극적인 명암, 강한 존재감(강한 드라마틱 연출)
   harsh light, strong highlights, deep shadows, high contrast
4. **Volumetric Lighting** : 빛줄기, 안개와 함께 환상적인 느낌(신비롭고 신성한 분위기 연출)
   volumetric light, god rays, light beams through fog, cinematic lighting
5. **Cinematic Lighting** : 영화처럼 감정 중심의 조명(드라마틱한 장면 연출)
   cinematic lighting, moody light, dramatic contrast, color grading

03 확장된 화면이 표시되면 오른쪽에 있는 Creation Actions 항목에서 Vary의 〈Strong〉 버튼을 클릭하여 베리에이션을 생성합니다.

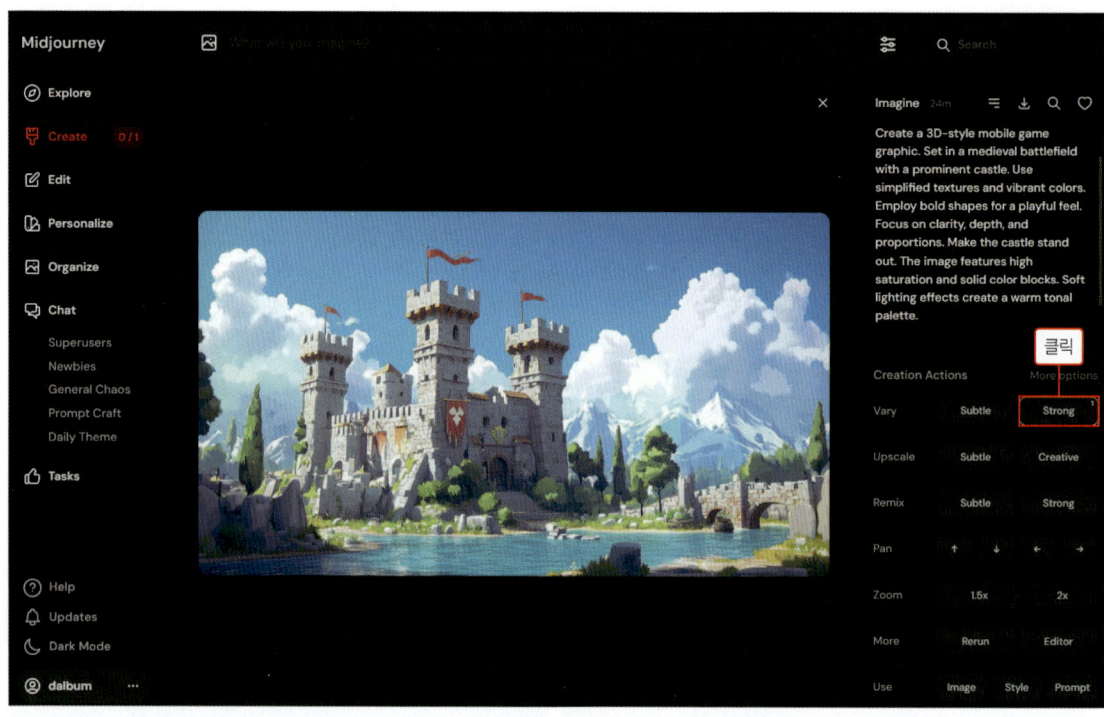

04 여러 가지 배경 스타일의 이미지가 4개 생성되었습니다. 생성된 이미지 중에서 가장 마음에 드는 이미지를 선택하여 기존 형태를 유지한 채 조금 더 변형해 보겠습니다. 예제에서는 2번 이미지를 선택하였습니다.

05 이번에는 이미 생성된 이미지를 기반으로 일부 요소를 변경하거나 변형하여 새로운 결과물을 만들어 내는 Remix 기능을 사용하겠습니다. 이 기능을 통해 기존 스타일이나 구성을 유지하면서도 세부적인 요소를 실험적으로 바꿀 수 있습니다. 확장된 화면의 오른쪽에서 Remix의 〈Strong〉 버튼을 클릭합니다.

06 프롬프트 입력 창에 새로운 문장을 추가하겠습니다. 파라미터 이전에 'sunset::2', 'birds'를 입력하여 추가한 다음 '▶' 아이콘을 클릭하여 이미지를 리믹스(Remix)합니다.

TIP 리믹스는 이미지에 프롬프트나 구성 요소를 바꿔서 변형된 버전을 생성할 수 있도록 해 주는 기능입니다. Variation과는 달리, 이미지를 기반으로 하되 새로운 아이디어를 섞어낼 수 있는 도구입니다.

07 기존 스타일을 유지한 채 노을 진 성곽 이미지가 4개 생성되었습니다. 업스케일을 진행하기 위해 이 중 가장 자연스럽게 표현된 이미지를 선택합니다. 예제에서는 3번 이미지의 노을이 마음에 들어 최종 이미지로 선택하였습니다.

08 확장된 화면의 오른쪽에 있는 Creation Actions 항목에서 Upscale의 〈Creative〉 버튼을 클릭하여 이미지를 업스케일 합니다. 업스케일이 완료되면 '저장' 아이콘(⬇)을 클릭하여 이미지를 PC에 저장합니다.

02 궁수와 어울리는 어두운 숲속의 기지 생성하기

울창하고 어두운 숲은 궁수들에게 완벽한 은신처이자 방어 기지로 기능합니다. 빛을 가리는 나뭇가지와 이끼로 덮인 부드러운 땅은 조용히 움직이며 적을 노릴 수 있는 환경을 제공합니다. 나무 사이에 숨겨진 작은 오두막과 캠프는 궁수의 쉼터가 되며, 숲의 고요 속에서 긴장감과 신비로움을 동시에 느끼게 합니다. 이번 예제에서는 중세 시대 궁수에게 어울리는 단순한 기본 이미지를 여러 장 생성하고, 2장 이상의 이미지를 합성하여 새로운 이미지를 만드는 미드저니의 Blend의 기능을 사용하여 이미지를 얻겠습니다.

01 미드저니 웹 버전에서 화면 상단에 있는 Imagine bar를 통해 작업을 시작합니다. 여기에서 첫 번째 이미지를 생성하기 위해 밀집하고 거친 숲을 나타내는 프롬프트를 입력하고 '▷' 아이콘을 클릭하여 이미지를 생성합니다.

❶ 입력 **❷ 클릭**

프롬프트 Create a 3D-style mobile game graphic. Set in a medieval battlefield with a prominent castle. Use simplified textures and vibrant colors. Employ bold shapes for a playful feel. Focus on clarity, depth, and proportions. Make the castle stand out. The image features high saturation and solid color blocks. Soft lighting effects create a warm tonal palette --ar 16:9 --style raw --stylize 300

한글 번역 밀집한, 거친 숲을 묘사하여 자연의 원시적인 느낌과 어려운 환경을 강조

TIP 중세 판타지 모바일 게임에서 궁수 캐릭터에 어울리는 어두운 숲속 기지 배경을 디자인하기 위해 생성되었습니다. 숲속과 자연환경은 궁수의 은밀한 특성을 강조하고, 마법적 요소와 숨겨진 구조물을 통해 탐험적이고 미스터리한 분위기를 조성하려 했으며 어두운 톤과 판타지적인 느낌을 사용하여 몰입감을 높이고, 게임 내에서 스토리와 탐험의 중요한 공간을 만들기 위해 설정되었습니다.

02 궁수 캐릭터에 어울리는 밀집하고 거친 숲 이미지가 4개 생성되었습니다. 이렇게 생성된 이미지는 참고 자료로 사용되기 때문에 베리에이션 작업 없이 제일 괜찮은 이미지를 하나 선택합니다. 예제에서는 1번 이미지를 선택하였습니다.

03 같은 방법으로 숲에 구조물이나 은신처가 있는 듯한 프롬프트를 입력하여 이미지를 생성하고 선택합니다. 예제에서는 3번 이미지를 선택하였습니다.

| 프롬프트 | Medieval fantasy Hidden wooden structures in forest --ar 16:9 --style raw --stylize 400 |

| 한글 번역 | 숨겨진 나무 구조물은 게임 내에서 은신처나 구조물들이 숲에 숨어 있음을 암시 |

04 마지막으로 판타지적 분위기와 어둡고 신비로운 분위기의 숲 스타일의 프롬프트를 입력하여 이미지를 생성하고 선택합니다. 예제에서는 1번 이미지를 선택하였습니다.

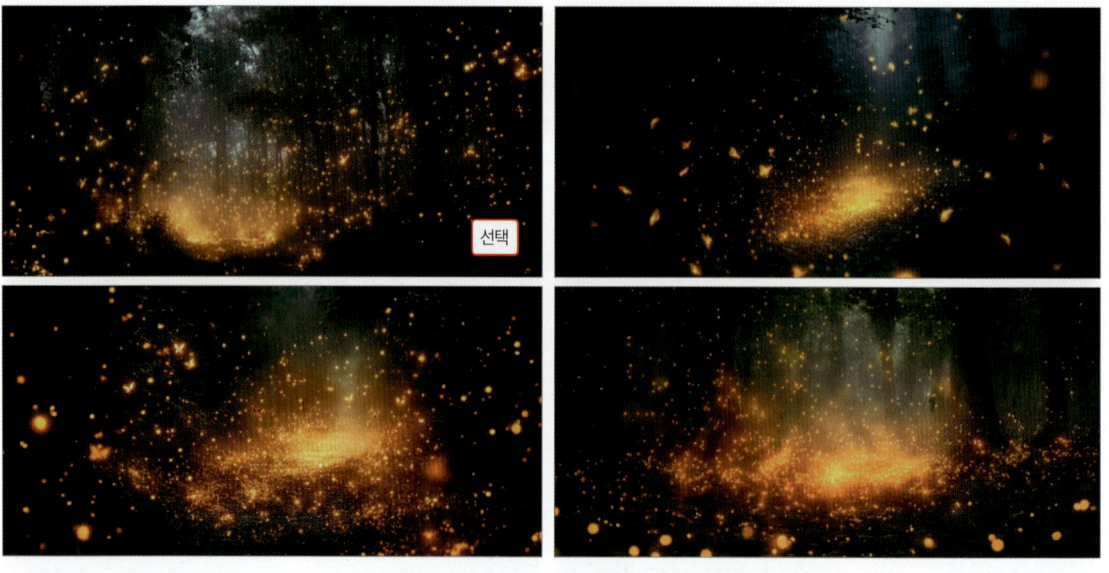

| 프롬프트 | Firefly, Fantasy atmosphere with a dark and mysterious mood --ar 16:9 --style raw --stylize 400 |

| 한글 번역 | 판타지적 분위기와 어두운, 신비로운 분위기 |

05 생성된 이미지들을 Imagine bar에 각각 드래그하여 블렌드(Blend) 작업을 위한 참고 자료로 설정합니다.

TIP 이 기능은 미드저니 V7 버전부터 섹션이 구분되어 보다 직관적으로 사용할 수 있게 되었습니다(P.68 참고).

06 프롬프트에 입력하지 않은 상태로 Enter를 눌러도 Blend 기능은 실행되지만, 그러면 실사 이미지가 생성됩니다. 그러므로 '3D-style mobile game background featuring a medieval fantasy forest'를 추가로 입력하여 스타일을 설정하고 Enter를 누릅니다.

프롬프트 3D-style mobile game background featuring a medieval fantasy forest

한글 번역 중세 판타지 숲이 특징인 3D 스타일 모바일 게임 배경

301

07 3개의 참고용 이미지가 합쳐진 이미지가 4개 생성되었습니다. 생성된 이미지를 베리에이션 하기 위해 캐릭터 콘셉트에 어울리는 이미지를 선택합니다. 예제에서는 4번 이미지를 선택하였습니다.

08 베리에이션 이미지가 4개 생성되었습니다. 마지막으로 배경 영역을 확장하기 위해 마음에 드는 이미지에서 마우스 오른쪽 버튼을 클릭한 다음 More → Editor를 실행합니다. 예제에서는 3번 이미지를 선택하였습니다.

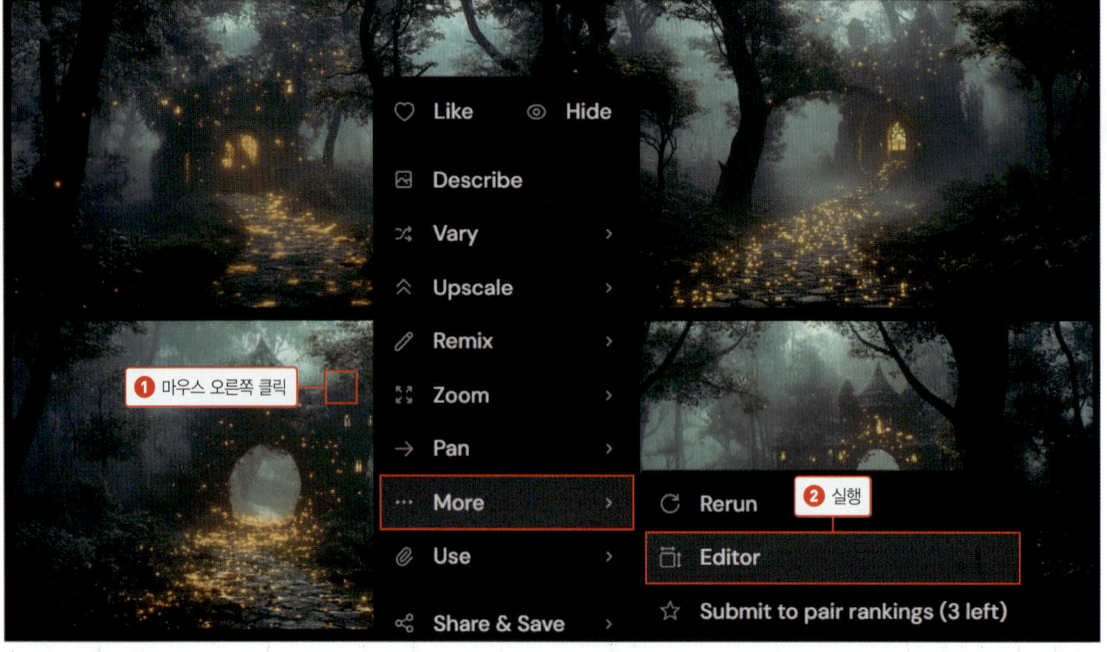

09 세밀한 수정 작업을 할 수 있는 공간이 제공되면, 그림과 같이 이미지 크기를 줄이고 문을 포인트로 사용하기 위해 '✥' 아이콘을 드래그하여 위치를 조정합니다. 이렇게 조정을 마치면 〈Submit〉 버튼을 클릭합니다.

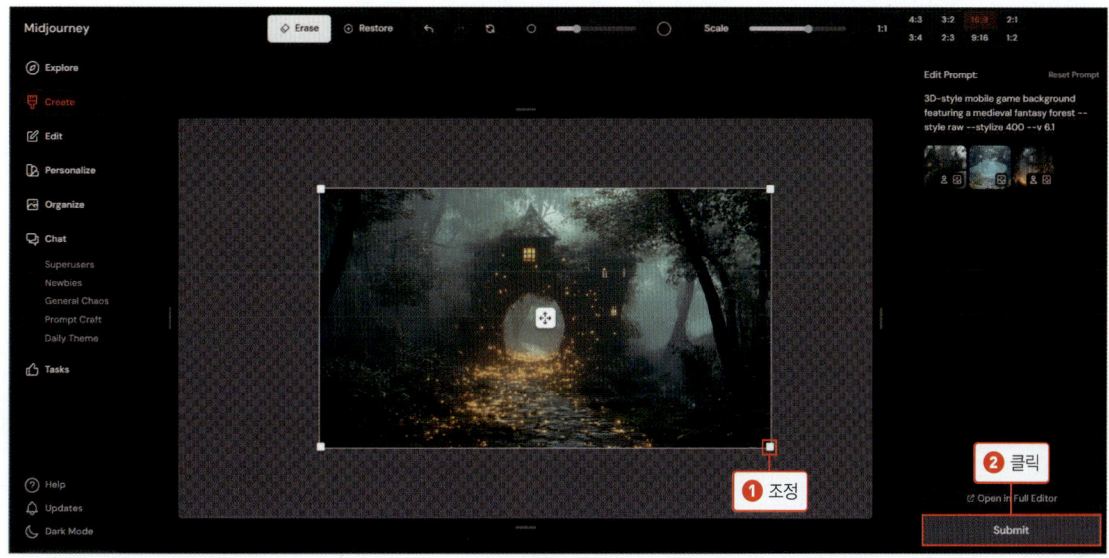

10 마음에 드는 이미지를 업스케일 하여 마무리하기 위해 선택합니다. 확장된 화면의 오른쪽에 있는 Creation Actions 항목에서 Upscale의 〈Creative〉 버튼을 클릭하여 이미지를 업스케일 하고 '저장' 아이콘(⬇)을 클릭하여 이미지를 PC에 저장합니다. 예제에서는 4번 이미지를 선택했습니다.

TIP 현재 미드저니 웹 버전에서는 Blend 기능을 사용할 수 있지만, 개별 이미지의 가중치(Weight)를 조절하는 기능은 제공되지 않아 업로드한 모든 이미지가 동일한 비중으로 혼합됩니다. 반면, Discord에서 '/blend' 명령어를 사용하면 각 이미지의 가중치를 수동으로 설정할 수 있어, 특정 이미지의 영향력을 더 크게 반영하는 세부 조정이 가능합니다.

PROJECT

정교한 게임 리얼리즘의 구현
FPS 슈팅 게임 디자인

리얼리즘(Realism)은 현대 게임 디자인의 핵심 요소 중 하나입니다. 특히 FPS(First-Person Shooter, 1인칭 슈팅) 게임에서는 사용자의 몰입감을 극대화하기 위해 캐릭터와 무기 등 모든 디자인 요소에서 사실적인 디테일이 중요합니다. 이 챕터에서는 AI 기술을 활용해 FPS 게임의 리얼리즘을 효과적으로 구현하는 방법을 소개합니다. AI를 통해 몰입감 있는 캐릭터를 설계하고, 생동감 있는 맵을 생성하며, 정교한 무기를 디자인하는 전 과정을 단계별로 살펴봅니다. 초보자도 쉽게 이해할 수 있도록 구성되어 FPS 게임의 본질을 탐구하며, 리얼리즘과 AI가 결합된 창작의 새로운 가능성을 제시합니다.

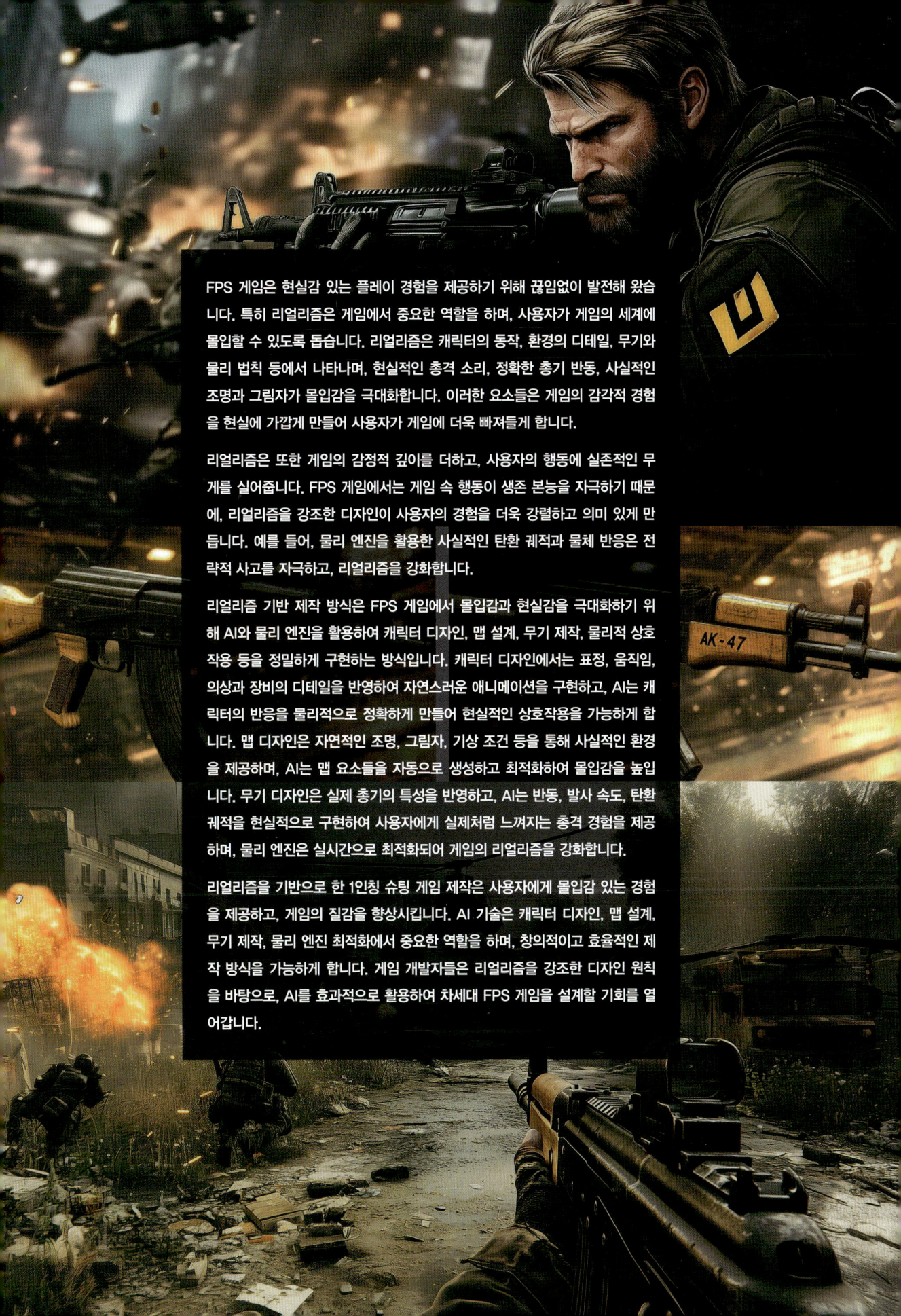

FPS 게임은 현실감 있는 플레이 경험을 제공하기 위해 끊임없이 발전해 왔습니다. 특히 리얼리즘은 게임에서 중요한 역할을 하며, 사용자가 게임의 세계에 몰입할 수 있도록 돕습니다. 리얼리즘은 캐릭터의 동작, 환경의 디테일, 무기와 물리 법칙 등에서 나타나며, 현실적인 충격 소리, 정확한 총기 반동, 사실적인 조명과 그림자가 몰입감을 극대화합니다. 이러한 요소들은 게임의 감각적 경험을 현실에 가깝게 만들어 사용자가 게임에 더욱 빠져들게 합니다.

리얼리즘은 또한 게임의 감정적 깊이를 더하고, 사용자의 행동에 실존적인 무게를 실어줍니다. FPS 게임에서는 게임 속 행동이 생존 본능을 자극하기 때문에, 리얼리즘을 강조한 디자인이 사용자의 경험을 더욱 강렬하고 의미 있게 만듭니다. 예를 들어, 물리 엔진을 활용한 사실적인 탄환 궤적과 물체 반응은 전략적 사고를 자극하고, 리얼리즘을 강화합니다.

리얼리즘 기반 제작 방식은 FPS 게임에서 몰입감과 현실감을 극대화하기 위해 AI와 물리 엔진을 활용하여 캐릭터 디자인, 맵 설계, 무기 제작, 물리적 상호작용 등을 정밀하게 구현하는 방식입니다. 캐릭터 디자인에서는 표정, 움직임, 의상과 장비의 디테일을 반영하여 자연스러운 애니메이션을 구현하고, AI는 캐릭터의 반응을 물리적으로 정확하게 만들어 현실적인 상호작용을 가능하게 합니다. 맵 디자인은 자연적인 조명, 그림자, 기상 조건 등을 통해 사실적인 환경을 제공하며, AI는 맵 요소들을 자동으로 생성하고 최적화하여 몰입감을 높입니다. 무기 디자인은 실제 총기의 특성을 반영하고, AI는 반동, 발사 속도, 탄환 궤적을 현실적으로 구현하여 사용자에게 실제처럼 느껴지는 총격 경험을 제공하며, 물리 엔진은 실시간으로 최적화되어 게임의 리얼리즘을 강화합니다.

리얼리즘을 기반으로 한 1인칭 슈팅 게임 제작은 사용자에게 몰입감 있는 경험을 제공하고, 게임의 질감을 향상시킵니다. AI 기술은 캐릭터 디자인, 맵 설계, 무기 제작, 물리 엔진 최적화에서 중요한 역할을 하며, 창의적이고 효율적인 제작 방식을 가능하게 합니다. 게임 개발자들은 리얼리즘을 강조한 디자인 원칙을 바탕으로, AI를 효과적으로 활용하여 차세대 FPS 게임을 설계할 기회를 열어갑니다.

SECTION 5. FPS 게임 기획하여 디자인하기

FPS 게임을 기획하고 디자인하려면 무기 시스템, 이동 메커니즘, 맵 디자인 등 다양한 요소를 정교하게 설계해야 합니다. 균형 잡힌 게임 플레이와 몰입감 있는 환경을 구축하는 것이 중요하며, 이 챕터에서는 FPS 게임을 기획하고 디자인하는 과정에서 고려해야 할 핵심 요소들을 살펴보고, 보다 완성도 높은 게임을 만들기 위한 전략을 탐구해 보겠습니다.

01 FPS 게임의 이해

FPS 게임을 이해하기 위해 정의, 다른 게임과의 차별성, 스타일 종류, FPS 게임이 인기 있는 이유 등을 알아봅시다.

FPS 게임은 1인칭 시점을 기반으로 사용자가 마치 캐릭터의 눈을 통해 게임 세계를 직접 바라보는 듯한 몰입형 구조를 갖춘 슈팅 게임입니다. 이 장르는 높은 현실감을 제공하며, 사용자가 실제 전투에 참여하는 것 같은 생생한 경험을 선사합니다. 주된 특징으로는 다양한 무기와 장비를 활용하여 적을 제거하거나 생존을 목표로 하는 것은 물론, 특정 미션 수행과 팀 기반 협력 전투 등 다양한 게임 목표를 달성하는 데 있습니다.

타 게임과의 차별성

FPS 게임은 사실적인 물리 엔진과 정교한 그래픽 기술을 통해 전투의 긴박감을 극대화하며, 사용자의 반응 속도, 조준 정확성, 상황 판단력과 같은 스킬 중심의 플레이가 승패를 좌우하는 핵심 요소로 작용합니다. 이러한 게임은 PC, 콘솔, 모바일 등 다양한 플랫폼에서 즐길 수 있으며, 싱글 플레이부터 다인 플레이까지 폭넓은 모드를 지원합니다. 이로써 사용자는 개인적인 도전과 경쟁의 쾌감을 느끼는 동시에, 글로벌 커뮤니티와의 상호작용을 통해 협력과 경쟁의 재미를 극대화할 수 있습니다.

FPS 게임의 스타일

이 장르의 게임의 인기는 높은 몰입감과 사실감 있는 플레이, 그리고 다양한 스타일이 제공하는 독창적인 경험에 있습니다. 현대 전쟁을 배경으로 한 밀리터리 스타일, 미래를 배경으로 한 공상과학 스타일, 빠르고 직관적인 전투가 중심인 아레나 스타일, 전략과 팀워크가 강조되는 전술 FPS, 대규모 전투에서 최후의 생존자를 가리는 배틀 로얄 스타일 등 다양한 테마와 게임 플레이를 통해 모든 유형의 사용자가 자신만의 재미를 찾을 수 있습니다. 또한, 최신 기술을 활용해 끊임없이 발전하는 그래픽과 게임 디자인은 FPS 게임을 단순한 오락의 범주를 넘어 기술과 창의성이 결합된 독창적인 장르로 자리 잡게 했습니다.

▶ DOOM 아트 스타일을
  재해석한 그래픽

▶ 3D 픽셀 스타일의 FPS

▶ 카툰렌더 스타일의
  FPS 디자인

02 FPS 게임의 기초 설계 1 : 시점의 중요성과 몰입감의 차이

FPS 게임에서 1인칭 시점과 3인칭 시점의 선택은 사용자가 게임 세계를 어떻게 경험하고 상호 작용할지를 결정하는 중요한 요소입니다. 이 선택은 게임의 몰입감뿐만 아니라 사용자의 선호 스타일과 전투 전략에도 큰 영향을 미칩니다.

1인칭 시점

1인칭 시점은 사용자가 캐릭터의 눈을 통해 게임 세계를 직접 체험하는 방식으로, 현실감과 몰입감을 극대화합니다. 이를 통해 사용자는 적의 위치, 무기 조작, 주변 환경에 더 집중할 수 있으며, 전투 상황에서의 긴박감과 현장감을 생생히 느낄 수 있습니다. 반면, 3인칭 시점은 캐릭터의 외형과 주변 환경을 넓게 볼 수 있어, 사용자가 캐릭터의 움직임을 명확히 인지하고 전략적 판단을 내리기에 유리합니다. 예를 들어, 적의 공격이나 장애물을 더 넓은 시야로 파악할 수 있어 방어적이거나 협력적인 플레이에 효과적입니다.

게임 기획 측면에서 시점의 선택은 게임의 방향성과 사용자 경험을 결정짓는 핵심 요소입니다. 1인칭 시점은 전투의 박진감과 현실성을 강조하는 슈팅 게임에 적합하며, 긴박한 상황에서의 몰입감을 원하는 사용자에게 만족감을 줍니다.

3인칭 시점

3인칭 시점은 팀 기반 전략이나 전장의 흐름을 넓게 조망해야 하는 게임에 적합하며, 다양한 전략적 플레이를 지원합니다. 넓은 시야를 제공하여 주변 상황을 직관적으로 파악할 수 있고, 캐릭터의 움직임과 위치를 정확히 인지할 수 있어 엄폐, 회피, 경로 탐색 등 공간 활용이 중요한 플레이에 유리합니다. 또한, 캐릭터의 외형이 화면에 그대로 드러나기 때문에 의상, 장비, 애니메이션 등 커스터마이징 요소의 시각적 효과를 직접 확인할 수 있어, 플레이어의 개성과 표현 욕구를 충족시키는 데도 효과적입니다.

단, 카메라와 캐릭터 간의 거리로 인해 조준 정확도가 떨어질 수 있고, 1인칭 시점에 비해 몰입감이 낮다는 한계가 있습니다.

결국, 1인칭과 3인칭 시점의 선택은 단순한 시각적 차원을 넘어 게임의 분위기와 플레이 방향을 결정짓는 중요한 기획적 선택입니다. 따라서, 개발자는 사용자의 기대와 선호도를 분석하고, 게임의 핵심 목표에 맞는 시점을 선택해 몰입도와 재미를 극대화해야 합니다.

▲ 3인칭 시점의 게임 이미지

▲ 1인칭 시점의 게임 이미지

03 FPS 게임의 기초 설계 2 : 전투 매커니즘 설계와 맵 디자인

FPS 게임에서 전투 매커니즘은 게임의 핵심적인 요소로 작용하며, 사용자의 조작 감각과 전술적 사고를 결정짓는 중요한 역할을 합니다. 현실감 있고 직관적인 전투 시스템을 구축하려면 단순히 총기를 발사하는 것이 아니라, 사용자가 환경과 상호작용하고, 적과 전략적으로 교전하며, 몰입감 높은 전투 경험을 할 수 있도록 설계하는 것이 중요합니다. 이를 위해 전투 매커니즘을 설계할 때는 총기 및 타격 감각, 이동 및 조작 시스템, AI 및 전술 시스템, 피드백과 UX 디자인, 멀티 플레이 밸런싱 등의 요소를 종합적으로 고려해야 합니다.

총기 및 타격감

총기 및 타격 감각은 FPS 게임의 핵심 요소 중 하나로, 현실적인 반동(리코일), 탄도 물리, 타격 시의 애니메이션 및 사운드 효과 등을 정교하게 구현해야 합니다. 총기의 반동 패턴과 명중률, 조준 방식이 실제 무기의 특징을 반영하면 더욱 현실적인 전투가 가능하며, 헤드샷이나 방탄복에 따른 데미지 차이를 적용하여 전략적인 플레이를 유도할 수 있습니다.

이동 및 조작 시스템

이동 및 조작 시스템은 전투의 흐름을 결정짓는 중요한 요소입니다. 사용자가 빠르게 이동하고, 엄폐물을 활용하며, 점프나 슬라이딩 같은 전술적 움직임을 수행할 수 있어야 전투가 더욱 역동적으로 전개됩니다. 또한, 현실적인 스테미너 시스템과 환경과의 상호작용 요소를 추가하면 전장의 사실감이 더욱 강화됩니다.

AI 및 전술 시스템

AI 및 전술 시스템도 전투 경험을 향상시키는 필수적인 요소입니다. 적 AI가 사용자의 행동에 따라 다양한 반응을 보이고, 엄폐, 측면 공격, 후퇴 등의 전술을 구사하면 보다 도전적인 전투가 가능합니다. 아군 AI 역시 사용자의 명령을 수행하며, 적절한 지원과 협력을 통해 사용자가 보다 전술적인 플레이를 할 수 있도록 도와야 합니다.

피드백과 UX 디자인

피드백과 UX 디자인은 전투 중 사용자가 직관적으로 정보를 인식할 수 있도록 도와야 합니다. 화면상의 UI는 탄약 수, 체력, 미니맵, 목표 지점 등의 정보를 효과적으로 전달해야 하며, 적에게 피격당했을 때 시각적 효과와 사운드 피드백을 제공하면 더욱 즉각적인 반응이 가능해집니다.

멀티 플레이 밸런싱

멀티 플레이 밸런싱은 경쟁적인 게임 환경을 조성하는 중요한 요소입니다. 무기와 장비의 성능을 균형 있게 조절하고, 사용자의 실력 기반 매칭 시스템을 구축하며, 다양한 게임 모드를 추가하여 지속적인 흥미를 유도해야 합니다. 또한, 경험치, 보상 시스템, 커스터마이징 요소를 추가하면 사용자의 동기부여가 강화됩니다.

이처럼 FPS 게임의 전투 메커니즘을 구성하는 요소들이 유기적으로 결합될 때, 사용자는 단순한 총격전이 아니라 전략적이고 몰입감 높은 전투를 경험할 수 있으며, 궁극적으로 더욱 깊이 있는 게임 플레이를 즐길 수 있게 됩니다.

> **TIP** 게임 모드와 UI & UX(사용자 경험)
>
> - 게임 모드
>   - 데스매치(TDM, FFA) : 개인 또는 팀 단위로 상대를 처치하는 모드입니다.
>   - 폭탄 설치(Search&Destroy) : 목표 지점에 폭탄을 설치하고 방어하는 전략적인 모드입니다.
>   - 점령전(Domination, Capture the Flag) : 특정 거점을 점령하고 유지하는 방식입니다.
> - UI & UX(사용자 경험)
>   - 미니맵 : 적 위치, 사운드 감지 등을 표시해 사용자가 전황을 쉽게 파악하도록 해야 합니다.
>   - HUD(Head-Up Display) : 체력, 탄약, 무기 정보 등을 깔끔하게 배치해 가독성을 높여야 합니다.
>   - 킬 피드&리플레이 : 사용자가 전투 상황을 이해할 수 있도록 적절한 피드백(킬 로그, 데스캠 등)을 제공해야 합니다.

▲ 빠른 연사와 중간 정도의 반동을 통해 연속적이고 압박감 있는 타격감을 제공하며, 중거리 전투에 적합한 돌격 소총(AK 스타일)

▲ 단발 사격 특유의 무겁고 강한 충격감이 특징을 가지고, 한 발 한 발의 긴장감과 명중 시의 쾌감이 강조되는 클래식 리볼버

▲ 전략적 전투나 FPS 멀티 플레이 맵에 적합한 설계인 폐허 도시 구조

04 FPS 게임의 기초 설계 3 : 몰입감을 높이는 그래픽 요소

FPS 게임에서 몰입감을 높이는 그래픽은 단순한 미적 요소를 넘어 사용자의 전투 경험과 게임의 현실감을 극대화하는 중요한 역할을 합니다. 정교한 조명 효과, 사실적인 텍스처, 동적인 환경변화 등 다양한 시각적 요소가 유기적으로 결합될 때, 게임 속 세계는 더욱 생동감 있게 표현되며 이러한 그래픽 요소들은 단순히 시각적인 즐거움을 제공하는 것을 넘어, 전투의 긴장감을 높이고 전략적인 플레이를 유도하는 중요한 요소로 작용합니다.

실시간 빛과 그림자

현실을 반영한 실시간 빛과 그림자는 공간을 더 입체적으로 보이게 만듭니다. 사용자가 움직일 때 그림자가 자연스럽게 변하면 환경이 더욱 현실적으로 느껴지고, 조명의 변화는 게임의 분위기를 생동감 있게 만들어 줍니다. 이를 통해 사용자는 실제 공간에 있는 듯한 느낌을 받을 수 있습니다.

PBR 기술

PBR 기술을 통해 금속, 나무, 콘크리트 등의 재질이 빛을 반사하거나 흡수하는 방식이 사실적으로 표현됩니다. 이는 각 물체의 질감을 세밀하게 묘사하여, 사용자에게 더욱 몰입감 있는 환경을 제공합니다. 이러한 세밀한 텍스처와 재질 표현은 게임의 리얼리즘을 크게 향상시킵니다.

볼륨트릭 라이팅

볼륨트릭 라이팅은 빛이 안개나 연기 속에서 퍼지는 효과로, 분위기를 사실적으로 만들어 줍니다. 이 효과는 게임 환경을 더욱 생동감 있게 하며, 사용자가 게임의 공간에 몰입할 수 있도록 돕습니다. 어두운 환경에서 빛의 흐름을 따라가는 경험은 더욱 현실적인 전투 경험을 제공합니다.

▲ 붉은색과 주황색 계열의 드라마틱한 노을 하늘 아래, 고요하지만 긴장감이 감도는 분위기로 인상적인 연출 강조

날씨 변화나 시간대 변화

날씨 변화나 시간대 변화는 게임의 분위기를 크게 바꿔 사용자에게 다양한 전투 경험을 선사합니다. 비가 내리거나 안개가 자욱한 환경에서의 전투는 시각적 몰입감을 극대화하며, 사용자가 게임 내 환경에 깊이 빠져들도록 유도합니다.

▲ SF 스타일의 조명, 텍스처, 환경이 어우러진 몰입감과 전투 긴장감 극대화

파괴 가능한 환경

충격이나 폭발에 따라 건물 벽이 무너지거나 오브젝트가 산산이 부서지는 파괴 가능한 환경은 FPS 게임에서 시각적 몰입도를 극대화하는 중요한 요소입니다. 이러한 기능은 단순한 비주얼 효과를 넘어서 플레이어의 행동과 전투 전략에 직접적인 영향을 주며, 전장의 역동성과 현실감을 크게 향상시킵니다.

▲ 시각적 몰입도를 극대화하는 파괴 가능한 건물들

모션 블러와 카메라 흔들림

플레이어가 빠르게 이동하거나 전투 중 폭발이 발생할 때 적용되는 모션 블러와 카메라 흔들림 효과는, 실제 현장에서 느낄 법한 긴박함과 움직임의 강도를 시각적으로 체감하게 해 줍니다. 특히 1인칭 시점에서는 이와 같은 시각 효과가 플레이어의 시야와 직접 연결되기 때문에 몰입감이 배가됩니다. 이러한 동적 연출은 게임 플레이의 속도감과 박진감을 강조하고, 단순히 화면을 보는 것을 넘어 '현장에 있다는 느낌'을 강하게 전달합니다.

▲ 속도감과 박진감, 현장감을 주는 파티클 효과 폭발 장면

입자 효과(Particle Effects)

총을 쏘거나 폭발이 일어날 때 발생하는 연기, 먼지, 불꽃, 탄피 등은 전투의 순간을 시각적으로 풍부하게 만들어 주는 중요한 그래픽 요소입니다. 특히 이러한 입자 효과는 게임의 물리적인 세계를 더욱 사실적으로 느끼게 하며, 단순한 전투 장면을 넘어 '현장에서 실제로 벌어지는 일'처럼 받아들이도록 만듭니다.

▲ 실제감을 주는 이동 모션 블러 효과

FPS 게임에서 몰입감을 높이는 그래픽 요소들은 단순한 미적 효과를 넘어, 사용자가 게임 속 세계를 더욱 실감 나게 경험할 수 있도록 돕습니다. 조명, 텍스처, 환경 변화 등이 자연스럽게 어우러지면, 게임의 분위기는 한층 더 현실적으로 연출되며 전투의 긴장감과 몰입감이 극대화됩니다. 이러한 요소들이 조화롭게 구현될 때, 사용자는 마치 실제 전장에 있는 듯한 느낌을 받으며 게임에 깊이 빠져들 수 있습니다.

SECTION 6. FPS 게임 그래픽 아트와 설정 제작하기

챗GPT를 활용하면 FPS 게임의 콘셉트와 세계관을 구체화하고, 기획 단계에서 세부 요소를 체계적으로 정리할 수 있습니다. AI의 장점을 활용하여 아이디어를 효과적으로 발전시키고, 게임 기획의 전반적인 과정을 단계별로 살펴보겠습니다.

01 챗GPT를 활용한 FPS 게임 기획 전략

AI 기술의 발전으로 게임 기획에서도 인공지능 활용이 중요해지고 있습니다. 특히 챗GPT는 방대한 데이터를 기반으로 창의적인 아이디어를 제시하고, 기획 문서를 논리적으로 정리하는 등 다양한 방식으로 개발을 지원합니다. FPS 장르는 전략적 전투와 몰입감이 핵심이므로, 세밀한 설계가 필수적입니다. 챗GPT를 활용하면 세계관 설정, 게임 메커니즘 기획, 레벨 디자인, AI 시스템 개발 등 다양한 분야에서 효율성을 높일 수 있습니다.

세계관 설정

FPS 게임의 세계관은 사용자가 몰입할 수 있는 중요한 요소입니다. AI를 활용하여 창의적인 설정을 만들 수 있으며, 특히 챗GPT는 다양한 설정을 제시하고 그에 맞는 배경 스토리와 캐릭터, 환경을 구상하는 데 도움을 줍니다.

게임 메커니즘 기획

FPS 게임의 핵심은 바로 전투 시스템입니다. 이 부분은 전략과 액션이 결합된 복잡한 메커니즘을 요구합니다. 챗GPT는 사용자가 경험할 전투의 흐름을 설계하고, 다양한 무기와 아이템, 스킬 등의 메커니즘을 종합적으로 기획할 수 있습니다.

레벨 디자인

레벨 디자인은 게임의 플레이 경험을 크게 좌우합니다. AI를 활용하면 레벨을 자동으로 생성하거나, 사용자의 반응을 바탕으로 레벨을 동적으로 변경할 수 있습니다.

AI 시스템 개발

FPS 게임에서 적 AI는 중요한 역할을 합니다. AI는 사용자와 상호작용하는 적의 행동 패턴을 정의하고, 게임의 전략적 요소를 강화하는 데에 중요한 요소입니다. 챗GPT는 다양한 게임 데이터를 분석하여 적 AI의 난이도나 행동을 더욱 정교하게 조정할 수 있습니다.

대화형 콘텐츠 개발

FPS 게임에서도 대화형 콘텐츠는 몰입감을 높이는 중요한 요소입니다. 챗GPT는 자연스러운 대화 시나리오를 생성하고, 캐릭터들 간의 대화와 상호작용을 설계하는 데 큰 도움을 줄 수 있습니다.

AI는 FPS 게임의 기획에서 중요한 역할을 하며, 게임 개발의 각 단계를 효율적으로 지원할 수 있습니다. 게임의 세계관 설정, 전투 시스템 설계, 레벨 디자인, AI 시스템 개발 등 다양한 영역에서 AI를 활용하면 기획 단계에서 더욱 창의적이고 체계적인 접근이 가능합니다. 그럼 구체적으로 AI를 활용하는 FPS 온라인 게임을 기획해 보겠습니다.

02 전략적인 온라인 FPS 기획

챗GPT를 효과적으로 활용하면 FPS 게임의 콘셉트와 세계관을 구체적으로 설정하고, 기획 단계에서 세부 요소까지 체계적으로 정리할 수 있습니다. 이를 위해 각 단계를 논리적으로 구성하고 AI의 장점을 적극적으로 활용하는 것이 중요합니다.

[과정 1] 게임 콘셉트 세계관 설정하기

FPS 게임의 콘셉트와 세계관을 구체적으로 설정하여 챗GPT에게 요청했습니다.

너는 이제부터 게임기획자야. 현실에 기반을 둔 독창적인 온라인 FPS 게임 아이디어를 콘셉트를 3가지 제안해 줘.

1. **게임 제목** : Urban Warfare: Insurgency
- 개요 : 현대 도시에서 내전과 테러리즘이 격화된 상황, 사용자는 정부군, 테러리스트, 민간 방위군 등 다양한 군사 조직의 일원으로 참여합니다. 각 팀은 도심 지역에서 중요한 목표를 달성해야 하며, 건물 내외부에서의 전투와 전략적 이동이 핵심이다. 예측 불가능한 환경과 전투가 긴장감을 높입니다.
- 특징 :
  - 도시 전투의 복잡성 : 건물 내외부에서 발생하는 전투와 전술적 이동이 중요
  - 현실적인 무기 시스템 : 실제 총기와 장비 사용, 탄약 관리와 리코일, 발포 시의 반응 등 포함
  - 다양한 전투 역할 : 공격, 방어, 정보 제공 등 역할별 세부 특화된 능력

2. **게임 제목** : Outbreak: Containment
- 개요 : 전염병이 급속히 확산된 세상에서 사용자는 군인, 의사, 연구원 등 다양한 직업군의 역할을 맡습니다. 바이러스 확산을 막고 생존을 위해 협력하며, 감염된 적들과 싸우고 백신 개발 및 방어 임무를 수행합니다. 전염병의 영향을 받은 지역에서의 전투와 전략이 중요한 요소입니다.

- 특징 :
  - 협동 기반의 생존 게임 : 감염 확산을 막고 자원을 확보하는 협동적 전략
  - 바이러스 전파와 방어 시스템 : 전염병을 막기 위한 연구와 방어 시스템
  - 진지한 스토리와 임무 : 각 임무가 감염된 지역에서의 생존과 해결책을 제시

3. **게임 제목** : Tactical Shift
- 개요 : 미래의 전장에서, 다국적 군사 연합의 특수부대 일원으로 사용자는 적의 기지를 침투하고 중요한 시설을 확보해야 합니다. 최신 무기와 전술 장비를 사용해 팀워크와 전략적 전투를 펼치며, 적의 전술에 맞춰 대응하는 것이 승패를 좌우합니다.
- 특징 :
  - 첨단 무기와 전술 장비: 최신 기술 기반 무기와 장비 사용
  - 리얼한 협동 전투: 팀워크와 역할 분담이 승패를 결정
  - 적의 전술 분석과 대응: 상황에 맞는 전술적 사고와 임기응변이 중요

각 게임은 현실적이고 전략적인 전투 경험을 제공하기 위해 제안했습니다.
'Urban Warfare: Insurgency'는 도시 환경에서의 전투와 전술적 사고를 강조합니다.
'Outbreak: Containment'는 협동과 생존을 중시하는 바이러스 기반의 스토리라인을 다룹니다.
'Tactical Shift'는 최신 기술과 특수부대의 전략적 역할을 통해 팀워크와 전술적 대응을 중요시합니다.

제안받은 세계관 콘셉트 중 두 번째 세계관이 마음에 들어 선정하였습니다. 계속해서 이 세계관 스토리로 전투 시스템과 레벨 디자인, 적 AI 시스템 등 구체적인 기획을 요청하겠습니다.

[과정 2] 게임 콘셉트 세계관 세부 기획하기

챗GPT가 질문에 맞춰 3개의 FPS 게임 세계관을 제안해 주었고, 제안받은 세계관에서 두 번째 세계관이 매우 적합하다고 판단되었습니다. 이제 이 세계관을 중심으로 세부 기획을 진행하겠습니다.

> 두 번째 세계관을 주제로 구체적인 게임의 핵심 요소와 전투 시스템과 레벨 디자인, 적 AI 시스템을 제안해 줘.

게임 제목 : Outbreak: Containment(가제)

- **핵심 요소 · 협동 플레이 중심** :
  - 최대 4인까지 팀을 구성하여 협력 플레이를 진행합니다. 각 사용자는 군인, 의사, 연구원 등의 역할을 맡고, 상호 보완적인 능력을 활용해 생존을 돕습니다.
  - 자원 관리(의약품, 총기, 방어 물자 등)가 중요하며, 협력적 의사소통이 승패를 좌우합니다.

- 생존 및 방어 요소 :
  - 사용자는 감염된 지역에서 자원을 찾아야 하며, 목표를 달성하려면 백신 개발, 방어벽 강화, 대피로 확보 등이 필요합니다.
  - 제한된 자원과 시간이 주어지며, 자원은 주기적으로 재조달해야 합니다.

- 스토리 및 임무 :
  - 매 미션마다 감염 지역을 정복하고, 백신 개발을 위한 연구소를 확보하거나 중요한 데이터를 가져오는 등의 임무가 주어집니다.
  - 감염 상황이 진화하면서 점점 더 강력한 적들이 등장하고, 사용자는 이를 방어하고 생존하는 미션을 수행해야 합니다.

- 전투 시스템 :
  - 총기 및 근접 전투 : 현실적인 총기 시스템과 근접 전투를 통해 감염된 적들과 싸웁니다.
  - 적 감염 및 변이 : 감염자들이 변이하며 점차 강해지고, 협력해 사용자를 추적합니다.
  - 방어 및 구축 : 자원을 활용해 방어벽을 강화하고, 함정을 설치하는 시스템이 핵심입니다.

- 레벨 디자인 :
  - 다양한 환경 : 도시, 병원, 폐허 등 다양한 환경에서 전투가 펼쳐지며, 전략적 접근이 필요합니다.
  - 인터랙티브 요소 : 차량, 헬리콥터 등을 이용해 전투와 이동을 돕습니다.
  - 증가하는 난이도 : 레벨이 진행될수록 점차 강력한 적들이 등장하고 환경이 복잡해집니다.

- 적 AI 시스템 :
  - AI 감염자 : 적은 점차 강해지며, 협력적으로 사용자를 추적합니다.
  - 협동적 행동 : 다양한 유형의 적들이 협력해 사용자를 공격합니다.
  - 학습 능력 : 적 AI는 사용자의 전략을 학습해 대응 방식을 개선합니다.

제안된 요소들이 이미 세계관과 잘 맞도록 설정되어 있기 때문에, 이 과정을 통해 추가해야 할 요소와 수정할 요소를 체계적으로 정리할 필요가 있습니다. 이렇게 함으로써 전체 게임의 일관성을 유지하고, 세계관에 더 깊이 있는 몰입감을 제공할 수 있습니다.

[과정 3] 게임 플레이의 재미요소 강화 전략 정리하기

이렇게 제안받은 게임에 대한 내용을 정리하고, 이번에는 해당 게임의 정의를 내린 후, 이 세계관을 기반으로 게임 제작 시 어떤 시스템을 도입하면 게임 진행이 더욱 흥미로워질 수 있을지에 대해 최종적으로 정리하겠습니다.

이 게임을 먼저 정의한 후, 어떤 요소를 추가하면 게임이 더 흥미롭게 될지 알려줘.

- **게임 정의** : Outbreak: Containment는 전염병이 확산된 세계에서 사용자가 군인, 의사, 연구원 등 역할을 맡아 4인 협동으로 감염된 지역을 탐색하고 자원을 수집하며 생존하는 온라인 협동 FPS 게임입니다. 각 사용자는 고유한 능력을 활용해 백신 개발, 방어 구축, 감염된 적들과 싸워야 하며, 점점 강해지는 적과 협력적인 AI를 상대합니다.

- **게임의 흥미 요소** :
  - 역할 기반 협동 시스템 : 각 사용자는 고유한 역할을 맡아 협력해야 하며, 역할 간 상호 의존성을 강조합니다.
  - 적 AI : 적은 점차 강해지고 협력적 AI로 사용자의 전략을 학습하고 대응합니다.
  - 변화하는 환경 : 다양한 환경(도시, 병원 등)에서 진행되며, 각 환경은 다른 전술을 요구합니다.
  - 자원 관리와 긴박감 : 제한된 자원을 관리하고, 부족할 때마다 중요한 선택을 강요하는 긴장감을 제공합니다.
  - 미션 다양화 : 생존 외에도 백신 개발, 기밀 데이터 확보 등 다양한 목표가 주어집니다.
  - 사용자 상호작용 : 팀워크를 통해 적의 공격을 막고, 각자 맡은 역할을 수행하며 협력합니다.
  - 적의 진화 : 적은 시간이 지날수록 강해지며, 사용자는 전략을 계속해서 수정해야 합니다.
  - 서바이벌 요소 : 시간에 따라 강력한 적이 밀려오며, 제한된 시간 내에 목표를 달성해야 합니다.

이와 같이 제안된 배경 콘셉트와 게임의 핵심 요소를 바탕으로, 게임의 캐릭터, 배경, 아이템 등 여러 가지 요소를 참고하여 생성형 AI를 활용해 게임을 만들어 보겠습니다. 이렇게 하면 더 창의적이고 몰입감 있는 게임을 만들 수 있을 것입니다.

목표와 방향을 명확히 제시하기

게임의 스토리나 기획을 챗GPT에게 요청할 때는 단순히 '기획해 줘.'라고 하기보다, 목표와 방향을 명확히 제시하고 구체적인 요소를 단계적으로 설명하는 것이 중요합니다. 이를 효과적으로 요청하는 방법을 알아보겠습니다.

❶ 게임 스토리나 기획을 요청할 때는 장르와 플랫폼을 구체적으로 제시하는 것이 중요합니다. 예를 들어, '모바일 캐주얼 퍼즐'처럼 명확하게 설명하면, GPT가 그에 맞는 전개 방식과 스토리 구성을 더욱 정교하게 제안해 줄 수 있습니다.

❷ 게임 기획을 요청할 때는 감성적인 성장 이야기, 어두운 디스토피아, 유머 중심 등 주제와 톤을 미리 정해주면 GPT가 스토리 분위기나 등장인물의 말투까지 자연스럽게 조율할 수 있습니다.

❸ 게임 기획을 요청할 때는 제목, 콘셉트, 시스템, 스토리, 캐릭터 등 기본 구조를 기획서처럼 제시하면, GPT가 그 틀에 맞춰 체계적인 기획안을 자동으로 작성해 줍니다.

❹ GPT는 다양한 아이디어를 빠르게 제시하는 데 강점이 있으므로, 게임 엔딩이나 시스템 등에 대해 여러 버전을 요청하는 식으로 반복적인 브레인스토밍을 유도하면 더욱 풍부한 기획안을 얻을 수 있습니다.

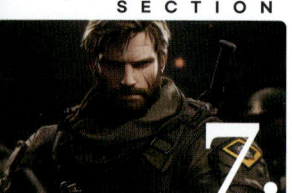

SECTION 7.

완성파일 : 04\fps메인캐릭터1~2_완성.png, fps서브캐릭터1~2_완성.png

FPS 게임 캐릭터 생성하기

FPS 게임에서 캐릭터는 단순한 외형 이상의 역할을 합니다. 게임의 몰입도, 전략적 플레이, 경제성, 타격감 등에 영향을 미치며, 성공적인 FPS 게임을 만들기 위해서는 캐릭터 디자인과 설정이 반드시 신중하게 고려되어야 합니다. 이를 바탕으로, 미드저니를 활용하여 개성 있고 전략적인 캐릭터를 제작하겠습니다.

01 미드저니의 Personalize 기능으로 콘셉트 잡기

미드저니의 Personalize 기능을 활용하면 자신만의 콘셉트 스타일을 손쉽게 설정할 수 있습니다. 이 기능은 자주 사용하는 스타일이나 분위기를 기억하고 반영해 주어, 반복 작업 시 일관된 결과물을 얻는 데 유용합니다. 특히 색감, 조명, 구도, 묘사 방식 등을 자주 활용하는 사용자에게는 개인화된 스타일 프로파일을 구축하는 데 효과적인 도구입니다. 이번에는 이 Personalize 기능을 통해 나만의 콘셉트 스타일을 설정하고 적용하는 방법을 살펴보겠습니다.

01 먼저 무드보드(Moodboard)를 활용하여 제작할 캐릭터의 그래픽 스타일을 구체화합니다. 무드보드는 특정 테마나 스타일에 맞춰 다양한 이미지, 색상, 텍스처 등을 조합하여 시각적인 분위기를 표현하는 과정입니다. 이를 위해 사용자는 상세한 프롬프트를 활용해 원하는 이미지를 생성하고, 여러 자료를 수집하여 조합함으로써 자신만의 고유한 무드보드를 완성합니다.

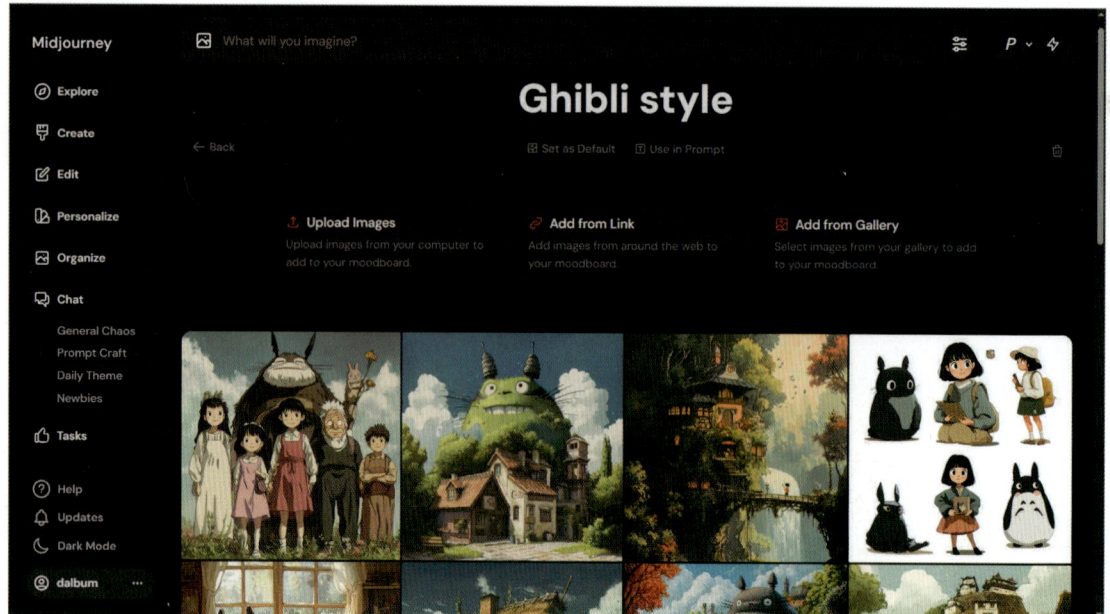

02 미드저니 웹 UI에서 (Personalize) 메뉴를 선택하고 'Create Moodboard'를 클릭합니다. 원하는 이미지들을 수집해 자신의 스타일을 반영한 무드보드를 구성할 수 있으며, 프롬프트와 스타일 설정을 통해 더욱 개인화된 이미지를 생성할 수 있습니다.

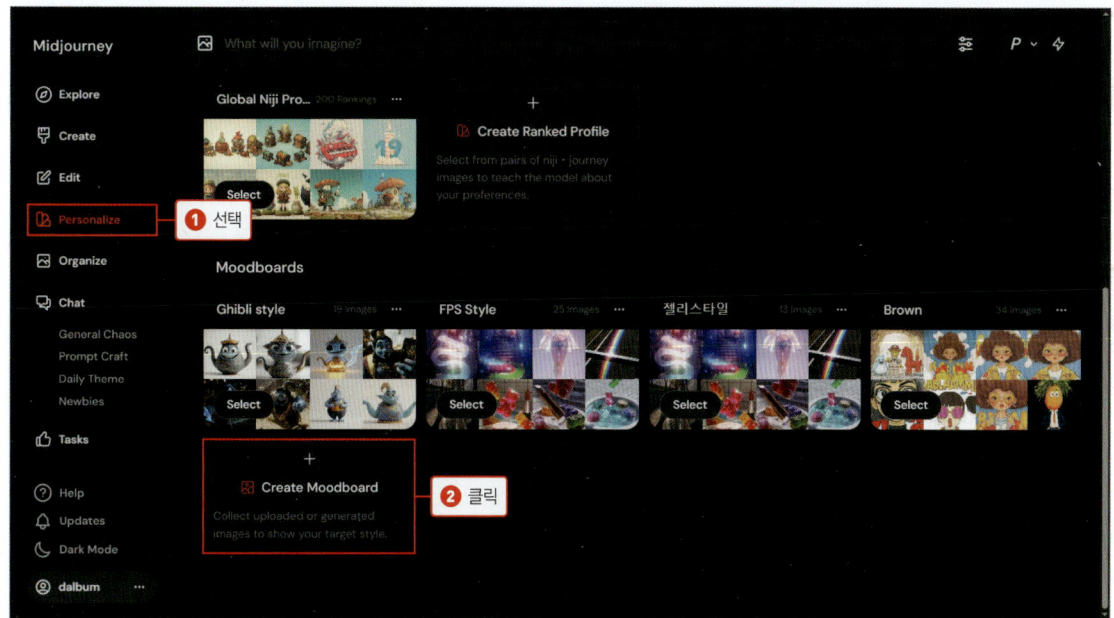

TIP 'Create Ranked Profile'을 클릭하면, 사용자의 취향을 학습하여 보다 맞춤형 이미지를 생성하는 데 활용됩니다. 2개씩 제시되는 이미지 중 선호하는 스타일을 선택하면, 기본적인 표준 프로필이 완성됩니다. 이 프로필을 기반으로 이미지를 생성할수록, 미드저니는 점점 더 사용자의 스타일에 최적화된 결과물을 제공합니다.

03 사용할 무드보드에 이름을 작성하기 위해 화면 가운데의 가장 큰 폰트를 클릭하여 이름을 입력합니다. 예제에서는 'Realistic Game Style'로 입력하였습니다.

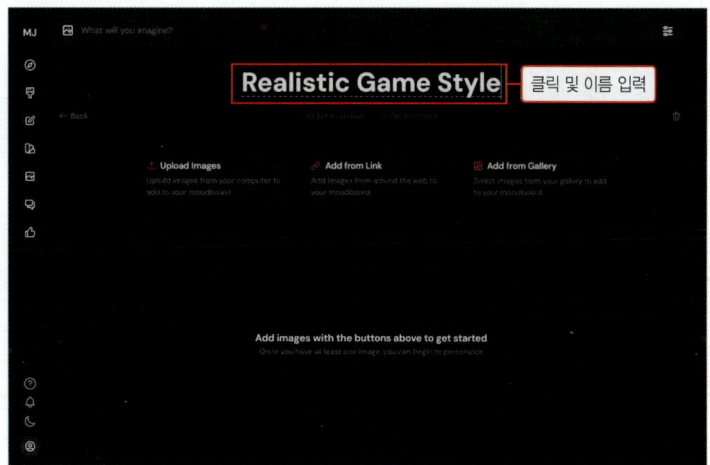

TIP 무드보드에는 3가지 방식으로 이미지를 등록할 수 있으며 최소한 하나 이상의 이미지를 등록하면 참고 이미지로 사용할 수 있습니다.
- Upload Images(이미지 업로드) : PC에서 이미지를 업로드하여 무드보드에 추가할 수 있습니다.
- Add from Link(링크에서 추가) : 웹상의 이미지 링크를 통해 무드보드에 이미지를 추가할 수 있습니다.
- Add from Gallery(갤러리에서 추가) : 기존에 미드저니로 생성한 이미지를 무드보드에 추가할 수 있습니다.

04 'Upload Images'를 클릭하고 참고할 스타일의 이미지를 불러와 선택한 무드보드에 등록하면 해당 이미지를 개인화된 스타일의 기준으로 설정할 수 있는 화면이 나타납니다.

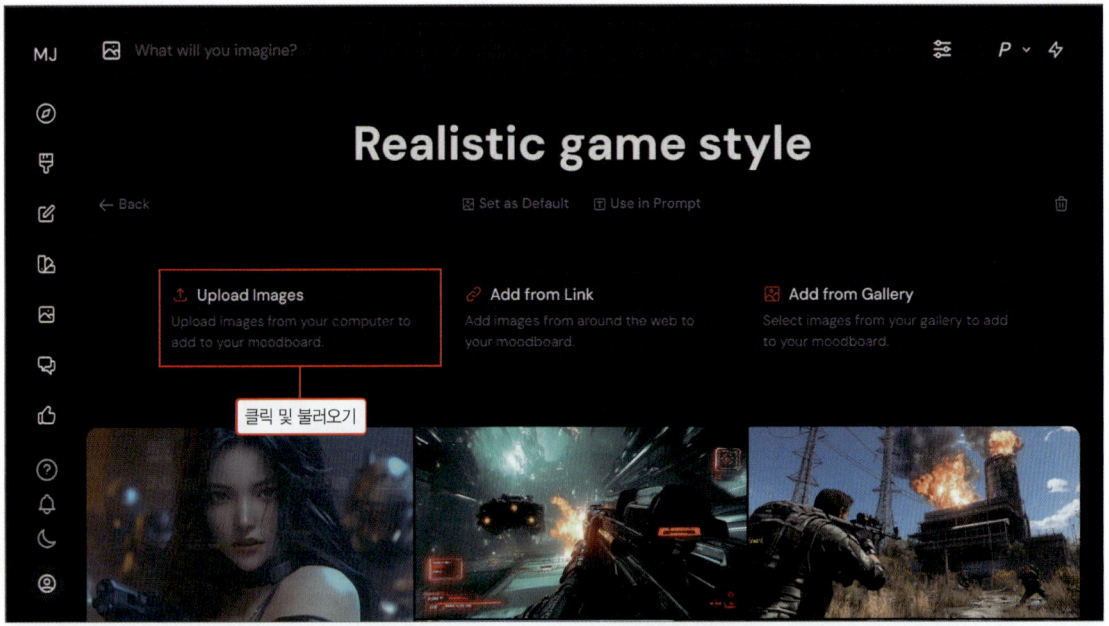

TIP 참고할 스타일의 이미지는 각자 준비하여 추가합니다. 책에서 제공하는 예제 이미지들을 추가하여 사용해도 됩니다.

05 이렇게 'Realistic game style'이라는 이름으로 새로운 무드보드가 등록되었습니다. 이제 이 무드보드를 활용하면 이미지 생성 시 일관된 스타일을 적용할 수 있으며, 보다 개인화된 결과물을 얻을 수 있습니다.

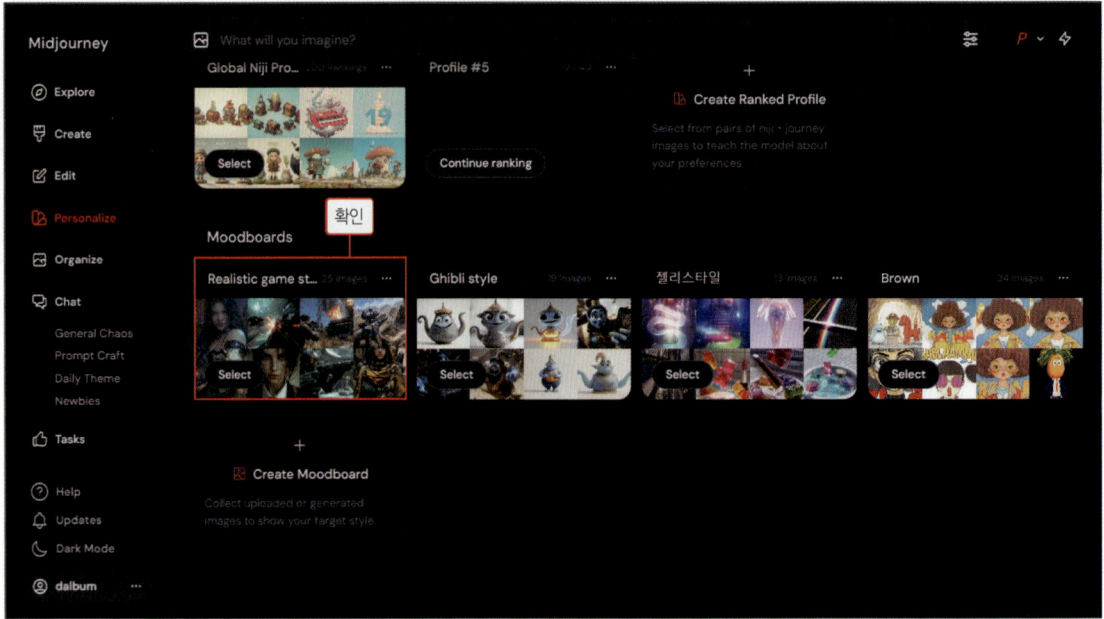

06 이번에는 생성된 개인화 코드를 어떻게 사용하는지 알아보겠습니다. 생성한 무드보드에 표시된 〈Selected〉 버튼을 클릭하여 활성화하면 개인화가 바로 적용되어 이미지 생성 시 해당 스타일이 자동으로 반영됩니다.

TIP 2개 이상의 무드보드를 동시에 선택하여 스타일을 혼합할 수 있습니다.

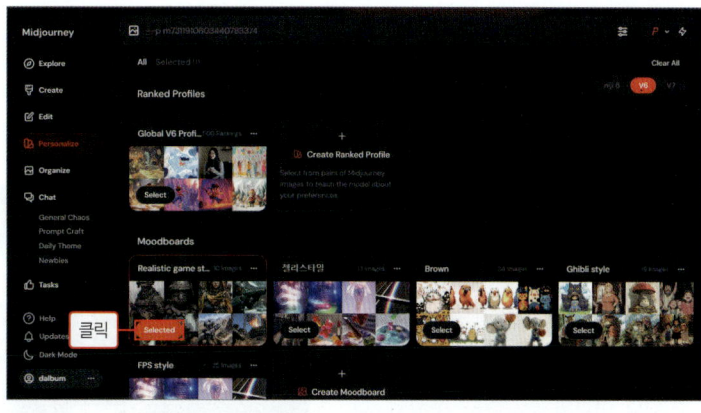

07 무드보드를 클릭하고 해당 화면이 표시되면 무브보드의 이름 아래 〈Use in prompt〉 버튼을 클릭합니다. 이후 프롬프트 입력창에 파라미터 형태로 코드가 자동 추가된 것을 확인할 수 있습니다.

TIP 〈Set as Default〉 버튼을 클릭해 활성화하면 매번 클릭하지 않아도 해당 무드보드 스타일이 기본값으로 자동 적용됩니다.

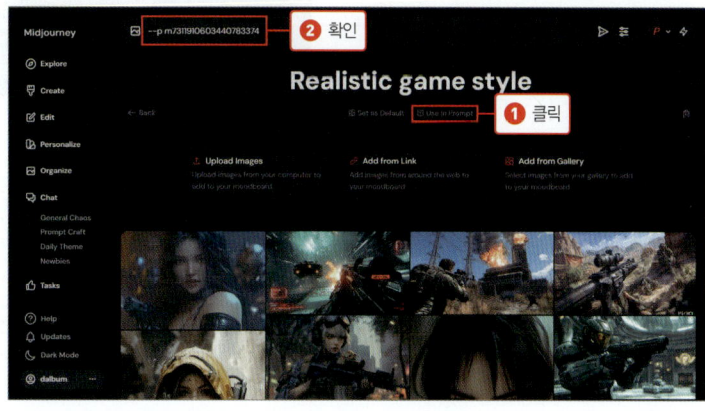

08 프롬프트 입력창의 오른쪽에 'Personalize' 아이콘(P)을 아이콘을 클릭하면 개인화 설정을 활성화할 수 있습니다. 표시되는 메뉴에서 생성한 무드보드를 선택하면 해당 스타일이 이미지 생성에 적용됩니다.

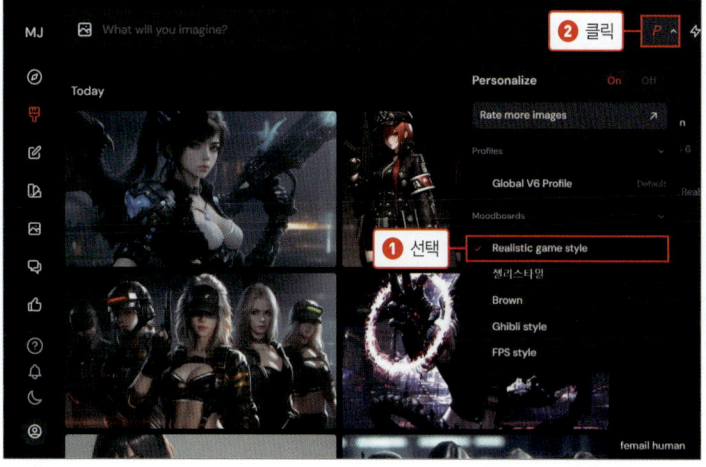

TIP 자신이 만든 무드보드가 아니더라도, 해당 무드보드의 코드를 복사하여 프롬프트 끝에 붙여넣으면, 다른 사용자가 생성해 사용 중인 무드보드도 활용할 수 있어 타인의 스타일을 임시로 적용해 볼 수 있습니다.

02 세계관에 적합한 메인 캐릭터 생성하기

챗GPT를 활용해 기획한 세계관을 대표할 게임 캐릭터를 미드저니로 생성해 보겠습니다.

01 웹브라우저에서 'midjourney.com'을 입력하여 미드저니 웹 버전 사이트에 접속하고 화면 상단에 있는 Imagine bar에 캐릭터의 핵심적인 외형을 표현할 프롬프트를 작성합니다. 여성 캐릭터는 연구원 출신으로, 예상치 못한 상황 속에서 전쟁에 참전하게 되는 설정과 리얼리틱 FPS 게임에 어울리는 스타일의 프롬프트를 입력한 다음 '▶' 아이콘을 클릭합니다.

프롬프트
FPS game graphic style, full-body shot of a female character wearing a white shirt, black tie, black skirt, leather equipment straps, and a helmet with yellow paint stains, Behind her back is an AK machine gun, in her hand is a pistol, sleek and high-tech military outfit, tactical gear, black hair, intense expression, cool pose, dark mono light illuminating her face, simple background ::1.4 --ar 2:3 --niji 6 --style raw --stylize 250

입력 팁
1. **FPS game graphic Style FPS** : 게임 특유의 분위기와 스타일을 반영합니다. 일반적으로 밀리터리 룩, 전술 장비, 무기 등이 포함될 가능성이 높습니다.
2. **A full-body shot of a girl** : 캐릭터 전체가 보이는 구도로 설정되며, 포즈와 장비 디테일을 강조합니다.
3. **Helmet with yellow paint stains** : 전투에서 많이 사용되어 노란색 페인트 얼룩이 묻은 헬멧은 경험이 풍부하고 강인한 느낌을 줍니다.
4. **Behind her back is an AK machine gun** : AK 계열의 기관총을 등에 멘 설정으로, FPS 장르에서 널리 사용되는 대표적인 총기류 중 하나이자 강력한 화력을 가진 무기라는 점을 강조합니다.
5. **A cool pose** : 캐릭터의 자신감과 역동적인 느낌 강조하며 전투 준비 자세나 총을 들고 있는 포즈일 가능성이 큽니다.
6. **Intense expression** : 결단력 있는 캐릭터의 표정을 표현합니다.
7. **A dark mono light illuminates her face** : 단색의 어두운 조명이 캐릭터의 얼굴을 강조합니다.
8. **A simple background** : 배경을 단순하게 하여 캐릭터를 강조하며 어두운 톤, 블러 처리된 배경 생성될 가능성이 있습니다.
9. **--niji 6** : 애니메이션 스타일에 대한 설정을 지칭합니다.
10. **--style raw** : 기본적으로 필터 효과 없이 리얼리즘을 극대화해서 보다 현실적이고 게임 스타일의 디테일이 강조됩니다.
11. **--stylize 250** : 미드저니의 스타일라이제이션 정도를 조절하는 값이며 창의성 유지 + 사실적인 표현이 가능합니다.

TIP 이 프롬프트는 FPS 게임 스타일의 여성 캐릭터를 디자인할 때 필요한 모든 요소를 포괄적으로 표현합니다. 강렬한 표정과 총을 든 자세, 고급스러운 군사복과 페인트 얼룩이 있는 헬멧 등으로 캐릭터의 전투 준비 상태와 강한 이미지를 강조하고 있으며, 어두운 조명과 단순한 배경을 통해 캐릭터의 주목도를 높이며, 게임의 현실감 넘치는 그래픽 스타일을 강조합니다.

02 설정한 콘셉트에 어울리는 스타일리시한 스타일의 캐릭터 이미지가 4개 생성되었습니다. 생성된 이미지 중 가장 콘셉트에 잘 맞는 이미지를 선택합니다. 예제에서는 2번 이미지를 선택하였습니다.

03 선택한 이미지가 하반신까지 표현되지 않아서 Editor 기능을 사용해 확장하겠습니다. 확장된 화면의 오른쪽에 있는 Creation Actions 항목에서 More의 〈Editor〉 버튼을 클릭합니다.

04 세밀한 수정 작업을 할 수 있는 공간이 제공되면, 오른쪽 상단에 있는 비율 옵션을 '9:16'으로 선택하고 이미지 크기를 줄여 그림과 같은 위치에 조정한 다음 〈Submit〉 버튼을 클릭합니다.

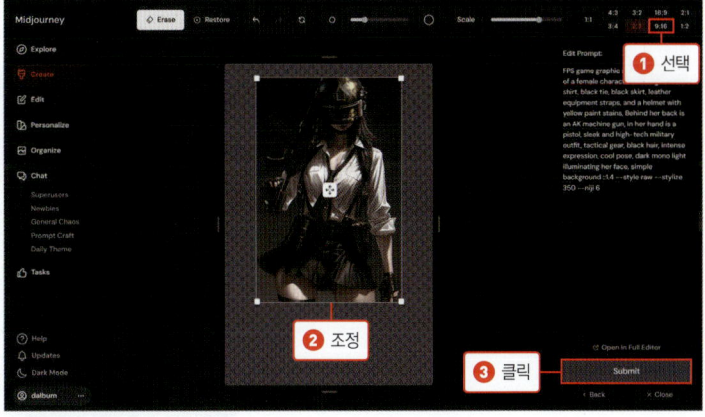

05 자동으로 투명한 배경이 채워지며, 확장된 캐릭터 이미지가 4개 생성됩니다. 이 중에서 콘셉트에 가장 잘 맞는 이미지를 선택하여 가이드로 확정합니다. 예제에서는 포즈가 자연스러운 2번 이미지를 선택하였습니다.

06 선택한 이미지를 2배로 확대하고 세부 사항을 원본과 유사하게 유지하기 위해 2번 이미지에서 마우스 오른쪽 버튼을 클릭한 다음 Upscale → Subtle을 실행합니다.

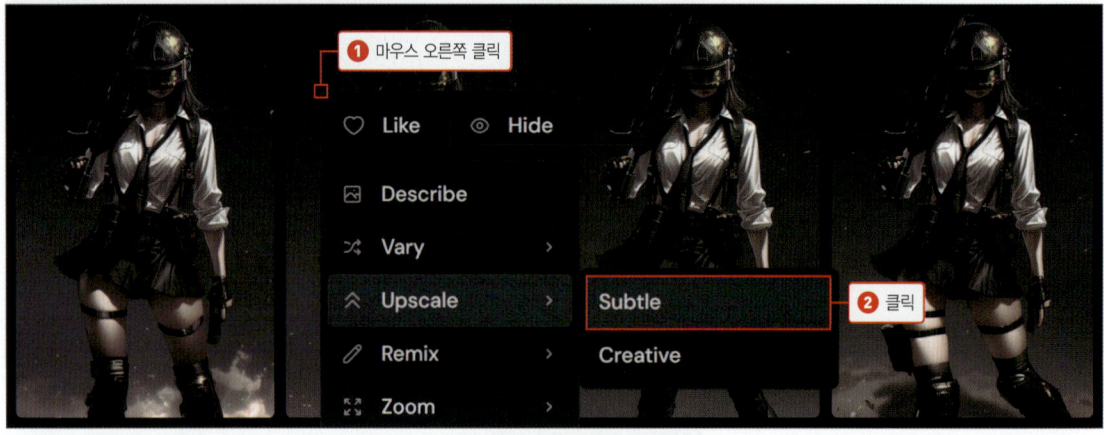

07 확장된 화면의 Creation Actions 항목에서 Upscale의 〈Creative〉 버튼을 클릭하여 이미지를 업스케일 합니다. 업스케일이 완료되면 '저장' 아이콘(⬇)을 클릭하여 이미지를 PC에 저장합니다.

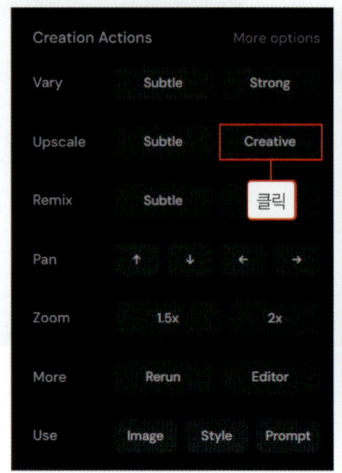

03 현실적인 그래픽의 메인 캐릭터 생성하기

영상을 제작하기 위해 생성된 메인 캐릭터를 리얼한 3D 스타일의 느낌으로 레퍼런스 및 리소스가 될 이미지를 제작해 보겠습니다.

01 앞서 생성하여 저장한 메인 캐릭터 이미지를 Imagine bar의 'Drop to Add image'로 드래그합니다. 설정을 하기 위해 'Settings' 아이콘(≡)을 클릭합니다.

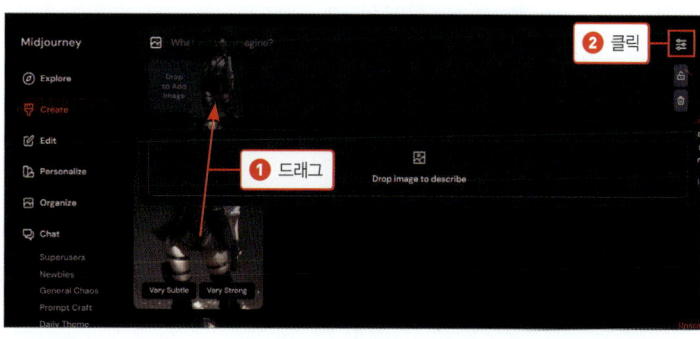

TIP Personalize 기능은 '개인화'라는 뜻을 의미하며, 순위를 매긴 이미지에 따라 프롬프트를 개인화합니다. 작업에서 이미지의 순위를 매길 수 있으며, V6 버전 이상에서만 사용 가능합니다.

02 설정창을 표시하고 Personalize 를 이전에 무드보드인 'Realistic Game Style'로 지정하고 〈On〉 버튼을 클릭하여 이전에 생성한 개인화 설정을 활성화합니다.

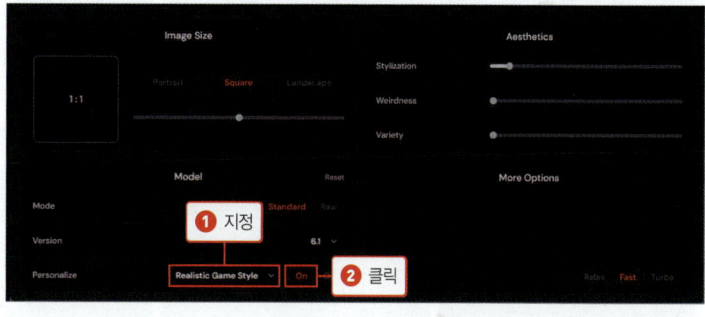

03 이미지가 추가되면 'Use as Character Ref' 아이콘(👤)을 클릭하여 새롭게 생성될 이미지에 캐릭터 일관성을 추가하고 3D 스타일이 추가된 프롬프트를 입력한 다음 '▶' 아이콘을 클릭합니다.

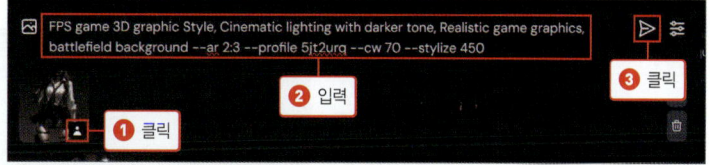

TIP 이 기능은 미드저니 V7 버전부터 섹션이 구분되어 보다 직관적으로 사용할 수 있게 되었습니다(P.68 참고).

프롬프트 FPS game 3D graphic Style, Cinematic lighting with darker tone, Realistic game graphics, battlefield background --ar 2:3 --profile 5jt2urq --cw 70 --stylize 450

입력팁
1. **FPS game 3D graphic Style** : FPS 게임 특유의 전술적 분위기와 비주얼을 강조하면서, 디테일한 텍스처와 깊이감 있는 3D 그래픽으로 생동감 넘치는 장면을 연출합니다.
2. **Cinematic lighting with darker tone** : 어두운 톤의 시네마틱 조명을 활용하여 영화 같은 고품질의 조명 효과를 적용하고, 강한 명암 대비로 전장의 긴장감과 사실감을 극대화하며 드라마틱한 분위기를 조성합니다.
3. **Realistic game graphics** : 하이엔드 FPS 게임 수준의 고품질 그래픽 구현, 사실적인 텍스처, 물리 기반 렌더링(PBR), 입자 효과(폭발, 먼지 등)를 강조합니다.

4. **Battlefield background** : 파괴된 건물, 연기, 잔해, 황폐한 지형 등의 요소를 포함하여 전쟁터의 혼란스러운 분위기를 연출하며, 밀리터리 기반 FPS 게임에서 자주 볼 수 있는 배경을 구현합니다.
5. **--profile 5jt2urq** : 미리 설정된 커스텀 스타일 프리셋을 적용하여 사용자 지정 프로필을 반영합니다.
6. **--stylize 450** : 디테일한 현실감을 유지하면서도 창의적인 스타일을 반영하여, 기본 스타일(100~250)보다 더 극적인 연출을 가능하게 합니다.
7. **--cw 70** : 캐릭터가 기준이 되는 프롬프트로, 캐릭터가 화면의 중심이 되어 배경보다 강조됩니다.

TIP 이 프롬프트는 사실적인 3D FPS 게임 스타일을 바탕으로, 어두운 시네마틱 조명과 전장의 분위기를 강조하는 콘셉트 아트를 제작하는 데 초점을 맞추고 있습니다. FPS 게임의 콘셉트 아트, 포스터, 영상 제작에 적합하며, 현실감과 영화적인 분위기를 효과적으로 연출할 수 있도록 구성되었습니다.

04 설정한 콘셉트에 어울리는 이미지가 4개 생성됩니다. 이 중에서 콘셉트에 가장 잘 맞는 이미지를 선택하여 가이드로 설정하고 기존 스타일을 변경하겠습니다. 예제에서는 스타일과 포즈, 색감 등 콘셉트와 원화에 부합되는 4번 이미지를 선택하였습니다.

05 확장된 화면의 오른쪽에 있는 Creation Actions 항목에서 Vary의 〈Strong〉 버튼을 클릭하여 기존 이미지의 스타일과 구성을 유지하면서 보다 강하게 변형된 새로운 이미지를 생성합니다.

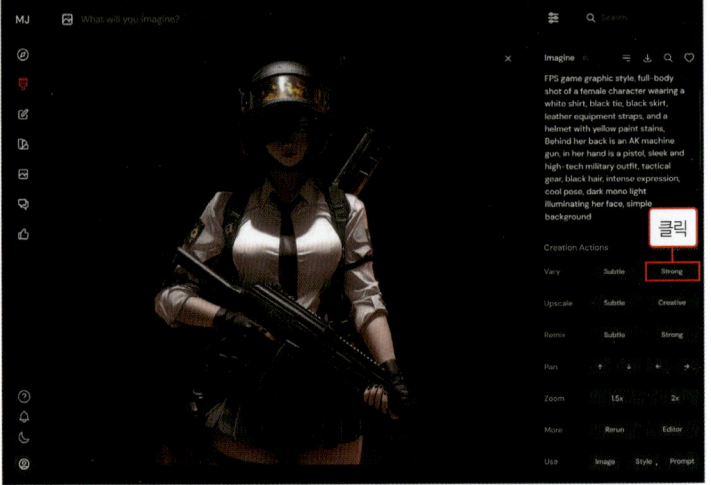

06 설정한 콘셉트에 어울리는 이미지가 4개 생성됩니다. 이 중에서 콘셉트에 가장 잘 맞는 이미지를 선택하여 가이드로 확정합니다. 예제에서는 포즈가 자연스러운 4번 이미지를 선택하였습니다.

07 확장된 화면의 오른쪽에 있는 Creation Actions 항목에서 Upscale의 〈Creative〉 버튼을 클릭하여 이미지를 업스케일 합니다. 업스케일이 완료되면 '저장' 아이콘( )을 클릭하여 이미지를 PC에 저장합니다.

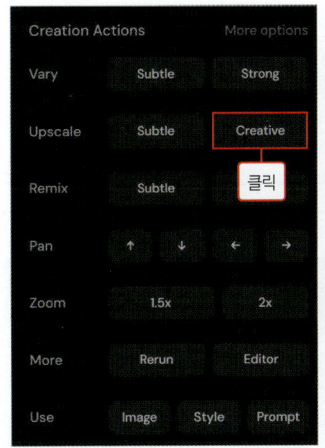

04 캐릭터에 도움을 주는 서브 캐릭터 생성하기

FPS 게임에서 서브 캐릭터는 주인공이나 주요 캐릭터를 지원하거나 특정 역할을 수행하며 이야기에 깊이를 더하는 역할을 합니다. 기획된 세계관에 설정된 군인 남성 캐릭터를 선택하여 바이러스에 감염되어 해독제를 찾기 위한 스토리를 추가해 서브 캐릭터를 생성해 보겠습니다.

01 웹브라우저에서 'midjourney.com'을 입력하여 미드저니 웹 버전 사이트에 접속하고 화면 상단에 있는 Imagine bar에 리얼리틱 FPS 게임에 어울리는 스타일의 프롬프트를 입력한 다음 ' ' 아이콘을 클릭합니다.

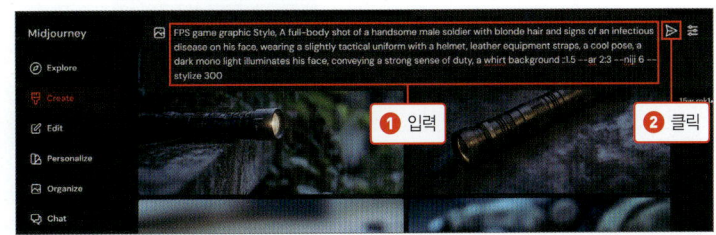

프롬프트 FPS game graphic Style, A full-body shot of a handsome male soldier with blonde hair and signs of an infectious disease on his face, wearing a slightly tactical uniform with a helmet, leather equipment straps, a cool pose, a dark mono light illuminates his face, conveying a strong sense of duty, a simple background::1.5 --ar 2:3 --niji 6 --stylize 300

입력 팁
1. **A full-body shot of a handsome male soldier with blonde hair and battle scars on his face** : 금발 머리와 얼굴에 상처가 있는 잘생긴 남성 군인 전신 샷으로 설정합니다.
2. **Wearing a slightly tactical uniform with a helmet, leather equipment straps** : 과도하게 군사적인 디자인은 아니지만, 실용적이고 세련된 룩을 지향하도록 합니다.
3. **Conveying a strong sense of duty** : 캐릭터의 눈빛, 표정, 포즈에서 사명감과 책임감이 느껴짐
4. **a simple background::1.5** : 강조 가중치, 특정 요소를 더 두드러지게 표현합니다.
5. **--ar 2:3** : 세로형 비율(전신 샷에 적합)
6. **--niji 6** : 최신 버전의 Niji 스타일 사용하여 섬세하고 디테일한 표현 가능합니다.
7. **--stylize 300** : 창의적인 스타일링 강도를 조절하여 기본값보다 더 감각적이고 스타일리시한 결과 기대할 수 있습니다.

TIP 이 프롬프트는 FPS 게임 스타일의 강한 사명감을 지닌 남성 군인 캐릭터를 중심으로, 감염병에 걸린 모습과 전술적 요소를 결합하여 강렬하고 카리스마 있는 이미지를 전달하려는 의도입니다. 이를 통해 캐릭터의 감정과 표정, 그리고 그의 사명감이 강조되도록 하며, 배경을 간결하게 처리해 캐릭터에 집중할 수 있도록 설정되었습니다.

02 설정한 콘셉트에 어울리는 스타일의 캐릭터 이미지가 4개 생성되었습니다. 가장 콘셉트에 잘 맞는 이미지를 선택하여 기존 스타일을 변형하겠습니다. 예제에서는 4번 이미지를 선택하였습니다.

03 확장된 화면의 오른쪽에 있는 Creation Actions 항목에서 Vary의 〈Subtle〉 버튼을 클릭하여 기존 이미지의 스타일과 구성을 비교적 안전하게 변형하여 새로운 이미지를 생성합니다.

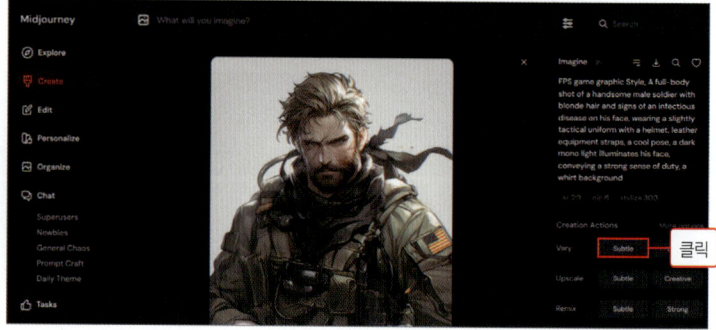

04 원하는 스타일에 가까운 이미지가 되었습니다. 하반신 부분을 확장하기 위해 가이드가 될 이미지를 선택합니다. 예제에서는 2번 이미지의 포즈와 인상이 마음에 들어 선택하였습니다.

05 상반신 샷에서 완전한 모습을 보고 싶어서 잘린 부분과 하반신 부분을 확장하겠습니다. 2번 이미지에서 마우스 오른쪽 버튼을 클릭한 More → Edit를 실행합니다.

06 세밀한 수정 작업을 할 수 있는 공간이 제공되면, 오른쪽 상단에 있는 비율 옵션을 '9:16'으로 선택하고 이미지를 그림과 같이 적당한 위치에 조정한 다음 〈Submit〉 버튼을 클릭합니다.

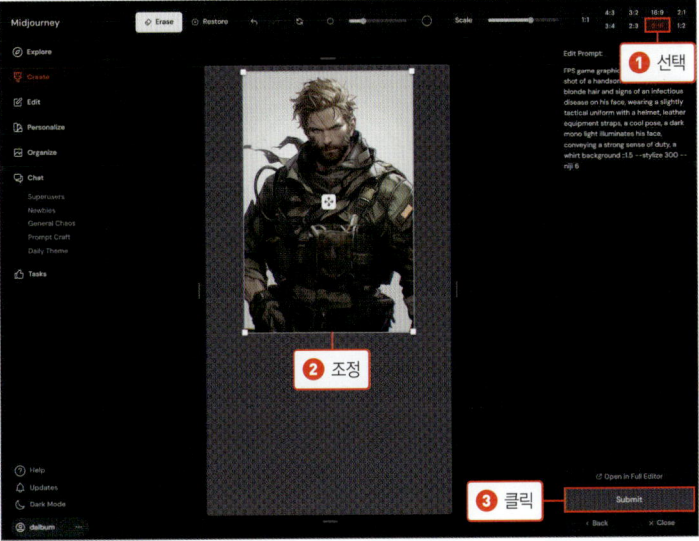

07 투명한 배경이 자동으로 생성되며 여러 가지 스타일의 자세의 캐릭터 결과물이 4개 표시됩니다. 여기서 콘셉트에 가장 잘 어울리는 이미지를 선택해 가이드로 확정합니다. 예제에서는 3번 캐릭터의 신체 비율과 스타일이 마음에 들어 선택하였습니다.

08 선택한 이미지를 2배로 확대하고 세부 사항을 원본과 유사하게 유지하기 위해 3번 이미지에서 마우스 오른쪽 버튼을 클릭한 다음 **Upscale → Subtle**을 실행합니다.

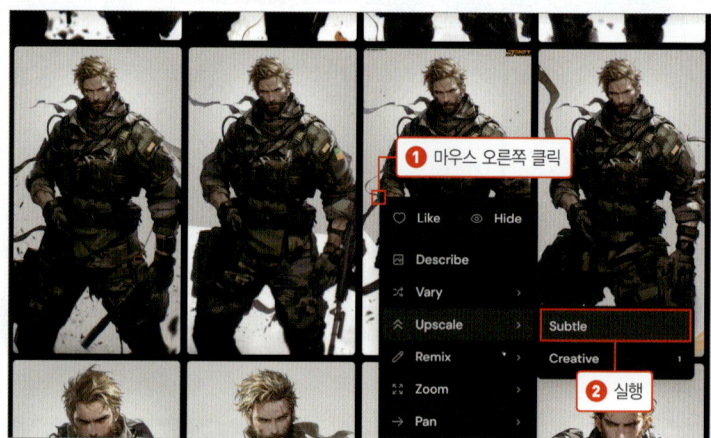

09 확장된 화면의 오른쪽에 있는 Creation Actions 항목에서 Upscale의 〈Creative〉 버튼을 클릭하여 이미지를 업스케일 합니다. 업스케일이 완료되면 '저장' 아이콘(⬇)을 클릭하여 이미지를 PC에 저장합니다.

05 현실적인 그래픽의 서브 캐릭터 생성하기

영상을 만든다고 가정하여 생성된 군인 캐릭터를 3D 스타일의 리얼한 느낌의 레퍼런스 및 리소스 이미지를 제작해 보겠습니다.

01 앞서 생성하여 저장한 서브 캐릭터 이미지를 Imagine bar의 'Drop to Add image'로 드래그합니다.

TIP 이 기능은 미드저니 V7 버전부터 섹션이 구분되어 보다 직관적으로 사용할 수 있게 되었습니다(P.68 참고).

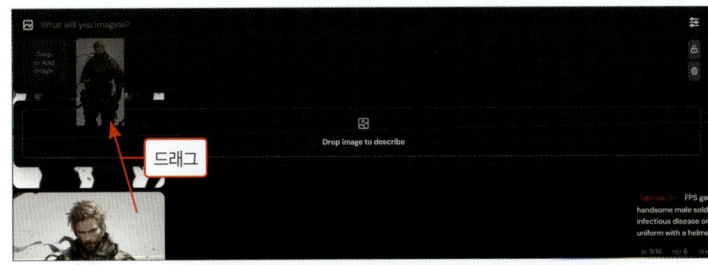

02 설정을 하기 위해 'Adjust yout prompt's settings' 아이콘( )을 클릭하여 설정 창을 표시하고 Personalize를 이전에 무드보드인 'Realistic Game Style'로 지정하고 〈On〉 버튼을 클릭하여 이전에 생성한 개인화 설정을 활성화합니다.

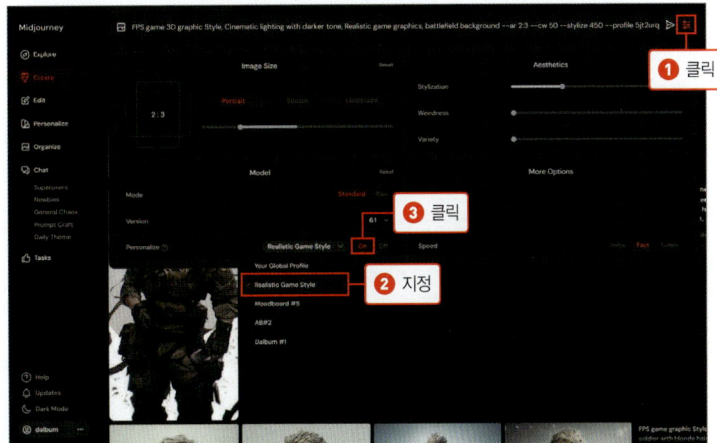

03 이미지가 추가되면 'Use as Character Ref' 아이콘( )을 클릭하여 활성화해 새롭게 생성될 이미지에 캐릭터 일관성을 추가하고 3D 스타일이 추가된 프롬프트를 입력한 다음 ' ' 아이콘을 클릭합니다.

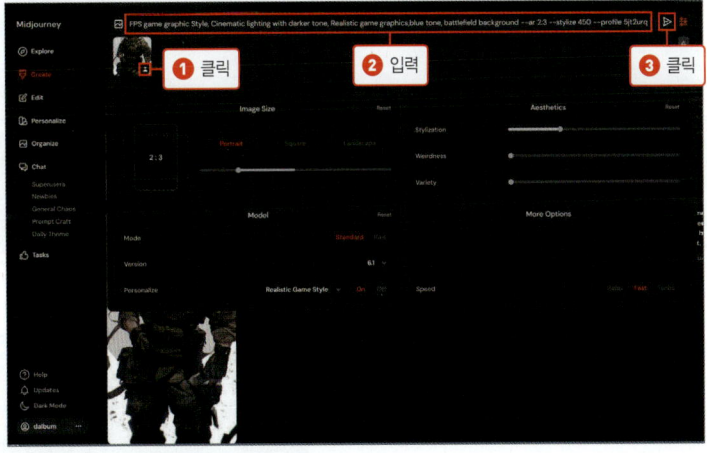

프롬프트 FPS game 3D graphic Style, Cinematic lighting with darker tone, Realistic game graphics, battlefield background --ar 2:3 --profile 5jt2urq --cw 50 --stylize 450

입력팁
1. **FPS game 3D graphic Style** : FPS 게임 특유의 전술적 분위기와 비주얼을 강조하면서, 디테일한 텍스처와 깊이감 있는 3D 그래픽으로 생동감 넘치는 장면을 연출합니다.
2. **Cinematic lighting with darker tone** : 어두운 톤의 시네마틱 조명을 활용하여 영화 같은 고품질의 조명 효과를 적용하고, 강한 명암 대비로 전장의 긴장감과 사실감을 극대화하며 드라마틱한 분위기를 조성합니다.
3. **Realistic game graphics** : 하이엔드 FPS 게임 수준의 고품질 그래픽 구현, 사실적인 텍스처, 물리 기반 렌더링(PBR), 입자 효과(폭발, 먼지 등)를 강조합니다.
4. **Battlefield background** : 파괴된 건물, 연기, 잔해, 황폐한 지형 등의 요소를 포함하여 전쟁터의 혼란스러운 분위기를 연출하며, 밀리터리 기반 FPS 게임에서 자주 볼 수 있는 배경을 구현합니다.
5. **--profile 5jt2urq** : 미리 설정된 커스텀 스타일 프리셋을 적용하여 사용자 지정 프로필을 반영합니다.
6. **--stylize 450** : 디테일한 현실감을 유지하면서도 창의적인 스타일을 반영하여, 기본 스타일(100~250)보다 더 극적인 연출을 가능하게 합니다.
7. **--cw 50** : 캐릭터 비중을 돋보이게 하는 프롬프트로, 50은 기본값에 가까운 설정입니다. 캐릭터와 배경의 비율을 적절히 균형 잡힌 상태로 유지합니다.

TIP 이 프롬프트는 사실적인 3D FPS 게임 스타일을 바탕으로, 어두운 시네마틱 조명과 전장의 분위기를 강조하는 콘셉트 아트를 제작하는 데 초점을 맞추고 있습니다. FPS 게임의 콘셉트 아트, 포스터, 영상 제작에 적합하며, 현실감과 영화적인 분위기를 효과적으로 연출할 수 있도록 구성되었습니다.

TIP 베리에이션으로 생성된 캐릭터 이미지를 같은 방법으로 1~2개 더 추가하면 캐릭터 일관성을 높아집니다.

04 원화의 콘셉트와 스타일이 잘 반영이 된 이미지가 4개 생성되었습니다. 선택한 이미지에서 더 다양한 버전의 이미지를 확인할 수 있는 베리에이션을 진행하기 위해 마음에 드는 이미지를 선택합니다. 예제에서는 의상과 얼굴의 상처가 잘 표현된 3번 이미지를 선택하였습니다.

05 확장된 화면의 오른쪽에 있는 Creation Actions 항목에서 Vary의 〈Subtle〉 버튼을 클릭하여 이미지를 기반으로 포즈나 전체적인 구성은 유지한 채로 디테일이 수정되는 다양한 베리에이션 이미지를 생성합니다.

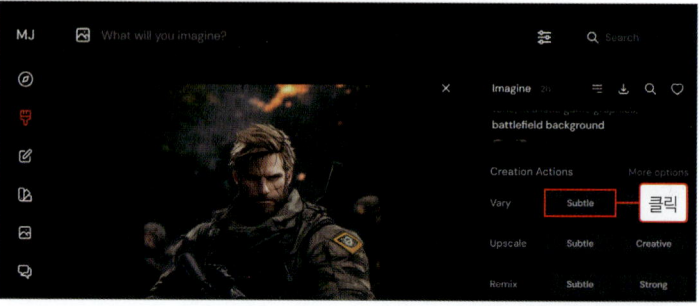

06 프롬프트에 맞게 다양한 스타일로 변형된 캐릭터가 4개 생성됩니다. 원하는 스타일에 가까운 이미지를 최종으로 선택하여 마무리하겠습니다. 예제에서는 2번 캐릭터의 포즈와 색감이 콘셉트에 어울리는 듯하여 최종 이미지로 선택하였습니다.

07 확장된 화면의 오른쪽에 있는 Creation Actions 항목에서 Upscale의 〈Subtle〉 버튼을 클릭하여 원본과 유사하게 이미지를 유지하여 업스케일 합니다.

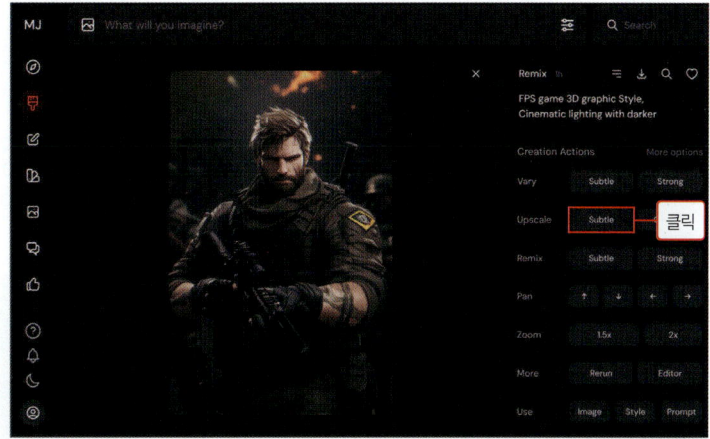

08 업스케일이 완료되면 '저장' 아이콘(⬇)을 클릭하여 이미지를 PC에 저장합니다.

335

● 예제파일 : 04\fps메인캐릭터2.png, fps서브캐릭터1.png
● 완성파일 : 04\fps메인추가동작1~2_완성.png, fps서브추가동작_완성.png, fps영상1~2_완성.mp4, fps무기_완성.png

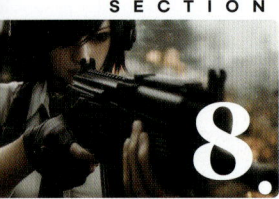

SECTION 8. 게임 프로토타입 영상 만들기

게임 트레일러는 사용자에게 강렬한 첫인상을 주고, 게임의 세계관과 특징을 전달하는 중요한 마케팅 도구입니다. AI 기술을 활용하면 장면 구성, 캐릭터 애니메이션, VFX, 음성 및 음악 제작을 자동화하여 트레일러 제작을 더 빠르고 효율적으로 할 수 있습니다. 이를 통해 시간과 비용을 절감하면서 고품질의 시네마틱 영상을 만들고, 창의적인 연출과 몰입감을 극대화할 수 있습니다. AI 도구는 게임 마케팅뿐만 아니라 개발 과정에서도 혁신을 가능하게 합니다.

01 메인 캐릭터의 공격 동작 추가하기

이번에는 프롬프트를 통해 영상 리소스를 위한 이미지를 만들어 보겠습니다. 생성된 캐릭터가 자연스럽게 움직일 수 있도록 동적인 포즈가 중요한 요소가 될 것입니다. 전반적인 과정은 리얼리즘 캐릭터를 만드는 것과 유사하며, 이전에 생성된 캐릭터를 기반으로 스타일을 유지하면서 진행할 수 있습니다.

01 미드저니 웹 버전에서 이전에 저장한 3D 이미지를 참고 자료로 불러오겠습니다. 웹브라우저에서 'midjourney.com'을 입력하여 미드저니 웹 버전 사이트에 접속하고 Imagine bar의 'Add images to your pompt' 아이콘()을 클릭합니다.

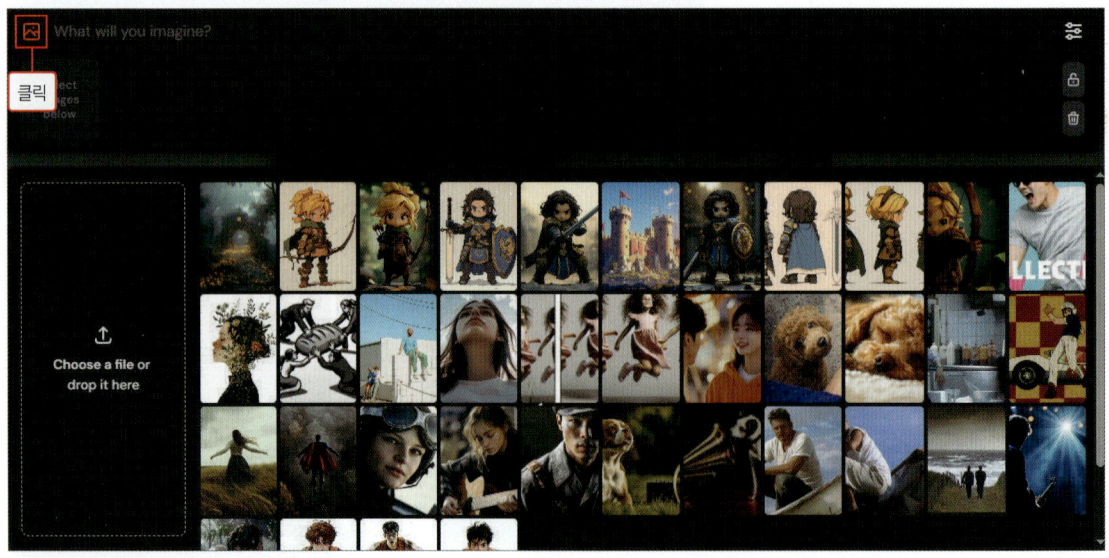

02 앞서 생성하여 저장한 메인 캐릭터 이미지를 Imagine bar의 'Drop to Add image'로 드래그합니다. 이미지가 추가되면 'Use as Character Ref' 아이콘(👤)을 클릭하여 새롭게 생성될 이미지에 캐릭터 일관성을 추가하고 프롬프트를 입력한 다음 '▶' 아이콘을 클릭합니다.

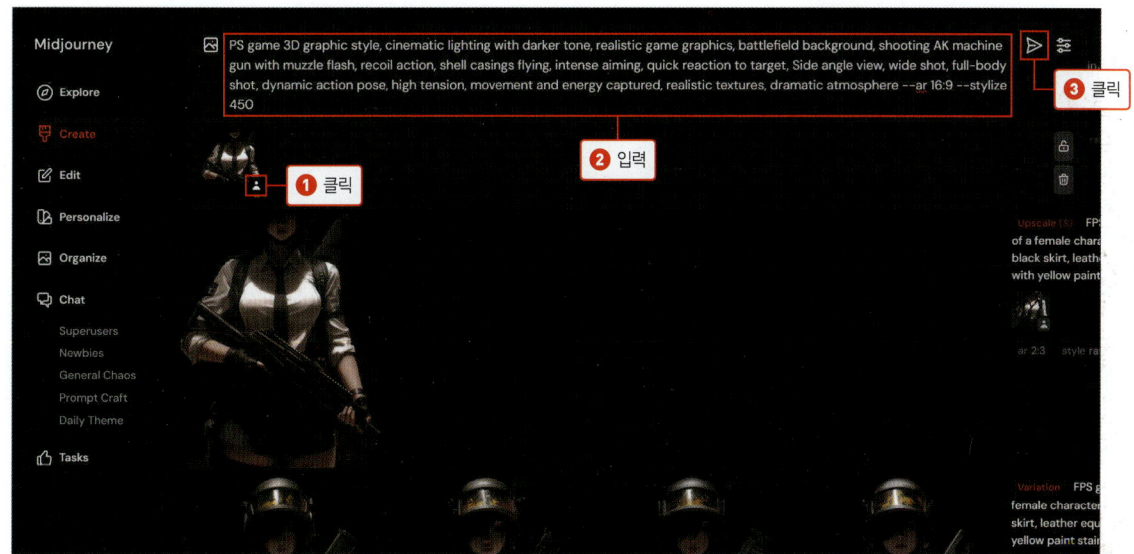

프롬프트
PS game 3D graphic style, cinematic lighting with darker tone, realistic game graphics, battlefield background, shooting AK machine gun with muzzle flash, recoil action, shell casings flying, intense aiming, quick reaction to target, Side angle view, wide shot, full-body shot, dynamic action pose, high tension, movement and energy captured, realistic textures, dramatic atmosphere --ar 16:9 --stylize 450

입력 팁
1. **Realistic game graphics** : 리얼리즘 게임 그래픽으로 높은 디테일과 사실감을 전달합니다.

2. **Battlefield background** : 전장 배경을 설정해 전투가 벌어지는 곳의 환경을 묘사합니다.

3. **Shooting AK machine gun with muzzle flash, recoil action, shell casings flying Intense aiming, quick reaction to target** : AK 기관총을 쏘고 있으며, 총구 섬광과 반동, 총알 껍데기 날림이 표현되어 액션의 역동성을 알립니다.

4. **Dynamic action pose, high tension, movement and energy captured** : 동적인 액션 포즈로, 캐릭터가 빠르게 움직이며 전투의 긴장감과 에너지를 전달합니다.

5. **Realistic textures, dramatic atmosphere** : 리얼한 질감을 사용하여 각 캐릭터와 환경의 디테일을 세밀하게 묘사합니다.

6. **--ar 16:9** : 16:9 비율로 화면 비율을 설정해, 넓은 화면에서 장면을 보여줍니다. 이는 게임 트레일러나 전투 장면에서 효과적으로 활용될 수 있는 비율입니다.

7. **--stylize 450** : 스타일화 강도 450으로, 생성된 이미지에 강한 스타일화 효과를 적용하여 더 극적인 스타일을 강조합니다.

TIP 이 프롬프트는 FPS 게임 스타일의 리얼리즘을 강조하며, 전투와 액션을 시각적으로 강렬하게 표현합니다. 동적 포즈, 반동, 총구 섬광, 빠른 반응 등 전투 중에 일어나는 동적이고 긴박한 요소들이 강조됩니다.

TIP 이 기능은 미드저니 V7 버전부터 섹션이 구분되어 보다 직관적으로 사용할 수 있게 되었습니다(P.68 참고).

TIP 예제와 같은 이미지를 사용하려면 04 폴더에서 'fps메인캐릭터2.png' 파일을 사용하세요.

03 동작이 추가된 이미지가 4개 생성되었습니다. 이 중에서 첫 번째 동작과 잘 맞는 이미지를 바탕으로 변형된 베리에이션을 생성하기 위해 마음에 드는 이미지에 커서를 위치하고 〈Vary Strong〉 버튼을 클릭합니다. 예제에서는 캐릭터 일관성이랑 구성이 제일 좋은 4번 이미지를 선택하였습니다.

04 선택한 이미지를 기준으로 이미지가 재구성되어 생성되었습니다. 영상을 만들 때는 다양한 각도의 이미지가 있어야 원하는 결과물이 잘 만들어집니다. 하지만 Vary Strong 기능으로 베리에이션한 이미지들은 캐릭터 일관성있게 유지하는 반면, 움직임의 각도 변형이 크지 않습니다.

05 이번엔 Remix를 사용하여 다양한 각도로 변경하기 위해 다시 03번 이미지에서 4번 이미지를 선택합니다. 확장된 화면의 오른쪽에 있는 Creation Actions 항목에서 Remix의 〈Strong〉 버튼을 클릭합니다.

06 Imagine bar에서 기존에 입력되어 있는 프롬프트의 스타일 등을 삭제하고 'Back'을 'Side'로 변경하는 등 정리 및 수정을 진행한 다음 '▷' 아이콘을 클릭합니다.

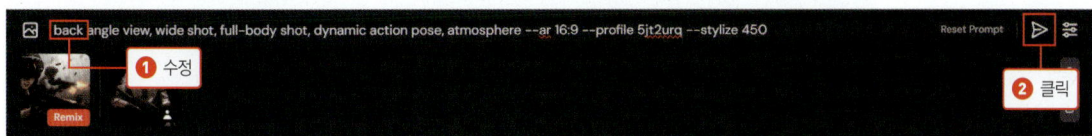

07 캐릭터의 다른 각도의 모습 이미지가 4개 생성되었습니다. 한 번 더 베리에이션을 진행하기 위해 마음에 드는 이미지에 커서를 위치하고 〈Vary Strong〉 버튼을 클릭합니다. 예제에서는 분위기가 비슷해 보이는 3번 이미지를 선택하였습니다.

TIP 사용자는 미드저니에서 기존에 생성된 이미지를 선택한 후 리믹스 버튼을 클릭하여 새롭게 원하는 스타일을 적용하거나 수정할 수 있습니다.

08 마음에 드는 이미지를 최종으로 선택하기 위해 이미지에서 마우스 오른쪽 버튼을 클릭한 다음 Upscale → Creative를 실행하여 업스케일을 진행합니다. 예제에서는 역동적인 포즈가 잘 나온 1번 이미지를 선택하였습니다.

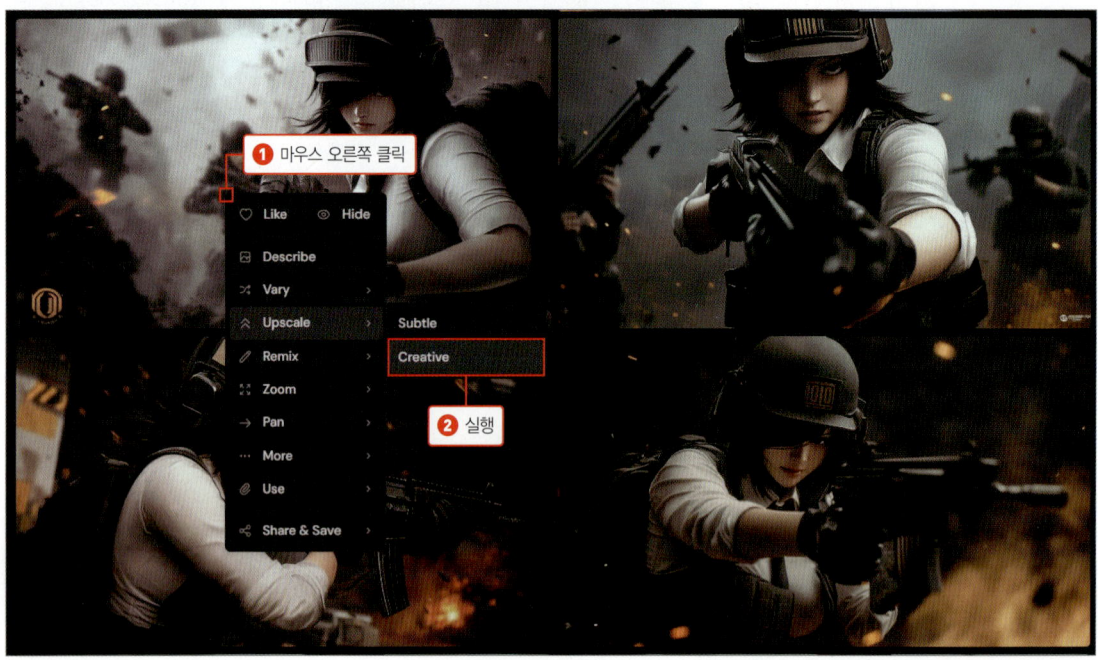

09 리믹스를 하기 전에 처음 생성한 이미지도 업스케일 하여 해상도를 높이고 저장하여 추후 영상 작업에 필요한 리소스로 활용할 수 있도록 준비합니다. 이렇게 저장된 이미지는 영상에 사용될 때 고해상도의 세부 사항을 제공하고 최종 영상 품질을 향상시킬 수 있는 중요한 자원으로 기능합니다.

02 서브 캐릭터의 공격 동작 추가하기

이번에는 이전에 생성한 서브 캐릭터의 스타일을 유지하면서 영상 리소스를 위한 이미지를 만들어보겠습니다.

01 미드저니 웹 버전에서 서브 캐릭터의 이미지를 'Select images below' 영역으로 드래그합니다. 이미지가 추가되면 'Use as Character Ref' 아이콘(🧍)을 클릭하여 활성화하고 프롬프트를 입력합니다.

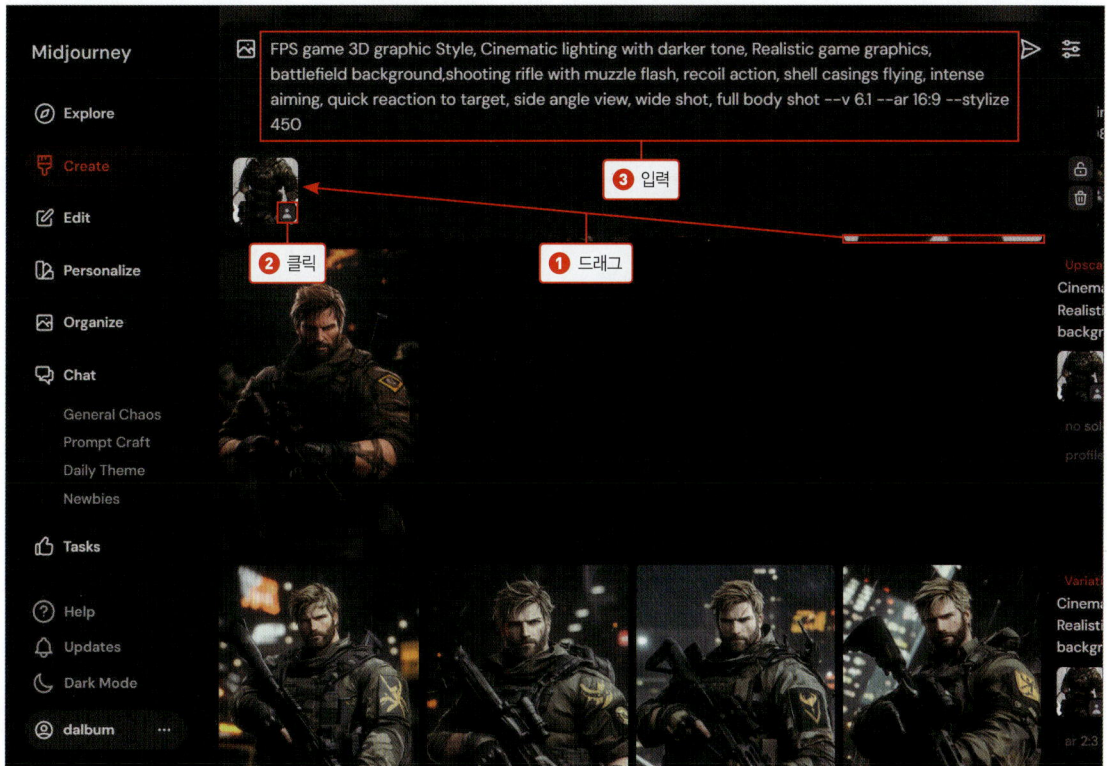

프롬프트 FPS game 3D graphic Style, Cinematic lighting with darker tone, Realistic game graphics, battlefield background, shooting rifle with muzzle flash, recoil action, shell casings flying, intense aiming, quick reaction to target, side angle view, wide shot, full body shot --v 6.1 --ar 16:9 --stylize 450

입력팁
1. **FPS game 3D graphic Style**: 1인칭 슈팅(FPS) 게임 스타일의 3D 그래픽
2. **Cinematic lighting with darker tone**: 영화처럼 드라마틱하고 분위기 있는 조명
3. **shooting rifle with muzzle flash**: 총을 발사할 때의 불꽃 효과 포함
4. **Intense aiming and quick reaction to target**: 목표에 집중한 조준 자세와 적에 대한 빠른 반응

TIP 이 프롬프트는 전장에서 FPS 게임 캐릭터가 적에게 빠르게 반응하며 총을 발사하는 장면을 사실적이고 영화 같은 3D 스타일로 묘사하려는 것입니다.

TIP 이 기능은 미드저니 V7 버전부터 섹션이 구분되어 보다 직관적으로 사용할 수 있게 되었습니다(P.68 참고).

TIP 예제와 같은 이미지를 사용하려면 04 폴더에서 'fps서브캐릭터1.png' 파일을 사용하세요.

02 전투 동작이 추가된 캐릭터 이미지 4장이 생성되고 예제에서는 이 중 동작이 잘 표현된 4번 이미지를 선택하였습니다. 해당 이미지에 마우스를 위치하여 나타나는 〈Vary Strong〉을 클릭하여 베리에이션 작업을 진행합니다.

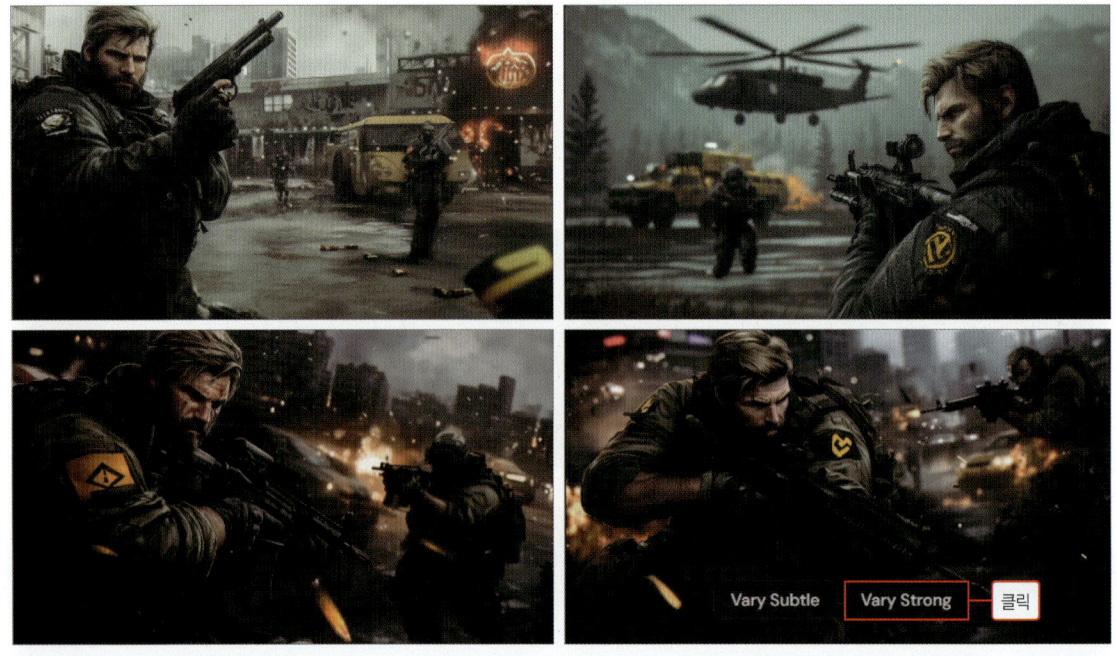

03 선택한 이미지를 기반으로 전투의 치열한 장면이 4장 생성됩니다. 예제에서는 2번 이미지를 선택하였습니다.

04 선택한 이미지를 클릭하고 Upscale 항목에서 〈Subtle〉 버튼을 클릭하여 이미지를 고해상도로 업스케일을 진행하고 마무리하여 저장합니다.

03 생성형 영상 AI 툴을 사용하여 트레일러 영상 만들기

생성형 영상 AI는 영상을 자동으로 생성하거나 수정하는 데 사용되는 기술로, 최근 많은 분야에서 혁신적인 결과를 보여 주고 있습니다. 이 기술은 특히 콘텐츠 제작, 영화, 광고, 게임 개발, 그리고 교육 등 다양한 분야에서 활용됩니다. 이전 과정에서 만든 이미지들과 생성형 AI인 클링 AI 활용하여 총을 쏘는 짧은 영상과 전투 장면 영상을 만들어 보겠습니다.

01 웹브라우저에서 'klingai.com'를 입력하여 사이트에 접속하고 로그인합니다. 홈 화면에서 〈Experience〉를 클릭합니다.

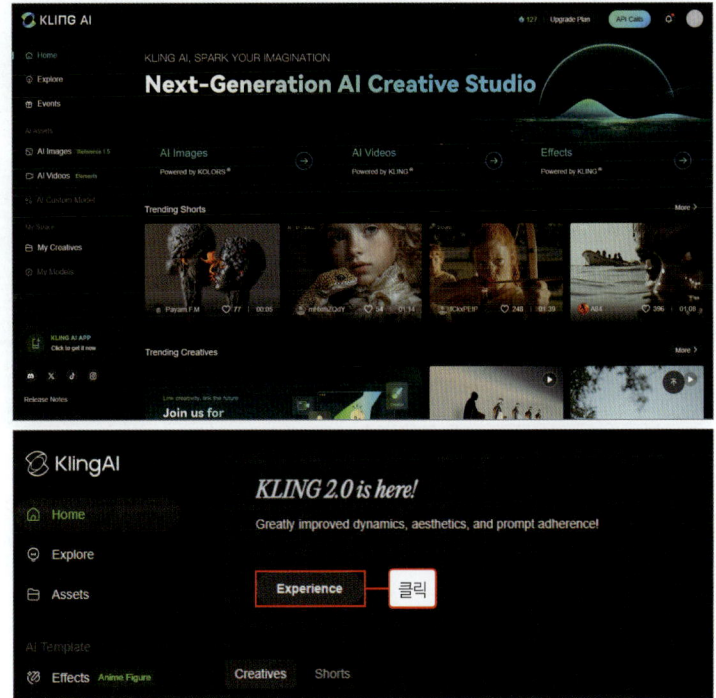

TIP 클링 AI는 계정 가입하고, 로그인해야 사용이 가능합니다. 구글 아이디로도 연동이 가능하니 사용자가 원하는 방법으로 회원가입을 진행하고 로그인합니다.

343

02 이번에는 [Image to Video] 탭을 클릭하고 영상의 첫 장면이 될 이미지를 'Click/Drop/Paste' 영역을 클릭 또는 이미지 드래그로 불러올 수 있습니다. 예제에서는 이전 과정에서 저장한 메인 캐릭터 이미지를 선택하여 불러왔습니다.

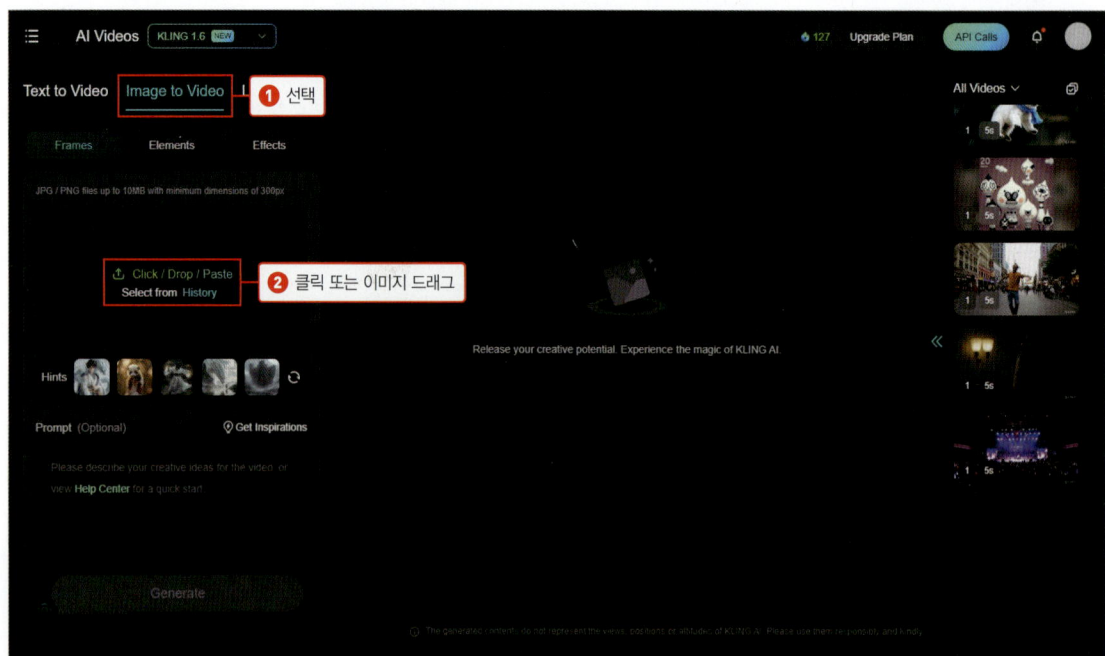

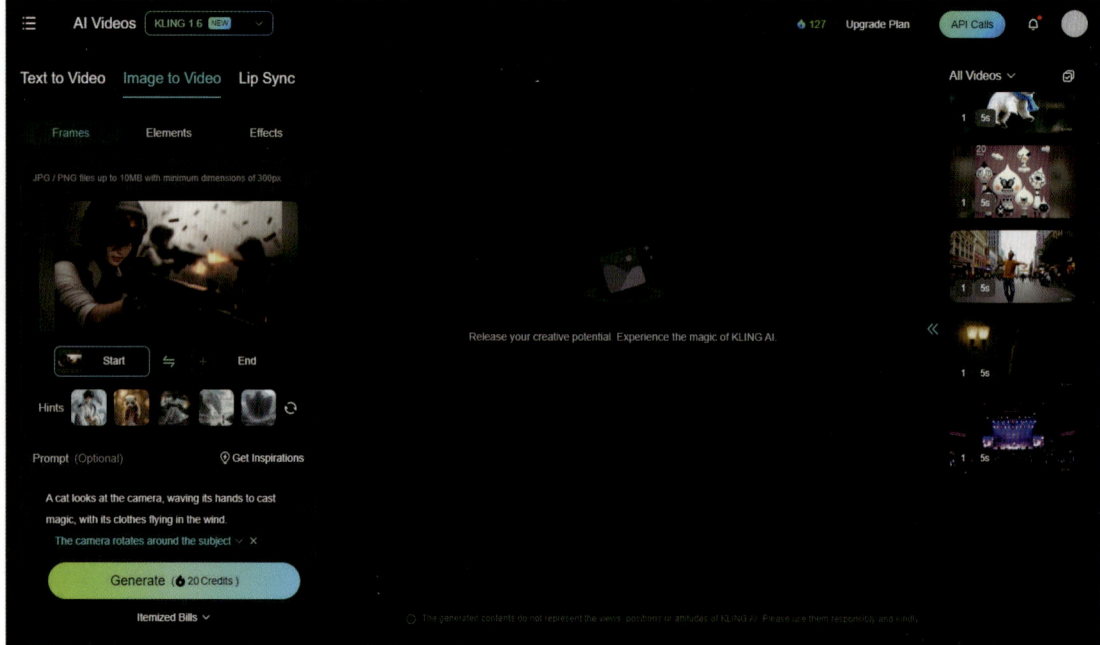

TIP 클링 AI는 주로 AI를 활용하여 영상 편집과 생성 작업을 자동화하는 도구입니다. 특히 영상 생성, 편집, 그리고 후처리 작업을 보다 효율적으로 처리하는 데 유용하며 텍스트, 이미지, 비디오 클립 등 다양한 입력 자료를 활용하여 영상을 생성합니다. 예를 들어, 텍스트를 기반으로 주제를 설명하고 영상 스타일을 선택하면 AI가 자동으로 영상을 생성하고, 이전에 만든 정적인 이미지를 업로드하여 이를 바탕으로 움직이는 영상으로 변환할 수 있습니다.

TIP 예제와 같은 이미지를 사용하려면 04 폴더에서 'fps메인추가동작1~2.png' 파일을 사용하세요.

03 영상의 끝부분이 될 이미지를 추가하기 위해 'End'를 클릭하여 같은 방법으로 이전에 저장한 두 번째 메인 캐릭터 이미지를 불러옵니다.

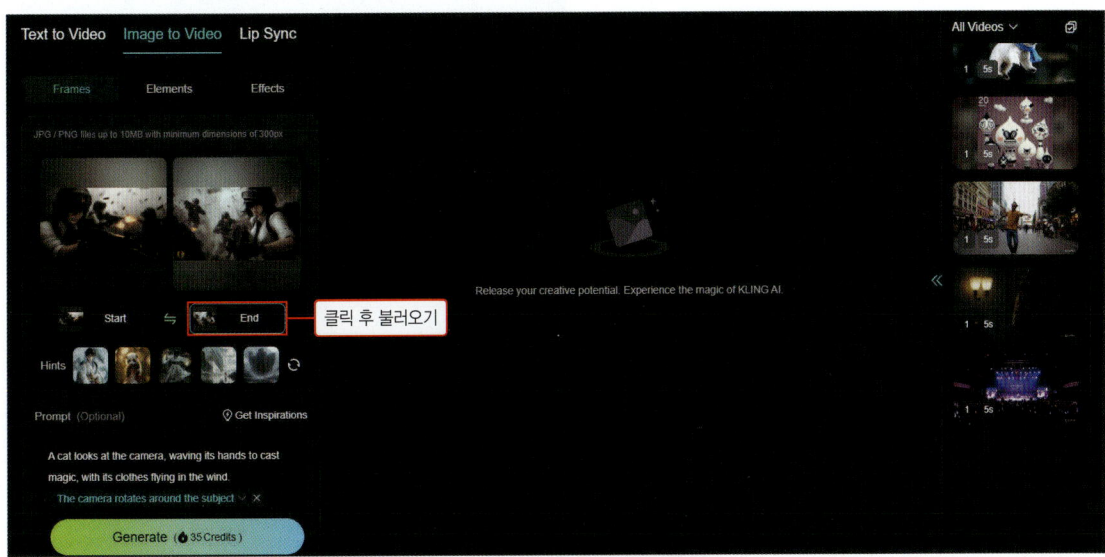

TIP 클링 1.6 버전에서는 끝 프레임(End Frame)을 추가할 경우, 영상 품질을 자연스럽게 높이기 위해 자동으로 Professional 모드로 전환됩니다. Professional 모드는 더 부드럽고 자연스러운 장면 전환을 제공하지만, 일반 모드보다 더 많은 크레딧이 소모되기 때문에 영상 생성 전에 모드 전환 여부와 크레딧 소모량을 꼭 확인하는 것이 중요합니다.

04 왼쪽 화면에서 스크롤을 내려 Prompt(Optional) 영역에 카메라 연출이나 동작들의 프롬프트를 영어로 입력합니다. 예제에서는 FPS 게임에 어울리는 총 쏘는 장면을 연출하기 위해 사격하는 동작의 프롬프트를 작성하였습니다.

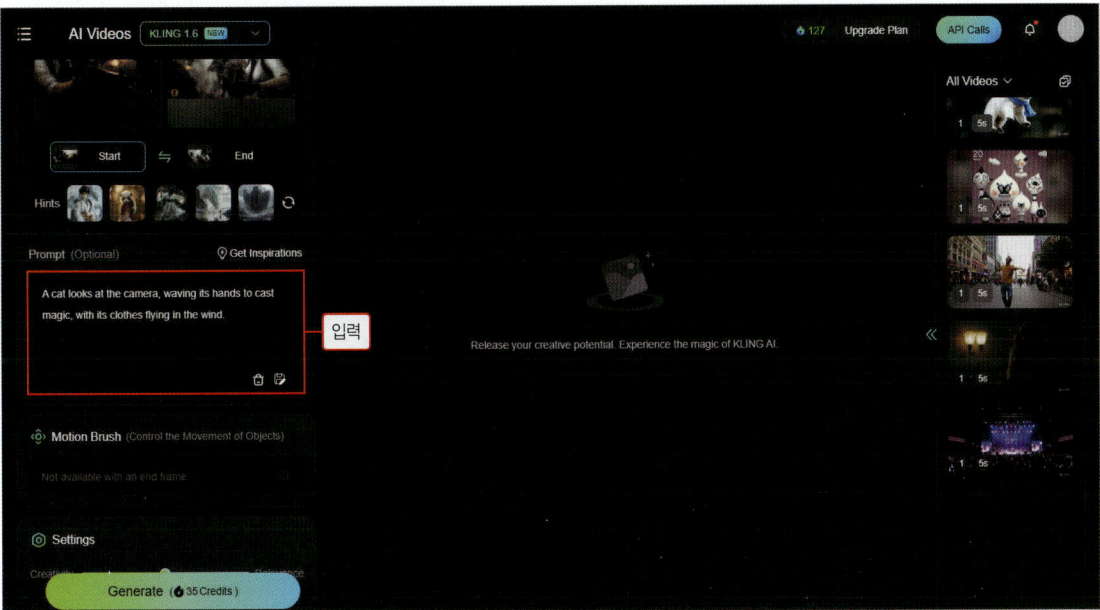

프롬프트 The camera moves left and right and a female soldier is shooting at the screen

입력 팁 카메라가 좌우로 움직이고, 여성 병사가 화면을 향해 사격하고 있습니다.

345

05 이후 제작할 영상의 시간을 설정하고 〈Generate〉 버튼을 클릭합니다.

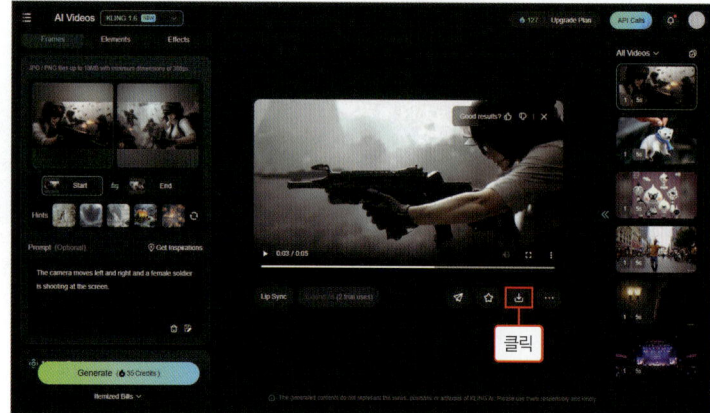

TIP 해당 영상은 상단 메뉴에서 클링 1.6 버전과 Professional 모드를 선택해 제작되었으며, 길이는 5초로 설정했습니다. 참고로 기본 영상 생성도 Standard 모드에서 충분히 가능합니다.

06 시간과 프롬프트의 내용에 따라 로딩 시간이 있으며 잠시 기다리면 영상이 완료됩니다. 완료 후에 영상을 확인하고 영상 아래에 '⬇' 아이콘을 클릭하여 영상을 저장합니다.

07 이어서 한 장의 이미지만을 사용하여 서브 캐릭터의 전투 장면을 만들겠습니다. Video의 [Image to Video] 탭을 선택합니다.

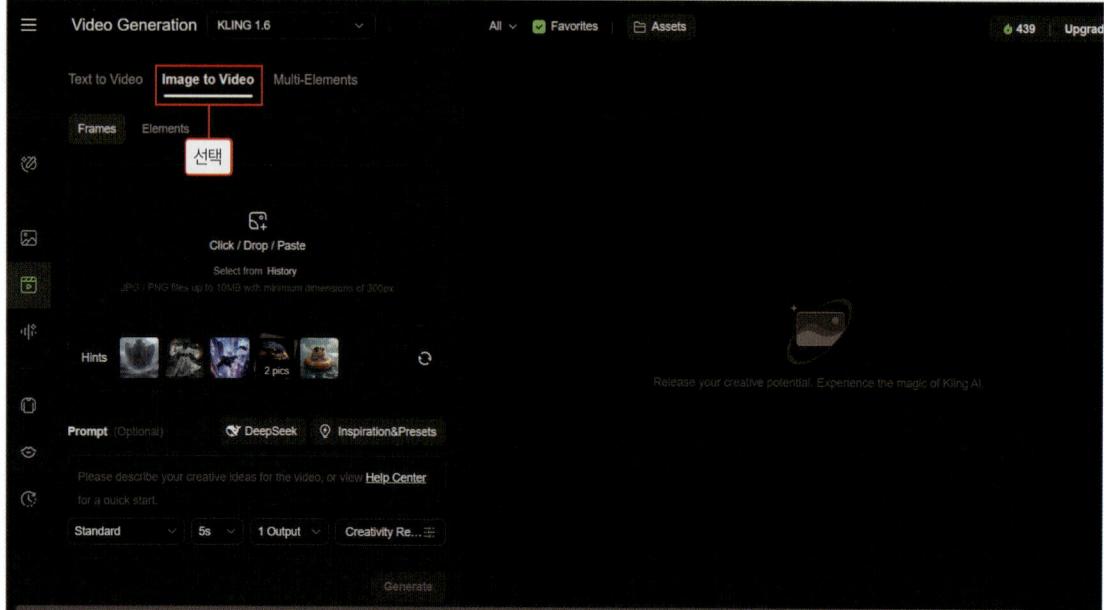

08 이전에 저장한 서브 캐릭터 이미지를 'Click/Drop/Paste'에 드래그하거나 해당 영역을 클릭하여 불러옵니다.

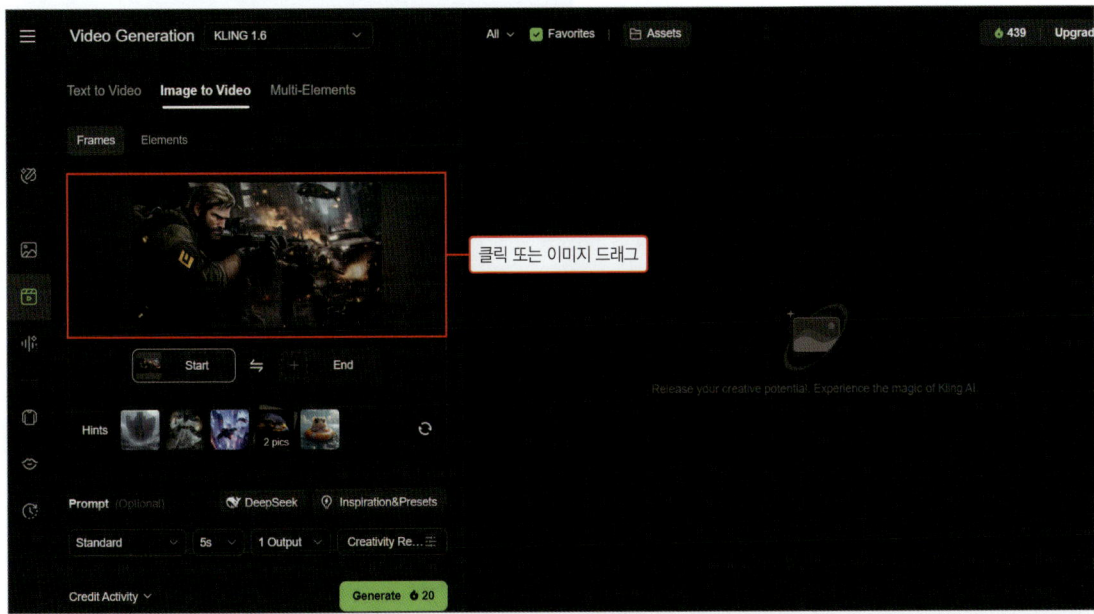

TIP 예제와 같은 이미지를 사용하려면 04 폴더에서 'fps서브추가동작_완성.png' 파일을 사용하세요.

09 왼쪽 화면에 스크롤을 내려 Prompt(Optional) 영역에 캐릭터가 움직이는 장면을 연출한 프롬프트를 입력합니다.

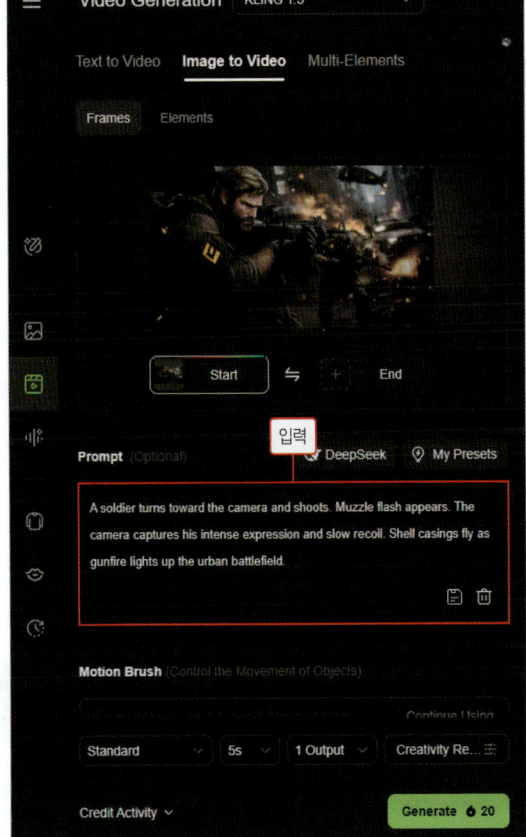

프롬프트
A soldier turns toward the camera and shoots. Muzzle flash appears. The camera captures his intense expression and slow recoil. Shell casings fly as gunfire lights up the urban battlefield

입력 팁 군인이 카메라를 향해 몸을 돌려 총을 쏩니다. 총구에서 섬광이 터지고, 카메라는 그의 강렬한 표정과 느린 반동을 포착합니다. 총성이 울리는 가운데 탄피가 튀어 오르고, 도시 전장이 총격으로 밝아집니다.

10 영상의 모드를 'Standard', 시간을 '5s'로 설정하고 〈Generate〉 버튼을 클릭하여 영상을 생성합니다. 잠시 기다리면 영상이 완성되며, 완성된 영상을 확인하고 '⬇' 아이콘을 클릭하여 저장합니다.

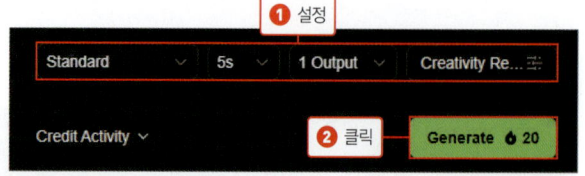

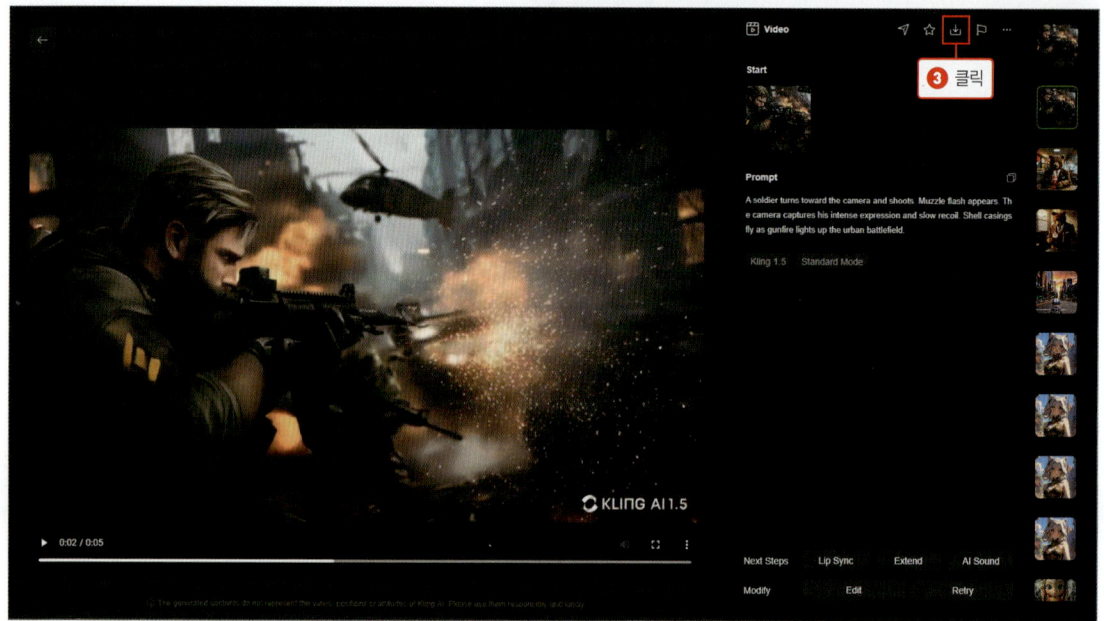

04 FPS 게임 무기 생성하기

FPS 게임에서 무기 디자인은 게임의 몰입감과 전략적 깊이를 높이는 중요한 요소입니다. 단순한 장식에 그치지 않고, 무기 디자인은 게임의 재미와 전략성을 강화하는 핵심적인 역할을 합니다. FPS 게임에서 무기가 현실에 기반해야 하는 이유는 몰입감과 신뢰성을 높이고, 공정한 게임 밸런스를 유지하며, 전략적인 플레이를 유도하기 때문입니다. 현실적인 무기 성능은 사용자에게 실제 전투 같은 경험을 제공하고, 공정한 경쟁과 전술적 사고를 촉진합니다. 또한, 밀리터리 팬층 확보에도 기여하여 게임의 재미와 신뢰성을 높이는 중요한 요소가 됩니다. 이번엔 미드저니를 이용하여 무기를 시각적으로 표현해 보겠습니다.

01 웹브라우저에서 'midjourney.com'을 입력하여 미드저니 웹 버전 사이트에 접속하고 Imagine bar를 통해 작업을 시작합니다. 여기에서 캐릭터의 주 무기의 정보가 담긴 프롬프트를 입력하고 '▷' 아이콘을 클릭하여 이미지를 생성합니다.

프롬프트 | Game concept, AK-47, infographic for product catologue --ar 16:9 --style raw --stylize 350

입력 팁
1. **Game concept** : 게임과 관련된 디자인 요소를 포함해 무기를 표현합니다.
2. **AK-47** : 소련에서 개발된 유명한 돌격소총으로, 프롬프트의 핵심 대상입니다.
3. **infographic** : 정보를 시각적으로 정리한 이미지 스타일을 의미하며, 단순한 사진이 아니라 주요 특징, 성능, 역사 등의 데이터를 포함한 시각적 자료로 표현합니다.
4. **product catalogue** : 제품 카탈로그 형식으로 디자인되며, 마치 상업용 홍보자료처럼 무기의 사양, 특징, 용도 등을 체계적으로 정리합니다.
5. **--ar 16:9** : 가로세로 비율(Aspect Ratio)을 16:9로 설정하여 와이드스크린 형식의 이미지를 생성합니다.
6. **--style raw** : 자연스럽고 현실적인 스타일을 강조하는 설정이며 과장된 아트 스타일 대신 사실적인 디테일을 유지하는 데 초점을 둡니다.
7. **--stylize 350** : 스타일 강도를 조정하는 옵션으로, 값이 클수록 창의적이고 예술적인 스타일이 강해지며, 낮을수록 사실적인 묘사가 이루어집니다. 여기서는 '450'으로 설정해 균형을 맞추고 있습니다.

TIP 이 프롬프트는 AK-47을 단순한 이미지로 표현하는 것이 아니라, 상세한 설명과 정보를 포함한 인포그래픽 형식으로 제작하는 것을 목표로 합니다. 즉, 제품 카탈로그처럼 체계적이고 전문적인 느낌을 주도록 구성됩니다.

TIP AK-47(Avtomat Kalashnikova 1947)은 소련에서 개발된 자동소총으로, AK-47은 세계에서 가장 많이 사용되는 총기로, AKM, AK-74, AK-103 등 다양한 변형 모델이 존재합니다. 반군과 테러 조직뿐만 아니라 정규군에게서도 널리 사용되며, 일부 국가에서는 국가나 군대 엠블럼에 포함될 정도로 강한 상징성을 지니고 있습니다.

02 카탈로그 형식으로 무기 AK-47이 다양한 이미지로 생성되었습니다. 실존하는 무기를 생성하였기 때문에 이름을 추가하는 것만으로도 괜찮은 이미지가 생성됩니다.

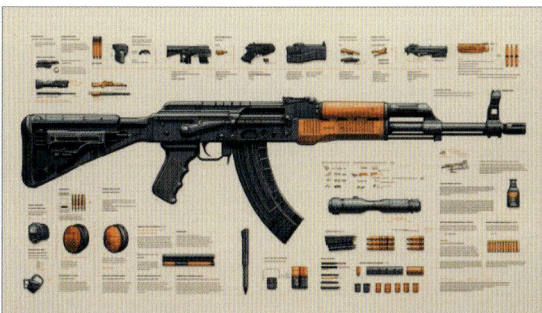

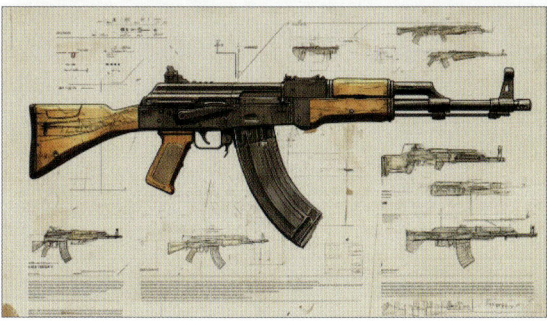

03 이번에 게임에 사용할 수 있는 리얼리틱한 3D 느낌의 AK-47을 생성하겠습니다. 먼저 생성된 이미지 중 3번 이미지를 선택하고 Imagine bar의 'Select images below'로 드래그하여 추가한 다음 'Use as Character Ref' 아이콘(🧑)을 클릭하여 이미지 일관성을 유지하기 위한 작업을 준비합니다.

TIP 이 기능은 미드저니 V7 버전부터 섹션이 구분되어 보다 직관적으로 사용할 수 있게 되었습니다(P.68 참고).

04 Imagine bar에 그림과 같이 리얼리틱한 느낌의 프롬프트를 추가하고 Enter를 눌러 3D 스타일의 AK-47 이미지를 생성합니다.

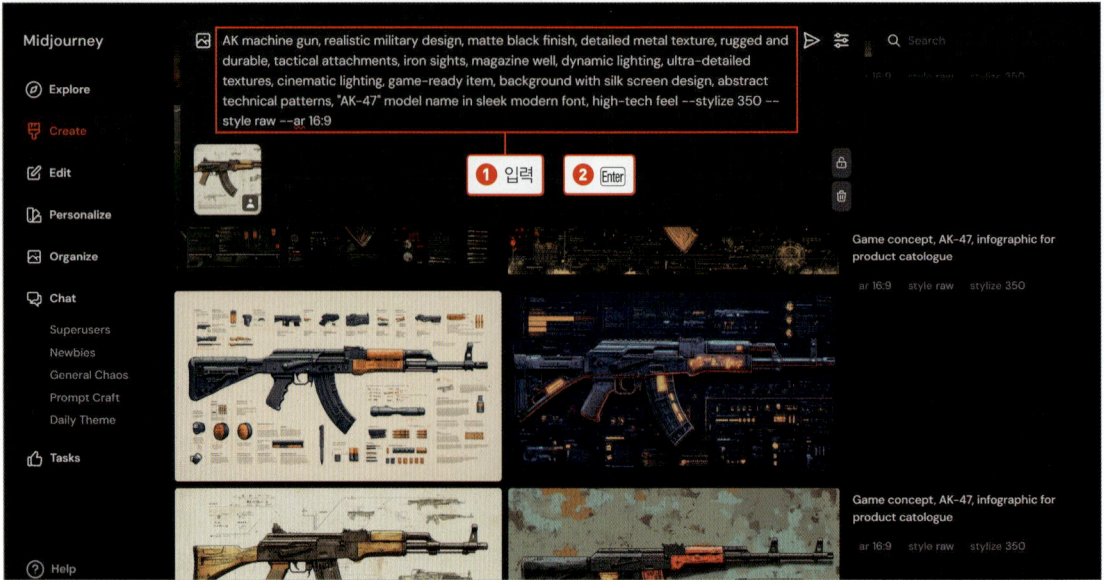

프롬프트 AK machine gun, realistic military design, matte black finish, detailed metal texture, rugged and durable, tactical attachments, iron sights, magazine well, dynamic lighting, ultra-detailed textures, cinematic lighting, game-ready item, background with silk screen design, abstract technical patterns, "AK-47" model name in sleek modern font, high-tech feel --stylize 350 --style raw --ar 16:9

입력 팁

1. **matte black finish, detailed metal texture** : 총기의 무광 블랙 마감과 세밀한 금속 질감을 표현하여 사실감을 높입니다.

2. **rugged and durable** : 거친 환경에서도 견딜 수 있는 강인한 내구성을 강조합니다.

3. **tactical attachments, iron sights, magazine well** : 전술적인 부착물(스코프, 손잡이 등), 기본 조준기, 탄창 삽입구 등 무기의 핵심적인 기능성을 반영합니다.

4. **dynamic lighting, ultra-detailed textures, cinematic lighting** : 조명과 질감의 디테일을 높여 영화적이고 현실적인 게임 그래픽 스타일을 구현합니다.

5. **background with silk screen design, abstract technical patterns** : 배경에 실크스크린 디자인과 기술적 패턴을 추가하여 제품 정보 또는 군사적 도면 느낌을 연출합니다.

6. **"AK-47" model name in sleek modern font** : AK-47 모델명이 세련된 현대적 글꼴로 표기되며, 무기의 정체성을 강조합니다.

7. **high-tech feel** : 전체적인 분위기를 현대적이고 기술적으로 보이게 합니다.

TIP 해당 프롬프트는 현실적인 군사 무기의 디테일과 고품질 게임 그래픽 스타일을 결합하여, FPS 게임에 적합한 AK-47 이미지를 생성하는 데 최적화되어 있습니다.

TIP 프롬프트에 " "를 포함하면, 생성된 이미지 내에 원하는 텍스트를 각인할 수 있습니다.

05 3D AK-47 그래픽 이미지가 4개 생성되었습니다. 원하는 느낌과 형태와 스타일에 가장 가깝게 생성된 이미지를 베리에이션하기 위해 마음에 드는 이미지를 선택합니다. 예제에서는 콘셉트에 맞는 3번 이미지를 선택하였습니다.

06 이미지를 선택하여 확장된 화면으로 살펴보니 이미지에 잘린 부분이 있습니다. 이 부분을 보완하기 위해 오른쪽에 있는 Creation Actions 항목에서 More의 〈Editor〉 버튼을 클릭합니다.

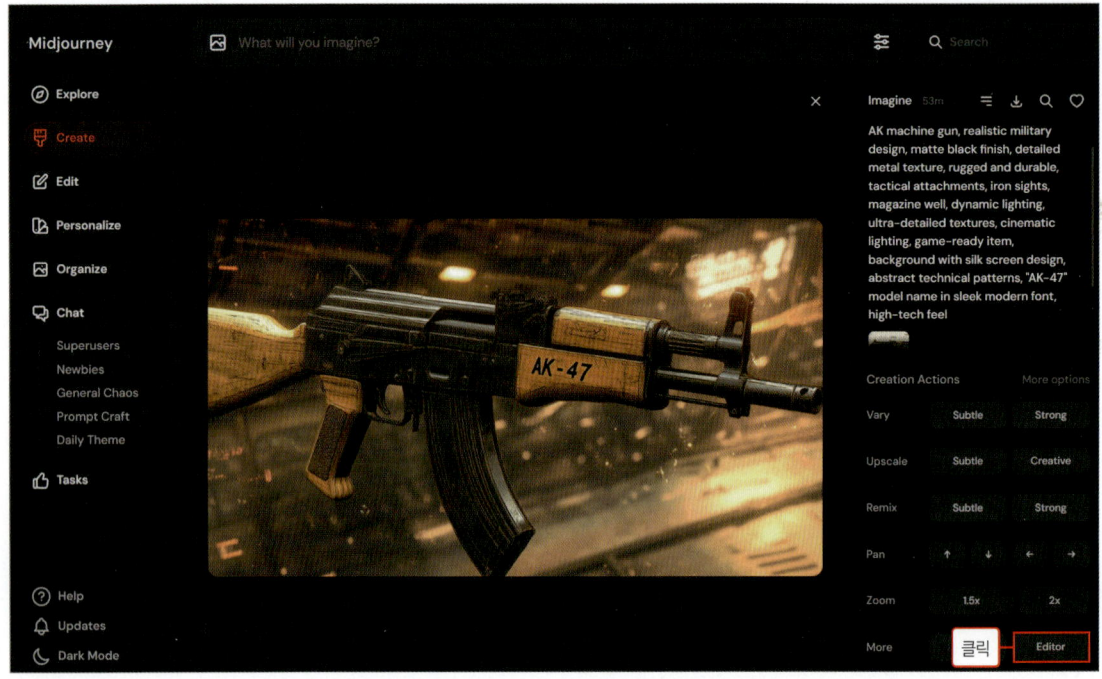

07 세밀한 수정 작업을 할 수 있는 공간이 제공되면, 이미지를 줄여 원하는 곳에 이미지를 배치해 조정하고 〈Submit〉 버튼을 클릭하여 잘린 부분을 추가 생성합니다.

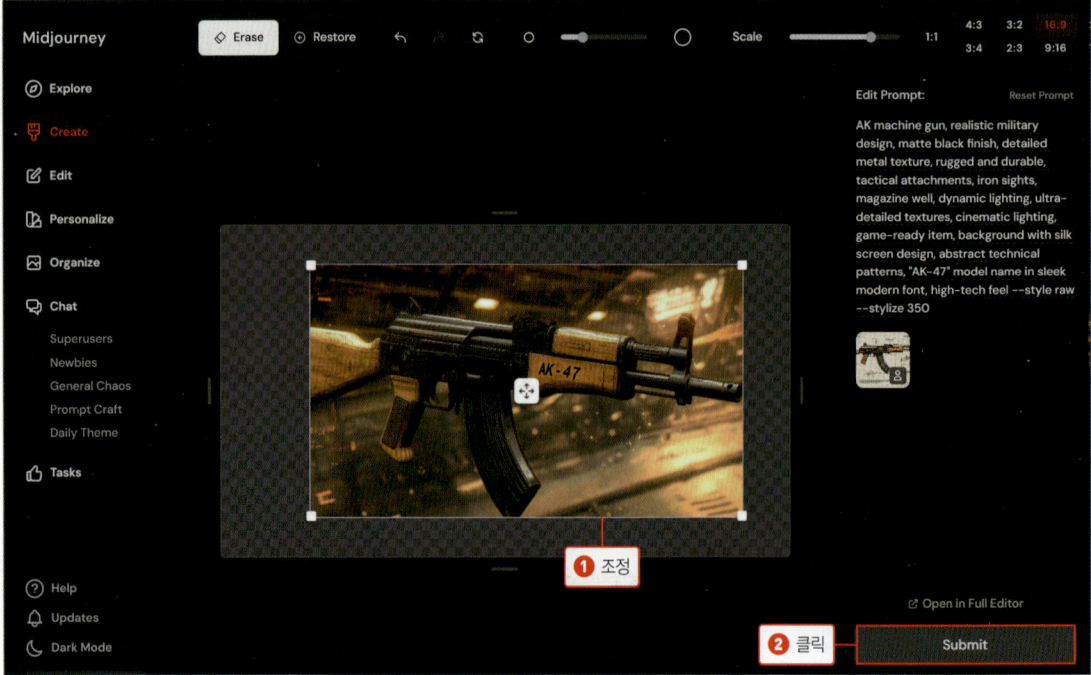

08 4개의 확장된 이미지가 생성되었습니다. 이 중에서 비율이 가장 좋은 3번 이미지를 선택하여 업스케일을 진행하여 마무리한 다음 저장합니다.

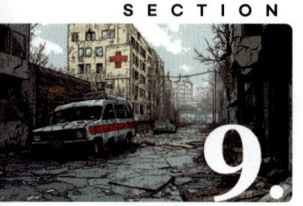

SECTION 9.

FPS 게임의 세계관 배경과 게임 장면 연출하기

● 완성파일 : 04\fps배경1~2_완성.png, fps게임화면_완성.png

FPS 게임에서 세계관과 장면 연출은 몰입감을 높이고 전투의 긴장감을 조성하는 핵심 요소입니다. 독창적인 세계관과 세밀한 연출은 전략적 선택지를 제공하며, 강렬한 시각적 효과는 박진감을 더합니다. 성공적인 게임을 위해서는 이 두 요소의 조화가 중요합니다. 이 요소를 구현하기 위해 미드저니에서 만든 캐릭터와 스크린 샷을 활용하여 게임의 프로토타입을 시각적으로 표현하고, 분위기와 전투 장면을 만들겠습니다.

01 게임의 분위기와 세계관을 구축하는 배경 콘셉트 설정하기

01 앞서 챗GPT를 활용하여 설정한 세계관(제목 : Outbreak: Containment)을 바탕으로 프롬프트를 구성합니다. 이를 위해 도시, 시가전, 전염병, 바이러스, 병원 등 핵심 키워드를 중심으로 세밀하게 정리하여, 해당 세계관의 핵심 요소들을 효과적으로 반영한 프롬프트를 작성했습니다.

> **프롬프트** FPS game concept art, post-apocalyptic urban warfare setting, abandoned buildings, hospital with quarantine zones, damaged vehicles, broken glass, scattered debris, graffiti, empty streets, dark atmospheric lighting, foggy environment, chaotic viral outbreak signs, rough sketch style with hand-drawn elements, loose lines, emphasis on mood and atmosphere, detailed yet raw, indicative of overall design direction

입력 팁
1. **post-apocalyptic urban warfare setting** : 게임의 배경은 포스트 아포칼립스 시대의 전염병으로 폐허가 된 도시입니다.
2. **abandoned buildings, hospital with quarantine zones** : 버려진 건물들과 퀀런틴 구역의 병원 설정입니다.
3. **damaged vehicles, broken glass, scattered debris** : 부서진 차량, 깨진 유리, 흩어진 파편들은 환경에 생동감을 주고, 환경 파괴를 강조합니다.
4. **empty streets, dark and atmospheric lighting, foggy environment** : 거리에는 사람들이 없어 고요함과 공허함을 표현하며, 어두운 조명과 안개로 미스터리하고 무거운 분위기를 강조합니다.
5. **chaotic background with signs of viral outbreak** : 배경은 전염병의 징후들로 혼란스러움을 강조합니다.
6. **rough sketch style with hand-drawn elements** : 손으로 그린 요소와 거친 스케치 스타일을 사용한 초기 콘셉트 느낌입니다.
7. **loose lines, emphasis on mood and atmosphere** : 선들이 느슨하게 처리되어, 게임이 추구하는 분위기와 감정적 요소가 강조됩니다.
8. **detailed yet raw, indicative of overall design direction** : 세부 사항은 있지만, 아직 완성되지 않은 상태입니다.

TIP 이 프롬프트는 게임의 초기 구상 단계에서 사용할 수 있는 콘셉트 아트를 설명하고 있으며, 게임의 핵심 요소(배경, 분위기, 스토리)를 잘 전달하면서도, 자유롭고 유동적인 스타일을 유지하고 있습니다.

02 배경은 어느 하나를 선택하기보다는 전체적인 분위기가 통일되어 이미지가 생성되기 때문에 여러 가지 스타일로 저장하여 사용하는 편이 좋습니다. 웹브라우저에서 'midjourney.com'을 입력하여 미드저니 웹 버전 사이트에 접속하고 Imagine bar를 통해 작업을 시작합니다. 여기에 앞서 정리한 프롬프트를 입력하고 '▷' 아이콘을 클릭하여 이미지를 생성합니다.

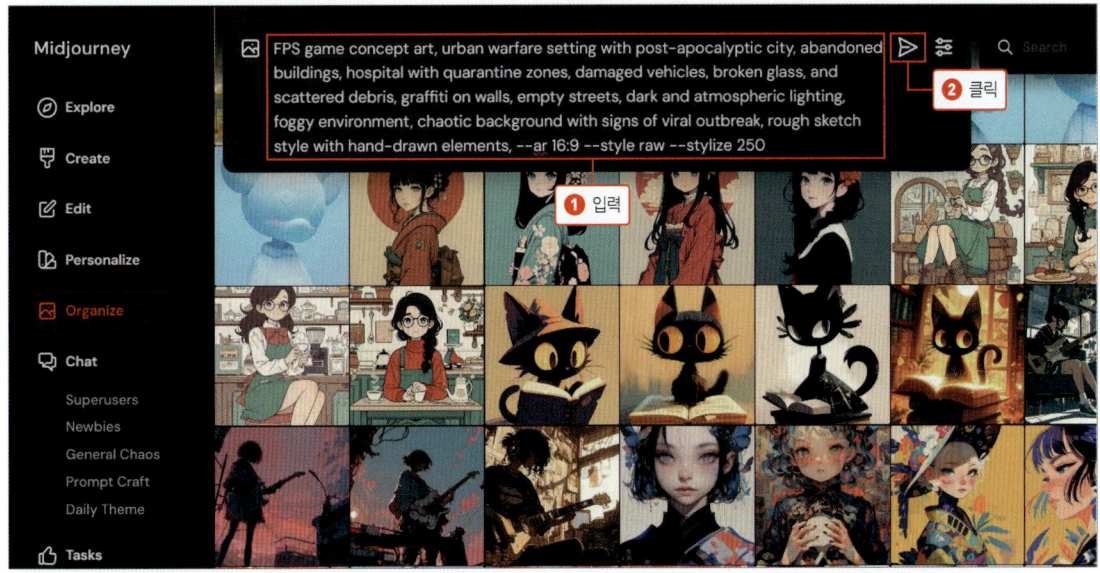

03 다양한 콘셉트 스타일로 배경 그래픽이 생성됩니다. 추가적인 변형을 통해 베리에이션을 진행하기 위해 원하는 스타일에 가까운 이미지가 생성된 이미지를 선택합니다. 예제에서는 3번 이미지가 콘셉트를 잘 표현한 거 같아 선택하였습니다.

TIP 이를 통해 원하는 분위기와 세부 사항을 더욱 정확하게 반영한 결과물을 얻을 수 있습니다.

04 확장된 화면의 오른쪽에 있는 Creation Actions에서 Vary의 〈Strong〉 버튼을 클릭하여 기존 이미지의 스타일과 구성을 비교적 큰 범위로 변경해 새로운 이미지를 생성합니다.

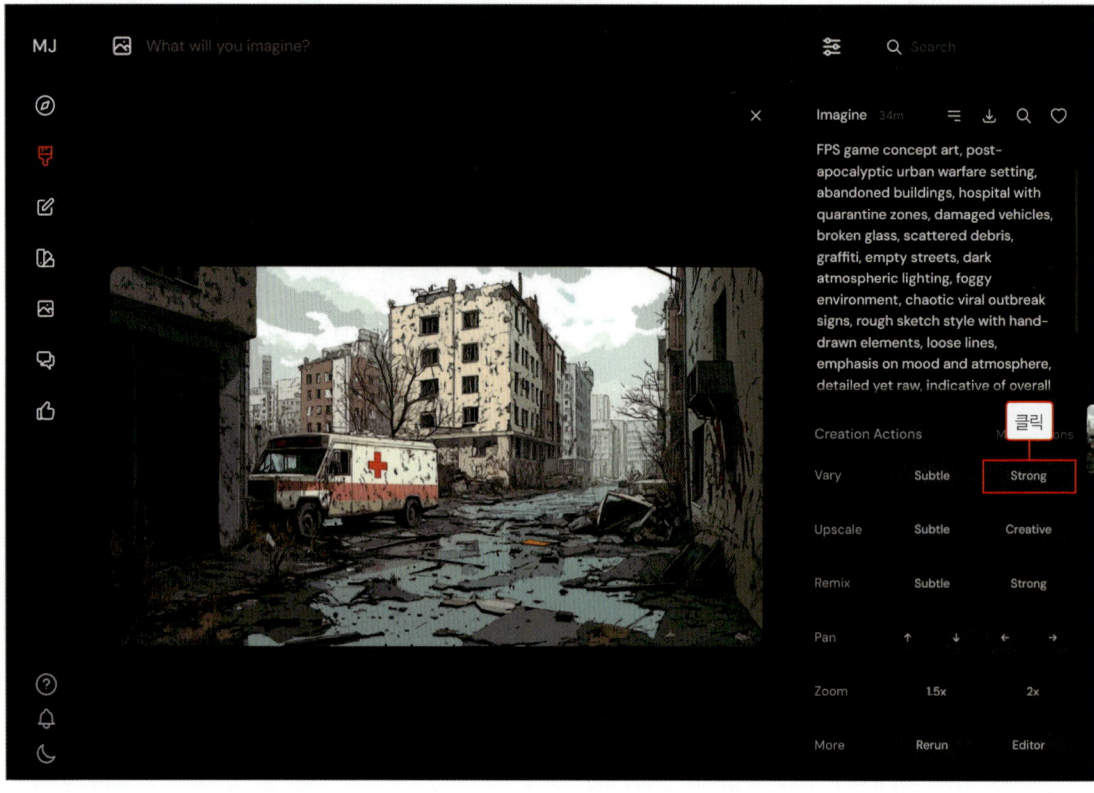

05 다양한 스타일로 변형된 캐릭터들이 생성됩니다. 원하는 스타일에 가까운 이미지가 생성되면 이를 최종으로 선택합니다. 예제에서는 3번 이미지의 맵에서 게임을 플레이한다면 재미있을 거 같아서 최종 이미지로 선택하였습니다.

06 확장된 화면의 오른쪽에 있는 Creation Actions 항목에서 Upscale의 〈Creative〉 버튼을 클릭하여 이미지를 업스케일 합니다. 업스케일이 완료되면 '저장' 아이콘(⬇)을 클릭하여 이미지를 PC에 저장합니다.

02 맵의 밸런스를 고려해 게임에 적합한 시각적 구성 생성하기

맵 배경의 콘셉트이 정해졌다면, 맵의 밸런스를 고려하여 쿼터뷰에서 전체적인 구성을 한눈에 볼 수 있도록 생성된 맵을 활용해 구체화해 보겠습니다.

01 최종 콘셉트 이미지를 불러오기 위해 'Add images to your pompt' 아이콘(🖼)을 클릭합니다. 표시되는 메뉴에서 최종으로 만든 이미지를 'Choose a file or drop it here'로 드래그하거나 클릭하여 불러옵니다.

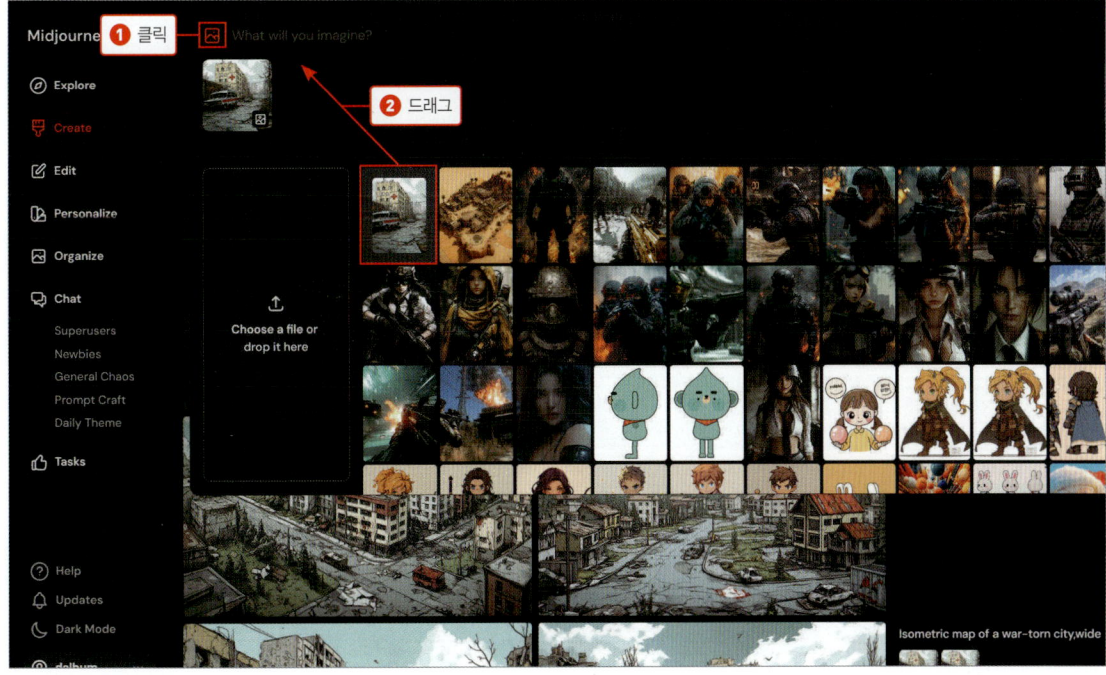

TIP 예제와 같은 이미지를 사용하려면 04 폴더에서 'fps배경1_완성.png' 파일을 사용하세요.

02 Imagine bar에 추가된 이미지에서 'Use as Character Ref' 아이콘(🯅)을 클릭하여 이미지 일관성을 유지하기 위한 작업을 준비하고 Shift를 누른 상태로 'Use as Style Ref' 아이콘(📎)을 클릭하여 스타일과 형태의 일관성을 유지한 다음 프롬프트 입력 창에 'isometric map', 'wide'를 입력한 후 '▶' 아이콘을 클릭합니다.

03 아이소메트리 뷰의 맵 이미지가 4개 생성되었습니다. 전체적으로 모든 이미지가 맵의 밸런스를 위해서 참고하면 좋은 자료가 될 것 같습니다. 이 중에서도 3번 이미지가 맵 디자인에 활용도가 높을 것 같아 이 이미지를 선택합니다.

04 선택한 이미지에서 맵을 더 확장하려면 환경에서 Pan 기능으로 위치를 이동하거나 Zoom 기능을 이용하여 확대합니다.

05 처음에 보였던 맵이 2배 확장되어 세계관이 더 넓어졌습니다. 이미지를 업스케일하여 마무리된 이미지를 저장합니다.

03 FPS 게임 화면에 적합한 화면 생성하기

콘셉트 배경을 기반으로, 실제 게임에서 활용될 장면을 구체적으로 구성하겠습니다. 이를 통해 게임의 분위기와 연출을 더욱 현실감 있게 표현할 수 있습니다.

01 미드저니 웹 버전의 Imagine bar를 통해 작업을 시작합니다. 여기에서 게임 배경을 생성하기 위한 프롬프트를 입력합니다.

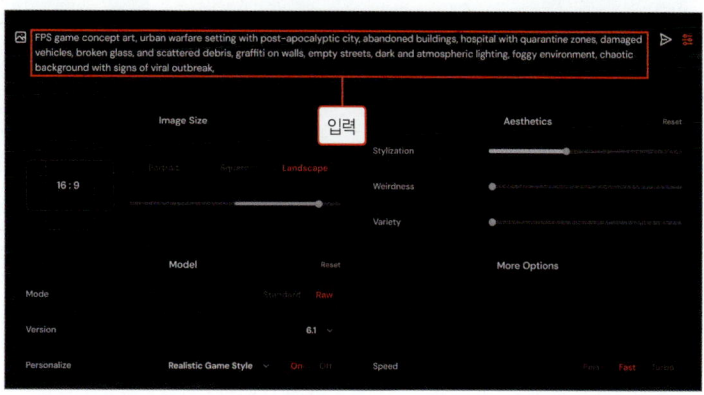

프롬프트 A 4K screenshot of a modern military shooting game in a first-person perspective, showing the player holding an AK-47 in an abandoned city. Photo-realistic graphics with dynamic shadows and reflections, ultra-realistic lighting. The urban warfare setting features a post-apocalyptic city with abandoned buildings, a hospital with quarantine zones, damaged vehicles, broken glass, scattered debris, graffiti-covered walls, and dense fog obscuring vision, creating a high-tension atmosphere

TIP 이 프롬프트는 현실적인 FPS 게임 장면을 묘사하고 있습니다. 고해상도, 영화적인 분위기, 포스트 아포칼립스 세계관을 강조하면서도 FPS 게임의 1인칭 시점과 무기 사용의 생동감을 표현하기 위해 작성했습니다.

입력 팁
1. **A 4K screenshot** : 고해상도의 선명한 이미지 강조합니다.
2. **Ultra-realistic game with cinematic lighting** : 사실적이고 영화 같은 조명 효과입니다.
3. **first-person perspective** : 1인칭 시점(사용자의 시각)입니다.
4. **showing the player holding an AK-47** : 사용자가 총을 들고 있는 모습을 묘사합니다.
5. **abandoned city, urban warfare setting, post-apocalyptic city** : 버려진 도시(포스트 아포칼립스 분위기)를 표현합니다.
6. **Photo-realistic graphics with dynamic shadows and reflections** : 현실적인 세부 사항과 반사 효과를 강조합니다.
7. **dense fog obscuring vision** : 안개가 시야를 가리는 긴장감 있는 분위기입니다.

02 환경과 콘셉트와 스타일이 잘 반영이 되어 이미지가 4개 생성되었습니다. 다양한 버전을 더 확인하기 위한 베리에이션을 진행하기 위해 마음에 드는 이미지를 선택합니다. 예제에서는 3번 이미지 구성이 마음에 들어 선택하였습니다.

03 확장된 화면의 오른쪽에 있는 Creation Actions 항목에서 Vary의 〈Strong〉 버튼을 클릭하여 이미지를 기반으로 다양한 베리에이션을 생성합니다.

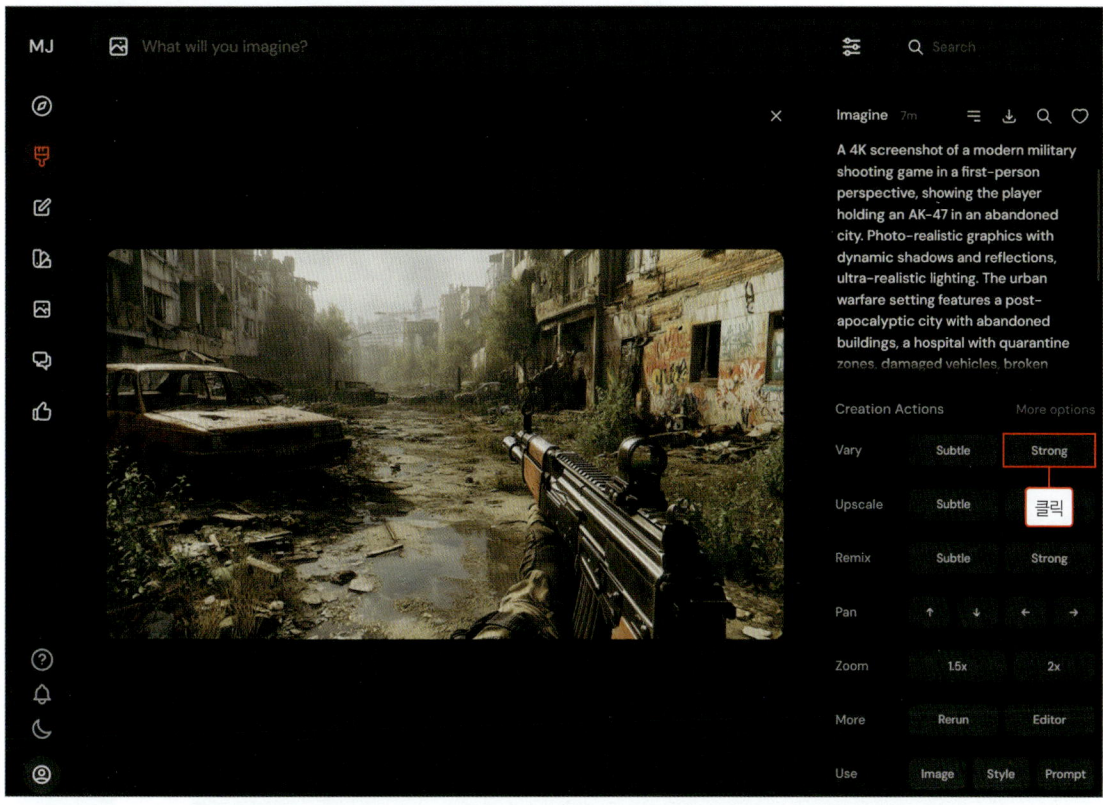

04 선택한 이미지의 스타일과 분위기를 바탕으로 크게 벗어나지 않은 이미지가 4개 표시됩니다. 여기서 콘셉트에 가장 잘 어울리는 이미지를 선택해 이미지를 확정합니다. 예제에서는 4번 이미지를 선택하였습니다.

05 게임 화면이라고 하기엔 좀 밋밋한 느낌이 들어서 좀 더 전투의 느낌을 좀 더 주려고 합니다. 추가 편집을 진행하기 위해 4번 이미지에서 마우스 오른쪽 버튼을 클릭한 다음 More → Editor를 실행합니다.

06 세밀한 수정 작업을 할 수 있는 공간이 제공되면 Erase 기능을 이용해 그림과 같이 화면을 칠하고 Edit Prompt에 'Enemies rushing towards the screen and helicopter explosions'를 입력한 다음 〈Submit〉 버튼을 클릭하여 수정을 마무리합니다.

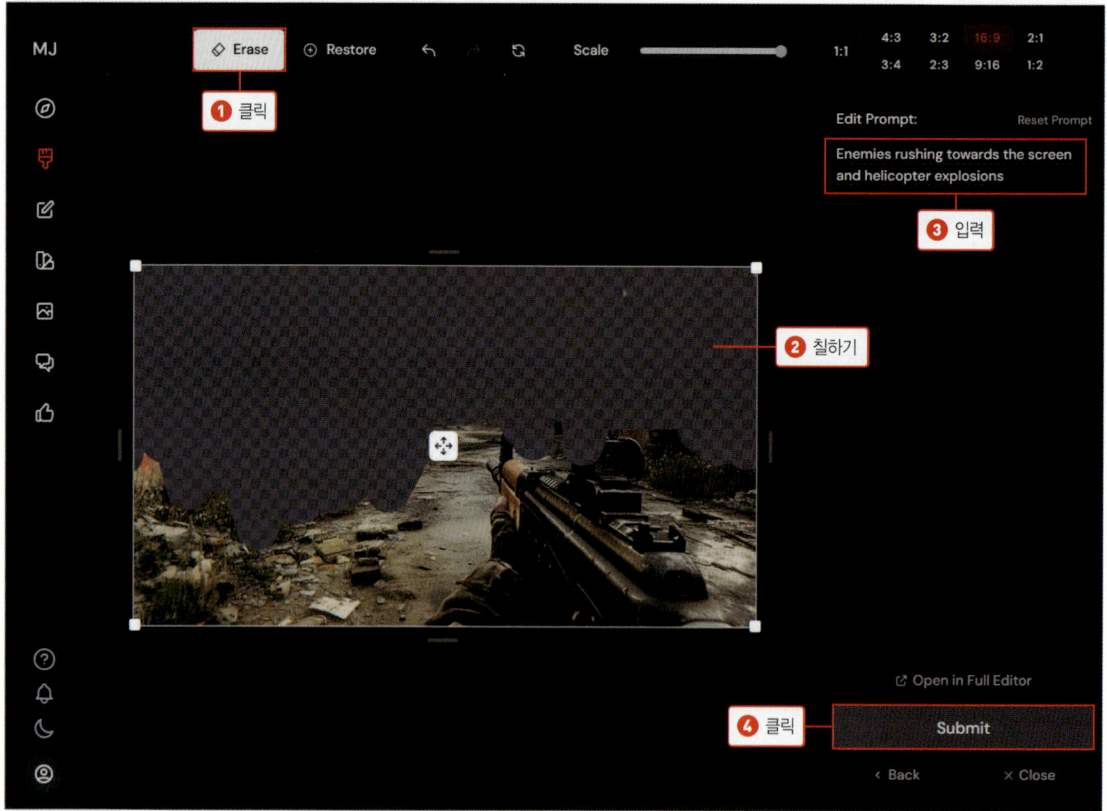

프롬프트 Enemies rushing towards the screen and helicopter explosions

한글 번역 화면을 향해 돌진하는 적들과 헬리콥터 폭발

07 칠한 부분에 적의 헬기와 폭발 파티클, 적군 등 세부 요소가 추가되어 이미지가 생성되었습니다. 이 중에서 가장 마음에 드는 이미지를 선택하여 업스케일하고 마무리합니다. 예제에서는 4번 이미지를 Creative로 업스케일하여 마무리하였습니다. 퀄리티가 업그레이드된 이미지가 생성되면 '저장' 아이콘(⬇)을 클릭하여 PC에 저장합니다.

PROJECT

시점으로 몰입 경험을 극대화하는 스피드 레이싱 게임 디자인

레이싱 게임은 국내외에서 오랜 시간 사랑받아 온 장르로, 국내에서는 넥슨의 카트라이더가 대표적인 작품으로 자리 잡았습니다. 간단한 조작법, 치열한 경쟁, 그리고 속도감에서 오는 짜릿한 쾌감 덕분에 누구나 쉽게 즐길 수 있는 장르입니다. AI를 활용하면 역동적인 자동차 주행 장면을 효과적으로 연출할 수 있으며, 이는 영상 제작뿐만 아니라 게임 제작에도 유용하게 활용될 수 있습니다.

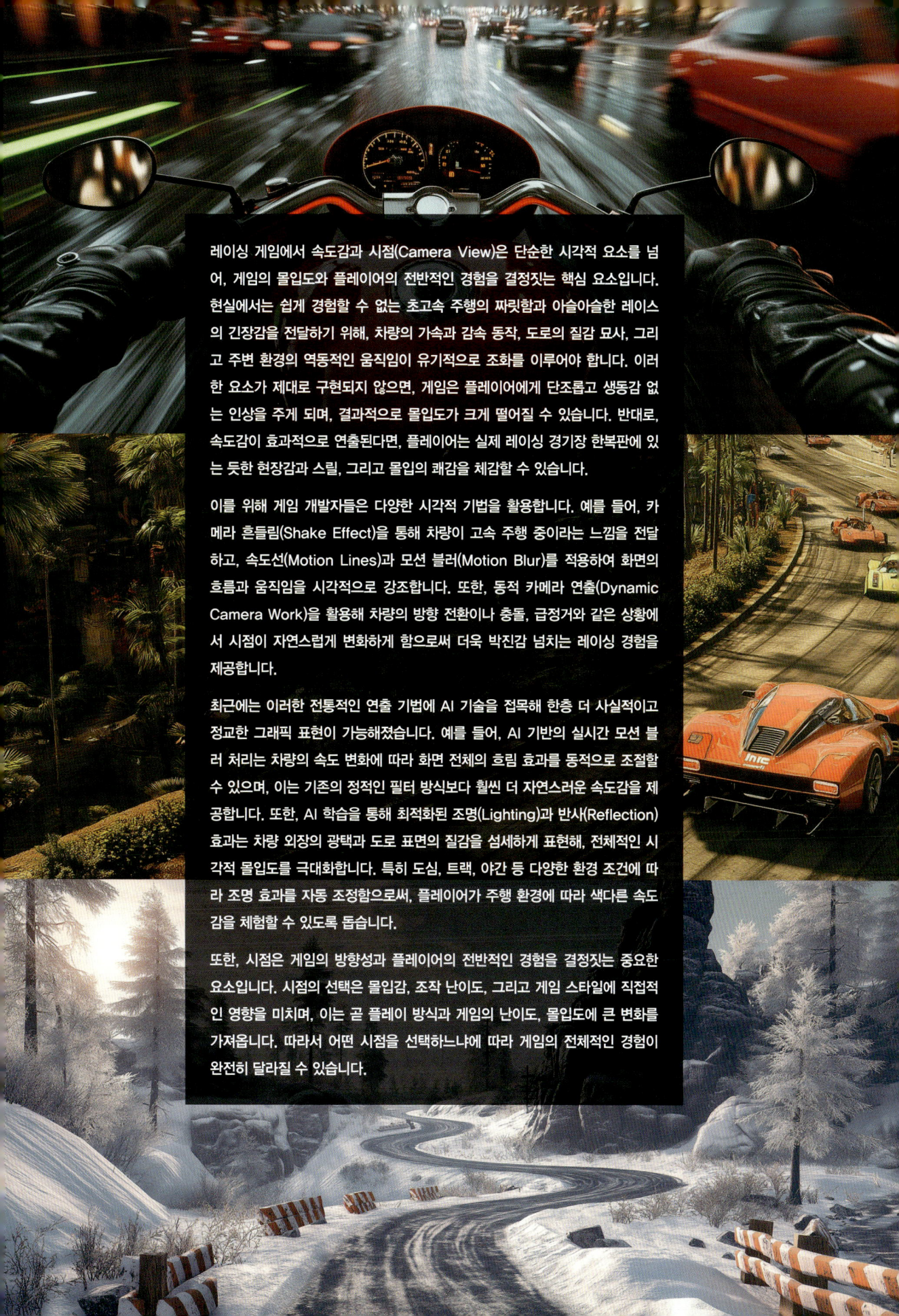

레이싱 게임에서 속도감과 시점(Camera View)은 단순한 시각적 요소를 넘어, 게임의 몰입도와 플레이어의 전반적인 경험을 결정짓는 핵심 요소입니다. 현실에서는 쉽게 경험할 수 없는 초고속 주행의 짜릿함과 아슬아슬한 레이스의 긴장감을 전달하기 위해, 차량의 가속과 감속 동작, 도로의 질감 묘사, 그리고 주변 환경의 역동적인 움직임이 유기적으로 조화를 이루어야 합니다. 이러한 요소가 제대로 구현되지 않으면, 게임은 플레이어에게 단조롭고 생동감 없는 인상을 주게 되며, 결과적으로 몰입도가 크게 떨어질 수 있습니다. 반대로, 속도감이 효과적으로 연출된다면, 플레이어는 실제 레이싱 경기장 한복판에 있는 듯한 현장감과 스릴, 그리고 몰입의 쾌감을 체감할 수 있습니다.

이를 위해 게임 개발자들은 다양한 시각적 기법을 활용합니다. 예를 들어, 카메라 흔들림(Shake Effect)을 통해 차량이 고속 주행 중이라는 느낌을 전달하고, 속도선(Motion Lines)과 모션 블러(Motion Blur)를 적용하여 화면의 흐름과 움직임을 시각적으로 강조합니다. 또한, 동적 카메라 연출(Dynamic Camera Work)을 활용해 차량의 방향 전환이나 충돌, 급정거와 같은 상황에서 시점이 자연스럽게 변화하게 함으로써 더욱 박진감 넘치는 레이싱 경험을 제공합니다.

최근에는 이러한 전통적인 연출 기법에 AI 기술을 접목해 한층 더 사실적이고 정교한 그래픽 표현이 가능해졌습니다. 예를 들어, AI 기반의 실시간 모션 블러 처리는 차량의 속도 변화에 따라 화면 전체의 흐림 효과를 동적으로 조절할 수 있으며, 이는 기존의 정적인 필터 방식보다 훨씬 더 자연스러운 속도감을 제공합니다. 또한, AI 학습을 통해 최적화된 조명(Lighting)과 반사(Reflection) 효과는 차량 외장의 광택과 도로 표면의 질감을 섬세하게 표현해, 전체적인 시각적 몰입도를 극대화합니다. 특히 도심, 트랙, 야간 등 다양한 환경 조건에 따라 조명 효과를 자동 조정함으로써, 플레이어가 주행 환경에 따라 색다른 속도감을 체험할 수 있도록 돕습니다.

또한, 시점은 게임의 방향성과 플레이어의 전반적인 경험을 결정짓는 중요한 요소입니다. 시점의 선택은 몰입감, 조작 난이도, 그리고 게임 스타일에 직접적인 영향을 미치며, 이는 곧 플레이 방식과 게임의 난이도, 몰입도에 큰 변화를 가져옵니다. 따라서 어떤 시점을 선택하느냐에 따라 게임의 전체적인 경험이 완전히 달라질 수 있습니다.

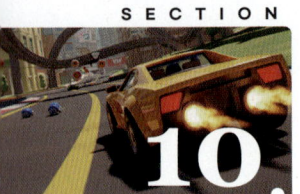

레이싱 게임의 정의 및 특성

레이싱 게임은 단순히 빠르게 달리는 재미를 넘어서, 조작감과 속도감, 그리고 트랙 디자인 같은 다양한 요소들이 어우러져 높은 몰입감을 선사하는 장르입니다. 이번 시간에는 레이싱 게임이 무엇인지 정의하고, 이 장르만의 특징과 매력을 함께 살펴보겠습니다.

레이싱 게임은 자동차, 오토바이, 자전거, 보트 등 다양한 탈것을 이용해 정해진 코스를 가장 빠르게 주행하거나 특정 목표를 달성하는 게임 장르입니다. 단순한 속도 경쟁을 넘어서 아이템전, 커스터마이징, 오픈 월드 탐험 등 다양한 요소가 추가되면서 점차 발전해왔습니다.

대표적인 레이싱 게임으로는 닌텐도의 〈마리오 카트(Mario Kart)〉, 고스트 게임즈의 〈니드 포 스피드(Need for Speed)〉, 〈소니의 그란 투리스모(Gran Turismo)〉 등이 있습니다.

마리오 카트는 캐주얼한 그래픽과 간단한 조작법을 바탕으로 누구나 쉽게 즐길 수 있습니다. 아이템을 활용한 전략적인 플레이와 드리프트 시스템이 결합 되어 단순한 속도 경쟁을 넘어서 다양한 변수와 재미 요소를 제공합니다. 반면, 니드 포 스피드는 사실적인 그래픽과 개방적인 환경을 결합하여 고속 주행의 짜릿한 스릴을 극대화하며, 그란 투리스모는 사실적인 자동차 물리 엔진과 정밀한 주행 시뮬레이션을 제공하여 리얼한 레이싱 경험을 원하는 사용자들에게 적합한 게임입니다. 이처럼 레이싱 게임은 단순한 주행을 넘어서 각기 다른 환경과 플레이 스타일을 제공하여 다양한 취향을 가진 이용자들을 만족시킵니다.

레이싱 게임의 또 다른 매력은 멀티 플레이와 지속적인 도전 요소입니다. 마리오 카트는 친구들과 실력을 겨루는 멀티 플레이 기능이 강점이며, 초보자도 쉽게 적응할 수 있도록 설계되었습니다. 니드 포 스피드와 그란 투리스모 같은 게임은 차량 튜닝과 커스터마이징 요소를 통해 자신만의 개성 있는 자동차를 만들고, 기록을 갱신하며 실력을 향상시키는 재미를 제공합니다. 또한, 주기적인 업데이트와 새로운 콘텐츠가 추가되어 신선한 즐거움을 지속적으로 선사하며, 이용자들이 꾸준히 도전할 수 있도록 유도합니다. 이러한 점에서 레이싱 게임은 단순한 속도 경쟁을 넘어서 치열한 경쟁과 개인의 성장을 동시에 경험할 수 있는 매력적인 장르로 자리 잡았습니다.

▶ 3D 카툰 스타일의 레이싱 게임 장면

▶ 복셀 스타일 도심 추격 레이싱 게임 장면

▶ 사실적인 비주얼의 오픈월드 레이싱 게임

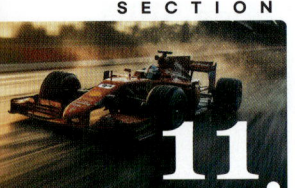

SECTION 11.

레이싱 게임에서 속도감을 주는 요소

레이싱 게임에서는 실제보다 더 빠르게 달리는 듯한 속도감을 느낄 수 있습니다. 이러한 몰입감은 단순히 차량의 속도 수치 때문만은 아니라, 화면 흔들림, 모션 블러, 카메라 시점, 배경의 움직임, 사운드 효과 등 다양한 시각적, 청각적 요소가 함께 작용하기 때문입니다. 이번에는 레이싱 게임 속 속도감을 만들어 내는 주요 요소들에 대해 알아보겠습니다.

레이싱 게임에서 속도감은 가장 중요한 요소 중 하나로, 이를 극대화하기 위해 다양한 시각적, 청각적, 물리적 효과가 적용됩니다. 화면에 속도 선을 추가하거나 모션 블러를 활용하여 빠르게 질주하는 느낌을 강조하고, 엔진 소리와 풍절음을 세밀하게 조정하여 가속과 감속의 차이를 체감하도록 만듭니다. 또한, 차량의 물리적 반응을 정교하게 구현하여 노면(路面) 변화에 따른 주행감이 실제와 유사하게 느껴지도록 조정합니다. 여기에 부스터, 드리프트, 충돌 연출 등의 요소를 가미해 속도감을 더욱 극대화할 수 있습니다.

이러한 요소들이 효과적으로 적용된 대표적인 레이싱 게임을 살펴보면, 속도감 넘치는 주행과 함께 경찰과의 추격전 같은 긴장감 있는 요소를 더해 스릴을 주는 〈니드 포 스피드(Need for Speed)〉 시리즈는 부스터 사용 시 화면 왜곡 효과와 화면 흔들림이 적용되어 체감 속도가 더욱 빠르게 느껴지며, 도로를 질주할 때 풍절음과 엔진 사운드가 현실감 있는 몰입감을 제공합니다.

〈포르자 호라이즌(Forza Horizon)〉 시리즈는 더욱 사실적인 물리 엔진과 정교한 주행 시스템을 통해 현실적인 속도감을 구현합니다. 시야각 조절과 풍절음이 차량의 속도를 더욱 체감할 수 있도록 도와주며, 넓은 오픈월드 환경에서 다양한 지형을 넘나들며 고속 주행의 자유로움을 경험할 수 있습니다.

▼ 차량의 역동성과 속도감이 극대화되어 표현된 레이싱 장면

▼ 과장된 트랙 곡률, 강한 모션 블러, 곡선 선로 강조로 속도감을 극대화

현실적인 레이싱 시뮬레이션 게임인 〈그란 투리스모(Gran Turismo)〉 시리즈는 정교한 물리 엔진과 실제 차량의 주행 특성을 반영하여 사실적인 속도감을 제공합니다. 차량의 무게, 타이어 접지력, 공기 저항 등의 요소가 정밀하게 계산되어, 속도를 높일수록 차량의 조작 난이도가 증가하며 리얼한 주행 경험을 선사합니다. 또한, 부스터나 과장된 이펙트 없이도 차량의 가속도와 엔진 사운드, 노면 상태에 따른 진동 효과가 결합되어 속도감을 자연스럽게 체감할 수 있도록 설계되었습니다.

〈번아웃(Burnout)〉 시리즈는 단순한 속도감뿐만 아니라 충돌과 사고 연출까지 활용하여 긴장감을 더합니다. 빠르게 달리다가 차량이 충돌하면 슬로 모션으로 파괴 장면을 연출하는 '크래시 모드'가 있으며, 테이크 다운 기능을 활용해 상대 차량을 제거하는 방식으로 더욱 박진감 넘치는 레이싱을 제공합니다.

마지막으로, 캐주얼 레이싱 게임인 〈마리오 카트(Mario Kart)〉 시리즈는 가속 패드(Boost Pad), 드리프트 부스터(Drift Boost) 등의 기믹을 활용해 속도감을 강조합니다. 트랙의 기울기나 중력 변화가 속도감에 영향을 주며, 다양한 아이템을 활용한 전략적 플레이가 단순한 속도 경쟁을 넘어선 재미를 선사합니다.

이처럼 레이싱 게임은 시각적 효과, 물리적 메커니즘, 사운드 디자인, 그리고 게임 설계 요소들을 정교하게 결합하여 실제 주행보다 더 강렬한 속도감을 연출합니다. 이를 통해 사용자는 단순한 주행을 넘어 극한의 스릴과 몰입감을 경험하며, 빠른 판단과 컨트롤이 요구되는 긴장감 넘치는 레이싱의 재미를 온전히 느낄 수 있도록 설계됩니다.

❶ **시야각(FOV, Field of View)** : 특정 지점에서 볼 수 있는 시각적 영역의 범위를 의미하며, 일반적으로 카메라나 화면에서 보이는 시야의 넓이를 나타냅니다.

❷ **풍절음(wind noise)** : 바람이 물체나 공간을 지나면서 발생하는 소리로, 주로 바람이 빠르게 통과할 때 발생하는 '휘파람'이나 '쉿' 소리 등을 말합니다. 이 소리는 바람이 물체에 부딪히거나, 좁은 틈을 지나면서 공기의 흐름에 의해 만들어집니다.

▼ 모션 블러, 핸들 흔들림, 주변 차량의 빠른 흐름 등으로 속도감 표현

레이싱 게임의 맵 활용법과 아이템 구성 요소

레이싱 게임에서는 맵의 구조와 아이템이 게임 플레이에 중요한 영향을 줍니다. 지형을 잘 활용하거나 적절한 타이밍에 아이템을 사용하면 유리한 상황을 만들 수 있습니다. 이번 섹션에는 레이싱 게임에서 맵과 아이템이 어떤 역할을 하는지 알아보겠습니다.

레이싱 게임에서 맵은 단순히 주행 경로를 제공하는 것 이상의 중요한 역할을 합니다. 맵의 설계는 게임의 전반적인 재미와 난이도를 결정짓는 핵심적인 요소로 작용합니다. 다양한 경로, 코너, 직선 구간, 장애물, 점프대와 같은 구성 요소들은 사용자가 어떻게 주행할지 고민하게 만들며, 각 구간마다 요구되는 기술과 전략이 다릅니다.

예를 들면, 〈니드 포 스피드〉 시리즈에서는 개방적인 도로와 고속도로를 포함한 다양한 환경을 제공하며, 이는 사용자가 자신만의 경로를 선택하거나 추격전을 펼칠 때마다 다채로운 경험을 선사합니다. 급격한 코너가 있는 구간에서는 드리프트와 같은 정밀한 조작이 필요하고, 언덕이나 점프대에서는 공중에서의 균형과 속도 조절이 중요해집니다. 또한, 맵은 게임의 몰입감을 높이기 위해 시각적인 요소들도 중요한 역할을 합니다. 도시의 복잡한 거리, 넓은 사막, 울창한 숲, 설원 등 각각의 테마는 게임의 분위기와 환경을 정의하며, 그에 맞는 주행 경험을 제공합니다. 이러한 다양한 환경들은 사용자가 매번 다른 경험을 할 수 있게 하여 게임을 반복적으로 즐길 수 있는 이유가 됩니다. 더 나아가, 동적 요소인 날씨 변화나 시간대의 변화는 맵에 새로운 변수를 추가하여 사용자에게 끊임없이 적응하고 대응하도록 유도합니다. 맵은 단순한 경로 제공을 넘어, 사용자에게 도전적인 환경을 제공하고, 그에 따라 사용자는 스킬과 전략을 끊임없이 발전시키며, 게임에 더욱 몰입하게 됩니다.

아이템 시스템은 레이싱 게임에서 중요한 전략적 요소로, 단순한 속도 경쟁을 넘어서 게임의 다채로움과 변수를 만들어냅니다. 아이템은 사용자에게 다양한 선택을 제공하며, 이를 어떻게 활용하느냐가 승패를 좌우할 수 있습니다. 예를 들어, 〈마리오 카트〉 시리즈에서는 바나나 껍질이나 거북이 등딱지와 같은 공격형 아이템을 사용하여 다른 사용자의 속도를 늦추거나 방해하는 전략을 취할 수 있고, 방어형 아이템인 실드는 자신을 보호하거나 상대의 공격을 무력화하는 데 유용하게 쓰입니다. 부스터나 니트로와 같은 속도 증가 아이템은 주행 속도를 갑자기 높여주는 효과를 가지며, 이를 적절한 타이밍에 사용하는 것이 중요합니다. 또한, 특수 아이템은 특정 상황에서만 사용할 수 있는 강력한 기능을 제공하기도 합니다. 예를 들어, 특정 맵에서만 활성화되는 아이템이나 일정 조건을 만족해야 사용할 수 있는 아이템들은 사용자의 전략적 사고를 자극합니다. 이러한 아이템 시스템은 게임의 변수를 풍성하게 만들어, 사용자는 경쟁의 순간마다 빠른 판단을 내려야 하며, 게임의 몰입도를 더욱 높여줍니다.

레이싱 게임에서 맵과 아이템 시스템은 게임의 몰입감을 높이고, 사용자에게 새로운 도전과 전략적 사고를 제공합니다. 맵은 다양한 경로와 환경으로 사용자에게 변화를 주고, 아이템은 경쟁을 더욱 역동적으로 만듭니다. 이 두 요소가 결합되어 레이싱 게임은 단순한 속도 경쟁을 넘어 전략과 기술이 중요한 게임으로 발전하며, 반복적인 재미를 선사합니다.

▲ 급커브와 연속 코너에서 플레이 실력을 발휘할 수 있는 맵 구조

▲ 지형을 활용해 고난도 주행을 요구하는 전략 중심 맵

완성파일 : 04\레이싱1인칭화면_완성.png, 레이싱3인칭화면_완성.png, 레이싱드론샷_완성.png

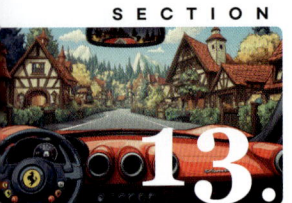

SECTION 13.
시점에 따른 레이싱 콘셉트 아트 생성하기

3인칭 시점을 사용하면 주변 상황을 넓게 파악하고 차량의 움직임을 직접 확인할 수 있으며, 캐릭터와 차량의 스타일을 보여줄 수 있습니다. 이를 통해 전략적인 주행, 조작의 직관성, 플레이어 경험의 풍성함을 표현할 수 있는지 이미지를 만들어 보겠습니다.

레이싱 게임에서 시점(Camera View)은 단순한 화면 구성이 아니라, 게임의 방향성과 사용자 경험을 결정하는 중요한 요소입니다. 시점에 따라 몰입감, 조작 난이도, 그리고 게임 스타일이 달라지며, 플레이 방식에도 큰 영향을 미칩니다. 따라서 어떤 시점을 선택하느냐에 따라 게임의 난이도와 몰입도가 달라지고, 전반적인 플레이 경험이 완전히 달라질 수 있습니다.

❶ **1인칭(콕핏 뷰, First-Person View)** : 차량 내부에서 운전하는 시점으로, 몰입감과 현실감이 뛰어납니다.

❷ **후방 추적(3인칭, Third-Person View)** : 차량을 뒤에서 따라가는 시점으로, 차량과 주변 환경을 넓게 볼 수 있습니다. 초보자에게 적합합니다.

❸ **범퍼 뷰(Bumper View)** : 차량의 앞 범퍼 위치에서 바라보는 시점으로, 속도감이 강하며 장애물과의 거리 감각을 잘 파악할 수 있습니다.

❹ **사이드 뷰(Side View)** : 차량을 측면에서 보는 시점으로, 횡스크롤 방식에 적합하고 전략적인 플레이에 유리합니다.

❺ **드론 뷰(Free Camera View)** : 자유롭게 움직이는 카메라 시점으로, 주로 연출이나 리플레이에서 사용됨. 게임 플레이 중에는 잘 사용되지 않습니다.

❻ **버드아이 샷(Bird's-eye View)** : 차량을 위에서 내려다보는 시점으로, 전체적인 경로와 주변 환경을 한눈에 볼 수 있어 전략적 판단에 유리합니다.

01 1인칭 시점으로 게임 화면 만들기

레이싱 게임에서는 주로 1인칭과 3인칭 시점이 사용됩니다. 그중에서도 실감 나는 주행 경험을 제공하는 1인칭 시점의 게임 화면을 제작할 예정입니다. 게임 스타일은 캐주얼한 3D 디자인으로 설정하고, 배경은 판타지 세계관을 반영하여 구성하겠습니다.

01 웹브라우저에서 미드저니 웹 버전(www.midjourney.com) 사이트에 접속하고 화면 상단에 있는 Imagine bar를 통해 작업을 시작합니다. 여기에 1인칭 시점의 레이싱 게임 화면을 나타내는 프롬프트를 입력하고, '▶' 아이콘을 클릭하여 이미지를 생성합니다.

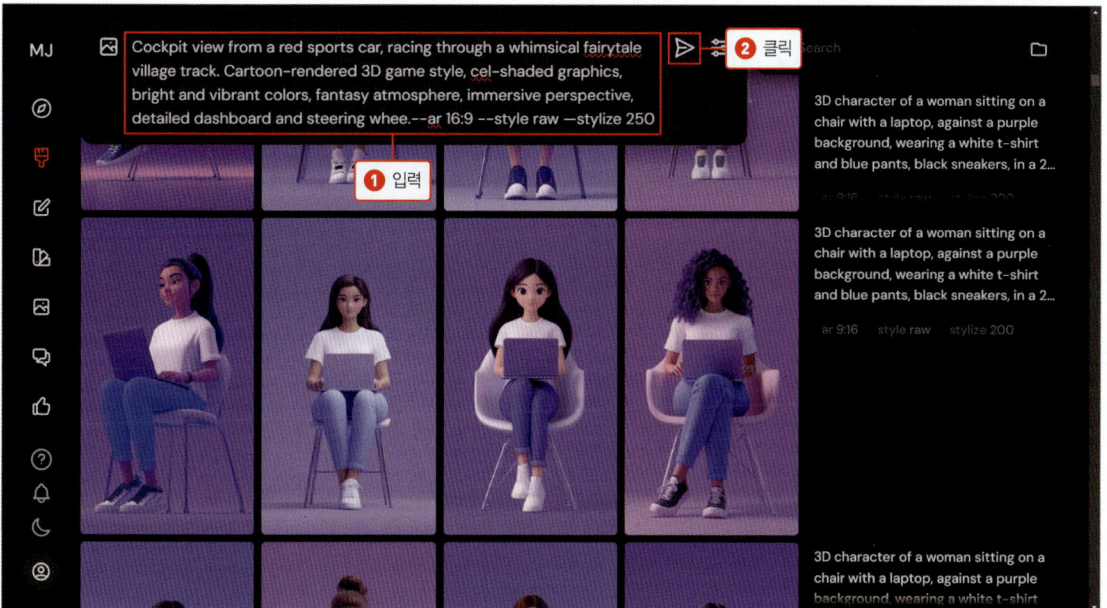

프롬프트 Cockpit view from a red sports car, racing through a whimsical fairytale village track. Cartoon-rendered 3D game style, cel-shaded graphics, bright and vibrant colors, fantasy atmosphere, immersive perspective, detailed dashboard and steering whee --ar 16:9 --style raw --stylize 250

입력 팁
1. **Cockpit view** : 1인칭 콕핏(운전석) 시점으로, 사용자가 차량 내부에 탑승한 채로 주행하는 몰입감 넘치는 느낌을 강조. 운전석에서 바라보는 도로와 주변 풍경, 대시보드의 디테일한 요소들이 생동감 있게 전달되어, 마치 실제로 차량을 운전하는 듯한 현실적인 경험을 제공합니다.
2. **from a red sports car** : 빨간색 스포츠카를 특정하여 시각적 요소를 구체화합니다.
3. **racing through a whimsical fairytale village track** : 동화 속 마을을 배경으로 한 레이싱 트랙에서 주행하는 상황입니다.
4. **detailed dashboard and steering wheel** : 자동차 내부(대시보드, 핸들 등)를 디테일하게 표현하여 사실감 추가

TIP 이 프롬프트는 1인칭 콕핏 시점에서 빨간색 스포츠카로 동화 속 마을의 레이싱 트랙을 주행하는 장면을 묘사하는 AI 이미지 생성 명령어입니다. 카툰 렌더링과 셀 셰이딩을 활용한 만화풍 그래픽이며, 밝고 생동감 넘치는 색감과 몰입감을 강조합니다. 또한, 자동차 내부의 대시보드와 핸들을 세밀하게 표현하도록 설정되었습니다.

02 설정한 프롬프트를 기반으로 이미지를 생성한 결과, 1인칭 시점의 레이싱 게임 이미지가 4개 만들어졌습니다. 이 중에서 프롬프트를 가장 잘 반영하여 콕핏 뷰의 느낌을 잘 표현한 4번 이미지를 선택하여 스타일을 변형해 보겠습니다.

03 선택한 후 확장된 화면의 오른쪽에 있는 Creation Actions 항목에서 Vary의 〈Subtle〉 버튼을 클릭하여 기존 이미지의 스타일과 구성을 비교적 안전하게 변형해 새로운 이미지를 생성합니다.

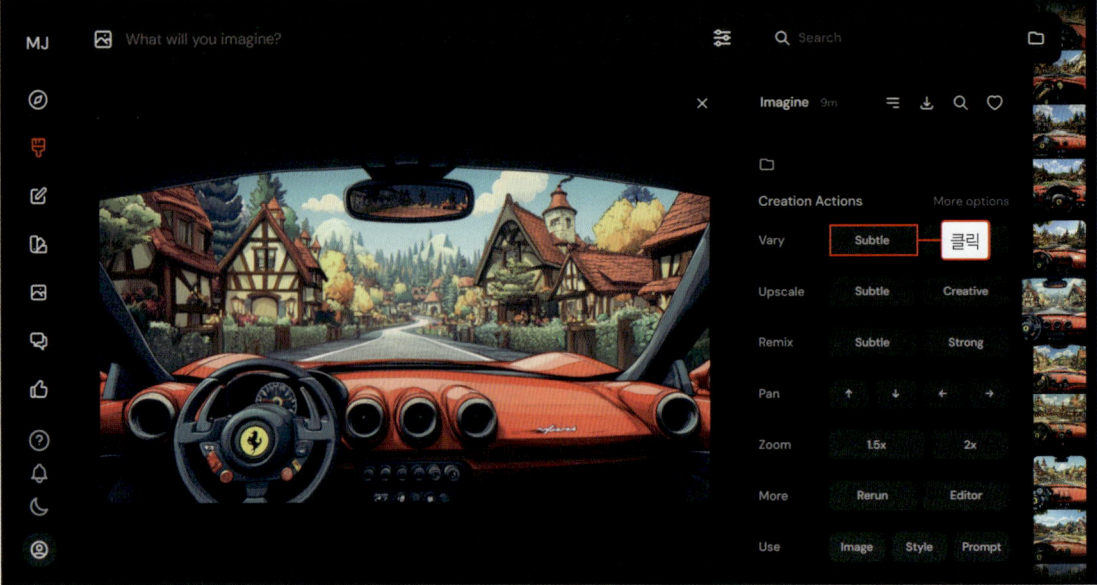

04 그림과 같이 전체 구성을 유지한 채 4개의 베리에이션 결과물이 표시되며, 이 중 콘셉트에 가장 어울리는 이미지를 최종 선택합니다. 예제에서는 4번 이미지를 업스케일 하기 위해 선택하였습니다.

05 확장된 화면의 오른쪽에 있는 Creation Actions 항목에서 Upscale의 〈Creative〉 버튼을 클릭하여 이미지를 업스케일합니다. 업스케일이 완료되면 '저장' 아이콘(⬇)을 클릭하여 이미지를 PC에 저장합니다.

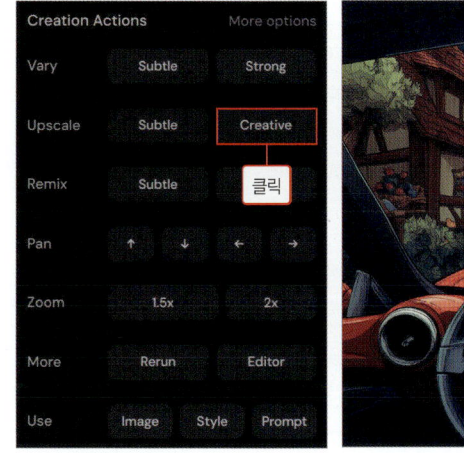

02 3인칭 게임 화면 만들기

3인칭 시점을 사용하면 주변 상황을 넓게 파악하고 차량의 움직임을 직접 확인할 수 있으며, 캐릭터와 차량의 스타일을 보여줄 수 있습니다. 이를 통해 전략적인 주행, 조작의 직관성, 플레이어 경험의 풍성함을 표현할 수 있는지 이미지를 만들어보겠습니다.

01 미드저니 웹 버전에서 화면 상단에 있는 Imagine bar를 통해 작업을 시작합니다. 여기에 3인칭 시점의 레이싱 게임 화면을 나타내는 프롬프트를 입력하고 '▶' 아이콘을 클릭합니다.

프롬프트 Third-person view from behind a red sports car with sleek aerodynamic design, racing through a whimsical fairytale village track. The car features shiny chrome accents, a bold front grille, and sporty low-profile tires. Cartoon-rendered 3D game style, cel-shaded graphics, bright and vibrant colors, fantasy atmosphere, with a detailed view of the car and surroundings as it speeds down the track --ar 16:9 --style raw --stylize 250

입력 팁
1. **Third-person view from** : 차량을 뒤에서 따라가는 시점으로, 일반적으로 레이싱 게임에서 자주 사용되는 시점입니다. 이 시점은 차량과 주변 환경을 넓게 볼 수 있으며, 사용자는 경로를 확인하고, 다른 차량과의 거리를 쉽게 파악할 수 있습니다.

2. **Red sports car with sleek aerodynamic design** : 빨간색 스포츠카로, 공기역학적으로 설계된 세련된 외관을 강조합니다.

3. **Shiny chrome accents** : 차량의 세부적인 디자인 요소로, 빛나는 크롬 장식이 추가되어 고급스럽고 세련된 느낌으로 생성합니다.

4. **Bold front grille** : 전면 그릴의 강렬한 디자인을 강조하여 차량의 스포츠카 특성을 강조합니다.

5. **Sporty low-profile tires** : 차의 타이어는 낮고 넓게 설정되어, 스포츠카의 민첩함과 속도를 상징합니다.

6. **Detailed view of the car and surroundings** : 차량과 주변 환경 모두 세부적으로 묘사되어, 더 몰입감 있는 시각적 경험을 제공합니다.

TIP 이 프롬프트는 3인칭 시점에서 디테일한 스포츠카와 판타지 마을 배경을 중심으로, 밝고 활기찬 3D 카툰 스타일의 그래픽을 강조합니다. 또한, 차량의 외부 디자인과 판타지적인 분위기를 잘 살려 자동차와 판타지 배경이 조화를 이루도록 구성되었습니다.

02 설정한 프롬프트를 기반으로 이미지를 생성한 결과, 뒤에서 보는 3인칭 시점의 레이싱 게임 이미지가 4개 생성되었습니다. 이 중 프롬프트를 가장 잘 반영한 이미지를 선택하고 스타일을 변형하겠습니다. 예제에서는 안정적인 각도와 디테일이 잘 표현된 3번 이미지를 선택하였습니다.

03 선택하여 이미지를 살펴보니 확장된 화면의 구도와 컬러감이 좋아 보입니다. 오른쪽에 있는 Creation Actions 항목에서 Vary의 〈Subtle〉 버튼을 클릭하여 기존 이미지의 스타일과 구성을 비교적 안전하게 변형하여 새로운 이미지를 생성합니다.

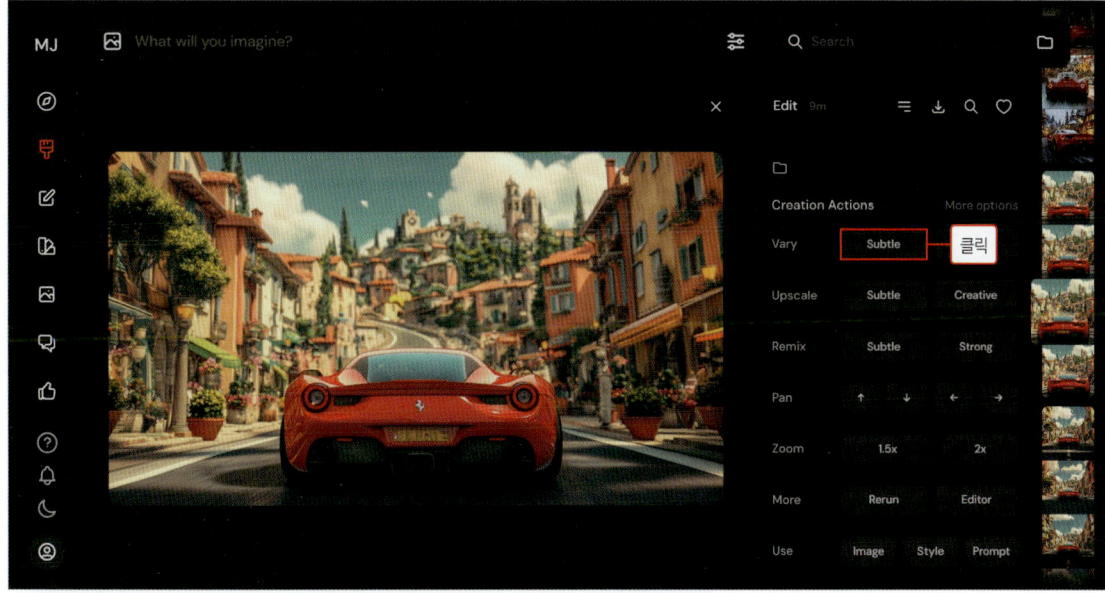

04
그림과 같이 4개의 확장된 결과물이 표시됩니다. 변형된 이미지들을 클릭하여 살펴보고 마음에 드는 이미지를 정합니다. 예제에서는 4번 이미지를 선택하였습니다.

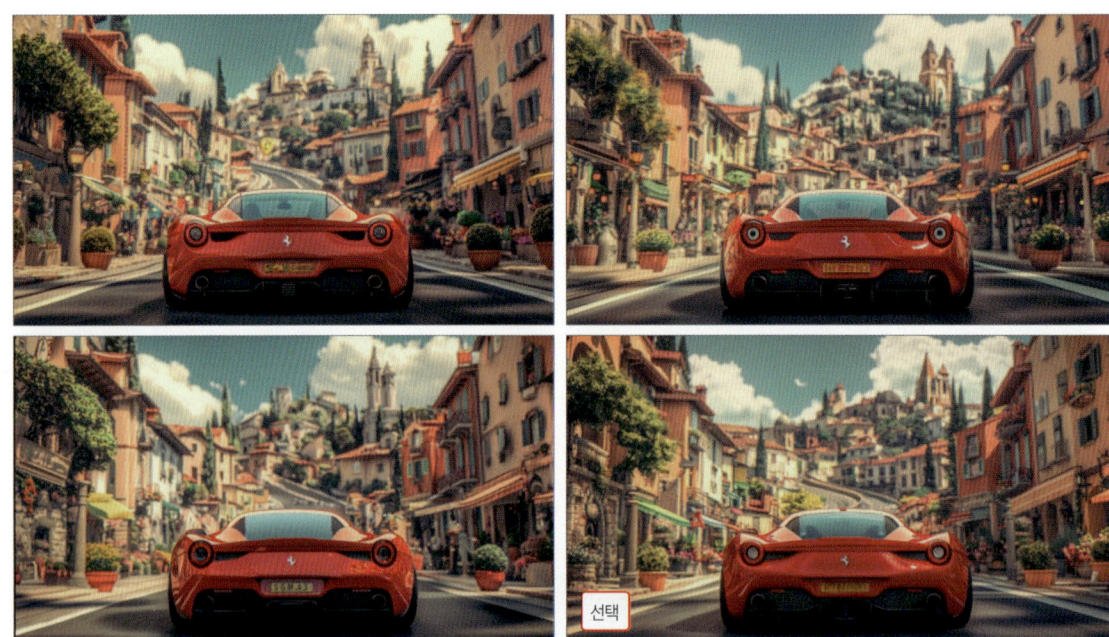

05
그다음 배경을 좀 확장하여 앞으로 나갔을 때의 이미지를 생성하겠습니다. 예제에서는 4번 이미지를 선택하였고 이미지에서 마우스 오른쪽 버튼을 클릭한 다음 More → Editor를 실행합니다.

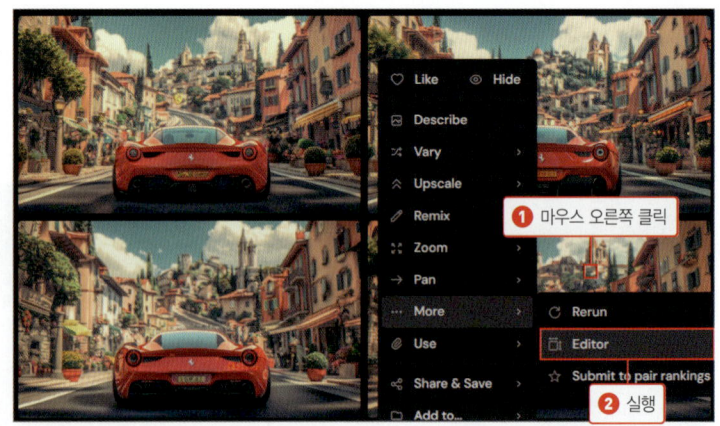

06
편집 화면으로 변경되면 상단의 스케일 바를 드래그하여 '64%'로 조절하고 '✥' 아이콘 모양의 커서를 드래그하여 그림과 같이 이미지를 원하는 위치에 이동한 다음 〈Submit〉 버튼을 클릭합니다.

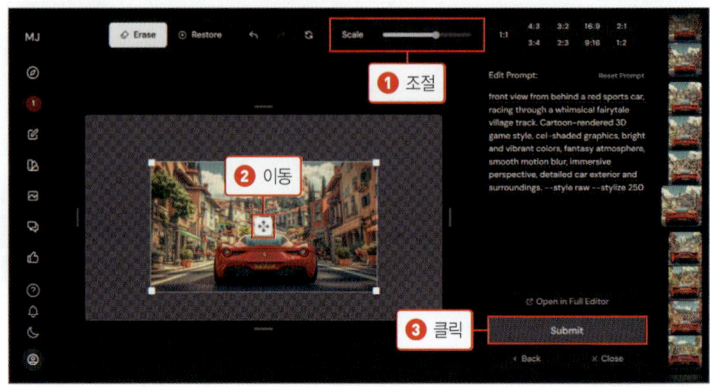

07 다음과 같이 4개의 확장된 결과물 표시되면 이 중 배경과 도록의 형태가 콘셉트에 가장 어울리는 이미지를 최종 선택합니다. 예제에서는 4번 이미지를 업스케일 하기 위해 선택하였습니다.

08 확장된 화면의 오른쪽에 있는 Creation Actions 항목에서 Upscale의 〈Create〉 버튼을 클릭하여 이미지를 업스케일합니다. 업스케일이 완료되면 '저장' 아이콘(⬇)을 클릭하여 이미지를 PC에 저장합니다.

TIP 기본 이미지와 확장 이미지를 AI 영상툴의 Image-to-Image 기능에 첫 프레임과 끝 프레임으로 넣으면, 줌 인이나 패닝처럼 자연스러운 움직임을 연출할 수 있습니다. 정적인 이미지를 영상처럼 활용할 수 있어 간단한 장면 전환이나 시점 확장에 효과적입니다.

03 드론 샷 게임 이미지 만들기를 활용하여 전체적인 느낌 보기

드론 샷은 공중에서 내려다보는 시점으로 게임의 넓은 맵이나 중요한 지형을 보여 주는 기법입니다. 이 방식은 게임 환경의 규모와 요소 간 관계를 강조하며, 사용자가 게임 세계를 더 잘 이해하고 분위기를 파악하도록 돕습니다. 자동차의 묘사를 줄이고, 다른 경쟁차들을 추가하여 시합의 긴장감과 경쟁적인 느낌을 더욱 강조했습니다.

01 미드저니 웹 버전에서 화면 상단에 있는 Imagine bar를 통해 작업을 시작합니다. 여기에서 공중에서 내려다보는 시점의 레이싱 게임 화면을 나타내는 프롬프트를 입력하고 '▶' 아이콘을 클릭하여 이미지를 생성합니다.

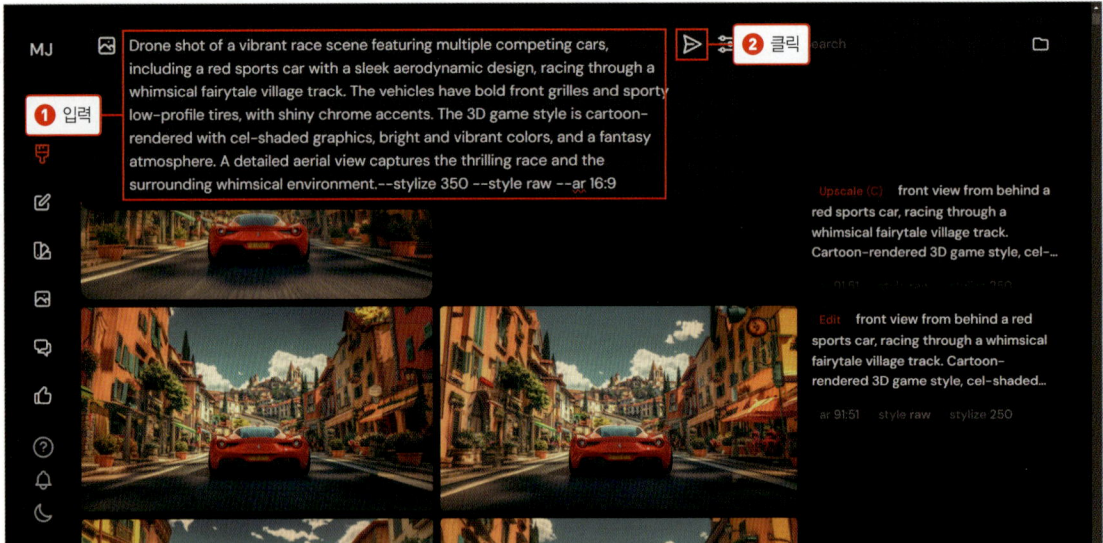

프롬프트
Drone shot from a rear angle, capturing a vibrant race scene featuring multiple competing cars, including a red sports car with a sleek aerodynamic design, racing through a whimsical fairytale village track. The vehicles have bold front grilles and sporty low-profile tires, with shiny chrome accents. The 3D game style is cartoon-rendered with cel-shaded graphics, bright and vibrant colors, and a fantasy atmosphere. A detailed aerial view captures the thrilling race and the surrounding whimsical environment --stylize 350 --style raw --ar 16:9

입력 팁
1. **Drone shot from a rear angle** : 고공에서 차량들의 움직임을 넓고 선명하게 보여 주는 기법입니다.
2. **Vibrant race scene featuring multiple competing cars** : 여러 경쟁 차량들이 함께 레이스를 펼치는 장면을 생동감 있게 묘사하며, 레이스의 긴박감과 속도감을 강조합니다.
3. **Red sports car with a sleek aerodynamic design** : 레드 스포츠카가 여전히 중심이 되는 차량으로, 다른 경쟁 차량들과 함께 레이스를 벌이는 설정입니다.
4. **Detailed aerial view captures the thrilling race and the surrounding whimsical environment** : 드론 샷의 특성을 잘 살려, 레이싱 트랙과 그 주변의 독특하고 환상적인 환경을 세밀하게 포착합니다.

TIP 이 프롬프트는 3인칭 시점에서 디테일한 스포츠카와 판타지 마을 배경을 중심으로, 밝고 활기찬 3D 카툰 스타일의 그래픽을 강조하며 차량의 외부 디자인과 판타지적인 분위기를 잘 살려 자동차와 판타지 배경이 조화를 이루도록 구성되었습니다.

02 설정한 프롬프트를 기반으로 이미지를 생성한 결과, 공중에서 차량의 뒤쪽을 바라보는 시점의 레이싱 게임 이미지가 4개 생성되었습니다. 이 중 프롬프트를 가장 잘 반영한 이미지를 선택하고 스타일을 변형하겠습니다. 예제에서는 공중에서 내려다보는 느낌이 잘 표현된 2번 이미지를 선택하였습니다.

03 확장된 화면의 오른쪽에 있는 Creation Actions 항목에서 Vary의 〈Strong〉 버튼을 클릭하여 기존 이미지의 스타일과 구성을 유지하면서 보다 강하게 변형된 새로운 이미지를 생성합니다.

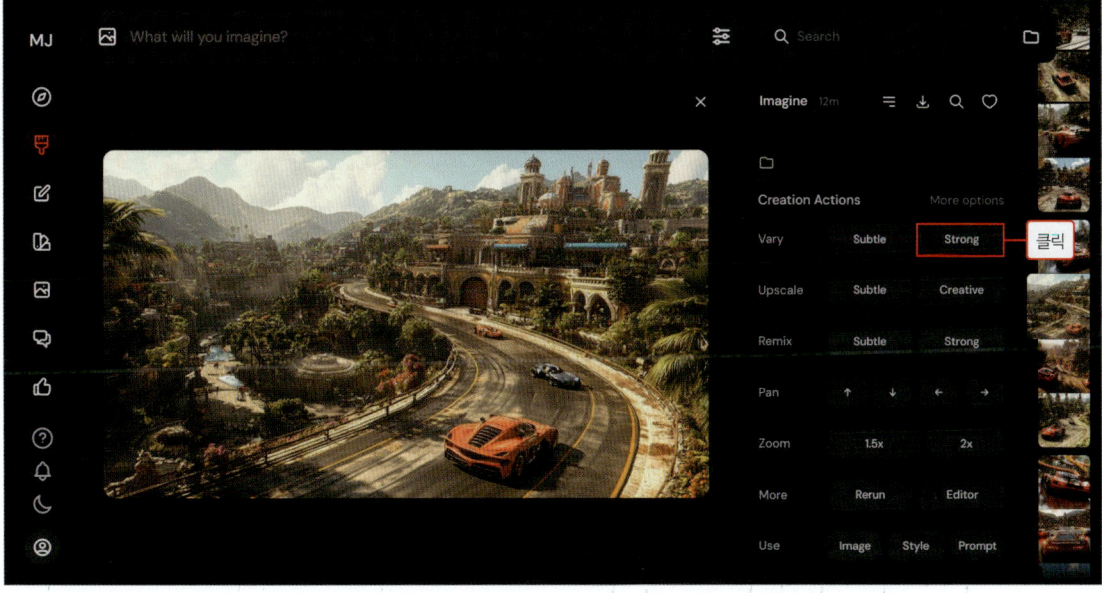

04 그림과 같이 4개의 확장된 결과물 표시됩니다. 각 이미지마다 배경과 레이싱카의 비율 및 구도가 조금씩 다르게 표현되었습니다. 이 중에서 가장 조화롭게 구성된 이미지를 선택합니다. 예제에서는 배경과 차량의 균형이 잘 맞는 1번 이미지를 선택하였습니다.

05 확장된 화면의 오른쪽에 있는 Creation Actions 항목에서 Upscale의 〈Creative〉 버튼을 클릭하여 이미지를 업스케일 합니다. 업스케일이 완료되면 '저장' 아이콘( )을 클릭하여 이미지를 PC에 저장합니다.

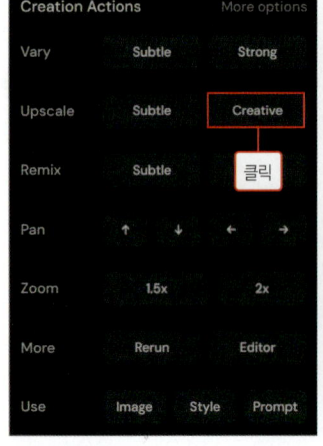 

SECTION 14

완성파일 : 04\레이싱경주용차_완성.png, 레이싱튜닝_완성.png

레이싱 게임의 꽃, 자동차 모델링&텍스처링하기

레이싱 게임에서 자동차 모델링과 텍스처링은 기본 형태를 만들고 디테일을 추가하는 과정입니다. UV 맵핑을 통해 텍스처를 적용하고, PBR 기법과 최적화된 텍스처 해상도로 재질과 마모 효과를 표현합니다. 바퀴 회전과 서스펜션 애니메이션으로 차량의 움직임을 구현하며, 폴리곤과 텍스처 최적화로 게임 성능을 개선합니다.

01 경주용 자동차 외형 구체화하여 생성하기

레이싱 게임에서는 주로 실제 경주용 자동차를 참고하거나 라이선스를 받아 그 특징을 반영하여 모델링 합니다. 이번에는 미드저니의 Describe 기능을 활용해 기존 레이싱카의 특성을 자동으로 프롬프트로 변환하여 생성해 보겠습니다.

01 먼저 프롬프트를 생성할 레퍼런스를 찾기 위해 구글 등의 웹브라우저에서 폭스바겐 사의 'New Beetle'을 검색합니다. 검색 결과로 나온 이미지를 확인하고 적합한 이미지를 선택하여 저장합니다. 이를 통해 해당 차량의 디자인을 바탕으로 모델링 작업에 필요한 구체적인 특징을 추출할 수 있습니다.

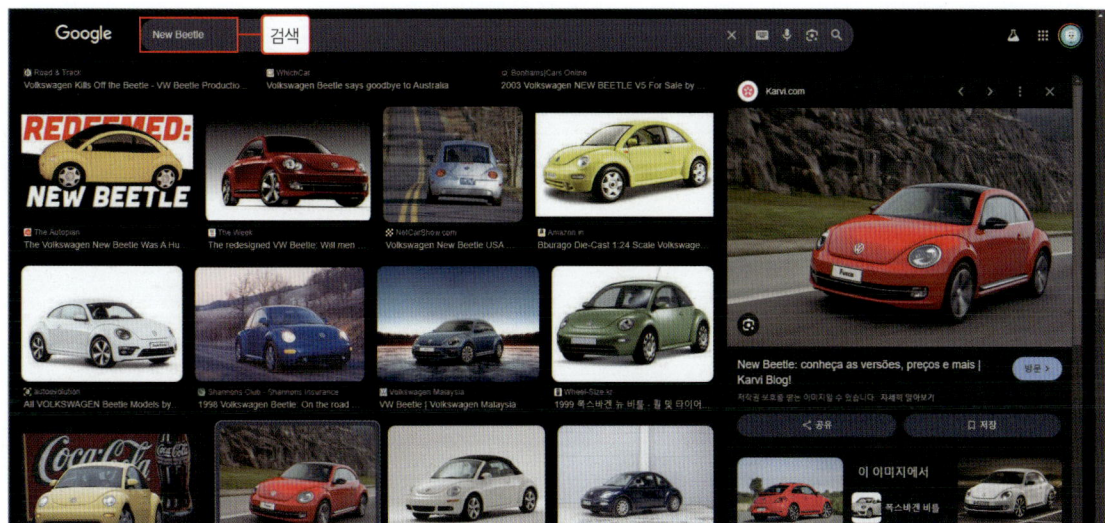

TIP 미드저니의 'Describe(묘사하다)' 기능은 이미지나 아이디어를 텍스트로 설명하는 기능으로, 사용자가 원하는 이미지를 생성할 수 있도록 돕는 도구입니다. 이 기능을 사용하면, 구체적인 이미지나 레퍼런스를 바탕으로 해당 이미지를 텍스트 형식으로 변환하여, 미드저니가 그 설명을 기반으로 새로운 이미지를 생성하게 할 수 있습니다.

02 미드저니 웹 버전에서 Imagine bar에서 'Add images to your prompt' 아이콘(🖼)을 클릭하고 표시되는 드롭 메뉴에서 'Choose a file or drop it here'를 클릭하여 저장한 자동차 레퍼런스 이미지를 불러옵니다. 해당 이미지에 마우스 커서를 위치해 표시되는 '🛈' 아이콘을 클릭합니다.

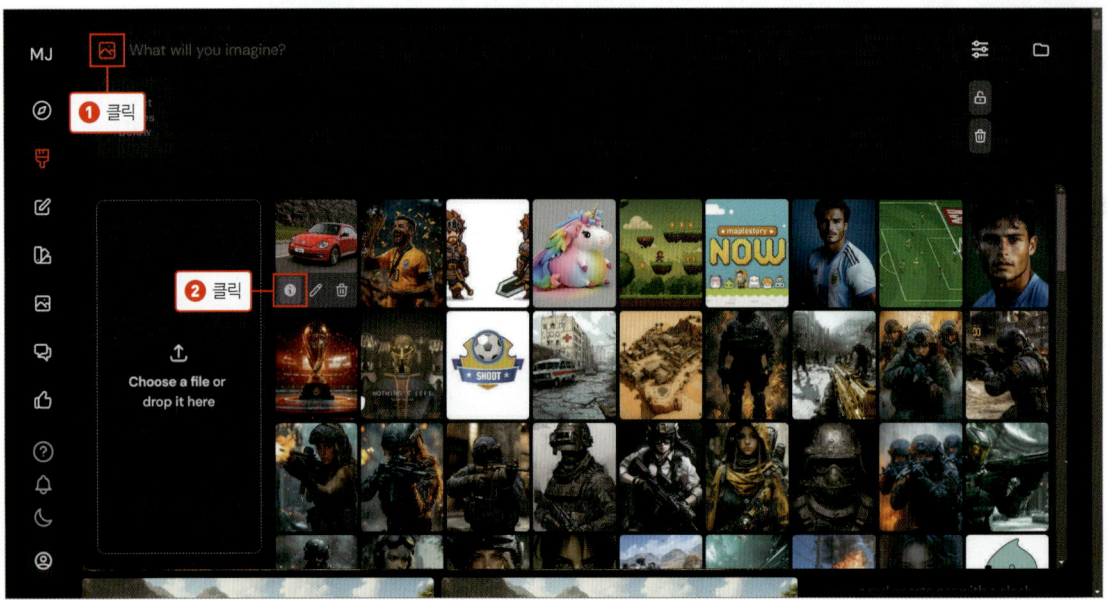

03 그림과 같이 Descriptors 항목에 해당 사진을 기반으로 생성할 수 있는 프롬프트 단어들이 자동으로 생성됩니다. 이 중에서 자동차를 생성할 수 있는 프롬프트를 클릭합니다.

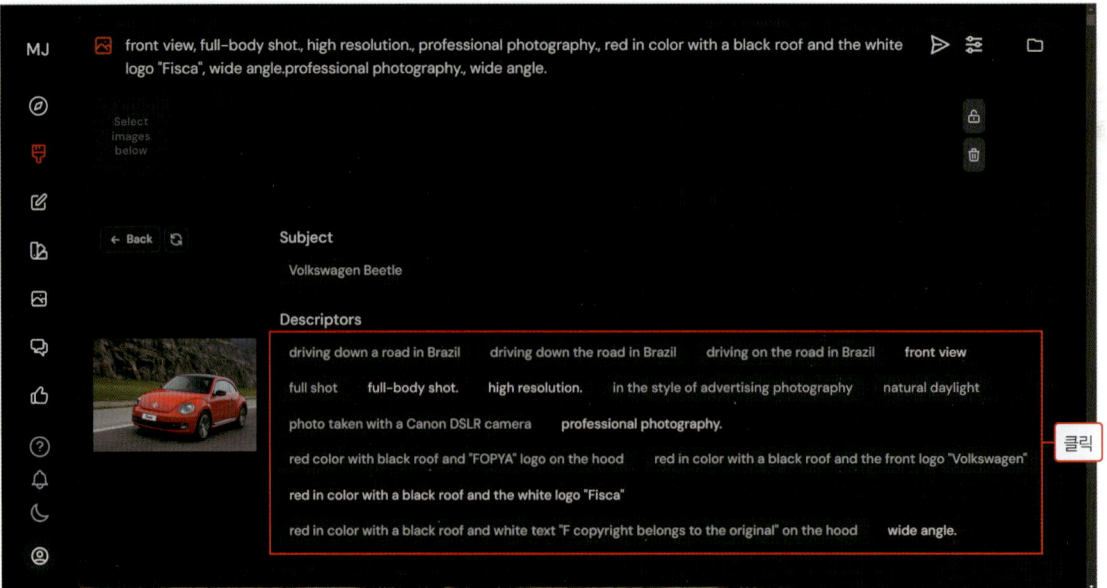

TIP 클릭한 프롬프트가 자동으로 등록되어 색상이 변경되며, 한 번 더 클릭하면 선택이 취소되어 삭제됩니다.

04 단어들을 조합하여 프롬프트를 작성하고, 추가적으로 필요한 단어를 입력하여 생성합니다. 예제에서는 형태를 생성하는 데에 필요 없는 부분을 수정하고, 게임 스타일과 자동차 세부 묘사를 추가하는 프롬프트를 작성하였습니다. 작성을 마치면 '▷' 아이콘을 클릭하여 이미지를 생성합니다.

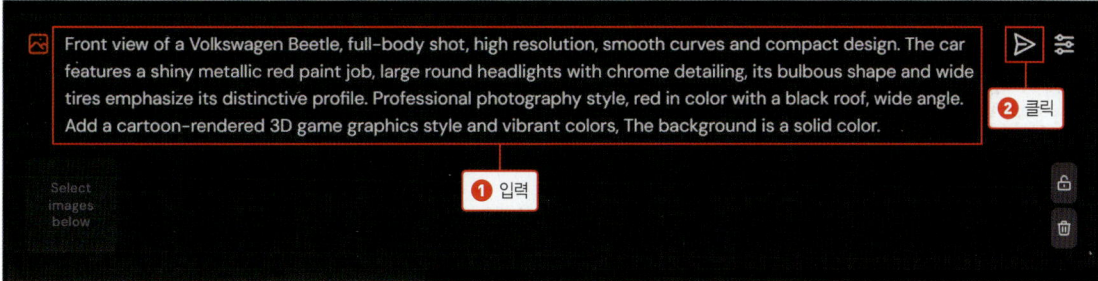

프롬프트
Front view of a Volkswagen Beetle, full-body shot, high resolution, smooth curves and compact design. The car features a shiny metallic red paint job, large round headlights with chrome detailing, its bulbous shape and wide tires emphasize its distinctive profile. Professional photography style, red in color with a black roof, wide angle. Add a cartoon-rendered 3D game graphics style and vibrant colors, The background is a solid color

입력 팁
1. **Front view of a Volkswagen Beetle, full-body shot** : 차체 전면과 전체적인 디자인을 정확하게 표현합니다.
2. **Smooth curves and compact design** : 차량의 부드러운 곡선과 컴팩트한 디자인을 상징적인(아이코닉) 스타일로 정확히 표현합니다.
3. **Large round headlights with chrome detailing** : 크고 둥근 헤드라이트와 크롬 디테일은 뉴비틀의 상징적인 디자인을 표현합니다.
4. **Bulbous shape and wide tires** : 둥글고 넓은 형태와 타이어는 뉴비틀의 독특한 외관을 강조합니다.
5. **Red in color with a black roof** : 붉은색 바디와 검은색 지붕 조합의 대비를 표현합니다.
6. **Cartoon-rendered 3D game style** : 게임 스타일을 강조하기 위해, 차량을 3D 만화 렌더링으로 변형합니다.
7. **The background is a solid color** : 복잡한 배경 없이 차량에 시선을 집중할 수 있습니다.

TIP 이 프롬프트는 폭스바겐 비틀의 독특한 디자인을 만화 스타일의 3D 그래픽으로 표현하고, 경쾌한 분위기를 강조합니다. 차의 세부 사항은 명확하게 전달되며, 단색 배경은 차에 집중할 수 있도록 돕습니다. 전체적으로 깔끔하고 현대적인 느낌을 유지하면서 게임 스타일을 강조합니다.

> **NOTE**
> **Describe 기능의 주요 특징**
> ❶ **이미지 기반 프롬프트 생성** : 사용자가 업로드한 이미지를 분석하여 해당 이미지의 스타일, 구도, 색상 등을 반영한 텍스트 프롬프트를 자동으로 생성합니다.
> ❷ **다양한 프롬프트 제안** : 하나의 이미지에 대해 여러 개의 프롬프트를 제안하여, 사용자가 원하는 스타일이나 구도에 맞는 프롬프트를 선택할 수 있습니다.
> ❸ **프롬프트 수정 및 조합 가능** : 생성된 프롬프트를 기반으로 사용자가 원하는 대로 수정하거나, 여러 프롬프트를 조합하여 새로운 이미지를 생성할 수 있습니다.

05 그림과 같이 딱정벌레 모양의 자동차 이미지가 4개 생성되었습니다. 베리에이션을 하기 위해 원하는 느낌과 형태 및 스타일에 가장 가깝게 생성된 이미지를 선택합니다. 예제에서는 스타일이 좋아 보이는 1번 이미지를 선택하였습니다.

06 확장된 화면의 오른쪽에 있는 Creation Actions 항목에서 Vary의 〈Strong〉 버튼을 클릭하여 기존 이미지의 스타일과 구성을 유지하면서 보다 강하게 변형된 새로운 이미지를 생성합니다.

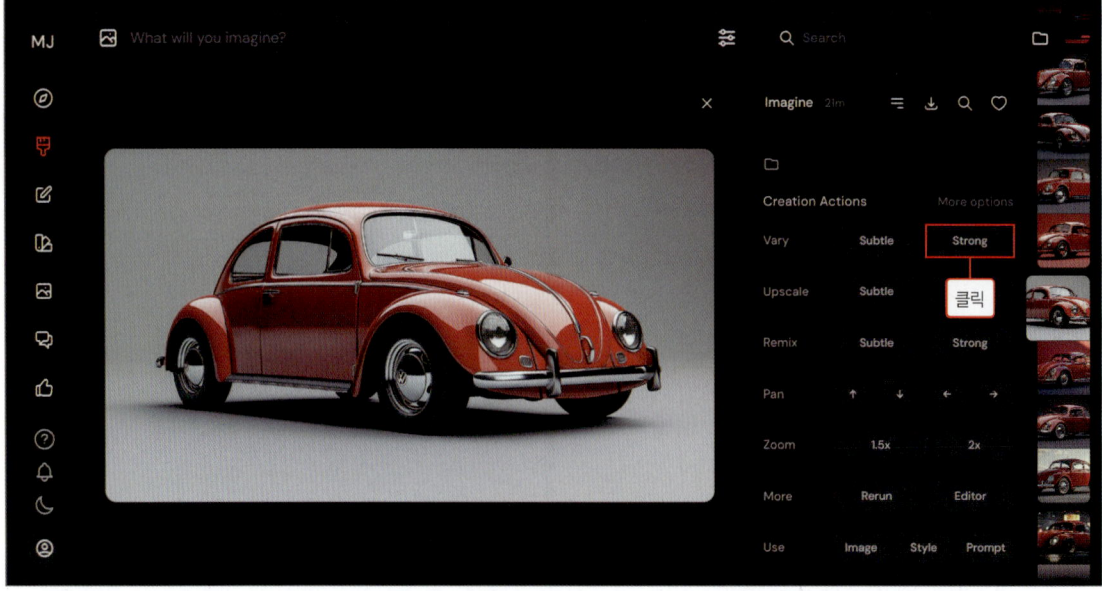

07 기본 외형을 유지한 채로 비슷한 스타일의 자동차 이미지가 4개 생성되었습니다. 이 중에서 콘셉트에 가장 잘 어울리는 이미지를 선택하여 가이드로 확정합니다. 예제에서는 클래식 자동차의 외형이 가장 잘 표현된 1번 이미지를 선택하였습니다.

08 확장된 화면의 오른쪽에 있는 Creation Actions 항목에서 Upscale의 〈Creative〉 버튼을 클릭하여 이미지를 업스케일 합니다. 업스케일이 완료되면 '저장' 아이콘(⬇)을 클릭하여 이미지를 PC에 저장합니다.

02 Editor를 활용하여 배경 이미지와 튜닝하기

미드저니의 Editor 기능을 사용하면 배경 색상을 변경하거나 특정 요소를 추가·제거하며, 스타일을 조정해 원하는 분위기의 이미지를 더욱 정교하게 다듬을 수 있습니다. 이를 통해 게임 배경이나 자동차 디자인을 보다 개성 있게 연출할 수 있습니다.

01 앞서 저장한 이미지를 활용하여 게임 속 스타일로 변형해 보겠습니다. 업스케일 된 이미지를 선택하고 생성된 화면의 오른쪽 메뉴에서 More 항목에 있는 〈Editor〉 버튼을 클릭합니다.

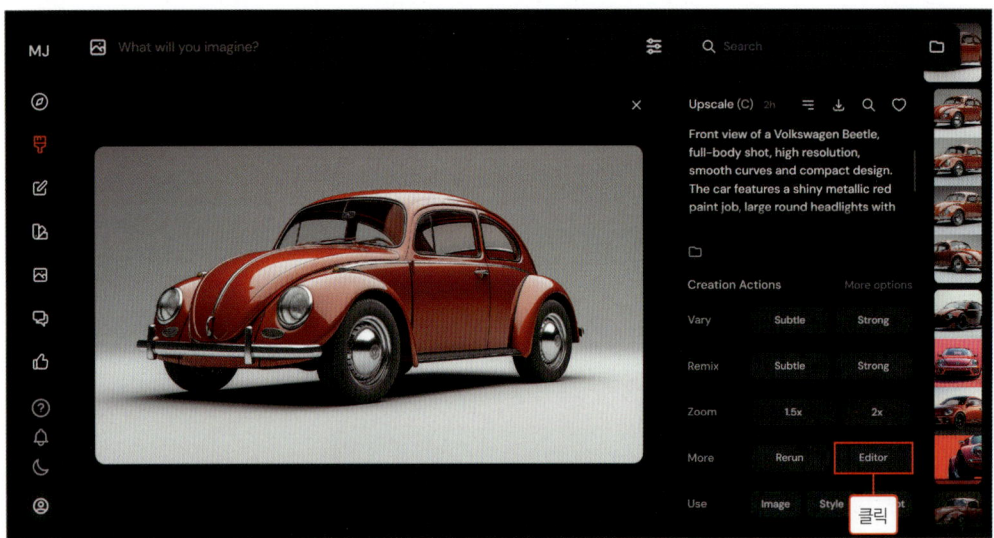

02 세밀한 수정 작업을 할 수 있는 공간이 제공되며, Erase 기능을 이용해 수정하고 싶은 부분을 브러시를 통해 칠하고 Edit Prompt에 변형될 내용의 프롬프트를 입력한 다음 〈Submit〉 버튼을 클릭합니다.

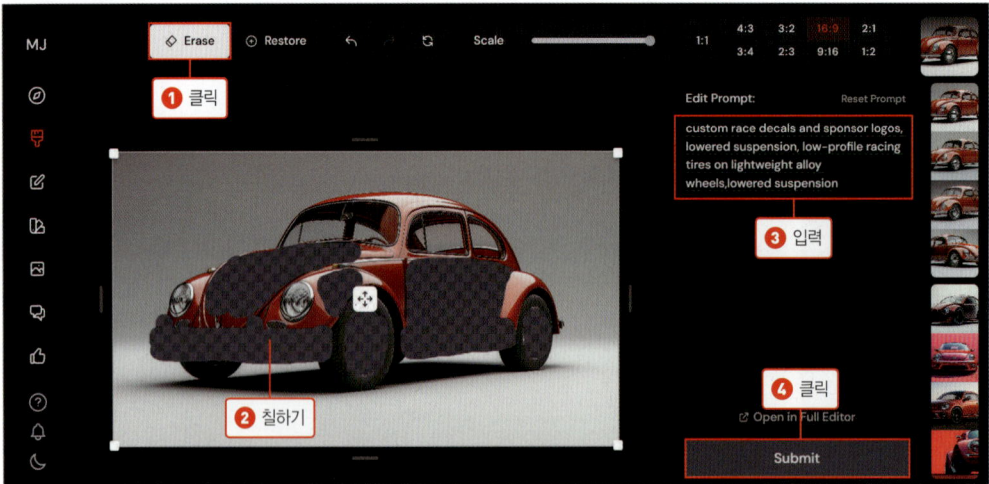

프롬프트 custom race decals and sponsor logos, lowered suspension, low-profile racing tires on lightweight alloy wheels, lowered suspension

입력 팁
1. custom race decals and sponsor logos : 차량의 브랜드 아이덴티티와 레이싱 감성을 강조합니다.
2. lowered suspension : 공기역학 성능과 핸들링을 개선하고 더 공격적인 외형을 연출합니다.
3. low-profile racing tires on lightweight alloy wheels : 접지력과 핸들링을 향상하고 레이싱에 적합한 경량 휠을 디자인합니다.

TIP 좀 더 외형적인 튜닝을 원하시면 바꿀 수 있는 부분을 하나씩 칠한 다음 적용하면 좀 더 원하는 모습으로 변형할 수 있습니다.

03 튜닝된 자동차 이미지가 4개 생성됩니다. 베리에이션을 하기 위해 원하는 느낌과 형태 및 스타일에 가장 가깝게 생성된 이미지에 커서를 위치하고 〈Vary Strong〉 버튼을 클릭합니다. 예제에서는 2번 이미지를 선택하였습니다.

04 변형된 모습에서 강하게 베리에이션 된 이미지가 4개 생성되어 브러시로 칠하지 않은 부분도 프롬프트가 적용되어 튜닝 되었습니다. 이 중에서 마음에 드는 이미지를 선택하거나 이미지를 추가로 생성하여 원하는 이미지를 얻습니다. 예제에서는 1번 이미지를 선택하였습니다.

05 같은 방법으로 이번에는 자동차 뒤로 배경을 추가하겠습니다. 이미지를 선택해 확장된 메뉴에서 More의 〈Editor〉 버튼을 클릭합니다.

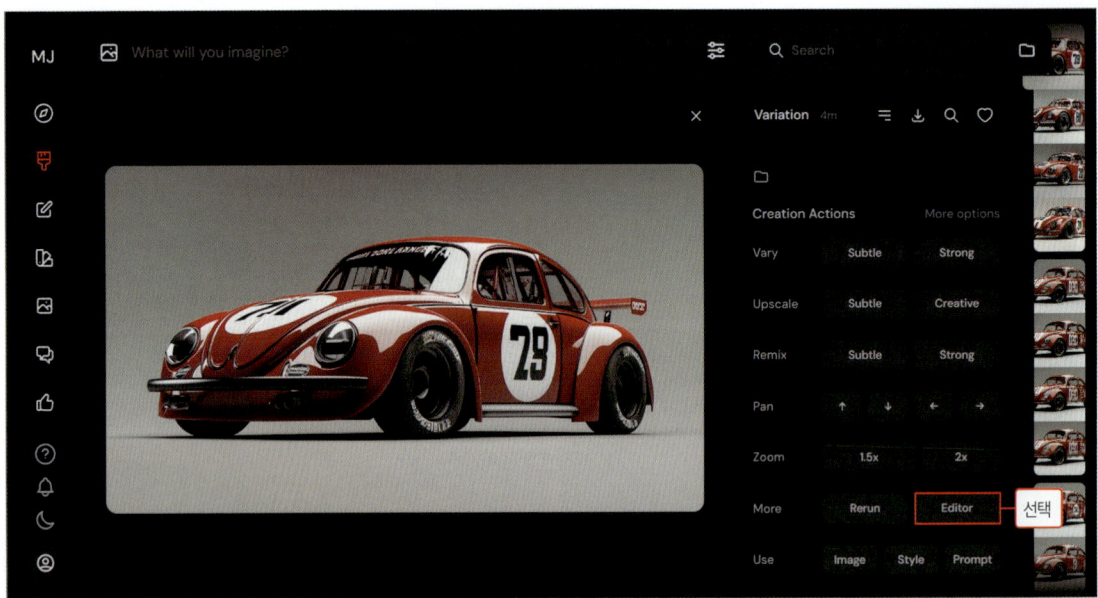

06 세밀한 수정 작업을 할 수 있는 공간 제공되면, Erase 기능을 이용해 배경의 선택적으로 칠하고 Edit Prompt에 변형될 내용의 프롬프트를 작성한 다음 〈Submit〉 버튼을 클릭합니다.

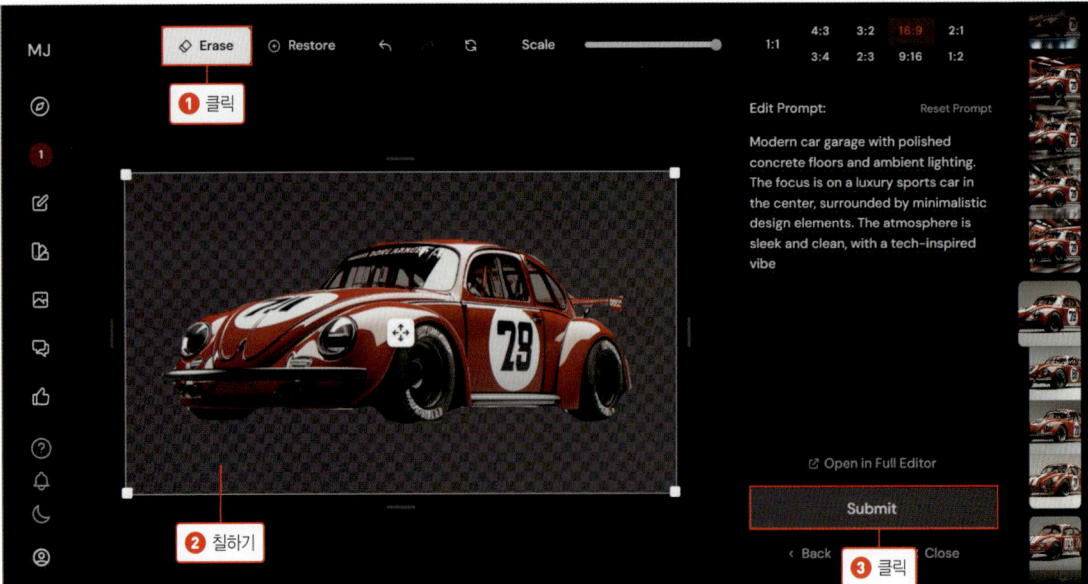

> **프롬프트**
> Modern car garage with polished concrete floors and ambient lighting. The focus is on a luxury sports car in the center, surrounded by minimalistic design elements. The atmosphere is sleek and clean, with a tech-inspired vibe

입력 팁
1. **Modern car garage** : 자동차 차고가 현대적인 스타일로 설정됩니다.
2. **Polished concrete floors** : 바닥은 매끄럽게 처리된 콘크리트로, 산업적이고 세련된 느낌입니다.
3. **Ambient lighting** : 분위기 조명은 공간의 전체적인 분위기를 생성합니다.
4. **Focus on a luxury sports car in the center** : 차고의 중심에는 고급 스포츠카가 배치되어 있어, 자동차가 주요 포인트로 강조됩니다.
5. **Surrounded by minimalistic design elements** : 주변은 최소화된 디자인 요소들로 구성되어 있어, 차고의 혼잡함을 없애고 자동차에 더욱 집중됩니다.
6. **Sleek and clean atmosphere** : 분위기는 세련되고 깔끔하며, 군더더기 없는 디자인입니다.

TIP 이 프롬프트는 모던한 자동차 차고의 디자인을 강조하며, 주로 세련된 분위기와 기술적인 느낌을 표현하고 있습니다.

TIP 마우스 휠을 사용하여 브러시 크기를 조절할 수 있으며, 처음에는 대략적으로 칠하고 넘친 부분은 Restore 기능을 이용해 선택을 해제할 수 있습니다.

07 모던한 자동차 차고 이미지가 4개 생성됩니다. 베리에이션을 하기 위해 원하는 느낌과 형태 및 스타일에 가장 가깝게 생성된 이미지에 커서를 위치하고 〈Vary Subtle〉 버튼을 클릭합니다. 예제에서는 3번 이미지를 선택하였습니다.

08 기본 구성을 유지하면서 약간의 변형이 적용된 이미지가 4개 생성되었습니다. 이 중에서 가장 조화롭게 구성된 이미지를 최종으로 선택합니다. 예제에서는 3번 이미지를 선택하였습니다.

09 확장된 화면의 오른쪽에 있는 Creation Actions 항목에서 Upscale의 〈Creative〉 버튼을 클릭하여 이미지를 업스케일 합니다. 업스케일이 완료되면 '저장' 아이콘( )을 클릭하여 이미지를 PC에 저장합니다.

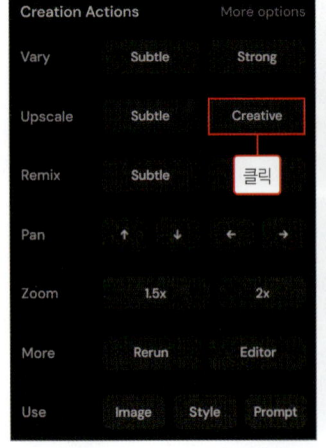

● 완성파일 : 04\레이싱사막_완성.png, 레이싱빙판_완성.png, 레이싱월드맵_완성.png

SECTION 15.
게임 배경 & 레이싱 트랙(Track) 생성하기

레이싱 게임에서 배경은 단순히 시각적인 요소 그 이상으로 중요한 역할을 합니다. 배경은 게임의 몰입감을 높이고, 사용자의 경험을 강화하며, 전체적인 분위기를 설정하는 데 큰 영향을 미칩니다. 다양한 환경이 제공하는 독특한 느낌은 게임을 더욱 다채롭고 흥미롭게 만들며, 이를 통해 난이도와 분위기를 자연스럽게 조절할 수 있습니다. 결국, 배경은 레이싱 게임에서 단순한 장식이 아니라, 게임을 더욱 풍부하고 몰입감 있게 만드는 핵심 요소로 작용합니다.

01 사막 환경(Desert Track) 맵 생성하기

사막 환경 맵은 포장된 아스팔트 도로와 급격한 커브, 모래 언덕, 가파른 언덕이 특징인 레이싱 트랙으로, 바위, 선인장, 모래 구덩이 등의 장애물이 있습니다. 나무 장벽, 체크포인트 깃발, 점프 경사로가 추가되어 도전적이며, 먼 산과 일몰 효과가 있는 사막 풍경을 배경으로 몰입감 있는 레이싱 경험을 제공합니다.

01 미드저니 웹 버전에서 화면 상단에 있는 Imagine bar를 통해 작업을 시작합니다. 여기에서 캐주얼 게임에 어울리는 스타일 프롬프트를 입력하고 '▶' 아이콘을 클릭하여 이미지를 생성합니다.

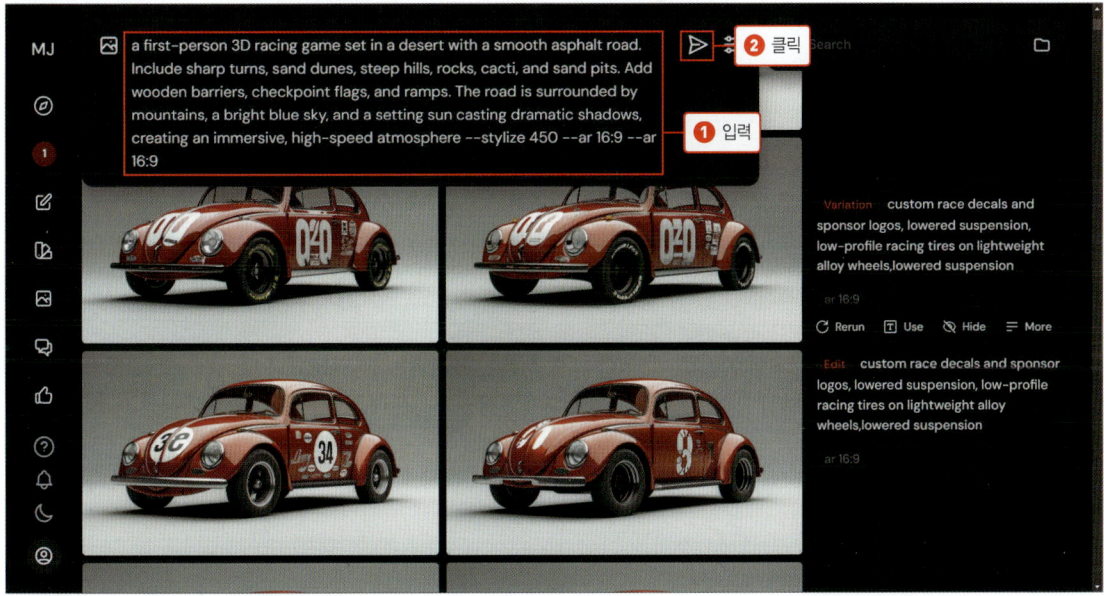

프롬프트   a first-person 3D racing game set in a desert with a smooth asphalt road. Include sharp turns, sand dunes, steep hills, rocks, cacti, and sand pits. Add wooden barriers, checkpoint flags, and

> ramps. The road is surrounded by mountains, a bright blue sky, and a setting sun casting dramatic shadows, creating an immersive, high-speed atmosphere --stylize 450 --ar 16:9

`입력 팁` 1. **First-person 3D Racing Game**: 게임을 사용자의 시각에서 진행하여 몰입감을 높이고 속도감을 강하게 느끼게 하며, 3D 스타일로 디자인되어 공간적 깊이와 사실감을 제공합니다.

2. **Desert with Smooth Asphalt Road**: 모래와 건조한 환경, 넓은 공간을 특징으로 하는 사막은 매끄러운 아스팔트 도로와 어우러져 빠른 주행을 위한 중요한 요소를 제공합니다.

3. **Sharp Turns, Sand Dunes, Steep Hills, Rocks, Cacti, Sand Pits**: 급격한 커브, 모래 언덕, 가파른 언덕은 트랙의 도전적인 특성을 강조하며, 바위, 선인장, 모래 구덩이와 같은 장애물은 사용자의 반응 속도와 기술을 시험하는 중요한 요소들입니다.

4. **Surrounded by Mountains, Bright Blue Sky, Setting Sun, Dramatic Shadows**: 먼 산과 푸른 하늘은 배경을 형성하고, 일몰은 조명과 그림자 효과로 분위기를 강화합니다.

TIP 이 프롬프트는 사막을 배경으로 한 3D 레이싱 게임 맵을 설계하는 것으로, 매끄러운 아스팔트 도로와 급격한 커브, 모래 언덕, 장애물(바위, 선인장 등)을 포함하여 도전적인 주행 환경을 제공합니다. 나무 장벽, 체크포인트, 점프 경사로 등의 오브젝트가 추가되어 게임 플레이를 더욱 흥미롭게 만듭니다.

02 그림과 같이 사막 콘셉트에 맞는 배경 이미지가 4개 생성되었습니다. 베리에이션을 하기 위해 원하는 느낌과 형태 및 스타일에 가장 가깝게 생성된 이미지를 선택합니다. 예제에서는 바닥이 비교적 잘 포장된 1번 이미지를 선택하였습니다.

TIP 여러 배경 이미지가 생성되었을 때는 가장 심플하고 명확한 구성을 가진 이미지를 우선 선택하는 것이 좋습니다. 길, 하늘, 지형 같은 주요 요소가 깔끔하게 구분되는 배경은 이후 캐릭터나 오브젝트를 배치할 때도 작업이 수월합니다. 또한, 최종적으로 만들고 싶은 분위기와 톤 앤 매너에 가장 가까운 이미지를 고르는 것이 중요합니다.

03 확장된 화면의 오른쪽에 있는 Creation Actions 항목에서 Vary의 〈Strong〉 버튼을 클릭하여 기존 이미지의 스타일과 구성을 유지하면서 보다 강하게 변형된 새로운 이미지를 생성합니다.

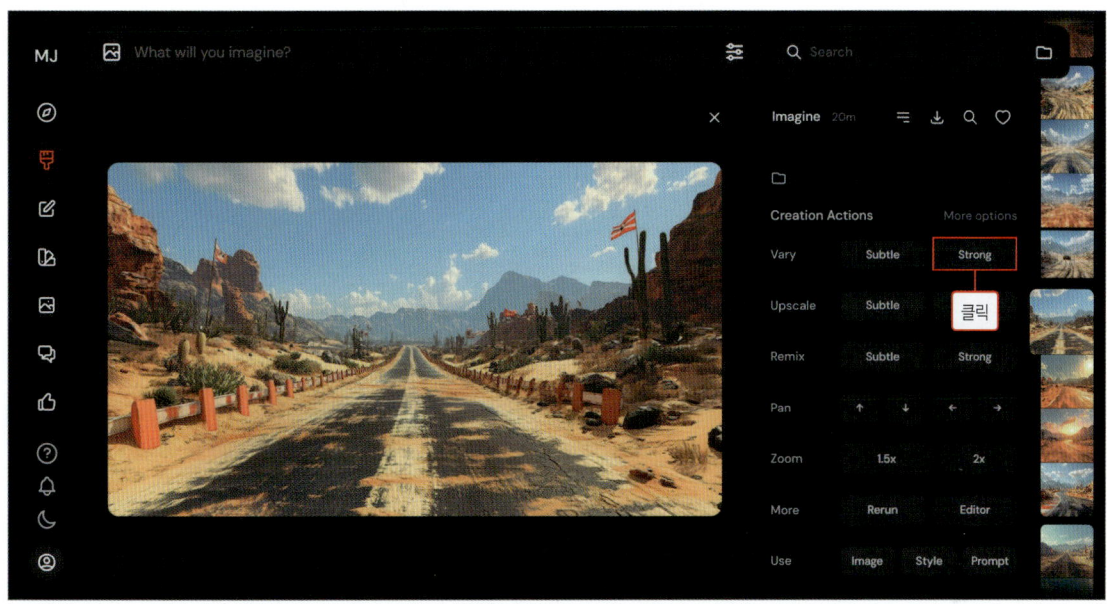

04 기본 구성을 유지하면서도 과감한 변형이 적용된 이미지가 4개 생성되었습니다. 가장 조화롭게 구성된 이미지를 최종으로 선택합니다. 예제에서는 레이싱 관련 오브젝트와 사막을 상징하는 요소가 풍부한 2번 이미지를 선택하였습니다.

05 확장된 화면의 오른쪽에 있는 Creation Actions 항목에서 Upscale의 〈Creative〉 버튼을 클릭하여 이미지를 업스케일 합니다. 업스케일이 완료되면 '저장' 아이콘(⬇)을 클릭하여 이미지를 PC에 저장합니다.

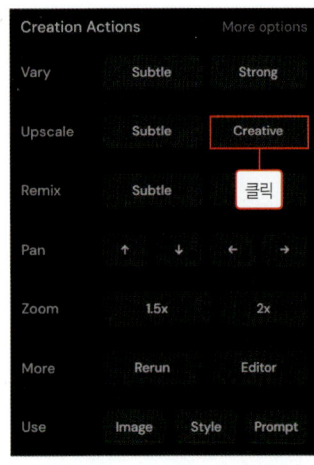 

02 빙판 환경(Snow/Ice Track) 맵 생성하기

빙판은 얼어붙은 도로와 눈 덮인 구간이 특징인 트랙입니다. 도로 위에 얼음이 덮여 미끄러지는 구간이 많아 빠른 속도를 유지하는 데 어려움을 주며, 눈보라나 빙판에 긁힌 자국 등 미끄러움을 유발하는 다양한 요소들이 사용자에게 지속적인 도전감을 선사합니다.

01 사막 프롬프트 구성을 그대로 유지하면서 빙판 환경을 생성할 수 있는 프롬프트로 변경해 이미지를 생성하겠습니다. 이때 챗GPT를 활용하면 편리하고 효과적으로 프롬프트를 수정할 수 있습니다. 다음과 같이 프롬프트를 입력하여 빙판 프롬프트를 얻습니다.

 (사막 프롬프트) 이 프롬프트를 빙판 환경으로 변경하되, 프롬프트의 구성은 그대로 유지해 줘.

 A first-person 3D racing game set in an icy landscape with a slick, frozen road. Include sharp turns, snow-covered hills, icy slopes, scattered rocks, frost-covered trees, and frozen patches. Add wooden barriers, checkpoint flags, and ramps. The road is surrounded by towering ice cliffs, a pale winter sky, and a low-hanging sun casting long, cold shadows, creating an immersive, high-speed atmosphere --ar 16:9 --style raw --stylize 250

TIP 이 프롬프트는 '얼어붙은 환경에서의 1인칭 3D 레이싱 게임'을 묘사하고 있으며, 주요 요소들이 어떻게 게임의 분위기와 도전적인 환경을 설정하는지를 강조합니다.

02 미드저니 웹 버전에서 화면 상단에 있는 Imagine bar를 통해 작업을 시작합니다. 여기에서 챗GPT를 통해 얻은 프롬프트를 입력하고 '▷' 아이콘을 클릭하여 이미지를 생성합니다.

> A first-person 3D racing game set in an icy landscape with a slick, frozen road. Include sharp turns, snow-covered hills, icy slopes, scattered rocks, frost-covered trees, and frozen patches. Add wooden barriers, checkpoint flags, and ramps. The road is surrounded by towering ice cliffs, a pale winter sky, and a low-hanging sun casting long, cold shadows, creating an immersive, high-speed atmosphere --ar 16:9 --style raw --stylize 250

❶ 입력 ❷ 클릭

입력 팁
1. **Icy landscape with a slick, frozen road** : 얼어붙은 환경을 설정하며, 미끄러운 도로가 게임의 도전적인 특성을 강조합니다.
2. **Include sharp turns, snow-covered hills, icy slopes** : 급격한 커브, 눈 덮인 언덕, 빙판 슬로프 등은 사용자에게 도전감을 주는 장애물을 표현합니다.
3. **Scattered rocks, frost-covered trees, and frozen patches** : 얼음과 눈의 덮인 환경에서 다양한 장애물이 배치됩니다.
4. **The road is surrounded by towering ice cliffs, a pale winter sky, and a low-hanging sun casting long, cold shadows** : 도로 주변은 웅장한 얼음 절벽과 차가운 겨울 하늘로 둘러싸여 있어 분위기를 더욱 차가운 느낌으로 설정합니다.

03 빙판 콘셉트에 맞는 4개의 배경 이미지가 생성된 후, 게임 콘셉트의 느낌과 스타일에 가장 가까운 이미지를 선택합니다. 예제에서는 오브젝트들이 잘 구성된 4번 이미지를 선택하여 베리에이션을 진행합니다.

선택

04 확장된 화면의 오른쪽에 있는 Creation Actions 항목에서 Vary의 〈Subtle〉 버튼을 클릭하여 기존 이미지의 스타일과 구성이 비교적 안전하게 변형된 이미지를 생성합니다.

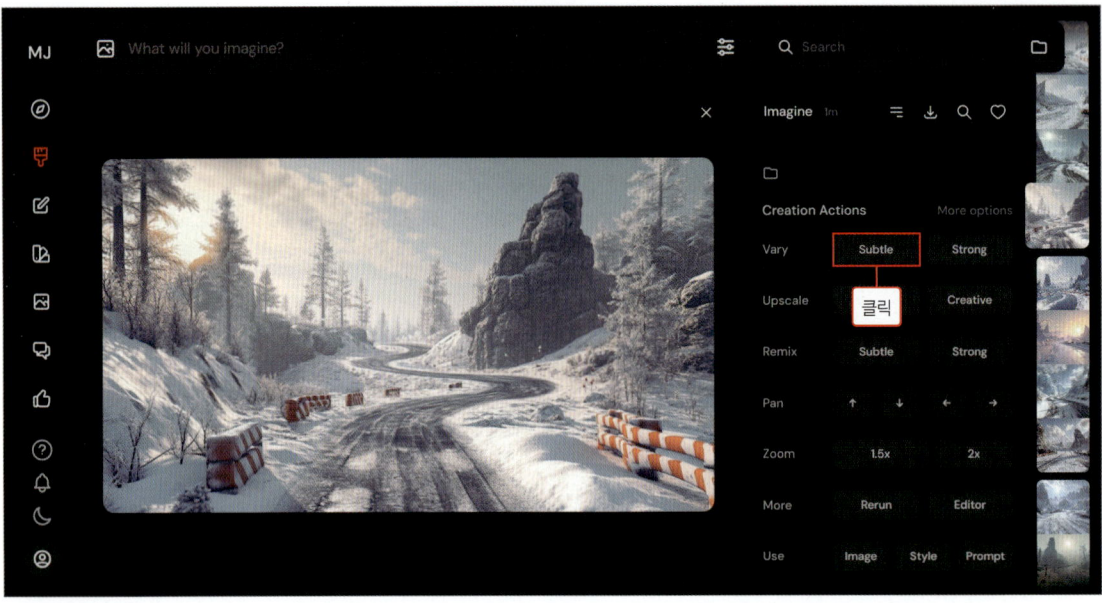

05 기본 외형을 유지한 채로 비슷한 스타일의 자동차 이미지가 4개 생성되었습니다. 이 중에서 콘셉트에 가장 잘 어울리는 이미지를 선택하여 최종으로 선택합니다. 예제에서는 레이싱 관련 오브젝트와 잘 어우러진 빙판길이 있는 2번 이미지를 선택하였습니다.

06 확장된 화면의 오른쪽에 있는 Creation Actions 항목에서 Upscale의 〈Creative〉 버튼을 클릭하여 이미지를 업스케일 합니다. 업스케일이 완료되면 '저장' 아이콘(⬇)을 클릭하여 이미지를 PC에 저장합니다.

03 도로와 지형을 설정하여 월드맵 구성하기

도로와 지형을 설정하여 월드맵 구성하기는 게임이나 시뮬레이션에서 사용자가 탐험하거나 주행할 수 있는 넓은 환경을 설계하는 작업입니다. 이 과정은 다양한 지형과 도로 조건을 고려하여, 게임 내에서의 이동과 상호작용을 자연스럽고 도전적으로 만드는 데 중점을 둡니다.

01 미드저니 웹 버전에서 화면 상단에 있는 Imagine bar를 통해 작업을 시작합니다. 여기에서 월드맵에 어울리는 스타일 프롬프트를 입력하고 '▶' 아이콘을 클릭하여 이미지를 생성합니다.

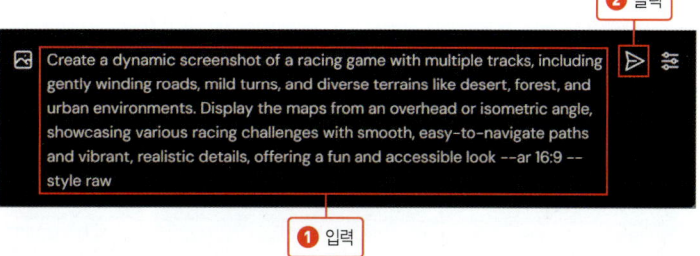

프롬프트 Create a dynamic screenshot of a racing game with multiple tracks, including gently winding roads, mild turns, and diverse terrains like desert, forest, and urban environments. Display the maps from an overhead or isometric angle, showcasing various racing challenges with smooth, easy-to-navigate paths and vibrant, realistic details, offering a fun and accessible look --ar 16:9 --style raw

입력 팁
1. **Multiple Tracks**: 여러 종류의 트랙을 포함하고 있어, 게임의 다양성을 강조합니다.
2. **Gentle Curves and Smooth Roads**: 트랙이 쉽고 직관적으로 설계되어, 접근성과 재미를 중시하는 디자인입니다.
3. **Diverse Terrains**: 사막, 숲, 도시 환경 등 여러 종류의 지형을 포함하여 게임의 다채로운 배경을 강조합니다.
4. **Overhead or Isometric View**: 트랙을 위에서 보거나 기울여서 보여 주는 시점으로, 게임 내의 레이싱 맵을 전반적으로 조망할 수 있는 시점입니다.
5. **Vibrant and Realistic Details**: 레이싱 맵의 세부묘사를 사실감 있게 표현하여, 게임의 몰입감을 높입니다.
6. **Fun and Accessible Feel**: 게임의 전체적인 느낌이 접근성이 좋고 재미있습니다.

TIP 이 프롬프트는 레이싱 게임의 다양한 트랙을 묘사하며, 난이도를 낮추는 방향으로 설정되었습니다. 목표는 쉬운 난이도의 레이싱 게임을 만들어, 다양한 환경을 경험하면서도 편안하게 즐길 수 있도록 하는 것입니다.

02 월드맵 콘셉트에 맞는 배경 이미지가 4개 생성되었습니다. 베리에이션을 하기 위해 게임 콘셉트의 느낌과 형태 및 스타일에 가장 가깝게 생성된 이미지에 커서를 위치하고 〈Vary Strong〉 버튼을 클릭합니다. 예제에서는 1번 이미지를 선택하였습니다.

03 맵의 구성을 유지하면서 여러 가지 스타일로 변형이 적용된 이미지가 4개 생성되었습니다. 이미지를 좀 더 확장하기 위해 확장할 이미지를 선택합니다. 예제에서는 레이싱 관련 오브젝트와 잘 어우러진 4번 이미지를 선택하였습니다.

04 확장된 화면의 오른쪽에 있는 Creation Actions 항목에서 Zoom의 〈2x〉 버튼을 클릭합니다.

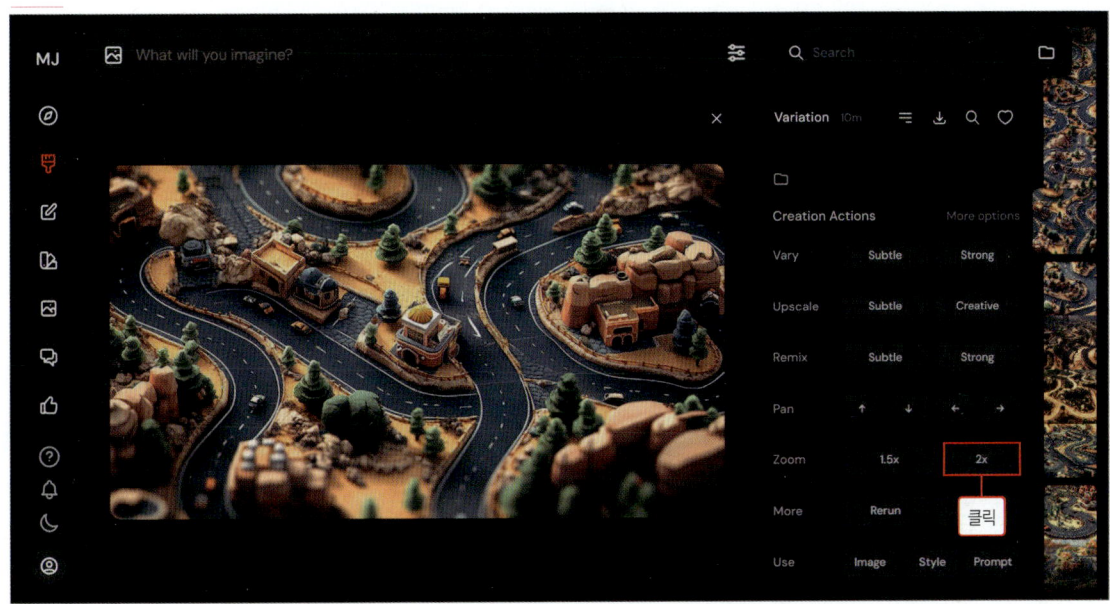

TIP Zoom의 〈2x〉 버튼은 이미지의 해상도를 2배로 확대하는 기능을 의미합니다. 이 옵션을 사용하면 이미지의 디테일을 더 선명하게 볼 수 있으며, 더 큰 해상도로 이미지를 생성하여 세부적인 부분을 더 잘 표현할 수 있습니다. 보통 이미지를 더 크고 상세하게 생성하고 싶을 때 유용하게 사용됩니다.

05 선택한 이미지를 중심으로 해상도가 두 배 확대된 이미지가 4개 생성되었습니다. 마찬가지로 각각의 이미지는 맵을 구성하는데, 참고용으로 사용할 수 있으므로 예제에서는 3번 이미지를 선택하고 마무리합니다.

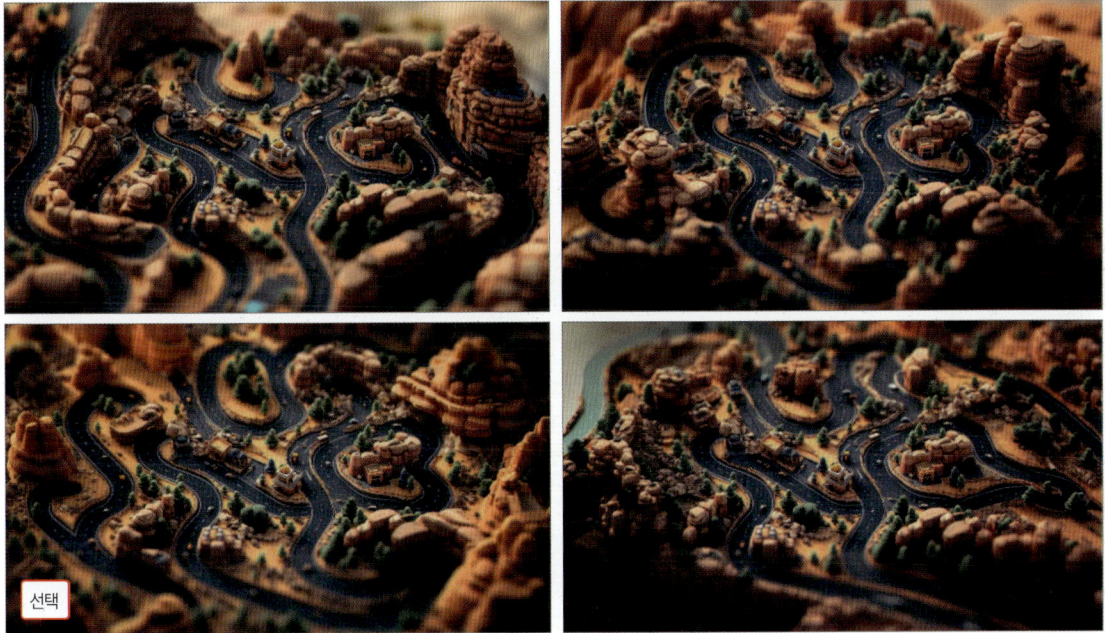

06 확장된 화면의 오른쪽에 있는 Creation Actions 항목에서 Upscale의 〈Creative〉 버튼을 클릭하여 이미지를 업스케일합니다. 업스케일이 완료되면 '저장' 아이콘( )을 클릭하여 이미지를 PC에 저장합니다.

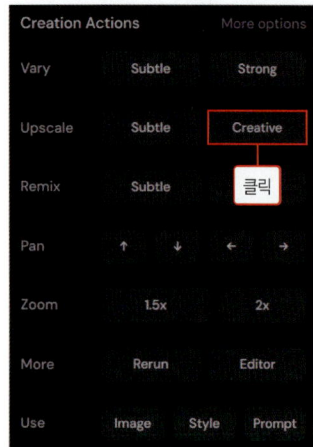 

> **NOTE**
>
> **레이싱 트랙 배경 생성 시 필요한 팁**
>
> ❶ **트랙 흐름을 명확하게 표현하기** : 트랙의 시작과 끝, 커브, 직선 구간이 한눈에 들어올 수 있도록 구성하세요. 너무 복잡하거나 길만 비슷하게 보여서 흐름이 읽히지 않으면 주행 이미지로 활용하기 어렵습니다.
>
> ❷ **장애물이나 오브젝트 배치 고려하기** : 배경을 생성할 때 트랙 주변에 자연스럽게 배치할 수 있는 오브젝트(가드레일, 나무, 표지판 등)를 함께 상상해 두면 확장 작업이 쉬워집니다.
>
> ❸ **지형과 트랙을 조화롭게 연결하기** : 단순히 트랙만 배치하는 것보다, 주변의 지형(언덕, 계곡, 사막, 숲 등)과 자연스럽게 연결되게 설계하면 현실감과 몰입도가 올라갑니다.
>
> ❹ **카메라 앵글을 신경 쓰기** : 위에서 내려다보는 '탑 뷰' 또는 살짝 기울어진 '아이소메트릭' 뷰로 설정하면 전체 트랙의 흐름과 배경을 동시에 보여 주기 좋습니다.

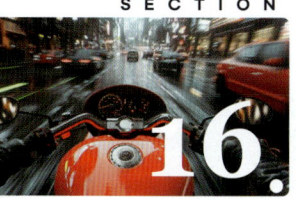

SECTION 16.

완성파일 : 04\레이싱경주오토바이_완성.png, 레이싱드래프트_완성.png, 레이싱영상1~2_완성.mp4

1인칭 레이싱 게임 영상 제작하기

1인칭 레이싱 게임 AI 영상 제작은 게임 홍보, 콘텐츠 제작, 개발 효율성 향상 등 여러 측면에서 중요한 역할을 합니다. AI가 자동으로 역동적인 레이싱 장면을 생성하면, 게임 사는 보다 빠르고 비용 효율적으로 트레일러나 마케팅 영상을 제작할 수 있어 출시 전 기대감을 높이고, 사용자들에게 생동감 넘치는 경험을 제공합니다.

01 속도감 있는 경주용 오토바이 연출 생성하기

이번 과정은 경주용 오토바이가 빠르게 질주하는 장면을 시각적으로 강조하여 박진감 넘치는 느낌을 전달하는 것입니다. 이를 위해 모션 블러, 속도선, 낮은 카메라 앵글, 배경 흐림, 강한 대비, 동적인 물리 효과 등을 활용하여 자연스럽고 역동적인 속도감을 연출합니다. 예제를 시작하기 전에 속도감을 주는 프롬프트를 살펴보겠습니다.

❶ **모션 블러(Motion Blur)** : 빠르게 움직이는 객체나 배경에 모션 블러를 적용하면 속도감을 크게 느낄 수 있습니다. 이 효과는 물체가 빠르게 움직일 때, 그 뒤로 흐릿한 흔적을 남겨 속도를 시각적으로 강조합니다.

❷ **경로의 굴곡과 왜곡(Path Curves&Distortion)** : 차량이나 인물이 빠르게 회전하거나 급하게 움직일 때, 경로에 왜곡을 주거나 곡선을 강조하면 속도감을 증대시킬 수 있습니다.

❸ **속도선(Speed Lines)** : 물체나 카메라 이동 경로를 따라 속도 선(빨리 지나가는 물체의 선)을 추가하면 물체의 빠른 이동을 시각적으로 강화할 수 있습니다. 특히 자동차나 비행기와 같은 빠른 물체에 자주 사용됩니다.

❹ **카메라 앵글과 시점(Camera Angle&Perspective)** : 낮고 빠르게 달리는 차량을 따라가는 낮은 카메라 앵글이나, 공중에서 내려다보는 시점은 더 큰 속도감을 전달할 수 있습니다. 경로에 집중할 수 있게 하는 시점 변화도 효과적입니다.

❺ **배경의 흐림과 압축(Background Blur&Compression)** : 배경을 흐리게 하거나 압축 효과를 주면, 이동하는 물체와 배경의 대비가 강조되어 속도감이 느껴집니다. 특히 좁은 도로에서 빠르게 지나갈 때 효과적입니다.

❻ **색상과 대비(Colors&Contrast)** : 빠르게 움직이는 물체와 배경을 구분하기 위해 색상을 대비 있게 설정하거나, 물체에 좀 더 밝은색을 적용하면 속도감을 강조할 수 있습니다.

❼ **동적인 물리적 반응(Dynamic Physical Reactions)** : 차량이나 인물이 빠르게 움직일 때 도로에 남기는 흔적, 먼지, 타이어 자국 등을 추가하면 속도감이 더 자연스럽고 강렬하게 전달됩니다.

01 미드저니 웹 버전에서 화면 상단에 있는 Imagine bar에 월드맵과 어울리는 스타일의 프롬프트를 입력하고 '▶' 아이콘을 클릭하여 이미지를 생성합니다.

> **프롬프트**
> A first-person view from a red motorbike in a 3D street racing game, speeding through traffic with cars and other vehicles on both sides of the road. Motion blur and dynamic speed lines enhance the sense of velocity, while slight camera shake adds realism. Green streaks highlight acceleration, and the mirrors on the handlebars reflect the chaotic road behind. The background features slightly blurred buildings and streaked lights, with a vivid sky emphasizing the high-speed atmosphere --ar 16:9 --style raw --styllize 250

입력 팁
1. **A first-person view from a red motorbike** : 1인칭 시점, 사용자가 직접 오토바이를 운전하는 느낌을 강조합니다.
2. **Motion blur and dynamic speed lines enhance the sense of velocity** : 모션 블러와 속도 선을 활용해 빠른 움직임을 강조합니다.
3. **while slight camera shake adds realism** : 카메라 흔들림으로 속도감과 긴장감을 증가합니다.
4. **Green streaks highlight acceleration** : 녹색 가속 효과로 속도가 증가하는 시각적 연출을 추가합니다.
5. **The background features slightly blurred buildings and streaked lights** : 건물과 조명 잔상 효과(빛의 흔적) 추가로 빠른 이동을 연출합니다.

TIP 이 프롬프트는 3D 스트리트 레이싱 게임의 1인칭 시점에서 속도감과 몰입감을 극대화한 장면을 묘사합니다. 모션 블러, 속도선, 카메라 흔들림, 녹색 가속 효과, 사이드 미러 반사를 활용하며, 흐릿한 건물과 빛의 잔상 효과로 빠른 주행감을 강조합니다.

02 경주용 오토바이가 도로를 속도감 있게 질주하는 이미지가 4개 생성되었습니다. 속도감과 오토바이의 외형이 잘 표현된 이미지를 선택합니다. 예제에서는 3번 이미지를 선택하였습니다.

03 확장된 화면의 오른쪽에 있는 Creation Actions 항목에서 Vary의 〈Subtle〉 버튼을 클릭하여 기존 이미지의 스타일과 구성을 비교적 안전하게 변형해 새로운 이미지를 생성합니다.

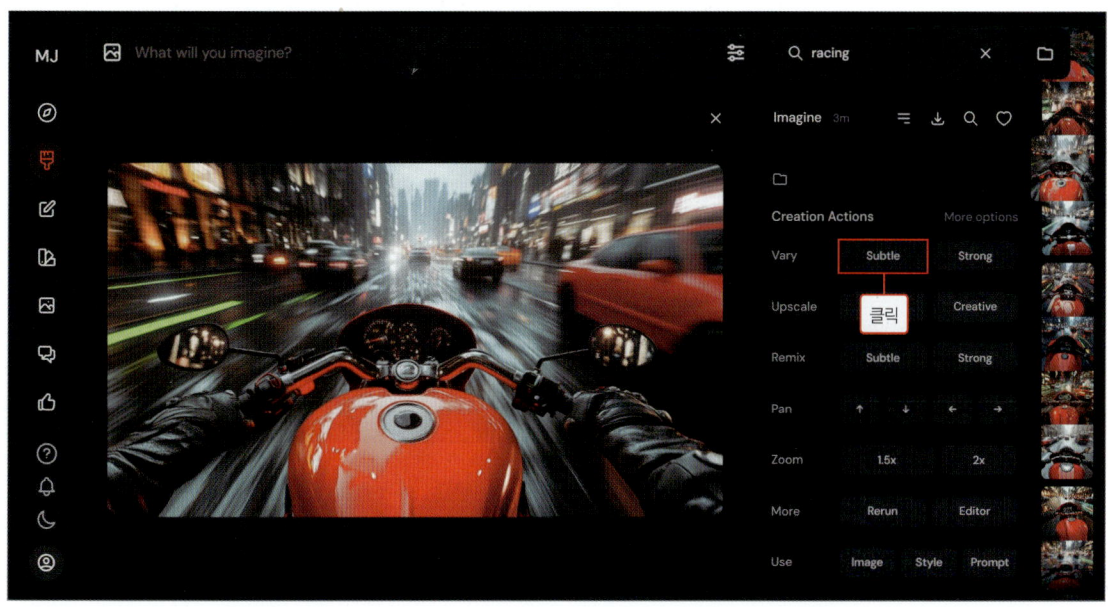

04 기본 외형을 유지한 채로 비슷한 스타일의 이미지가 4개 생성되었습니다. 이 중에서 콘셉트에 가장 잘 어울리는 이미지를 선택하여 최종으로 확정합니다. 예제에서는 스타일이 잘 표현된 2번 이미지를 선택하였습니다.

05 확장된 화면의 오른쪽에 있는 Creation Actions 항목에서 Upscale의 〈Creative〉 버튼을 클릭하여 이미지를 업스케일 합니다. 업스케일이 완료되면 '저장' 아이콘( )을 클릭하여 이미지를 PC에 저장합니다.

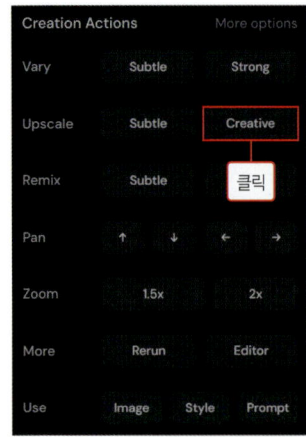

02 레이싱 중 드래프트 장면 연출하기

드래프트(Draft)는 레이싱 게임에서 차량이 앞차의 뒤를 따라가면서 공기 저항을 줄이고 속도를 증가시키는 기술입니다. 이를 통해 차량은 앞차를 빠르게 추월하거나, 더 빠르게 주행할 수 있는 기회를 얻습니다. 드래프트는 경쟁적 우위를 점하기 위한 전략적 요소로, 게임 내에서는 속도 향상 효과와 함께 추월 또는 방어의 중요한 기술로 사용됩니다.

01 드래프트 기술은 만화적 연출을 활용하면 더욱 돋보이므로, 이번에는 스타일리시한 느낌의 그래픽을 생성하겠습니다. 미드저니 웹 버전의 Imagine bar에 스타일 및 장면 묘사를 나타내는 프롬프트를 입력하고 ' ' 아이콘을 클릭합니다.

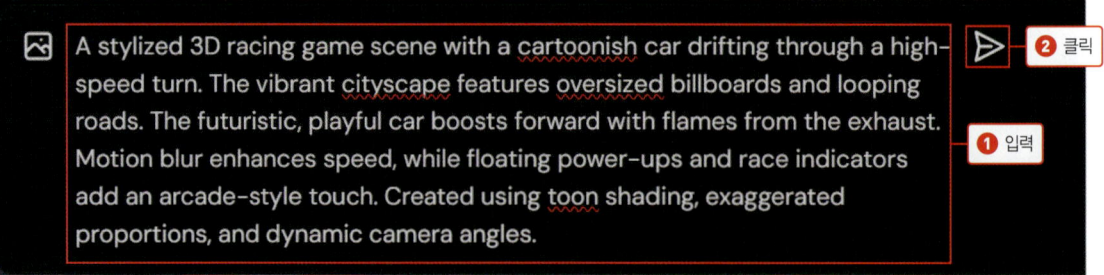

프롬프트 A stylized 3D racing game scene with a cartoonish car drifting through a high-speed turn. The vibrant cityscape features oversized billboards and looping roads. The futuristic, playful car boosts forward with flames from the exhaust. Motion blur enhances speed, while floating power-ups and race indicators add an arcade-style touch. Created using toon shading, exaggerated proportions, and dynamic camera angles

> **입력팁** 1. **A stylized 3D racing game scene** : 스타일리시한 3D 레이싱 게임 장면으로, 게임의 시각적 요소가 중요한 역할을 하는 장면입니다.
> 2. **cartoonish car drifting through a high-speed turn** : 만화적 스타일의 차가 고속으로 드리프트하는 장면을 강조하여, 동적인 액션과 유머를 표현합니다.
> 3. **boosts forward with flames from the exhaust** : 차량의 배기구에서 나오는 불꽃은 차량이 속도를 높여가는 장면을 시각적으로 강조해 속도감을 연출합니다.
> 4. **Motion blur enhances speed** : 모션 블러 효과를 사용해 빠른 속도감을 강조합니다.
> 5. **floating power-ups and race indicators** : 부유하는 파워업 아이템과 레이스 지시자는 게임의 재미와 도전 요소를 추가하며, 아케이드 스타일의 분위기를 더합니다.

TIP 이 프롬프트는 만화처럼 스타일리시하고 아케이드 느낌을 강조하며, 빠른 속도와 동적인 액션을 통해 사용자에게 재미있는 게임 경험을 제공합니다. 과장된 캐릭터 비율과 툰 셰이딩이 게임만의 독특한 스타일을 만들어 내고, 속도감과 재미있는 요소들이 시각적으로 잘 표현됩니다.

02 카툰 스타일의 드래프트 하는 자동차 이미지가 4개 생성되었습니다. 이 중에서 속도감과 오토바이의 외형이 잘 표현된 이미지를 선택합니다. 예제에서는 노란색 스포츠카가 돋보여 2번 이미지를 선택하였습니다.

TIP 리믹스 과정을 거치기 전, 해당 과정에서 선택한 자동차 앞면의 이미지를 업스케일하여 저장해주세요. 이후 영상 제작시 활용됩니다.

03 확장된 화면에서 이미지의 뒷모습을 생성하기 위해 리믹스(Remix) 기능을 사용하겠습니다. 오른쪽에 있는 Creation Actions 항목에서 Remix의 〈Strong〉 버튼을 클릭하고 프롬프트 입력창에 'Viewed from behind'를 입력한 다음 '▶' 아이콘을 클릭합니다.

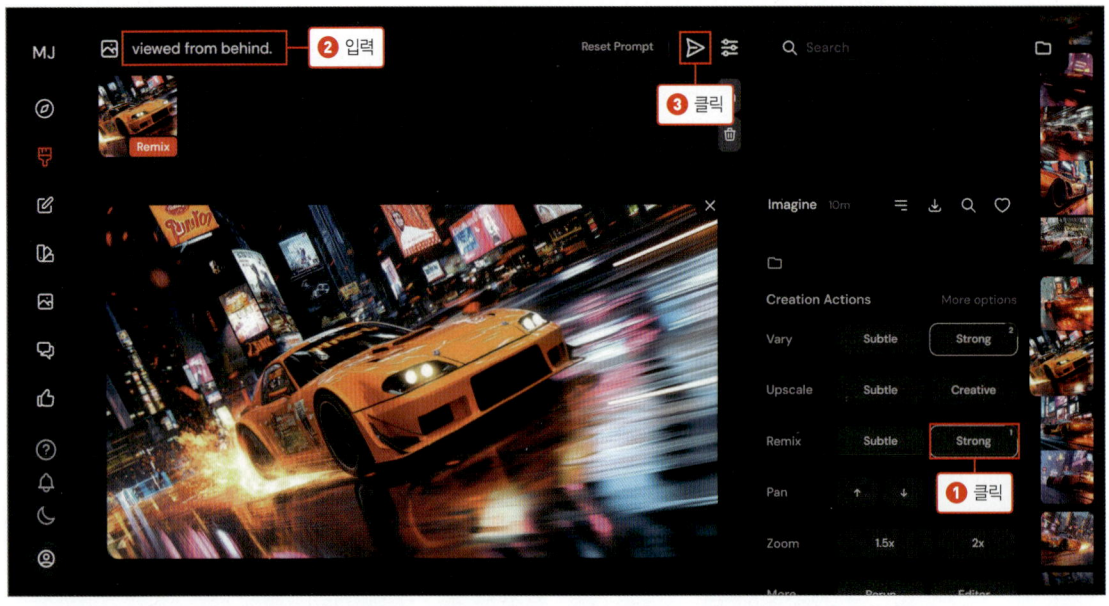

04 선택한 이미지에서 뒷모습 시점의 자동차 이미지가 4개 생성되었습니다. 속도감과 이펙트가 잘 표현된 이미지를 선택합니다. 예제에서는 1번 이미지를 선택하였습니다.

TIP 클링 AI에서 첫 장면과 마지막 장면으로 영상을 만들 때는 시작과 종료 이미지 사이의 흐름을 명확히 설정하는 것이 중요합니다. 예를 들어, '출발선에 선 레이싱카'와 '결승선을 통과하는 레이싱카'처럼 자연스러운 연결을 고려해야 합니다.

05 확장된 화면의 오른쪽에 있는 Creation Actions 항목에서 Upscale의 〈Creative〉 버튼을 클릭하여 이미지를 업스케일 하고 '저장' 아이콘(⬇)을 클릭하여 이미지를 PC에 저장합니다.

TIP 미드저니의 Remix 기능은 기존 이미지의 구도나 내용을 유지한 채, 프롬프트를 변경하여 새로운 변형 이미지를 생성할 수 있는 기능으로, 동일한 구조 속에서 스타일, 색감, 개별 요소를 자유롭게 조절하고 싶을 때 유용하게 활용됩니다.

03 클링 AI로 오토바이 영상 작업하기

미드저니에서 생성한 오토바이 레이싱 주행 이미지를 활용하여 실제로 주행하는 듯한 역동적인 영상을 제작하겠습니다. 이를 위해 이미지 시퀀스를 기반으로 모션 및 애니메이션 기법을 적용하여 자연스럽고 현실감 있는 주행 연출을 구현할 예정입니다.

01 웹브라우저에서 'klingai.com'를 입력하여 클링 AI 사이트에 접속하고 로그인한 다음 'Video'를 클릭합니다.

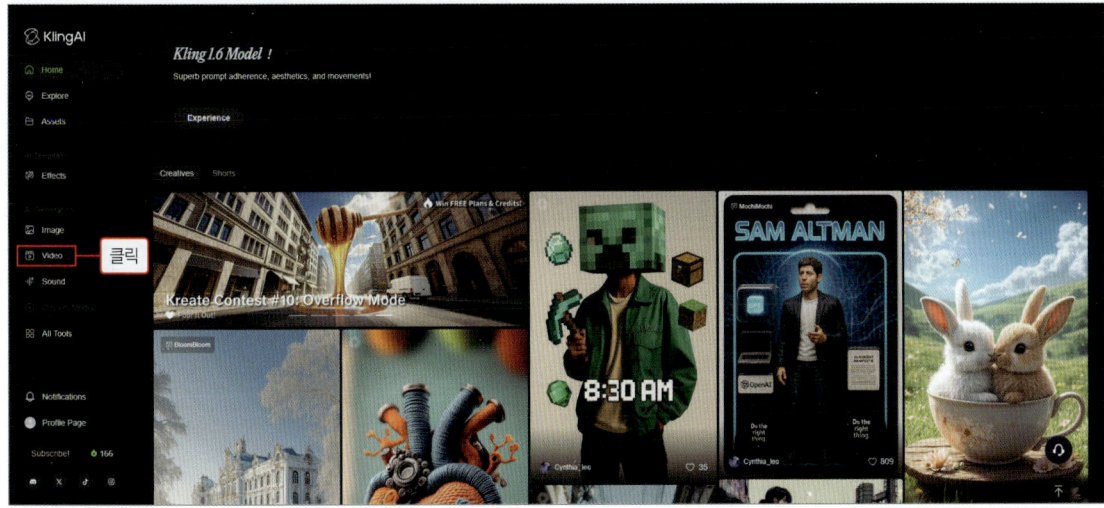

02 그림과 같이 작업 화면이 변경됩니다. 이 작업화면에서 이미지를 업로드하고, 업로드한 이미지를 움직이는 영상으로 변환할 수 있습니다. 영상을 제작하기 위해 'Click/Drop/Past'를 클릭하여 오토바이 이미지를 불러옵니다.

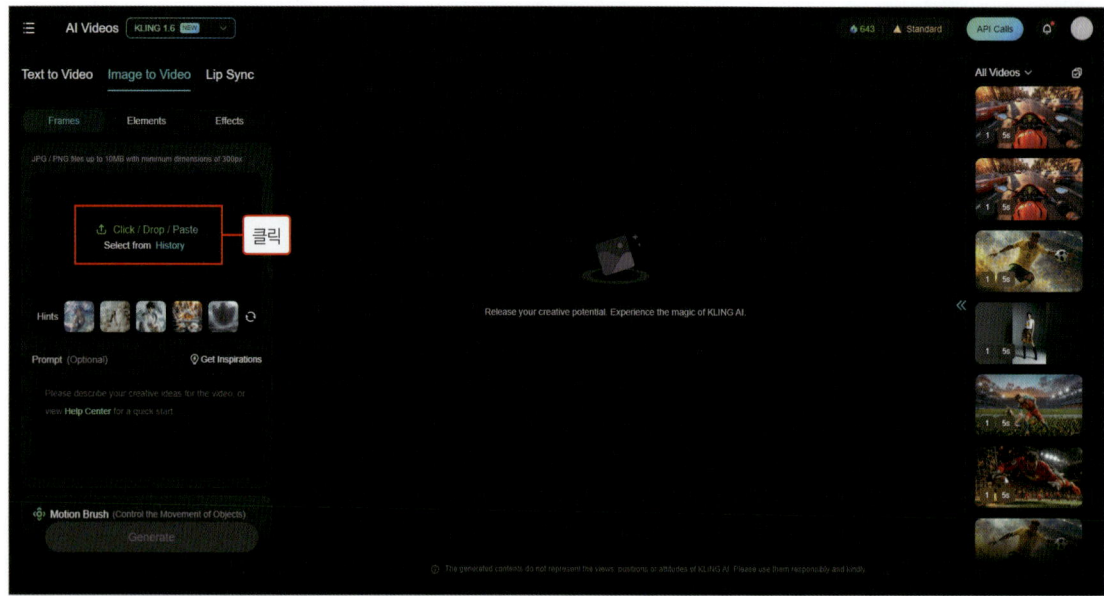

TIP 예제와 같은 이미지를 사용하려면 04 폴더에서 '레이싱경주용오토바이_완성.png' 파일을 사용하세요.

03 이미지가 업로드되면 Prompt에 연출과 관련된 프롬프트를 입력하고 〈Generate〉 버튼을 클릭합니다.

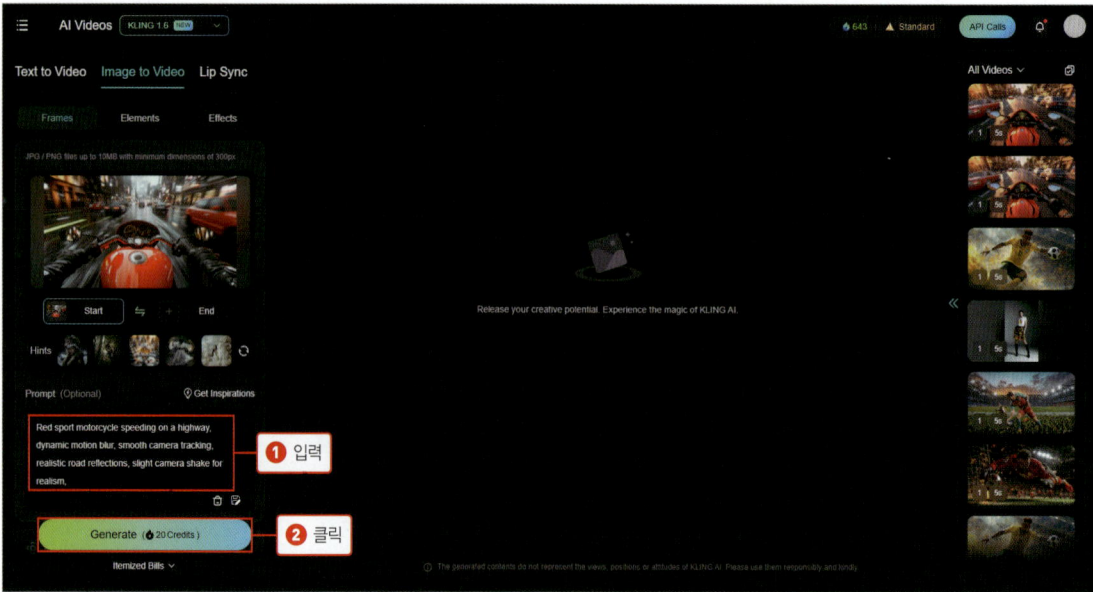

프롬프트 Red sport motorcycle speeding on a highway, dynamic motion blur, smooth camera tracking, realistic road reflections, slight camera shake for realism

입력 팁
1. Speeding on a highway : 고속도로에서 질주하는 모습
2. Dynamic motion blur : 역동적인 모션 블러 효과
3. Smooth camera tracking : 부드러운 카메라 트래킹
4. Slight camera shake for realism : 약간의 카메라 흔들림으로 현실감 강화

TIP 클링 AI에서 작업을 진행하기 위해서는 크레딧(Credit)을 사용해야 합니다. 처음 클링 AI를 사용했을 때 166 크레딧을 제공하며, 크레딧을 모두 사용했을 경우, 충전하여 사용해야 합니다. 기본적으로 텍스트를 영상(Text to Video)로 만드는 작업과 이미지를 영상(Image to Video)으로 만드는 작업은 20 크레딧이 사용되며, 립싱크(Lip Sync)는 5크레딧이 사용되지만, 작업에 이미지가 더 추가되는 등 작업량이 많아진다면 크레딧은 더 소모될 수 있습니다.

04 시간과 프롬프트의 내용에 따라 생성되는 영상이 달라지며, 기다리면 영상 생성이 완료됩니다. 생성된 영상을 확인하고 원하는 형태로 영상이 생성되었다면 'Download' 아이콘(⬇)을 클릭하여 영상을 저장합니다.

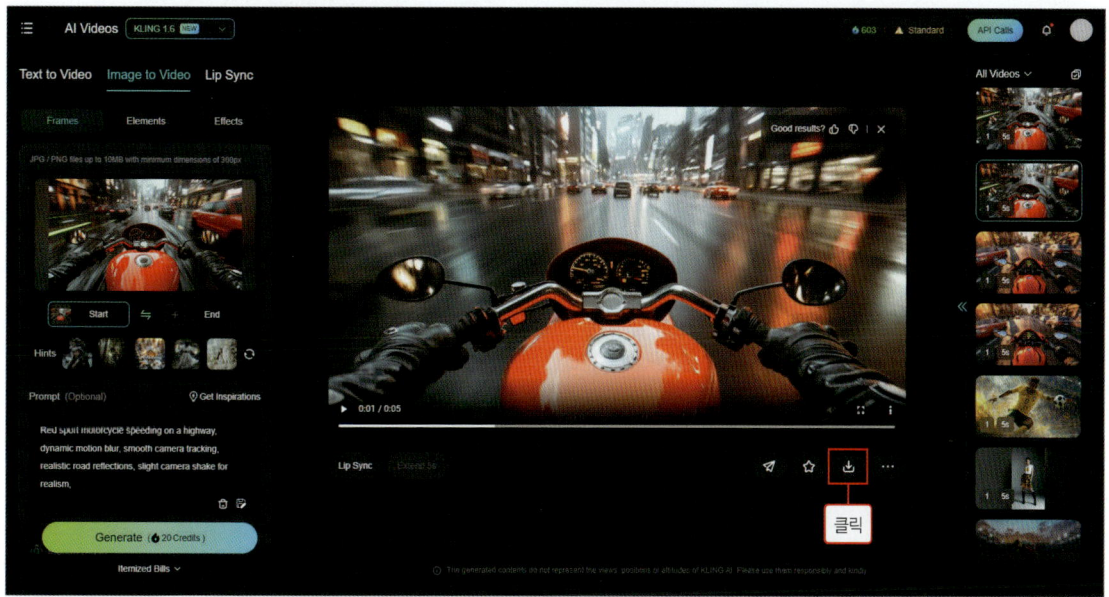

TIP 클링 AI는 무료 버전의 경우, 영상 생성이 3시간 정도 소요됩니다. 빠르게 생성하고 싶은 사용자라면 플랜을 업그레이드하여 구독하는 것이 좋습니다.

04 클링 AI로 드래프트 영상 작업하기

미드저니에서 생성한 2장의 스포츠카 이미지를 바탕으로, 더 역동적이고 사실적인 애니메이션을 테스트해 보겠습니다. 이를 위해 물리 기반 애니메이션 기법을 사용해 속도감과 주행의 느낌을 세밀하게 구현하고, 카메라 트래킹과 다양한 이펙트를 활용해 실제 레이싱처럼 몰입감 있는 장면을 만들겠습니다.

01 클링 AI(klingai.com) 사이트에 접속하고 로그인한 다음 'Video'를 클릭합니다. 영상을 제작하기 위해 'Click/Drop/Past'를 클릭하여 앞서 생성한 자동차의 뒷모습 이미지를 불러옵니다.

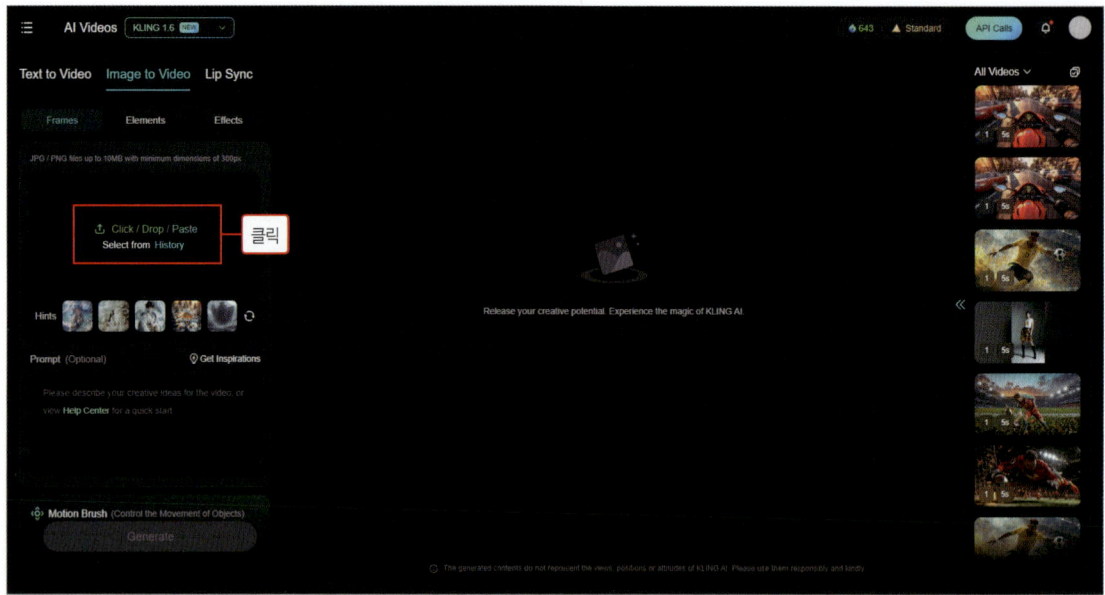

TIP 예제와 같은 이미지를 사용하려면 04 폴더에서 '레이싱드리프트_완성.png' 파일을 사용하세요.

02 그림과 같이 Start 부분에 이미지가 업로드되면 'End'를 선택하고 자동차의 앞모습 이미지를 불러옵니다.

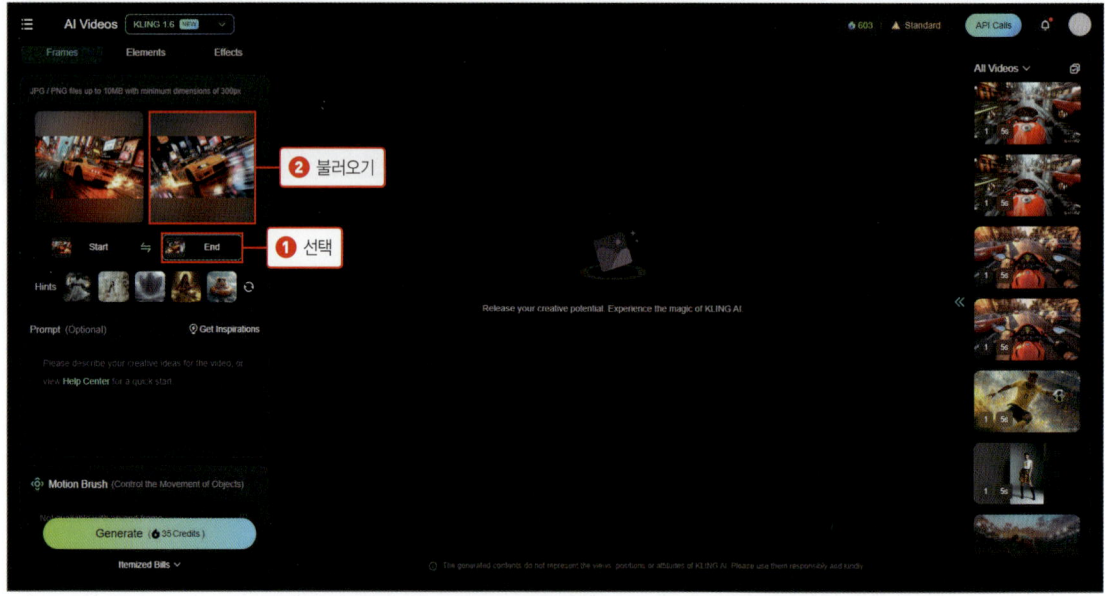

TIP Kling 1.6에서는 끝 프레임(End Frame)을 추가할 경우, 영상 품질을 자연스럽게 높이기 위해 자동으로 Professional 모드로 전환됩니다. Professional 모드는 더 부드럽고 자연스러운 장면 전환을 제공하지만, 일반 모드보다 더 많은 크레딧이 소모되기 때문에 영상 생성 전에 모드 전환 여부와 크레딧 소모량을 꼭 확인하는 것이 중요합니다.

03 Prompt (Optional) 항목에 카메라 연출이나 동작들을 영문으로 작성하고 왼쪽 메뉴에서 마우스 휠을 아래로 돌려 Settings 항목에서 시간을 설정한 다음 〈Generate〉 버튼을 클릭합니다.

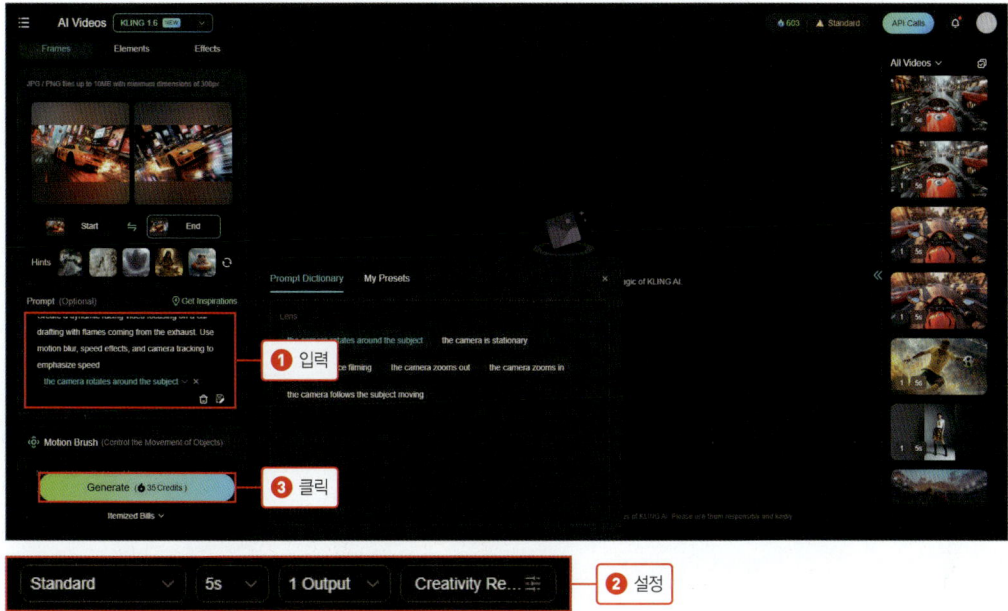

프롬프트 Create a dynamic racing video focusing on a car drafting with flames coming from the exhaust. Use motion blur, speed effects, and camera tracking to emphasize speed

TIP Prompt(Optional) 항목의 오른쪽에 있는 'Get Inspirations'를 클릭하면 기본적인 카메라 핸들링 관련된 프롬프트를 추가할 수 있으며, 자주 사용하는 프롬프트를 입력하여 저장할 수 있습니다.

04 생성된 영상을 확인하고 원하는 형태로 영상이 생성되었다면 'Download' 아이콘(⬇)을 클릭하여 영상을 저장합니다.

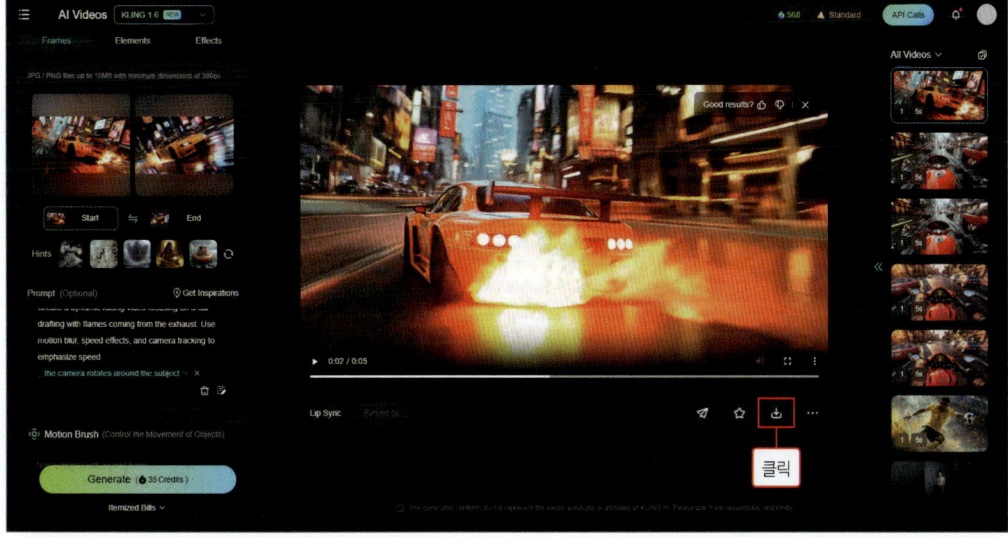

PROJECT

마케팅과 프로모션을 위한
게임 트레일러 영상 제작

게임 트레일러 영상은 게임의 핵심 요소나 스토리를 간략히 소개하며, 게임의 매력을 전달하는 마케팅 도구입니다. 보통 게임 출시 전이나 프로모션에 활용되어, 시청자에게 게임의 분위기와 특징을 효과적으로 전달합니다. 생성형 AI를 활용하면 시나리오와 시놉시스를 자동 생성하고, AI 영상 제작 도구를 통해 트레일러를 신속하게 제작할 수 있어 효율성을 높이고 창의적인 아이디어를 쉽게 실현할 수 있습니다.

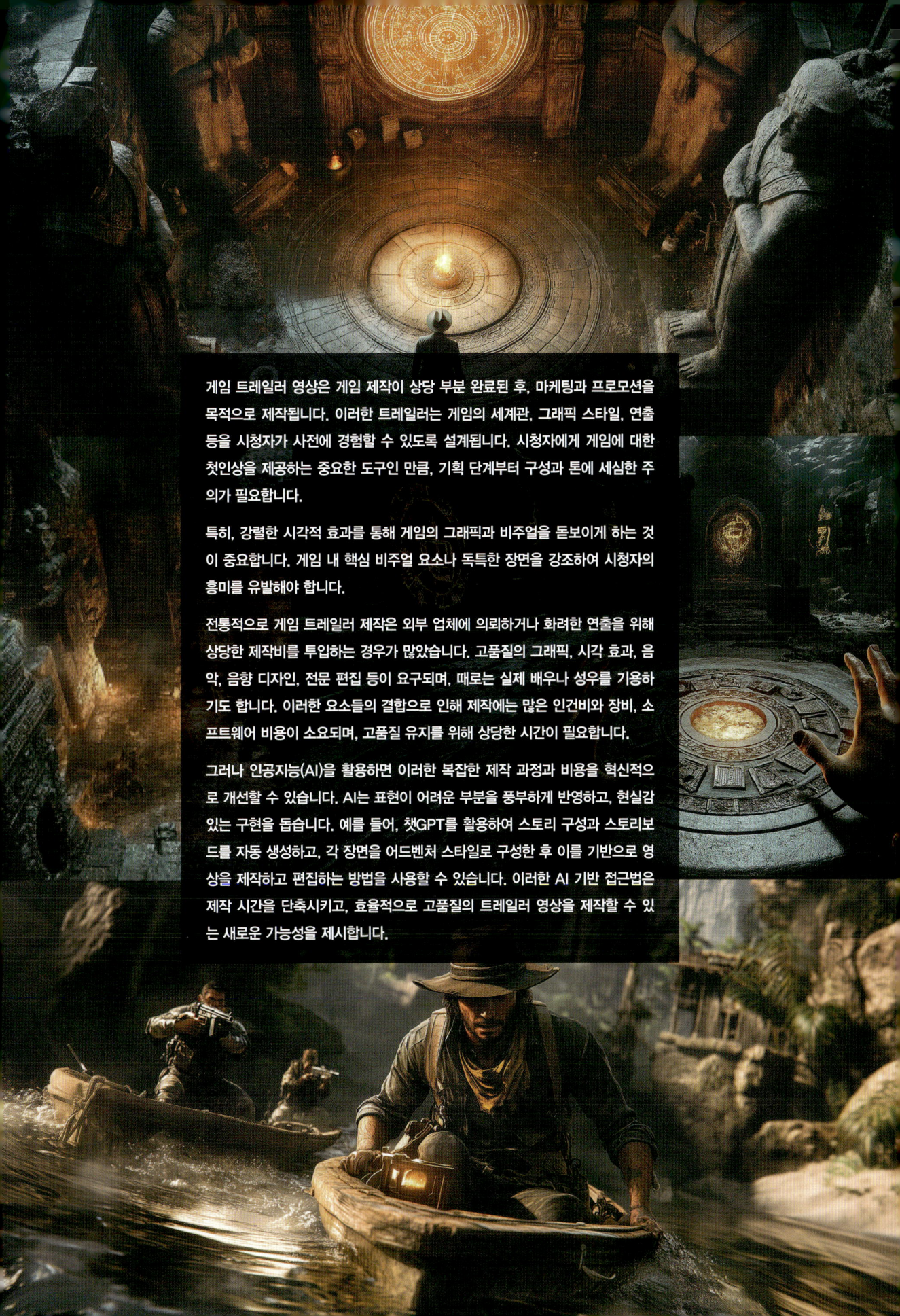

게임 트레일러 영상은 게임 제작이 상당 부분 완료된 후, 마케팅과 프로모션을 목적으로 제작됩니다. 이러한 트레일러는 게임의 세계관, 그래픽 스타일, 연출 등을 시청자가 사전에 경험할 수 있도록 설계됩니다. 시청자에게 게임에 대한 첫인상을 제공하는 중요한 도구인 만큼, 기획 단계부터 구성과 톤에 세심한 주의가 필요합니다.

특히, 강렬한 시각적 효과를 통해 게임의 그래픽과 비주얼을 돋보이게 하는 것이 중요합니다. 게임 내 핵심 비주얼 요소나 독특한 장면을 강조하여 시청자의 흥미를 유발해야 합니다.

전통적으로 게임 트레일러 제작은 외부 업체에 의뢰하거나 화려한 연출을 위해 상당한 제작비를 투입하는 경우가 많았습니다. 고품질의 그래픽, 시각 효과, 음악, 음향 디자인, 전문 편집 등이 요구되며, 때로는 실제 배우나 성우를 기용하기도 합니다. 이러한 요소들의 결합으로 인해 제작에는 많은 인건비와 장비, 소프트웨어 비용이 소요되며, 고품질 유지를 위해 상당한 시간이 필요합니다.

그러나 인공지능(AI)을 활용하면 이러한 복잡한 제작 과정과 비용을 혁신적으로 개선할 수 있습니다. AI는 표현이 어려운 부분을 풍부하게 반영하고, 현실감 있는 구현을 돕습니다. 예를 들어, 챗GPT를 활용하여 스토리 구성과 스토리보드를 자동 생성하고, 각 장면을 어드벤처 스타일로 구성한 후 이를 기반으로 영상을 제작하고 편집하는 방법을 사용할 수 있습니다. 이러한 AI 기반 접근법은 제작 시간을 단축시키고, 효율적으로 고품질의 트레일러 영상을 제작할 수 있는 새로운 가능성을 제시합니다.

게임 트레일러와 핵심 요소

어드벤처 영상을 기획하기 전에 게임 트레일러와 핵심 요소에 대해 살펴봅니다. 각 핵심 요소를 먼저 짚고 넘어간다면 게임 트레일러 영상에 대한 이해가 더 높아져, 영상의 진행 방향을 수월하게 기획할 수 있습니다.

01 게임 트레일러

게임 트레일러는 게임의 주요 특징, 스토리라인, 그리고 전반적인 분위기를 시청자에게 빠르고 효과적으로 전달하는 짧은 영상입니다. 게임의 출시 전에 혹은 출시와 동시에 마케팅 전략의 일환으로 사용되며, 사용자들이 게임을 체험하고 싶은 욕구를 불러일으키는 중요한 역할을 합니다. 게임 트레일러는 보통 게임의 주요 콘텐츠를 시청자에게 흥미롭고 매력적으로 보여 주는 방식으로 제작되며, 그 자체로 게임에 대한 첫인상을 형성합니다. 이러한 트레일러는 주로 1~3분 사이로 제작되며, 게임의 특성에 맞춰 시청자의 관심을 끌 수 있는 강렬한 장면을 선보이는 것이 중요합니다. 또한, 트레일러는 게임이 가진 독창적인 그래픽, 스토리, 캐릭터, 게임 플레이 등을 압축하여 한정된 시간 내에 효과적으로 보여 주는 것이 핵심입니다.

02 게임 트레일러의 핵심 요소

게임 트레일러의 핵심 요소는 크게 시각적 임팩트, 음악과 음향 효과, 게임 플레이 및 스토리 하이라이트로 나눌 수 있습니다. 첫 번째로, 시각적 임팩트는 게임의 그래픽 품질을 강조하며, 게임의 독특한 비주얼 스타일이나 중요한 게임 내 장면을 부각시키는 데에 중점을 둡니다. 이를 통해 게임의 비주얼적인 특성과 품질을 잠재적인 사용자에게 직접적으로 전달할 수 있습니다. 두 번째로, 음악과 음향 효과는 게임의 분위기를 극대화하는 데 중요한 역할을 합니다. 적절한 배경 음악과 효과음은 감정적인 연결을 강화하고, 게임 내 액션이나 긴장감을 더욱 강조할 수 있습니다. 마지막으로, 게임 플레이나 스토리의 하이라이트를 통해 게임의 독특한 기능, 주요 캐릭터, 그리고 중요한 스토리라인을 간략하게 보여 줍니다. 이를 통해 시청자는 게임에 대한 이해도를 높이고, 더 많은 관심을 가지게 됩니다. 게임 트레일러는 게임의 마케팅에서 매우 중요한 역할을 하며, 게임의 성패를 좌우할 수 있는 강력한 도구로 작용합니다.

▲ 게임 트레일러 제작 과정 중 스토리보드 리뷰 단계(Pre-production)

▲ 영상의 편집 및 후반 작업(Post-Production) 과정

SECTION 18. 긴장감 넘치는 어드벤처 영상 기획하기

어드벤처 게임의 영상 장면은 이야기와 사건이 중요한 부분이며, 게임의 분위기와 감정을 잘 전달하는 음악과 그래픽이 특징입니다. 또한, 게임을 진행하며 풀어야 할 문제나 미션이 포함되어 있습니다. 챗GPT를 활용하면, 게임의 이야기 흐름과 중요한 장면을 더 재미있고 다양한 방식으로 만들 수 있어 게임의 매력을 더 잘 전달할 수 있습니다.

챗GPT를 활용하여 전체 플롯과 장면 구성, 카메라 연출 등의 동선을 설계해 어드벤처 영상을 기획해 봅시다. 처음의 막연한 아이디어를 바탕으로 다양한 장면과 연출 아이디어를 얻고, 그 중에서 가장 적합한 내용을 선택하여 영상을 제작할 수 있습니다.

> 고대 유물과 유적지를 탐험하는 고대 유적 탐험가(주인공)가 고대 유적지에서 악당과 유물을 차지하려고 대립하는 내용의 게임 트레일러 영상을 만들 거야. 이 트레일러를 5개의 장면으로 구성해 줘.

장면 1 : 미지의 섬, 수수께끼의 입구

- 배경 : 고대의 신비로운 섬에 도착한 탐험가가 미스터리한 섬의 입구로 다가갑니다. 그 앞에는 신비로운 고대 문이 서 있고, 문을 열기 위한 단서가 숨겨져 있습니다.
- 주요 액션 : 탐험가는 문을 향해 조심스럽게 다가가며 첫 번째 중요한 단계로 입구를 열기 위한 준비를 합니다.
- 카메라 연출 : 탐험가가 조심스럽게 입구로 다가갈 때, 카메라는 낮은 각도에서 그의 발걸음을 비추며 긴장감을 조성합니다.

장면 2 : 신비한 유적 내부

- 배경 : 유적지 내부로 들어간 탐험가는 거대한 석상들 사이를 지나며 고대의 방해물과 미스터리한 장치들에 직면합니다. 고대 유물을 찾기 위해 깊은 구역으로 들어가며, 그 과정에서 유적의 비밀을 하나씩 풀어갑니다.
- 주요 액션 : 탐험가는 거대한 석상들 주위를 탐사하며, 고대의 장치들을 조사하고 유물의 단서를 찾습니다.
- 카메라 연출 : 드론 컷으로 거대한 석상들과 벽에 새겨진 고대 문양, 복잡한 기계 장치들이 비추어지며, 탐험가가 유물을 찾기 위해 그곳으로 나아가는 모습을 강조합니다.

장면 3 : 유적지의 비밀 풀기

- 배경 : 고대 유적지의 숨겨진 방에 도달한 탐험가는 그곳에서 복잡한 장치와 미스터리한 기계 장치를 발견

하고, 유물을 찾기 위한 마지막 단서를 풀기 위해 집중합니다. 그러나 장치가 작동하기 시작하면서 긴장감이 더해집니다.
- 주요 액션 : 탐험가는 장치와 기계의 단서를 차례로 풀어가며, 마지막 문제를 해결하려고 시도합니다. 숨겨진 비밀을 풀기 위한 치열한 두뇌 싸움이 펼쳐집니다.
- 카메라 연출 : 탐험가가 장치의 단서를 풀기 위해 손을 뻗는 순간, 기계가 움직이기 시작하고, 카메라는 아래에서 위로 서서히 이동하며 중요한 순간에 느리게 줌 인하여 긴장감을 강조합니다.

장면 4 : 전설의 유물&배신자 등장
- 배경 : 고대의 유물이 있는 방에 도달한 탐험가는 그곳에서 전설의 유물을 발견하지만, 그 순간 라이벌 탐험가가 등장합니다. 배신자가 유물을 차지하려는 의도를 드러냅니다.
- 주요 액션 : 탐험가는 유물을 손에 넣기 전에 배신자와의 대결을 준비해야 합니다. 긴장감 넘치는 순간이 이어집니다.
- 카메라 연출 : 탐험가가 손을 뻗는 순간, 유물이 올라오고 카메라는 아래에서 위로 서서히 이동, 액션이 예상되는 순간 느리게 줌 인합니다.

장면 5 : 급류 보트 추격전&마무리
- 배경 : 성전이 붕괴한 후, 탐험가는 급류를 타는 보트로 탈출을 시도합니다.
- 주요 액션 : 라이벌들이 추격을 시작하고, 총격과 격렬한 추격전이 이어집니다. 탐험가는 위험을 피하며 보트를 몰고, 결국 탈출에 성공합니다.
- 카메라 연출 : 급류를 타는 보트를 스릴 넘치는 카메라 움직임으로 따라가며, 물보라가 일어날 때마다 화면이 흔들립니다.

TIP 어드벤처 영상을 기획할 때는 먼저 '고대 유적', '비밀의 문', '잊혀진 왕국', '숨겨진 지도'처럼 영상의 세계관과 분위기를 결정짓는 핵심 키워드를 정리하는 것이 중요합니다.

이러한 키워드를 기반으로 챗GPT에 구체적인 장면 구성이나 연출 아이디어를 요청하면, 설정에 맞는 생생한 장면을 다양하게 제안받을 수 있습니다. 특히 한 가지 아이디어에만 의존하기보다는, 다양한 콘셉트나 전개 방식의 선택지를 여러 개 요청해 비교하고 조합하는 방식으로 접근하면 기획의 방향이 보다 유연해지고, 예기치 못한 창의적인 아이디어가 도출되는 데 큰 도움이 됩니다. 이처럼 챗GPT를 협업 파트너처럼 활용하면, 영상 기획의 초반 단계부터 이야기의 깊이와 영상미를 함께 발전시킬 수 있습니다.

SECTION 19.

완성파일 : 04\스토리보드_완성.png

기획된 영상 구상을 바탕으로 스토리보드 제작하기

스토리보드는 영상의 각 장면을 시각적으로 표현하여 전체 흐름을 계획하는 도구로, 이를 통해 촬영과 후반 작업을 보다 효율적으로 준비할 수 있습니다. 기획된 영상 구상을 바탕으로 스토리보드를 만들 때, AI를 활용하면 더욱 빠르고 정교하게 계획을 수립할 수 있습니다.

01 스토리보드의 기본 구성

스토리보드는 영상, 애니메이션, 게임, 광고 등의 콘텐츠 제작을 위한 시각적 설계도의 역할을 합니다. 기본적으로 장면의 흐름과 구도를 그림과 간단한 설명으로 정리한 것으로 주로 시각적이고 서사적인 이야기를 효과적으로 전달하기 위해 필요한 기본 요소들로 이루어집니다.

프레임(Frame)

스토리보드는 여러 개의 개별 장면으로 나뉘는데, 이때 각 장면은 프레임 또는 패널로 표현됩니다. 이는 영화의 한 장면, 애니메이션의 한 샷, 또는 게임의 특정 순간을 시각적으로 나타냅니다.

시각적 이미지(Sketch/Drawing)

시각적 이미지는 각 프레임 안에 들어가는 스케치나 일러스트로, 캐릭터의 포즈, 배경, 카메라 앵글 등을 보여 줍니다. 상세도는 프로젝트에 따라 다를 수 있으며, 간단한 스케치부터 정교한 그림까지 가능합니다.

설명 텍스트(Description/Action Notes)

설명 텍스트는 이미지 아래나 옆에 붙는 짧은 설명으로, 해당 장면에서 어떤 행동이 일어나는지, 캐릭터가 무엇을 하는지, 혹은 카메라 이동 방향 등을 기록합니다.

대사(Dialogue)

캐릭터가 말하는 대사가 있다면, 해당 프레임에 대사 버블이나 텍스트로 추가됩니다. 이는 대본과 연결되어 스토리의 흐름을 이해하는 데에 도움을 줍니다.

샷 정보(Shot Details)

카메라 앵글(예 : 클로즈업, 와이드 샷), 렌즈 초점, 조명 방향 등 촬영과 관련된 기술적인 세부 사항이 포함될 수 있습니다. 이는 주로 영화나 영상 제작에서 중요합니다.

카메라 동작(Camera Movement)

카메라의 움직임을 설명하는 요소입니다. 예를 들어, 팬(좌우 이동), 틸트(상하 이동), 줌(확대/축소), 트래킹(따라가기) 등이 있습니다.

시간/타이밍(Timecode or Duration)

각 장면이 얼마나 지속되는지, 혹은 특정 액션이 몇 초 동안 진행되는지를 나타내는 타이밍 정보가 들어갈 수 있습니다. 특히 애니메이션이나 영상에서 유용합니다.

스토리보드는 영상 콘텐츠의 기획과 제작을 원활하게 진행하는 중요한 과정이므로, 이러한 요소들을 잘 활용하면 효과적인 스토리보드를 만들 수 있습니다.

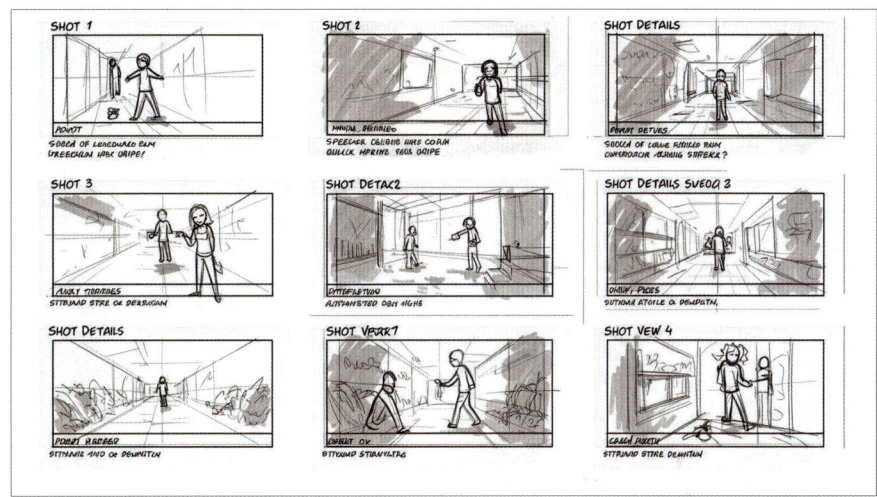

▶ 영상의 장면 구성과 연출 흐름을 시각적으로 정리한 스토리보드

TIP 스토리보드에 모든 것을 다 넣는 것보다 작업에 필요한 '필수 요소'를 명확히 정리하는 것이 더 중요합니다. 스토리보드는 기본적으로 의사소통 도구이기 때문에, 목적에 따라 필요한 정보만 선택적으로 담는 것이 효율적입니다.

02 스토리보드에 시각적 요소 추가하기

스토리보드에서 가장 중요한 역할을 하는 시각적 요소를 보다 정교하고 효과적으로 구현하기 위해, 생성형 AI를 활용하여 제작해 보겠습니다. 이를 통해 보다 신속하고 여러 가지 스타일로 창의적인 방식으로 장면을 구성하고 표현할 수 있습니다.

01 스토리보드는 세밀한 그림보다는 장면의 핵심을 파악할 수 있도록 비교적 단순한 그림으로 구성하는 것이 좋습니다. 우선 프롬프트에서 단순한 그림체로 첫 번째 장면을 생성하기 위해 프롬프트를 작성하겠습니다.

프롬프트
> Line art, minimalism, 1-line art vector illustration, icon-style, modern aesthetic, a rugged adventurer seen from behind, wearing a fedora and exploration gear, walking towards the entrance of a gigantic and mysterious ancient ruin, surrounded by fog and under a night sky, wide shot, white background --ar 16:9 --style raw --stylize 30

입력 팁
1. **Line art** : 선으로만 이루어진 예술 스타일. 채우기나 음영 없이 단순한 선으로 표현합니다.
2. **Minimalism** : 최소한의 요소와 단순함을 강조하는 디자인 접근법. 불필요한 세부 사항 배제합니다.
3. **1-line art vector illustration** : 단일 연속선으로 그려진 벡터 형식의 일러스트로 표현합니다.
4. **Icon-style** : 아이콘처럼 간결하고 상징적인 표현을 의미하며 작은 크기에서도 명확히 인식 가능해야 합니다.
5. **Modern aesthetic** : 깔끔하고 세련된 현대적 감각, 트렌디한 느낌과 단순함 유지합니다.
6. **Wide shot** : 넓은 시야각으로 전체 장면을 포괄하여 캐릭터와 유적, 배경의 관계를 보여줍니다.
7. **White background** : 최종 이미지는 흰색 배경 위에 놓입니다. 이는 디자인의 단순성과 아이콘 스타일을 강화할 수 있습니다.
8. **--ar 16:9** : 와이드스크린 비율로, 영화나 TV 화면에서 흔히 사용되는 비율입니다.
9. **--style raw** : AI 모델의 스타일 적용을 최소화한 원본에 가까운 이미지로 생성합니다.
10. **--stylize 30** : 스타일 강도를 최소화하여 프롬프트에 충실한 이미지를 생성합니다.

TIP 이 프롬프트는 선만으로 표현되는 아이콘 스타일의 미니멀한 벡터 일러스트를 지향합니다. 페도라를 쓴 모험가가 밤하늘 아래 안개에 둘러싸인 거대하고 신비로운 유적 입구를 향해 걷는 뒷모습을 넓은 구도로 흰색 배경에 담아내는 것이 핵심입니다.

02 웹브라우저에서 'midjourney.com'을 입력하여 미드저니 웹 버전 사이트에 접속하고 화면 상단에 있는 Imagine bar에 스토리보드 스타일의 이미지의 프롬프트를 입력한 다음 '▶' 아이콘을 클릭합니다.

> Line art, minimalism, 1-line art vector illustration, icon-style, modern aesthetic, a rugged adventurer seen from behind, wearing a fedora and exploration gear, walking towards the entrance of a gigantic and mysterious ancient ruin, surrounded by fog and under a night sky, wide shot, white background --ar 16:9 --style raw --stylize 30

① 입력
② 클릭

03 라인 그래픽 스타일의 이미지가 4개 생성되었습니다. 이 중에서 원하는 느낌, 형태, 스타일에 가장 가까운 이미지를 베리에이션 하기 위해 선택한 이미지에 커서를 위치하여 표시되는 〈Vary Strong〉 버튼을 클릭합니다. 예제에서는 구성이 뛰어난 2번 이미지를 선택하였습니다.

04 선택한 이미지의 구성을 반영하여 베리에이션 된 이미지가 4개 생성되었습니다. 이 중에서 마음에 드는 이미지를 선택하여 수정하겠습니다.

05 배경과 인물의 거리감이 가장 짧은 3번 이미지를 선택하여 수정하기 위해 마우스 오른쪽 버튼을 클릭한 다음 More → Editor를 실행합니다.

06 세밀한 수정 작업을 할 수 있는 공간이 제공되면 스케일 바를 '85%'로 조절하고 그림과 같이 이미지를 이동하여 배치합니다. 원하는 위치에 이미지가 배치되면 기존 프롬프트를 지우고 새로 입력한 다음 〈Submit〉 버튼을 클릭합니다.

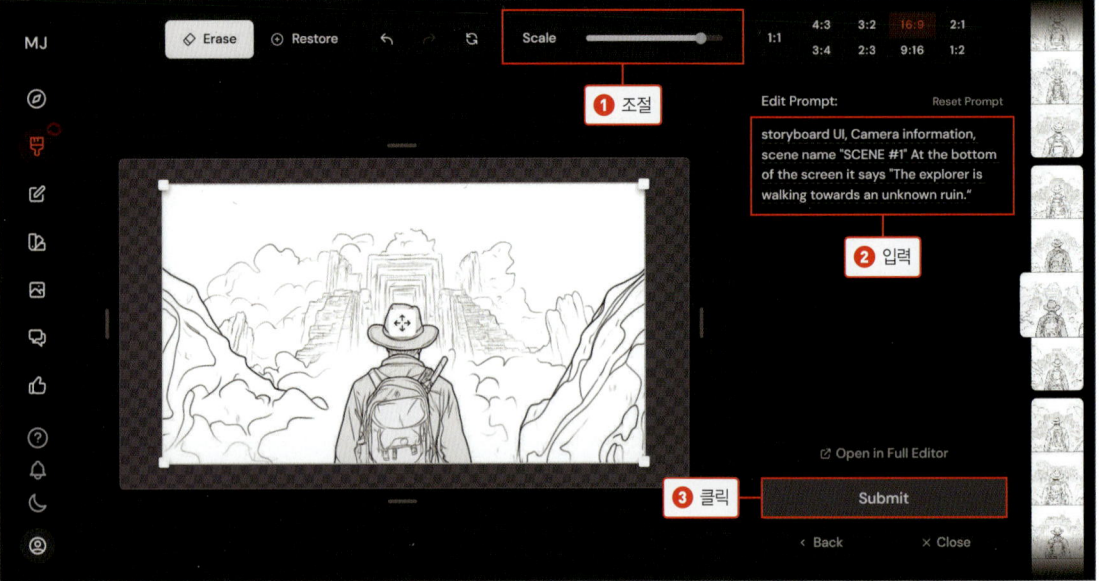

프롬프트 storyboard UI, Camera information, scene name "SCENE #1" At the bottom of the screen it says "The explorer is walking towards an unknown ruin."

한글 번역 스토리보드 UI, 카메라 정보, 장면 이름 "SCENE #1" 화면 하단에 "탐험가가 미지의 파멸을 향해 걸어가고 있다"고 표시됩니다.

TIP 프롬프트를 입력할 때 큰따옴표(" ") 안에 원하는 텍스트를 입력하면, 해당 글자가 이미지에 표시됩니다. 이를 활용하면 이미지에 직접 텍스트를 추가하여 보다 직관적인 표현이 가능합니다.

07 기존 이미지에 텍스트와 스토리보드 포맷이 적용된 이미지가 4개 생성되었습니다. 이 중에서 스토리보드 콘셉트에 가장 어울리는 이미지를 최종으로 선택합니다. 예제에서는 2번 이미지를 선택하였습니다.

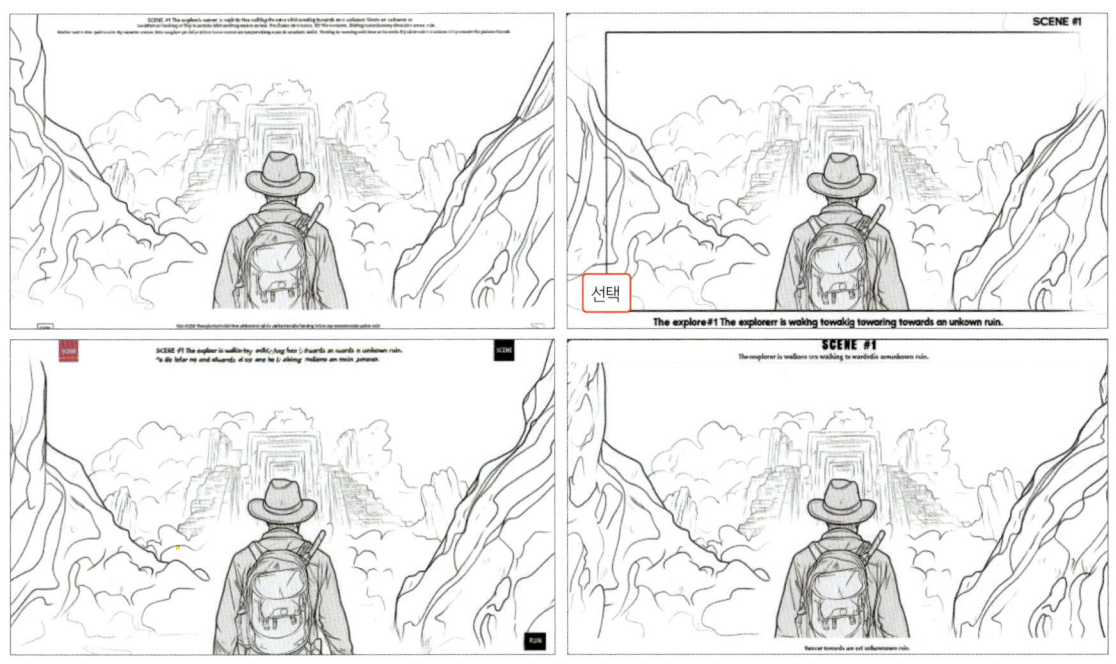

08 확장된 화면의 오른쪽에 있는 Creation Actions에서 Upscale의 〈Creative〉 버튼을 클릭하여 업스케일 작업을 진행합니다. 업스케일이 완료되면 '저장' 아이콘(⤓)을 클릭하여 이미지를 PC에 저장합니다.

TIP 같은 방식으로 다른 장면들도 생성한 후, 포토샵을 활용하여 각 장면에 적용하면 완성됩니다. 이때, 일관된 그래픽 느낌을 유지하기 위해 Seed 파라미터를 적용하는 것을 추천하며, 최종으로 완성한 이미지를 캐릭터 레퍼런스(--cref)로 사용하면 조금 더 일관성 있는 그래픽이 생성됩니다.

S E C T I O N

20.

완성파일 : 04\장면1~5_완성.png

스토리보드를 바탕으로
어드벤처 게임 영상 리소스 생성하기

스토리보드가 완성되면, 기존 제작 방식에서는 모델링, 애니메이션, 연출 등 여러 단계를 차례로 거치게 됩니다. 하지만 AI를 활용하면, 이러한 러프한 구상에서 곧바로 구체적인 비주얼 제작 단계로 넘어갈 수 있습니다. 이제 영상의 기초가 될 이미지를 만드는 과정으로 함께 들어가 보겠습니다.

01 미지의 섬, 수수께끼의 입구 연출하기

이야기의 첫 시작인 첫 번째 장면을 제작하기 위한 프롬프트를 작성합니다. 첫 번째 장면은 게임 스크린 샷과 비디오게임의 느낌을 효과적으로 살릴 수 있도록 구성했으며, 장면의 분위기와 몰입감을 극대화하는 데에 집중했습니다.

01 웹브라우저에서 'midjourney.com'을 입력하여 미드저니에 접속하고 화면 상단에 있는 Imagine bar에 비디오 게임 느낌을 살릴 수 있는 프롬프트를 입력한 다음 '▶' 아이콘을 클릭합니다.

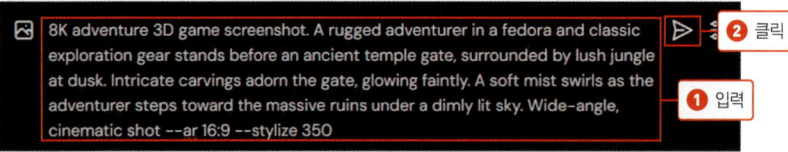

프롬프트 8K adventure 3D game screenshot. A rugged adventurer in a fedora and classic exploration gear stands before an ancient temple gate, surrounded by lush jungle at dusk. Intricate carvings adorn the gate, glowing faintly. A soft mist swirls as the adventurer steps toward the massive ruins under a dimly lit sky. Wide-angle, cinematic shot, realistic lighting, and highly detailed textures --ar 16:9 --stylize 350

입력팁
1. **8K adventure 3D game screenshot** : 초고해상도(8K)의 3D 그래픽을 기반 어드벤처 게임의 한 장면을 묘사하고 있으며 세부적인 디테일과 높은 그래픽 품질이 요구됩니다.
2. **Stands before an ancient temple gate** : 고대 사원의 거대한 문 앞에서 장면이 펼쳐집니다.
3. **Intricate carvings adorn the gate, glowing faintly** : 문에 새겨진 정교한 조각들이 희미하게 빛나고 있습니다.
4. **Wide-angle, cinematic shot** : 와이드 앵글(넓은 시야)과 시네마틱한 연출, 영화 같은 구도로 장대한 스케일을 강조합니다.
5. **realistic lighting, and highly detailed textures** : 사실적인 조명과 정교한 텍스처를 강조하는 표현으로, 고퀄리티 3D 그래픽을 구현하는 데 중요한 요소입니다.

TIP 이 프롬프트는 8K 어드벤처 3D 게임 스크린 샷은 초고해상도 그래픽과 시네마틱한 연출을 통해 탐험과 모험의 분위기를 극대화한 장면으로, 황혼의 정글 속 고대 유적 앞에 선 탐험가를 묘사합니다. 신비로운 조명과 안개 효과가 긴장감을 더하며, 게임 내 탐험 순간을 강조하거나 프로모션에 활용될 수 있도록 구성되었습니다.

02 어드벤처 게임 트레일러의 첫 번째 장면 이미지가 4개 만들어졌습니다. 이 중에서 스토리보드 구성에 가장 잘 어울리는 이미지를 베리에이션 하기 위해 선택합니다. 예제에서는 1번 이미지를 다양한 방식으로 변형하기 위해 선택하였습니다.

03 기존 이미지의 스타일과 구성이 괜찮기 때문에 비교적 안전하게 변형하기 위해 확장된 화면의 오른쪽에 있는 Creation Actions에서 Vary의 〈Subtle〉 버튼을 클릭하여 새로운 이미지를 생성합니다.

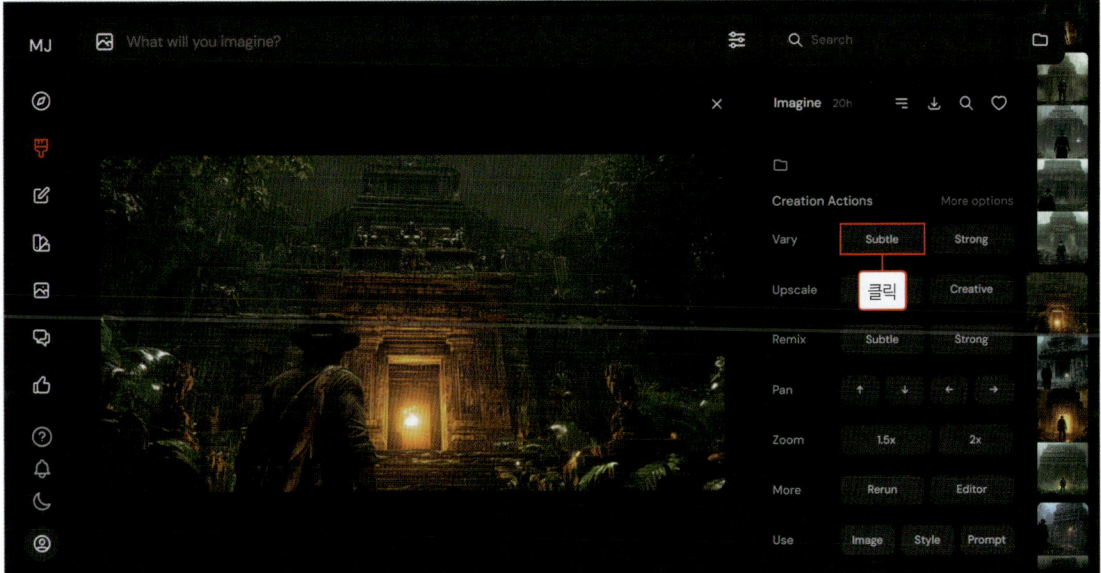

04 전체 구성을 유지한 채 베리에이션 된 이미지가 4개 생성되었습니다. 이 중에서 콘셉트에 가장 어울리는 이미지를 최종으로 선택합니다. 예제에서는 2번 이미지를 선택하였습니다.

05 확장된 화면의 오른쪽에 있는 Creation Actions에서 Upscale의 〈Creative〉 버튼을 클릭하여 업스케일 작업을 진행합니다.

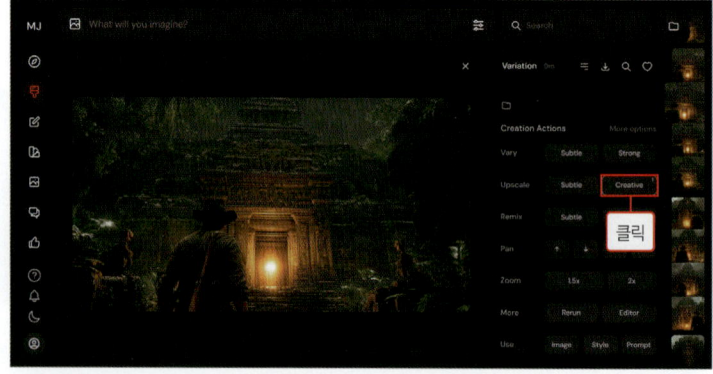

06 업스케일이 완료되면 '저장' 아이콘(⤓)을 클릭하여 이미지를 PC에 저장합니다.

TIP 인트로의 신비함을 살리려면 안개, 빛, 사운드를 조화롭게 활용하는 것이 중요합니다. 안개 속에서 유적이 서서히 드러나거나, 문양이 천천히 빛나는 연출은 분위기를 효과적으로 높여줍니다. 몽환적인 배경음도 신비로운 느낌을 더하는 데 도움이 됩니다.

02 하이앵글로 사원 내부를 탐험하는 장면 연출하기

탐험가 주인공이 내부를 탐험하는 장면을 위에서 내려다보는 하이앵글 시점으로 제작하며, 배경의 거대함을 확인해 보겠습니다.

01 미드저니 웹 버전 사이트의 Imagine bar에 화면을 구성한 프롬프트를 입력하고 '▷' 아이콘을 클릭하여 이미지를 생성합니다.

From a drone view, 3D game, a rugged adventurer wearing a fedora stands in a mysterious room, interacting with an ancient mechanism. Massive stone statues loom on either side, and flickering torchlight casts dramatic shadows across the stone walls adorned with glowing symbols. Cinematic shot, realistic lighting --ar 16:9 --stylize 350

❶ 입력
❷ 클릭

프롬프트

From a drone view, 3D game, a rugged adventurer wearing a fedora stands in a mysterious room, interacting with an ancient mechanism. Massive stone statues loom on either side, and flickering torchlight casts dramatic shadows across the stone walls adorned with glowing symbols. Cinematic shot, realistic lighting --ar 16:9 --stylize 350

입력 팁
1. **From a drone view** : 높은 시점에서 내려다보는 장면을 강조합니다. 캐릭터와 환경을 전체적으로 조망하는 구도입니다.
2. **Cinematic shot, realistic lighting** : 영화 같은 연출과 현실적인 조명 효과를 강조합니다.
3. **Interacting with an ancient mechanism** : 캐릭터가 단순히 서 있는 것이 아니라 특정 오브젝트를 조작하는 역동적인 장면을 연출합니다.
4. **Massive stone statues loom on either side** : 입구 양옆에 거대한 석상이 서 있는 장면을 형상화하여 공간감을 더합니다.
5. **Stone walls adorned with glowing symbols** : 벽에 빛나는 고대 문양이 새겨져 있어 신비로운 분위기를 한층 강화합니다.

TIP 이 프롬프트는 드론뷰 시점의 3D 게임 장면을 묘사하며, 탐험가가 고대 장치를 조작하는 신비로운 공간을 배경으로 합니다. 거대한 석상과 빛나는 문양, 그리고 횃불의 빛이 극적인 분위기를 연출하며, 영화 같은 연출과 현실적인 조명이 강조됩니다.

TIP 드론뷰가 제대로 적용되지 않을 경우, 프롬프트의 입력 순서를 변경하면 중요도가 조정되어 원하는 장면을 더 정확하게 생성할 수 있습니다.

02 어드벤처 게임 트레일러의 두 번째 장면 이미지가 4개 만들어졌습니다. 이 중에서 콘셉트에 가장 잘 어울리는 구도로 생성된 이미지를 베리에이션 하기 위해 선택합니다. 예제에서는 3번 이미지를 다양한 방식으로 변형하기 위해 선택하였습니다.

03 기존 이미지의 스타일과 구성을 보다 강렬하게 변형하면서도 일관성을 유지한 상태로 변형하기 위해 확장된 화면의 오른쪽에 있는 Creation Actions에서 Vary의 〈Strong〉 버튼을 클릭하여 새로운 이미지를 생성합니다.

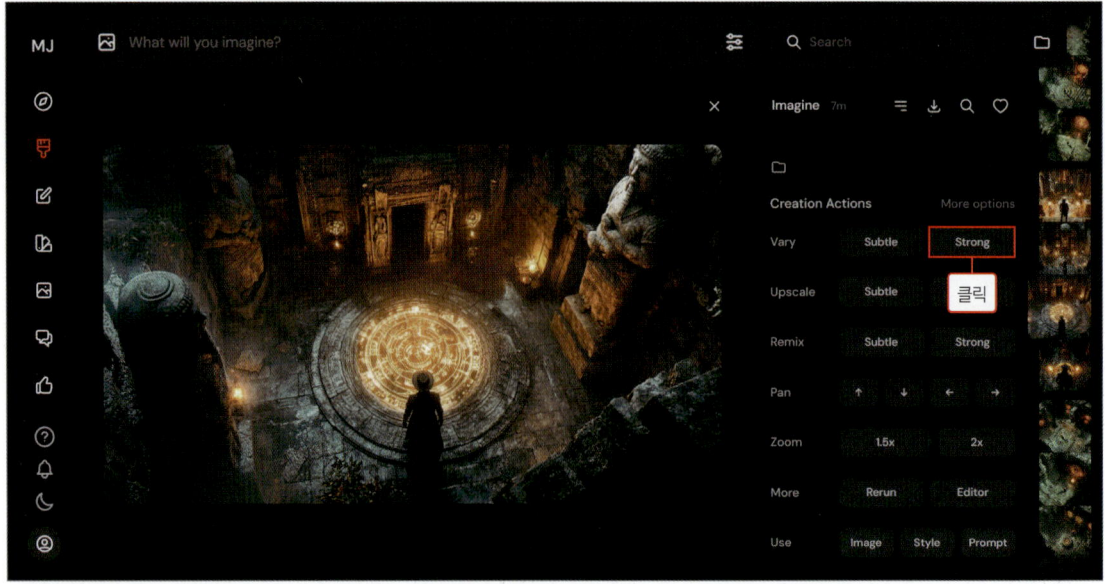

TIP 드론뷰 시점은 공간의 스케일과 구조를 한눈에 보여줄 수 있기에, 카메라 각도와 이동 경로를 신중히 설정하는 것이 중요합니다. 추가로 드론이 천천히 내려오거나 회전하는 연출을 넣으면 영화 같은 몰입감을 더욱 높일 수 있습니다.

04 전체 구성을 유지한 채 변형된 이미지가 4개 생성되었습니다. 이 중에서 영상 콘셉트에 가장 적합한 이미지를 선택합니다. 예제에서는 3번 이미지를 선택하였습니다.

05 확장된 화면의 오른쪽에 있는 Creation Actions에서 Upscale의 〈Creative〉 버튼을 클릭하여 업스케일 작업을 진행합니다. 업스케일이 완료되면 '저장' 아이콘(⬇)을 클릭하여 이미지를 PC에 저장합니다.

> **NOTE**
> 이와같은 과정으로 생성한 장면3~장면5의 이미지는 04 폴더에서 확인할 수 있습니다.
> • 1인칭 시점으로 유적의 비밀을 풀어가는 장면 → 장면3.png
> • 긴장감이 넘치는 보물 발견과 유적 붕괴 장면 → 장면4.png
> • 보트를 타고 탈출하는 추격전 장면 → 장면5.png

SECTION
21.

● 예제파일 : 04\장면1~5.png　● 완성파일 : 04\장면1~5_완성.mp4

어드벤처 게임 트레일러 장면을 영상으로 만들기

클링 AI를 활용해 생성한 이미지를 바탕으로 영상을 제작하겠습니다. 원하는 이미지를 업로드하고, 프롬프트를 입력하면 자동으로 영상이 만들어지는 방식입니다. 이를 통해 손쉽게 창의적인 영상 콘텐츠를 제작할 수 있습니다.

01 미지의 섬, 수수께끼의 입구 영상화하기

장소나 인물의 동작, 날씨 등 원하는 요소를 추가해 프롬프트를 구성하면 원하는 느낌의 영상을 얻을 수 있습니다. 첫 번째 장면인 미지의 섬, 수수께끼의 입구에 이러한 프롬프트 요소들을 추가하여 영상화하겠습니다.

01 웹브라우저에서 'klingai.com'를 입력하여 클링 AI 사이트에 접속하고 로그인합니다. 영상을 생성하기 위해 (Video) 메뉴를 선택합니다.

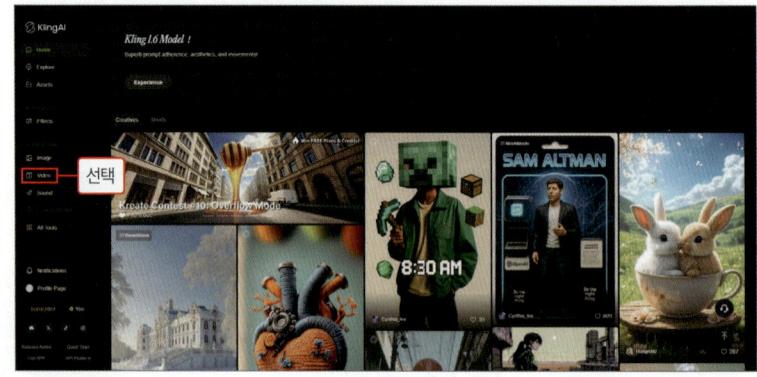

02 작업 화면이 변경되면 이미지를 불러오기 위해 왼쪽의 메뉴에서 (Frames) 탭을 선택하고 'Click/Drop/Paste'를 클릭합니다. 열기 대화상자가 표시되면 04 폴더에서 '장면1.png' 파일을 선택하고 〈열기(O)〉 버튼을 클릭하여 이미지를 불러옵니다.

TIP 이미지를 'Click/Drop/Paste'로 드래그하여 불러올 수도 있습니다.

03 영상이 업로드되면 프롬프트 입력창에 첫 번째 장면 이미지에 대한 연출을 입력하고 〈Generate〉 버튼을 클릭합니다.

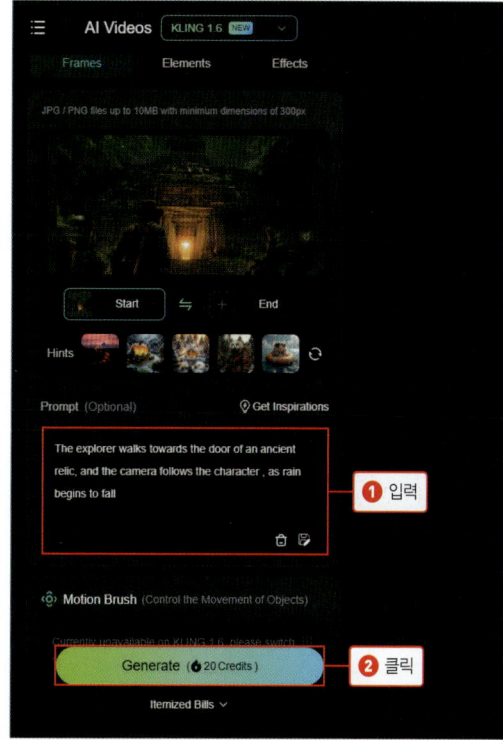

TIP 영상의 첫 장면은 영상 전체 분위기를 결정짓는 중요한 부분입니다. 프롬프트 입력 시에는 짧고 명확하게, 구체적인 연출 의도를 담아야 좋은 결과를 얻을 수 있습니다.

프롬프트 The explorer walks towards the door of an ancient relic, and the camera follows the character, as rain begins to fall

한글 번역 탐험가는 고대 유물의 문을 향해 걸어가고, 카메라는 그를 따라가며 비가 내리기 시작합니다.

입력 팁
1. **The explorer walks towards the door of an ancient relic** : 탐험가가 중요한 장소로 향하는 동작을 묘사합니다.
2. **The camera follows the character** : 카메라는 탐험가를 따라가며 캐릭터의 동작에 집중하게 하려는 의도입니다.
3. **as rain begins to fall** : 비가 내리기 시작하는 순간을 묘사합니다.

TIP 예제에서는 클링 1.6 버전을 사용하고, 스탠다드 모드를 사용했으며, 영상 시간은 5초로 고정하였습니다.

04 AI가 영상을 생성하기 시작하며 잠시 기다리면 영상이 생성됩니다. 생성된 영상을 확인하고 '다운로드' 아이콘( )을 클릭하여 영상을 저장합니다.

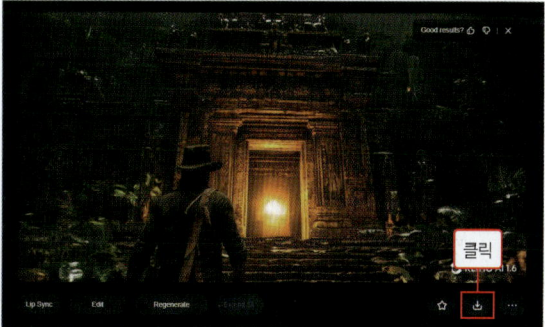

TIP 영상이 의도대로 생성되지 않았다면 〈Regenerate〉 버튼을 클릭하여 다시 생성합니다.

02 신비한 유적 내부 영상화하기

카메라의 초점이나 움직임 주변의 물리적 변화 등 세부적인 요소를 추가해 프롬프트를 신비로운 느낌을 추가한 영상을 제작하겠습니다.

01 계속해서 신비한 유적 내부 장면을 영상화하겠습니다. 04 폴더에서 '장면2.png' 파일을 불러오고 프롬프트 입력창에 영상의 연출과 관련된 내용을 입력한 다음 〈Generate〉 버튼을 클릭합니다.

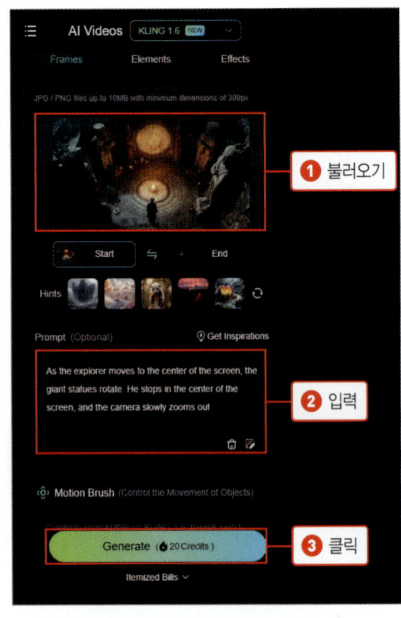

프롬프트 As the explorer moves to the center of the screen, the giant statues rotate. Zoom out

한글 번역 탐험가가 화면 중앙으로 이동하면서, 거대한 동상들이 회전합니다. 줌 아웃

입력 팁
1. **As the explorer moves to the center of the screen** : 탐험가가 화면의 중앙으로 이동함으로써 화면의 초점이 그에게 맞춰지고, 화면의 시각적 중심이 형성됩니다.
2. **The giant statues rotate** : 거대한 동상의 회전은 물리적 변화나 신비한 힘의 작용을 시각적으로 표현합니다.
3. **Zoom out** : 장면의 규모를 확장시켜, 화면에 더 많은 정보나 의미를 부여합니다.

02 AI가 영상을 생성하기 시작하며 잠시 기다리면 영상이 생성됩니다. 생성된 영상을 확인하고 '다운로드' 아이콘( )을 클릭하여 영상을 저장합니다.

03 유적지의 비밀 풀기 영상화하기

시점과 강조될 부분을 프롬프트에 세부적으로 작성하면 원하는 부분을 시각적으로 강조할 수 있습니다. 장면에 강조할 부분을 설정해 1인칭 시점의 비밀스러운 영상을 제작하겠습니다.

01 유적지의 비밀 풀기 내부 장면을 영상화하겠습니다. 04 폴더에서 '장면 3.png' 파일을 불러오고 프롬프트 입력창에 영상의 연출과 관련된 내용을 입력한 다음 〈Generate〉 버튼을 클릭합니다.

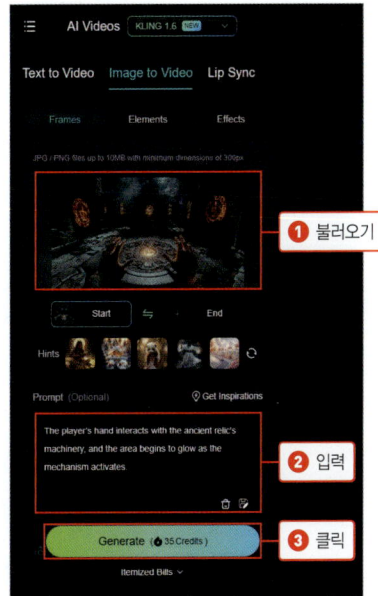

프롬프트 The player's hand interacts with the ancient relic's machinery, which activates on its own, rotating as the area begins to glow

한글 번역 사용자의 손이 고대 유물의 기계장치와 상호작용하며, 기계장치는 스스로 활성화되어 회전하기 시작하고, 그 지역이 빛나기 시작합니다.

입력 팁
1. **The player's hand interacts with the ancient relic's machinery** : 1인칭 시점으로, 사용자의 손이 중요한 역할을 합니다. 이는 사용자가 직접적인 상호작용을 한다는 것을 강조합니다.
2. **Which activates on its own** : 기계 자체의 고유한 작동 원리나 신비로운 힘에 의해 활성화된다는 점을 강조합니다.
3. **The area begins to glow** : 빛이 점차적으로 나타나며, 뭔가 중요한 일이 일어나기 시작하는 것을 시각적으로 강조합니다.

02 잠시 기다리면 AI가 영상을 생성하기 시작합니다. 생성된 영상을 확인하고 '다운로드' 아이콘(⬇)을 클릭하여 영상을 저장합니다.

04 보물 발견과 배신자 등장 영상화하기

인물이 어떤 시점에 의도를 드러내는지 세부적으로 설정할 수 있습니다. 이미지에 있는 인물과 배경 등을 분석하여 원하는 순간을 포착한 영상을 제작하겠습니다.

01 전설의 유물인 보물을 발견하고 배신자가 등장하는 장면을 영상화하겠습니다. 04 폴더에서 '장면4.png' 파일을 불러오고 프롬프트 입력창에 영상의 연출과 관련된 내용을 입력한 다음 〈Generate〉 버튼을 클릭합니다.

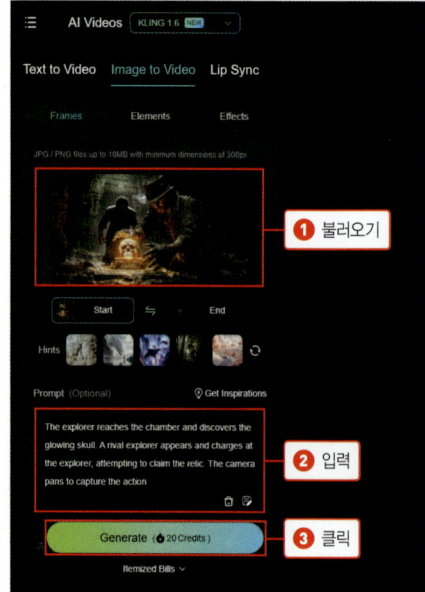

프롬프트
The explorer reaches the chamber and discovers the glowing skull. A rival explorer appears, revealing their intention to claim the relic. The camera pans to capture the moment

한글 번역 탐험가는 방에 도달하여 빛나는 해골을 발견합니다. 그러던 중 라이벌 탐험가가 나타나 유물을 차지하려는 의도를 드러냅니다. 카메라는 그 순간을 포착하기 위해 패닝합니다.

입력 팁
1. **The explorer reaches the chamber and discovers the glowing skull** : 탐험가가 고대의 유물이 있는 방에 도달하고, 빛나는 해골을 발견하는 순간입니다.
2. **revealing their intention to claim the relic** : 라이벌 탐험가가 등장하여 유물을 차지하려는 의도를 드러내는 순간입니다.
3. **The camera pans to capture the moment** : 그 순간을 포착하기 위해 카메라가 패닝하는 장면입니다.

02 실행하면 AI가 영상을 생성하기 시작합니다. 잠시 기다리면 영상이 생성됩니다. 완료된 후 영상을 확인하고 '다운로드' 아이콘(⬇)을 클릭하여 영상을 저장합니다.

05 급류 보트 추격전 영상화하기

추격전은 긴박함과 위험한 상황을 암시해야 합니다. 무기의 효과나 붕괴하는 등 주변 요소들을 활용하여 긴장감을 주는 추격전 영상을 만들어 보겠습니다.

01 급류 보트 추격전 장면을 영상화하겠습니다. 04 폴더에서 '장면 5.png' 파일을 불러오고 프롬프트 입력창에 영상의 연출과 관련된 내용을 입력한 다음 〈Generate〉 버튼을 클릭합니다.

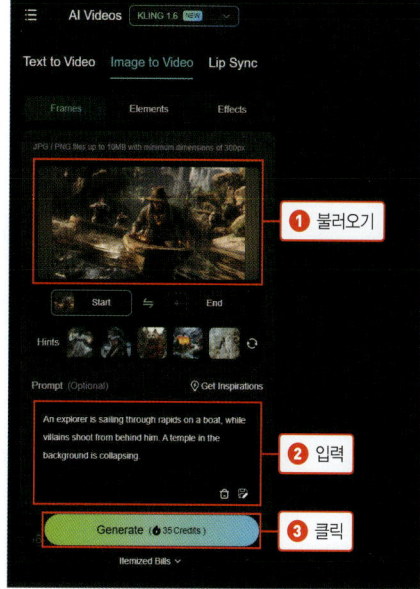

프롬프트
An explorer is sailing through rapids on a boat, while villains shoot from behind him. A temple in the background is collapsing

한글 번역 탐험가는 보트를 타고 급류를 항해하고 있으며, 그 뒤에서 악당들이 쏘고 있습니다. 배경에서는 사원이 붕괴하고 있습니다.

입력 팁
1. An explorer is sailing through rapids on a boat : 탐험가가 보트를 타고 급류를 항해합니다.

2. while villains shoot from behind him : 탐험가를 추격하는 악당들이 뒤에서 총을 쏘고 있어, 긴박한 추격전과 위험한 상황을 암시합니다.

3. A temple in the background is collapsing : 사원의 붕괴는 배경에서 발생하는 큰 사건으로, 상황의 위기감을 더욱 강조합니다.

02 실행하면 AI가 영상을 생성하기 시작합니다. 잠시 기다리면 영상이 생성됩니다. 완료된 후 영상을 확인하고 '다운로드' 아이콘(⬇)을 클릭하여 영상을 저장합니다.

SECTION
22.

● 완성파일 : 04\사운드 폴더

어드벤처 게임의 배경 음악과
효과음 생성하기

각 장면에 맞는 영상을 얻었다면, 배경 음악와 효과음을 생성하여 추가해야 합니다. 이번 예제에서는 수노(SUNO)를 통해 어드벤처 게임에 맞는 배경 음악을, 일레븐랩스(Elevenlabs)에서는 장면에 맞는 효과음을 제작해 보겠습니다.

01 수노로 어드벤처 게임 배경 음악 생성하기

대표적인 음악 생성 도구 중 하나인 수노(SUNO)를 활용하면, 원하는 스타일과 분위기에 맞는 배경 음악을 손쉽게 만들어 낼 수 있습니다. 수노에서는 텍스트 프롬프트를 입력하면 AI가 이를 분석하여 자동으로 음악을 생성해 줍니다. 이를 통해 위대한 모험에 어울리는 배경 음악을 만들어 보겠습니다.

01 웹브라우저에서 'suno.com'을 입력하여 수노 사이트에 접속하고 회원가입을 진행하여 로그인합니다. 음악을 제작하기 위해서 왼쪽 메뉴의 〈Create〉 버튼을 클릭합니다.

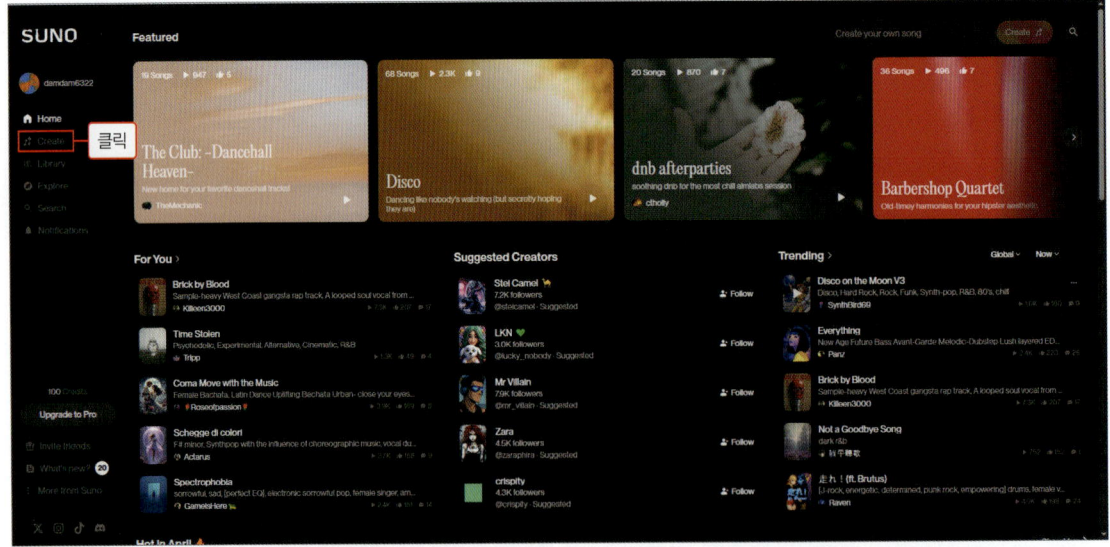

TIP 수노는 Credits를 이용하여 음악을 생성할 수 있습니다. 무료 버전에서는 하루에 50 Credits를 사용할 수 있는데, 음악을 한 번 생성할 때 10credits가 차감되며 한 번에 2곡이 생성됩니다.

02 가사를 직접 입력하거나 세부 내용을 작성해 목소리(Voice)가 들어간 음악도 생성할 수 있지만, 예제에서는 음성이 없는 배경 음악을 제작하겠습니다. Custom을 선택하고 'Instrumental'을 클릭하여 활성화해 배경 음악을 제작할 설정으로 변경합니다.

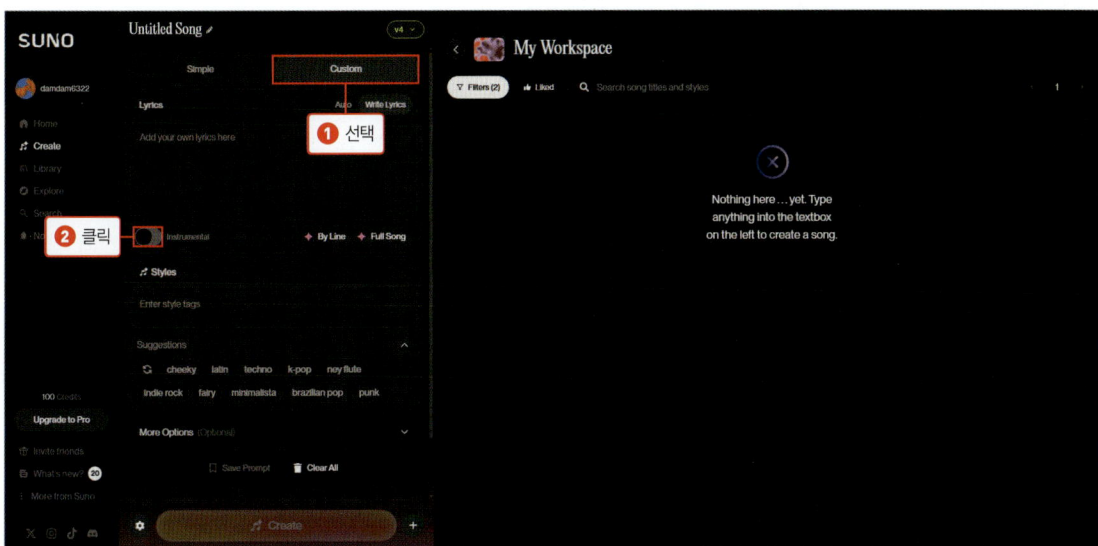

03 이제 Styles에 만들고자 하는 음악의 특징들을 프롬프트로 작성해 자세히 입력합니다. 간단한 단답으로도 음악을 생성할 수 있지만, 수노는 장르와 스타일, 원하는 악기나 템포 등을 입력하면 더 높은 퀄리티의 맞춤형 음악을 만들어 줍니다. 작성이 완료되면 〈Create〉 버튼을 클릭합니다.

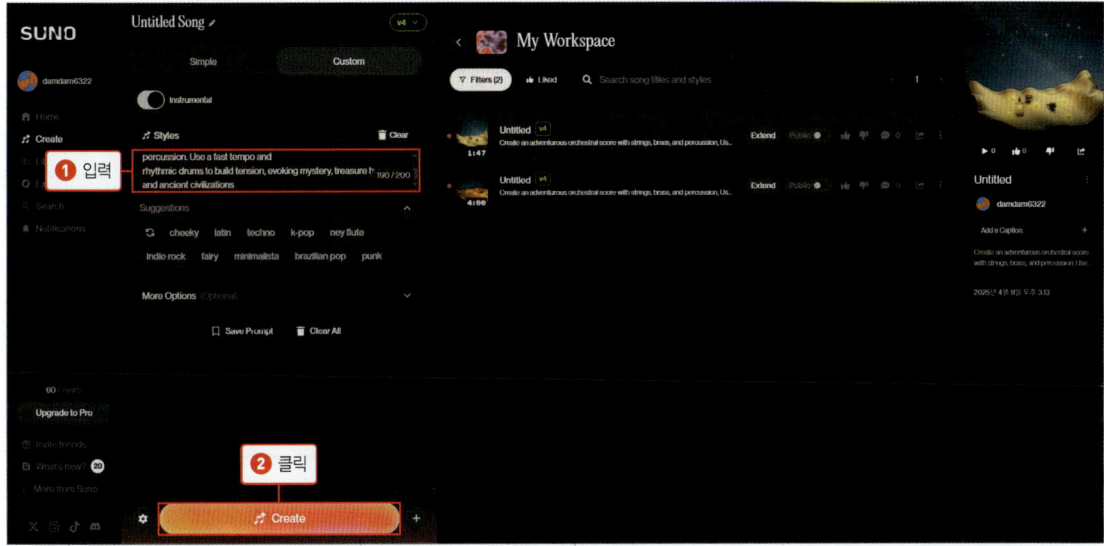

프롬프트 Create an adventurous orchestral score with strings, brass, and percussion. Use a fast tempo and rhythmic drums to build tension, evoking mystery, treasure hunting, and ancient civilizations

한글 번역 현악기, 금관악기, 타악기를 사용한 모험적인 오케스트라 곡. 중간 템포로 리듬감 있는 타악기로 긴장감을 조성하며, 신비로움, 보물찾기, 고대 문명을 떠올리게 합니다.

입력 팁 1. **Create an adventurous orchestral score** : 모험적인 오케스트라 곡을 생성합니다.
2. **With strings, brass, and percussion** : 현악기, 금관악기, 타악기를 사용합니다.
3. **Use a moderate tempo** : 중간 템포의 리듬입니다.
4. **And rhythmic drums to build tension** : 리듬감 있는 타악기로 긴장감을 조성합니다.
5. **Evoking mystery, treasure hunting and ancient civilizations** : 신비로움, 보물찾기, 고대 문명 느낌을 표현합니다.

TIP 프롬프트는 영어와 한글로 둘 다 가능하며 입력할 때 200자 아래로 작성해야 합니다.

04 긴장감 넘치는 오케스트라 곡 2개가 커버 이미지와 함께 만들어졌으며, 음악을 재생하여 다운로드하기 전에 미리 들어볼 수 있습니다. 또한, 생성된 음악을 선택하여 상세 화면에서 더 자세하게 확인할 수도 있습니다.

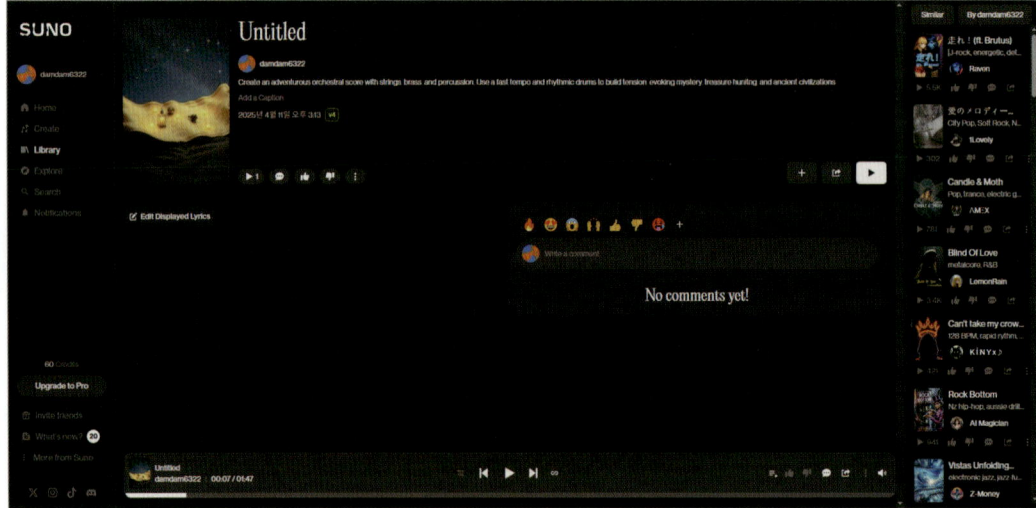

05 생성된 노래들을 들어보고 트레일러 영상에 어울리는 스타일의 곡을 선택하여 저장합니다. 해당 곡에서 마우스 오른쪽 버튼을 클릭한 다음 **Download → MP3 Audio**를 실행하여 다운로드 하여 사용할 수 있습니다.

02 일레븐랩스로 어드벤처 게임 효과음 생성하기

일레븐랩스를 활용하면 텍스트 기반으로 자연스럽고 사실적인 음성 및 효과음을 생성할 수 있습니다. 게임, 영상, 애니메이션 등 다양한 콘텐츠에 맞춰 음성의 톤, 속도, 감정 등을 조정하여 고품질의 오디오 콘텐츠를 쉽게 제작할 수 있습니다.

01 효과음을 생성하기 위해 웹브라우저에 'elevenlabs.io'를 입력하여 일레븐랩스 사이트에 접속하고 〈Get Started Free〉 버튼을 클릭합니다.

TIP 일레븐랩스는 무료로 제공되며, 매달 10,000자(약 10분)의 오디오를 생성할 수 있습니다. 하지만 상업적 이용을 원하면 유료 구독이 필요합니다.

02 왼쪽 메뉴에서 (Sound Effects(사운드 효과))를 선택하여 효과음 화면으로 이동합니다.

03 기본값을 설정하기 위해 시간을 설정할 수 있는 버튼을 클릭하여 표시되는 Duration을 '5.0s'로 조절하고 프롬프트의 영향력을 설정할 수 있는 버튼을 클릭하여 Prompt Influence를 '50%'로 조절하여 효과음 생성의 기본 설정을 완료합니다.

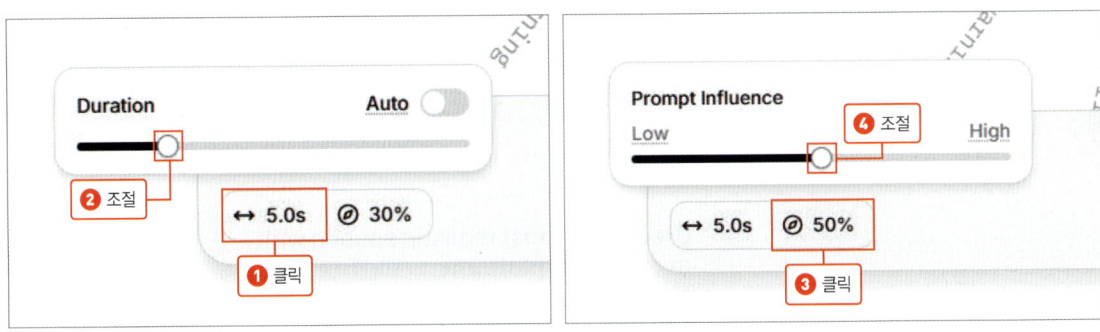

04 프롬프트 입력창에 장면 1의 효과음을 참고할 수 있는 내용을 입력하고 〈Generate〉 버튼을 클릭합니다.

▲ 장면 1 이미지

프롬프트	On a rainy night, an explorer is entering the ruins deep in a mysterious forest
한글 번역	비 오는 밤, 신비한 숲속 유적지 앞에서 탐험가가 들어가고 있다.

05 그림과 같이 4개의 효과음 결과물이 생성됩니다. '재생' 아이콘(▶)을 클릭하면 결과물을 미리 들을 수 있으며, '다운로드' 아이콘(⬇)을 클릭하여 다운로드할 수 있습니다. 예제에서는 'Sample 1' 효과음을 다운로드하였습니다.

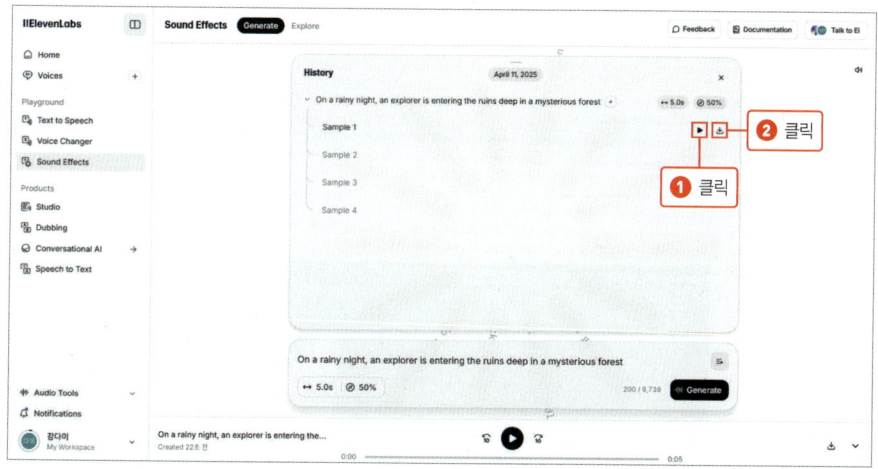

06 배경 소리는 잘 생성되었으나, 탐험가의 발자국 소리가 생성되지 않았습니다. 따라서 프롬프트를 수정하여 다시 입력하고 〈Generate〉 버튼을 클릭합니다.

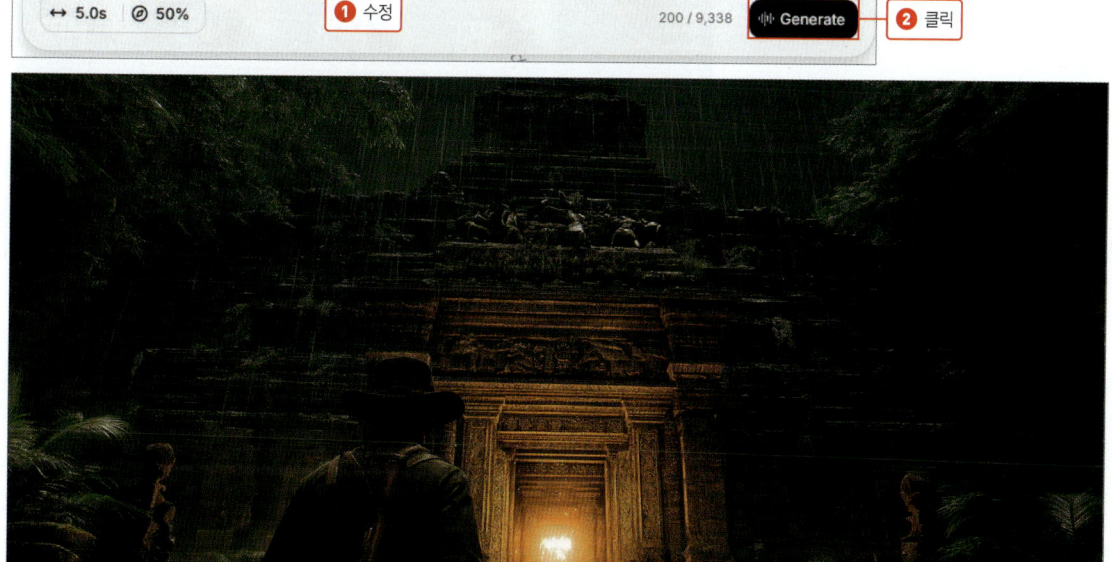

▲ 장면 1 이미지

프롬프트 The sound of a male explorer's footsteps walking through the grass in the forest

한글 번역 숲속에서 남자 탐험가가 풀숲을 걷는 발자국 소리

07 숲을 걷는 묵직한 발자국 사운드가 4개 생성되었습니다. 원하는 효과음의 '다운로드' 아이콘(⬇)을 클릭하여 다운로드합니다. 예제에서는 'Sample 4' 효과음을 다운로드하였습니다.

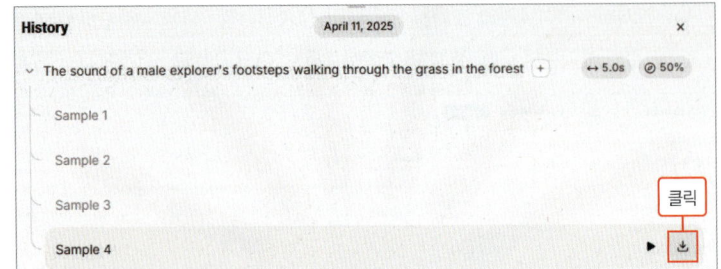

08 PC의 다운로드 폴더에 효과음이 저장된 것을 확인합니다.

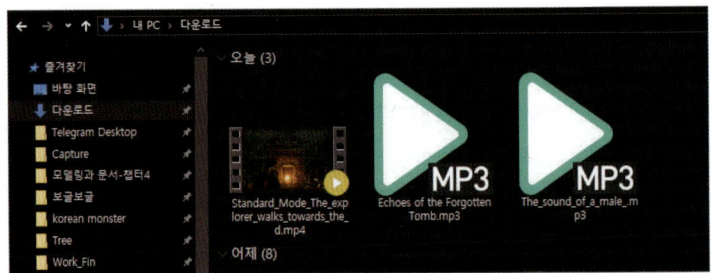

09 같은 방법으로 각각의 장면에 어울리는 효과음을 생성합니다. 프롬프트를 입력하고 원하는 효과음을 다운로드하여 마무리합니다.

TIP 예제에서 사용된 사운드는 04 폴더의 사운드 폴더에서 확인하세요.

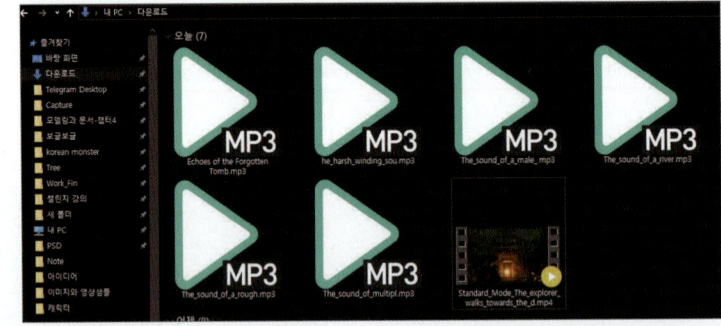

장면 2 프롬프트	The sound of a male explorer's footsteps walking on the stone floor inside the ruins

한글 번역	유적지 실내에서 남자 탐험가가 돌바닥을 걷고 있는 발자국 소리

장면 3 프롬프트	The harsh winding sound of an ancient mechanical artifact, echoing indoors

한글 번역	고대 기계유물이 작동되는 거친 태엽소리, 실내에서 울리는 소리

장면 4 프롬프트	The sound of a rough man approaching while shouting

한글 번역	거친 남자가 소리를 지르며 다가오는 소리

장면 5 프롬프트	1. The sound of a river flowing while riding a boat through a rough canyon 2. The sound of multiple pursuers firing rifles outdoors

한글 번역	1. 거친 계곡에서 보트를 타고 있는 강물 소리 2. 여러 추격자가 야외에서 장총을 쏘는 소리

● 예제파일 : 04\게임트레일러 리소스 폴더   ● 완성파일 : 04\게임트레일러_완성.mp4

SECTION 23.

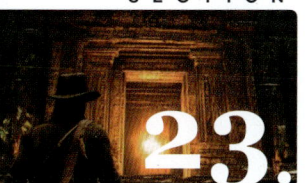

캡컷에서 어드벤처 게임 트레일러 영상 편집하기

캡컷(CapCut)을 활용해 여러 개의 영상 클립, 이미지, 음악 등을 조합하고 편집하여 하나의 완성된 영상으로 만들겠습니다. 이를 통해 자르기, 전환 효과, 텍스트 삽입, 음악 추가 등 다양한 기능을 사용하여 자연스럽고 완성도 높은 영상을 제작할 수 있습니다.

01 어드벤처 게임 영상과 음원 소스 불러오기

캡컷에서 필요한 영상과 음원 소스를 불러오는 방법을 살펴보겠습니다.

01 웹브라우저에서 'www.capcut.com'을 입력하여 캡컷 사이트에 접속하고 로그인한 다음 〈＋ 새로 만들기〉 버튼을 클릭합니다.

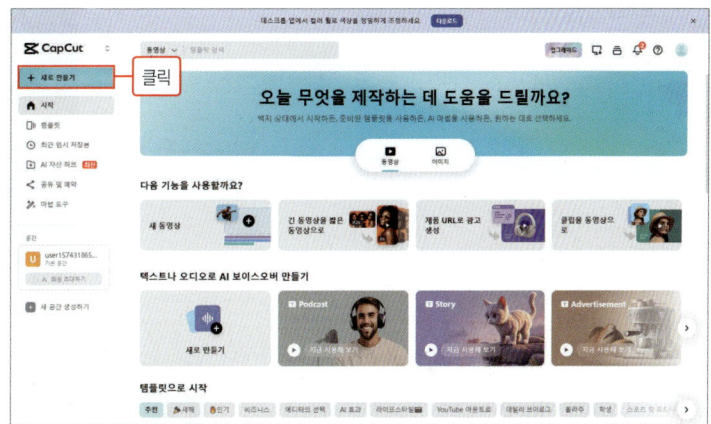

02 동영상에서 영상의 비율을 선택할 때, 화면 비율이 '16:9'인 옵션을 선택합니다. 이 비율은 소스 영상에 맞는 해상도를 선택합니다. 예제에서는 '16:9'를 선택하였습니다.

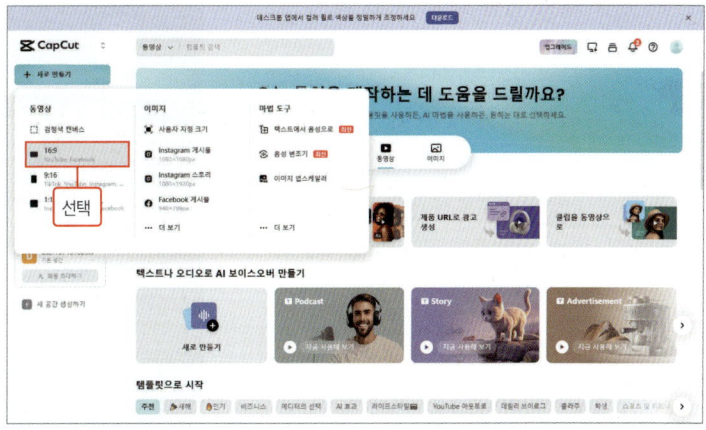

TIP 16:9 비율은 대부분의 영상 콘텐츠에 적합하며, 다양한 장치에서 잘 표시됩니다.

03 영상을 편집할 수 있는 프로젝트(space)가 생성되며, 작업화면이 변경됩니다. 이곳에서 영상 리소스와 사운드 등을 불러와 편집할 수 있습니다. (미디어) 메뉴의 〈업로드〉 버튼을 클릭하고 폴더 채로 업로드하여 사용하기 위해 '폴더 업로드'를 선택합니다.

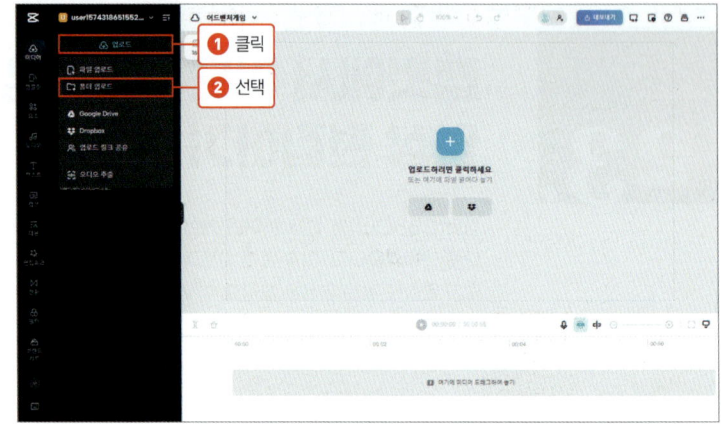

04 업로드할 폴더 선택 대화상자가 표시되면 04 폴더에서 '게임 트레일러 리소스' 폴더를 선택하고 〈업로드〉 버튼을 클릭합니다.

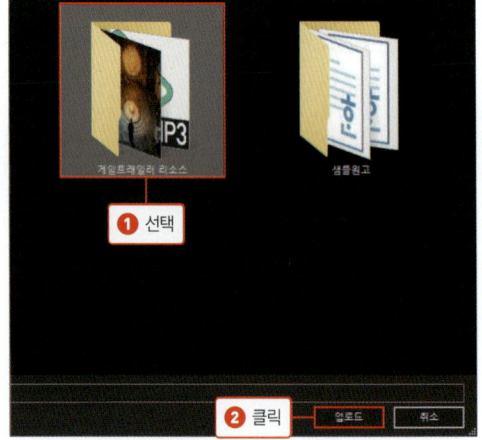

05 (미디어) 메뉴에 업로드한 폴더가 표시됩니다. 폴더를 클릭하면 세부 목록이 표시되며, 필요한 파일을 선택할 수 있습니다.

02 보물 발견과 배신자 등장 영상화하기

인물이 어떤 시점에 의도를 드러내는지 세부적으로 설정할 수 있습니다. 이미지에 있는 인물과 배경 등을 분석하여 원하는 순간을 포착한 영상을 제작하겠습니다.

01 〔미디어〕 메뉴에서 '장면1.mp4' 파일을 타임라인으로 드래그하여 배치합니다.

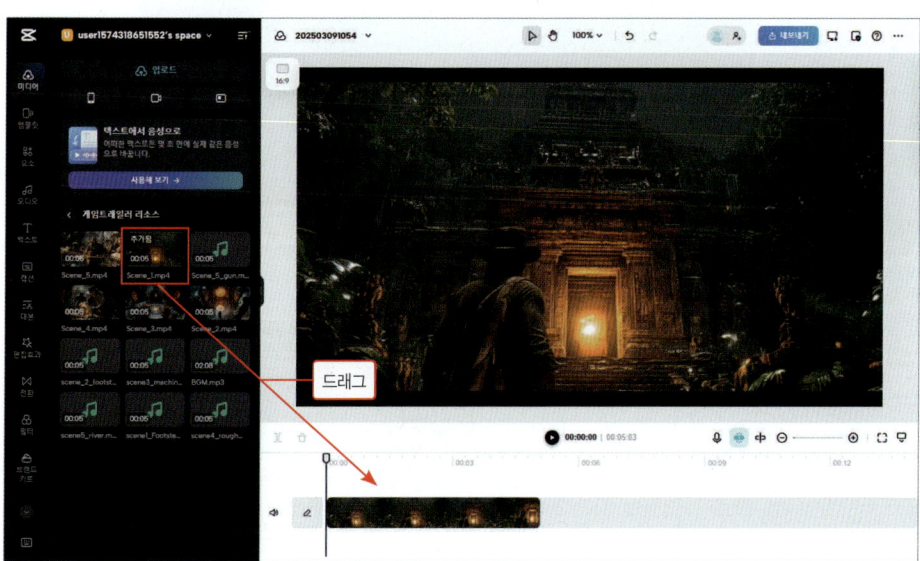

TIP 〔미디어〕 메뉴에서 파일을 선택해도 타임라인에 배치됩니다.

02 같은 방법으로 장면 2부터 장면 5까지 타임라인에 드래그하여 순서대로 배치합니다. 전체 영상의 길이가 '25초'인 것을 확인하고 미리 보기 위해 '재생' 아이콘(▶)을 클릭하거나 Spacebar를 누릅니다.

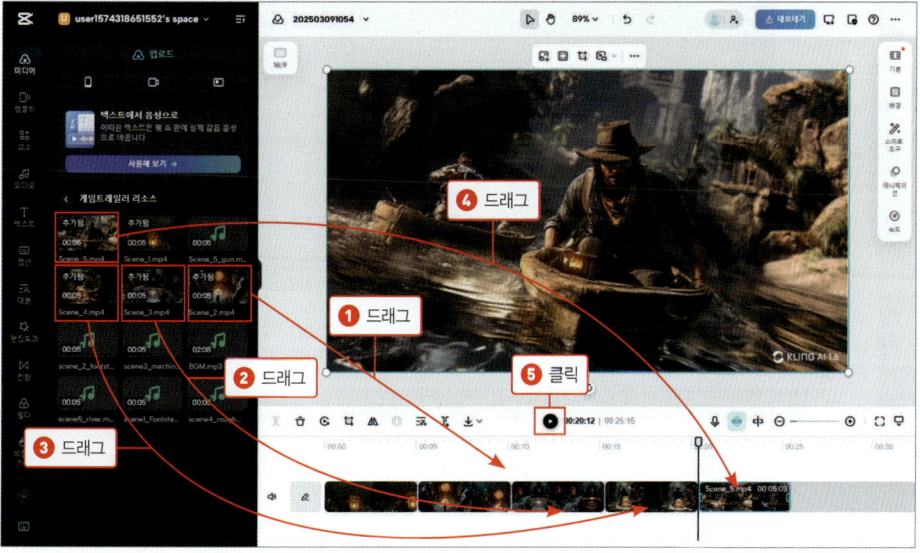

TIP 영상을 배치한 이후로도 계속해서 드래그하면서 위치를 수정할 수 있습니다.

03 영상과 영상 사이의 급격한 장면 전환을 부드럽게 수정하기 위해 (전환) 메뉴를 선택하고 스크롤을 내려 기본 항목의 '모두 보기'를 클릭합니다.

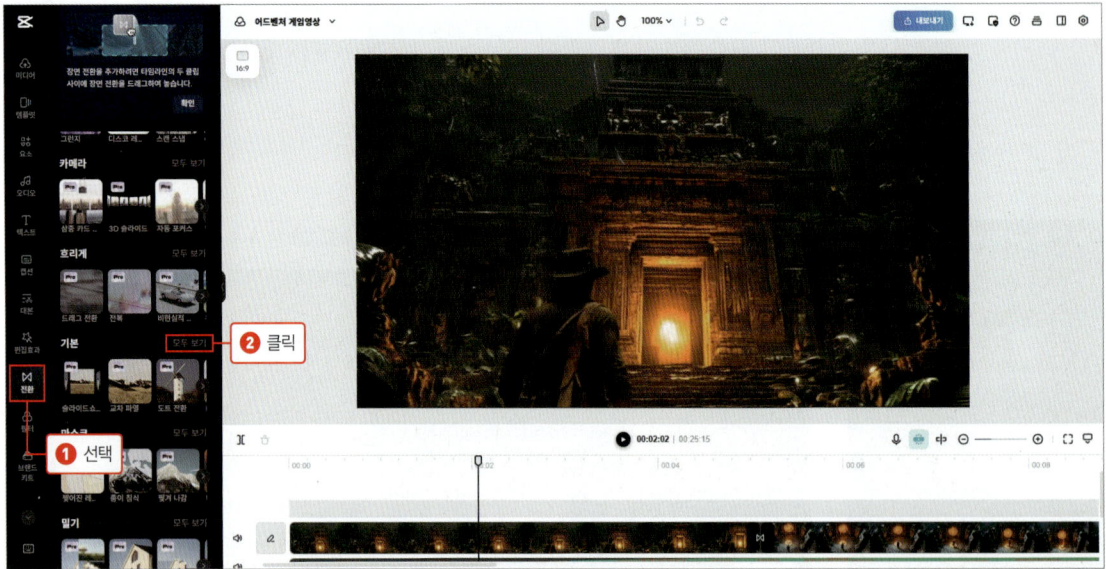

TIP 'Pro'로 표시된 부분은 유료 기능이므로, 무료 도구를 사용합니다.

04 영상 콘셉트가 어두운 분위기이므로 '네거티브' 효과를 사용하겠습니다. 이 효과를 타임라인에 있는 클립 중, 적용할 두 클립 사이에 드래그하여 적용합니다. 두 클립 사이에 장면 전환이 추가되었으며, 화면 오른쪽에 (기본) 메뉴에서 전환 효과의 전체 지속시간을 설정합니다.

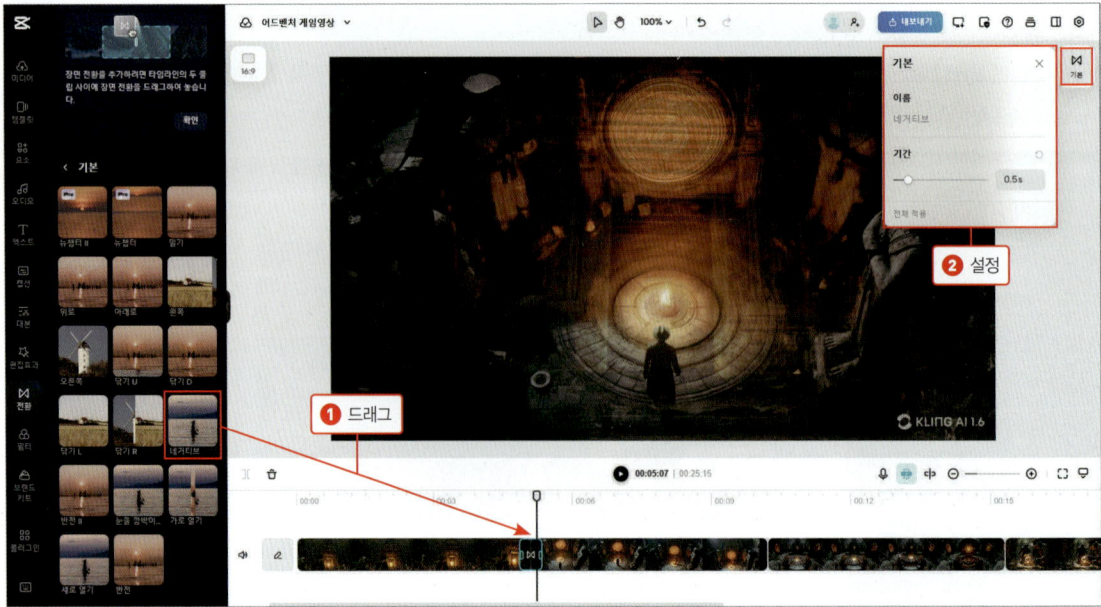

05 영상을 재생해 보면 장면 전환이 자연스럽게 적용된 것을 확인할 수 있습니다. 같은 방법으로 다른 장면에도 각 클립 사이에 전환 효과를 드래그하여 적용하고, 마지막 장면에서는 극적인 연출을 위해 글리치 항목의 '블록' 효과를 적용하였습니다.

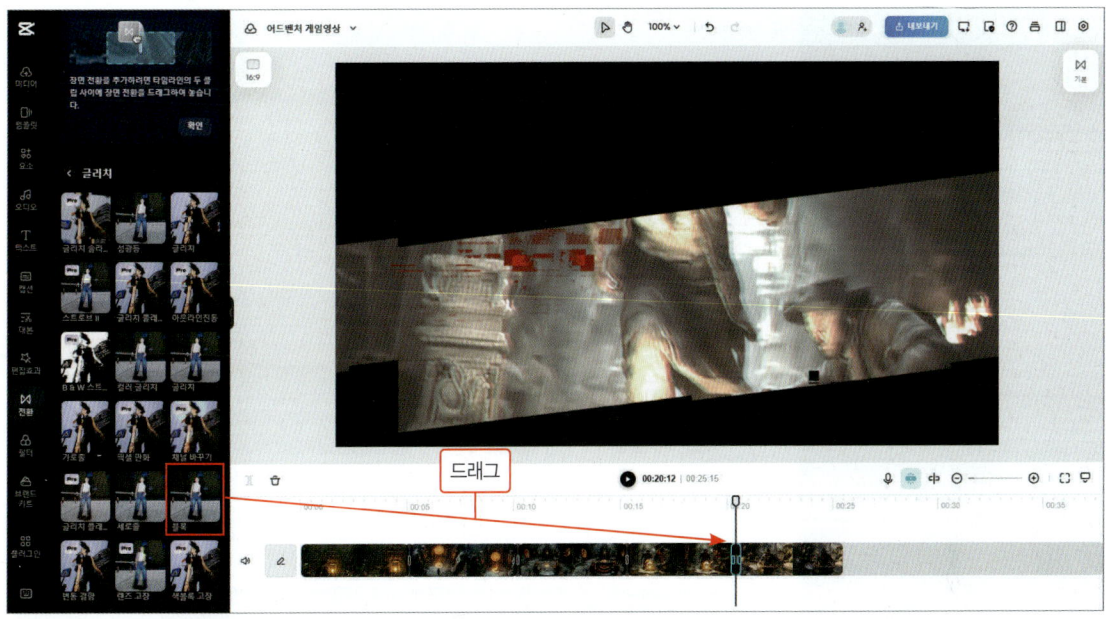

TIP 글리치 효과는 긴장감이나 극적인 전환을 강조할 때 효과적입니다. 특히 마지막 장면에 '블록' 효과를 사용하면 강한 인상과 몰입감을 줄 수 있으며, 강조가 필요한 순간에 제한적으로 활용하는 것이 좋습니다.

03 영상에 배경 음악과 효과음 적용하기

영상의 컷 배치와 효과 적용이 마무리되면, 장면에 맞추어 배경 음악과 효과음을 적용해야 합니다. 만들어 놓은 음원 파일들을 추가하여 편집을 진행해 보겠습니다.

01 [미디어] 메뉴를 선택하고 04 폴더의 사운드 폴더에서 원하는 BGM 파일을 타임라인으로 드래그하여 추가합니다.

02 '재생' 아이콘(▶)을 클릭하거나 Spacebar를 눌러 영상을 재생하면 영상과 함께 BGM이 적용된 것을 확인할 수 있습니다. 다만, 배경 음악의 길이가 영상보다 길기 때문에 조정해야 합니다. 먼저 음악이 끝나는 부분을 영상의 끝에 맞추기 위해 재생 헤드(Playhead)를 '00:35:24'로 이동하고 '분할' 아이콘(I)을 클릭합니다.

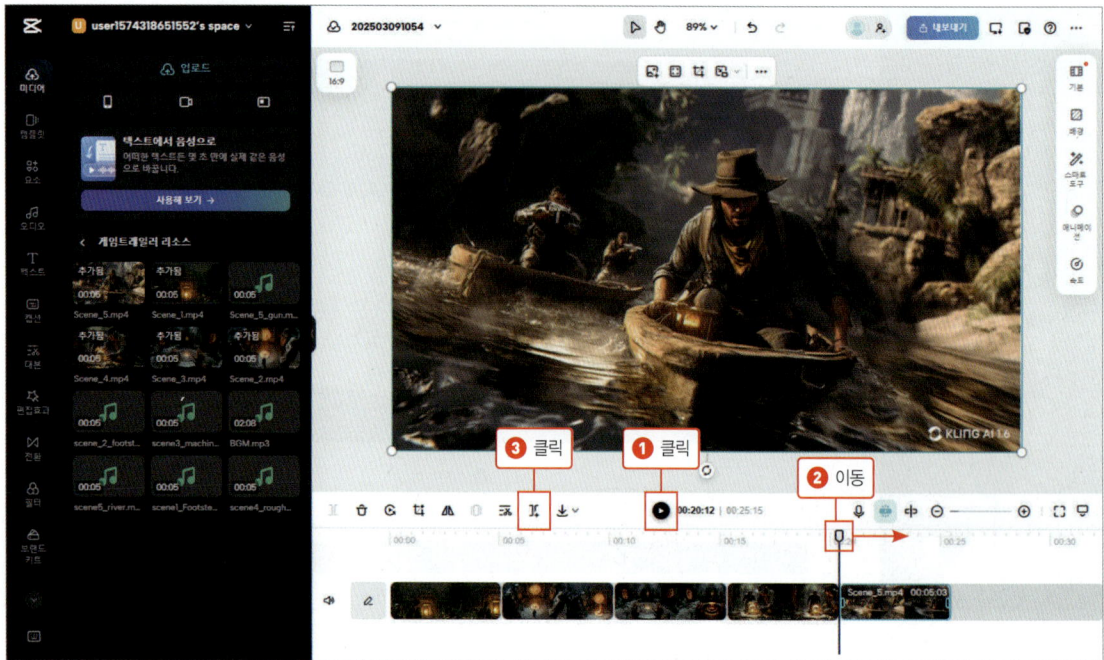

TIP 편집에서의 분할 기능(Split 또는 Cut)은 영상이나 오디오 클립을 원하는 지점에서 나누는 작업을 말합니다. 이 기능은 영상 편집의 가장 기본적이면서도 핵심적인 기능 중 하나입니다. 자주 사용하는 기능이므로 캡컷에서는 Ctrl + B를 눌러 활용하면 더욱 빠르게 적용할 수 있습니다.

03 분할된 뒷부분 클립을 선택하고 Delete를 눌러 삭제합니다.

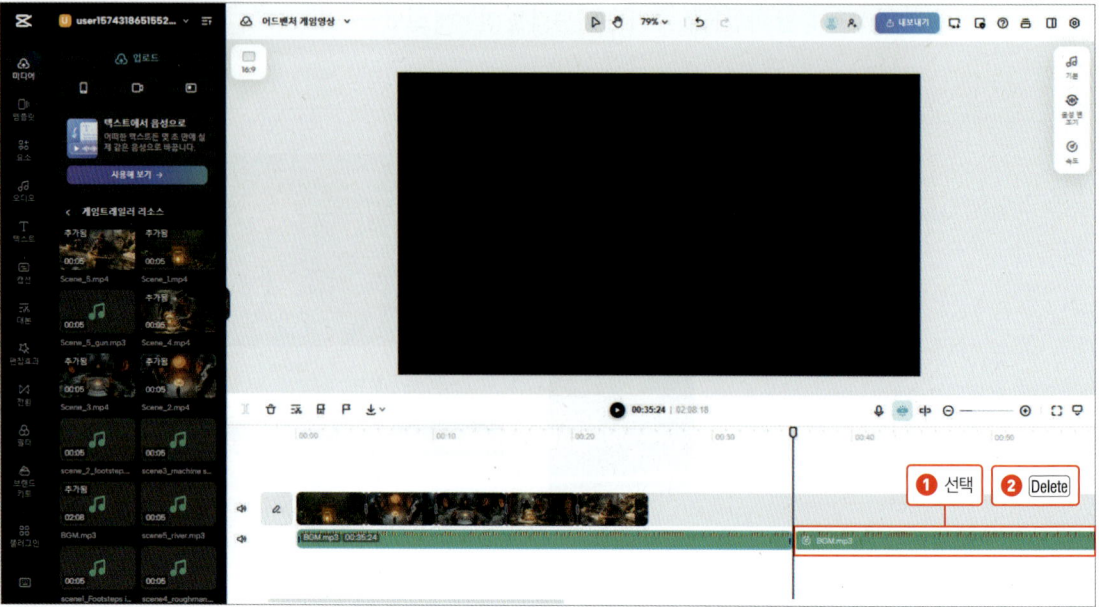

04 BGM 클립의 앞부분을 드래그하여 25초에 맞춘 다음 클립을 끝부분에 맞춰 이동해 영상에 길이를 맞춥니다.

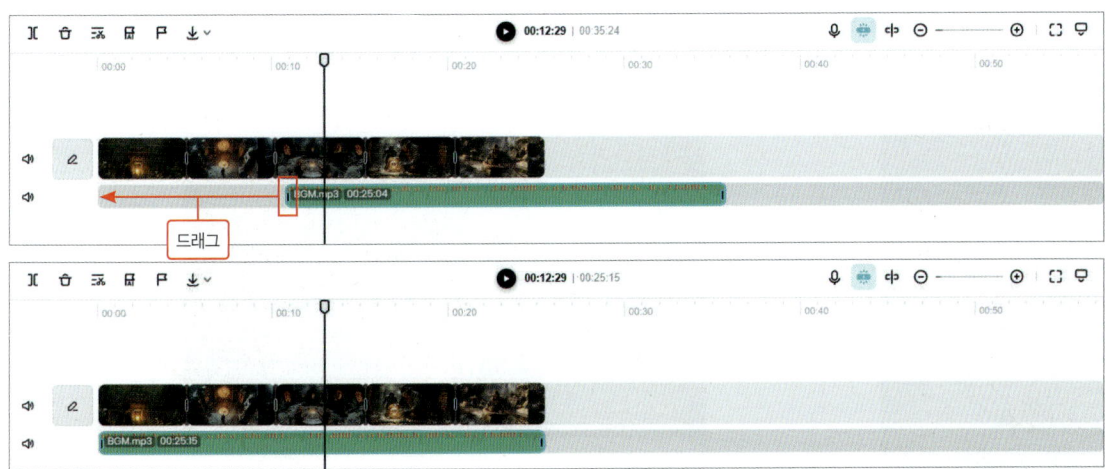

05 시작 부분에서 배경 음악이 점차 커지도록 설정하기 위해 BGM 클립을 선택하고 오른쪽에 있는 (기본) 메뉴에서 페이드 인/아웃 항목에 페이드 인 지속시간을 '5.5s'로 설정합니다. 같은 방법으로 음악의 끝부분에도 페이드 아웃을 적용하여 더욱 자연스러운 마무리를 합니다.

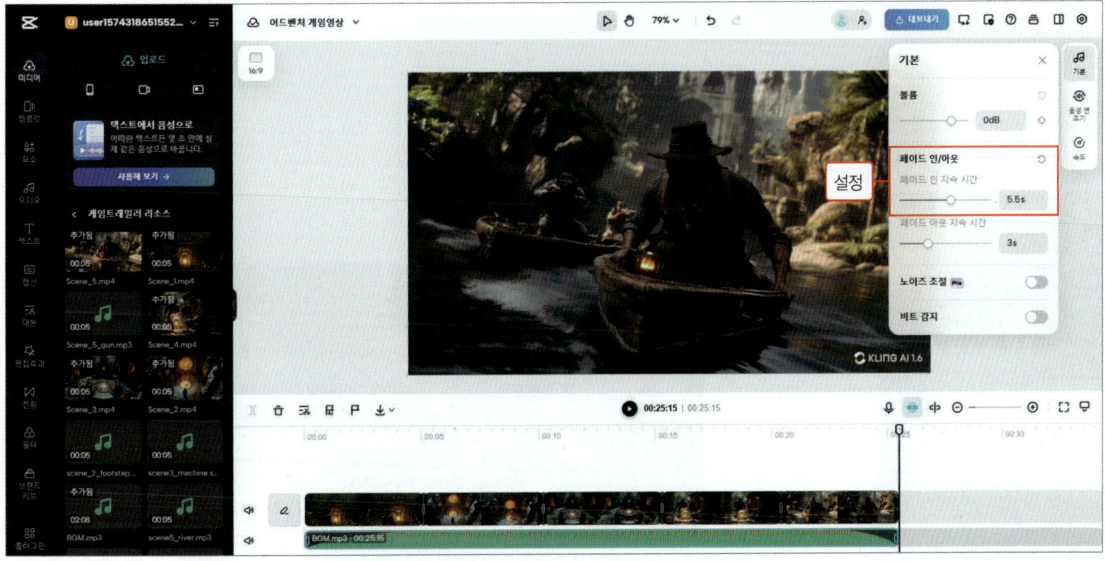

> **NOTE**
> 페이드 인(Fade In)과 페이드 아웃(Fade Out)은 영상, 영화, 애니메이션, 게임 등에서 자주 사용되는 전환(Transition) 기법입니다. 부드러운 장면 전환이나 감정 표현, 시간 흐름 등을 시각적으로 전달할 때 효과적으로 사용됩니다.
> - **페이드 인** : 화면이 검은색이나 투명한 상태에서 점차 밝아지며 장면이 나타나는 효과입니다. 주로 영상의 시작이나 새로운 장면 도입에 사용되며, 부드러운 분위기 연출이나 시간, 공간 전환에 효과적입니다.
> - **페이드 아웃** : 현재 장면이 점점 어두워지며 사라지는 전환 기법입니다. 영상의 마무리나 감정의 여운을 남길 때 자주 사용되며, 다음 장면으로의 부드러운 전환을 도와줍니다.

06 계속해서 효과음도 추가하여 적용하겠습니다. 효과음은 배경 음악을 추가하는 방법과 동일하지만, 짧은 사운드 파일이므로 영상의 흐름에 맞춰 적절하게 배치하는 것이 중요합니다. (미디어) 메뉴에서 장면 1에 맞는 발자국 사운드를 타임라인으로 드래그하여 추가합니다.

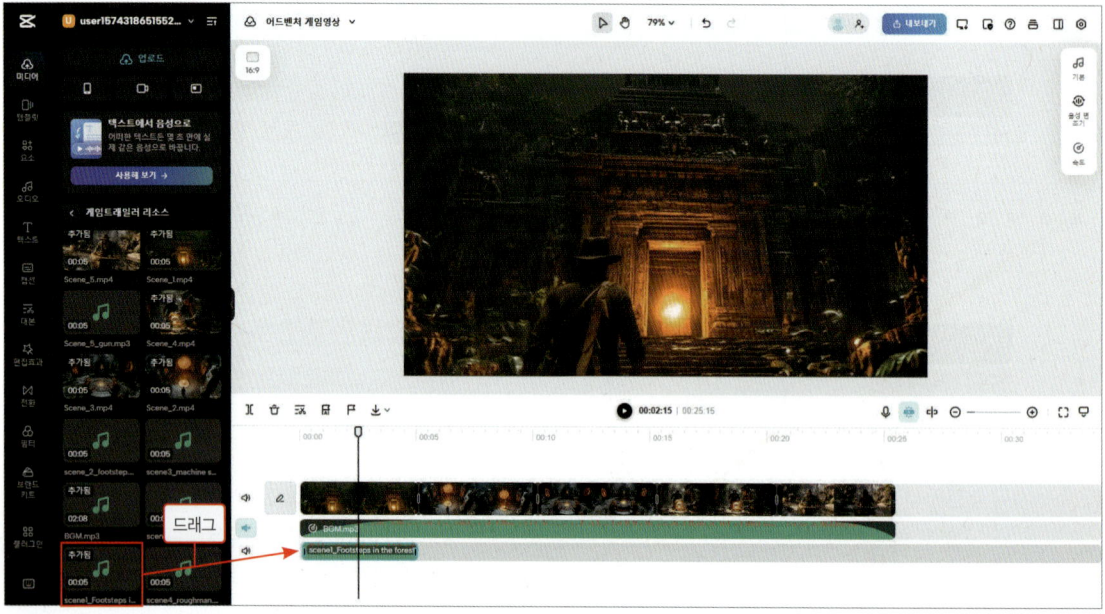

TIP 이때, BGM이 방해될 수 있으므로 '🔊' 아이콘을 클릭하여 잠시 음소거하는 것이 좋습니다.

07 같은 방법으로 영상에 맞게 효과음의 길이와 위치를 수정합니다. 타이밍을 맞춰 자연스러운 흐름을 만듭니다.

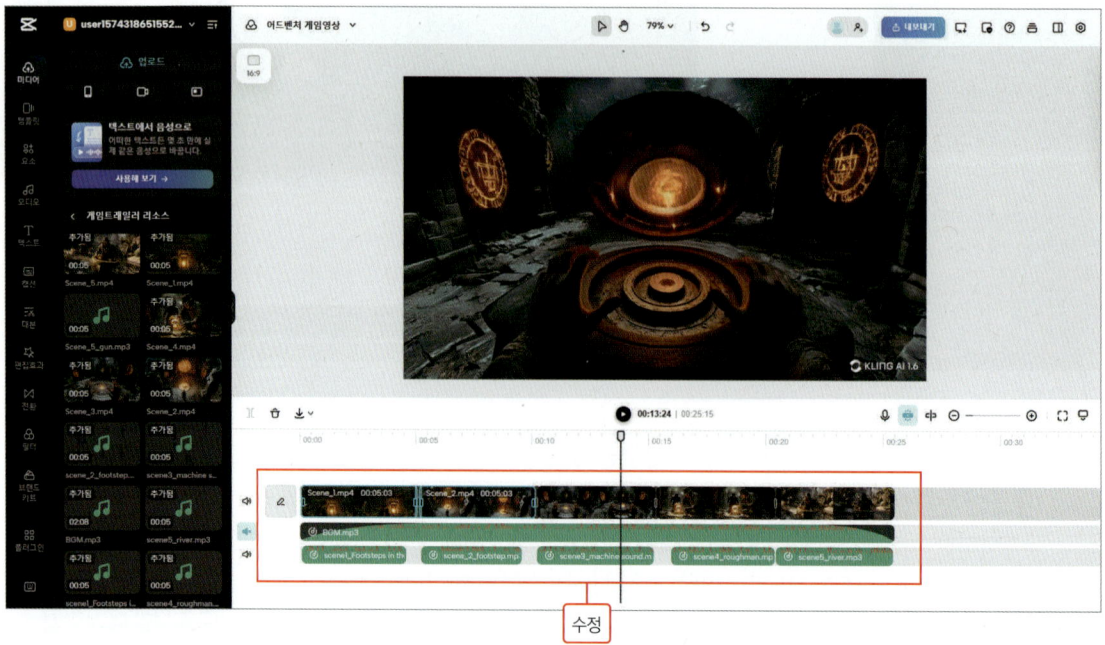

08 장면 5의 경우, 물소리와 총소리가 중복으로 사용되므로 발포 사운드는 물소리 아래로 배치하여 두 음원이 충돌하지 않도록 조정하여 편집을 마무리합니다.

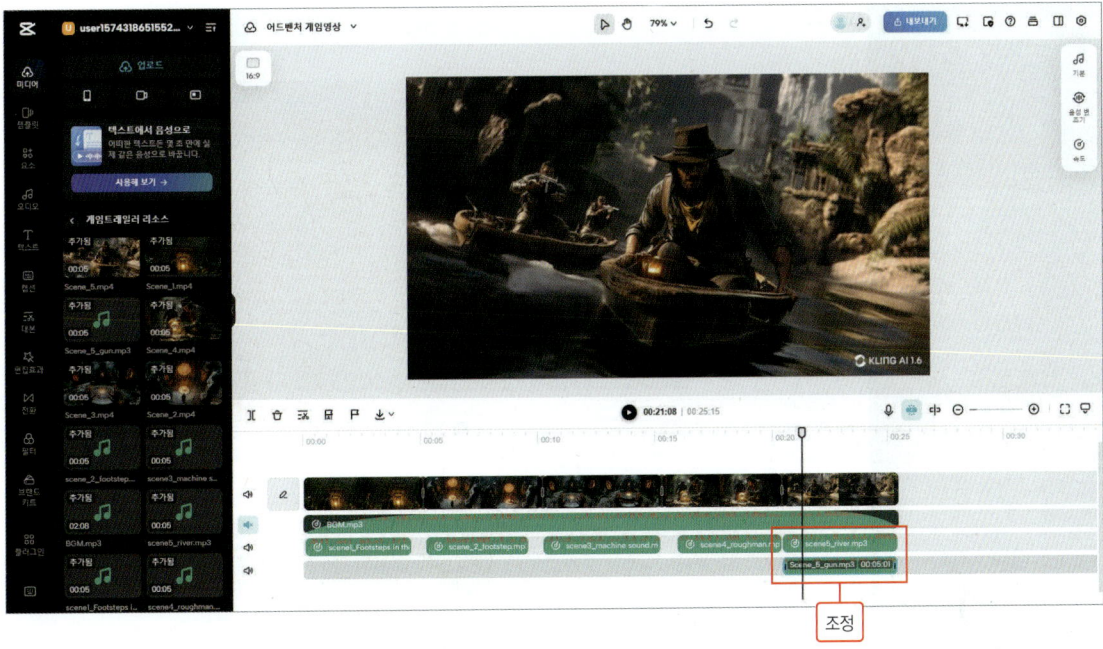

조정

04 어드벤처 게임 트레일러에 어울리는 효과 적용하기

틱톡에서 만든 캡컷은 클릭 하나로 손쉽게 다양한 효과들을 사용할 수 있습니다. 빛 효과와 함께 시작과 마무리로 효과를 적용해 보겠습니다.

01 왼쪽에서 (편집효과) 메뉴를 선택하면 많은 종류의 효과들을 확인할 수 있습니다. 검색 기능을 통해 원하는 효과를 빠르게 찾을 수 있으며, 목록마다 '모두 보기'를 클릭하여 전체 효과를 확인할 수 있습니다. 예제에서는 빛 효과를 추가하기 위해 빛 효과의 '모두 보기'를 클릭합니다.

❶ 선택
❷ 클릭

TIP 전환 효과는 1~2가지로 통일해 사용해야 영상에 일관성과 리듬이 생깁니다. 여러 효과를 무분별하게 섞으면 영상이 산만해지고 흐름이 끊어질 수 있습니다. 처음에 영상 분위기에 맞는 효과를 정하고, 일관되게 적용하는 것이 중요합니다.

02 효과를 적용하기 위해 재생 헤드를 장면 3 클립 부분으로 이동하고 신비로운 느낌이 드는 '벽난로' 효과를 클릭하여 적용합니다. 그림과 같이 타임라인에 벽난로 클립이 생성되면 양옆의 조절기를 사용하여 길이를 조정합니다.

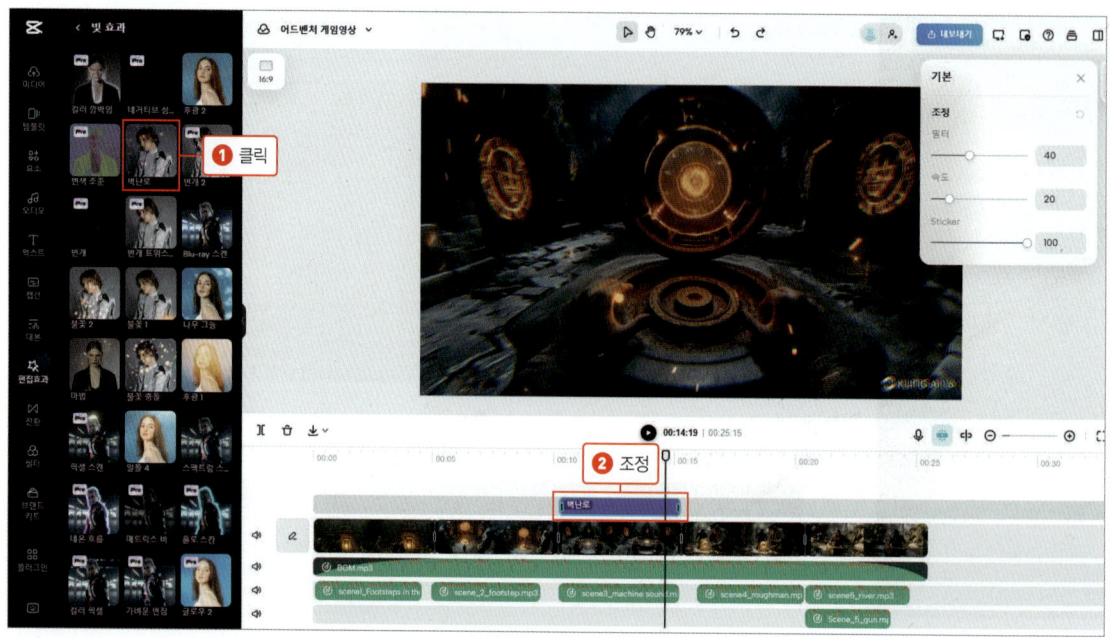

03 같은 방법으로 재생 헤드를 '0초'로 이동하고 오프닝&클로징의 '페이드 인' 효과를 클릭하여 적용합니다. 그림과 같이 효과 클립의 길이를 줄여 원하는 느낌에 맞게 조정합니다.

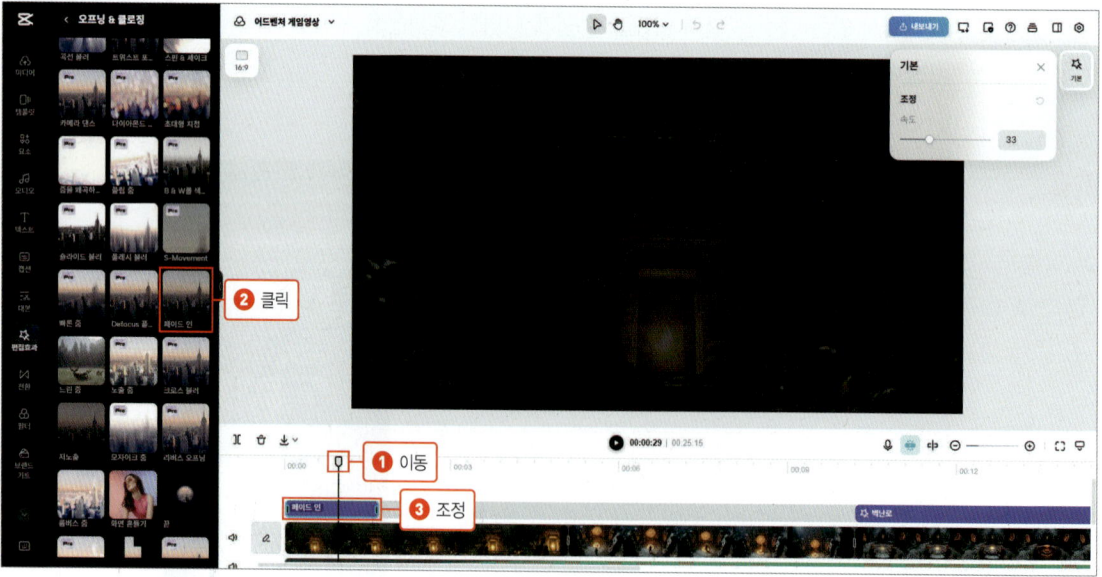

04 마지막으로 재생 헤드를 끝 장면 부분으로 이동하고 오프닝&클로징의 '닫기 1' 효과를 클릭하여 적용해 영상을 마무리합니다.

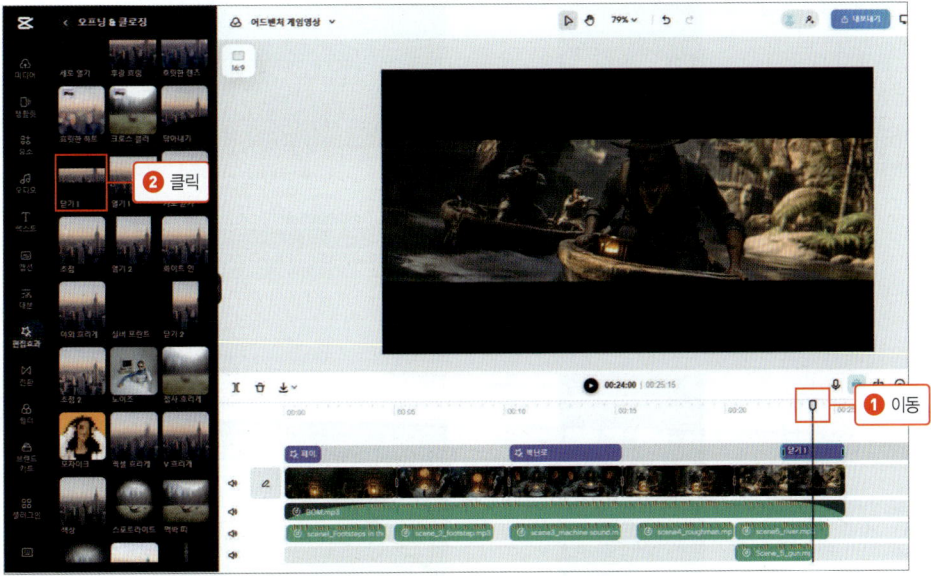

TIP '닫기 1' 효과는 이 효과는 영상을 부드럽게 끝내는 데에 도움이 되어 전체적인 흐름을 자연스럽게 마무리해 줍니다.

05 어드벤처 게임 트레일러 영상 출력하기

모든 편집 작업이 끝나면 완성된 파일을 출력해야 합니다. 파일을 출력하는 방법을 알아보겠습니다.

01 영상 편집이 모두 마무리되면 전체 검토를 하고, 영상을 출력하기 위해 오른쪽 상단의 〈내보내기〉 버튼을 클릭합니다.

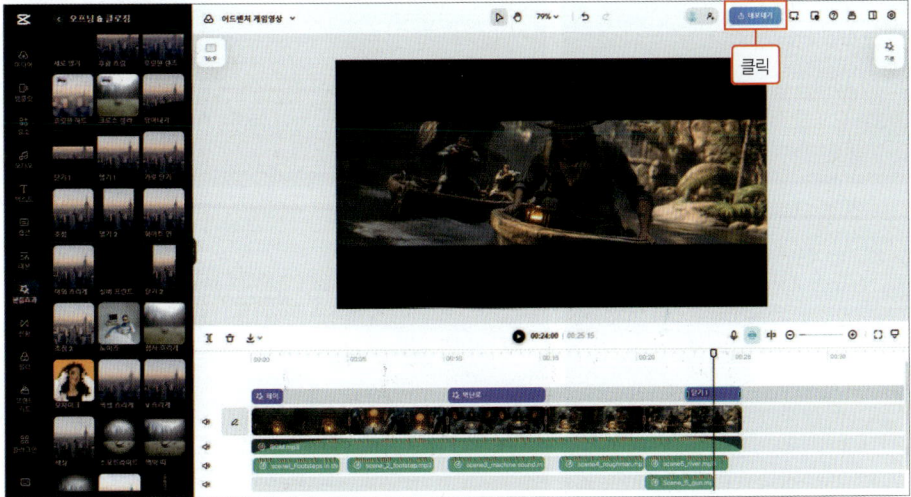

02 내보내기 창이 표시되면 영상 파일을 바로 소셜미디어에 공유할 수 있고, 〈다운로드〉 버튼을 클릭하여 로컬 저장소에 파일을 저장할 수도 있습니다. 예제에서는 바로 저장하기 위해 〈다운로드〉 버튼을 클릭합니다.

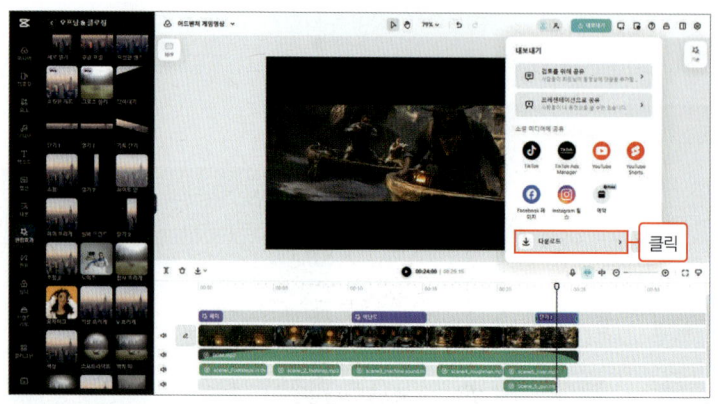

03 내보내기 설정이 표시되면 각 옵션을 입력하고 지정한 다음 〈내보내기〉 버튼을 클릭합니다. 다운로드 창이 표시되며 진행도가 100%가 되면 〈다운로드〉 버튼을 클릭합니다.

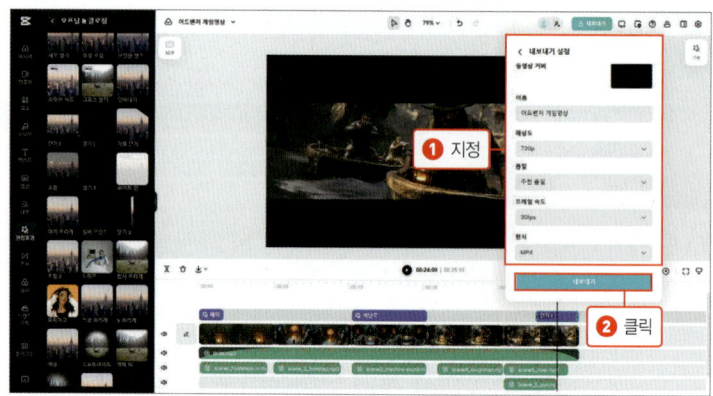

04 영상이 다운로드되면 재생하여 완성된 영상을 확인합니다.